왜
동아시아인가

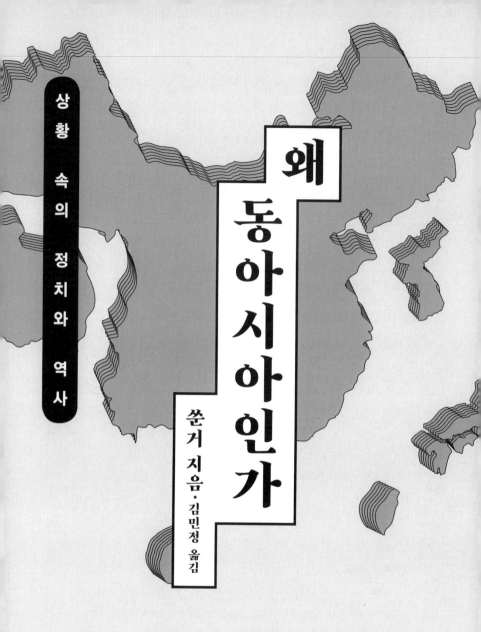

상황 속의 정치와 역사

왜
동아시아인가

쑨거 지음 · 김민정 옮김

글항아리

일러두기

1. 이 책은 『我們爲什麼要談東亞–狀況中的政治與曆史』(베이징: 싼롄서점三聯書店, 2011)의 완역본이다. 이 책에 수록된 글들은 2000년에서 2011년까지 약 10년 동안 저자가 중국 대륙과 일본, 타이완, 한국 등지에서 발표한 것이다.
2. 외래어 표기는 국립국어원 외래어 표기법을 따랐다. 중국어 인명은 청대까지의 인물은 우리 한자음으로 표기하고, 그 이후 인물은 중국어 발음으로 표기했다.
3. 미주에서 별도의 표시가 없는 것은 저자 주다.

차례

한국어판 서문 • 9

서문 이론의 즉물 • 31

제1부 동아시아 담론과 동아시아 감각

1장 동아시아 시각의 인식론적 의의

중국사회 기성의 동아시아 시각과 그 문제성 • 57

현대사 과정 속 동아시아 내부의 불균형 상태 • 68

냉전의 역사와 동아시아의 관계 • 80

탈냉전 시기의 역사 시야와 동아시아 서사의 사상 품격 • 94

포스트동아시아 담론의 가능성에 관하여 • 108

2장 어떻게 타이서인이 될 것인가

타이서의 문화적 성격 • 126

『타이완사회연구』 20주년 기념 특집호의 이론적 시각 • 132

방법으로서의 주체 정체성 • 142

'사상으로서의 양안'의 접점을 찾아 • 152

이 문제를 궁구하다―다원화 전제하의 보편성이란 무엇인가 • 161

제2부 문화횡단의 체험과 과제

3장 문화횡단적 시야의 형성

지식공동체의 사상과제를 돌아보며 · 175

일본을 관찰하는 시각 · 196

아시아의 보편성 상상과 중국의 정치 서사 · 213

4장 '전후' 동북아 문제를 어떻게 서술할 것인가

고구려 문제가 불러일으킨 생각 · 228

오키나와에 내재된 동아시아 전후사 · 243

나하에서 상하이까지 · 266

민중시각과 민중의 연대 · 284

5장 '문화간'의 일본 사상

개별 문화 정체성의 정신적 성격 · 308

오늘, 우리는 왜 다케우치 요시미를 필요로 하는가 · 326

다케우치 요시미 읽기와 역사 읽기 · 340

제3부 예술로서의 정치학

6장 마루야마 마사오 정치학 속의 '정치'

본업과 부업―정치의 인식론 문제 · 372

'예술로서의 정치'―마루야마 정치학의 사고 · 384

마루야마 정치사상사의 환경 · 395

결어―마루야마의 정치성과 마루야마 읽기의 정치성 · 402

7장 문학작품 속의 '정치'

극한 상태에서의 정치감각 · 406

'풀 한 포기, 나무 한 그루'에 던지는 시선 · 428

8장 상황 속의 '정치'

역사의 갈림길에서 · 445

사상사적 사건으로서의 '사스' · 459

'종합사회'로서의 중국을 직시하다 · 482

제4부 사상사의 논리

9장 수평적 사고의 동아시아상

지리적 상상력의 사정거리 · 508

분단체제 극복에서 이중적 주변의 시각까지 · 522

사회인문학의 전망 · 537

10장 쇼와사 논쟁의 한 측면

쇼와사 논쟁의 기본 윤곽 · 552

논쟁 전개의 한 측면 · 559

아시아 인식과 사학사의 자율성 · 569

11장 중국의 역사 박동 속에서의 구도

'멈출 수 없음'—사상 원점으로서의 이탁오 · 584

우여곡절의 사상 전승 모델—또 다른 역사 분석 · 595

또 다른 보편성—경험연구 깊은 곳의 구조 상상력 · 604

'향리 공간'—중국 역사의 내재적 논리 · 618

방법으로서의 중국—역사 박동 속에서의 구도 · 634

주 · 652

역자 후기 · 680

찾아보기 · 682

『왜 동아시아인가 – 상황 속의 정치와 역사我們爲什麼要談東亞–狀況中
的政治與曆史』가 이번에 한국에서 완역되다니, 나로서는 매우 영광스
러운 일이다. 최근 몇 년간 나는 한국을 방문할 기회를 얻었고, 그
과정에서 한국의 존경스러운 위 세대 사상가들과 만나게 되었다.
또한 한국의 훌륭한 지식인들과 함께 작업할 기회도 얻었다. 나에
게 한국사회와 한국문화는 아주 매력적이고 존경스럽다. 더불어
내 글이 한국어로 번역될 기회가 생겼다는 것은 당연히 더할 나위
없이 영광스러운 일이다.

　최근 몇 년간 동아시아라는 화제가 갈수록 인기를 얻는 듯하
다. 동아시아 경제공동체라는 현실적 목표를 실현하는 일이 결코
순조롭지는 않지만, 하나의 화제로서 동아시아는 전에 없던 주목

을 받고 있다. 동아시아에 관심을 갖는 사람들은 비단 동아시아인 만이 아니다. 동아시아라는 범주는 상당 부분이 미국이나 서유럽에서 나온 것이다. 미국의 수많은 대학에 동아시아 학과나 동아시아 연구센터가 있고, 유럽의 적지 않은 곳에서도 마찬가지임을 생각해보라. 반면 중국의 대학과 연구기관에는 동아시아 연구센터가 이제 막 생겨나고 있으며, 동아시아 연구는 아직 고정된 영역으로 자리 잡지 못하고 있다. 동아시아는 전지구적 화제이며 중국은 그 발원지가 아니라고 할 것이다.

최근 몇 년간 나 역시 '동아시아 연구'에 많은 정력을 쏟았다. 그러나 '동아시아'가 중국사회에서도 화제가 되었을 때, 나는 다음과 같은 의문을 떨쳐버릴 수 없었다. "우리는 왜 동아시아를 논해야 하는가?"

이 책에 실린 글은 최근 몇 년간 내가 동아시아의 상이한 지역에서 감지하고 생각하고 정리한 문제들이다. 나에게 이 책은 다만 나 자신의 학구적 문제를 정리한 것이며, 사고의 발단일 뿐이다.

동아시아는 어떤 범주인가

오늘날 우리가 논하는 동아시아는 동남아시아를 고려하지 않는다면 중국, 한국, 일본을 가리키는 듯하다. 이 범주는 사실 지리적 의미의 동아시아보다 훨씬 더 작다. 동북아시아만 놓고 보더라도 동아시아는 북한과 몽골을 포함하며, 일찍이 유교 문화권의 성원으로서 베트남도 동아시아 안에 포함시켜야 한다고 생각하는 이도 있다. 그러나 중·한·일이라는 틀은 나름의 원리가 있는데, 그 원리란 바로 '근대화'다. '아세안+3'이라는 틀은 중국·한국·일본을 통합시킬 수 있으나 통합될 수 없는 근대화 지역공동체로 간주하는 것이다. 각도를 달리해 한국전쟁 이래의 냉전구도에서 동아시아를 본다면, 동아시아는 '6자회담'의 구도로 변해 남북한이 모두 포함될 뿐 아니라 심지어 동아시아 국가라 할 수 없는 러시아와 미국까지도 들어오게 된다. 돌이켜보면 역사적으로 동아시아는 유교 문화권으로 간주되었으며, 한자가 각기 다른 사회에서 서로 다른 방식으로 사용되면서 이 지역은 글자만 보고도 대충 뜻을 짐작할 수 있는 모종의 '동문동종同文同種'의 친연성을 지니게 되었다. 그러나 중국 자체로 말하자면, 중국은 아시아의 동서남북과 모두 국경을 접하고 있기 때문에 동부 지역은 동아시아로 논할 수 있지만, 티베트나 신장웨이우얼자치구新疆維吾爾自治區처럼 남아시아나 서아시아(혹은 중동)와 국경을 접하는 지역은 이 개념에 다소 어울리지 않는다.

따라서 어찌 되었든 동아시아는 단일하고 자족적인 범주로 성립할 수 없다. 그것은 역사적으로 상이한 시기에 상이한 대상을 지칭하며, 또한 상이한 시기에 상이한 주체에 의해 지칭되었다. 따라서 우리는 역사적 맥락에서만 동아시아를 논할 수 있으며, 그렇게 논해야만 의의가 있다.

최근 몇 년간 아시아와 동아시아라는 두 가지 범주는 종종 서로 대체되어, 어떤 이들은 동아시아를 논할 때 '아시아'라는 개념을 사용하기도 한다. 이를 개념이 불명확한 탓으로만 돌릴 수 없는 까닭은 '아시아'와 '동아시아'를 호환해 사용하는 데 역사적인 이유가 있기 때문이다. 20세기 초 일본이 러일전쟁에서 승리한 것을 매개로 하여 '아시아'는 한때 유색인종의 대명사가 되었다. 설령 아시아라는 개념이 원래 유럽인이 발명한 것이고, 그것도 유럽인이 대외 확장 과정에서 자신과 타자를 구별하기 위해 마련한 것이라 하더라도, 근대 이래 유럽이라는 식민자를 마주하지 않을 수 없었던 아시아의 광대한 지역은 이 개념을 받아들이는 동시에 역으로 거기에 새로운 함의를 부여해, 유색인종의 대명사로서의 아시아 개념이 생겨난 것이다. 당시 쑨원孫文이 유럽에서 배를 타고 귀국하던 길에 만난 어떤 아랍인이 그를 일본인으로 오해하고 일본인이 백인종을 물리쳤다고 기뻐한 일이 있었다. 이에 쑨원은 "일본인이 러시아를 이기니 아시아 민족의 독립이라는 큰 희망이 생겨났다"고 감탄했다.

그러나 일본의 러일전쟁 승리는 서아시아와 남아시아에 민족 독립의 희망을 가져다주기도 했지만, 일본에는 침략의 화근을 심어두는 일이 되었다. 일본은 타이완과 한반도를 식민지로 삼고 중국 둥베이東北 지방을 점거한 후, 유색인종이 백인에 대항한다는 이데올로기를 일본이 아시아를 대표해 서양에 대항한다는 이데올로기로 발전시키기 시작했다. 이것이 바로 쑨원이 1924년에 경고했던 '패도覇道'다. 일본이 제1차 세계대전 이후 창도했던 '대아시아주의'는 근대 이후 유럽 백인종의 무력 확장과 조금도 다를 바 없는 침략 이데올로기다. 중국 현대사에서 리다자오李大釗와 쑨원은 이런 침략 이데올로기에 팽팽히 맞서 약소민족을 연합하고 민족자결을 존중하는 '신아시아주의'와 왕도王道로써 패도에 대항하는 '대아시아주의'를 창도한 바 있다. 그러나 이러한 구호는 그 반패권주의적 성격에 더 큰 의의가 있다. 달리 말하면 그것들은 일본의 '대아시아주의'를 겨냥해 제기된 **반명제**이지, 당시 중국 내부에서 자생한 명제가 아니다. 이는 왜 나중에 아시아주의가 중국에서 사상적 주류가 되지 못했는지에 대한 원인을 설명해줄 수 있다. 제2차 세계대전이 개시된 후 일본의 '대동아공영권'이라는 악명 높은 침략 구호로 인해 아시아주의는 동아시아에서 더 이상 호소력을 지니지 못하게 되었다. 당시 리다자오와 쑨원의 아시아주의도 역사의 기억 속으로 더 많이 침전되었다. 동시에 서아시아와 남아시아는 짧은 역사적 시기 동안만 '아시아'라는 개념을 사용했으므로, 사상적 범주와 지식 범주로서의 아시아는 서아시아와 남아시아가 자기 정체성을 구축하는 키워드가 아니다. 빈번하게 그것을 사용하는 것은 사실 동아시아뿐이다. 이는 또한 동아시아와 아시아라는 두 개념이 최근 몇 년간 종종 호환되어 사용되는 이유이기도 하다.

일본에는 이웃 나라가 혐오하는 '대동아공영권'이란 구호가 있었기 때문에 일본 근현대사에서 '아시아'라는 범주의 복잡한 함의는 단순화되었다. 예컨대 오카쿠라 덴신岡倉天心이 일찍이 러일전쟁 1년 전인 1903년에 영문으로 발표한 아시아 일체론『동양의 이상東洋の理想』은 일본을 아시아의 지도적 위치에 놓지 않았다. 또한 일본의 초기 아시아주의자도 전부 국가주의자는 아니었으며, 그들 중에는 이웃 나라를 도우려는 지사들도 있었다. 그러나 이러한 역

사적 맥락은 일본 근현대사에서 한 지류였으며, 나중에 주도적 이 데올로기 속으로 통합되었기에 줄곧 간과되었다. 중국과 한반도에 는 이런 맥락이 발굴되지 않았던 또 다른 원인이 있는데, 말하자 면 우리는 모두 일본 '대동아전쟁'의 피해자라는 것이다. 사람들은 이런 역사 분석을 심정적으로 받아들이기 어렵다.

중국은 '아시아'나 '동아시아'라는 어휘를 오랫동안 줄곧 사용하 지 않았으며, 특히 그것을 사상생산의 키워드로는 거의 염두에 두 지 않았다. 여기에는 중요한 원인이 있는데, 나는 이를 냉전이라고 생각한다. 이 책의 제1편에서는 바로 이 문제를 논하고 있다. 동아 시아는 확실히 하나의 총체이지만, 이 총체는 연합의 방식이 아닌 대항의 방식으로 구축된 것이다. 제2차 세계대전 이후의 상황으 로 말하자면, 동아시아의 첫 번째 현장은 한반도에 있으며, 한반 도의 분단체제는 동아시아의 통합 방식을 상징한다고 할 것이다. 이런 통합 방식은 대항의 형태로써 이 지역을 하나의 총체로 조합 한다. 이는 우리의 직관적 경험과 커다란 불협화음을 만든다. 어 쩌면 많은 사람이 이로 인해 동아시아를 논하는 일이 무의미하다 고 생각할지도 모른다. 그러나 내가 보기엔 정반대로 바로 이런 비 직관적인 통합 방식 때문에 우리가 동아시아를 총체로서 논할 필 요가 생긴다. 이 점에 대해서는 아래의 글에서 더욱 상세히 밝히 도록 하겠다.

전근대 동아시아에는 대항과 상반되는 통합 방식이 존재하는 듯한데, 이른바 유학의 통합이다. 그것은 직관적으로 보이지만 사 실상 결코 그렇지 않다. 동북아의 학자들이 유학의 문제를 논할 때에는 기본적인 불일치가 존재한다. 중국 학자들은 일방적으로 유학의 시조로 자처하기 쉬우며, 추상적으로 유학의 기본관념을 동북아 지역에 널리 확장시킨다. 이에 비해 한국과 일본의 학자들은 각기 다른 지역에서 유학의 상이한 형태와 내용에 더욱 주목하거나 유학의 동일한 논술이 상이한 지역에서 어떻게 다른 함의로 변화해가는가를 분석한다. 만약 전통 이데올로기로서 유학이 동아시아에서 확실히 모종의 통합 기능을 수행했다면, 이런 통합 기능도 '유사'가 아닌 '차이'의 각도에서 인지되고 확정되어야 한다. 따라서 깊이 있는 동아시아 유학 인식론 역시 비직관적인 특징을 지녀야 한다.

위에서 설명한 여러 가지 역사적 원인들로 인해 '동아시아'라는 범주는 다른 지역 범주, 예컨대 서유럽이나 북아메리카처럼 직관적이고 단일하게 확정지을 수 없다. 또한 상술한 여러 가지 역사적 원인으로 인해 '동아시아'라는 범주는 지역 개념을 훨씬 뛰어넘는 역사와 사상적 기능을 담지하게 되었다. 바로 이런 의미에서 나는 '동아시아' 개념이 중시되어야 할 뿐만 아니라 충분히 토론되어야 한다고 생각한다. 그리고 이것이 "왜 동아시아를 논해야 하는가?"를 제기하는 이유이기도 하다.

냉전과 탈냉전 시기의 '동아시아'

최근 몇 년간 나는 주로 동북아 지역에서 활동했다. 전공으로 인해 일본 동료들과 비교적 깊이 교류했으며, 일본사회와 어느 정도 접촉했다. 언어가 통하지 않았지만 운 좋게도 훌륭한 한국 지식인들과 교분을 맺게 되었고, 그들을 통해 한국의 사회 상황을 이해하고자 했다. 보통의 일본인과 한국인, 심지어 중국학 전공이 아닌 학자들과 접촉했을 때, 나는 냉전이 동아시아 지역에 가져온 거리감을 깊이 느꼈다. 예를 들어 일본의 어느 뛰어난 프랑스문학자는 내게 이렇게 물은 적이 있다. "중국의 텔레비전에도 광고가 나옵니까?"

중·한, 중·일 사회의 이처럼 깊은 거리감에 비하면 한국과 일본, 타이완은 훨씬 더 쉽게 서로를 이해하는 것 같다. 이는 물론 무엇보다 먼저 타이완과 한국의 반세기에 가까운 피식민 역사에서 기인하지만, 또 다른 원인으로 그들 모두 냉전 시기에 서방 진영의 편에 속했다는 점을 꼽을 수 있다. 냉전 이데올로기의 기능은 종종 사람들에게 간과되는데, 그것은 냉전의 복잡다단한 현실과 확실히 괴리되어 수십 년 동안 일관되게 자유자재로 거침없이 나아갔으며 갈수록 공허해졌기 때문이다. 그러나 현실 속의 냉전이 이미 해체되었다고 해도 냉전 이데올로기는 탈냉전 시기에도 여전히 존재한다. 이러한 냉전 이데올로기로 인해 동아시아에서 한편으로는 중국과 북한의 서로 다른 사회현실이 단순화되거나 추악하게 묘사되고, 몽골은 그럴듯하게 잊힌다. 다른 한편으로는 냉전 이데올로기의 유사인지 성격으로 인해 한국과 일본, 타이완 간에는 원래의 사회주의 진영 국가와의 상대적인 잠재적 거리감과 이 거리감 위에 형성된 동일시가 수립되었다. 오랜 시간 동안 일본의 일부 동아시아 연구 프로젝트는 기본적으로 한국과 일본, 타이완의 관계를 논하도록 설계되었다. 이런 설계는 물론 나름대로 합리성이 있다. 왜냐하면 이는 일본의 식민지 역사를 효과적으로 비판하고 반성하는 틀이기 때문이다. 그러나 이러한 프로젝트가 '동아시아'로 명명될 때에는 냉전 이데올로기의 '후유증' 문제를 암시한다. 실제로 타이완으로 중국 대륙을 치환하는 것은 물론 청일전쟁 이후 일본의 식민 역사를 밝히는 측면에서 나름의 효과가 있다. 그러나 일본의 대륙 침략과 식민을 동시에 시야에 넣는다면 더욱 복잡한 구조가 필요하며, 특히 냉전 사유를 뛰어넘어 동아시아의 절단된 역사에 대해 효과적으로 총체적인 분석을 해야 한다. 그렇지 않고 냉전 속의 일방적인 틀에만 의지해서는 근대 이래 동아시아 지역의 복잡한 구성관계를 효과적으로 밝힐 수 없다.

동아시아에서 냉전체제의 첫 번째 현장은 당연히 한반도다. 남북한 사이에 벌어졌던 한국전쟁으로 한반도는 지금까지도 여전히 휴전 상태이며 정전의 실현은 요원하다. 한국과 일본에 미군이 주둔하면서 미국은 동아시아 문제에서 더 이상 외부의 타자가 아니라 충분히 내재화된 일부가 되었다. 동아시아 사회에 대한 미국의 침투는 일방적인 것만은 아니며, 긴박하고 대립적인 긴장관계를 유지한다는 측면에서 미국 역시 줄곧 동아시아 사회 간의 매개 역할을 해왔다. 백낙청 선생은 이와 관련해 다음과 같이 이론적 상상력이 풍부한 견해를 제시했다. 즉, 한반도의 분열 상태는 냉전 중 양대 진영의 대립과 유사한 성격을 지니지 않으며, 남북의 두 국가로 분열된 한반도는 서로 상관없는 두 부분으로 독립될 수 없다. 바로 이렇기 때문에 분단체제는 한반도 전체에 두 국가보다 큰 구조가 존재함을 의미한다. 그리고 이 구조는 분단의 대립과 긴장을 유지하며, 두 사회 간의 적대감을 강화하고 동원해 분단을 일종의 지속 상태로 바꾸고 남북한 두 정권이 제각기 그로부터 이익을 얻게 만든다는 것이다.

백낙청 선생은 또 다음의 중요한 사실을 지적했다. 즉, 동아시아 지역의 내재적 긴장과 충돌이 **지속**되고 해결되지 않는 까닭은 그것이 세계 자본주의 체제에서 없어서는 안 될 고리이기 때문이라는 것이다. 이 때문에 그는 분단체제를 파괴하는 것이 세계에 사회주의 체제를 수립하는 것보다 더 중요하다고 주장했다. 이는 미국을 필두로 하는 서방 선진국이 구축한 세계체제가 바로 이러한 긴장 충돌의 지속 기제에 기대고 있기 때문이다. 한반도는 그 전형적인 예이며, 중국 대륙과 타이완은 상황이 또 다르다. 그러나 어떤 상황에서든 우리는 미국이 동아시아에서 어부지리를 얻는 상태를 관찰할 수 있다. 동시에 문제의 또 다른 면, 즉 긴장 대립의 매개로서 미국이 동아시아 각국에 의해 서로 다른 정도로 이용되고 있음을 관찰할 수 있다. 냉전체제는 이미 해체되었으며, 특히 중국과 러시아는 브릭스BRICS의 성원으로서 국제사회에서 갈수록 큰 역할을 발휘하고 있다. 이는 동아시아의 대립 구도를 갈수록 복잡하게 하여 원래의 냉전구도를 훨씬 뛰어넘게 만든다.

나는 백낙청 선생의 분단체제론에서 큰 일깨움을 얻어, 동아시아의 일체화가 이런 특수한 긴장과 대립을 직시해야만 진실일 수 있음을 의식하기 시작했다. 한반도와 타이완해협 양안이 서로 의

존하는 긴장관계 외에도, 동아시아 지역에는 예컨대 중·일, 한·일, 북·일 등 '국가 간'의 긴장 대립이 여전히 존재한다. 이런 대항과 냉전의 대립은 유사성을 지니는데, 그것은 일종의 국가 층위에서의 상호 독립적인 대항이라는 점이다. 그러나 동아시아의 국가 간 긴장관계 역시 나름의 독특성을 지니는데, 대국과 소국 또는 선진국과 개발도상국 간의 긴장관계가 그것이다. 이러한 갖가지 불균형적인 대항관계가 중국과 한반도, 일본 사회에서 특수한 방식으로 뒤엉켰다 흩어지는 과제들을 구성하기 때문에 서방 세계의 기존 모델을 단순히 그대로 적용해서 분석할 수 없다.

이 책에는 백낙청과 백영서의 연구에 대한 나의 서평과 관련 평론을 수록했는데, 한국 사상가의 깨우침 아래 그러한 과제들에 대한 나의 초보적인 탐색을 기록한 것이다. 백낙청을 대표로 하는 한국 사상가들은 한국의 '주변'적 위치를 이론적 상상력을 지닌 시야로 설정해냈고, 이는 우리가 자신의 역사를 마주하는 데 도움이 되는 방식을 제공했다. 바로 한국 사상가의 사고가 나의 눈길을 이른바 '주변' 지역으로 이끌었고, 이를 계기로 나는 일본에서 오키나와沖繩에 주목하고 타이완에서는 진먼金門에 관심을 기울이게 되었다. 이러한 주변적 지역에서 나는 역사 속에서 약동하는 요소들이 가장 골치 아픈 방식으로 뒤엉키는 상황을 보았다. 그 어떤 쾌도난마의 방법으로도 이런 뒤엉킴을 풀 수 없으며 단순화할 수는 더더욱 없다. 이 모든 것이 바로 동아시아의 역사를 상징하고 있다. 이 책의 제2부와 제4부의 제1편은 바로 이러한 문제를 논하고 있다.

상황 속의 정치와 역사

이 책의 겉으로 드러난 주제는 "왜 동아시아를 논해야 하는 가?"이지만, 내가 더욱 관심을 가지는 문제는 이론이 어떻게 즉물적일 것인가에 관해서다. 이 문제는 이 책의 속으로 감춰진 주제를 구성하며, 서문에 '이론의 즉물'이라는 제목을 붙인 원인이기도 하다.

아카데미에서 작업하는 지식인으로서, 동시에 정치사상사 연구자로서 나는 줄곧 '어떻게 내가 이룬 작업을 사회를 위해 쓰이게 할 것인가?'라는 기본적인 문제에 골몰해왔다. 이와 관련해 1990년대 중반에 막 외국에서 돌아온 경제학자가 했던 말이 생각난다. "중국의 개혁개방이 성과를 거둘 수 있었던 것은 학자들의 말에 개의치 않았기 때문이다." 이 말은 여러 가지로 이해될 수 있는데, 나는 이렇게 이해한다. 즉, 자신의 지적 작업에 직접 의지해 현실에 개입하는 것은 많은 상황에서 소용이 없다는 것이다. 우리는 대전환의 시대에 살고 있으며, 지식과 현실의 관계는 반드시 지식계의 자각을 거쳐 형성되어야지 저절로 이루어지는 것이 아니다. 이는 오늘날 우리가 5·4 시기와 유사한 지적 단절을 겪고 있기 때문인데, 이 단절의 심각한 정도는 5·4 시기보다 더하면 더했지 못하지 않다. 오늘날의 중국 지식계는 5·4 시기의 사람들보다 더 서구 이론에 의존한다. 학계의 주류가 기본적으로 채용하는 것은 백낙청 선생이 비판한 바 있듯이, 표면적으로는 서구에 저항하지만 실질적으로는 서구의 신조류를 좇아 '순응하는 읽기'의 방식이다. 이런 지식생산의 모델은 중국사회가 마주한 현실 상황을 효과적으로 설명할 수 없으며, 중국의 역사 논리는 더더욱 효과적으로 해석할 수 없다. 이런 상황에서 일부 지식인은 종종 성급하게 지식이 현실적 입장을 갖출 것을 요구하며, 현실에 대한 직접적인 의사 표시만이 지식인의 책임이라고 여긴다. 중국 지식계에 유행하는 '입장'은 사실 대부분 즉물적이지 않다. 달리 말하면, 첨예해 보이는 수많은 입장 논쟁도 지식인의 자가소비에 불과하며 현실과는 별 관계가 없다. 루쉰魯迅은 이런 말을 한 적이 있다. "한 수의 시는 쑨촨팡孫傳芳[1]을 놀라 달아나게 할 수 없지만, 한 발의 포탄은 바로 그를 쫓아버릴 수 있습니다." 한평생 긴장감으로 충만했던 루쉰의 전투정신에 비추어 이 표현을 이해한다면, 우리는 루쉰의 의도가 시는 쓸모없으므로 '한가로울' 수 있다고 말한 것이 아님을 알 수 있다. 그가 말하는 바는, 시는 시의 기능이 있고, 그 기능은 대포를 대체하는 것이 아니라는 뜻이다. 다시 말해 현실의 육박전에 직접 참가하는 것이 아니라 시로써 싸우는 것, 즉 **간접적으로 현실에 개입**하는 것을 말한다. 루쉰은 우리에게 '즉물'의 본보기를 보여주었으며, 어떻게 사고하는지를 가르쳐주었다. 지금도 여전히 풍부한 현실정신을 지니는 그의 잡문을 통해 우리는 어떻게 현실의 허상에 미혹되지 않고, 어떻게 선행하는 각종 전제에서 벗어나 현실 문제 속의 비가시적인 핵심 요소들을 포착할 것인지를 효과적으로 배울 수 있다.

　해외에서 강연을 할 때 자주 마주치는 문제는 냉전 이데올로기에 '세뇌된' 청중에게 어떻게 중국사회의 현상을 설명할 것인가다.

냉전 이데올로기의 논리에 따르면 중국은 독재적이고 인권이 없는 나라이며, 중국의 민중은 그 어떤 자주적 권리도 없고 정치과정에 참여할 가능성도 없다. 언젠가 비행기 안에서 어떤 일본인을 만난 적이 있는데, 대화를 나누면서 그는 자신이 중국에 처음 여행 왔는데 중국사회가 활력이 충만한 것을 보고 참으로 의외였다는 감상을 내비쳤다. 중국의 현실과 자신이 지녀왔던 이미지 사이의 격차를 어떻게 대해야 할지 몰랐던 그는 스스로 이를 중재하며 이렇게 말했다. "그렇지만 당신들은 언론의 자유가 없잖아요."

한번은 이런 일도 있었다. 독일에서 강의하는 첫 번째 수업시간에 학생들에게 2005년의 반일 시위를 언급하면서 이 시위가 매우 중요한 의의를 지니고 있다고 지적했다. 그것은 해외에서 선전하듯 '정부 조종'의 결과가 아니라 민중의 자주적인 행동이었기 때문이다. 더욱 소중한 것은 그것이 멈춰야 할 때 멈췄다는 점이다. 이는 중국 민중이 기본적인 정치 판단력을 획득하기 시작했음을 의미한다. 교과과정이 모두 끝날 즈음에서야 독일 학생 하나가 내게 이렇게 알려줬다. 독일 학생들이 처음에는 한동안 나를 중국 정부의 나팔수라고 생각했다는 것이다. 나는 그들에게 익숙한 '반체제 지식인'들과는 달리 중국 정부의 전제를 규탄하는 것으로 강의를 시작하지 않았기 때문이다. 그렇다고 내가 중국 정부를 위해 선전을 하는 것도 아닌 것 같아서 그들을 당혹케 했던 것 같다.

정치를 체제와 반체제로 구분하는 것은 고도로 관념화된, 현실과 괴리된 사고다. 물론 현실에서 이런 관념들을 뒷받침하는 예는 있기 마련이며, 그에 따라 이런 예들은 구체적인 맥락에서 추출되어 이런 관념들의 합리성을 증명하기도 한다. 서방의 냉전 이데올로기는 바로 이렇게 간단명료한 이분법을 차용해 선진국 사람들을 세뇌했다. 문제의 핵심은 똑같은 사고로 이런 냉전 이데올로기를 반박해서는 기본적으로 효과가 없다는 데 있다. 상대방이 부정하는 요소를 긍정하는 것은 마찬가지로 현실과 괴리될 뿐만 아니라 사상을 축적할 수도 없기 때문이다.

나는 정치학의 훈련을 통해 점차 다음과 같은 기본적인 시야를 터득했다. 그것은 바로 동태적인 긴장관계 속에서 한 사회의 정치과정을 분석해야 한다는 것이다. 이는 이론적 명제가 아니라 즉물적 이론의 시야다. 이 시야를 뒷받침하는 것은 추상적인 논리의 연역이 아니라 살아 숨 쉬는 역사적 맥락이다. 바로 이런 의미에서 정치학은 경험학문이며, 동시에 고도의 이론능력을 요구하는 경험학문이다. 정치학은 사람들에게 구체적인 경험의 층위에서 비가시적인 원리들을 발견하고, 지엽적인 것에 얽매이지 않으면서 이러한 원리들이 생겨난 기본 맥락을 탐색할 것을 요구한다. 그리고 이런 탐색과정에서 이론능력은 경험으로부터 추상화하는 것으로 체현되는 것이 아니라, 수많은 경험 사실 속에서 정치적 함량을 지닌 구체적 경험을 확인하는 것으로 체현된다. 또한 이와 같은 경험을 벗어나서가 아니라 그 속에서 그것의 사실 운용기제로서의 원리성을 **구체적으로** 논증한다. 이런 작업만이 사상을 축적할 수 있으며, 일회적으로 표면적인 현상만을 단편적으로 논하는 것을 피할 수 있다. 정치학의 시야에서 모든 이론적 사고는 이렇게 효과적으로 경험을 논하는 사상적 능력을 갖춰야만, 다시 말해 이론적 사고가 경험 속에 살아남아 있어야만 비로소 의의가 있다.

개혁개방의 거대한 변동을 거친 후 중국사회에는 유례없이 신선한 경험이 대량으로 쏟아져나왔다. 흑백 논리의 이원적이고 정태적인 사고로 생각한다면 우리는 민중 속에서 신속하게 자라나고 있는 정치적 잠재력을 간과하고 이른바 '반체제'만을 주목하게 될 것이다. 수많은 불합리 현상에 대한 분개, 중국 개혁개방에 바친 거대한 대가로 인해 수많은 지식인이 근심으로 애태우게 되었으며, 어떻게 지식의 방식으로 '현실에 개입'할 것인가 하는 문제는 단순한 입장 논쟁으로 이해되는 지경에 이르렀다. 그러나 다양한 현실 자체는 단순한 입장으로 포괄할 수 없다. 루쉰이 5·4 시기에 시대적 선구의 책임을 감당하는 것을 거부했던 것처럼, 오늘날 우리도 현실정치에 관한 루쉰의 안목을 계승할 필요가 있다. 필경 시가 포탄으로 환산될 수 없을 때, 우리는 그것이 단지 일종의 자세로 변하는 것을 어떻게 피할 수 있는지 고려할 필요가 있다.

이 책에는 현실을 분석한 글이 몇 편 수록되어 있다. 나는 거기서 2003년의 사스SARS(중증 급성 호흡기 증후군)와 2005년의 반일 시위, 2008년의 베이징올림픽대회를 전후한 소동 등을 분석했다. 현실을 분석했다기보다는 자기 훈련을 했다는 편이 맞을 것이다. 정치사상사 분석을 수행하는 과정에서 맞닥뜨린 가장 큰 어려움은 '역사에 진입'하는 문제였다. 역사는 영원히 '마땅히 ~해야 한다'에 따라 카드 패를 내놓지 않지만, 양식 있는 사람이라면 누구나(지식인뿐만 아니라) 인류사회에 대해 '마땅히 ~해야 한다'는 상상을 품기 마련이다. 가장 간단하고 통쾌한 방법은 두 가지가 있다. 하나는 역사 바깥에서 '마땅히 ~해야 한다'를 논하는 것이다. 이렇게 하면 자신의 논술을 방해하는 역사 상황이 존재하지 않는 것처럼 가장할 수 있다. 다른 하나는 역사에서 이미 우세를 취한 기성사실을 추수하는 것이다. 이는 곧 범속한 의미에서의 이른바 '존재하는 것은 합리적'이라는 것이다. 하지만 역사에 진입하는 태도는 이 두 가지 방식을 배제한다. 그것은 다음의 과제에 직면한다. '마땅히 ~해야 한다'는 자질을 지닌 가능성을 어떻게 현실로 바꿀 것인가? 그리고 그것이 지금은 아직 현실이 아니라 하더라도, 우리가 그것을 잠재적인 가능성에서 현실성으로 성장하고 바뀌게 할 방식을 찾을 수는 없을까?

현대 정치사회의 긴장관계는 이러한 '가능성의 투쟁' 속에 존재한다. 지식인이 현실에 대해 책임을 진다고 한다면, 이 책임은 우선 이러한 '가능성'을 효과적으로 확인하는 데 있다. 물론 개혁개방 이래의 역사는 각각의 입장을 표명하는 중국 지식인의 논쟁 속에서 협소화되고 관념화되었다. 이원대립적 사유로는 이렇게 복잡다단한 현실을 결코 다룰 수 없다. 이와 동시에 중국 민중은 거듭되는 투쟁 속에서 진정한 정치적 지혜를 얻고 있으며, 어떻게 하면 비교적 적은 대가를 치르면서 효과적으로 목표를 실현할 것인가에 관한 방법을 학습하며 함양하고 있다. 이러한 지혜는 그 어떤 선행적인 틀도 지니지 않으며, 심지어 고정된 형상을 지니지도 않는다. 그러나 격변하는 역사의 소용돌이 속에 살고 있는 중국 민중은 오늘의 동시대사를 창조하고 있으며, 내일의 역사적 흐름을 규정하고 있다.

최근 몇 년간 나는 의식적으로 기간을 정해서 경험적 수필을 쓰도록 스스로 독려해왔다. 민중이 만들어내는 각종 '가능성'을 체험하고자 노력했으며, 이러한 가능성이 현실성으로 바뀔 때의 기본적 딜레마를 사고했다. 이런 기본적인 훈련으로 인해 나는 사상사를 연구할 때 역사적 맥락에 대해 감히 태만하지 못했으며, 관념으로 정치와 역사를 연역하는 일은 더더욱 감히 하지 못했다. 대중문화가 사회생활의 중요한 기초가 된 오늘날, 우리가 겪은 인식론적 단절은 심지어 5·4 시기 당시를 훨씬 뛰어넘으며, 기성의 사상 도구는 분석의 중임을 거의 감당할 수 없게 되었다. 이 때문에 나는 부득이하게 동서양의 정치사상사 자원 속에서 나름의 방식으로 적당한 분석 도구를 만들 수밖에 없었다.

방법으로서의 동아시아

최근 몇 년간 '방법으로서의'라는 단어가 난무하는 추세인 것 같아서 나는 가급적이면 이를 경솔하게 사용하지 않으려 한다. 그러나 일본 사상가에게서 기원한 이 표현은 나의 지식생산 과정에서 갈수록 자율적인 규범이 되고 있다.

방법은 당연히 실체에 상대적인 것이다. 우리가 동아시아를 하나의 실체로 간주할 때, 우리는 그것이 어떤 지역들을 포함하는지 주시하며 그 지역들의 특징을 그것의 독특한 속성으로 간주하게 된다. 동아시아를 하나의 실체로서 논하는 일은 매우 중요하다고 생각한다. 왜냐하면 이는 진실을 얻는 경험연구에 빠져서는 안 될 절차이기 때문이다. 우리가 동아시아의 특수성을 강조한다고 해서 이른바 '문화본질주의자'가 되는 것을 조금도 두려워할 필요는 없지만, 이것만으로는 분명 충분치 않다. 편협하고 배타적인 문화본질주의의 한계를 타파하기 위해서는 반드시 자신의 특수성을 개방해야 하며, 동시에 자신의 독특한 속성을 포기하지 말아야 한다. 우리가 동아시아라는 이 실체를 **동시에** 일종의 방법으로서 다룰 때에만, 그 독특한 속성이 인류가 공유하는 정신적 자산으로 전환될 수 있다. 다만 이런 상황에서 직관적 인식론은 아무런 도움도 주지 못한다. 다시 말해 이른바 '방법'은 결코 직관적인 의미에서 그대로 가져다 쓸 수 있는 모델이 아니라는 것이다. 예컨대 오늘날 대학원생들이 서구 이론의 결론을 그대로 가져다 본토의 역사경험을 설명하는 것과 같은 기능을 결코 제공하지 않는다. 방법은 사실 단지 일종의 실체적 경험에 대한 **개방**일 뿐이며, 그것의 의의는 직관적으로 유용할 수 없는 층위에서 각각의 독특하고 깊이 있는 경험이 인류에 이해와 공유를 제공할 수 있는 요소를 밝히는 데 있다. 이러한 요소들이 인류에 공유되는 까닭은 그것이 상이한 문화의 사람들에게 자신의 문제를 연상할 때의 **매개**를 제공할 수 있기 때문이다. 그것의 기능은 상이한 문화의 사람들이 각자 자신의 역사경험 속에서 자신의 원리를 제련하며 자신의 문제를 발견하도록 촉구하는 것이다.

이 책에는 일본 정치사상사에 관한 논문도 수록되었다. 이러한 논문은 상술한 과제의식에서 비롯한다. 최근 몇 년 동안의 학술 실천 속에서 나는 단지 일본의 사상자원을 실체화하는 데에만 만족하지 않았다. 비록 그것들이 일본의 역사적 맥락에 강력하게 제약을 받고, 이런 역사적 맥락에서만 효과적으로 토론될 수 있지만(이런 의미에서 나는 그것들의 실체성을 견지한다), 나는 여전히 갈수록 자각적으로 그 속에서 중국 역사를 인식하는 매개로 전화될 수 있는 '방법'을 얻고 있다. 그리고 한국어를 모르는 내가 번역을 통해 한국의 사상 문헌에 조심스럽게 다가갔을 때, 나는 이런 '방법'이 실행 가능하다는 것을 이해하기 시작했다. 이 책에 수록된 한국과 일본의 사상사 문헌에 대한 나의 연구, 특히 미조구치 유조溝口雄三의 중국사상사 연구에 대한 나의 독법인 마지막 편은 기본적으로 이런 방법론의 산물이다. 이러한 토론은 마지막에 내가 가장 관심을 갖는 문제, 바로 "우리는 왜 동아시아를 논해야 하는가?"라는 문제로 귀결된다.

동아시아를 반드시 논해야 하는가는 사실 어떤 의미에서는 진정한 문제가 아니다. 그러나 이 질문을 빌려 우리는 자신의 사상 건설과 밀접하게 관련된 다음과 같은 진정한 문제를 제기할 수 있다. 오늘날 우리의 사상과 지식생산은 즉물적인가? 눈앞의 성공과 이익에 급급한 현실 토론은 효과적인가? 냉전 이데올로기의 후유증에서 벗어나려면 우리는 지식과 사상을 어떻게 다루고, 자신의 사상 전통을 어떻게 축적해야 하는가?

바로 이러한 질문 속에서 동아시아는 대체하기 어려운 사유공간이 된다. 그것은 실체와 방법이라는 두 가지 중요한 사상적 기능을 갖추고 있으며, 이 두 가지는 서로를 보충하기 때문에 어느 것 하나라도 빠져서는 안 된다. 그리고 우리가 그에 상응하는 능력을 갖추었을 때 비로소 그것이 우리에게 자신의 풍부함을 드러내게 될 것이다.

끝으로 나는 이 책의 역자인 김민정 씨에게 감사를 표한다. 역자는 이 책에 쓰인 용어의 미묘한 차이를 신중하게 가려내고자 여러 차례 메일을 통해 나와 세부적 사항을 토론하고 확인했다. 어떤 개념들에 대해서는 중국어뿐만 아니라 일본어와 영어를 통해서 확인했다. 나는 이 책이 원작에 충실한 역서일 것이라 믿는다. 원작자로서 이런 역자를 만난다는 것은 행운이다. 나는 이 기회를 빌려 역자의 노고에 진심으로 감사를 표하며, 내 연구에 줄곧 관심을 가져준 한국의 독자들에게도 심심한 감격을 전한다.

이론의 즉물

이 책의 내용은 최근 몇 년간 나의 관심사인 "역사와 정치를 어떻게 볼 것인가"라는 문제를 둘러싸고 전개되었다.

나에게 역사와 정치는 불가분의 것이다. 그것들은 각기 다른 방식으로 동일한 대상을 드러내고 있기 때문이다. 그 대상이란 유동하는 상황 자체다. 따라서 역사와 정치는 어느 정도로는 경험학문의 처리 대상이다. 다만, 학과 분류에 관한 논의보다 더 중요한 문제는, 사실상 학술적 정의에만 의존해서는 역사를 이해할 수도, 정치를 이해할 수도 없다는 것이다. 이 두 어휘가 별 생각 없이 사용될 때, 우리는 그것들이 과연 무엇을 의미하는지 전혀 따져본 적이 없다.

내가 이 문제를 천착하게 된 것은 요 몇 년 동안의 고달팠던 글쓰기 실천 때문이다. 자신의 학술적 사고가 거짓 문제를 생산하는 것을 가능한 한 피하기 위해, 그리고 현실의 복잡성에서 벗어나지 않는다는 전제하에 정치사상사 연구의 내적 긴장을 유지하기 위해 나는 가능한 상황을 대면하는 분석적인 글을 쓰고자 했다. 이 와 동시에 나는 가능한 한 사상 평론에서 그치지 않고 특정 시기나 특정 지역의 구체적인 분석 속에서 비직관적인 방식을 통해 분석 자체를 열어두고자 했다. 이 지점에서 문제가 생겨났다. 즉, 효과적인 분석은 이론능력을 필요로 하며, 이러한 이론능력은 거대담론大理論 grand theory이 제공하기 어렵다는 사실이다.

몇 년 전 학계에서 '중범위 이론中層理論 theories of middle range'의 가능성에 대해 토론한 적이 있다. 미국 사회학에서 빌려온 이 개념이 지닌 생산성은 중국 학자들의 제창을 거쳐 경험학문, 특히 역사학에 새로운 아이디어를 제공했다. 그러나 이러한 시도는 피할 수 없는 어려움에 직면하기 마련이다. 만약 중범위 이론이 거대담론의 산출 방식으로 경험에서 자아를 추상화하려고 하는 동시에 거대담론이 해결하기 힘든 경험의 다양성 문제를 효과적으로 처리하고자 한다면 부득이하게 자기모순에 빠지게 될 것이다. 거대담론은 그것이 구상具象 문제의 경험성, 특히 구상 문제가 통합할 수 없는 내재적 모순과 다른 해석을 포기했기 때문에 자기 논리의 일관성을 유지할 수 있는 것이다. 동시에 이는 필연적으로 그것이 관심을 갖는 문제를 상이한 경험에서 뽑아낸 '일치성' 또는 '동질성'에 집중시킨다. 거대담론이 '보편적'이라고 여겨지는 까닭은 그것의 이와 같은 사유방식과 관련 있다. 여기서 보편성 이론의 패권주의적 측면에 대해서는 잠시 논하지 않겠다. 그것은 인류의 상호 이해를 증강시키는 긍정적 기능을 지니고 있지만, 동시에 상당 부분은 인류 지성이 자기만족을 찾은 결과이기도 하다. 다시 말해, 그것은 고도의 추상抽象을 통해 효과적으로 처리하기 어려운 개별성 문제, 특히 거대담론의 해석 체계에 도전하는 개별성 문제를 회피해 자기합리화하기 어려운 위기를 피할 수 있도록 효과적으로 돕는다. 고도의 추상이라는 분석 방식은 문제를 정리하고 통합하는 데 도움을 준다. 그러나 이러한 정리와 통합은 경험의 다양성과 다의성을 포기하는 것을 대가로 삼기 때문에 한계 또한 명확하다. 대학원생들이 거대담론의 결론을 답습해 자신의 경험적 재료를 설명할 때, 그들은 통찰력이 풍부한 창조적 연구를 수행하기가 어려워 기껏해야 새로운 재료로 기존의 결론을 논증할 뿐이다. 만약 중범위 이론이 동일한 방식으로 자신을 추상화한다면, 설령 구체적인 문제의 기초 위에서 직접 사용할 수 있는 개념들만 추상한다 하더라도 결국엔 동일한 문제—중범위 이론도 '일반적 담론'을 자신이 추구하는 목표로 삼고, 보편성을 지닌 이론 분석의 도구를 만들어내는 일을 자기 소임으로 삼을 것인가?—에 직면하게 될 것이다. 만약 그렇다면 중범위 이론의 유효성도 '거대담론의 자세를 낮추어' 그것과 경험 실증의 거리를 좁히는 정도로서만 체현될 것이며, 그 밖에 새로운 아이디어나 새로운 이론적 방향을 제시하기는 어려울 것이다.

물론 인류의 생활 관념에 미치는 거대담론의 중요성은 대체 불가능하다. 그것은 가장 근본적인 문제를 탐구할 뿐만 아니라, 이러한 질문에 근거해서 인류의 인지認知에 끊임없이 방향적 계시를 제공한다. 만약 거대담론에 대한 이해력이 없다면 어떤 형태의 이론 생산도 자각을 결핍하게 될 것이다. 그러나 거대담론이 이와 같은 중요성을 지닌다고 해서 그것이 직접 모든 것, 특히 동태적 경험을 포괄할 수 있음을 의미하지는 않는다. 인류의 인지에 방향적 계시를 제공하는 층위와 구체적인 경험에 대한 이론 판단을 수행하는 층위 사이에는 균열이 존재해서 서로 대체될 수 없다. "구체적인 경험을 어떻게 다룰 것인가?" 이는 20세기의 언어학적 전환 이후 서양 철학가와 사상가들을 괴롭혀온 근본 문제이자 각종 해체주의 이론이 돌파하고자 한 어려움이었다. 우리 같은 비서구 세계의 지식인들에게는 더욱 골치 아픈 난관이 있다. 그것은 바로 "자신의 역사적 경험에 딱 들어맞는 이론 서술 체계를 어떻게 생산할 것인가" 그리고 "자신의 지적 전통을 어떻게 구축할 것인가"에 관한 문제다. 이런 의미에서는 심지어 무엇이 '경험'인가 하는 문제까지도 다소 미심쩍어 보인다. 이 문제들을 효과적으로 토론하기 위해서는 우선 이와 관련된 몇 가지 인식론적 오류를 정리해야만 곁길로 새지 않고 문제를 말끔하게 풀 수 있다.

첫 번째 오류를 나는 '거대담론 제국주의'라 부른다. 특히 제3세계의 지식 엘리트 사이에서 이러한 오류가 가장 두드러진다. 간단히 말해 이러한 인식론적 오류는 거대담론의 중요성을 과도하게 강조하고 수준 높은 경험연구를 과소평가하기 때문에 이미 거대담론에 대한 숭배 효과를 낳았다. 지금까지의 거대담론은 기본적으로 서구 선진국에서 생산되었다. 그리고 이렇게 고도로 추상화된 이론은 보편성과 등호를 그리며 뒤흔들 수 없는 권위성을 지니게 되었다. 이와 같은 상황을 고려한다면 그러한 사유 패턴에는 모종의 '문화제국주의'적인 특징이 내포되었다고도 할 수 있을 것이다. 주의할 것은 이런 인식론적 오류를 지적하는 의도가 결코 거대담론의 기능을 부정하는 데 있지 않다는 점이다. 앞에서 서술했듯이 거대담론 특유의 기능은 필수불가결하다. 그러나 제3세계의 지식 엘리트가 추상적으로 거대담론을 지고지상의 기준으로 자리 매김시키고, 심지어 '문화본질주의 반대'를 사상적 입장으로 삼을 때, 거대담론의 실제 기능과 한계 문제는 은폐되고 만다. 이야말로 문제의 소재다. 이런 상황에서 그것이 초래할 수 있는 부정적 결과는, 한국 사상가 백낙청의 말을 빌리자면, 제3세계의 지적 전통은 제1세계 지성계의 인정을 얻지 못하면 형성될 수 없다는 것이다. 더 나아가 말하자면, 우리는 거대담론과 거대서사大敍事 meta narrative의 차이를 구별할 필요가 있다.[1] 현재 전지구적으로 유행하는 '거대서사'는 거대담론을 구체화시킨 일종의 실천이다. 그러나 모든 거대서사가 다 성공적인 것은 아니다. 많은 경우 거대서사는 거대담론의 고도의 개괄을 모방했으나 거대담론의 내적 긴장은 결핍했다. 따라서 그것은 가능한 다수의 사물을 포괄하려는 야심만을 표현할 뿐이며, 논리적 완결성만을 추구했기 때문에 스스로 내용조차 없이 공허해졌다.

두 번째 오류는 이원대립적 사유의 절대화다. 나는 이를 '서구 대항의 오류'라 부른다. 이론, 특히 거대담론은 기본적으로 서방 선진국에서 생산되었기 때문에, 제3세계 일부 지식인은 대항하는 마음가짐으로 본토의 경험을 처리하고 서구 이론에 완전히 대항하는 지식과 이론을 생산하게 되었다. 인식론적 영역에서 거대담론 제국주의의 부정적인 효과로 인해 일부 지식인은 아예 이론을 포기하고 경험으로 작업해 '실증'으로 '이론'에 대항하는 사태를 야기했다. 뿐만 아니라 지식생산의 영역 내부에서는 통속화된 이원대립적 감각이 그것의 직관과 명료함으로 인해 대체할 수 없는 사유 패턴을 형성했다. 이러한 사유 패턴은 '동서양의 대립'이라는 구체적 범주를 훨씬 넘어서서 일종의 지적 관습, 심지어 전前 사고적인 조건반사가 되었다. '대립'을 대항과 배척으로 이해한 탓에 사람들은 경험 문제와 이론 문제를 처리할 때 '이것 아니면 저것'식의 사유방식으로 쉽게 반응했다. 이러한 오류로 인해 사람들은 역사의 과정 속에서 가장 풍부한 문제군問題群을 간과하게 되었으며, 양극단에서 출발해 인식 문제를 다루는 경향이 생겼다.

세 번째 오류는 보편성과 개별성에 대한 대립적 상상이다. 이러한 상상은 상술한 두 가지 오류의 기초 위에 세워져 있다. 이론은 보편적이고 고차원적인 것으로 설정하고, 구체적인 개별성은 이론의 대립항, 즉 보편성을 지닐 수 없는 하등한 표상으로 설정하는 것이다. 이는 연구자가 종종 개별 상황에서 추상해낼 수 있는 요소를 성급히 찾거나, 이러한 추상을 통해 서구의 주류 이론과 대립하거나 그에 대응하는 제3세계의 지적 입장을 취하도록 만든다. 그리하여 보편성과 개별성의 구체적 존재 형식 혹은 보편성이 어떤 사유과정을 거쳐야 개별성과 구분될 수 있는가 등등의 문제는 이론 토론의 정식 대상이 되기 어려우며, 단지 겉보기에만 그럴듯한 '합의' 속에서 간단히 언급되고 넘어갈 뿐이다.

상술한 세 가지 오류가 애초부터 오류인 것은 아니다. 그것들은 특정한 역사적 단계에서 인식론 건설에 유효한 자양분을 제공하고 긍정적 기능을 발휘했다. 특히 제3세계 지식 엘리트에게 이러한 오류는 필요한 지적 훈련을 동시에 제공했으며, 그들이 상대적으로 순조롭게 서구 세계와 '궤도를 같이하고' 대화할 수 있도록 했다. 그러나 역사가 부단히 움직이고 세계가 점점 일체화되어 오히려 지식의 축적이 갈수록 지역화되기에 이르자 사람들은 다음의 사실을 발견하기 시작했다. 즉, 후진국의 지식만 지역적인 게 아니라, 선진국의 지식도 패권의식이 이완됨에 따라 점점 지역화되었다는 것이다.

세계가 아직 일체화되지 않았을 때 사람들은 서로 간의 유사한 부분을 이해하는 데 만족하고, 이 유사성에 기대어 소통했다. 더군다나 서구 패권이 확장될 때에는 서구 사회문화의 핵심 고리(가령 근대성)와의 일치성을 확인한 후에라야 후진 지역이 지식의 합법성을 지닐 수 있었다. 그러나 세계의 일체화(자본의 힘을 빌린 일체화라 하더라도)가 심화된 후에는 사람들이 더 이상 추상적 층위에서 이와 같은 동질성을 이해하는 데 만족하지 않았다. 설사 패권에 기대어 자신의 역사적 요소를 인류 공통의 것으로 해석하는 '선진 지역'이라고 해도, 그 지식과 사상의 전통은 자기 역사의 제한을 받기 마련이며 따라서 지역적이라는 사실을 발견할 능력이 그들에게 생기기 시작했기 때문이다.

앵무새가 말을 배우는 단계를 지난 후에는 이른바 '후진 지역'

의 지식 엘리트도 각종 '수입 이론'을 수정하는 방식으로 작업하는 것에 불만을 품기 시작했다. 그들은 자신의 역사를 더욱 존중하는 형식으로 효과적인 이해와 해석을 찾고자 했다. 인식 층위의 지역화 추세는 전지구화가 가져온 정치경제 및 사회생활 속의 모순과 대립으로 가득 찬 일체화 과정과 표리를 이루며, 이미 동서양의 지식 영역에서 동시에 슬며시 자라났다고 할 수 있다. 그리하여 보편성의 함의를 새로이 사고하고, 직관적인 구동존이求同存異(이견은 남겨두고 의견을 같이하는 부분부터 협력함)의 추세를 뛰어넘어 진정한 상호 이해를 구축하는 것이 점점 더 현실적인 과제로 변했다. 이미 진부해진 표현을 빌리자면, 오늘날에 이르러서야 '다원화'의 문제가 진실해지기 시작했다. 다원화의 수요 또한 필연적으로 다음과 같은 지식의 진로—추상적인 형이상학적 담론으로부터 역사로의 전향—를 함축하고 있다.

오늘날 역사에서 우리가 더 이상 서구 이론 모델에 자신의 역사 분석을 대입해 제1세계의 인정을 얻는 것에 만족하지 못할 때, 위에서 기술한 바와 같이 일찍이 유효했던 세 가지 사고의 차원은 비로소 오류가 된다. 내가 이렇게 판단하는 까닭은, 우리는 더 이상 '동질성'의 시야로 이질성 문제를 처리하는 데 만족할 수 없기 때문이다. 이처럼 얄팍한 '보편성'의 인식은 이미 효과적인 소통 수단이 아니다. 이른바 '문화본질주의 반대'는 일종의 지적 입장으로, 천박하고 직관적인 '본질주의'에 대응할 수 있을 뿐 기본적으로 무슨 이론적 건설성은 없다. 여기서 골칫거리가 생겨난다. 패권은 존재하지만 그것이 더 이상 일원적 구조를 유지할 수 없는 오늘날 이 세계에서 이론적 전망이 풍부한 개별성 경험은 그것이 일원적 통합을 거절할 때에만 원리적 가치를 지닐 수 있다. 따라서 동질성의 추상에만 의존해서는 다원화된 원리를 창조할 수 없다. 이것이야말로 다음의 문제를 문제가 되게 한다. 즉, 이질성을 원리로 삼는 이론은 반드시 동질성의 추상을 거절해야 하며, 그것의 가장 가능한 형태는 특수 처리된 경험 자체일 것이다. 그렇다면 '경험성 이론'이란 가능한가? 가능하다면 이는 그것이 특정 시기나 특정 지역의 구체적인 경험을 초월하는 동시에, 경험 특유의 다의성과 개별성을 포기하지 않음을 의미할 것이다. 그것은 개별의 방식으로 '보편적'이 되어야 한다. 다시 말해 그것은 동질성을 추구하지 않고 다양성 내지는 이질성을 추구하는 방식으로 자신의 보편화 과정을 완성해야 한다.

이론은 구체적이고도 비추상적인 방식으로 존재할 수 있는가? 이론은 '즉물卽物'적일 수 있는가? 이 문제의 핵심은 다음에 있다. 즉, 이론이 단지 고도로 추상화된 비즉물적 형태로만 체현될 수 있다고 가정한다면, 그것은 자신의 다의성을 포기하고 끝내 한 유형으로 수렴되어야만 한다는 것이다. 한 유형으로 수렴되는 특징을 지녀야만 추상은 비로소 의미가 있기 때문이다. 반대로, 최대한도로 이 난제를 해결하기 위해 이론적 사고가 더 이상 **이론적 의미를 지닌 개별성 경험에서 추상명제를 추출**하는 것에 만족하지 못하게 하고, 또한 이 개별성 경험의 이론적 가치를 그것의 개별 상태를 통해서만 나타낼 수 있다고 인정한다면, 이론과 경험, 보편성과 개별성의 관계는 다시 설정되어야만 할 것이다. 물론 이는 몇 가지 새로운 개념을 발명한다고 해서 간단히 해결될 수 있는 문제가 아니라, 이론적 사고의 방향을 새롭게 조정할 필요가 있다.

내가 이런 생각을 하게 된 계기는 미조구치 유조 선생의 글을 읽으면서부터였다. 이 책의 제4부 마지막 부분에 내 독서의 결실을 기록했다. 어떤 의미에서는 이 책의 사고에 관한 기점을 구성했다고도 할 수 있다.

미조구치는 이탁오李卓吾에 대한 사례 연구를 통해 어떻게 하면 '형이하학적인 이理'를 수립하는 것이 가능한가라는 매우 첨예한 이론적 문제를 건드렸다. 이 문제를 현대적 용어로 바꾼다면 다음과 같이 표현할 수 있을 것이다. 즉, 어떻게 하면 이론(특히 도덕적이고 정치적인 것과 관련된)을 서술하고 구축하면서 그것의 경험성과 개별성을 잃어버리지 않게 할 수 있을까? 이것이야말로 미조구치가 이탁오의 질문을 통해 수행한 질문이다.

이탁오의 '멈출 수 없음不容己' '진공眞空' '동심童心'과 관련된 특정 논증, 특히 그가 이러한 논증에서 드러낸 '불립론不立論'의 입장에 의거해 미조구치는 다음과 같은 분석을 제시했다.

> 그(이탁오)에게 형이하학적 실존에 근거하는, 인간 보편의 객관적 존재로서의 이理는, '이'라기보다는 차라리 진공眞空이며, 그것의 확실성과 불확실성은 동시에 공존한다.[2]

이탁오의 자연은 **인간의 자연**이었다. 요컨대 '공空할 수 없다'고 한 것은 형이상학적인 관념 사변으로는 틀 지을 수 없음을 말한 것이다. 인간의 자연적 본성을 멈출 수 없는不容己 효제孝悌로 규정하는 것이 그의 눈에는 관념의 틀에 지나지 않았다. 바꿔 말하면, 그것은 '나'의 관념에 의해 만들어진 나이며, '소는 잊고 사람만 남은忘牛存人' 것처럼 사람에 의해서 없다고 간주된 소와 같다. '나'에 의해 관념화될 수 없는 나, '내'가 있으므로 내가 존재하는 나를 넘어서 내가 존재할 이유 없이 존재하는 그러한 나야말로 나의 자연이었다. 그에게는 그것이 때로는 욕망이며 사私였던 것이다.[3]

미조구치의 위와 같은 분석의 배후에 숨어 있는 이론적 관심사는 줄곧 나의 기본적인 과제課題의식을 괴롭혀왔다. 미조구치에게 이 과제의 표층적인 함의는 다음과 같다. 양명학陽明學의 '무無'로부터 이탁오의 '진공眞空'에 이르기까지 '이理'에 대한 해석의 구조적 전환이 일어났다. '인간의 욕망을 긍정하는 이理'는 즉성리卽成理 개념[4]의 속박을 타파했으며, 방법론의 확립을 획득했다. 그것은 이理(질서)가 더 이상 인간에 대해 선행적인 규정성이 아니라, 반대로 개인의 사회생활(이탁오의 표현을 빌리면 '입고 먹는 것穿衣吃飯') 속에서 생산된 결과일 뿐임을 의미한다. 만약 16세기 이래 유교가 민간으로 침투한 역사의 과정과 결합해 이해한다면, 상술한 인용문에서 이탁오의 형이하학적 성질의 '이', 형이상학적 관념으로는 형상화할 수 없는 자연에 대한 사고는 사상사의 구체적 의의를 얻게된다. 즉, 그것은 개체의 욕망과 형이하의 자연으로서의 '사'를 의미하며 사회적 가치를 지니게 되는 것이다.

중국사상사와 중국철학사의 훈련을 받지 않은 나로서는 이 과제의 표층적인 함의는 바라볼 수만 있을 뿐 가까이 다가갈 수 없는 것이다. 그러나 그것이 나를 매료시킨 이유는 내용 자체에 있지 않다. 내가 보기에 미조구치는 핵심적인 이론의 고리를 추진했는데, 다시 말해 그는 이탁오 특유의 "인륜물리人倫物理로서의 입고 먹는 것"이라는 사상의 궤적을 빌려 '공空할 수 없다'는 담론 공간을 구축한 것이다.

미조구치는 이탁오의 '입고 먹는 것'이라는 개별적 시야의 보편성에 관해 다음과 같이 논했다.

정해진 이치定理가 '정해질' 수 있는 이유는 그 이치가 '하나ㅡ'라는 보편성을 지녔기 때문이다. (…) 이탁오는 이러한 관념을 정면에서 파괴하고자 했다. 이미 보았듯이 "성불이란 이루어야 할 부처가 없는 본래 부처를 성취하는 것이다成佛者, 成無佛可成之佛". 사람마다人人 **각자가** 본래 부처라는 점에서 모든 사람人人이 보편적인 것이지, **이루어야** 한다고 간주된 부처應成之佛 속에서 보편적인 것이 아니다. (…) 인간은 불성佛性(곧 이理)을 갖추고 있다는 점에서 보편적이지만, 그러나 그것의 발현은 개별적이고 다양하다. 인간은 개별적이고 다양하며, 개별적이고 다양한 것은 각자가 **인간으로서** 살아가고 있다는 증거다. 바꿔 말하면 **각자가** 인간으로서 **살아가고 있는** 것, 그것이 인간의 보편성이다.[5]

미조구치는 여기에서 보편성에 대한 통속적인 이해를 전복시켰다. '마땅히 그러한 것應然'으로서의 '하나', 즉 선행하는 규정성으로서의 추상적 정리定理는 보편적인 것이 아니다. 정해진 이치의 보편성에 대한 전복은 그것이 단일한 질서 체계를 위로부터 아래로 규정했기 때문이다. 이탁오에게 이 단일한 질서 체계에 대한 부정은 자연법과 정치관이 원리상 전환되었음을 의미한다. 미조구치에게 통속적인 보편 관념에 대한 전복은 직관적인 일원적 세계감각이나 이원대립적 관념을 타파하고 진정으로 다양한 사유공간을 구축함을 의미한다.

나는 미조구치가 다원적이고 다양한 '민 일반人人'이 지닌 보편적 성격을 서술할 때 동질성을 추구하는 관성적 사유를 타파했음에 주목했다. 우선 그는 '이루어야 한다고 간주된 부처應成之佛'가 보편성을 지닌다는 가정을 부정했다. 이것은 이해하기 쉽다. '마땅히 ~해야 한다'는 전제로 역사를 토론한다면 장차 비역사적인 결과를 초래하게 된다는 점은 오늘날 학계에서 이미 어느 정도 공감대를 형성하고 있다. 특히 '마땅히 ~해야 한다'는 가설이 '위로부터 아래로'의 성격을 지녔을 때 그것은 역사의 보복을 받는 것을 피할 수 없다. 이 점에 대해서는 이미 설명이 필요 없다. 그러나 미조구치는 여기서 멈추지 않는다. 그는 한 걸음 더 나아가 "각자가 인간으로서 살아가고 있는 것"이야말로 인간의 보편성이라고 지적한다. 인간이 불성을 지녔다는 것은 보편적이지만, **이 보편성은 단지 '이루어야 한다고 간주된 부처'에 대해서만 성립할 수 있을 뿐이다.** 모든 인간이 불성을 지녔다는 것은 단일하게 '이루어야 한다고 간주된 부처'가 보편성을 지닌다는 것을 부정하는 의의에서만 보편적이다. 그러나 모든 인간이 불성을 지녔음을 지적하는 것은 핵심이 아니다. 그것은 다만 토론의 기점을 제공할 뿐이다. 이탁오는 말한다. "발원發願이란 부처마다 하고자 하는 바를 발하여 기원하는 것이다. 이것은 천 부처 만 부처가 똑같을 수 없다. 부처가 있어야 기원이 있게 되는 것이니, 부처라는 점에서는 같지만 그 기원은 각각 다르다." 이는 미조구치에게 보편성에 대한 논의를 불러일으켰다. 그는 두 가지 상이한 보편성의 차원을 밝혔다. 하나는 모든 인간이 불성을 지녔다는 동질의 보편성이고, 다른 하나는 천 부처 만 부처가 똑같을 수 없다는 차이의 보편성이다. 미조구치는 이탁오의 말을 빌려, 이 두 가지 보편성 담론에서 잠재적인 연관을 구축했다. 즉, 동질성의 보편성 그 자체는 형태를 지니지 않는 '진공眞空'이다. 바꿔 말하면 그것은 서술할 방법이 없다. 왜냐하면 그것은 형태가 부여될 때 '하나'가 되고, '마땅히 그러한 것'이 되며, 위로부터 아래로의 강제적 질서가 되기 때문이다. 차이의 보편성이야말로 보편성의 진실한 형태다. 그것은 천차만별일 뿐만 아니라 '공할 수 없으며不能空', 진정한 형이하학적 함의를 지닌다. 따라서 보편성에 관한 논술은 진공의 동질성 층위에 구축될 수 없으므로 '공할 수 없는' 이질성의 층위에 구축되어야 한다.

　나는 이에 다케우치 요시미竹内好가 「방법으로서의 아시아方法としてのアジア」 결말부에서 전개한 논의를 떠올렸다. 그는 더욱 이해하기 쉬운 설명을 제공했다. 즉, 인간은 유형상 동질적이며, 문화적 가치도 동질적이지만 한편으로 문화적 가치는 결코 공중에 부유하는 것이 아니라 인간 내부로의 침투를 통해서만 현실성을 얻을 수

있다는 것이다. 동질에 관한 논술은 이탁오가 제기한 "모든 인간은 불성을 지녔다"는 논술의 현대판으로 볼 수 있다. 그것은 또한 '위로부터 아래로'(정확히 말하자면 서양에서 동양으로)의 강제적 질서에 대립하는 평등의식을 체현한 것이다. 문화적 가치가 인간 내부로의 침투를 통해서만 현실성을 지닌다는 말도 문화는 개체의 인간을 통한 개별성의 체현을 필요로 하며 개별적인 형태로써 자신을 실현해야지, 그렇지 않으면 자신을 직접적으로 드러낼 수 없음을 강조한 것이다. 다케우치 요시미가 주목한 것은 근대 서양이 무력을 통해 그들의 문화적 가치를 동양으로 침투시킨 후, 동양은 어떻게 이 외래 가치의 내재화라는 난제를 처리했는가 하는 점이다. 그의 태도는 동양은 반드시 독자적인 주체성으로 서양에서 온 가치를 새롭게 만들어야 하며, 그것을 그대로 보편성으로 여겨서는 안 된다는 것이다.

미조구치는 확실히 훨씬 정교하고 치밀한 인식론의 층위에서 다케우치 요시미의 문제를 밀고 나갔다. 그는 보편성이 형언할 수 없다는(즉 '공') 의미에서만 동질성이라는 핵심 고리를 밝혔다. 바꿔 말해서 형언할 수 있는(공할 수 없는) 그 어떤 이론도 동질성의 방식으로 보편성을 찾을 수는 없다. 형언할 수 있는 보편성은 반드시 다양하고 이질적이다. 이는 보편성에 대한 감각의 방식이 이질성 자체의 체험과 인식의 층위로 조정되어야만 진정한 의미의 다원화 입장이 실현됨을 의미한다.

미조구치가 제기한 이 문제를 계속 밀고 나갔을 때 우리가 마주치게 될 이론적 딜레마는 다음과 같다. 개별 형태로 나타나는 보편성이 어떻게 개별성에 국한되지 않으면서 형이상학적 동질성에 환원되지 않을 것인가, 그것은 어떻게 **개별의 방식으로 보편이 될 것인가** 하는 점이다.

미조구치가 이 문제를 직접 논한 적은 없다. 다만 사상사의 각도에서 다케우치 요시미와 방향상 일치하는 인식론—중국을 방법으로 삼고 세계를 목적으로 삼는—을 드러냈을 뿐이다. 다시 말해서 중국 연구는 중국 자체를 목적으로 삼지 않고 단지 방법으로 삼는다는 것이다. 다케우치 요시미는 「방법으로서의 아시아」에서 '방법'에 대해 다음과 같이 설명했다. 그것은 결코 실체적인 것이 아니라 주체 형성의 과정이다. 중국 사상의 역사를 개별성으로 간주한다면 분명 그 보편성은 단지 비실체적 의미에서 세계와 관련 있는 것으로 구현될 수 있을 뿐이다. 다시 말해 그것은 자신을 초월하는 방식을 통해 세계의 한 부분이 된다. 이는 당연히 이른바 문화본질주의와 직관적 반본질주의 모두를 겨냥한 비판이다. 미조구치는 한 걸음 더 나아가 세계를 목적으로 삼는 것은 세계를 방법으로 삼는 것과 상대적이라고 말한다. 후자는 모종의 이미 정해진 '세계사'를 방법의 기준으로 삼고 이로써 중국의 역사를 재단한다. 오랜 시간 동안 이른바 세계사적 방법은 곧 구미歐美의 방법이었다. 세계를 방법으로 삼고 중국을 목적으로 삼는 중국 사상사 연구는 표면적으로는 마치 '반본질주의'인 것 같다. 미조구치는 왜 그에 대해 의문을 품었을까? 이는 그것이 중국을 '세계로 나아가게' 하기 위해 기성의 서구 기준으로 중국의 유사성이나 차이성을 재단한다는 데 그 원인이 있다. 이는 실제로는 위장된 일원론적 인식론이며, 현실 속에서 패권과 공모관계에 있다.

　미조구치의 『방법으로서의 중국方法としての中國』과 다케우치 요시미의 「방법으로서의 아시아」에서 나는 다음과 같은 시사점을 얻었다. 개별성이 개별의 방식으로 보편이 된다는 것은 그것이 추상된 후에 여타의 개별성 속으로 전용됨을 의미하지 않는다. 또한 그것이 자신을 초월해 여타의 개별성을 포괄함을 의미하지도 않는다. 개별성 사이의 상호 소통을 보편성으로 이해한다면, 그것은 유형의 동질성에 기대지 않으며, 내용이나 구조적 요소의 유사성에 기대지도 않는다. 소통의 가능성은 개별성 사이에 다케우치 요시미가 말한 '가치상의 동질'이 있는가의 여부에 달려 있다. 불평등과 차별로 가득 찬 현대 세계에서 진정으로 소통의 어려움을 조성하는 것은 이해의 장벽이 아니라 이해하려고 하는 성의의 문제다. 제1세계가 제3세계에 대해 얼마나 호기심을 갖지 않고 있으며, 제3세계가 제1세계를 이해하기 위해 얼마나 노력하는지를 잘 생각해본다면, 오늘날 통용되는 이른바 '보편성'의 심층적 함의는 그것이 일종의 가치판단이라는 것을 알 수 있다. 그것이 종종 불평등한 가치판단이라는 점에 대해서는 별도의 논증이 필요하지 않을 것이다.

　바로 이러한 인식론적 상황에 기초해, 미조구치의 이탁오 연구는 이론적 의의를 지니게 된다. 그의 개별성 자체에 대한 보편적 인지는 개별성을 형상을 지닐 수 없는 '가치상의 동질'로 추상하는 것을 거부한다는 데 특징이 있다. 그는 개별성 자체를 고수하는 동시에 가치상의 동질이라는 평등의 입장으로 이 고수를 개방

한다. 미조구치의 말을 빌리자면, 이 가치상의 동질은 '목적으로서의 세계'다. 그 자체는 방법을 구성하지 않으며, 가치평가의 직접적인 기준을 구성하지도 않는다. 여기서 우리는 인식론의 전도를 보게 된다. 이 전도는 보편성의 존재 방식 및 그것과 개별성의 관계를 새롭게 확인시켜, 우리로 하여금 개별성에 대한 심도 깊은 해석을 통해 보편성을 획득할 수 있게 한다. 이는 개별성에 대한 포기를 통해 보편성을 추상해내는 것이 아니다. 미조구치의 사례 연구를 통해 이런 개별성의 개방이 지니는 형태를 분명히 볼 수 있다. 그는 『중국 전근대 사상의 굴절과 전개中國前近代思想の屈折と展開』에서 이탁오와 동림파東林派 및 명말청초 사상가들 사이에 벌어졌던 사상 명제상의 대립을 해설하면서 대립을 근본으로 삼지 않았다. 미조구치는 이러한 대립이 이질성으로 상호 연관되어 있으며 역사적 전환기에 특유의 구조적 기능을 담당했음을 밝혔다. 다시 말해 개별성은 동일한 구조 속의 상이한 위상을 통해 상호 연관된다는 것이다. 이런 연관은 그것들을 동질성의 사물로 통일시키지 않으며, 그것들이 스스로를 초월해 보편성을 지니도록 한다.

　보편성과 개별성에 대한 토론은 이론과 경험에 대한 토론에도 그대로 적용된다. 이론이 오늘날 잠재적 패권을 지니는 까닭은 거기에 애매모호하게 보편성 가치가 부여된 것과 관계있다. 이론은 동질성을 추구하는 과정에서 스스로 '방법'이 되려는 의도를 드러냈다. 또한 스스로 경험의 다양성을 가능한 한 포괄하고, 동질성의 추구를 통해 단일체계적 해석에 대한 구축을 완성했다. 이는 '거대담론'의 유행을 야기했다. 이런 국면을 되돌리려는 포스트

구조주의 이론의 노력은 성공하지 못한 듯하다. 오늘날의 이론 생산은 더욱 강력한 실체성과 직관성의 특징을 드러냈고, 경험의 다의성과 다양성에 대해 필요한 민감함과 대응능력이 결여되었으며, 이론 생산자가 반드시 갖추어야 할 경험에 대한 애정은 더더욱 결핍되었다.

경험은 개별적인 것이다. 개별 경험이 스스로를 초월하는 요소를 갖추었을 때 그것은 이론적 성격을 지니게 된다. 그러나 동질성을 추상하는 방식을 통하지 않고 이러한 요소를 포착하려면 필요한 인식론적 절차를 수립해야 한다. 이 절차는 직관적 타성을 타파해 개별 경험의 이론성을 직접적인 추상적 서술이 아닌 간접적인 인식론으로 전환해야 한다. 인식론은 기계적으로 적용할 수 있는 것이 아니다. 그것은 개인의 체득을 통해서만 현실적 관찰능력과 문제의 발견능력으로 전환될 수 있다. 미조구치가 이탁오를 통해 **"각자가** 인간으로서 **살아가고 있는** 것, 그것이 인간의 보편성이다"라고 강조할 때, 그는 개체의 다양성과 살아간다는 형이하학적 사실 자체가 보편적이라고 말하는 것이 아니다. 그는 사람들이 이런 형이하학적 사실의 층위에서 추상을 통한 의미 부여를 고수하거나 거절할 능력이 있을 때, 일종의 인식론을 얻게 된다고 말하는 것이다. 그 인식론은 가시적 사실을 사실로 삼는 직관적 논술을 극복해 형이하학적 경험 속에서 개별 문제 사이의 **비가시적 연관성**을 발견할 수 있도록 돕는다. 이 연관성을 드러내는 것은 즉물적 이론의 중요한 작업 가운데 하나로 간주되어야 한다. 그것은 어떤 상황에서는 구조적이지만(가령 미조구치 유조의 연구), 어떤 상황에서는 반드시 구조적이지는 않다(가령 마루야마 마사오丸山眞男의 연구). 이 책은 각기 다른 장절에서 이 두 가지 작업 방식에 대해 논하며 다음과 같은 동일한 문제의식을 심화시키고자 했다. 즉, 개별성이 자신을 개방하는 중요한 지표는 그것이 여타의 개별성과 **깊은 연관을 맺으며, 이 연관 속에서 자신의 개별성을 유지**한다는 것이다. 미조구치 유조의 경우에 이렇듯 깊이 연관된 개별성은 온전한 구조의식을 통해 개방성을 획득한다. 한편 마루야마 마사오의 경우에 깊이 연관된 개별성은 비실체적 동태 분석의 고리를 통해 개방성을 획득한다.

경험연구로서의 정치사상사는 각종 개별 요소 사이의 연관성에 대해 이론적인 상상을 펼쳐야 한다. 어쩌면 이런 연구는 즉물적 이론을 절실히 필요로 할는지도 모른다. 왜냐하면 그것은 경험의 풍부성에 끊임없이 새로운 해석을 제공하고, 경험을 위해 새로운 형상을 만들어내기 때문이다. 동시에 개별적 경험 사이의 연관은 종종 유사성을 통해서가 아니라 차이성을 통해 완성되며, 그것들의 연관성도 논리에 의해서만 도출될 수 있는 것이 아니기 때문이다. 이런 작업은 직관적인 방식으로 감당할 수 있는 것이 절대 아니기 때문에, 이런 경험연구는 경험적 감각에만 의지해서는 완성될 수 없다. 동시에 사료史料를 마주하는 경험연구 특유의 성질로 인해 정치사상사적 해석은 결코 자유롭거나 임의적일 수 없으며, '이론'의 논리에 의지해 추론할 수 없다. 거대담론을 미리 전제로 세워놓고 경험 자료를 채워넣는 것은 더더욱 안 된다. 그것들은 반드시 '사료의 반항'을 거쳐야 하며, 사료 자체의 논리를 충분히 존중해야 한다(여기서 사료 자체의 논리를 어떻게 판단해야 하는가의 문제는 잠시 논하지 않기로 한다. 이것은 또 다른 복잡한 이론 문제를 포함한다). 또한 사료의 충격 속에 해석 자체에 대해 끊임없이 질문을 던지고 완성도를 추구해야 한다. 이렇게 족쇄와 수갑을 차고 춤을 추는 과정을 통해 이론의 상상력은 진정으로 '즉물적'이 될 수 있으며, 그것이 드러내는 사물들 사이의 연관성도 사료 자체에 의해 뒤집힐 수 없게 된다.

미조구치의 이탁오 연구는 흥미진진한 문제를 포함한다. 그것은 이탁오의 '불립론'이라는 지적 입장이다. 이는 이탁오가 개념·결론을 사용하지 않는다거나 개념이 가치 없다는 말이 아니다. 이탁오에게 개념과 결론은 우선적인 것이 아니다. 그는 이런 것들을 언제든지 가차 없이 버릴 수 있으며, 결코 이로써 안신입명安身立命하지 않는다. "개념에 의지하지 않는 방식으로 개념을 사용"한다는 것은 개념의 임의성을 제창하는 것이 아니다. 사실상 미조구치는 자신의 연구에서 이러한 불립론의 지적 태도를 체현했다. 이는 그가 늘그막까지 정확한 개념을 찾기 위해 모색하는 데 전혀 방해가 되지 않았다. 이러한 지적 태도가 강조하는 것은 개념이 '방법'이 되어서는 안 되며, 기준이 되어서는 더더욱 안 된다는 것이다. 그것은 기껏해야 "고기를 잡고 나면 통발을 잊는다得魚忘筌"고할 때의 '통발'에 지나지 않으며, 스스로 목적이 될 수 없다. 따라서 개념의 층위 내지는 결론에 대해서만 토론하는 것은 정치사상사에서는 한참 부족한 것이다. 이른바 이론이 즉물이어야 한다는 요구는 이러한 불립론의 지적 태도와 상당한 정도로 관련이 있다.

다시 말해 즉물적 이론은 반드시 자기상대화의 능력이 있어야 한다. 그것은 끊임없이 개념의 방식을 통해 사물의 동태 구조를 파악할 수밖에 없으며, "하나만 건지고 만 개를 빠뜨리는挂一漏万" 자신의 숙명을 끊임없이 또렷하게 자각해야 한다. 이로 인해 즉물적 이론은 부단한 조정, 심지어 자기부정을 통해 경험의 '개별성'에 직면하고, 개별성 속에서 개별성을 개방하는 계기를 찾아야 한다. 이는 또한 다음과 같이 골치 아픈 문제를 초래한다. 즉, 즉물적 이론이 반드시 이론의 형태를 취하는 것은 아니나, 동시에 그것은 경험도 아니라는 점이다. 이로 인해 즉물적 이론이 독립적으로 존재할 수 있는가가 문제가 된다. 분명 그것은 자족적인 지식의 범주로서 스스로 확립되기 어렵다. 이는 또한 그것이 본격적으로 토론될 수 없는 원인을 초래한다. 그러나 우리가 얄팍한 태도로 지식을 이론적인 것과 경험적인 것으로 나누길 원치 않는다면, 또한 이론에 관한 갖가지 오류 속에서 순종하길 원치 않는다면, 이 '불립론'의 이론은 어쩌면 예상치 못한 사고의 계기를 제공할지도 모른다는 것을 잘 알 수 있다.

개인적인 학술의 실천과정에서 나는 아직 이 즉물적 이론의 범주에 관한 문제를 해결할 능력이 없다. 정확히 말하면 어떤 문제들은 나에게 이 문제보다 훨씬 중요하다. 나 역시 거대담론의 기능을 중시하긴 하지만, 경험에 대해 깊이 천착하려고 애쓰는 과정에서 즉물적 이론의 대체 불가능한 중요성을 통감한다. 이러한 이론이 있어야만 경험을 다룰 상상력을 제공하며 이론의 결론을 답습하는 부박한 태도를 거부할 수 있다. 나는 갈수록 이론이 실은 일종의 능력, 곧 비가시적 요소에 대해 상상하는 능력이라는 생각이 든다. 거대담론이든 즉물적 이론이든 이 점에서는 동일하다. 중요한 것은 이론의 결론이 아니라 이론적 사유 자체가 제공하는 상상력이다.

이 책은 내가 정치사상사의 과제를 사유할 때의 기록에 불과하다. 나로서는 즉물적 이론에 관한 능력을 연마한다는 이 막중한 임무를 완성하려면 아직 멀었다. 다만 행운이라면 본보기가 될 만한 선배 학자들을 찾아 그들에게서 시사적인 정신의 영양분을 직접 얻었다는 것이다. 앞에서 언급한 미조구치 유조 선생 외에 한국의 백낙청 선생도 많은 깨달음을 주었다. 그들보다 위 세대의 사상가로서 다케우치 요시미와 마루야마 마사오는 내게 매우 유용한 사유의 계기를 더 많이 제공했다. 이들 동아시아의 사상가와 학인이 전후戰後에 직면한 것은 지속되면서도 변화하는 사상의 과제—자신의 지적 전통을 어떻게 형성할 것인가, 자신의 사상과 지식의 생산을 어떻게 자신의 사회생활과 모종의 내재적 관련을 맺도록 할 것인가—였다. 이는 또한 우리 세대가 직면한 과제이기도 하다. 이 책은 어느 정도는 후배 학인으로서 내가 이 선배들과 나눈 대화이기도 하다.

사유의 범주로서 동아시아는 종종 그 유효성에 의문이 제기되어왔다. 그러나 자신의 지적 전통을 형성하는 문제에서, 나는 동아시아를 단순히 지리적 상상의 공간으로서가 아니라 지식의 범주로서 간주하는 것이 나름의 합리성과 대체 불가능한 가치를 지닌다고 느낀다. 동아시아의 이웃 나라 지식인들이 제기하는 엄중한 질문은 종종 중국 지식인들이 소홀히 여기는 문제를 도드라지게 만든다. 즉, 왜 동아시아를 말해야 하는가와 왜 동아시아를 말하지 않는가는 똑같이 역사의 문제이며, 이론적 상상력이 없으면 포착할 수 없는 문제다. 동아시아의 '현장감'을 얻는 것은 동아시아의 인문지리를 숙지한다고 되는 게 아니다. 이는 우리가 현재를 산다는 것이 반드시 동시대사 속에 사는 것이 아님과 같다. 같은 이치로, 이른바 '문화횡단적跨文化 transcultural' 시야는 외국에 나가서 외국어를 배운다고 형성되는 것이 아니다. 이는 여행자가 여행을 자신의 일상생활과 동일하게 여기지 않는 것과 같다. 동아시아의 상황성狀況性과 문화횡단적 지식 활동은 즉물적인 이론의 상상력이 지닌 힘을 빌려 발견하고 만들어야 한다. 그것은 완성된 것일 수 없으며, 이미 정해진 윤곽이 있을 수도 없다. 이런 발견과 만들기는 자기 주체성에 대한 질문이 없이는 완성될 수 없다.

역사란 무엇인가? 정치란 무엇인가? 나는 이런 질문들을 나 자신의 사상적 훈련으로 간주하며, 이 책은 그 훈련이 남긴 흔적이다. 나로서는 답을 찾는 것이 목표가 아니다. 목표는 질문 그 자체에 있다. 이런 문제들이 더 많은 문제를 이끌어낼 때, 그것이야말로 학문을 하는治學 의미라고 생각한다.

제1부

—

동아시아
담론과
동아시아
감각

1장

동아시아 시각의 인식론적 의의[1]

중국사회 기성의 동아시아 시각과
그 문제성

'동아시아'라는 말이 나오면 사람들은 자신도 모르게 모종의 이미 정해진 대상을 떠올릴 정도로, 동아시아에 관한 논의는 오늘날에 이르기까지 이미 상당히 축적되었다. 그러나 조금만 따져보면이 대상이 다소 모호함을 알 수 있다. 그것은 중국·한국·일본을가리키는 것인가, 아니면 중·한·일에 북한을 더한 것인가? 그것도아니면 베트남이나 동남아시아 국가까지 포함하는 것인가? 우리는 과연 중·한·일이라는 가장 흔한 틀을 동북아시아라고 부를 것인가, 아니면 애매모호하게 '동아시아'라고 부를 것인가?

이러한 지리적 차원의 문제보다 더욱 대답하기 어려운 것은 오늘날 중·한·일 삼국의 지식인들이 교류할 때 종종 직면하게 되는 다음의 문제다. 즉, 중국사회는 왜 아시아 의식이 결여되었는가? 이는 중국 중심의 대국의식과 관련이 있는가?

국제관계를 연구하는 중국 지식인들은 종종 이른바 '동아시아 담론'을 수행하느니 직접 동서양 간의 대화를 진행하는 편이 낫다고 생각한다. 또는 다른 시야를 설정하는 것이 훨씬 현실적으로 시급하다고 생각한다. 예컨대 중국·러시아·인도 삼국 지식인 간의 대화가 대체로 동아시아 간의 대화보다 훨씬 더 현실성이 있다는 것이다. 이는 동아시아·남아시아·서아시아, 그리고 단위로서 거의 언급되지 않는 '북아시아' 지역과 모두 경계를 접하고 있는 국가로서 중국이 동아시아라는 틀 속으로 완전히 끼어들지 않기 때문이다. 그렇다면 "왜 굳이 동아시아를 논해야 하는가".

확실히, 중국에서 동아시아 담론의 발흥을 추적해보면 그것이 사실 우리의 지식 토양에서 '자연적으로' 자라난 게 아님을 알 수 있다. 이식의 색채가 짙다고 하는 편이 나을 것이다. 이 이식은 두 방면에서 이루어졌다. 하나는 개혁개방 이후의 근대화現代化 modernization 이데올로기다. 이로 인해 한국과 일본(또는 '아시아의 네 마리 작은 용')이 중국사회 여론의 시야에 들어왔으며, 경제일체화의 추세에 힘입어 냉전 시기에는 결코 일체화되지 않았던 동아시아가 총체整體로 간주되었다. 여기에 한국과 일본에서 지금까지 축적된 동아시아 연구 및 한국과 일본의 각종 재단이 추진하는 동아시아 연구 프로젝트가 중국의 동아시아 담론에 큰 영향을 미쳤다. 다른 하나는 미국에서 이루어진 지역 연구의 틀에서 비롯되었다. '아태亞太 지역'이라는 시야와 미국 대학의 동아시아 학과라는 틀은 동아시아를 상대적으로 독립된 지역으로 바꾸었다. 국제적으로 나타나는 갖가지 새로운 추세에 부응하기 위해 중국의 언론계도 동아시아를 화제로 삼았다. 그리하여 갈수록 동아시아는 원래 우리 의식 속에 있었던 것처럼 자연스럽게 느껴지게 되었다.

그러나 동아시아에 관한 담론을 자세히 살펴보면 중국에서 형성된 동아시아 시각은 상대적으로 빈약함을 알 수 있다. 빈약하다는 말은 동아시아 담론이 유행하지 않는다는 뜻이 아니다. 또한 동아시아를 유기적 총체로 간주하는 연구 성과가 충분히 축적되지 않았음을 의미하지도 않는다. 이는 중국 지식계에서 동아시아에 관한 연구가 인식론상 상응하는 지위를 얻지 못했음을 의미한다. 중국 지식계는 상술한 여러 가지 문제를 대답이 필요한 문제라고 여기지 않았으며, 거의 대답하지도 않았다. 동시에 동아시아 연구는 기본적으로 경험의 층위에 머물러 있기 때문에, 이러한 경험적 연구의 본체론적 대상은 그다지 의문시되지 않았다. 따라서 중국의 사상과 지식을 연구하는 층위에서 동아시아 연구의 위상은 뚜렷하지도 않고 자각적이지도 않다. 이와 같은 기본적인 상황에서 우리는 현재 모종의 합의를 이루고 있는 동아시아에 관한 시각을 간략하게 스케치할 수 있을 것이다.

비교적 통용되는 동아시아 시각은 전통 유학儒學의 시각이다. 이러한 시각은 고도의 추상화 방식으로써 중국과 한반도, 일본을 유학이라는 틀을 통해 총체로 통일시킨다. 또한 유학에서 가장 기본적인 추상적 가치 관념(예컨대 인仁, 중용中庸)이 상술한 지역에서 지니는 보편성을 논증하는 데 힘을 기울인다. 이런 방식의 유효성에는 한계가 있다. 직관적 의미에서라고 할지라도 유교가 동아시아 지역에서 동일한 기능을 지닌다고 단언하긴 힘들다. 왜냐하면 똑같이 유학의 영향을 받았음에도 왜 일본은 자본주의의 길을 걸었고, 중국은 사회주의를 선택했는지 설명할 도리가 없기 때문이다. 한반도가 어쩔 수 없이 둘로 갈라진 후 '유학'이 상이한 사회 시스템에서 어떤 작용을 했는지에 대해서는 더더욱 설명할 길이 없다.

유학을 이미 지나간 어느 역사적 단계의 산물로 간주한다면, 우리는 다음과 같은 문제를 피할 수 없게 된다. 즉, 유학이 동아시아의 서로 다른 국가에서 상이한 역사적 형태를 지닌다면, 유학의 전성기라 하더라도 이데올로기로서의 유학이 아무런 매개 없이 삼국을 포괄할 수는 없다. 서로 다른 국가에서 유학은 상당히 다른 함의를 지니며, 그것은 해당 사회 자체의 역사에 제약을 받아 추상적으로 고립된 것일 수 없다. 근대 이후 동아시아의 서로 다른 사회에서 유학의 잠재적 기능은 더욱 달라졌다. 이에 대해서는 이미 수많은 사례 연구가 실증할 수 있다. 이 때문에 유학의 시각이 동아시아를 관찰하는 출발점이라면, 각 사회에서의 유학의 유사성이 아닌 차이성에서 출발할 수밖에 없으며, 동원되어야 할 것은 직관적 경험이 아니라 역사구조에 대한 상상력이다.

'커뮤니케이션 이론'의 사유로써 이 지역에서의 유학의 흐름을 확인하고자 한다 하더라도, 누가 '시조'이고 누가 '계승자'인가를 밝히는 것을 목표로 설정하기도 곤란하다. 그보다는 커뮤니케이션 과정 속의 변천에 더욱 주목해야 한다. 왜냐하면 이 과정에서 가장 기본적인 문제는 상이한 정치공동체가 유학에 가한 '재형상화' 기능에 있기 때문이다. 유학은 여태껏 정치 환경을 벗어나 진공 상태에서 '여행'할 수 없었다. 유학을 시각으로 삼아 동아시아 담론을 구축하고, 동시에 직관적인 태도로 동아시아 각국의 유학을 동일한 것으로 간주한다면, 이러한 동아시아 시각은 역사성과 현실성을 결여해서 공론으로 변하게 될 것이다.

사실 엄밀히 말해서 유학 시각이 반드시 동아시아 시각과 동일한 것은 아니다. 이는 나중에 억지로 끌어다 붙인 역사 서술이며, 결코 역사 논리 자체와 동일한 것으로 간주될 수는 없다. 유학은 동아시아라는 틀이 결코 필요하지 않다. 그러나 동아시아라는 나중에 형성된 역사 서술의 틀에서 유학은 필수적인 접착제다. 따라서 '오늘날의 시각'으로서 유학의 기능은 '동아시아의 역사'를 인식하는 데 있는 것이 아니라, 현재 존재하는, 내재적인 결합력을 지닌 '동아시아'를 힘써 논증하는 데 있다. 기존의 '동아시아 유학' 담론을 살펴보면, 이러한 담론의 기능은 '유학'을 통해 동아시아(기본적으로 중·한·일)에 내재하는 차이를 해소함으로써 통일된 관련 서사 구조를 수립하는 데 있음을 알 수 있다.

동아시아에 관한 두 번째 시각은 사실 일본의 영향을 받은 것이다. 그것은 바로 '근대화'의 시각이다. 동아시아를, 서양을 따라잡고 서양에 대항함으로써 근대화를 실현하려는 지역으로 간주하는 것은 일본이 메이지明治 이후 줄곧 굴곡진 방식으로 추구해

온 생각이다. 이런 생각은 일본 지식인이 동아시아를 사유하는 시각을 잠재적으로 규정하고 있다. 오늘날 일본의 동아시아 담론에도 이런 생각이 여전히 재생산되고 있다. 이런 생각에서 중국, 한반도와 일본은 서양에 대항하는 맹방이라기보다는 서양을 따라잡는 경쟁 상대다.[2] 누가 동아시아를 대표하는가는 줄곧 잠재적인 문제였다. 개혁개방 이후 중국에서 근대화는 사회적으로 공인된 모종의 이데올로기가 되었다. 일본의 동아시아 담론도 그에 따라 중국에 진입할 가능성을 얻었다. 동아시아 담론을 통해, 동아시아에서의 근대화의 형태를 위한 모종의 표현 방식을 찾았고, 그리하여 장차 동아시아가 상대적으로 통합적인 체계의 기초가 될 것이라는 잠재적인 합의를 이루었다. 그러나 근대화 시각으로서의 동아시아 담론은 방향성의 오류를 내포하고 있다. 즉, 동아시아 지역의 근대화 정도는 시간의 선후 순서에 따라 수직적으로 배열되며, 각국 내지 각 지역의 이른바 '근대화'의 내용적 차이는 일소된다. '서구 모델'은 똑같이 통합적인 형식으로서 모종의 이미 정해진 근대화의 모범으로 추상화된다. 그리하여 근대화에는 산업화와 탈산업화로 '복지사회'의 건설을 완성한다는 한 가지 형태만 있는 것처럼 보인다. 이런 시각에서 우리가 관찰할 수 있는 동아시아 담론은, 사회 발전의 단계가 각기 다른 동아시아 지역이 마침내 근대화라는 동일한 목표로 함께 나아갈 것이라는 진화론의 논리를 내포하고 있다. 따라서 선진국은 필연적으로 후진국의 현상을 자신의 '어제'로 간주하고, 반대로 후진국은 선진국의 오늘을 자신의 '내일'로 여긴다.

세 번째 시각은 전쟁에 관한 트라우마 기억의 시각이다. 동아시아 지역이 총체적인 담론의 틀을 구성할 수 있는 까닭은 전쟁기억이라는 침통한 요소를 무시할 수 없기 때문이다. 제2차 세계대전 이전부터 기회를 틈타 중국 대륙을 침략하기 시작했고, 그 후엔 전쟁의 불길을 동남아 지역으로 돌리며 한반도와 타이완에 대한 식민통치를 강화한 일본은 동아시아의 잔혹한 '접착제'였다. 지금까지도 전쟁기억의 층위에서 동아시아 사회가 상대적으로 깊은 공감대를 형성하게 된 원인은 주로 동북아 지역에서 형성되었다. 특별히 지적할 것은 일본의 진보 세력이 전쟁 책임을 규명하고 전쟁기억을 정확하게 전승하는 데 기울인 노력은 저평가할 수 없는 요소라는 점이다. 그로 인해 동아시아 피해국의 전쟁기억이 일본사회를 변동시키는 외재적 압력으로 전환될 수 있었으며, 동시에 피해국 민중의 트라우마 기억이 모종의 응답을 들을 수 있었다.

최근 몇 년간 역사교과서 사태, 야스쿠니靖國 신사참배, 위안부 소송, 세균전 소송, 일본군이 버리고 간 화학무기 피해자의 손해배상 청구 등등에 관한 일련의 사건으로 인해 일본의 전쟁 처리 문제는 '국제화'될 수밖에 없었다. 이 과정은 전혀 예상치 못한 수확을 가져다주었다. 즉, 동아시아의 민간사회에 어느 정도의 융합이 발생하기 시작함으로써 동아시아의 관련 인사들이 국경을 초월해 함께 서고, 합의를 형성하게 된 것이다. 이는 매우 중요한 진전이다. 그러나 이러한 진전에는 상당히 깊은 내재적 긴장이 수반됨을 관찰할 수 있다. 아울러 이런 내재적 긴장은 인식론의 객관적 수요에 대한 조정을 암시한다.

첫째, 전쟁의 트라우마 기억을 토론할 때, 개인의 기억은 국가라는 틀의 담론 속으로 통합되어 들어갈 때에만 역사기억의 형태를 얻을 수 있다. 이런 상황에서 '국가이익'은 절대적인 전제를 구성하게 된다. 그리하여 일국의 틀 안에서는 문제가 될 수 없었던 시각이 '동아시아'로 진입하는 순간에는 문제가 나타날 수 있다. '삼국 역사교과서' 편찬은 귀중한 탐색으로서 이 방면에 대한 정보를 제공한다. 역사적 사건을 평가하는 문제는 삼국의 집필자가 매우 힘겨운 협조를 거쳐야만 상대적으로 통일된 담론을 형성할 수 있다. 이는 '국가이익'이란 간단히 뛰어넘기 힘든 제약이기 때문이다. 전쟁이라는 근대성의 가장 핵심적인 사건이 국가를 단위로 수행되는 것이고, 동시에 전쟁이 또 가해국과 피해국, 패전국과 승전국으로 양분된다면, 문제는 차별 없이 평등한 '국민국가 비판과 초월'로 쉽게 단순화되지 않는다. 문제는 여기에 있다. 차별 없이 평등한 비판은 상술한 구체적 상황 속의 갖가지 역사적 맥락을 뒤섞어버릴 것이며, 객관적으로 가해국에 면죄부를 주기 때문이다. 그러나 동시에 국민국가 비판과 부정을 기성의 시각으로 간주하지 않는다면, 이는 역사 서술이 피해국과 승전국 어느 한 편의 국가이익과 동일시되어야 함을 의미하는 것일까? 특히 피해국(승전국)이 하나가 아니고 상호 간에 이익이 충돌할 때, 총체적으로 이분법을 사용해 전쟁 역사를 다룬다면 거대한 인식론적 어려움에 봉착할 수 있다. 이는 사람들이 복잡하게 뒤엉켜 있는 결정적 차이를 비켜가고, '찬성인가 반대인가'하는 조악한 판단을 추상적으로 사용해 문제를 회피하게 만든다. 국제정치학의 기본 원리와 연관된 문제들은 원래 매우 복잡하다. 게다가 전후 일본 정부가 미국의 조종을 받고 타이완과 일방적으로 평화조약을 맺자, 중국 대륙과의 전후 처리 작업이 1970년대까지 늦춰짐으로써 산적한 문제를 남겼다. 이런 상황에서 피해국으로서의 중국은 너무 많은 역사적 갈피에 직면하게 되었고, 이 또한 중국 대륙의 사회 여론이 국가를 동일시하는 틀 밖에서 전쟁을 다루는 시각을 찾기 어렵게 만들었다. 이는 객관적으로 동아시아 시각에 대한 도전을 형성했다.

둘째, 전쟁기억을 어떻게 다룰 것인가라는 문제에서 사실 각국의 양식 있는 인사들은 기본적으로 자국의 역사적 맥락과 사회사조의 제약을 받으므로, 그들의 문제의식과 사상적 태도는 결코 단숨에 '동아시아화'할 수 없다. 이는 또한 동아시아의 상이한 지역의 양식 있는 인사들이 결코 함께 행동하고 서로 깊이 이해할 수 있는 단계에 진입하지는 않았음을 의미한다. 사실상 수많은 중대한 문제에서 동아시아의 진보적 인사들 사이에는 전혀 합의가 형성되지 않았다. 특히 냉전 이데올로기가 아직 진정으로 해체되지 않은 현 상황에서, 냉전의 양대 진영에 따로 속했던 중국·한국·일본 사이에 진보적 지식인과 운동권 인사들은 아직 진정으로 냉전의 상상을 뛰어넘어 사상적 합의를 이루지 못했다. 그 전형적인 예가 난징대학살南京大屠殺에 관한 수치 문제다. 일본의 수많은 양식 있는 인사는 이미 좌파 사학자들이 사망자 수를 고증하는 방법에 대해 수긍하지 않는다. 그러나 오랜 시간 동안 일본의 좌익인사들이 사망자 수를 고증한 동력은 단순히 우익의 '난징대학살

허구론'을 반격하기 위한 것이 아니었다. 이는 또한 '권위주의적[3] 중국'에 언론과 학술의 자유가 결여되었다는 상상을 시사한다. 다른 한편으로 중국의 사회 여론도 일본 좌익의 이러한 고증 방식에 대해 역사적 분석과 동정적 이해를 결여했으며, 때때로 극히 단순화된 이분법으로 그것을 '우익'이라 치부했다.

상술한 바와 같이 전쟁기억으로서의 동아시아 시각은 지금까지도 여전히 생명력을 지니고 있다. 그러나 그것은 기본적 요소, 즉일본의 침략전쟁 및 제2차 세계대전, 나아가 전후의 냉전구도라는 역사적 유동성에 대한 주목을 결여하고 있다. 특히 반세기가넘게 지난 후, 20세기 40년대의 국제정치 세력의 조합 관계는 완전히 다른 구조로 변모했으나, 이 구조는 바로 제2차 세계대전 속에서 발전한 것이다. 따라서 현재 중·일 간의 전쟁 역사를 토론할때 그 후의 국제정세 발전을 무시할 수 없으며, 전쟁의 책임을 규명하는 작업과 역사의 유동성에 주목하는 작업을 철저히 분리할수 없다. 그렇지 않고 역사를 단순히 단절해서는 역사 논리 자체를 청산하기 어렵다. 전후의 역사도 역사 시야 속에 포함시킨다면우리는 문제를 다시 설정할 수밖에 없다. 동아시아(여기서는 잠시동아시아를 동북아와 동일한 것으로 간주한다)는 간단하게 중국 대륙과 타이완, 한국과 북한, 일본의 집합체로 간주할 수 있을까?

사실상 상술한 동아시아를 서술하는 세 가지 시각은 본래 그지시 대상이 다르다. 유학 시각은 유학이 실제로 기능을 발휘한지역을 포괄할 수 있다. 따라서 베트남, 싱가포르 등지와 같은 동남아 일부 지역이 이 시야에 들어와야 한다. '근대화' 시각은 한국을 한반도의 대표로 간주하고 심지어 북한의 부재를 초래하기 쉽다. 동시에 이 시각이 중국·한반도·일본을 포괄할 수 있는 시기는 짧은 편이다. 국가 간의 동태적 평형이 깨진 후 그것은 전쟁 시각으로 대체될 수밖에 없었다. 전쟁기억의 시각의 경우, 역사적으로 설정한다면 동아시아를 폐쇄적인 독립 시각으로 상상하기 어렵다. 이 시기의 역사는 미국, 소련 등을 동아시아 밖으로 배제할 수 없기 때문이다. 더구나 미국의 군사기지는 여전히 한국과 일본 영토에 존재하고 있으며, 한반도의 남북은 지금도 '휴전休戰' 상태일 뿐 '정전停戰'은 아직 진정으로 실현되지 않았다! 중국 대륙과 타이완 관계의 경우도 여전히 '터럭 하나를 잡아당겨 온몸을 움직이는' 성격을 띠고 있으며, 아태 전 지역의 평화에 무시할 수 없는 영향력을 지닌다.

우리가 동아시아를 논할 때 이러한 갖가지 차이는 기본적으로 무시됨에 따라 추상적인 '동아시아 틀'의 형성이 초래되었다. 게다가 한국과 일본의 동아시아 담론은 '중·한·일(때로는 중·한반도·일)'이라는 틀을 내포하며, 그것은 동아시아 담론의 고정된 이미지를 강화하고, 나아가 그 이미지를 세 국민국가의 조합으로 만들었다. 바로 이 동아시아 시각의 추상성으로 인해 원래 우리 역사와 가장 밀접했던 '동아시아'는 우리의 정신과 사상 세계 속에서 적절한 위치를 찾지 못하게 되었다. 또한 그로 인해 대량의 가치 있는 사례 연구가 효과적으로 중국 지식계의 사상자원思想資源으로 전환될 매개를 결여하게 되었다.

동아시아 담론의 시각을 구축하는 것은 역사성이 강한 논제다.

바꿔 말해서 이는 유동적이고 고정시킬 수 없는 시각으로, 강한 변화 형태를 지닌다. 동아시아 시각을 통해 우리가 관찰할 수 있는 것은 어떤 고정된 이미지가 아니라, 이런 이미지들이 역사적 전개과정에서 유동하는 상태다. 바로 이런 유동 상태 속에서 우리는 자기 주체 형성의 핵심 고리를 찾아 그것이 변혁될 수 있는 방식을 토론할 수 있다.

이러한 역사적 시각을 구축하기 위해 나는 오늘날 우리가 처한 '동아시아'를 출발점으로 삼아 전후戰後부터 지금까지를 비교적 효과적으로 관찰할 수 있는 동아시아 시각을 구상하기를 희망한다. 이렇게 하는 것은 앞에서 논한 이미 형성된 기성의 틀을 부정하기 위함이 아니다. 반대로 기성의 동아시아 분석틀에 새로운 구상을 보탬으로써, 상술한 시각 속에서 간과되고 회피된 문제들과 대면하기를 희망한다. 초보적인 탐색으로서, 이어질 토론이 기존의 아시아 혹은 동아시아 논의가 여태껏 직면하지 못했던 기본적인 당혹스러움, 즉 우리는 왜 동아시아를 논하지 않으면 안 되는가, 이 시야는 독립적으로 존재할 필요가 있는가와 같은 문제를 활성화할 수 있기를 바란다.

현대사 과정 속
동아시아 내부의 불균형 상태

동아시아 시각을 수립하기 위해서는 기본적인 사유의 전제를 부정할 수 없다. 그것은 바로 동아시아는 반드시 상대적으로 독립적일 수 있는 대상이어야 한다는 점이다. 담론의 단위로서 동아시아는 상대적으로 자족적이어야 하며, 적어도 모종의 사유 논리에 따라 통합될 수 있어야 한다. 이는 '동아시아 공동체'가 명제로서 존재할 수 있는 원인이기도 하다. 지금도 동아시아 지역의 내재적 긴장은 완화되지 않았지만, '공동체'의 구상은 다음과 같은 주관적 의지를 완강하게 표현하고 있다. 즉, 조합된 총체가 될 수 없다면 동아시아는 무슨 자격으로 독립된 범주로서 존재할 것인가!

에드워드 사이드Edward Said를 인용할 필요도 없이 기본적으로 확인할 수 있는 사실은, 동아시아의 성립이 서구의 명명에서 비롯되었다는 것이다. 그러나 우리가 이 명제의 '출신 문제'를 거론할 때, 사실 문제는 제자리에 도달하지 못한다. 여기에는 한층 개척해야 하는 두 가지 문제가 잠재되어 있기 때문이다. 첫째, 만약 동아시아가 서구의 반명제라거나, 서구의 자아의식 수립을 위해 매개로서 만들어진 것이라면, 동아시아의 일체성 또한 서구 명제의 연장에서 나오지 않았는가? 바꿔 말해서, 우리가 오늘날 동아시아라는 범주의 '서구 출신'을 강조하는 것은 단지 이른바 동아시아의 '비非서구본질주의' 상상을 타파하기 위함인가, 아니면 그것의 인식론적 특징을 한층 더 규명하기 위함인가? 만약 전자라면 이 문제는 기본적으로 토론의 전망이 없으며, 결론으로서 그것은 이미 충분한 정당성을 지니고 있다. 그런데 만약 후자라면 문제를 분명하게 밝힐 필요가 있다. 동아시아인에게 이 범주는 서구가 강제로 부여했다는 의미에서만 존재하는 것이 아니라, 동아시아인 스스로의 동일시 욕망을 포함한다. 그러나 서구 근대에 대항하는 대명사로서 간주되었기 때문에, 더구나 일본이 일찍이 동아시아 상상을 '대동아공영권'이라는 일본 중심적이고 전쟁의 폭력을 수반하는 피비린내 나는 과정으로 전환했기 때문에, 동아시아의 명제는 더 이상 '서구의 극동 상상'을 주축으로 삼을 수만은 없게 되었다. 그것은 오히려 우리 역사 속의 가장 무거운 부분을 모호하게 할 수 있기 때문이다.

둘째, 위의 명제와 서로 표리를 이루는, 서구에 대한 동아시아 지역의 상상도 마찬가지로 '통합성'의 특징을 지니고 있다. 서구인(유럽연합 회원국의 지식인을 포함해)이 그들을 하나의 총체로 간주하는 관점을 받아들이지 않는 경향이 있음에도 동아시아인의 서구 상상이 총체적인 것처럼, 외부의 시각은 언제나 상대방을 통합시키는 경향이 있으며, 내부의 시각은 그 안의 차이성에 주목하는 경향이 있다. 이런 의미에서 동아시아가 누구의 개념인가는 중요하지 않을지도 모른다. 중요한 것은 이런 시각의 역사적 전개가 어떠한 자기인식을 가져왔는가에 있다.

근대 이전에는 동아시아라는 범주는 진정한 의미를 지니지 않았다. 지정학적 범주로서 동아시아의 존재는 서구 근대의 침입 및 침투와 직접적인 관련이 있다. 그러나 이 범주가 일단 형성되자 그 기능은 그것이 형성되었던 원인에서 벗어나 단독의 의미를 지니게 되었다. 주의할 점은 역사의 과정에서 사실 동아시아를 유기적인 총체로서 서술하기는 어렵다는 사실이다. 특히 일본이 '아시아주의'로 시작해 '대동아공영권'으로 끝을 맺은 비극적 에피소드를 겪은 후, 동아시아를 총체적인 담론으로 간주하는 것은 더욱 어려워졌다. 우리는 동아시아 담론에는 사실 누가 동아시아를 대표할 것인가라는 근본적인 난제가 줄곧 내포되어 있음을 관찰할 수 있다. 그 당시 쑨원의 '대아시아주의'는 '왕도王道'의 의도를 분명히 드러냈다. 이는 국가 중심의 담론이라기보다는 문명관의 담론이라고 할 것이다. 그러나 현실 속 쑨원의 정치적 상황이 어떠했든지 간에, 또한 당시의 중국이 한 국가로서 진정한 자각을 했는지 여부에 관계없이 쑨원의 '대아시아주의'는 결국 다원주의적인 국제정치 담론은 아니었다. 이는 '대국중심주의'에 대한 연상과 비판을 면하기 어렵다. 이 가운데 특히 한국에서 비롯한 비평은 이 담론이 오늘날 차지하는 위상 문제를 청산하는 데 도움이 된다.[4] 사실 문제는 쑨원이 중화중심주의자인지 아닌지에 있지 않다. 문제는 우리가 동아시아를 논할 때 하나의 중심을 설정하지 않는 것이 가능한지 여부에 있다. 쑨원의 '대아시아주의'는 그 유토피아적 성격으로 인해 일본의 아시아주의와 한데 묶여 언급되는 것을 피할 수 있었다. 그러나 일본의 아시아주의는 유토피아적 성질이 주도적 위치를 차지하지 않기 때문에 '대동아공영'이라는 수렁으로 빠져들었고 아시아 담론을 거북스런 상황에 봉착시켰다. 쑨원이 동경했던 것, 곧 무력에 호소하지 않고 도덕의 힘에 호소하는 아시아 담론은 그가 비판했던, 왕도와 대립되는 '패도覇道'에 억눌려 결국 사라졌다. 이것은 역사의 비극이다. 그러나 냉정하게 논해서, 내용은 차치하고 관심의 초점을 사유방식에만 맞춘다면 왕도와 패도는 구조적으로 유사하다. 그 둘은 모두 하나의 중심을 설정하며, 중심으로 자처한다. 이야말로 쑨원의 대아시아주의가 한국 학인들에게 비판을 받게 된 원인이다.

쑨원 사후에 중국의 아시아주의는 그처럼 성격이 분명하고 새로운 차원의 담론을 발전시키지 못했다. 반대로 나중의 전쟁 상황과 전후처리 과정에서 아시아에 대한 담론은 그 초점이 다른 담론들에 포함되었다. 이런 상황에서 하나의 시각으로서 동아시아는 중국 현대사에서 기본적으로 중요한 기능을 지니지 못했다. 동아시아를 하나의 통일체로 통합하는 것에 관해서는 인식론적으로 더 큰 어려움이 있었다. 제2차 세계대전 이후 동아시아 자체가 냉전의 축소판이 되었으며, 한국전쟁이 조성되고 발발함에 따라 한반도에 정식으로 철의 장막이 드리워짐으로써 철의 장막 양 끝에 놓인 한국·일본·타이완과 소련·중국·북한·몽골은 줄곧 같은 이데올로기를 공유할 수 없는 사회적 대립과 정신적 단절의 상태에 놓이게 되었다. 이러한 역사의 과정에서 '동아시아'에 대해 논하고, 또 그것을 하나의 총체로 간주하기에는 가장 기본적인 조건이 결여되었다. 베를린 장벽의 붕괴가 초래한 이데올로기적 결과는 자본주의 진영의 어떤 이데올로기(특히 '시장경제'와 같이 비정치적으로 보이는 이데올로기)에 대한 사회주의 진영 내부의 상대적 관용이었다. 이는 두 이데올로기 간의 건조한 대립을 타파했으며, 심지어 때로는 서구 자유주의 이데올로기가 주도적 위치를 차지한 것처럼 보이게 했다. 이런 상황에서 새로운 구상(우선은 경제체제 구상)으로서 '동아시아 공동체'는 총체적 담론을 수립할 토양을 찾게 되었다. 그 토양은 바로 근대화와 근대성 이론이다.

그러나 동아시아 담론이 동아시아 일부 지역에서 추진될 때 비켜갈 수 없는 문제가 나타났다. 바로 '동아시아 의식'이 희박'한 중국의 현상을 어떻게 바라볼 것인가 하는 점이다. 물론 중국사회에 동아시아 담론이 부족하진 않지만, 경제공동체의 의의에서만 '동아시아'라는 범주가 중국의 여론과 사상, 이론 공간에서 자기 자리를 찾을 수 있다. 또한 이런 경제적 시각 속의 동아시아는 동아시아 지역 전체를 포괄하지도 않으며, 근대화 정도를 지표로 삼기에 '가난을 싫어하고 부를 좋아한다'는 혐의가 있다. 그리고 기타 담론, 특히 '동아시아'의 현재 사상적 기능 문제에 관해서는 사실상 허공에 매달린 상태다. 바꿔 말해서 동아시아에 관한 연구와 토론이 계속 진행되고 있긴 하지만, 그것이 중국 사상계 및 지식계와 맺고 있는 관계는 불분명하다. 우리는 왜 반드시 동아시아를 논해야 하는가라는 자명한 듯한 문제는 중국 지식인들에게 줄곧 현안懸案이었다. 동아시아 이웃 나라의 지식인에게 중국 지식인의 이런 애매한 태도는 '중국중심주의'로 간주되었다. '중서中西 간의 대화'라는 애매모호한 틀은 줄곧 중국의 대국중심주의를 비판하는 표적이었다. 오늘날에 이르러 중국 지식인이 동아시아 간의 대화를 이미 열심히 진행하고 있다 하더라도 이런 상황은 근본적으로 변하지 않았다. 사실 동아시아 지역 간에 담론을 진행하는가의 여부는 중국 지식인이 자세를 겸손하게 낮추는가의 여부를 의미하지 않는다. 그것은 중국의 사상 공간에 동아시아 의식의 자리가 있는가의 여부를 상징한다. 만약 그에 상응하는 자리가 없다면 우리는 다음과 같이 질문해야 한다. 그 원인이 단지 대국 중심적인 의식에 있을 뿐일까? 훨씬 기본적인 역사적 원인이 있는 것은 아닐까?

독립된 주권국가로서 중국이 주체적 서사를 수립한 이래의 역사를 돌이켜보면, 냉전체제가 해체되기 이전에 주요한 지역성 시각에는 두 가지가 있음을 알 수 있다. 하나는 1955년 저우언라이周恩來 총리가 반둥회의에 참석했을 때 동의했던 '아시아-아프리카' 시각과 나중의 '아시아-아프리카-라틴아메리카' 시각이다(비동맹운동의 발흥과 중·소 관계의 결렬에 따라 마오쩌둥毛澤東은 일변도정책을 바꾸었다. 그는 1960년대 초 "두 중간지대를 쟁취한다"는 전략을 제기했고, '아시아-아프리카' 시각을 '아시아-아프리카-라틴아메리카' 시각으로 바꾸었다5). 다른 하나는 1970년대 초기부터 채용하기 시작한 '제3세계'라는 표현이다. 주목할 만한 문제는 이 두 가지 시각이 중국의 문맥상 다음의 목표에 복종했다는 사실이다. 그 목표란 냉전체제가 초래한 미·소 대립 국면과 필요한 거리를 유지해 식민화의 위기에서 벗어나 독립적이고 자주적인 권리를 얻는 것이다. 아시아-아프리카-라틴아메리카 민족해방운동과 제3세계운동은 냉전체제 속의 완충지대가 되어 국제정치적 기능을 완성했으며, 동시에 '극동'이라는 국제정치 용어의 위상 문제를 우리 눈앞으로 밀어놓았다.6 이렇게 반세기 가까이 겪었던 역사가 베를린 장벽의 붕괴 이후 하루아침에 사라질 수 있으리라고는 상상하기 힘들다. 더군다나 역사적으로 볼 때 냉전체제 자체는 '아시아-아프리카-라틴아메리카'와 '제3세계' 같은 역사과정을 진정으로 포괄할 수 없었다.

이러한 역사는 하루아침에 사라질 수 없기 때문에 중국사회의 사상 축적과정에서 강력한 동아시아 담론이 나타날 수 없었던 것도 어떤 필연성을 띤다. 개혁개방이 절박한 경제적 필요를 가져왔지만, 상대적으로 독립된 지역으로서 동아시아는 내부의 정치적 상호작용과 사상적 공유를 완성하는 데 아직 상당한 준비를 필요로 한다. 만약 아시아-아프리카-라틴아메리카나 제3세계라는 담론 범주를 사용한다면, 중국 사상계에서 이런 범주는 어떤 역사적 맥락 속에서 자리를 찾을 수 있다. 그러나 동아시아를 언급한다면 상대적으로 자족적인 단위로서 그것의 역사적 맥락은 명확하지 않다. 오늘날 현대사, 특히 전쟁사를 정리한다는 의미에서 동아시아는 하나의 담론 단위를 구성한다. 그러나 이 담론 단위는 아직 주체의 동일시 방식을 성찰하는 단계로까지 발전하지는 못했다. 따라서 그것은 상당히 제한적이다. 이와 동시에 우리는 또 다른 시각과 동아시아 시각의 병행을 볼 수 있다. 그것은 바로 '개발도상국'의 시각이다. '제3세계' 사상을 발전시킨 이 시각은 다음과 같은 강력한 기능을 지닌다. 즉, 그것은 한편으로는 오늘의 중국 사회와 마오쩌둥 시대의 연속성을 암시하며, 다른 한편으로는 중국의 사상 건설에서 동아시아 시각의 기능을 제약했다. 그것은 동아시아 담론에 대해 중국 당대의 정신생활에서 상술한 동아시아 시야 내지는 그것의 효력을 잃게 한 역사 시야가 포괄하는 바를 뛰어넘는 문제에 반드시 답할 것을 요구한다. 이는 또한 동아시아 담론이 오늘날의 중국 사상계에서 아직까지 유효한 위상을 찾지 못한 주요 원인이다.

일본으로 말하자면, 동아시아는 내내 피부에 와 닿는 시야에 속했다. 그것은 일찍이 일본이 서구에 대항하는 문화 구축 단위(다만 오카쿠라 덴신岡倉天心의 논술이 표현하는 바와 같이 문화 단위로서 '아시아'가 훨씬 일상적으로 쓰이는 시각이다)를 대표했다. 그것은 또한 특정한 역사 시기에는 동아시아 이웃 나라에 대한 실망(후쿠자와 유키치福澤諭吉의 '탈아론脫亞論'이 보여주는 것처럼)을 나타내기도 했다. 그것은 일본이 중국을 대신해 동아시아, 나아가 아시아의 중심이 되겠다는 야심을 표현했으며, 일본 군국주의 사상의 청산을 촉진하기도 했다. '동아시아' 또는 '아시아'는 근대 이래로 일본 사상사의 기본 모티프 가운데 하나였다고 할 수 있다. 비록 '대동아공영권'이 일본의 동아시아 담론에 그림자를 드리웠지만, 주체 정체성의 핵심적 문제로서 일본과 아시아, 특히 동아시아의 관계, 나아가 아시아에서 일본의 자아 위상 정립 문제는 줄곧 근대 사상사에서 인식론의 핵심이었다. 이런 의미에서 '대아시아주의'에서 '대동아공영권', 다시 대동아공영권 이데올로기의 반명제로서 '일본의 동아시아 회귀' 담론까지, 비록 의미와 기능에서는 동일한 범주로 분류될 수 없지만, 역사인식론의 형태로서 그것들 사이에는 상호 긴장 관계의 일치성이 존재한다고 할 수 있다. 어떤 동기에서 비롯되었든, 어떤 목표를 향하든 간에 담론의 단위로서 동아시아는 이러한 역사적 단계에서 강력한 제약성을 지닌다. 그런데 이 점은 중국이 아시아-아프리카-라틴아메리카와 제3세계 및 개발도상국을 담론의 단위로 삼을 때의 제약성과는 매우 다르다. 일본 사상계가 직면한 것은 동아시아가 있는지의 여부가 아니라 동아시아와 자신의 관계를 어떻게 처리할 것인가의 문제다. 따라서 동아시아 담론이 성립하는지의 여부는 문제가 아니다. 문제는 동아시아가 어떻게 서술되어야만 하는가에 있다. 지리적 범위에서 서술 이념에 이르기까지 모두 일본 사상계 논쟁의 초점을 구성하지만, 중국에서 이런 문제들은 기본적으로 의미를 지니지 않는다.

한반도의 동아시아 의식에 관해서는 직접적인 이해가 부족해 정확한 판단을 내리긴 어렵다. 그러나 적어도 한반도의 전근대 역사 상황까지 거슬러 올라가지 않더라도, 제2차 세계대전 후반에서야 형성되고 한국전쟁 이후 정형화된 한국에 대해서만 말한다면, 다음의 사실을 지적할 수 있을 것이다. 즉, 동아시아 의식의 발흥은 한국의 '탈냉전 사유'와 직접적인 관계가 있다는 점이다. 비록 한반도의 전후 처리 작업이 진정으로 완수되지 않았고 미군 기지도 한국에서 철수하지 않았지만, 한국사회의 민주화 과정은 동아시아 정체성을 절실한 문제로 변화시켰다. 한국사회에서 미국을 동일시할 것인지 아니면 동아시아를 동일시할 것인지는 주체 형성에 관계된 중요한 문제다. 더구나 동아시아에서 한국의 위상 정립은 중국, 일본 및 기타 지역의 주체 확인 방식과도 달랐다. 동쪽에는 미국이 있고(사실 미국은 한국의 내부에도 있다), 서쪽에는 중국이 있고, 남쪽에는 일본이 있고, 북쪽에는 러시아가 있는 국제정치 환경에서 한국사회 또는 한국의 지식계(이는 물론 한국 정부와는 다르다)가 동아시아 정체성을 수립한다는 것은 그것이 전략적 선택이었음을 의미한다. 더구나 다음 장에서 논할, 제2차 세계대전 후 동아시아 철의 장막이 한반도를 중심으로 형성되었다는 역사적 상황은 한국 사상계가 동아시아를 주목하는 자세에 특정한 역사적 함의를 부여했다. 따라서 미루어 짐작할 수 있는 것은 한국 사상계가 동아시아를 동일시할 것인가 서양(여기서 미국과 서구는 서로 다른 성향을 대표한다)을 동일시할 것인가의 문제에서 필연적으로 뚜렷한 불일치가 존재한다는 점이다. 이렇게 상이한 위상 정립은 일본과 중국 사상계에서는 내재적 이해를 얻기 힘들 것이다.

또 한 가지 지극히 미묘한 문제가 있다. 바로 중국에 대한 한국 사상계의 태도다. 한국의 동아시아 담론에서 중국이 차지하는 위치는 상당히 중요하다. 한동안 한자를 폐지했던 일에서부터 서울의 중국어 명칭을 '한청漢城'에서 '서우얼首爾'로 바꾼 일, 그리고 고구려 문제가 불러일으킨 사회적 반향에 이르기까지, 한국사회 내부가 중국에 대해 느끼는 압박감을 분명히 느낄 수 있다. 그러나 한·일 관계와는 달리, 중국에 대한 한국사회의 태도는 단순한 대항도 아니며, 동정적인 이해도 아니다. 우리는 중·한 사회 사이에서 한·일 사이보다 훨씬 더 깊은 거리감을 느낄 수 있다. 이런 거리감의 근원은 비대칭적인 쌍방의 시야에 있다. 이로 인해 동일한 문제에 대한 중·한 사회의 태도 사이에 상당히 큰 격차가 존재하게 되었으며, 사상 면에서의 상호작용을 구축하는 데 커다란 장애를 조성했다.

그리고 중국 대륙의 학술계에서 자주 누락되는 지역이 있는데, 바로 타이완이다. 제2차 세계대전 이후의 타이완에서 아시아 담론을 구축하기란 어려운 과제였다고 보는 편이 낫다. 이는 대륙과의 관계에서 오는 정체성 문제의 복잡함 때문만이 아니라, 타이완이 동아시아에서 냉전의 중요한 마디였기 때문이다. 양안兩岸 관계와 중미 관계의 뒤얽힘, 한국전쟁에서 타이완의 위치, 그리고 역사상과 현실 속의 타이완과 일본의 관계로 인해 타이완은 동아시아를 통합적인 시각으로 인식하기 어렵게 되었다. 그런 가운데 오히려 동아시아 내부의 지역적 긴장이 타이완의 사상과제를 구성했다. 대륙의 지식계는 타이완의 이런 복잡한 과제에 대해 내재적으로 이해하려는 노력을 거의 하지 않았기 때문에 통일이냐 독립이냐의 문제에만 관심을 집중했다. 이리하여 동아시아에서 타이완이 차지하는 특수한 위상은 간과되었고, 대륙 지식계는 타이완이 어떻게 동아시아 시각을 구축했는가(또는 왜 동아시아 시각을 구축하기 어려운가)의 문제에 대해서는 거의 주목하지 않게 되었다.

상술한 여러 가지는 동아시아 지역 일부의 상황에 불과하다. 상술한 상황만을 가지고 말한다면, 우리는 동아시아 일부 지역에서 나타나는 동아시아 담론의 불균형 상태와 그것이 포함하는 내재적 긴장을 관찰할 수 있다. 사실 오늘날 성행하는 동아시아 담론에서 우리는 여전히 또 다른 일부 지역의 상황을 간과하고 있다. 그것은 바로 북한·몽골·베트남 및 동남아의 국가들이다. 시간이 지남에 따라 이런 사회들도 반드시 동아시아 담론의 시야 속으로 들어오겠지만, 동시에 다른 문제가 부각될 것이다. 즉, 여러 가지 원인으로 인해 오늘날 동아시아 담론에 대해 목소리를 내지 않는 지역들이 어쩌면 나름의 동아시아 상상을 품고 있을 수도 있지만, 반대로 어떤 사회는 동아시아 담론을 전혀 절박하게 필요로 하지 않을 수도 있다. 바꿔 말해서 동아시아에 위치한 모든 국가와 사회가 필연적으로 동아시아 담론을 추구하는 것은 결코 아니며, 이는 해당 사회와 국가의 역사적 맥락에 달려 있다. 동아시아 담론을 추구한다 하더라도, 그것을 자신의 주체 정체성에 대한 구축방식으로 삼는 상이한 사회들에서는 그 동아시아 담론의 내재적논리 또한 현저하게 다르다. 따라서 우리는 인식론상에서 다음과같은 기본적인 딜레마와 대면하지 않을 수 없다. 즉, 직관적 또는논리적 층위에서 통일된 동아시아를 구축할 때, 이런 불균형 상태는 고의로 무시될 수밖에 없다. 인위적으로 구축된 균형적인 동아시아 시각이 실천상으로가 아닌 이론상으로 받드는 '구동존이'의사고는 장차 역사적 차이의 중요한 제약 기능을 최대한도로 말살할 것이다(국제정치 실천에서 구동존이는 단지 국가 간의 정치적 전략일뿐, 그것은 국가 간에 존재하는 정치적 입장의 차이를 결코 회피하지 않는다). 그리하여 현실 속의 필연적인 차이를 직면하기 어렵게 될 것이며, 또한 문제를 "동아시아는 과연 일체가 될 수 있는가"와 같은추상적 설정으로 이끌 것이다.

냉전의 역사와
동아시아의 관계

인식론 층위에서는 동아시아가 독립된 담론 단위가 될 수 있는지가 문제가 된다. 그러나 이 의문은 논리상의 가정에서 비롯한 것이어서 결코 직접 역사에 대한 해석으로 인도할 수는 없다. 사실상 '극동'이든 '동아시아'든 역사적으로 독립된 대상을 구성한다. 그러나 그것의 존재 방식은 결코 논리적이지 않으며, 동아시아 밖에 존재하는 국제정치 관계의 배제를 전제로 삼지도 않는다. 반대로 그것은 동아시아 외부의 정치 세력을 자기운동 과정의 필수 요소로 삼는다.

이런 국면을 조성한 것은 냉전의 역사다.

냉전과 관련해 중국어권에서는 이미 상당히 우수한 연구 성과를 거두었고, 이는 우리가 이 시기의 역사를 되돌아볼 때 참조할 수 있는 윤곽을 제공한다. 이 글도 이에 따라 이 시기의 역사에 대한 기술을 생략할 수 있었다.[7] 이런 기초 위에서 다음의 세 가지 문제에 대해 사전 설명이 필요하다. 이 문제들은 뒷글에서 전개할 분석과 관계있기 때문이다.

우선, 냉전의 실제 역사과정과 냉전 이데올로기를 구분해야만 한다. 전자의 경우, 그것이 가리키는 것은 제2차 세계대전 종결 후 소련이 대표하는 공산주의 세력을 겨냥해 영·미, 특히 미국이 채택한 적대적 봉쇄정책이며, 한국전쟁에서 절정으로 치달았다. 그러나 그 후 냉전의 함의는 상이한 단계의 국제정치 정세의 변화에 따라 끊임없이 변동했으며, 냉전체제를 지탱한 미·소 간의 대립도 고정불변의 것이 아니었다. 후자의 경우, 1946년 처칠이 연설 때 사용했던 '철의 장막'과 1947년 미국 언론들이 대대적으로 띄운 '냉전'이 이데올로기적 상상의 키워드를 구성했다. 그것은 냉전의 고착화된 이미지로서, 끊임없이 변동하는 냉전의 현실과 진정으로 대칭을 이루지 않았다. 냉전체제가 이미 해체된 상황에서도 냉전 이데올로기는 여전히 상대적으로 독립된 채로 불변의 형태를 유지했으며, 갈수록 단순화되고 경직화되었다. 그것은 권위주의 정치(이는 통상 공산당 국가의 별명으로 간주된다)에 대한 추상적인 비판과 자유주의 민주정치에 대한 고도의 신화화로 단순화되었기 때문에 신자유주의의 이데올로기와 직접 잇닿을 수 있었다. 특별히 지적해야 할 것은, 냉전 이데올로기는 주로 서구 자본주의 진영에서 생산되었다는 점이다. 그것은 공산당 국가에 대해 공격을 감행하는 이데올로기였기 때문에 그에 대한 사회주의 진영의 태도는 차라리 냉담했다고 할 수 있다. 그러나 동시에 서구에서 온 냉전 이데올로기에 대항하기 위해, 사회주의 진영 국가도 서구 진영을 단순화하고 부정적으로 묘사하는 '공산주의 이데올로기'를 생산했다. 이데올로기 전쟁은 냉전 시기의 매우 중요한 구성 요소다. 그것은 물과 불이 서로 화합하지 못하는 것과 같은 태도로 복잡한 역사과정을 위해 간단명료한 윤곽을 만들었다. 의미심장한 것은 냉전체제가 해체된 후, 서구 진영에서 온 냉전 이데올로기가 극히 단순화된 형태로 '전지구화'되었다는 점이다. 그것은 민주와 자유의 유토피아에 관한 서술로 전환했으며, 서로 다른 사회체제하의 지식 엘리트에게 공유되었다.

다음으로, 냉전이 비록 1946년 처칠의 '철의 장막' 연설에서 1989년 베를린 장벽 붕괴까지의 전체 역사로 간주되지만, 이 기간을 거쳐오는 동안 냉전은 결코 균질적인 과정이 아니었다. 냉전은 본질적으로 서구 자본주의 세계가 소련을 으뜸으로 하는 사회주의 국가에 행한 경제무역 봉쇄였다. 그것은 소련에 대한 견제를 주요 목표로 삼았으며, 중국처럼 소련의 통제로부터 자유로울 가능성이 있는 대국에 대해서는 당근과 채찍의 전략을 취했다. 이로 인해 양대 진영의 구분은 사회제도라는 단일한 기준만으로는 가늠하기 어렵게 되었다. 동시에, 냉전의 전략상 서구 진영에도 심각한 불일치가 존재했을 뿐만 아니라, 공산당 국가 사이에도 긴장과 충돌 관계가 존재했다. 예컨대 중국과 소련 간에 1950년대 후반부터 시작된 의견차와 충돌은 냉전체제를 상대화하고 심지어 균형을 잃게 만들었다. 그리고 1970년대 초반에는 소련과 서독이 국교를 수립했고, 중국과 미국이 실질적인 접촉을 시작했다. 이는 모두 냉전을 내용적인 면에서 상당히 크게, 심지어 본질적으로 변화시켰다.

셋째, '냉전'은 실제로 제2차 세계대전 후의 세계 정세를 개괄하지 못한다. 이른바 제3세계와 아시아―아프리카―라틴아메리카 시각은 냉전체제 밖에 있는 광대한 지역의 주체성을 강조하는 의의에서 생겨났다. 제2차 세계대전 기간에 아시아의 수많은 국가는 아직 독립과 민족해방을 얻지 못했으며, 전후 영국과 미국의 냉전 구상은 전쟁 중 유일하게 자신들에 맞설 힘을 지녔던 소련을 겨냥한 것이었다.[8] 그러나 전후 아시아 정세에 거대한 변화가 생겼다. 중국은 공산당이 집권한 국가가 되었으며, 동시에 소련의 통제에서 벗어나고 세계혁명의 전망을 구상한다는 의의에서, 중국은 재빠르게 사실상 냉전체제와 거리를 유지했다. 그리고 예컨대 인도와 같은 대국과 동남아 각국이 국제 사무에서 맡은 역할도 갈수록 중요해졌다. 예를 들어 한국전쟁 시기에 인도가 유엔에서 한 발언과 반둥회의에서 네루가 보인 태도 등은 긴장 국면을 완화하고 세계평화를 수호한다는 의의에서 중요한 역할을 했다. 이 모두는 냉전 시각이 전후의 세계 구도를 관찰하는 수많은 시각 가운데 하나이며, 유일한 시각이 되어서는 안 된다는 점을 시사한다.

상술한 세 가지 문제를 전제로 삼아, 특히 동아시아 시각의 이데올로기적 기능이 아닌 역사적 특징에 주목하면서 냉전체제 속의 동아시아 시각에 대해 보다 깊이 있는 토론이 이루어지길 바란다.

1972년 소련 과학아카데미 극동연구소는 『극동의 제문제』라는 계간 잡지를 창간하고, 동시에 일어판과 영어판(1980년부터 스페인어판이 추가됨)을 발행했다. 이 간행물은 1990년 경비 문제로 일어판 출간을 정지할 때까지 일본의 대학을 겨냥해 발행되었으며(어떤 대학들은 계속 소련 대사관으로부터 기증을 받았다고 한다), 일본의 수많은 대학에서 찾아볼 수 있다. 그런데 흥미로운 점은, 이 잡지가 역사가 까마득히 오래된 문헌이 아님에도 불구하고 완질본을 소장하고 있는 대학 도서관이 한 군데도 없는 것 같다는 사실이다. 내가 찾을 수 있었던 가장 이른 잡지는 1974년 6월에 출간된 제3권 제2기였다. 그 전에 발행된 2년 동안의 잡지는 도서관 전산 시스템의 인덱스에서 보이지 않는다. 강경한 문체와 교조적인 논술은 이 잡지를 읽는 데 밀랍을 씹는 듯 무미건조함을 안겨준다. 대출 상황을 보아도 이 잡지는 그다지 폭넓은 관심을 받지 못한 것 같다. 그러나 시간이 흐름에 따라 상황도 변해서 이 온전하지 않은 문헌과 외면당한 설교성의 논문을 통해 여전히 상당히 중요한 정보를 얻을 수 있다.

『극동의 제문제』의 기능은 학술기구 기관지의 권한을 분명 뛰어넘는다. 이 잡지는 종종 머리기사 자리에 소련공산당 지도자의 연설과 문장, 심지어 성명까지 실었을 뿐만 아니라, 그중 상당수 문장은 관변 발언의 어조를 띠고 있기에 순수한 학술지로 보기는 어렵다.9 따라서 그것이 소련 정부의 공식 대변인은 아니었지만, 어느 정도는 소련 정부 당국의 '학술 태도'로 간주해도 사실에서 크게 벗어나지 않을 것이다.

이 잡지에서는 몇 가지 호칭—'동아시아' '아시아' '극동' '아태지역'—이 호환되어 사용된다. 이 호칭들 사이에는 미묘한 차이가 존재하지만 어떤 면에서는 중첩되는 부분도 있다.

'동아시아'는 기본적으로 지리상의 동북아 지역을 가리킨다. 몇몇 논문에서 '동아시아'와 '동남아시아'(혹은 아세안)가 나란히 사용되기 때문이다. 그러나 이 잡지에서 '동아시아'는 '중·한·일'과 같이 현재 유행하는 틀보다 포괄하는 면적이 더 넓다. 소련의 '동아시아' 범주에는 소련과 몽골, 중국·북한·베트남이 포함되며, 이 지역들은 '사회주의 진영'(잡지가 출판된 1970년대부터 1990년대까지 중국을 제외한 나머지 국가들은 소련의 통제를 받는 정도가 비교적 심했다)의 의의에서 '동아시아'의 주요 부분을 이룬다. 이와 상대적으로 한국과 일본은 이런 구획 방식에서는 동아시아의 대표나 선진적인 구역으로 간주되지 않는다. 달리 말하면 '근대화' 시각에서 거의 의문시되지 않는 '중·한·일'의 시각이 여기서는 성립되지 않는다. 한국과 일본은 미국의 동맹이나 심지어 주구로 간주되며,

동아시아에서 평화와 지역 안전에 해를 끼치는 지역으로 자리매김된다(특별히 언급할 만한 것은, 1988년까지 이 잡지가 줄곧 '한국'이라는 호칭의 사용을 거부하고 '남조선'이라 불렀다는 사실이다. 그들은 단호하게 남북 조선을 두 개의 나라로 간주하는 것이 극동에 대한 전략적 고려에서 추진하는 미국의 음모라고 여겼다. 그리고 타이완은 독립된 지역으로 간주되어 논의되지 않았다). 게다가 한국과 일본에 군사기지를 보유했다는 의의에서, 『극동의 제문제』는 동아시아 문제를 논할 때 미국을 빠뜨린 적이 없다.

　'아시아'라는 범주를 사용할 때, 사실 구체적인 대상은 기본적으로 동아시아와 동남아시아 및 남아시아 각국의 통합을 가리킨다. 비교적 중요한 점은 인도와 소련의 관계가 '아시아'라는 범주에서 처리되었다는 사실이다. 소수의 글에서 이란-이라크 전쟁, 팔레스타인-이스라엘 분쟁(예컨대 1983년 3월 출판된 제12권 제1기에 게재된 "소련-인도 공동선언"에서 중근동中近東 정세에 대해 언급했다)과 같이 중근동을 언급한 것 이외에, 중근동의 국제관계에 관해 전문적으로 다룬 글은 없다. 이는 아마도 극동연구소의 임무가 극동 문제를 연구하는 것이고 서아시아와는 직접적인 관련성이 없었기 때문일 것이다. 그리하여 '극동'이라는 개념은 더욱 명백하게 전략적인 색채를 띤다. 지리적으로 그것은 동아시아 지역을 포괄하며, 소련 내부의 '극동지구'를 포괄한다.[10] 동시에 지적하지 않을 수 없는 기본 사실이 있다. '동아시아'라는 개념은 동아시아인 스스로 창조한 것은 아니지만, 어디까지나 동아시아 지역에 놓인 시각을 암시한다. 그러나 '극동' 시각의 설정은 확연하게 유럽(당연히 그중에는 구소련도 포함된다)과 미국을 기준으로 삼으며, 그것의 '외부성'은 '동아시아' 시각을 훨씬 능가한다. 1967년에 설립된 '극동연구소' 자체는 이미 냉전의 가장 격렬한 시기를 지났지만, 여전히 '극동전략'이라는 국제정치 의도를 충분히 구현하고 있다. 『극동의 제문제』도 상당히 학술화된 문학과 문화 연구를 포함하고 있지만, 기본적으로는 소련의 '중국학' 분야에 국한되어 있으며 '극동' 내지 '동아시아' 등의 범주와는 무관하다.

상술한 범주 이외에 '아태지역'이라는 개념이 있다. 그 용도는 '극동'과 비슷한 부분이 있으며, 그 또한 제2차 세계대전 후의 국제정치와 관계된 용어다. 그 용어의 사용 대상은 통용되는 의미에서의 '환태평양 지구'에 보이며, 미국의 극동정책에 대한 비판에 중점을 둔다.

상술한 몇 가지 개념에 상당히 중요한 차이가 있다고는 하나, 이 몇 가지 범주를 구분하는 것은 사실 생각만큼 그렇게 중요하지 않다. 1970년대 초기에 창간되어 1990년에 일어판 출판이 정지된 이 소련 간행물에서 우리는 20년에 가까운 기간에 걸쳐 일관된 소련의 시각을 관찰할 수 있다. 이는 곧 미국을 대립면으로 삼는 동아시아 상상이다. 이 전략상의 적을 겨냥해 소련은 동아시아, 나아가 남아시아를 하나의 유기적 총체로 구성했다. 여기서 동아시아는 결코 자연적인 지역이 아니라 국제정치의 역학관계로 구성된 '긴장의 그물'이다. 동아시아에 관한 담론은 '공통적인 것의 추구'와 같은 직관적인 의의에서의 총체감에 입각하지 않는다. 이와 정반대로, 내재하는 적대적 긴장과 외재하는 압력이 없었다면, 소련은 어쩌면 동아시아(극동) 담론의 틀을 구축할 수 없었을 것이다.

가장 눈길을 끄는 것은 이 잡지가 20년에 가까운 기간에 걸쳐 진행한 이데올로기 서술이다. 이는 소련 정부와 소련사회의 동아시아 상상이 역사적으로 어떻게 변해왔는지를 상당 부분 반영할 수 있다. 그중에서도 가장 눈에 띠는 것은 중국에 관한 기술이다. 창간 이후 첫 10년간 이 잡지는 중국에 대해 극히 적대적 태도를 취했으며, 매호 상당수의 논문이 중국의 이데올로기를 겨냥한 비판이었다. 그중에는 마오쩌둥 개인과 '마오이즘'에 대한 비판도 꼭 빠지지 않았다. 특별히 언급할 만한 것은, 이 잡지에 '이데올로기'라는 제목의 고정란이 있었는데, 내용의 대부분이 '마오이즘'에 대한 비판이었다는 사실이다. 그러나 이와 동시에 이 고정란에는 마르크스레닌주의가 '이데올로기'로서 소련 이외의 국가(가령 몽골)에 미치는 영향력을 본격적으로 논하는 소수의 선전 글을 싣기도 했다. 바꿔 말하면, 이 잡지의 '이데올로기' 고정란은 논적의 이데올로기를 비판하고 자신의 이데올로기를 선전하는 두 가지 역할을 맡고 있었던 것이다. '이데올로기'는 기본적으로 논적을 '현실과 괴리되었다'는 죄명으로 고발하는 것이라는 상식적인 용법과는 달리, 『극동의 제문제』는 또 다른 이해를 제공한다. 그것은 바로 이데올로기를 일종의 사상투쟁 수단으로 삼아서 거기에 합법성과 정당성을 부여한 것이다.

만약 『극동의 제문제』가 학술의 방식으로 20세기 70년대에서 20세기 90년대에 걸쳐 동아시아 지역에 관한 소련 고위층의 이데올로기를 전달했다고 한다면, 이 이데올로기가 격변하는 20년 동안에 신속하게 조정되었음을 주시할 필요가 있다. 이 이데올로기는 전반 10년 동안에는 사회체제와 정치이념을 현실을 재단하는 최고 기준으로 삼았다고 귀납할 수 있다. 이러한 기준 아래 정치 경제와 사회 연구를 위주로 하고, 문화 연구를 보조로 삼았던 이 잡지는 냉전의 최대 적인 미국에 대해 일관되게 적대적 태도를 견지했다. 그러나 동아시아 각국에 대해서는, 동아시아에서의 미국과 한패로 배척했던 일본을 포함해 그 태도가 많이 조정되었다. 이런 조정은 1980년대 중기 이후에 집중적으로 나타나며 1980년대 말기에 가장 현저하다. 이 잡지는 소련과 일본의 경제협력 추진 가능성에 대해 토론하기 시작했으며, 소련이야말로 일본에 가장 적당한 경제적 동반자임을 강조했다. 1980년대 중기에 『극동의 제문제』는 관심의 중점을 사회체제와 정치이념에서 경제구조 조정으로 전향하기 시작했다. 극동 지역의 경제협력을 토론하는 논문이 증가하기 시작했으며, 상대적으로 극동 지역이 미국의 침투를 어떻게 저지해야 하고 사회주의의 성과를 어떻게 수호해야 할 것인지를 토론하는 논문은 줄어들기 시작했다. 가장 두드러진 변화는 중국에 대한 태도다. 1988년을 전후로 이 잡지는 중국을 비판하는 몇 편의 글을 계속 게재했지만, 주된 논조에는 이미 분명한 변화가 생겼다. 그것은 중국의 개혁을, 개혁 중의 실패까지도 포함해서 사회주의 진영의 내부 개혁에 따른 시도라고 여겼고, 그 속의 경험과 교훈을 공유하고자 했다. 또한 중·소 우의와 중·소 관계 개선이 강조되기 시작했다. 이러한 변화는 분명 1985년 고르바초프의 집권과 관련이 있다. 그가 소련에서 추진한 개혁정책은 소련과 동아시아 각국의 관계에 변화를 가져왔다. 이데올로기 담론에 뚜렷한 변화가 발생하진 않았지만, 사용 빈도와 중점의 변화는 사회체제와 정치이념을 기준으로 삼았던 이전의 서술이 경제적 수요와 사회생활에 대한 서술로 전향했음을 암시한다. 특히 1989년에 들어선 뒤로 중·소 관계는 뚜렷하게 개선되어 양국의 문화교류가 회복되었을 뿐만 아니라 한동안 뜸했던 '중·소 우의'와 같은 표현도 잡지에 등장하기 시작했다. 이는 중·소 관계가 외교적 측면에서 변화했음을 의미하는 동시에 소련으로 말하자면 이미 '극동'이 내부 개혁의 중요한 외연이 되었음을 의미하기도 한다. 물론 이러한 자리매김 자체는 소련이 여전히 사회주의 진영의 수뇌를 맡으려는 의도를 보여준다. 그러나 동시에 이런 주체적인 태도로 인해 이 시기 소련의 서사는 서구의 냉전 이데올로기와는 다른 해석을 제공할 수 있었다.[11]

1991년 이후 이 잡지의 상황을 알 수 없기 때문에 어떤 추론들은 실증할 방도가 없다. 그러나 1990년대 이래 동아시아의 국제정치 관계에서 냉전체제의 해체와 구소련의 해체가 러시아의 동아시아 퇴장을 초래한 것은 결코 아니었다. 반대로 그것은 훨씬 깊은 층위에서 동아시아 사무에 개입해 동아시아의 유기적 구성 요소가 되었다. 북한의 핵문제를 둘러싼 '6자회담'은 동아시아의 근대화 서사가 배제해버린 북한을 동아시아의 시야 속으로 밀어넣었을 뿐만 아니라, 동시에 러시아가 동아시아의 일원임을 확인시켰다. 짚고 넘어갈 것은 중·한·일에서 통용되는 기존의 '동아시아' 시각에서 북핵 문제는 동아시아의 틀과 연결되어 인식된 적이 없었다는 점이다. 그것은 동아시아 담론의 모델이 아닌 일시적인 국제정치 문제로 여겨졌다. 이는 이 글의 첫머리에서 지적한 세 가지 동아시아 시각 속에는 냉전의 형성과 해체가 동아시아에 가져온 국제적 변동이라는 역사적 시야를 포함하지 않고 있기 때문이다. 그러나 우리가 『극동의 제문제』에 기대어 다른 시각으로 관찰한다면, 북핵 문제가 초래한 6자회담이 '동아시아' 문제에 속할 뿐만 아니라, 상하이협력기구sco¹²도 동아시아 담론 속으로 들어갈 수 있을 것이다.

경직된 이데올로기 서술은 이미 점차 사회를 주도하는 기능을 상실했기 때문에, 오늘날에 보면 『극동의 제문제』를 그대로 역사의 과정 자체로 간주하긴 어렵다. 그러나 바로 그 순수한 이데올로기 형식으로 인해 우리는 오히려 그 기본적인 얼개가 되는 가정을 비교적 쉽게 식별할 수 있다. 가령 구소련의 경우, 동아시아는 냉전의 중요한 진지陣地였다. 그렇다면 오늘날 우리가 동아시아는 일체화될 수 있는가라는 문제를 토론할 때, 냉전이라는 이 역사의 페이지를 가볍게 넘겨버릴 수는 없다. 동아시아에 군사기지를 보유하고 있는 미국을 동아시아 담론에서 빼버릴 수 없을 뿐만 아니라, 구소련과 오늘의 러시아도 동아시아 시야에서 배제할 수 없다. 그러나 문제의 다른 측면에서 말한다면, 냉전은 바로 소련과 미국이라는 두 나라가 대립하던 역사과정이기 때문에, 이 과정에서 동북아의 어떤 국가의 기능은 이 구도와 비대칭의, 심지어 적대적인 관계에 놓인다. 예컨대 중국의 전후 역사가 그러하다. 이런 의미에서 우리는 전후의 동아시아 역사를 '냉전 대치의 역사'로 간단히

91

제1부
동아시아 담론과
동아시아 감각

귀결시킬 수 없다. 또한 소련과 미국이 상징하는 이데올로기 대결 구도를 전후 동아시아 역사에 간단히 기계적으로 적용시킬 수도 없다.

나아가 동아시아 시야에서 다뤄지는 냉전의 역사는 국제관계 대상으로서의 냉전의 역사와도 다르다. 그것은 냉전 이전의 기나 긴 역사과정과 관련이 있기 때문에 자족적인 연구 대상이 될 수 없다. 동아시아 역사 서술의 한 페이지로서, 냉전 이데올로기 및 냉전과 탈냉전 시기의 진정한 구조적 관계는 동아시아의 전체 근대화 과정과 밀접한 연관성을 지닌다. 이로 인해 동아시아 연구에서 냉전의 역사는 응당 원리적인 것이지 시사적인 것이 아니다. 동아시아 연구의 착안점은 냉전 역사의 선후관계 자체에 있는 것이 아니라, 그 배후의 구조적 변천과정에 있다. 이런 의의에서 전후 동아시아 냉전과정에 대한 분석은 이 글의 첫머리에서 지적한 세 가지 동아시아 시각과 반드시 연관성을 갖게 될 것이다. 냉전 시각의 격렬한 유동 상태에 힘입어 우리는 이미 수립된 동아시아 관련 담론이 동태적이 아닌 정태적인 것이며, 사변적이 아닌 묘사적인 것임을 비교적 쉽게 판별할 수 있다. 상술한 갖가지 원인으로 인해 동아시아 담론은 아직 자신의 원리적 가치를 생산하지 못한 채, 단지 직관적 의미에서의 '지역 정체성' 수준에 머무르고 있다. 특히 중국의 개혁개방과 베를린 장벽 붕괴 그리고 구소련의 해체 이후, '중·한·일'과 같은 근대화를 잠재적인 논리로 삼는 담론의 틀이 신속하게 구축되고 강화되어, 동아시아에 관한 여타의 상상은 모두 이 틀의 파생물로 간주되었다. 이런 담론은 자기 나름의 역사적 정당성을 지니고 있지만, 그것을 동아시아 담론의 선행 전제로 절대화했을 때에는 문제가 된다. 우리가 무비판적으로 이 틀을 동아시아 역사과정의 기본 구도로 간주했을 때, 다음과 같은 어려움에 봉착하게 된다. 바로 타이완해협 문제와 한반도의 대립 문제가 기본적으로 '중·한·일'이라는 틀 아래 부차적인 문제로 귀결되고, 동아시아 현대사 속의 주요 고리로 다루어지지 않을 것이라는 점이다. 동남아의 경우, 동남아에 대한 담론도 마찬가지로 근대화 서사에 기대고 있기 때문에, 그것의 기능은 이 틀을 최대한도로 상대화하는 데 있는 것이 아니라, 중·한·일이라는 틀의 외연을 확대하는 데 있을 것이다. 이와 상응해 '중·일'이라는 차원은 종종 동아시아의 틀에서 주요한 부분으로 간주된다. 이런 동아시아 시각이 상대적으로 고정되고 지속적인 시각으로 묶일 때, 역사의 복잡성을 동아시아 담론 속으로 끌어오기는 힘들다. 그리하여 우리는 다음과 같은 딜레마에 직면하게 된다. 즉, 동아시아를 논함은 동아시아 이외의 지역(예컨대 유럽연합이나 미국)에 상대적인 이데올로기를 만들기 위함인가, 아니면 이 지역의 역사를 직시하기 위함인가? 만약 후자라면 우리는 어떻게 두 차례의 세계대전과 전후의 냉전이라는 사실을 단순히 '국제관계 연구'의 대상으로 삼지 않고 역사 시야 속으로 편입시킬 것인가?

탈냉전 시기의 역사 시야와
동아시아 서사의 사상 품격

탈냉전 시기가 막 시작되었지만, 그것이 냉전 이데올로기의 종결을 의미하지는 않는다. 예컨대 중국과 러시아에 대한 서구 언론의 묘사는 기본적으로 냉전 시기의 상상을 넘어서지 못한다. 냉전 시기에 이미 서방 진영의 공산당 국가에 대한 경제·군사 통제가 시작되었고, 탈냉전 시기에는 자본의 전지구화 과정에 수반되어 동아시아 지역의 경제와 금융 구조 내부로 한층 더 침투했으며, 나아가 일련의 내재적 긴장을 불러일으켰다. 냉전 이데올로기가 동아시아 사회 내부에서 일으키는 작용은 사회제도 간의 표면적인 대결 구도가 해소된 후 상당히 큰 변화를 보였다. 한편으로 서구 자본주의 체제에 대한 이상화는 개발도상국으로서의 공산당 국가 내부에 '시장 민주화'라는 환각을 빚어냈다. 다른 한편으로 서방세계의 경제적·제도적 위기는 역으로 선진국 내부의 사상가들로 하여금 전환기에 있는 동아시아의 후발국가에서 새로운 가능성을 찾고 그것을 이상화하게 만들었다. 그러나 이러한 모색과 인정은 여전히 냉전 시야를 골격으로 삼고 또한 냉전 시기의 사회제도 대립을 높은 시렁에 얹어두고 방치한 채로, 냉전 시기의 이데올로기인 '서구 시장경제 모델'을 인식론적 전제로 삼고 있다. 동아시아의 국제관계에서 냉전체제의 해체는 동아시아가 냉전구도에서 벗어나 새로운 국제질서를 형성하도록 한 것이 아니라 동아시아에서의 냉전 이데올로기를 한층 더 내재화했다.

현실의 층위에서 동아시아의 지역 통합은 근본적으로 미국의 내재화를 배제할 수 없다. 따라서 현 단계에서 동아시아를 독립적으로 존재할 수 있는 총체로 본다면 커다란 인식론적 딜레마에 봉착하게 된다. 그뿐 아니라 북한의 등장과 러시아의 진입에 따라, 동아시아는 그 틀을 새롭게 통합하는 과제에 당면하고 있다. 나날이 새로워지는 시국의 변동 속에서 기성의 '중·한·일'의 틀은 역사적으로 절대화되기 어려울 뿐만 아니라 현실 속에서도 그 절대적인 유효성을 빠르게 상실하고 있다.

대중매체가 주도하는 현실 인지認知 모델은 동아시아 국제관계의 신속한 변화에 따라 부단히 조정되고 있는데, 매일 새로운 시국과 마주하는 현대 세계에서 현실에 대한 추인과 예측은 인식론 자체의 의의를 거의 잃어버린 채 단지 패스트푸드 문화와 같은 소비 행위로 변해버렸다고 말할 수 있다. 동아시아 담론도 바로 이러한 의의에서 혹독한 시련에 직면했다. 그것은 사상적 중임을 짊어지고, 복잡다단하고 변화무상한 동아시아 국제관계의 장場에서 원리적 사유를 정련해낼 수 있는가?

동아시아에 관한 사상적 원리는 지금까지는 동아시아 각국이 함께 생산한 것이 아니다. 바꿔 말해서, 동아시아의 모든 지역이 '동아시아'라는 인식론적 시각을 필요로 하는 것은 아니다. 예를 들어 동북아의 경우, 일본은 동아시아 내지 아시아 서사에 가장 먼저, 그리고 가장 강하게 집착했다. 그러나 이 시각은 일본 근대화 과정 속의 침략전쟁과 한데 뒤얽혔기 때문에, 일본에서 근대 이래로 축적된 동아시아에 관한 사상자원까지도 모두 높은 시렁에 얽힌 채로 방치되게 만들었다. 반대로, 이러한 자원을 발굴하려고 할 때에는 비역사적인 방식으로 추상적인 토론만을 할 수 있을 뿐이었다. 예컨대 오카쿠라 덴신처럼 추상적인 방식으로 아시아 가치관의 상징적 의미를 강조한 사상가는 그가 처했던 역사에서 추출될 수 있으며, 그가 제창한 '사랑愛'의 철학은 아시아 정체성의 모델로 보편화될 수 있다. 이는 그 자체로 매우 큰 인식론적 오류를 낳았다. 동아시아에 관한 일본의 사상자원이 근대 일본의 침략 이데올로기와 완전히 분리될 때, 우리는 그 시기의 진실한 역사적 상태를 파악하기 어렵다. 그 결과 침략 이데올로기에서 출발해 일본의 현대사를 부정적으로만 다루고, 역사 해석의 권리를 야스쿠니 신사의 유슈칸遊就館[13]에 순순히 넘겨준다.

이 글의 제2절에서 토론했던 바와 같이 중국 근대사에는 지속적인 '동아시아' 의식이 결여되었다. 이로 인해 중국 현대 사상의 축적에는 동아시아 사유라는 차원이 결핍되었다. 최근 20년 이래 한국사회와 일본사회의 동아시아 서사가 중국에 영향을 주었고, 동시에 시장과 자본의 운용 메커니즘도 동아시아를 상대적으로 통합시켰다. 게다가 구미에서 온 동아시아 시각이 중국 지식계에 영향을 미쳐 중국의 동아시아 서사가 서둘러 출전할 수밖에 없게 되었다. 이런 상황에서 동원할 수 있는 사상자원이라고는 '유학'이라는, 이미 고도로 비역사화된 기호밖에 없었다. 이 기호는 일본의 오카쿠라 덴신보다 훨씬 더 보편성을 지닌다. 왜냐하면 유학은 적어도 중국과 한반도, 일본에서 일찍이 사회제도와 문화 형성의 매개 역할을 직접 담당했으며, 근대 이후에도 (설령 전부 긍정적이거나 주요한 것은 아닐지라도) 간접적인 사회적 기능을 지녔기 때문이다. 때문에 중국에서 동아시아 담론의 자원을 찾는다면 유학이 가장 큰 가능성을 지닐 것이다.

그러나 인정하지 않을 수 없는 것은, 일본의 아시아주의든 중국의 유학이든 그 '순수'한 형식 그대로 오늘날의 '아시아 원리'를 담당하기엔 큰 어려움이 있다는 점이다. 그것들은 사회구조의 중심축을 구성할 수 없으며, 인식론적 의미에서의 원리는 더더욱 담당할 수 없다. 그것들은 기껏해야 학술회의장에서의 바람직한 소망에 불과하다. 이러한 사상자원이 아시아 담론의 원리로 전화하려면 상당히 복잡한 전환과정이 필요하며, 이질적인 요소들과 결합하지 않을 수 없다.

이질적인 요소들이란 본토에서 자생하진 않았지만 근대화 과정에서 이미 '본토화'된 이른바 '서구' 원리를 말한다.

오늘날 동아시아를 서구와 직관적으로 대립시키는 명제는 그 허구성을 굳이 반박하지 않아도 스스로 허점을 드러내며 거의 무너져내렸다. 이른바 '중국 학문을 체體로 삼고, 서양 학문을 용用으로 삼는다'(일본식 표현으로는 '화혼양재和魂洋才')는 가설도 다시 자세히 살펴볼 필요가 있다. 구미의 군사적·경제적 수탈에 수반해 생겨난 근대세계 인식이 동아시아 사회(가장 먼저는 인식론을 생산하는 동아시아 지식 엘리트 계층)에 받아들여졌을 때, '서양 학문을 체로 삼고, 중국 학문을 용으로 삼는다'는 인식론 내지 정치와 사회 실천 과정은 일찌감치 기세등등한 '민족주의 서사'의 밑바닥에서 왕성하게 전개되었다. 동아시아의 '민족주의'가 긍정되거나 부정될 때, 그것들은 단지 서구와 북미 인식론의 틀 속에 동아시아의 재료를 밀어넣은 것에 지나지 않는다. 서구화와 민족화의 공모관계는 자본의 전지구화와 민족국가의 공모관계처럼 난해한 듯 보이지만 회피할 수 없는 사실이다. 이는 우리의 세계 인식이 그에 따라 조정되어야 함을 의미하며, 한 극단에서 다른 극단으로 뛰어넘는 기존의 인지 모델은 반드시 타파되어야 함을 의미한다. 구체적으로 말해서, 실체적인 '동아시아 원리'가 동아시아의 역사와 현상을 인식하는 임무를 진정으로 완수하지 못할 때, 이는 결코 동아시아 원리에 대한 탐구를 포기하고 '동아시아'가 인식론적 시각으로서 의미가 없다고 간단히 단언해야 함을 의미하지는 않는다. 유서 깊은 서구 식민국가의 식민과정에 수반해 생겨난 '근대 인식'과 미국의 글로벌 전략이 만들어낸 '세계상世界像'이 점점 더 자신의 단극화單極化된 상상의 폐단을 노출시킬 때, 아주 긴박한 과제가 이미 우리 앞에 놓여 있다. 만약 폭력을 수반해 전 세계로 추진되는 선진 지역의 인식론적 자원을 최대한 인류의 사상자원으로 바꾸고자 한다면, 기존의 이론틀에 기대어 그것들을 그대로 '보편적 서술'로 간주하는 것으로는 불충분하다. 그것들은 반드시 먼저 '특수화'되어야 하며, 일종의 지역적인 사상자원으로 간주되어야 한다. 이렇게 필수적인 절차를 통해서만 '서구'는 진정으로 전 인류에 속할 수 있다.

바로 이런 의미에서 동아시아 인식은 다음의 두 가지 방면에서 없어서는 안 될 것이다.

첫째, 그것은 장차 인지의 층위에서 개방적인 통합 모델을 창조할 것이다. 서구에서 비롯한 '동아시아(극동) 인식'을 포함해 이제까지의 주체 문제에 관한 인식론은 배타성을 전제로 하는 인식론적 가정을 내포하지 않는 경우가 없다. 이 때문에 '타자'는 언제나 외부에 존재하는 이질성異己性이며, 그것과 자아의 관계는 적대적이기 때문에 자아에 내재할 수 없다. 식민이란 수단을 통해 세계를 정복했던 서구사회에 사는 사상가들의 경우, 동양을 마주하는 철저한 자기부정 방식(이는 '타자'가 주체의 자기부정 과정에서 파괴적 기능을 지님을 의미할 뿐 아니라, 이런 파괴적 기능은 동시에 '자아'가 '타자'가 되는 것을 거부함을 의미한다)을 창조하는 것은 이유가 부족하다. 이로 인해 서구 사상가들에게 동아시아(아시아)의 의의는 그것이 서구와 다르다는 데 있다. 서구 사상가가 본질주의적 상상을 타파한다는 의미에서 이미 동아시아에 대해 그 개방성과 '보편성'을 정의했다고 하더라도, 동아시아가 동아시아인 것은, 서구의 시야에서는 여전히 서구 세계에 상대적인 동아시아의 '이질성'에 기댈 필요가 있기 때문이다. 동아시아 지식인의 경우, 사상과제는 단순히 서구 지식인들의 이러한 복잡한 요구에 응하는 데 있는 것이 아니다. 우리는 동아시아의 역사과정 자체를 더욱 직시해야 하며, 그것이 타자와 주체를 통합하는 힘겨운 과정을 직시해야 한다. 이 고통스러운 개방의 과정은 서구 이론에서는 직접 얻기 어려운 인식론적 시각을 요구할 것이며, 그것은 동아시아의 역사 자체에서만 발원할 수 있다. 그리고 그것을 원리화하는 것이 동아시아 인식의 사상과제다.

오늘날 우리는 사실 이미 이러한 사상자원을 보유하고 있다. 예를 들면 중국에는 루쉰이 남긴 주체 존재 방식에 관한 사유가 있으며, 일본에는 다케우치 요시미가 일본의 주체성 문제를 정리한 작업이 있다. 그러나 이러한 사상자원은 서구에서 통용되는 이론 방식을 채택하지 않았기 때문에 종종 홀시되곤 한다. 또는 그와 반대로 서구 이론의 특정 문제점에 대한 동양의 해석판으로 '환산' 되기도 한다. 이러한 지식생산 방식은 사실 우리가 원리적 사고를 창조하지 못한다는 하나의 방증이다. 동아시아 인식이 만약 자신의 존재 이유를 지니고자 한다면 그것은 반드시 원리적 인지능력을 갖추어야만 한다.

그러나 인식론 층위에서 개방적인 통합 모델을 창조하는 일은 기본적인 딜레마에 직면하고 있다. 우선은 국제관계 담론에서 윤리와 정치라는 두 가지 인지 대상 사이의 관련 방식이 불명확하며, 그로 인해 시각의 혼란과 담론상의 부분으로 전체를 판단하는 오류를 초래할 수 있다. 다음으로, '통합'의 폭력성과 이 과정 중에 있는 동아시아의 주체 존재 방식에 대해 총체적인 상상을 결여하고 있다.

첫 번째 딜레마에서 중국을 예로 들면, 중국사회에 보편적으로 존재하는 사유 패턴은 정치와 윤리를 똑같이 추상화한다. 이런 사유는 정치를 권모술수로 간주하고, 도덕을 정치를 재단하는 근거로 여긴다. 그로 인해 사람들은 정치를 일상 경험에서 벗겨내어 사회생활 자체로부터 외부화하고, 단지 '국가권력 투쟁'으로 귀결시키거나 자기와는 무관한 사물로 추상화한다. 한편, 도덕은 선행적이고 절대적인 '정의'의 화신으로 간주되며, 마찬가지로 추상적이다. 바로 이런 의의에서 중국사회는 여전히 비역사적 상태로 추상화된 유교 가치관이 위정爲政의 도를 만들 수 있다고 믿는다. 이런 사유 모델이 국제정치 분석에 응용될 때, 우리가 볼 수 있는 것은 표면적 현상만을 단편적으로 논하는 분석이다. 똑같이 추상적인 정치와 도덕으로는 동아시아 국제관계의 흐름과 현상을 설명할 수 없으며, 특히 다음과 같은 기본적인 사실을 대면할 수 없기 때문이다. 즉, 동아시아뿐 아니라 전체 세계의 국제정치 구도는 두 차례의 세계대전을 통해 만들어진 것이며, 이 기본 구도는 서구 강국이 세계의 자원 대부분을 차지함과 동시에 세계를 해석하는 담론 권력을 향유하는 것이다. 이는 또한 국제정치라는 영역의 윤리도덕 기준이 서구 강국 자신의 이익에 따라 결정되며, 선행적이거나 절대적인 것이 아님을 의미한다. 동시에 전후의 아시아−아프리카−라틴아메리카 국가들에서 이루어진 주체의식의 각성은 필연적으로 국제정치의 윤리 기준에 대한 새로운 해석을 수반했다. 이 새로운 해석은 '정의'와 '평화' 등 일련의 관념의 의미에 대해 끊임없이 질문함을 의미하며, 아시아−아프리카−라틴아메리카의 개발도상국이 국제 정의의 기준을 제정하는 과정에 참여함을 의미한다. 이라크전쟁, 북한과 이란의 핵실험, 코소보 독립이 야기한 대립 등은 모두 서방 세계가 도덕 해석권을 독점하고 있는 국면에 동요를 일으켰다. 이는 동태적인 정치 대결의 과정이며 앞으로 부단히 조정될 것이다. 그러나 이 과정은 윤리와 정치의 관계에 새로운 변화가 발생했음을 의미하지는 않는다. 오늘날의 세계에서 국제정치의 '윤리 기준'은 여전히 국가 실력 간의 역학 논리에 제약을 받는다. 아시아-아프리카-라틴아메리카 후발국가의 '국가이익'도 마찬가지로 민족국가의 자기중심적 논리에 복종한다. 그것은 윤리적 의의에서 정책을 이끌어내지 못하고, 반대로 정치의 각도에서 윤리 기준을 만들어낼 수 있을 뿐이다. 다른 점이 있다면 두 차례의 세계대전 사이에는 자본의 전지구화라는 잠재적 기능이 아직 무대 앞으로 나오지 않았으나, 오늘날에는 그것이 이미 되돌릴 수 없는 우세를 지녔다는 것뿐이다. 이로 인해 '국제관계'는 국가와 국가 사이에 존재할 뿐만 아니라 국가 내부에도 존재한다. 따라서 오늘날 국제정치 영역의 도덕 기준 문제는 더욱 많은 측면에 의해 제약되며, 심지어 국가 시각에만 기대어서는 인지할 수 없게 되었다.

이런 상황에서 우리가 동아시아를 도덕적인 '통합체'로 간주할 수 없음은 의당한 일이다. 동아시아 통합 방식의 정치적 성격은 새로운 인지 논리로 서술되어야 하며, 특히 역사 상황을 다룰 수 있으면서도 현실을 추인하지 않는 원리적 시각을 세워야 한다. 그것은 정치와 도덕의 관계를 새롭게 다루지 않을 수 없다.

두 번째 딜레마에 대해 말하자면, 전쟁을 필두로 하는 근대성 사건에 대해서는 이미 상당히 많은 논의가 이루어졌다. 특히 일본의 진보 지식계에서 나온 '민족국가 비판'과 '민족주의 비판'은 동아시아 지식계가 이 폭력적인 통합과정을 인식하는 데 가치 있는 시각을 제공했다. 그러나 이런 비판은 통상 한 가지 차원만을 출발점으로 삼으며, 하나를 돌보다가 다른 것을 놓친다는 혐의를 면하기 어렵다. 예를 들어 일본이 동아시아 내부에서 행한 폭력적 통합 기도—그것은 대동아공영권이라는 구호로 구체화되었다—
에 대한 비판은 보통 태평양전쟁 후반에 미국이 일본과 동북아
에 행한 폭력적 '통합' 욕망과 일본을 통제하려던 소련의 기도를
의도적으로 무시한다. 반대로 미국의 극동정책에 대한 비판은 일
본의 침략전쟁과 함께 논의되기 어렵다. 더 나아가 말하자면, 전
후 일본이 미국의 점령정책을 이용해 국내 재건을 기도했던 복잡
한 과정에 대해서는 이를 효과적으로 다룰 만한 시각이 아직 부
족하다. 실질적으로 관찰할 수 있는 것은 다음의 기본 사실이다.
즉, 동아시아의 내부와 외부가 폭력을 통해 달성한 복잡한 통합과
정을 다루기 위해, 기존의 분석은 폭력적인 성격을 삭제하고 통합
의 결과만을 강조하거나, 아니면 어느 한쪽의 폭력이 '부득이했다'
는 성격을 강조함으로써 통합의 불안정성을 암시하고자 했다. 전
자는 예컨대 일본 식민이 타이완 등지에 가져다준 근대화 결과에
관해 분석한 고바야시 요시노리小林善紀를 대표로 볼 수 있다. 후
자는 일본사회의 우익 보수 세력이 부단히 재생산하고 있는 것으
로서 일본이 아시아를 대표해 서구에 대항한다는 '근대 모델'이다.
이는 가령 야스쿠니 신사 유슈칸의 역사 해석을 통해 이데올로기
로 전화되었다. 이와 같은 기본적인 상황으로 인해, 두 차례의 세
계대전 이래 동아시아의 끊임없는 재통합에 대해 새롭고 효과적인
분석을 구축할 필요가 있다. 사실상 고바야시 요시노리의 『타이
완론臺灣論』과 야스쿠니 신사의 역사 해석에 대해 표면적 현상만을
단편적으로 논하는 비판에 의지해서는 기본적으로 이런 이데올로
기의 부정적 영향을 말끔히 제거할 수 없다. 새로운 역사 해석의

모델을 제공해야만 상술한 대항과 비판이 이 전제하에 효과를 발할 수 있을 것이다.

둘째, 동아시아 인식은 장차 불가피하게 우리가 이미 익숙해져버린 가치판단 체계의 청산을 요구할 것이다. 격렬히 변동하는 중국의 현대사로 말하자면, 이미 형성된 정치적·사회적 가치판단은 주로 각 역사의 시기적 이데올로기 통합 기능에 의존한다. 그러나 내용이 어떠하든 간에 그중 역사과정에 대한 이원대립적 판단만은 일관된다. 특히 근대 이래 전통사회에 대한 격렬한 부정으로 인해 현대 인식론은 나날이 이원대립적 가치판단으로 나아가게 되었다. 계속된 사상계의 논쟁은 이러한 이원대립의 강화를 결과로 삼았다. 이로 인해 '지정된 번호대로 자리에 앉는' 사유방식이 정확한 분석과 판단을 대체하게 되었으며, 또한 가치체계가 거칠고 단순하게 되었다. 이런 상황에서 거칠고 성긴 인식론은 종종 우리를 역사의 풍부함으로부터 멀리 떼어놓아 역사에 진입할 기회를 잃어버리게 했다.

동아시아 시각이 확립될 때 우리는 이 시각이 국가별 시각과 무엇이 다른지 반드시 따져보아야 한다. 이 글의 논의에서 동아시아 시각이 국가별 시각의 집합체와 동일할 수 없음은 이미 제1절에서 전쟁기억의 시각을 논할 때 언급한 바 있다. 여기서는 이 문제의식을 계속 심화시켜보고자 한다. 일본의 중국 침략전쟁과 제2차 세계대전 후 중국에서 일어난 내전, 그리고 전후의 냉전 및 한국전쟁으로 인해 동아시아는 전쟁기억, 다시 말해 통합 기능을 가장 저해하는 역사의 그늘에서 벗어날 수 없었다. 국가를 단위로 가치

판단(특히 도덕성의 판단)의 틀을 수립하고자 한다면, 우리는 장차 역사를 분리할 수밖에 없을 것이다. 예를 들어 제2차 세계대전이 종결되기 전에 일본은 중국의 적이었고, 미국은 중국의 맹방이었다. 그런 까닭에 중국의 현대사 저술은 유보 없이 긍정적인 태도로 도쿄재판을 기록했다. 그러나 국공내전이 끝나고 공산당이 정권을 획득한 뒤에는 일본을 점령한 미국이 중국의 적이 되었다. 한국전쟁이 발발했을 때 양안 관계는 이 시기의 대륙 정권과 미국 사이에 형성된 긴장관계의 마디를 구성했다. 이 시점으로부터 역사를 거슬러 올라가보면 우리는 비로소 도쿄재판에서 시작된 동아시아의 전후 역사가 미국이 차츰차츰 동아시아 내부로 파고들어오는 과정과 어떻게 다시 합쳐지는지를 분명히 볼 수 있다. 그러나 이런 상황에서 전후 미국이 동아시아에 진입하는 과정을 자세히 살펴보려면, 미국이 도쿄재판에서 드러낸 패권적 야심에 대해 새롭게 논해야만 할 것이다. 이렇게 되면 동아시아 피해국의 의지를 진정으로 존중하지 않았던 이 재판을 아무런 유보 없이 긍정하는 것은 자기모순이 된다. 그러나 반대로 아무런 유보 없이 이 재판을 부정하는 것도 역사의 논리에 위배된다. 이는 곧 일본이 행한 침략전쟁의 정당성을 긍정하는 셈이기 때문이다. 다시 뒤로 거슬러 올라가보면, 미·일 안보조약의 체결에서 오키나와의 일본 반환에 이르기까지, 전후 미국이 일본의 평화헌법을 설계한 것부터 변칙적으로 일본을 무장시켜 자신들의 전차戰車에 결박한 것까지 포함하는 이런 일련의 사건은 모두 미국과 일본의 공모관계를 다져서 동아시아에서의 군사기지를 공고히 구축하게 했을 뿐 아니라, 미국이 군사 수단을 이용해 세계를 통제하는 효과적인 터전을 제공하게 했다. 다른 한편으로 중국과 소련의 관계는 끊임없이 변동했다. 러시아가 나날이 동아시아에 진입하는 오늘날, 중국과 구소련 간의 순탄치 못했던 역사적 관계를 어떻게 평가할 것인가는 중·일 관계를 다루는 일에 비해 결코 쉽지 않다.

반세기가 넘는 역사에서 중국과 미국, 소련(러시아), 한반도, 일본의 관계는 '국가이익'이라는 의의에서 부단히 변화가 생겼으며, 매 차례의 변화는 그 전 단계의 어떤 판단에 대한 부정을 의미했다. 역사의 어느 횡단면에 집착해 얻을 수 있는 판단은 분명한 것이지만, 역사를 종적으로 자세히 살펴본다면 이러한 변화들을 회피할 수 없다. 그렇다면 이 모든 변화를 단순히 '국제외교 전략'으로 귀결시킬 수 있을까? 사실상 사상계가 상술한 문제를 다룰 때 사상사 연구는 기본적으로 부재한다. 왜냐하면 사상적 원리의 의의에서 이러한 역사과정을 논하려면 국가별 관계보다는 크되 복수復數의 국가별 총화總和와는 다른 시각이 반드시 있어야 하는데, 그러려면 절대화된 '국가 시각'을 어떻게 조화시킬 것인지가 문제 되기 때문이다. 더구나 지금에 이르기까지 각종 의미에서의 '국제연합기구'는 실은 통상 소수의 힘 있는 국가의 의지를 체현할 뿐이다. 국가보다 상위에 있는 '초국가적 시각'이 국가 조합의 기초 위에 세워진다면, 소수 국가가 국면을 통제하는 기존의 구도에서 벗어나긴 힘들 것이다. 그러나 유토피아적인 방식으로 국가를 초월할 가능성을 모색한다면, 이런 노력은 진정한 사상적 잠재력을 지니기는 어렵기 때문에 반드시 기존의 딜레마에 직면하게 될 것이다.

오늘날까지 중국의 동아시아 연구는 기본적으로 상술한 두 가지 방면의 문제를 거의 다루지 않았다. 이로 인해 중국의 동아시아 연구는 겉보기엔 그럴듯해도 실제로는 아닌 모종의 비자각적 상태에 머무를 수밖에 없었다. 이는 당연히 중국 지식인에게 동아시아 담론의 필요성에 대해 회의를 품게 했으며, 이로 인해 동아시아 담론의 사상 품격도 자리매김하기 어려워졌다. 탈냉전 시기에 우리가 당면한 문제는 더욱더 기존의 가치판단으로 처리할 수 없게 되었다. 그리하여 복잡한 상황을 마주 대할 수 있는 사상인식론을 만드는 것이 긴박한 과제가 되었다.

그러나 문제는, 개방적인 통합 모델에서 기성의 단순화된 가치판단을 청산할 수 있고 역사 상황을 겨냥한 다원적 가치 관념을 갖추었다 하더라도, 우리가 이미 동아시아의 인식론 원리를 수립한 것과 동일한 상황은 아니라는 데 있다. 우리는 여전히 자아인지를 수립하는 초급 단계에 있으며, 현재의 임무는 구축에 있는 게 아니라 청산에 있다. 문제의 청산에 대해 어느 정도 합의를 얻은 후에야 비로소 우리는 거짓 문제에 대한 치근거림에서 벗어날 수 있다. 인식론의 층위에서 동아시아 시각에 대해 궁구하는 목적이 바로 여기에 있다. 어쩌면 오늘날 동아시아 시각의 의의는 지식의 혼란 상태로부터 우리를 인식론적 자각으로 이끄는 데 있을지도 모른다. 이런 자각 상태에 도달하려면 다른 매개가 더 필요하지만, 동아시아 시각의 대체 불가능성은 그것의 특정한 역사과정에 의해 결정된 것이다. 필경 역사적 전환점이 되는 어떤 중요한 사건은 '동아시아'라는 특정한 시야에 놓였을 때라야 종합적인 분

석이 가능해진다. 그리고 역사과정이 부단히 전개됨에 따라 인식
론적 시각으로서의 '동아시아' 또한 반드시 새로운 사유의 차원과
사상자원에 공헌할 것이다.

포스트동아시아 담론의
가능성에 관하여[14]

'포스트동아시아 담론'이란 표현에 관해서는 설명이 필요하다.
오늘날 동북아시아에 수많은 '포스트 담론後學'이 유행하고 있는
데, 나는 '포스트동아시아 담론'이 그 대열에 끼지 않기를 바란다.
그러나 굳이 이 표현을 채택한 데에는 사실 구체적인 원인이 있다.
일본의 어떤 출판사의 요청으로 한국 학자와 타이완 학자 그리고
나, 이렇게 세 사람이 동아시아에 관한 특집을 편집하기로 했는
데, 출판사 편집진이 기대한 책 제목이 바로 '포스트동아시아'였기
때문이다.

　개인적으로 나는 '포스트동아시아'란 표현을 중시하지 않는다.
그러나 그 사용을 거부하지도 않는 까닭은 오늘날의 지적 풍토에
서 관습적으로 은연중에 일반화되어 '포스트後'에는 내재적 부정
의 의미가 있다고 여겨지기 때문이다. 이런 의미에서 나는 이 표현
이 내가 전하고자 하는 정보를 어느 정도 전달할 수 있다고 생각
한다. 간단히 말해서, 요즘 유행하는 '동아시아론'이나 '아시아론'
과 차별화하려면 다른 단어로 그것을 전달해야 하는데, 나는 단

지 이런 의미에서 내가 별로 좋아하지는 않는 '포스트동아시아'란 단어를 사용할 뿐이다. 물론 어떤 단어를 사용할 때는 빌려 쓰는 것이라도 언어의 '강제력'에 제약을 받으며, 그리하여 역사 속에서 취사선택을 통해 어떤 새로운 요소를 만든다. 따라서 사상사 연구는 이런 강제력의 한계를 반드시 신중하게 주목해야 한다. 그렇다면 '포스트동아시아'라는 담론의 강제력에 힘입어 나는 어떤 가능성을 발견할 수 있을까?

오늘날까지 동아시아 담론과 아시아 담론은 극히 애매한 전제 하에 끊임없이 축적되어왔다. 이런 애매한 성격은 다음의 문제를 본격적으로 다룰 수 없었던 것과 관계있다. 일찍이 악명 높았던 '대동아공영권'에 대해서는 잠시 논외로 하고, 동아시아라는 이 지칭만 놓고 말할 때, 그것은 도대체 어떤 지리적 범위를 가리키며, 사상과제로서 어떤 방향성을 지니는가? 동아시아는 하나의 총체로서 서술되어야 하는가, 아니면 담론의 범주로 확립될 수 없는가? 만약 '방법으로서의 동아시아'와 '지리적 개념으로서의 동아시아'가 구별해서 다룰 수 있는 상이한 대상이라면 이런 구별은 단어 이상의 현실적인 의의를 지니는가? 나아가 동아시아를 서술하는 것에서 아시아를 서술하는 것으로 넘어가는 것과 같은 개념의 비약은 사상사적으로 과연 성립할 수 있는가?

특별히 지적할 것은 이러한 일련의 문제는 다른 범주의 문제와는 달리 개념적 토론에만 의지해서는 건설적인 결과를 얻을 수 없다는 점이다. 동아시아라는 개념은 잔혹한 전쟁과 관련이 있기 때문에, 이 중대한 역사적 사건과 따로 떼어놓고 독립적으로 논의될 수는 없다. 이런 의미에서 '동아시아'라는 어휘 특유의 애매한 성격은 어쩌면 동아시아 담론의 필수불가결한 전제일 것이다. 따라서 이상의 문제를 본격적으로 논의하고 정의를 내린다고 해서 문제의 핵심을 건드릴 수 있는 것은 아니다. 이는 동아시아라는 어휘가 지니는 특수한 분위기 속에 이 지역에서 살고 있는 각 민족의 형언하기 어려운 감정기억이 각인되어 있기 때문이다.

1960년 다케우치 요시미는 '대상으로서의 아시아, 방법으로서의 아시아'라는 제목으로 강연을 했다. 이 강연은 나중에 그 유명한 「방법으로서의 아시아」의 기초가 되었는데, 이 글 속에는 다케우치 요시미의 사유방식이 제법 충분히 구현되어 있다. 그런데 방법으로서의 아시아라는 명제가 오늘날 보편적으로 사용될 때, 다음과 같은 사실에 주의하는 사람은 거의 없을 것이다. 즉, '방법'을 논하는 강연에서 다케우치 요시미는 방법론을 논하지도 않고 '아시아'를 논하지도 않은 채, 개인적인 체험을 언급했을 뿐이며 또한 화제를 거의 중국에 집중했다는 점이다.

그 까닭은 무엇인가?

어떤 비판에 따르면 동아시아를 논할 때 다케우치 요시미는 한반도라는 시각을 결여했다고 한다. 그러나 이 글의 경우에는 그렇게 말할 수 없다. 다케우치 요시미는 일본의 교육제도가 아시아 연구를 경시한다고 비판하면서 가장 먼저 한국어 교육이 빠져 있음을 예로 들었다. 그러나 문제는 여기에 있지 않다. 다케우치 요시미에게 '아시아' 그리고 '방법'이 과연 무엇을 의미하는지가 문제의 핵심이다.

「방법으로서의 아시아」에서 다케우치 요시미는 다소 거친 듯한 명제를 제기했다. 즉, 일본·중국·서구라는 세 가지 유형으로 근대화 모델을 인식하는 것이다. 이런 사유방식은 다케우치 요시미의 일생을 관통하고 있으며, 그는 죽을 때까지도 그것을 일종의 사고 방식에서 한 걸음 더 나아가 정교한 분석 방식으로 발전시키지 않았다. 그렇다 하더라도 이 거친 명제의 '제기 방식'에서 우리는 유익한 사상을 배울 수 있다. 그것은 바로 서구식 '근대'를 다양화하려는 노력이며, 이를 위해서는 서구를 기준으로 세계를 바라보는 지적 습관을 버려야만 한다는 것이다.

다케우치 요시미는 일본의 근대화가 동아시아에서 가장 먼저 실현되었다고 말한다. 그러나 그것은 표면상의 현상일 뿐이다. 일본사회와 문화구조 자체는 결코 그 표면과 일치하지 않았다. 이에 비해 중국과 인도의 근대화는 상당히 더뎠지만 이는 사회문화 구조를 파괴한 후에 내부로부터 생겨난 결과다. 비록 뒤쳐졌으나 상당히 깊이 있는 것이다. 그렇다면 일본인은 왜 이러한 판단을 받아들이기 힘들까? 다케우치 요시미에 따르면 이는 일본인이 중국에 대한 멸시를 그만두지 않았기 때문이다. 일본인은 일본이 미국에는 졌지만 중국에는 지지 않았다고 생각한다. 이런 잠재적 심리는 일본인의 '근대관'과 직접적인 연관이 있다. 다시 말해 일본인은 미국식 근대를 모방하면서 근대의 모범국이라 자처하는 동시에 중국을 비근대화된 국가로 간주하고는 업신여기며 깔보았다. 이는 아시아에 대한 일본의 기본적 태도이기도 하다.

다케우치 요시미에게 아시아는 연구 대상이 아니라 방법일 뿐이다. 그러나 이 '방법'은 방법론이 아니다. 그것은 일본인의 주체성 형성을 위해 가치관을 '되감는다翻轉'는 구상이다. 다케우치 요시미의 말을 빌리자면 이런 되감기는 "서구식의 우수한 문화 가치를 더 큰 규모로 실현하기 위해, 동양이 서양을 거듭 반격하고 거꾸로 여기 동양으로부터 서양 자체를 변혁하는 것이다. 이러한 문화적 되감기, 혹은 가치상의 되감기를 통해 보편성을 창조해낸다. 동양의 힘이 서양에서 발원한 보편 가치를 증강시킬 수 있도록 하기 위해 반드시 서양을 변혁해야 한다".

왜 동양의 힘에 기대어 서양에서 발생한 보편적 가치를 증강시켜야 하는가? 다케우치 요시미는 1960년에 이미 다음과 같이 예리하게 지적했다. 즉, 평등과 자유와 같은 서구의 일부 우수한 가치는 동양으로 침투하는 과정에서 무력을 동반했다. 다시 말해 식민지 침략으로 지탱된 것이다. 그는 "유럽 내부에서는 평등일지 모르나, 아시아와 아프리카의 식민지에 대한 약탈을 승인한 기초 위에서의 평등이라면 전 인류에 관철될 수 없다"고 지적했다.

다케우치 요시미가 처한 시대는 역사적으로 거대한 변화가 일어났다. 제2차 세계대전 이후와 한국전쟁 이후에 동아시아는 냉전 상태에서 신생新生의 길을 모색했다. 일본은 다케우치 요시미가 지적한 대로, 무력으로 지탱되는 '우수한 문화 가치'를 미국으로부터 기성품의 방식으로 들여왔다. 이 왜곡된 상황 속에서 그 세대의 일본 지식인은 선택의 여지 없이 다음의 곤란한 과제에 직면하게 되었다. 즉, 전 인류에 관철될 수 없는 문화 가치를 받아들이고 다시 그것을 개조해 인류가 함께 누릴 수 있는 가치로 만드는 것이

다. 도쿄재판을 계기로 미국의 일본 점령은 일본의 전후에 대해서 뿐만 아니라 동아시아의 전후에 대해서도 거대한 영향을 미쳤다. 한국전쟁을 거쳐 미국은 한국에서의 지위를 확립했으며, 동아시아에서 미국의 '내재화'는 피할 수 없는 사실이 되었다. 문제의 복잡성은 아마 다음에 있을 것이다. 즉, 미국의 현실적인 점령은 불평등한 과정이었지만, 그것은 동시에 우수한 가치관의 도입을 수반했으며, 이런 기본적 상황은 동아시아가 내재적으로 변화하는 계기를 제공했다는 점이다. 이로 인해 이 시기의 역사는 매우 복잡해졌으며, 인지 영역에서 직관적 가치판단에만 의지해서는 동북아의 전후를 파악할 수 없게 되었다. 동서 대립적 사유방식, 일본은 아시아 국가가 아니라는 자부심, 도쿄재판에 대한 비판적 지식인들의 복잡한 회피 태도 등등은 모두 이러한 '직관적 가치판단'에서 파생된 태도다. 다케우치 요시미는 「두 개의 아시아 사관二つのアジア史観」 등 일련의 글에서 아시아를 멸시하는 일본사회의 태도와 전투를 벌인다기보다는 이러한 직관적 가치판단에 대해 전투를 벌인다고 할 수 있다. 왜냐하면 다케우치 요시미는 인식론적 직관성이야말로 아시아 멸시의 기초를 이룬다는 것을 어느 누구보다도 잘 알고 있었기 때문이다.

이러한 역사적 흐름 속에서 일본과 중국 간에 여전히 실질적인 전쟁 상태에 놓여 있던 '전후 시기'에 다케우치 요시미는 부단히 그의 중국론을 집필했다. 어떤 의미에서 이러한 중국론은 중국 연구로서 쓴 것이 아니다. 이는 일본사회에 겉으로 드러난 근대의식을 바로잡기 위해 대상을 '되감아버린다'는 구상 자체를 시범으로 보인 것이다. 오늘날 다케우치 요시미의 중국 분석에서 결론을 추출해 그것이 적합한가를 왈가왈부하는 것은 의미가 없다. 이런 직관적이고 실체적인 사유방식에서 벗어나 오늘날 여전히 경시되고 있는 아시아 혹은 동아시아가 지닌 문제성을 생각한다면, 우리는 다케우치 요시미가 「방법으로서의 아시아」에서 왜 중국에만 초점을 맞추었으며 자신의 개인적 체험에 얽매였는지 이해할 수 있을 것이다.

물론 다케우치 요시미가 중국 연구자이고 이 글이 강연 기록이었다는 상황이 상술한 문제를 어느 정도는 설명할 수 있다. 다만 이런 설명은 상술한 문제를 속속들이 파고들 수 없다. 탈냉전 시기라고는 해도 중국은 여전히 일본 지식계가 이해하기 어려운 대상이며, 일본의 근현대 중국 연구의 주류는 기본적으로 미국의 이론(특히 포스트모더니즘과 탈식민주의)을 추종하고 있다. 이런 상황은 다케우치 요시미의 시대와 비교해서 그다지 크게 개선되지 않았다. 이러한 기본적 사실들을 고려한다면 다케우치 요시미의 이런 태도는 개인적 소양의 문제만은 아니라고 할 수 있다. 일본뿐만 아니라 오늘날 중국의 지식계도 상황은 크게 다르지 않다. 동아시아 지식계가 영어식의 사고로 교류하고 경쟁하는 시기가 머지않아 역사가 될 것이라 해도, 우리는 그때가 되면 약동하는 역사에 진입하는 적당한 경로와 도구를 저절로 가질 수 있는지에 대해 여전히 생각해보아야 한다.

중국이 없다면 동아시아 담론도 성립할 수 없다. 그러나 이는 실체적 의미에서의 문제가 결코 아니다. 차라리 다케우치 요시미가 말한 '방법'의 층위에서만 드러날 수 있는 문제라고 하는 편이 나을 것이다. 바꿔 말해서 오늘날 격렬하게 변동하고 있는 중국이라는 대상은 인식론을 단련하는 매개로서, 사람들에게 혼돈을 혼돈으로 파악하며 이런 혼돈 속에서 원리를 정련해낼 것을 요구한다. 따라서 중국에 대한 담론을 동아시아 시각의 일환으로 삼는 것이야말로 필수적이다. 이렇게 말하는 것은 결코 중국중심주의를 강조하는 게 아니다. 동아시아에서 한국의 역할을 강조한다고 해서 한국중심주의가 아닌 것과 마찬가지다. 현실은 중국의 개혁개방이라는 역사의 구조적 전환 속에서, 잠재한 원리가 긍정과 부정의 표상을 통해 나타나고 있다. 중국은 미국의 반명제反命題가 아니며, 과거의 일본도 아니다. 중국적 원리를 인식하기 위해 미국의 각종 '포스트 담론'을 기계적으로 적용해서는 전혀 도움이 되지 않는다. 그것은 아시아에 존재하는 중국의 독특한 원리이기 때문이다. 이러한 원리는 그 독특성으로 말미암아 "서양의 보편적 가치관을 증강시켜서 서양을 변혁시키기 위한" '되감기'의 힘이 될 수 있다. 다케우치 요시미는 "되감을 때는 스스로 독특한 것을 가지고 있어야만 한다"고 말했다. 다케우치 요시미에게 이 독특한 것은 중국이고 아시아였다. 다시 말해 그것은 실체적인 게 아니라 '방법'이다. 이 방법이란 근본적으로 말하자면 미국을 필두로 하는 서구 세계의 '우수한 가치관'을 자신의 것으로 바꾸기 위해서는 역사의 복잡성을 존중하고 이런 복잡성의 기초 위에서 아시아를 원리화한다는 구상이다. 동서 대립의 층위에서는 이러한 구상이 존재할 수 없다.

오늘날 중국은 현저하게 근대화되고 있으며, 그에 따라 각종 사회문제도 심화되고 있다. 오늘날의 중국은 내재하는 각종 모순적 상황 아래 끊임없이 동태적인 평형을 유지하고 있다. 이런 평형을 유지하는 것은 중국사회의 역사 논리일 뿐, 진보주의자들이 주문처럼 읊어대는 '독재' '권위주의' '민족주의' 등등의 개념 장치가 절대 아니다. 다른 한편으로 중국 대도시의 모던한 풍경과 농촌의 빈곤을 단지 정태적으로 대치시켜 다른 상황과 따로 떼어놓고 논한다면 우리는 참된 현상에 다가설 수 없다. 격렬하게 변동하는 현실에 대해 어떤 부분에 주목하고, 어떤 구상에 기대어 그 부분과 다른 부분의 관계를 구성해야 할 것인지는 모두 연구자의 입장에 따라 다르다. 연구자는 자신의 의식 속에 없는 것은 보지 못하며, 자신의 의식 속에서 확정된 부분과 서로 대응하는 자료만을 수집하기 마련이다. 만약 반대로 자신의 의식에 존재하지 않는 요소와 마주쳐 그에 맞게 자신의 의식을 변혁했을 때, 그것이 바로 '발견'이다. 오늘날의 중국은 이러한 지적 흥분을 '발견'할 수 있는 가장 좋은 매개다.

다케우치 요시미의 시대와는 달리 오늘날 동아시아 담론은 매우 성행하고 있다. 한국과 일본은 말할 것도 없고, 줄곧 동아시아 시야가 결여되었다고 비판을 받아온 중국 대륙에서조차 동아시아 연구는 활발한 분야로서 이미 자기 위치를 확립하고 있다. 실체로서의 동아시아, 방법으로서의 동아시아, 개념으로서의 동아시아, 모순으로서의 동아시아, 무의미한 단위로서의 동아시아 등등 우리는 지금 전에 없던 동아시아 담론의 풍작기로 들어서고 있다.

이런 상황은 동북아가 격렬하게 변동하는 시대로 진입한 것과 관계있다. 중국과 일본 사이, 한국과 일본 사이에는 역사인식을 비롯해 현실 속의 각종 갈등이 끊임없이 발생하고 있다. 북한의 핵문제가 일으킨 쟁론, 타이완과 대륙의 관계 문제는 모두 냉전체제 부활의 도화선이 되었다. 6자회담 참가국 간의 관계가 상징하는 바와 같이 동아시아의 '총체'는 결코 동아시아 자체에만 한정되지 않으며, 적어도 항상 미국이 개입되어 있다.

이런 구도 속에서 중국의 위상 정립이 가장 문제가 된다. 중국의 경제발전이 관념의 산물이 아니라 모색적 실천인 이상, 정지된 판단은 동태적 현실과 동떨어지게 될 것이다. 국내외 '관찰자'들의 예언이 항상 들어맞지 않는 것도 좋은 증거일 것이다. 오늘날의 중국 사회는 정치 메커니즘과 경제구조가 격렬하게 변동하고 있다. 이런 극도의 혼돈 상태 앞에서 효과적인 해석의 실마리를 찾지 못했기 때문에, 사람들이 끊임없이 공동화空洞化하는 '중국위협론'에 기대는 것도 피하기 어렵다. 이런 정황의 구체적인 예증은 2005년 일본의 유엔 안보리 상임이사국 가입 문제를 둘러싸고 중국사회에 나타난 언론의 동향인데, 거의 서구 여론에 의해 중국위협론 속으로 환원되었다. 중국에서 현재 일어나고 있는, '개혁'이라 불리는 거대한 역사적 변동은 경제개혁이 가져온 대량의 사회문제를 필두로 하는 불확정적 요소를 대거 포함한다. 그것을 어떻게 분석하고, 어떤 틀에 의거해 분석할 것인지는 전지구적인 사상과제다. 여기서 가장 긴박한 과제는 중국이 위협적인지 아닌지와 같은 공허한 문제에서 벗어나 현실의 유동성에서 원리 문제, 즉 중국의 국가 메커니즘은 어떻게 조정을 거치며, 사회 시스템은 또 어떻게 작동하고 변동하는가를 탐구하는 일일 것이다. 솔직히 말해서 이러한 지식의 축적은 매우 부족하다. 특히 동아시아 지식계에는 인식상의 장애가 줄곧 존재했다. 즉, 한국, 일본 등과 비교해서 중국은 '대국'이라는 이 사실을 '사실'로서 인식하는 지적 습관이 동아시아에는 매우 박약하다. 왜 그럴까? 그 이유는 이런 인식을 중국중심론과 구별해내기 어렵기 때문이다. 따라서 대국―강국―위협이라는 삼단논법이 쉽게 유행하며 공명을 얻고 있다. 현재 동아시아 담론 가운데 주류가 된 서술 방식은 기본적으로 이런 물리적 의미에서의 공간적 차이를 무시한 채, '민족국가'라는 획일적인 전제 아래 동일한 모델로 중국·한국·북한·일본의 문제를 논한다. 그러나 중국에서는 물리적 의미에서의 광대한 공간을 통제해야 하기 때문에, 역사적으로 어떤 메커니즘(예컨대 틈새로 가득 찬 체제 질서)이 형성되었는가와 같은 문제들은 물리적 의미에서의 소국과 기타 '대국'을 함께 놓고 비교했을 때라야 드러날 수 있다. 반세기 전 다케우치 요시미는 중국식 근대라는 표현으로 중국이라는 대국이 지닌 역사 논리를 지칭했다. 그러나 이 역사적 원동력은 오늘날에도 여전히 자기표현에 적합한 모델을 찾지 못하고 있다. 따라서 다케우치 요시미가 표현한, 결코 그렇게 아름답지 않은 중국 원리의 혼돈 지점(그는 루쉰을 빌려 다음과 같이 표현했다. "갈 길이 없지만 가지 않으면 안 되는, 오히려 갈 길이 없기 때문에 더 가지 않으면 안 되는 상태다. 그는 자신이길 거부하지만 동시에 자기 이외의 그 어떤 것도 거부한다.")[15]은 도리어 중국에 대한 찬미로 간주되어 그 무게가 깎였다.

문제는 여기서 더 계속 심화되어야 한다. 중국의 상황에 적합한 인식 모델의 창조를 통해 이웃 나라의 '중국 인식'을 변화시킬 수 있을까? 이런 기대는 역사의 내재적 긴장에서 벗어난 듯하다. 중국이라는 물리적 의미에서의 '대국' 메커니즘으로부터 평화 발전의 논리와 현실적 가능성을 정련해낼 수 있다 하더라도, 이웃 국민들은 진짜 그것을 '사실로서' 인정할 수 있을까? 미국의 위협과 일본의 위협은 무시하고 중국의 위협성만을 현실 상황에서 뽑아내어 강조하는 방법을 단지 '반중국反華'이나 '우익'으로 자리매김하는 것으로 문제를 설명할 수 있을까? 여기서 우리는 또다시 이 절의 첫머리에서 언급했던 동아시아라는 사상과제의 애매성 문제와 마주하게 된다. 동아시아라는 사상과제는 '객관화'될 수 없는 일면을 지니고 있다. 다시 말해 그것은 이 지역 주민들의 생활감정에서 완전히 벗어나 서술될 수 없는 일면을 지니고 있다. 이런 '비객관'적 측면은 정형화하기 어려운 방식으로 연구자의 문제의식, 문제제기 방법, 토론의 방향을 잠재적으로 규정한다. 단순히 자료를 나열하는 것이 객관적인 것은 아니다. 자료의 선택과 논증의 추진 방식은 필연적으로 주관적이다. 그러나 이런 의미에서의 주관적 감수성은 소박한 방식으로 사상의 기능을 감당할 수 없다. 이런 소박한 감수능력을 어떻게 사상화할 것인가야말로 지금 가장 긴박한 사상과제다. 동아시아 담론에서 이런 주관적 조작은 기본적으로 생활감각과 별 차이가 없으며, 지성의 단련을 거치지 않고 그대로 동아시아 연구를 지탱했다. 예컨대 우리는 다음과 같은 현상에 의문을 품지 않을 수 없다. 왜 한국사회와 일본사회에서는 일부 사회 여론이 미군기지의 존재는 무시한 채 중국위협론의 논조만 드높이는 것일까? 중국사회의 일본 이미지는 왜 줄곧 관념적인 단순화와 기호화의 상태에 처해 있을까? 이와 관련해 중국사회의 한국 이미지는 왜 이다지도 빈약할까? 타이완 사회와 대륙 간에는 왜 진실한 접점을 찾지 못하고 건조한 대립 상태를 지속하는 것일까? 북한은 왜 언제나 '권위주의적 독재사회'라는 한 마디로 간단히 치부되는 것일까? 이런 정세 속에서 양식 있는 사람이 걸핏하면 '연대'에 대해 절망감을 느끼는 것도 당연하다. 상술한 이 모든 현상은 개념적 토론으로 해결될 수 있는 문제가 결코 아니다. 그것은 지식계에 골치 아픈 과제를 제기하고, 우리에게 동아시아 지역의 지식생산에서 비논리적이고 비관념적인 부분을 추출해 그로부터 지성과 사상의 명제를 뽑아낼 것을 요구한다. 우리의 과제의식은 이런 비논리적이고 비관념적인 요소를 부정적 요소로 간주하는 것도 아니고, 그것들을 그대로 지성 자체로 간주하는 것도 아니라, 지성적인 활동을 통해 이런 요소 속에서 이념에 생명력을 불어넣는 에너지원을 발견하는 것이다.

　여기서 동아시아에서의 한국의 사상사적 위상을 문제화할 필요가 있을 것이다. 중국의 혼돈 상태가 효과적으로 인식되지 못한 것처럼, 한국사회가 축적한 우수한 정치 전통도 충분히 인식되지 못했다. 동아시아 담론에서 줄곧 피해자이자 약자로 간주되기 쉬운 한국사회는 동아시아 지역에서 가장 성숙한 민주주의의 정치적 전통을 지니고 있다. 이는 단순히 한국사회에 각양각색의 정치사회운동이 있다는 것을 의미하지 않는다. 동아시아 정세에 대한 한국 지식인들의 위기감, 그들의 강렬한 비판정신, 이런 위기의식과 비판정신에서 전화되어 나온 동아시아에 대한 책임감, 그리고 중국 대륙과 타이완, 일본에서는 결코 보편적이지 않은 미국 패권에 대한 또렷한 저항의식은 모두 한국사회가 배태하고 있는 정치감각의 특질을 암시한다. 그러나 이런 정치감각은 동아시아의 사상자원으로 공유되지 못했으며, 한국으로부터의 호소 역시 동아시아 지역에 정확하게 받아들여지지 않았다. 이런 상황에서는 동아시아 지역에서 한국 특유의 공헌이 정확하게 인식되기 어려울 것이다. 오늘날의 동아시아 담론에서 벗어나 한국사회의 귀중한 사상자원을 공유하는 것은 현재의 지식생산에서 중요한 도전이 될 것이다. 특별히 지적할 것은 한국사회의 상황에서 정치 전통을 정련하고 그것을 사상자원으로 전화하는 일은 중국의 혼돈 상태 속에서 원리를 발견하는 것보다 결코 더 쉽지 않다는 사실이다. 왜냐하면 양자는 직관적인 생활감각에 기대어 완성할 수 없기 때문이다.

2005년은 제2차 세계대전이 끝난 지 60주년이 된 해다. 전후의 동아시아는 전쟁 인식에 관한 사상투쟁을 60년이나 지속했다. 중일전쟁과 태평양전쟁을 분리해서 논해야 하는가 아니면 합쳐서 논해야 하는가와 같은 토론 방식에 관한 주목은 오늘날 매우 중요한 의미를 지닌다. 왜냐하면 미국이 도발한 이라크전쟁을 계기로, 지난날 다케우치 요시미가 제기한 "우수한 문화가치는 무력을 동반하며 이로 인해 가치 자체를 약화시켰다"는 문제가 부각되었기 때문이다. 일본이 패전하면서부터 수많은 양식 있는 인사가 다음의 문제를 지적해왔다. 즉, 아시아 이웃 나라에 대한 일본의 침략은 태평양전쟁으로 치환될 수 없으며, 태평양전쟁에서 일본의 전쟁 책임에 대한 추궁은 일본이 아시아 국가를 침략한 전쟁 책임에 대한 추궁을 대체할 수 없다는 것이다. 특히 전후의 일본이 미국을 추종했기 때문에 일본과 중국 대륙의 실질적 화해는 큰 폭으로 지연되었으며, 중일전쟁을 비롯한 일본의 아시아 침략전쟁과 태평양전쟁은 복잡한 중의성을 지니는 동시에 서로 연관되어 있다. 이 사실을 정확하게 인식하기란 어렵다. 실제로 일본의 전쟁 책임을 추궁할 때 '두 차례의 전쟁', 즉 아시아에 대한 침략전쟁과 제국주의 대 제국주의의 전쟁을 구별해서 인식하는 방법은 성립할 수 있다. 그러나 이런 구분 방식에만 의거해서는 도쿄재판과 같은 역사적 사건을 자리매김할 때 곤란함이 발생할 것이다. 이 재판은 한편으로 '우수한 문화 가치'를 체현했지만, 동시에 주로 '제국주의'의 조종을 통해 완성되었기 때문이다. 이 재판에 대해서는 완전히 부정할 수도 없고, 전면적으로 긍정할 수도 없다. 이 진퇴양난의 딜레마는 다케우치 요시미의 세대를 괴롭혔으며 그들의 사상적 긴장을 불러일으켰다. 문제는 여기서 그치지 않는다. 우리가 부정할 수 없는 상황은 도쿄재판이라는 단순화할 수 없는 역사적 사건도 어느 정도는 전후 동아시아의 역사 궤적을 규정했다는 사실이다. 그것은 동아시아가 주동적으로 미국을 수반으로 하는 '서구'를 내재화했으며, 이로써 동아시아 각 사회의 질서를 새롭게 재편하고 전후의 '부흥'을 촉진시켰음을 의미한다. 여기서 '동양 대 서양'이란 단순 도식으로는 전후 동아시아의 정치세계를 설명할 수 없다.

동시에, 도쿄재판이란 사건을 효과적으로 처리하지 못한 것도 동아시아 지식계의 전후를 기점으로 한 인식 모델에 대한 허점을 드러냈다.

도쿄재판이 진행되었을 때는 중국 현대사에서 가장 복잡한 격동기였다. 15년 항일전쟁[16]의 종결은 중국 내부 정권의 경질과 서로 맞물려 격렬한 역사적 전환을 수반했다. 이 시기부터 시작해 신중국은 얼마 지나지 않아 일어난 한국전쟁을 통해 동아시아에서 자신의 독립적 지위를 확립했다. 다른 한편, 타이완으로 퇴각한 국민당이 중국을 '대표'하는 왜곡된 동일시 방식은 일본의 일방적 평화회담을 거쳐, 전후 동아시아 역사에 단순한 사유방식으로는 파악할 수 없는 복선을 깔아놓았다. 나아가 도쿄재판에서 판결을 얻지 못한 일본의 조선 식민지 통치 문제는 머지않아 일어난 한국전쟁이 초래한 남북 분단과 한국에서의 미국 군사기지 확립이라는 냉혹한 현실에 의해 사라졌다. 일본뿐만 아니라 동아시아 전체가 역사를 철저하게 청산하지 못한 상황에서 자신의 '전후戰後'를 시작했다.

이상의 문제를 지적한 것은 역사의 복잡성을 지적하기 위한 것일 뿐 동아시아 문제를 간단히 미국의 패권 문제로 귀결시키려는 것은 아니다. 동아시아 지역 간의 얽히고설킨 역사는 미국 내재화보다 훨씬 복잡한 구조로 변화 발전해왔다. 이 지역에서는 새로운 인식 모델을 형성하는 데 도움이 되는 가장 좋은 요소들을 부단히 축적하고 있다. 올해(2005년—옮긴이) 한국사회와 중국사회에서 잇달아 발생한 반일 물결을 발단으로, 타이완과 중국 간의 극적인 대화관계의 확립, 일본의 유엔 안보리 상임이사국 가입 반대와 관련해 한국이 국제무대에서 맡은 적극적 역할, 한국과 북한 간의 새로운 관계 등은 모두 동아시아 역사에 형체를 드러낸 새로운 모습들이다. 이 모습들은 오히려 '동아시아'라는 범주를 강화하고 있다고 해야 할 것이다. 대립적이고, 대립적이기 때문에 일체화를 초래한 이 범주는 결코 '동아시아 공동체'나 '유교문화 연대' 등의 모델로 파악할 수 있는 게 아니다. 이 긴장관계로 연결된 지역에서 연대관계를 빚어내는 원리는 직관적 의미에서의 '협력'이 아니라 그보다 훨씬 복잡한 메커니즘이다. 동아시아가 공동체를 형성할 수 있느냐 없느냐와 같은 공허한 논의를 넘어서기 위해서는, 아마도 우리는 상술한 긴장관계를 연대의 한 형식으로 파악하는 능력을 갖추어야만 할 것이다. 이런 능력에 기대어야 비로소 경직되고 절대적인 전제가 되고 있는 '동아시아'를 동시대사를 포함하는 역사적 맥락 속에 자리매김하고, 역사의 유동성 속에 살아 있는 동아시아의 윤곽을 그려낼 수 있다. 이 지역에서는 서로에 대한 상상을 둘러싸고 저마다 자신의 문제를 지니고 있지만, 어떤 과제의식을 공유한다. 그 과제의식은 곧 쓰라린 전쟁기억을 이어받고, 각종 차별과 패권에 항거하며, 공동으로 평화를 창조하는 것이다. 이런 과제의식이 동아시아가 하나—體인가라는 문제보다 훨씬 소중하지 않을까.

포스트동아시아 담론은 역사의 박동을 소생시킨다는 의미에서, 관념화된 동아시아 담론으로부터 "자신을 선택해내려고"(다케우치 요시미의 말) 시도한다. 물론 우리는 이 '포스트동아시아 담론'이 유행 담론이 되지 않기를 바란다. 이 어휘를 통해 우리가 처한 상황을 비관념적으로 사고할 필요성을 의식할 수 있다면, 이 어휘도 자신의 사명을 완수한 것이니 망각되어야 할 것이다.

2장

어떻게 타이서인이 될 것인가 [1]

타이서의 문화적 성격

타이서臺社[2]는 오늘날 이미 더 이상 '타이완인'만의 지식단체가 아니다. 대륙[3] 중국인들이 그 대오에 합류했을 뿐만 아니라, 한자를 모국어로 쓰지 않는 외국 학자들도 자신의 이름을 편집위원 명단에 당당히 올리고 있다. 정치적으로 올바른 표현을 고른다면, 『타이완사회연구臺灣社會研究』는 이미 국제적인 간행물이라고 단언할 수 있다.

그러나 타이서라는 단체 그리고 『타이완사회연구』라는 잡지는 최근 몇 년간 외국 편집위원들을 흡수한 후에도 여전히 고도로 '현지'적인 타이완 단체이자 타이완 간행물이다. 그것은 변화무쌍

한 타이완의 동시대사에 부단히 개입할 뿐만 아니라, 지식의 방식으로 타이완 사회의 향방에 개입하고 영향을 미치고자 한다. 믿건대, 바로 이러한 '현지적 신분' 덕분에 이 단체는 20년이란 역사의 폭풍 속에서 살아남고 생장하고 좌절하고 모색할 수 있었으며, 내부의 끊임없는 질문과 마찰 속에서도 진정한 활력을 유지할 수 있었다.

타이서가 나를 매료시키는 이유는 많다. 현실 개입에 대한 깊은 열정과 실제의 능력, 20년을 쌓아온 사상토론 습관, 학과 분야를 초월해 상이한 각도에서 사상 문제에 접근하려는 '연합작전'의 자세, 언제든 발걸음을 멈추고 자기반성을 하는 능력 등이 모두 다 매우 소중한 사상자원이다. 그러나 나를 가장 매료시키는 것은 타이서 동인들이 서로 얼굴을 귀밑까지 붉히며 싸우는 '논쟁 태도'이며, 그렇게 다툰 후에도 지속될 수 있는 협력 상태다. 대륙 지식계에서 지식인들 간의 봉합할 수 없는 분열을 목도한 후로, 나는 타이서 동인의 이처럼 거의 천진함에 가까운 언쟁과 질책을 소중히 여기게 되었으며, 이런 표면상의 불일치가 감추고 있는 고도로 공유되는 진실한 위기감을 소중히 여기게 되었다. 어쩌면 바로 이런 의미에서, 타이서가 어떻게 다시 '중국인'이 될 것인가를 토론하기 시작했을 때 내가 말하고 싶었던 것은 중국인이 되는 것이나 타이완인이 되는 것보다 '타이서'인이 되는 것이 아마 더욱 어렵고 절박할지 모른다는 점이었다.

타이서 구성원의 '국제화'와 『타이완사회연구』의 '본토성' 사이의 관계에 주의를 기울이는 이는 적다. 오늘날 양자 간에 충돌이 일어난다고 여기는 사람은 거의 없을 것이다. 학리상으로든 현실 속에서든 이 두 가지는 언제나 서로 잘 어울리는 것처럼 보인다. 대륙에서 주로 쓰이는 방법은 다음과 같다. 가령 어떤 회의에서 외국 학자를 한 명 초청하면 그 학회의 성격은 '국제회의'로 규정될 수 있다. 만일 그 외국 학자가 눈치가 없고 회의의 취지에 어떻게 호응해야 할지 몰라서 시의적절하지 못한 발언을 해도, 주최 측은 대체로 너그러이 여길 것이다. 그가 있다는 사실만으로 국제회의로 규정될 수 있기 때문에, 그의 역할은 거기서 끝난다.

정체성 문제가 선택할 수 있고 질의할 수 있으며 사고할 수 있는 대상으로 간주되지 못할 때, 사람들은 본래 저마다 반드시 대면해야 할 다음의 문제를 마주할 동력을 지닐 수 없다. 즉, 나는 누구인가? 누가 '우리'인가? (나는 줄곧 이 문제가 "우리는 누구인가"가 아니라 "누가 우리인가"여야 한다고 생각해왔다.) 누가 '그들'인가? '우리'와 '그들'의 관계는 무엇인가? 이 상황에서 국제화와 본토화는 이제껏 서로의 영역을 침범하지 않는 '윈윈' 관계였다.

그러나 타이서의 성격은 분명 여기에 속하지 않는다. 적어도 오늘날 타이서는 '국제화'와 '본토화'라는 이중고를 겪고 있으며, 그중에서도 대륙인은 체험하기 힘든 '중국화'와 '타이완화'라는 이중고를 경험하고 있다. 정체성 문제의 모든 복잡한 요소를 거의 모아놓은 타이완이라는 역사의 장에 힘입어, 이 장에서 생활하는 타이서 동인은 그 밖에서 생활하는 사람들과 특수한 사상적 경험을 공유하려 한다. 이는 곧 정체성의 극한 상태에서 다음과 같이 따져 묻는 것이다. 즉, 자아를 어떻게 규정해야 자신의 정치적, 도덕적 선택을 안착시킬 수 있을 것인가? 이 잡지와 관계를 맺는다는 것은 이러한 사상적 경험을 반드시 깊이 체험해야 함을 의미한다.

쉬진위徐進鈺와 천광싱陳光興이 공동으로 집필한 「지적 개입의 이십년異議思想二十年」[4] 첫머리에는 다음과 같은 의미심장한 말이 있다. "사람들은 스스로 자신의 역사를 창조한다. 그러나 제 마음대로 창조하는 것이 아니며, 자기가 선정한 조건하에서 창조하는 것도 아니다. 직접 부딪치고, 과거로부터 물려받아 이미 정해진 조건하에서 창조하는 것이다. 역사적 조건 아래 구축된 사회 담론과 행동만이 비판성과 진보성을 지닐 수 있다."[5] 나는 이 말에서 소쉬르가 말했던 관념에 대한 기표의 "부자유스런 자유 선택"을 떠올렸다. 언어는 대중사회와 상의하지 않기 때문에, 그것이 선택해 사용하는 기표는 자의성을 지닌다 해도 제 마음대로 창조하기 어렵다. 그것은 이치를 따질 수 없는 언어사회의 강제성에 제약을 받는다.

그렇다. 우리는 모두 이 무형의 강제력 속에서 생활하고 일한다. 우리는 새롭게 정의할 수 있는 언어기호를 사용해 그것을 확장시키고 개조함으로써 비판적 정보를 전달하려고 시도하지만, 이 기호들이 전통의 강제적 이해 습관에 편입되는 것을 시시각각 조심해야만 한다.

다소 지나치게 우회적일지도 모를 표현을 빌려 서술하자면, 타이서인은 새로운 기표를 창조하거나 기표의 정의를 바꾸는 것을 통해 역사에 개입한다고 말할 수 있다. 이 개입은 20년의 사상 논전과 직접적인 사회사상의 실천으로 구현되었으며, 이 과정은 타이서를 사회운동 단체가 아닌, 「지적 개입의 이십년」에서 스스로 정의한 '학술사상 단체'로 만들었다.

지식생산의 방식으로 타이완 사회와 연계함으로써, 타이서가 내는 목소리는 다음의 이중적 성격을 지니게 되었다. 즉, 한편으로 그것은 반드시 타이완 사회의 기본 문제와 기본 딜레마를 자신의 관심 대상으로 삼아야 한다. 이로 인해 지식 개입 이후 초래될 수 있는 '직접적 현실 효과'에 대한 환상과 잠재적으로 이를 사상 평가의 기준으로 삼는 것을 거부할 수 없게 되었다. 따라서 타이서 작업의 상당 부분은 현실 문제에 대한 해결 방안을 내놓는 것이다.

다른 한편으로 그것은 지식생산과 현실 사이의 '단절적 연결'이라는 숙명을 반드시 직시해야 한다. 이로 인해 표면적 현상만을 단편적으로 논하는 지식생산에 만족할 수 없으며, 자신이 효과적으로 현실을 좌우할 수 없다는 사실에 대해 못 본 체할 수 없게 되었다. 그리하여 현실 문제를 겨냥할 수 있으면서도 동시에 미래에 재생할 수 있는 사상 축적의 창조를 힘써 강구하게 된 것이다. 이로 인해 타이서 동인은 종종 자신의 작업에 불만을 느끼게 되었고, 이로부터 반성과 논쟁이 일어났다. 이와 동시에 새로운 기표를 창조하는 것과 기존에 있던 기표의 정의를 바꾸는 것은 제 마음대로 되는 과정이 결코 아니다. 그것은 강력한 사회 이해 방식이 빚어낸 타성과 마주하며, 이런 타성의 직관성이 새로운 사상생산에 주는 지장을 수시로 경계해야 한다는 데 가장 큰 어려움이 있다. 자유자재로 거침없는 듯한 서재식 '사상생산'은 이런 지장을 비켜난 듯 보이지만, 사실은 그것과의 대치를 포기했기 때문에 자신의 역할을 잃어버린 것이다. 이는 타이서 동인이 끊임없이 스스로 경계하는 최저선이기도 하다.

'타이서 20주년 기념 특집호'를 읽었을 때, 나는 이렇게 타이서에도 속하고 인류에도 속하는 사상적 딜레마를 그 어느 때보다 강렬하게 느꼈다. 이론과 실천, 곧 서재 안에서는 이미 충분히 논의된 것 같지만 현실의 과정에선 진정으로 결합되기 어려운 이 한 쌍의 사상적 범주는 타이서에 의해 오늘날 또 한 차례 무대 위로 올려졌다. 타이서가 "본토화를 지향하되 외지 출신자는 배척한다"거나 "민주화를 지향하되 책임정치는 거부한다" 등 일련의 첨예한 현실 문제를 추진하고자 했을 때, 그들은 기존의 이론 틀과 관습적으로 은연중에 일반화된 개념에 대한 재고찰을 동시에 추진하고 있었다. 이런 고찰이 한층 심화 발전할 수 있을지, 그것들이 결국 어느 곳으로 향할지 현재로서는 확인할 방도가 없다. 그것들이 원래 있던 사유 습관을 깨뜨리고, 서구 이론(특히 서구 좌익 비판 이론)을 기계적으로 적용하던 기존의 습관을 바꿀 수 있다면, 세계를 감각하는 새로운 방식을 어떻게 수립하고, 새로운 사유 노선의 방향을 어떻게 만들 것인가? 이 모든 것은 타이완의 현실적 추세와 상관있을 뿐만 아니라, 우리(즉, '우리 타이서인')의 '지식계획'과도 상관있다.

『타이완사회연구』20주년 기념 특집호의 이론적 시각

이 특집호는 몇 가지 중요한 이론적 시각을 제시했다. 나는 이를 '역사화'와 '방법으로서의 중국인' 그리고 '분단체제 극복'으로 종합한다. 특집에 대한 나의 독해와 결부해 지정 토론의 방식으로 이러한 시각들을 공유하고자 한다.

우선 타이서가 목하 제기한 시각 가운데 가장 중요한 것은 '역사화'라고 생각한다. 이 말은 이미 굳은살이 박힌 어휘이지만, 오늘날의 타이완 지식계에서는 신선함, 심지어 위기감으로 가득 찬 것 같다. '역사'는 현실 경험의 층위에서 곧장 '뿌리 찾기尋根'로 이해되기 때문이다. 뿌리 찾기가 타이완에서 얼마나 민감한 정치적 화제인지는 타이완 밖에서도 상상할 수 있다. 그러나 만약 뿌리 찾기의 시선으로 정훙성鄭鴻生의 「타이완인은 어떻게 다시 중국인이 될 것인가臺灣人如何再做中國人」와 닝잉빈寗應斌의 「중국인은 어떻게 다시 중국인이 될 것인가中國人如何再作中國人」를 이해하려 한다면, 심지어 자오강趙剛의 5·4에 대한 조금은 독단적인 분석을 이해하려 한다면, 그들을 이해할 수 없다. 그들이 이 토론에서 제공하는 것은 단순히 타이완 문맥에서 '뿌리 찾기'가 필요로 하는 용기와 도의가 아니라, 더욱 복잡한 사유思惟다. 이 사유란 바로 역사화의 노력이다.

이 토론에서 '다시 중국인이 되는' 것은 토론자들이 미리 설정한 종착지가 결코 아니며, '어떻게'에 참뜻이 있다. 이 '어떻게'에 진입하기 위해 나는 대륙인으로서 타이서 동인의 정서 깊은 곳에 자리한, 자르려야 자를 수 없고 정리하려니 더욱 어지러워지는 복잡한 고민에 조심스럽게 다가가야 할 것이다. 그것은 타이완과 대륙의 역사적 관계와 관련 있을 뿐만 아니라, 타이완 내부의 역사적 관계와 더욱 관련 있다. 타이완에 살고 있는 모든 타이서 동인으로서는 이 고민을 결코 이성적인 방식만으로 궁구할 수 없다. 이는 뤼정후이呂正惠가 「타이완 콤플렉스라는 지식 구조를 어떻게 '극복'할 것인가如何"超克"臺灣情結的知識結構」라는 글에서 드러낸 조롱과 독설이 내게 전해준 묵직한 정보이기도 하다.

역사화라는 시각은 단순한 직관적 경험 층위의 뿌리 찾기를 의미하지 않는다. 이 점은 정홍성이 「타이완인은 어떻게 다시 중국인이 될 것인가」[6]에서 혹로인福佬人[7]과 타이완인이라는 명칭의 역사적 전개과정 및 그 불확정성에 대해 논하고, 양안兩岸[8] 중국인 신분의 역사적 변천을 논하는 서술과정에서 아주 뚜렷하게 느낄 수 있다. 정홍성의 서술은 동태적이다. 그는 역사과정에서 끊임없이 변화하는 요소들에 주목한다. 이런 안목은 그를 타이완어와 중국어華語의 대립에 따른 혼란, 타이완 독립사조의 역사 농단에 관한 오류를 변별하고 분석하도록 이끌 뿐만 아니라, 중국 역사상 대이민과 대혼혈의 과정에 주목하고 중국인 개념의 포용과 교착交錯에 주목하도록 이끈다.

정홍성의 이 장문의 글에는 명확한 역사적 동기가 있다. 즉, 저자는 지극히 유동성을 지닌 전통 중국의 구도에서 타이완인의 정체성을 위한 자리를 확정하고자 하는 것이다. 그리고 이 자리는 결코 공간적인 것이 아니라 사고의 차원으로서, 현재에 기반을 둔 '역사 속의 입각점'이다. 이 지식 운용에는 매우 명확한 경계邊界의식이 있다. 그것은 중국 역사의 고도의 유동 상태에 대한 스케치를 통해 최근 몇 년간 타이완 독립운동에서 제시된 '타이완인 개념'(사실 다른 한편으로 그 대립면으로서의 '중국인 개념'도 비슷한 성격을 지닌다)의 한계성과 배타성을 밝히려는 데 목적이 있다. 또한 중국 역사 속에 형성된 문명 신분으로서의 '중국인 신분'에 관한 개방성을 강조함으로써 한 걸음 더 나아가 '인종'이나 '민족'을 기준으로 타이완의 미래를 설계하는 지식계획에 대해 비판을 제기하고자 한다.

의심의 여지 없이 정훙성의 시각은 타이완의 사회생활에 뿌리내리고 있다. 그러나 나는 차라리 이 시각은 당대 타이완의 특정한 정신적 풍토와 미묘한 거리를 두고 있다고 강조하고 싶다. 이러한 거리로 인해 그의 논술은 '통일—독립'의 틀에서 벗어나게 되었을 뿐만 아니라, 타이완의 최종 귀착점을 논의의 목표로 삼지도 않았다. 더욱 중요한 것은 이러한 거리로 인해 그의 논의는 더 이상 단순히 타이완의 문제를 포괄하는 것이 아니라 모종의 원리지향성을 지니게 되었다. 정훙성이 "어떤 중국인이 되지 말자"고 제기했을 때, 그는 대륙 중국인의 취약점도 함께 건드리고 있는 것이다.

정훙성은 역사를 돌아보며 다음의 기본적 사실을 지적했다. 즉, 타이완 진보운동이 역사적으로 '중국인 신분'에 의지하거나 이를 이용해왔으며, 이로 인해 그것이 매우 현실적인 정치 기능을 지니게 되었다는 점이다. 신해혁명과 5·4 운동의 시대로부터 대륙에

공산당 정권이 수립되고 국민당이 타이완을 통치할 때까지, 이 중국 신분은 줄곧 항일과 계몽의 중요한 기점이었다. 특별히 주의할 만한 것은 그가 다음의 흥미진진한 상황을 제시했다는 점이다. 타이완 전후 신생대新生代는 자유주의 루트를 통해 자신과 5·4 신문화운동의 접점을 찾았는데, 이 사상운동은 국민당의 엉성한 국족國族 nation[9] 교육체제 밖에서 일어난 것이었다. 이렇게 냉전체제 속에서 은폐되고 간과된 역사문화의 전승 방식이야말로 오늘날의 타이완 지식인이 역사 속에서 자신의 위치를 되찾는 데 중요한 실마리를 제공한다.

다른 한편, 1980년대 이후의 급진적인 타이완 독립사조는 초반에는 자신의 '중국인 신분'을 배척하지 않았다. 단지 국제정세의 격렬한 변동 속에서 이들의 신분에 커다란 전환이 일어났을 뿐이다. 이러한 역사 시야를 참고해 정훙성은 이렇게 지적한다. 즉, 타이완 독립사조의 고도로 비역사적인 이데올로기와 국민당의 엉성한 국족 교육은 오늘날의 타이완인이 선택할 수 있는 '역사화' 방식이 아니라는 것이다. 정훙성은 개방적이고 미래지향적인 중국인 신분을 재건하자는 명확한 구상을 제기한다. 이 신분의 수립은 단순히 정체성의 문제를 해결하기 위한 것만이 아니라, 무엇보다도 역사에 진입하는 방식이다. 그것은 편협하고 직관적인 '전통'과 '국가' 감각 방식에 대한 부정(이 점을 가장 효과적으로 나타낸 것은 정훙성이 대륙 문화대혁명 기간의 '댜오위다오 수호保釣' 운동을 예로 들며 '중국'은 독점되기 어려움을 설명한 것이다)을 의미하며, 민족국가의 틀을 뛰어넘어 현재에 이르는 중국 역사를 사고함을 의미한다.

이러한 호소는 단순히 타이완을 겨냥하는 것이 아니라 대륙에 살고 있는 우리 지식인들에게도 깊은 시사점을 준다.

닝잉빈의 「중국인은 어떻게 다시 중국인이 될 것인가」[10]는 완전히 다른 각도에서 정훙성의 역사시각을 보충한다. 그것은 '가짜 중국인 되기'와 '가짜 타이완인 되기'다. 이는 단어에 대한 대담한 재정의다. 왜냐하면 오랜 관습을 통해 은연중에 일반화된 이해 습관에서, 오늘날 현실적 국제정치 구도에서 '가짜 되기'는 단지 국족에 대한 부정을 의미하기 때문이다. 그러나 닝잉빈의 글에서 가짜 되기는 호미 바바Homi Bhabha의 탈식민 개념인 '잡종'과 '혼종'의 함의를 원용하고 있다. 오늘날의 사유 패턴에 부합하는 표현으로 바꾼다면 '가짜 되기'의 의미는 문화본질주의에 반대하는 데 있을 뿐만 아니라, 문화본질주의에 반대하기 위해 개방과 포용을 주장하는 데 있다. 이는 정훙성이 제의한 "개방적인 중국인 되기"이기도 하다. 다만 닝잉빈의 글에서 개방적인 중국인은 "국족정치"의 중국인에 대립하며 '탈식민'적 특징을 더 많이 지닐 뿐이다.

닝잉빈의 '중화적 타이완 독립中華臺獨'[11]에 관한 구상은 정치와 역사문화를 관념적으로 대립시키고, 대륙 정부와 민중을 관념적으로 구분하는 결함이 있어서, 논의가 때로는 비역사의 함정에 빠져들 수도 있다. 그러나 더욱 주목할 만한 것은 닝잉빈의 글이 줄곧 비실체성의 최저선을 고수하면서 이 최저선 위에서 국족주의nationalism의 가치판단을 교묘하게 뒤집었다는 점이다. 그는 차등적 질서 구도差序格局[12] 속에서 주변부에 놓인 소수자 집단으로 논의를 이끌며, 다음과 같은 결론에 도달한다. 즉, 주변성 운동은 중국인이 중국인으로 거듭나기 위한 핵심이라는 것이다. 대륙의 페미니즘과 젠더 운동이 여전히 자기 실체화의 명제에서 벗어나지 못해 아직 기능적 정치 효능을 갖추지 못한 상황과 비교했을 때, 주변성 운동을 비실체적인 이론의 차원을 통해 구조적 역사인식으로 전환하려는 닝잉빈의 이러한 노력은 미래지향적인 시사점을 지닌다. 그가 제기한 '가짜 타이완인 되기'와 '가짜 중국인 되기'(대륙에서 생활하는 나로서는 스스로의 단어 습관을 철저하게 씻어내야만 닝잉빈이 던지는 공을 정확하게 받아낼 수 있음을 인정해야 한다)라는 가설은 자오강의 '방법론 중국인'과 오묘하게 닮은 점이 있다.

자오강의 긴 글은 이해하기 쉽지 않다. 이 논문에는 몇 가지 서로 복잡하게 뒤얽힌 차원이 동시에 존재하며, 상호 모순되는 점도 적지 않다. 그러나 자오강의 노력은 대체적으로 보면 여전히 거친 감이 없지 않지만, 오히려 뚜렷이 분별할 수 있다. 그가 지닌 생각의 골자를 따라 앞으로 나아가다가 나는 가장 핵심적인 명제인 방법론 중국인에 다다랐다.

담론의 이론적 시각으로서 내가 이 명제를 논할 때는 약간의 수정을 가해 '방법으로서의 중국인'이라 부를 수 있도록 자오강의 동의를 구하고자 한다. 이렇게 하는 까닭은 물론 다케우치 요시미의 "방법으로서의 아시아"와 미조구치 유조의 "방법으로서의 중국"에 있다. 나는 자오강에게 일본 사상계의 표현을 받아들이라고 강요할 뜻이 없으며, "소화시키지 못할 일본 사상을 배우라는食日不化" 의도도 없다. 이렇게 하는 것은 다만 논의상의 편의에서 비롯한 것이다. 나는 일본의 사상자원을 참조해 자오강 명제의 이론과 역사적 함량을 더욱 선명하게 논의하기를 바란다.

다케우치 요시미든 미조구치 유조든, 그들의 "방법으로서"라는 기표는 지역 개념이다. 지역 개념은 당연히 주체성 문제를 실을 수 있으며, 사실상 그들도 이렇게 하고 있다. 그러나 필경 이러한 지식 운용에서 '주체성'은 두 번째 문제다. 다케우치 요시미가 "방법으로서의 아시아"를 제시할 때 대면했던 문제는 어떻게 근대화 모델의 다원적 담론을 수립해서 아시아 이웃 나라를 차별하고 서양의 반열에 오르려는 일본사회의 고질적인 심리 패턴을 극복할 것인가였다. 다케우치 요시미의 이 '방법론 시각'의 기초는 다음과 같은 그의 역사의식이었다. 그는 글에서 이렇게 강조했다. "일본의 역사는 어디서부터 잘못된 길로 들어서게 되었는가? 이 문제의 탐색을 출발점으로 삼지 않는다면 우리는 현재 삶의 근거를 이해할 길이 없다." 오늘날 다케우치 요시미의 이 명작을 다시 읽으면서 그 아시아 담론의 거칠고 성긴 표상에서 길을 잃지 않는다면, 우리는 여전히 이 침중한 명제가 암시하는 방향을 따라 "방법으로서의 아시아"를 이해하고 추진할 수 있다. 다케우치 요시미는 '역사화'와 같은 유의 개념을 별로 사용하지 않았는데, 일본이 침략국이자 식민 종주국에서 패전국으로 전락한 역사적 단계에서, 그리고 미국의 전후 점령정책 아래 냉전 이데올로기에 의해 재편된 일본사회에서 활동했던 그가 아시아를 논한다는 자체는 곧 최대한도의 역사화를 의미한다. 왜냐하면 일본 자유주의 진영의 진보세력이 서구 고전 자유주의(신자유주의가 아니라!)의 사상자원을 이용해 아시아를 전후의 세계 구도 속으로 통합시키려 했을 때, 다케우치 요시미는 이 '진보적 조처'가 아시아 역사 자체의 논리를 은폐하고 있음을 예민하게 알아차렸기 때문이다.[13]

미조구치 유조의 "방법으로서의 중국"은 다케우치 요시미의 이런 생각을 계승했다. 그러나 그는 다케우치 요시미의 '아시아' 관념이 드러낸 거친 윤곽을 정교하게 다듬고자 했다. 미조구치는 '방법'이라는 기표를 중국에 한정시키고, 다케우치 요시미가 뛰어나지 못했던 사상사 분석 방식을 사용해 '중국'에 그 자체의 역사 논리를 정의하고자 했다. 다케우치 요시미의 방법론상의 논적이 일본의 진보 자유주의 지식인이었다면, 미조구치의 논적은 탈냉전 시기 일본의 서구화된 좌익 지식인이었다(미조구치에 대한 그들의 가장 큰 비판은 그가 문화본질주의자라는 것이다). 이 두 부류의 담론상의 논적은 사상적 입장에서는 차이가 있을지 모르나 다음의 한 가지는 동일하다. 즉, 그들은 정치적 올바름이라는 이상적 상태(게다가 이런 이상적 상태는 다른 시기에 형성된 서구 이론의 키워드로부터 구축된 것이다)와 역사 심판자라는 자아의 위상 정립을 포기하길 거부했다. 그리하여 스스로 살아 있는 역사에 진입할 능력을 약화시켰으며, 상황에 따라서는 스스로를 본토의 역사 바깥에 처할 수밖에 없도록 만들었다.

문제는 여기서 끝나지 않는다. 우리는 다케우치와 미조구치가 왜 "방법으로서"라는 시각에 집착했는지 따져보아야 한다.

「방법으로서의 아시아」는 이에 대해 명확한 해석을 제시한다. 이 글의 핵심은 결말부에 있다. 다케우치 요시미는 긴 편폭을 들여 청일전쟁과 러일전쟁 이후 유색인종(단순히 일본인이 아니라)이 세계 구도에 진입하는 역사 변증법을 논술한 후에 다음의 기본적인 사실을 지적한다. 그것은 곧 인종을 기점으로 차별적 세계 인식을 수립하는 현상과 이러한 차별적 구도 속에서 아시아 유색인종이 처한 역사적 위상이다. 그런 다음 그는 화제를 돌려 이런 차별 구도 때문에 서양의 모든 가치를 직관적으로 거부하는 이른바 '아시아주의' 입장에 반대한다. 다케우치 요시미는 인간이 유형상 차이가 있다는 것을 인정하지 않으며, 인류는 개별적 의미에서나 역사적 의미 및 문화가치의 의미에서나 모두 동질적이라고 했다. 그러나 문화가치는 현실에서 벗어난 추상적 범주가 아니며, 이에 따라 인류에 대한 아시아의 의미를 반드시 역사적으로 다루어야만 한다. 그것은 현실세계 구도 속에서 평등과 자유에 대한 소수자 집단의 정치적 요구일 뿐만 아니라, 서구식의 균질화된 보편성 상상(다케우치 요시미는 아널드 토인비Arnold Toynbee를 이런 상상의 대표로 들었다)을 깨뜨리는 이론적 요구다. 다케우치 요시미는 이런 요구는 반드시 비실체성의 주체 형성과정을 수반해야 하며, 이렇게 해야만 그것이 '방법'을 구성할 수 있다고 호소했다.

다케우치 요시미가 거의 반세기 이전에 했던 이런 서술은 줄곧 그것을 이해하는 현실적 분위기를 얻기 힘들었다. 30년 후에 발표된 미조구치 유조의『방법으로서의 중국』은 훨씬 간결한 방식으로 그것에 관해 "중국을 방법으로 삼는 것은 세계를 목적으로 삼는 것을 의미한다"고 서술했다.[14] 즉, 중국 역사의 독자성에 대한 탐구를 통해 지식 영역의 서구 중국학 인지 모델을 타파하고 세계 인식의 다원화 구도를 수립하자는 것이다. 다만 그의 호소도 일본사회와 일본 지식계에 축자적 의미 이상의 반응을 불러일으키진 못한 것 같다. 다시 말해 상응하는 규모의 지적 감각을 조성하진 못했다.

내가 이해하는 바로는 다케우치 요시미든 미조구치 유조든, 그들이 처했던 지적 환경과 사회사상적 관습은 이런 '방법'을 진정으로 받아들일 기초를 지니지 못했다. 그들이 마주했던 강력한 사유의 타성이야말로 진정한 장애물이었다. 어쩌면 바로 이러했기 때문에 자오강이 소리 높여 '방법론 중국인'을 논했을 때, 특히 이 논술이 타이서 동인의 집단 논술에서 상호 보완을 얻었을 때, 나는 다음의 문제를 다케우치 요시미와 미조구치 유조의 견해 그리고 그것들의 역사적 운명과 결합해 사고할 필요가 있다고 느꼈다. 즉, '방법론 중국인'은 우리가 직면한 문제를 어떻게 효과적으로 추진할 수 있는가? 그것이 부딪치게 될 이론적 딜레마와 사상적 딜레마는 무엇인가?

자오강의 「'방법론 중국인'으로 분단체제 극복하기以'方法論中國人超克分斷體制」[15]가 구체적으로 겨냥하는 바는 명확하다. 그것은 타이서가 20년 전에 확정한 지식계획이 왜 원래의 가설대로 추진될 수 없었는가를 질문한다. 이에 대해 허자오톈賀照田은 지정 토론문 「열심히 의문을 던지다勉力獻疑」에서 이미 초보적인 화답을 내놓았다. 나는 그가 한 걸음 더 나아간 지정 토론문을 내놓을 거라 기대하므로 여기서는 이 문제로 곧바로 들어가지 않으려 한다. 더군다나 허자오톈과 비교하면 나 역시 이 문제를 풀어갈 능력이 없다. 내가 논하려는 문제는 단지 이런 것이다. 내가 자오강의 문제를 수정해서 그것을 다케우치 요시미와 미조구치 유조의 문제와 병렬해 '방법으로서의 중국인'이라 한다면, 그것은 스스로를 어떻게 자리매김할 것인가?

방법으로서의
주체 정체성

'방법으로서의 중국인'은 "방법으로서의 중국"과 "방법으로서의 아시아"가 본격적으로 개진하지 않은 문제를 제기한다. 다시 말해 개인의 주체 정체성이 현실의 귀착 문제로서가 아니라 인식론의 문제로서 정식으로 문제화된다. 자오강의 제의는, '우리는 무엇인가'라는 문제는 단지 현실의 층위에서가 아니라 인식론적 구조의 층위에서 발생해야 하며, 양안 간의 분단체제 및 '통일─독립'의 틀을 넘어 양안 민중이 공동으로 대면한 상태에서 임의로 절단되지 않는 깊은 역사문제로서 인지되어야 한다는 것이다. 바로 이 시야에서 자오강은 타이서 20년간의 지식계획에 대해 반성을 전개했다. 이 계획의 실현을 가로막은 각종 요소는 '방법론 중국인'의 확립을 가로막을 진정한 장애물이기도 하기 때문이다.

나는 이 어려움에 다가서는 과제를 시도하고 있다. 자오강이 지적한 것처럼, 양안은 역사의식의 문제에서 비대칭적이다. 그러나 자오강의 반성이 다루는 문제는 바로 양안에 동시에 존재한다. 자오강의 표현을 빌려 말하자면, 타이서가 이 20년간 현실 투쟁에 개입하는 과정에서 당초 확립했던 지식계획과 갈수록 멀어지게 된 주요 원인은 타이서의 주체 상상에 문제가 생겼기 때문이다. 이로 인해 타이서는 자신이 비판하던 대상과 똑같이 '탈역사'적이고 냉전 사유를 반영하는 지식 방식을 공유하게 되었다. 허자오롄도 지적했던 것처럼, "정확한 이론 더하기 입장이 언제나 우리가 정확하게 현실에 도달하고 현실에 깊이 들어가는 것을 보증하는 것은 아니다. 도리어 때로는 입장 자체의 건설적 위치와 이론이 가져다주는 관찰상·변론상의 쾌감으로 인해, 시의적절한 입장과 비판 이론의 보유자는 현실에 대한 총체적 감각과 평형감각, 깊이감각을 더욱 쉽게 잃게 된다. 어떤 의미에서 이는 타이서와 비슷하다".[16]

'탈역사'는 확실히 '방법론 중국인'이 직면한 최대 장애물이다. 이 장애물의 제거는 단지 '정확한 이론 더하기 입장'에만 의지할 수 없다. 타이완에서 20세기 후반에 일어난 복잡한 '탈역사' 과정은 단순히 역사를 단절시킨 것만이 아니라 더욱 중요한 것은 역사를 이데올로기화했다는 점이다. 이 점으로 말하자면 대륙에서 일어난 탈역사 과정도 내용은 다르지만 똑같은 특징을 지니고 있다. 이러한 상태를 바꾸는 것은 물론 단순한 지식 작업이 아니라 강렬한 현실정치의 성격을 지닌다. 우리가 더 이상 '정부-민중'이라는 단순한 이분법이 현실의 복잡한 상황으로 통한다는 것을 믿지 않고, 이치를 따지는 방식으로 현실 문제를 효과적으로 해결할 수 있다고 믿지도 않는다면, '탈역사'의 국면을 바꾸자는 호소는 현실적 효과를 곧바로 유발할 수 없다는 데에 문제가 있다. 이는 반드시 직시해야 하는 기본 사실이다. 이는 또한 '탈역사'라는 장애물의 근절을 포함하는 지식계획이 우선적으로 우리 자신을 향해야만 의의가 있음을 의미한다.

타이서에 게재한 이 일련의 글은 모두 이를 시도하고 있다. '탈역사'의 국면을 어떻게 되돌릴 것인가는 모든 논문의 공통된 출발점이다. 생각건대 반성의 용기와 깊이의 측면에서 타이서는 대륙 지식계를 앞선다. 일종의 기능적 개념으로서 '방법론 중국인'은 이런 반성 정신을 집중적으로 나타낸다. '방법으로서의 아시아'와 '방법으로서의 중국'을 참조 체계로 삼아 관찰하면, 특히 이런 반성 정신의 상이한 특질을 볼 수 있다. 자오강의 글이 던진 실마리에 힘입어 나는 그것을 다음과 같이 정리하고자 한다.

1. '방법론 중국인'은 타이완인의 '사회역사 타자'에 외재하며, 타이완인 주체성의 근원에 내재한다. 타이완의 특정한 역사사회와 정신적 풍토에서 이런 특징은 '방법론 중국인'을 여타의 방법으로 삼을 수 있는 대상과 다른 성격을 지니게 했다.

2. '방법론 중국인'도 물론 인류를 자신의 '목적'으로 삼는다고 선포했지만, 이 목적의 설정은 아직 진정한 의미에서의 자각을 얻지 못했다. 그것의 목표는 사실 눈앞의 지적 위기와 현실적 딜레마를 어떻게 벗어날 것인가에 있다.

3. '방법론 중국인'의 주요 기능은 '학습', 즉 기본적 사회 상황에 대한 인지와 중국 역사에 대한 분석이며, 이러한 인지와 분석은 반드시 주체 정체성과 관계있다. 진정으로 주체에 외재하는 대상들도 주체의 정체성 문제와 관련을 맺을 때에만 주체의 방법이될 수 있다(예컨대 '방법론 미국인' '방법론 일본인' '방법론 동남아인'에

대한 자오강의 설명).

4. 다케우치 요시미와 미조구치 유조의 명확한 비판 목표와는 달리, '방법론 중국인'은 서구 중심적 인식론의 일원화 구도를 주요 비판 대상으로 삼지 않는다. 이 비판은 부수적으로 진행될 뿐이며, 기본적으로는 진정으로 문제시되지 않는다. 그것의 주요 대립면은 '방법론 타이완 독립'이다. 이는 이 방법이라는 이름의 토론이 단순히 인식론의 층위에서 진행되는 것이 아니라 그것의 현실적 관심이 똑같이 중요한 함의를 구성함을 의미한다. 자오강의 논문에서 많은 분량을 차지하는 타이완 지식운동에 대한 현실적 분석은 그 날카로움과 다채로움에 절로 탄복하게 된다. 그러나 지식의 현실 개입 실패가 '방법론 타이완 독립', 즉 '역사가 천단淺短하고 구조가 편평한 맥락'으로 귀결될 때, 주제로 곧장 달려가는 이 결론은 아무래도 지나치게 성급해 보인다.

상술한 네 가지 특징에서 출발해 나는 '방법론 중국인'이 사실은 '방법으로서의 중국인'과 다르다고 생각한다. 그 차이는 그것이 단순히 인식론적 의미에서의 방법이 아니라 일종의 현실적 입장과 태도일 수밖에 없다는 데 있다. 그것의 사고와 현실과의 연결 방식은 여전히 모종의 직접적인 요소를 지니며, 그것이 기대고 있는 '중국인' 이미지의 충격은 그 책략을 강화하는 동시에 그 자체의 원리를 손상시킬 위험을 내포한다.

다만 나는 폄하하거나 부정하는 의미에서 위와 같은 분석을 한 것은 아니다. 그와는 정반대로 나는 오늘날 이 시점에서 '방법론 중국인'이 지닌 현실에 대한 겨냥성이 소중하다고 생각한다. 닝잉빈의 논문을 함께 읽으면, '중국인'이라는 일종의 역사 주체를 기능화(즉, 중국인의 주체성을 개방)한다는 의미에서 '방법론 중국인'은 중요한 첫걸음을 내디뎠다고 할 수 있다. 여기서 나는 다음의 문제를 생각해보았으면 한다. 즉, 이런 독특한 문맥에서 설정된 '방법론 중국인'은 어떻게 하면 '방법으로서의 아시아'와 '방법으로서의 중국'과는 다른 방향에서 자오강이 말한 "역사와 구조에 진정으로 뿌리내린 사고"가 될 수 있으며, "인류가 앞으로 나아갈 길에 관심을 갖는 모든 사고에 대해 유익한 참조를 제공"할 수 있을까?

자오강의 글은 이런 문제들을 고려하고 있지만, 그것에 필경 너무 많은 문제를 담을 수는 없다. 오히려 취완원瞿宛文과 천광싱의 논문이 자오강의 글과 풍부한 상호 보완 관계에 있다. 나는 이 두 편의 논문에서 매우 중요한 정보를 얻었다.

취완원의 「타이완 경제 기적의 중국 배경臺灣經濟奇蹟的中國背景」[17]은 상당히 성숙한 역사시각을 제공한다. 그것은 타이완의 전후 경제발전을 논한 경제학 논문이지만 통상적으로 이데올로기화된 '중국 배경'을 경제발전의 각도에서 진정으로 역사화했다. 내가 이 논문에서 배운 것은 단순히 경제 분석의 구체적 관점이 아니다. 이런 관점들이 무척 매력적이긴 하지만 이 논문의 가장 중요한 공헌은 아니다. 이 논문의 핵심은 그것이 역사 분석의 시야를 수립하고, 또한 이 시야에서 권위정치·민족주의와 같이 관념화되기 쉬운 정치 요소가 역사적 전환기의 현실 형태와 경제발전의 과정 속에서 수행한 역사 기능을 자각적으로 다루었다는 데 있다. 동시에 그것은 역사과정 속의 '우연적 요인'들을 충분히 고려했으며, 이를 단서로 삼아 이런 우연적 요인들이 생겨난 역사적 단계가 지닌 기본 특징을 관찰했다.

취완원의 글은 물론 '방법'과 '목적'을 논하지는 않았지만, 이 양자 간의 관계를 자각적으로 설정했다. 그의 의도는 전후 타이완이라는 구체적 경제발전 사례를 통해, 전지구적으로 경제 제국주의가 확장하는 과정에서 후진국이 처한 역사적 운명과 후진국이 산업화 국가로 탈바꿈한 뒤에 제국주의와의 관계 변화를 논하려는데 있다. 취완원은 타이완의 전후 경제에 관한 발전과정을 후진국과 제국주의 주류 경제의 역사적 관계 속에 놓고 탐구할 때, 상이한 역사적 단계에서 이 긴장관계의 변화 형태와 주체성 조정의 필요성에 매우 주목했다.

이 글은 동일한 개념을 사용해 상이한 시기의 역사 대상을 지칭하기를 거부했다. 예컨대 전후 초기 타이완 집권 엘리트의 민족주의 동력과 당대 신국족주의의 함의에 대한 비교는 간결하면서도 설득력이 있다. 또한 상이한 역사 시기의 '경제공동체'에 대한 정의는 지극히 동태적인 이론적 사고를 보여준다. 즉, 어떤 역사-사회문화가 정치 대결의 상태에서 인위적으로 분할된다면, 우리는 '경제공동체'라는 특수한 정체성 양식에 근거해 '분단체제'하에서라도 정치적 의도에 의해 완전히 절단될 수 없는 '주체 상황'을 추적할 수 있는가? 한 걸음 더 나아가, 이런 추적은 최종적으로 분단체제보다 커다란(단순히 극복하는 것이 아니라) 인지구조를 창조하고, 역사의 시선으로 분단체제를 포함하는 정치적 역학관계를 상대화할 수 있는가?

취완원 논문의 중심 과제는 중화민족주의가 타이완의 전후 경제성장 과정에서 은연중에 발휘한 역할을 논하는 데 있다. 이와 똑같은 시각에서 이 글은 아주 교묘하게 오늘날 양안 관계를 어떻게 다룰 것인가 하는 논점을 제기했다. 경제학의 각도에서 취완원은 '중국이 타이완을 침공한다'는 예측을 반박했다. 눈앞의 상황으로 보자면 중국 경제가 타이완으로 자본을 수출해야 할 정도로 발전하지는 않았기 때문이다. 동시에 이 글은 타이완의 주류 담론 속에 담긴 보호무역주의 태도는 실은 전지구화의 보편적 문제이며, 간단히 '양안 문제'로 귀결 지을 수 없음을 지적했다. 이러한 서술은 논문의 전지구적(혹은 인류) 시야를 본격적으로 부각시켜 양안 관계의 전망이 더 이상 단순히 우리 자신에 대한 관심만이 아니게 했고, 동시에 보편적 성격을 지니게 만들었다.

　어쩌면 취완원의 분석은 '방법으로서의 중국인'이 지닐 수 있는 이론적 잠재력을 진정으로 구현했는지도 모른다. 그것은 타이완의 현실 문제, 특히 지식 층위의 인식론적 위기를 향해 열려 있을 뿐만 아니라, 그 자체로 '인류 시야'를 지닌 역사 분석의 성격을 나타냈다. 타이서 '지식계획'의 구성 요소로서 이는 매우 주목할 만한 기점이다.

　똑같은 의의에서 천광싱의 「백낙청의 "'분단체제' 극복"론白樂晴的 "超克'分斷體制'"論」[18]은 훨씬 명확한 윤곽을 제시했으며, 현재 타이서의 사고 초점을 더욱 깊이 이해하게 하는 실마리를 제공했다. 이 논문은 '분단체제 극복'에 관한 백낙청의 기본 담론을 상세히 소개하는 동시에, 타이서 20주년 기념 특집호 전체에 '분단체제 극복'

이라는 기조를 확정했다.

나는 천광싱만큼 깊이 있게 백낙청을 이해하지 못한다. 이는 단순히 번역본이 완전하지 않기 때문이 아니라, 대륙의 정치문화 풍토에서 백낙청 사상의 의의를 확정하려면 더 많은 이론적 전환이 필요한데 나는 아직 이런 능력을 갖추지 못했기 때문이다. 따라서 이 논문을 읽고 나는 몹시 반가웠다.

천광싱은 전체 논문에서 '분단체제 극복'이라는 시각에 대해 글자만 보고 대강 뜻을 짐작해버리는 피상적 이해에 힘써 저항하고 있다고 말할 수 있다. 수많은 대륙 지식인은 이 표제에 대해 당연히 '한반도의 통일'로 이해할 것이다. 백낙청에게 '분단체제 극복'은 정치적 의미에서의 남북한의 통일을 의미하지 않는다. 그것은 남북 민중이 행하는 민주화 노력의 진정한 실현과 주체성의 참다운 확립을 의미한다. 천광싱과 '방법론 중국인'을 입장으로 삼는 타이서 동인에게 '분단체제 극복'은 '사상으로서의 양안思想兩岸'19의 출발점을 수립함을 의미한다.

한반도의 시각을 빌려 천광싱은 분단체제에 대한 백낙청의 분석에 내포된 전복적인 구조의식을 강조한다. 즉, 한반도에서는 세계체제를 개혁하는 것이든 자기 내부의 관계를 개혁하는 것이든, 그 어떤 사회운동도 '분단체제 극복'이라는 임무와 결합하지 않으면 힘을 낼 수 없다는 것이다. 이는 분단체제가 남북한 각자의 주체를 불완전한 상태로 만들어, 두 사회 간에 외부의 힘을 빌려 정치관계를 추동하는 상태를 계속 지속시켰기 때문이다. 한편, 백낙청은 민족국가와는 다른 인식틀을 수립해, 민족국가 대립을 전제로 하는 이 '분단체제'를 인식할 것을 호소한다. 이 틀은 곧 민중의 주체성으로 지탱되는 '민중화해운동'이다. 민족국가를 전제로 하지 않기 때문에 분단체제에 대한 극복은 남북한의 '통일'로 이해될 수 없으며, 그것은 이런 통일보다 더 크다.

천광싱은 백낙청의 '분단체제 극복' 담론이 양안 관계의 인식에도 기본적으로 적용된다고 생각한다. 내 생각에 이런 적용은 직접적인 것이 아니라 이론적인 것이다. 이에 대해서는 마지막 절에서 논할 것이므로 여기서는 생략한다. 여기서 내가 강조하고 싶은 문제는 다음과 같다. 즉, 천광싱의 시야에는 필수적인 전제조건이 있는데, 그것은 현지의 거의 모든 타이서 동인이 공유하는 위기의식이다. 타이완이 어느 것을 버리고 어느 것을 따를 것인가의 문제는 정체성 '편가르기'에 관한 도덕 문제와 정서 문제로 단순화되었고, 민진당民進黨은 이렇게 건조한 대립을 한 단계 업그레이드시켜 타이완인을 중국인이란 신분 정체성에서 배제시켰다. 이런 정세에서 타이완 사회는 장차 역사를 단절시킨 이데올로기에 의해 좌우될 것이며, '양안 문제와 남록藍綠20 문제의 공동구성共構'21이라는 인식론적 특징을 형성하게 될 것이다. 이런 인식론이 인지상태의 막다른 골목을 형성했을 때, 백낙청의 담론은 그 독창성이 돋보인다.

지금 이 단계에서 타이서의 현지 동인이 '역사화'를 이렇게 강조하고는 있지만, 그들의 동기는 중국의 역사과정 자체를 밝히는 데 있지 않고, 이를 밝히는 과정에서 타이완의 현대사를 자리매김하려는 데 있다. 앞으로 타이서의 담론이 진정한 역사 담론으로 발전할 수 있다고 하더라도 지금은 그것이 가장 중요한 목표는 아니다. 이를 밝히는 것보다 더욱 절박한 사상적 임무는 타이완 사회에서 이미 집단무의식이 되어버린 '양안 문제와 남록 문제의 공동구성'이라는 인지 구도를 타파하는 것이다.

관념의 층위에서는 이 공동구성의 구도가 대륙사회에도 존재한다고 할 수 있다. 그러나 그 내용과 역사적 함량은 다르다. 대다수의 대륙인에게 이 인지구조는 기본적으로 깊은 정서적 경험을 수반하지 않으며(강도 높은 정서적 경험은 일상생활과 같은 범주로 개괄할 수 없다), 주제로 곧장 달려가 '양안 통일'로 이해된다. 설령 유사한 정서적 경험이 존재한다고 해도(예컨대 양안의 분단으로 인한 가족과의 이산이 개인에게 안겨준 보상할 수 없는 정신적 트라우마), 그 역시 개인의 경험에 국한되며 사회적 합의 내지 정신세계의 충돌과 딜레마로 승화될 수 없다. 대륙의 인식론에서 '양안 문제와 남록 문제의 공동구성'이라는 인지 구도는 정서적 긴장 상태와 내재적 모순이 결여되며, 형언할 수 없는 무거움도 결여된다.

이런 차이로 말미암아 나는 뤼정후이의 「타이완 콤플렉스라는 지식 구조를 어떻게 '극복'할 것인가」[22]를 높이 산다. 대륙 지식인으로서 뤼정후이의 이런 글을 읽으려면 특수한 정신적 준비가 필요하다. 그것은 바로 타이완인, 특히 타이완 지식인의 정체성 문제에서의 복잡한 정서적 체험과 이러한 체험이 가져온 대립 충돌 특유의 단순화할 수 없는 성격을 이해하는 것이다. 어쩌면 뤼정후이의 표현 방식은 타이완의 일부 지식인이 지닌 감각과 사고를 대표할는지도 모른다. 그러나 나와 같은 대륙인에게는 단순화할 수 없고 사그라뜨릴 수 없는 그의 정서적 강도야말로 훨씬 일반적 대표성을 지닌다. 이론과 사상의 대화는 물론 중요하지만, 우리가 그에 상응하는 심리 상태를 준비했을 때라야 뤼정후이가 조롱과 독설 속에 우리에게 전달하는 그 벗어날 수 없으며 심지어 분석을 거부하는 고민을 이해할 수 있고, '사상으로서의 양안'의 접점도 진정으로 드러날 수 있다.

'사상으로서의 양안'의
접점을 찾아

어떻게 '사상으로서의 양안'의 접점을 찾을 것인지는 자명한 문제가 아니다. 현실 속의 양안 관계는 잠시 논하지 않더라도, '사상으로서의 양안'의 시야에서 양안 관계의 비대칭은 단순히 이데올로기와 사회형태의 발전이라는 맥락의 차이에서 비롯하는 것이 아니며, 지리적 공간의 현격한 차이에 전적으로 달린 것도 아니다. 이러한 비대칭은 국제정치 관계 속에서 역사적으로 형성된 심리 구조의 차이에서 더욱 비롯한다.

남북한의 '분단체제'가 기본 대칭의 구조라면 양안의 '분단체제'는 구조관계에서 고도로 비대칭적이다. 이 비대칭은 우선 양안의 심리 구조 속에 존재한다. 내가 지적하고 싶은 것은 그것의 표현 형태가 대륙의 대국중심주의 심리 상태와 타이완의 대항 심리의 대립 그리고 후진지역과 선진지역의 자아인지 방식의 대립이라기보다는, '분단체제'라는 현실에 대해 채택한 단순화와 단순화를 거부하는 인식론의 대립이라는 점이다. 다소 거친 표현을 사용하자면 이런 대립을 잠시 뭉뚱그려 "정체성 회피와 정체성 직면의 대립"이라고 표현하고자 한다.

한 가지 기본적인 사실은 대륙에 정체성 위기가 존재하지 않는 것은 아니며, 정체성 위기의 정도도 무시할 수 없다는 점이다. 그러나 오늘날의 대륙인에겐 이 문제를 어물쩍 비켜갈 공간이 존재하지만, 타이완인은 기본적으로 반드시 그것에 직면해야 한다.

대륙에서 생활하는 중국인, 특히 타이서 동인의 논쟁 속에서 몇 차례 의문시되고 정홍성이 "마치 양파를 벗기는 것처럼 마지막엔 텅 비어 아무것도 없다"[23]고 날카롭게 개괄한 '한인漢人'은 뤼정후이가 예리하게 지적한 그 원인, 즉 "허리띠를 졸라매고 일어서서"[24] 비로소 타이완이 오늘날 느끼는 정체성의 위기를 정면으로 마주하는 것을 피할 수 있었다.

그렇다. 1949년 이후의 중국이 자주독립의 발전 노선을 선택하지 않고 모종의 방식으로 소련의 속국이나 미국의 종속물이 되는 길을 선택했더라면 중국의 경제발전은 상황이 달라졌을 것이다. 예컨대 반우파 투쟁이나 문화대혁명 같은 거대한 내부 손실을 피할 수 있었을지는 모르지만, 정반대로 '혈관이 절개된' 라틴아메리카처럼 일찌감치 자신의 자원이 국제자본에 의해 조각나는 상황을 속수무책으로 보고만 있었을 수도 있다. 역사에서 '만약'을 가정하기는 어렵지만 다음의 가설은 확정할 수 있다. 즉, 당시의 중국이 주권국가 수립의 방식으로 근대화의 독립된 발전을 선택하지 않았더라면, 오늘날의 대륙인도 회피할 수 없는 정체성의 위기에 직면했을 것이다.

문제는 여기서 끝나는 게 아니라 여기서 시작된다. 중국인으로서 대륙인은 '정체성의 위기를 비켜간' 이 역사를 어떻게 다루어야 하는가? 정체성의 문제가 관념적인 것이 아니라 역사적인 것이고, 태도적인 것이 아니라 분석적인 것이라면, 개인으로서의 대륙인은 자신과 이 역사 간의 관계를 어떻게 확정해야 하는가?

뤼정후이가 말한 "허리띠를 졸라맨" 역사는 희생과 역설로 가득 찼다. 이 역사와 고난을 함께한 대륙 중국인(단순히 한인이 아니라)은 정체성의 문제에서 국민당과 민진당 치하의 타이완인에 비해 결코 여유롭지 않다. 중국이 산업화와 군사현대화를 실현할 때 이를 위해 헌신한 한두 세대의 일반 서민들은 대가를 치렀을 뿐만 아니라, 그들도 이 역사와 의기투합했다. 일반 중국인이 중국의 시정을 비판하고 심지어 사회의 각종 불공정에 대해 절망을 나타낼 때, 그들은 자신의 정체성에 대해 의문을 가질 필요가 없다. 이 점을 만들어진 '상상의 공동체'로 단순히 귀결 짓는다면 문제의 복잡성을 지나치게 단순화한 감이 있다. 왜냐하면 제2차 세계대전 이후 형성된 일반 중국인과 이 "허리띠를 졸라맨" 역사 간에 존재하는 정체성 관계는 선택의 여지가 없을 뿐만 아니라, 이로 인해 대륙인의 정체성은 고도로 추상적인 상태를 나타내게 되었기 때문이다. 한편으로 그것은 추상적이기 때문에 의심할 수 없는 단일한 성격을 지녔으며, 다른 한편으로 그것은 또한 추상적이기 때문에 각종 형태로 연역될 수 있다. 그러나 깊이 파고들면 이 각종 형태도 결코 구체적이지 않으며, 겉보기엔 그럴듯해도 실제로는 아니다. 이는 바로 왕샤오밍王曉明이 타이서 동인에 대한 지정 토론문에서 지적한 그 기본 상황이기도 하다. 그가 학생들에게 애국의 내용에 대해 물어보았을 때 돌아온 대답은 가지각색이었다고 한다. "이런 정경은 대륙에서 커다란 대표성을 지닌다. 나라를 사랑하는데 사랑하는 게 도대체 어떤 나라인지는 진지하게 생각해본 적이 없는 것이다."25

2005년 대륙에서는 일본의 유엔 안보리 상임이사국 가입 신청을 저지하는 반일 시위운동이 자발적으로 일어났다. 당시 사람들은 이를 중국인 민족주의의 전형적인 표출이라고 여겼다. 나는 일본 제품 불매를 지지하는 젊은 학생들에게 일본 제품을 사지 않으면 어떤 제품을 사겠느냐고 물어본 적이 있다. 의외였던 것은 국산품을 사겠다고 대답한 사람은 아주 드물었고, 대다수가 미국 제품이나 유럽 제품을 선택하겠다고 말했다는 점이다. 심지어는 한국인의 반일이 단호하므로 한국 제품을 사겠다는 사람도 있었다. 이 사실은 아주 흥미진진하다. 비록 경제세계화로 인해 이미 당대 세계의 생산 메커니즘과 시장 상황이 5·4 시대와는 완전히 달라졌다 하더라도, 일본 제품과 국산품은 '일본 생산'과 '중국 생산'이 결코 완전히 대등하지 않다는 의미에서 여전히 효과적인 대립 범주다. 오늘날 대륙의 반일운동에는 이 범주의 연결관계에 균열이 생겼으며, 그것은 다음과 같은 정보를 전달한다. 즉, 대륙인의 '애국'과 '정체성'에 분리가 일어나고 있는 것이다.

'애국'이 반드시 '정체성'은 아니라는 앞의 예와 반대로 또 다른 예를 반대 방향에서, 즉 '정체성'이 반드시 '애국'은 아니라는 각도에서도 이러한 분리를 설명할 수 있다. 요 몇 년 사이에 중국 대륙의 인기 가수나 영화배우들이 대륙 바깥에 후커우戶口를 등록해 '외국인境外人'이 된 후 다시 중국 출신이라는 배경을 활용해 연예계에 종사하며 돈을 버는 일이 유행했다. 최근 수많은 스타가 참여해 건국 60주년 기념영화를 촬영했을 때, 어느 호사가가 스타들의 국적에 대한 통계를 냈는데, 그중 26명이 이미 외국인 신분이어서 누리꾼의 불만을 샀다. 한 영화배우는 누리꾼들의 질문에 이렇게 대답했다. "외국 국적을 취득한 것은 우리가 중국인으로서 중국 영화를 찍는 데 전혀 지장이 없습니다!" 이에 대한 누리꾼들의 반응은 "그럼 국적을 아프리카로 옮기시지 그래?"였다.

물론 앞에서 무작위로 든 두 가지 예는 단지 이미지의 표면적 함의에서 분석을 이끌어낸 것으로, 어떤 의미에서 이 두 가지 예는 상징적일 뿐이다. 더 깊이 파고든다면 이런 사례는 중국인의 동일시 방식을 둘러싼 더욱 정밀한 토론을 이끌어낼 수 있을 것이다. 이런 정밀한 토론이야말로 오늘날 중국사회의 기본 상황을 파악하기 위해 최우선으로 해야 하는 일이다. 특히 최근 몇 년 사이에 대륙의 민족 문제가 중국을 이해하는 핵심 시각으로 간주되는 상황에서, 대륙 중국인의 '민족주의'적 사유 패턴을 관념적으로 논하는 경향이 더욱 뚜렷해지고 있다.

대륙 중국인을 하나의 총체로 간주한다면, 오늘날 부단히 한족을 기타 민족과 분리시키고 대립시키는 인지 모델은 한참 부족하다. 이렇게 두루뭉술한 논의는 다민족이 생존해온 대륙의 역사적 상황에 대한 거친 단순화를 가져왔을 뿐만 아니라, 양안 관계 내지 훨씬 폭넓은 국제관계에 대한 이해 방식에도 영향을 미친다. 자오강이 글에서 언급한 푸저우대학福州大學의 에피소드는 바로 이런 관념적 단순화 방식의 본보기다. 당시 중국 학생들 사이에서 일어난 "굳이 너희와 우리를 구분할 필요가 있는가"라는 의문은 오늘날 대륙 중국인의 양안 관계에 대한 전형적인 상상을 대표한다. 즉, 일단 양안이 장차 모종의 방식으로 통합된다면 '타이완 문제'는 곧 해결된다는 것이다. '너와 나를 구분하지 않는다'는 방식은 친근하게 보이지만 가장 거칠게 역사를 다루고 현실을 단순화하는 동일시 방식이다.

자오강이 대륙인에게 '방법론 타이완인'을 주체의식의 역사적 형성을 이해하는 매개로 삼자고 건의한 것은 매우 탁월한 식견이다. 다만 이 매개가 왜 대륙에서 생장할 수 없는지의 이유는 대국 중심주의처럼 그렇게 단순하지 않다. 내 생각에 더욱 중요한 이유는 당대의 대륙 중국인은 굴곡진 정체성의 위기를 겪지 않았으며, 타이완인이 국민당에서 민진당에 이르기까지 겪었던 정체성에 관한 조삼모사를 체험한 적이 없기 때문이다. 당대 중국인은 '애국'과 '비애국'의 차이를 체득할 수 있으며, '국가'와 '천하'의 긴장을 이해할 수 있지만, "우리는 무엇인가"라는 감각 방식을 수립하기는 어렵다. 장타이옌章太炎과 왕궈웨이王國維 시대의 사람들이 겪었던 정체성 위기는 오늘날 이미 진실한 긴장감을 잃어버리고 텔레비전 드라마의 느슨한 오락거리로 변했다. 또한 민족관계에 대한 단순하고 감정적인 이해는 사람들을 정체성에 대한 풍부한 감성으로 이끌 수 없을 뿐만 아니라, 오히려 사람들의 시야를 편협하게 하고 정체성의 추상성과 단일성을 강화시켰다.

대륙인은 이처럼 타이완인이 겪은 정체성에 관한 굴곡을 거치지 않았다. 이로 인해 정체성 문제는 대륙에서 고도로 단순화되었다. 타이서의 이 논문들과 대조해 대륙의 상황을 생각해보면 이 점은 더욱 분명해진다. 오늘날 대륙의 지식 문맥에는 '방법론 중국인'을 이해하는 정신적 토양이 기본적으로 존재하지 않으며, 닝잉빈이 호소한 '가짜 중국인 되기'는 요원하면서도 더없이 어렵고 힘든 임무다. 또한 '분단체제 극복'에 대한 이해도 '양안 대화합'이라는 정치적 상상을 벗어나기 힘들며, 대륙인의 시야에서 그것은 필연적으로 양안 통일을 최종 도달점으로 삼는다. 문제는, 이런 상황은 대륙에서 일어나고 있지만 '사상으로서의 양안'의 형성에 영향을 미친다는 데 있다. 왜냐하면 이런 정체성 감각 방식의 전도야말로 양안 지식인에게 동일한 문제에 대해 접점을 찾을 수 있는 반응을 일으키기 어렵게 만들기 때문이다. 다소 극단적으로 말하자면 오늘날 사상으로서의 양안은 양안의 비판적 지식인들이 공통으로 흠모하는 '서구 좌익', 심지어 때로는 냉전 이데올로기(예컨대 고도로 관념화된 '민주'와 '자유'의 개념)의 힘을 빌려야만 접점을 찾을 수 있다.

현실감각에만 기대어서는 이런 문제들을 효과적으로 다룰 수 없을 것이다. 또한 현실감각에 의존했을 때에만 이런 문제들을 회피할 수 있다. 대륙의 지식계는 사실 줄곧 현실감각에 의존한다는 전제하에 정체성 문제를 대면할 때의 번거로움을 회피해왔으며,

애매모호하게 중국인이 되었다. 역으로, 이 애매모호한 정체성으로 인해 대륙 지식인은 자오강이 강조한 '방법론 타이완인'에 담긴 정체성의 복잡함을 쉽게 간과하고, 그것을 남록과 분리해 공동구성하게 된다.

만약 '방법론 중국인'이라는 문제, 곧 '실체화 중국인'에 대립되는 이 정체성 문제가 단순히 집단과 국가에 대한 개인의 귀속성을 의미하는 것이 아니라 역사를 대면하는 인식론적 요구라면, '방법론 타이완인'은 정체성에 대한 주체의 자각의식을 더욱 전면적으로 요구한다. 방법으로서의 '중국인'과 '타이완인'은 필연적으로 동일한 방향을 지향하지 않는다. 그것들이 설령 똑같이 일종의 기능적 층위에 놓인다 하더라도, 단지 '자신을 상대화'하는 것과 같은 중간 고리에 자리매김할 수 없다.

우리가 사상으로서의 양안이 지니는 딜레마를 고려할 때, 마찬가지로 방법으로서의 '타이완인'과 '중국인'은 상이한 역할을 분담할 것이다. 즉, 전자는 타이완 사회가 양안 문제와 남록 문제를 간단히 공동구성하는 사유 패턴을 지향하며, 후자는 대륙 민간사회가 주체 정체성의 자각을 회피하는 '애국 상태'를 지향한다. 결론적으로 말해서 정체성 문제에 대한 논의는 단순히 주체의 위치를 확정하는 데 의미가 있는 것이 아니라, 더욱 중요한 의미는 주체가 가장 힘겹고도 어쩌면 풀리지 않는 과제를 대면하도록 인도하는 데 있다. 예컨대 제3세계 근대 주권국가의 건립 및 근대화의 역사적 필연성, 전쟁과 평화와 도덕 기준의 관계 등 개인과 가장 요원해 보이는 이런 문제들은 개인의 가치판단을 가장 잠재적으로 좌우할 수 있다.

자오강의 글에서 타이완 엄마들이 "우리 다음 세대를 어떻게 교육하고, 무엇이 옳고 무엇이 그르다고 가르쳐야 할지 모르겠어요"[26]라고 말할 때, '방법론 타이완인'의 풍부한 함의가 전면적으로 설명된다. 구체적인 문맥에서 타이완 엄마들의 곤혹스러움이 정체성 문제와 직접적으로 연관되는 것은 아니지만, 그 심층적 의미는 바로 정체성 자체에 있다. 타이완 경험 속에서 정체성 문제의 커다란 기복과 곡절은 대륙의 주체 인지 상태에 여전히 존재할 수 있는 안정된 표상을 깨뜨렸으며, 주체를 불확실한 동태적 역사의 장에서 진실하게 살아남도록 만들었다. 타이완 엄마들의 곤혹스러움은 가장 직관적인 방식으로 "우리는 무엇인가"라는 문제의 윤리적 성격을 심화시켰다. "우리는 무엇인가"는 단순히 개인의 정체성과 연관되는 것이 아니라, 역사 전승의 측면에서 개인과 사회의 도덕적 책임과 연관된다.

대륙의 지식인도 타이완 엄마들의 문제에 똑같이 직면하고 있다. 단지 이 문제가 개별 정체성의 방식으로 나타나지 않고 역사 인지의 방식으로 나타날 뿐이다. 최근 몇 년간 대륙 지식계에 갈수록 부각되고 있는 양대 주제, 즉 현대사 연구에서 국민당의 역사 기능에 대한 연구 그리고 당대사 연구에서 마오쩌둥·덩샤오핑과 지금 시대의 연속성에 대한 연구는 이미 상당히 사회화된 효과를 얻었다(대중매체가 이 방면의 제재를 다루는가의 여부는 사회화 여부를 가늠하는 지표다. 근년의 드라마는 이미 이 두 가지 방면을 제재로 삼기 시작했으며, 그중 대담한 시도가 적지 않다). 그러나 기존의 축적물은 주체 정체성의 윤리성을 회피했으며, 그 기점은 왕샤오밍이 말한 "나라를 사랑하는데, 사랑하는 게 도대체 어떤 나라인지는 진지하게 생각해본 적이 없다"에 머물러 있음을 부인할 수 없다.

그러나 '방법론 타이완인'이 대륙 지식인의 주체성 반성을 매개로 전환되기란 여전히 곤란하다. 주체성 문제는 지금껏 단순한 이론 문제가 아니었으며, 이치를 따지는 것으로 완성될 수 없기 때문이다. 역사는 균질적인 직선운동이 아닌 것처럼 사상자원의 사용과 공유도 수많은 조건의 제약을 받는다. 대륙인으로서는 이 사회가 어떻게 동요하든 정체성의 다층적 딜레마에 빠지지만 않는다면 타이완 경험을 이해하는 데에는 단순화의 폐단이 존재할 것이며, 타이완 사상 토론의 보편성을 인식하는 데에도 장애물이 존재할 것이다. 이런 의미에서 타이서의 토론을 공유할 수 있는 사상자원으로 전화하기 위해서는 필수적인 고리가 필요하다.

이 문제를 궁구하다
─다원화 전제하의 보편성이란 무엇인가

고도로 상호 보완적인 타이서의 이 논문들은 타이완 경험에 대한 이론적 정리다. 이 논문들의 이론적 지향이 잠재적 개방성을 결정했는데, 이로 인해 독자들은 타이완의 현대와 당대의 역사에 대해 어느 정도 파악할 수 있게 되었지만, 이론의 민감도가 강화되어 더욱 어려운 분야로 남게 되었다.

타이완 사회의 긴박한 현실 과제가 눈앞에 펼쳐졌을 때, 타이서의 이 논문들은 그 '지식계획'의 최저선을 고수했다. 이는 지식의 방식으로 '간접적으로' 현실에 개입하는 것이다. 20년에 걸친 이 지식계획의 좌절에 대해 타이서 동인은 깊은 반성을 나타냈으며, 이러한 반성에서 출발해 이 논문들이 겨냥하는 바는 현실적 관심에서 인식론 자체로 확장되었다. 왕후이汪暉가 서면 발표에서 지적한 것처럼, "대륙의 상황과 비교해서 타이서의 가장 소중한 경험은 시종 현실에 대한 개입을 유지했다는 것이다. 이 개입은 행동적이자, 더욱 이론적이다. 실천에 대한 지향은 단순히 직접적인 행동을 의미하는 것이 아니라 일종의 이론적 요구이기도 하다".[27]

타이서가 '당면한 지적 위기의 극복超克當前知識困境'을 주제로 삼은 일련의 테마 논문과 그에 대한 지정 토론문에서 실천을 지향한 이론적 요구는 그 특유의 풍모를 드러냈다. 그것은 문화 정체성의 복잡한 상태에 뿌리내린 역사 인지 방식이다. 물론 실천을 지향함으로써 역사 인지에 대한 이런 강조는 타이완의 구체적 상황에서 벗어나지 않게 되었다. 따라서 그것이 "어떻게 중국 역사를 연구하는가"와 같은 지식 명제를 필연적으로 도출하는 것은 아니다. 그러나 그것은 당면한 '지적 위기'를 매우 뚜렷하게 지적했으니, 바로 이론과 실천의 관계에 대한 직관적인 이해, 지식 구조와 사상 비판 방식의 지나친 서구 모델 의존, 역사에 대한 비역사화와 이데올로기화 등이다. 동시에 그것은 또한 이러한 지식 위기 특유의 '타이완 배경'을 지적했다. 이 배경으로 인해 타이서는 타이완의 지적 위기에 대한 분석에서 그들 특유의 요소를 포기하고 간단히

'보편화'하는 것을 거절할 수 있었다.

　많은 깨우침을 받았던 것은 타이서가 한국의 사상자원을 20주년 기념 특집호에 도입하고 기본적으로 참조했다는 사실이다. 과거 타이서의 토론이 종종 서구 이론에 직접 기대었던 것과는 달리, 이번 특집호에서는 전체적으로 역사에 접근하는 방식으로써 그 이론적 사고의 특질을 나타냈다. 서양 학문에 조예가 깊은 타이서 성원들이 자신의 역사에 다가서려 할 때, 그들이 직면하는 어려움은 단순히 서구의 좌익 진보 지식인이 거대한 시대적 전환기와 맞닥뜨릴 때의 사상과 인식의 딜레마뿐이 아니며, 주체가 어떻게 자신을 확정할 것인가에 대한 '이론적 초조함'이라는 어려움이 한 겹 더 있다. 이 초조함이 요구하는 이론적 성격은 타이서 성원이 서구의 비판 이론의 경계를 뛰어넘어 동아시아의 사상자원을 탐색하도록 강요한다. 그들이 백낙청과 같은 한국 사상가에 대해 나타내는 깊은 관심과 내재적 독해도 바로 이러한 자아 확인의 이론적 요구에서 기인한다.

　단순한 동서양 대립 모델이 타기되고 서구의 사상자원이 최대한도로 활용되는 지적 풍토 속에서, 본격적으로 다루어져야 할 이론적 문제가 아직 직시되지 못하고 있다. 그것은 보편성의 존재 방식을 어떻게 이해할 것인가라는 것으로서 오래되었지만 늘 새삼스러운 문제다. 우리 같은 동아시아 지식인이 단순한 이원대립과 문화 본질주의에 빠지지 않는 것은 전지구화 서술을 직관적으로 수립하는 것과 차이가 있으며, 자기 역사의 특질을 강조하는 것 역시 필연적으로 보편성 담론에 상대적인 '특수성 서사'를 수행해야 함을 의미하지는 않는다.

우리가 '보편성'을 가장 넓은 지역을 포괄할 수 있는 사회역사 해석으로 이해하고, 특수성을 특정 시기나 특정 지역의 특수 경험에 관한 해설로 이해한다면, 우리는 자신도 모르게 정신세계 속의 서구중심주의 논리와 공모하고 있는 것일지도 모른다. 이런 상황에서 통용될 수 있는 것은 아직까지 서구와 북미에서 생산된 이론 모델이기 때문이다. 사실상 오늘날의 제3세계 지식 엘리트들은 대부분 이런 집단무의식의 지배 아래 자신들의 역사 해석을 생산한다.

제3세계의 경험이 '지역성 지식'으로 간주되는 이유는 그것이 서구와 미국이 생산한 역사 해석 모델에 그대로 적응하기 어렵기 때문이다. 특히 그것이 기성의 민족국가 공동체 서사나 이런 서사를 부정하는 모델과 서로 어긋날 때, 특히 그것이 간단히 모더니즘이나 포스트모더니즘의 시각을 사용해 개괄하기 어려울 때, 그것은 제1세계와 제3세계의 지식 엘리트에게 보편화될 수 없는 '지역성 경험'으로 간주되기 쉽다. 이는 그것이 세계 대다수 지역의 사상적 상황에 대해 참조할 만한 가치를 지니지 않음을 의미한다. 그리하여 다음과 같은 잠재적인 함정을 피할 수 없다. 즉, 제3세계의 지식 엘리트가 자신의 이론적 사고를 '보편성'의 층위로 밀고 나아가려 할 때, 그들은 '대표성'의 유혹을 이겨낼 수 없을 것이다. 이론의 방식으로 모국어문화의 사회와 역사의 형태를 정리할 때, 그들은 종종 이러한 정리를 가장 넓은 지역을 대표하는 '보편성' 모델로 간주하는 경향이 있다.

이렇게 하는 것의 대가는 우선 역사의 다양성 자체를 희생하는 것이다. 더욱 주요한 것은 자신을 너무 성급하게 기존의 서구 이론 모델과 대립하는 의미에 자리매김했기 때문에, 이런 담론은 서구 이론의 잠재적 논리에 따르는 제약을 받게 될 것이다. 그것은 기존 서구 담론의 틀을 깨뜨릴 수 있으나, 이 틀이 생겨난 사고와 규칙을 깨뜨릴 수는 없다. 따라서 제3세계의 경험이 지닌 독창적 사고와 이론적 전망을 희생하게 될 것이다.

바로 이런 의미에서 한국 경험에 뿌리내린 백낙청은 우리에게 모범을 보여준다. '분단체제 극복'의 제기는 일견 '지역화'된 명제처럼 보인다. 이 명제는 동아시아나 제3세계의 여타 지역에 단순 적용할 수 없으며, 서구의 비판 이론과도 직접 접목할 수 없다. 폭넓은 의미에서 그것의 '보편성'은 제한적인 것처럼 보인다. 그러나 백낙청의 사고는 우리에게 자신의 역사를 직시하는 이론적 전망을 열어주었다. 그것은 이미 정해진 민족국가의 상상을 깨뜨리고 자신의 역사를 효과적으로 서술하는 사상이론 방식을 창조하는 것이다. 이런 사상이론 방식은 다수 지역을 포괄해 '보편적 대표성'을 획득하는 것을 목표로 삼을 필요가 없다. 반대로 그것은 사회와 역사의 기본 문제를 효과적으로 대면하고 이에 대해 '깊이 사고'하는 것을 주지로 삼는다.

천광싱은 자신의 테마 논문에서 양안 지식계에 백낙청과 같은 지식인이 나오지 않는 것을 개탄했지만, 나는 타이완 심지어 타이서에서 중화권의 백낙청이나 백영서가 나타날 수 있기를 기대한다. 이 기대는 나 자신의 동아시아 경험으로 빚어진 것이다. 내가 관찰한 바로는 동아시아 지역에서 이론적 독창성을 지닐 가능성이 가장 많은 곳은 바로 정체성이 가장 복잡한 지역이다. 이런 지역들은 역사적으로나 현실 속에서 근대 주권국가의 완전한 형태를 결여하며, 지역의 정치구도에서 중심 위치를 차지하지 않는다. 그들의 발전 논리와 자아 인지의 방향은 충분히 주류적이지 않다.

백낙청·백영서 등 한국 지식인의 노력을 거쳐 한반도는 이미 우리의 지적 시야에 들어왔다. 사실 일본의 오키나와·홋카이도, 한국의 제주도(심지어 전후 얼마간의 일본 본토까지)의 역사도 마찬가지로 이런 가능성을 지니고 있다. 단지 현행의 지식 방식이 '국가 시각'에 과도하게 집착하고 지나치게 엘리트화되었으며, 주변 시각 또한 단순한 '피해자'의 시각으로 만들어지는 것을 피하기 어려울 따름이다. 이 때문에 백낙청이 호소한 '민중의 연대'는 진짜로 이론적 시야가 되기는 어려우며, 단지 현실 속 사회운동의 구체적인 지표로 이해되기 쉽다.

그러나 만일 우리가 '민중'을 역사적이고 이론적인 시야 그 자체로 만들 능력이 진짜로 있다면, 동아시아 역사의 내재적 논리는 상이한 방식으로 드러나야만 한다. 이는 지식인이 민중의 시각으로 역사를 관찰하고, 현실을 판단하며, 가치의 소재를 확립해야 함을 의미한다. 그리고 정체성이 가장 복잡한 지역은 후발지역이 전지구적 자본주의 과정 속으로 휘말려 들어갈 때 자신도 모르게 은폐된 역사 논리를 가장 집중적으로 구현한다. 이 역사 논리들을 조심스럽게 정련하려면 세계를 포괄하려는 '보편성'의 환각을 제거해야 할 뿐만 아니라, 갖가지 의미에서의 '중심의식'을 제거하고 오늘날의 이론 구도에서 제자리를 찾기 힘든 사상적 경험을 신중하게 다루어야 한다. 대륙의 현실 상황에 비해 타이완은 이러한 사상자원을 더 많이 지니고 있으며, 이런 독창적 이론을 더욱 쉽게 생산할 수 있다고 할 것이다.

만약 전지구적 관점에서 본다면 오늘날의 대륙사회도 이런 정체성의 복잡성을 똑같이 지닌다. 이는 다민족으로 구성된 구조적 메커니즘으로 나타날 뿐만 아니라, 역사적 전개과정 특유의 포용과 흡수능력으로 나타난다. 다만 대륙 당대의 주류 서사가 지닌 중심의식이 이 복잡한 요소들을 안정된 구조적 틀로 통합시킨다. 그것의 직접적인 결과는 정체성 문제를 그다지 직접적이지 않게 변화시켰다는 점이다. 정체성 문제가 문제화되지 않았기 때문에 그것은 잠재적 방식으로 비자각적으로 존재할 수 있을 뿐이며, 이로 인해 그것은 깊이와 생산성을 결여하게 되었다. 우리가 목도하는 이른바 '민족 갈등'과 이를 근거로 하는 직관적인 대항 심리는 사실 정체성 문제가 문제화되지 않았기 때문에 일어난 직접적인 결과다.

"우리는 무엇인가"에 관한 타이서의 질문은 확장할 수 있는 이론적 사고다. 자본의 전지구화라는 상황에서, 사회형태와 사회제도에 관한 토론은 주체 상태에 대한 인지와 떨어질 수 없으며, 이런 인지가 고도로 추상적인 이론 서술에 의해 편입되지 않는다면 그것은 전지구화 과정 속에서 나타나는 각 층위의 다양성을 밝힐 수 있을 것이다. 자본의 논리가 나날이 세계를 하나의 모델로 만들어갈 때, '다양성'은 사고의 출발점으로서 우리가 진정한 저항의 계기를 발견하도록 도와줄 것이다.

생각건대 백낙청의 '분단체제'를 그대로 적용해서는 양안 관계를 설명하기 어렵다. 양안 관계에는 '분단체제'가 분석한 여러 요소가 확실히 존재하지만, 동시에 그것에 포괄될 수 없는 기본 구조가 존재한다. 이는 국제관계와 양안 관계 내지 역사 자체가 지닌, 양안을 한반도처럼 두 개의 국가로 나누기 어렵게 만드는 제약이다. 바로 이런 갖가지 제약의 역학관계로 인해 타이완인의 정체성 문제는 이처럼 풀기 어려운 긴장을 지닐 수 있으며, 그리하여 풍부한 문제성을 불러일으키고, 오늘날 사상생산의 핵심 고리가 될 수 있다. 나의 제한된 이해로는 이런 깊은 궁구는 한국 지식인의 가장 중요한 과제가 아닌 것 같다. 그대로 전용한다는 의미에서 '분단체제 극복'은 사고의 방향을 지시했을 뿐이다.

타이서가 제공한 백낙청의 제한적인 정보를 읽으면서 나는 다음과 같은 초보적인 느낌을 받았다. 즉, 백낙청의 이론에서 가장 매력적인 부분은 이 현실 담론의 층위에서 일어나지 않으며, 그가 제시한 한반도의 구체적인 문제를 해결하는 방안에 있지도 않다. 그것은 그의 관련 담론이 우리에게 자신의 주체 상황을 인식하는 역사적 시각을 제공했고, 관습적으로 은연중에 일반화된 사유의 틀을 전복시키고 '민중'을 이론의 출발점으로 만들었으며, 그리하여 전지구화 배경 속에 국가를 중심으로 구축된 현대사회의 상황을 새롭게 해석했다는 데 있다. 이론과 실천의 관계에 대한 밀접한 관심으로 인해 그의 담론은 진정한 현지성을 지니게 되었으며, 이로부터 한반도의 정세 분석은 일반적 서술로 단순히 분류되기 어렵게 되었다. 동시에 문제의 깊이로 인해 대표권이 필요 없는 보편성을 지니게 되었다.

우리의 잠재된 이론감각이 보편성을 "다양한 사물을 가능한 한 광범하게 포괄하는 것"으로 이해한다면, 백낙청의 '분단체제론'이나 타이서의 "우리는 누구인가" 내지 '방법론 중국인'은 이런 이해에 대한 도전, 심지어는 부정을 내포한다. 전지구적 운동으로서의 근대성이 서구로부터의 폭력을 수반해 인류 생태의 다양성을 억압한 뒤에는 모든 역사가 단일한 모델로 통합되는 것을 피할 수 없을 것이다. 피식민이나 준식민의 역사가 우리에게 남긴 사상의 유산은 이런 단일화를 아무런 의심 없이 받아들이게 하고, 이런 단일화의 전제하에 그것을 다양화하게 한다. 오늘날의 역사에서는 어쩌면 이런 투쟁 전략도 조정이 필요할지 모른다. 다원화의 전제를 수립하고 이런 전제하에 보편성의 사상을 창조한다는 것은 참신한 과제다. 근대성 이론으로 훈련된 우리의 사유 패턴도 이 과제 앞에서는 변화하지 않을 수 없다. 이 변화의 어려움은 타이서의 시도가 이미 우리에게 충분히 보여주었다.

다원화 전제하의 보편성은 이론적 성격을 갖추어야 하지만 추상적일 수 없다. 바꿔 말해서 그것의 이론적 시각은 역사적이어야 한다. 그러나 여기서 말하는 '역사'는 이론적 사고를 그대로 적용한 역사 자료가 아니라 유일무이한 동태적 구조다. 모든 역사는 독특하나 그 심층에 보편성을 지닌다. 우리의 과제는 이런 보편성을 어떻게 일반적이고 추상적인 방식이 아닌, 특수하고 구체적인 방식으로 드러낼 것인가에 있다. 이렇게 드러내는 것만이 우리 자신의 역사에 속한 보편성 감각을 수립해, 우리의 서술이 인류 역사 서술의 구성 요소가 될 수 있기 때문이다. 우리에게 속한 보편성은 광대한 지역과 사물을 직접 포괄할 필요는 없지만, 그것은 인류가 회피할 수 없고 비켜갈 수 없는 기본 문제라고 할 것이다. 그것의 보편성은 너비에 있는 것이 아니라 깊이에 있다. 우리의 논의가 그 깊이에 도달했을 때, 그것은 보편적이 될 것이다.

타이서의 논의는 핵심적인 고리를 제공한다. 이것은 가혹한 현실과 현실에 개입하는 능력이 만든 것임을 부인할 수 없다. 타이서인이 직면한 문제는 대륙 지식계가 회피한 문제이며, 이는 어느 정도 역사와 사회 환경이 만든 것이다. 바로 이 원인으로 인해 타이서인이 되는 것은 대륙 지식인의 사상수련 방식이 되었다. 어떻게 타이서인이 될 것인가? 이 점에 대해서는 타이서의 테마 토론이 이미 정확한 상상을 내놓았다고 생각한다. 그것은 바로 「지적 개입의 이십년」에서 언급한 "지식 방식의 전화轉化"다.

나는 일찍이 오키나와와 홋카이도에서 각각 현지 지식인들에게 가르침을 청한 적이 있다. 이때 현실의 정체성 위기가 지식 방식과 감각 방식을 어떻게 '전화'시키는지 절실히 느꼈다. 그들의 시야에는 민족국가와 민족주의 비판보다 훨씬 더 절박한 실천 명제가 있었으며, 개념화된 '민주'와 '자유'보다 훨씬 더 이론 설계가 구체적이었다. 타이서의 사상 경험과 이런 지역들의 경험에 구조상의 유사성이 있다는 것은 백낙청의 '민중시각'의 이론적 전망이기도 하다. 전지구적 과제에서 자신을 위한 자리매김을 거부하지 않는 이 사상 명제들은 이와 동시에 일원적 전제하에 '보편성 서사의 지역적 지식'으로 추상화되기를 거부한다. 그 자체가 지닌 역사 깊은 곳의 보편적 성격은 지식 방식의 전화를 완성하고 진정한 다원적 인식론의 전제를 수립한 후에야 드러날 수 있다.

타이서는 바로 이런 전화를 모색하고 있다. 수많은 문제가 제기된다고 해서 반드시 이해되는 것은 아니며, 또는 제기된 후에 기존의 사유 패턴에 의해 다시 환원될 수도 있다. 그러나 이 전화는 갈수록 자각적인 품격을 구비하는 듯하다. 나는 이 힘겨운 과정에 참여해 그것을 내 지식 실천의 과제로 삼고자 한다. 이런 의미에서 나는 수시로 발걸음을 멈추고 이렇게 자문할 것이다. 어떻게 타이서인이 될 것인가?

제2부

—

문화횡단의
체험과
과제

3장

문화횡단적 시야의 형성

지식공동체의
사상과제를 돌아보며[1]

10년 전 나는 '중·일 지식공동체'라 이름 붙은 활동에 참가한 적이 있다.

이는 적당한 명칭이 아니었기에 처음부터 많은 사람에게 비판을 받았다. 그러나 모든 비판자는 파괴만 책임지고 건설에는 무관심했다. 줄곧 비판자들의 건의를 구해 적당한 명칭을 얻길 바랐지만, 이 활동이 시작될 때부터 끝날 때까지 6년 동안 대체할 이름을 찾지 못했다. 따라서 지금도 여전히 '중·일 지식공동체'라 부를 수밖에 없다.

중·일 지식공동체라는 이름에는 두 가지 치명적 약점이 있다. 첫째, 이 명칭에는 '중·일'이란 글자가 붙었는데, 이는 통상적으로 중국과 일본 두 나라를 암시하며 적어도 국가를 틀로 하는 모델을 연상시킨다. 그렇다면 우리 같은 보통의 지식인이 국가를 대표한다는 생각이 들어 받아들이기 힘들다. 둘째, '공동체'는 사실 시대에 뒤떨어진 어휘다. 각종 '포스트 담론後學'이 유행하는 오늘날에 폐쇄성과 배타성을 지닌 혈연적 어휘를 아직도 사용한다는 것은 확실히 정치적으로 올바르지 않다는 혐의를 지워버리기 쉽지 않다. 따라서 이 이름은 어떻게 보아도 눈에 거슬려서 모두들 가급적 사용하지 않고, 어떤 때는 차라리 '중·일 지식인회담'이라고 일컬었다.

그런데 어떤 사람의 반응은 전혀 달랐다. 재일 한국학자 이정화는 어떤 모임에서 '공동체'가 확실히 좋은 이름은 아니지만 말이 심각하게 오염된 오늘날에는 예전부터 있던 어휘에서 새로운 길을 뚫을 수밖에 없다고 말했다. 나는 그녀의 통찰력에 탄복했다. 그녀가 본 것은 보편성의 문제였다. 즉, 새로운 탐색이 시작될 때는 종종 그에 상응하는 서술 방식을 갖추지 못하기 마련이다. 전략적으로 완전히 새로운 말을 만들어내기도 하고, 새로운 어휘를 위한 길을 트기 위해 예전부터 있던 어휘를 깨끗이 씻어내기도 한다. 그러나 새로운 어휘가 유통되려면 때로는 특정한 조건, 심지어 모종의 폭력성이 필요한데, 기정의 언어체계를 완전히 벗어나고서도 꾸준한 생명력을 얻을 수 있는 완전히 새로운 언어는 사실 소수에 불과하다. 결국 새로운 사고방식과 새로운 어휘의 탄생이 생명을 얻으려면 어쨌든 힘겨운 과정이 필요하다. 이 과정이 낡은 사물과 낡은 사유의 내부에서 시작되지 않는다면 진정한 활력을 갖출 수 없을 것이다.

이 활동의 내용에 관해 나는 몇 년 전에 「전지구화와 문화적 차이－문화횡단의 지적 풍토에 대한 고찰全球化與文化差異－對於跨文化知識狀況的思考」[2]이라는 글을 쓴 적이 있다. 글을 쓸 당시에 이 활동은 아직 끝나지 않았지만, 그 후로 그것에 대해 다시 이야기할 필요가 없어졌으므로 어쩌면 그 활동에 대한 총괄적 보고라고 볼 수도 있겠다.

눈 깜짝할 사이에 10년이 지나갔다. 내게 이 활동은 이미 과거 한때의 경력이 되었으며, 그것이 내게 준 경험과 교훈은 다른 형태로 전화되어 이후의 개인적 학술 실천 속으로 섞여 들어갔다. 다만 이따금 편지로 언급하거나 문의하는 이들이 있고, 심지어 그것을 연구 대상에 포함시키는 외국 학자도 있어서, 어떤 일이든 그것이 모종의 공공성을 획득했다면 더 이상 개인적 서술에만 포함시킬 수 없으며, 설령 발기인이라 해도 그 어떤 개인에도 속할 수 없음을 깨달았다.

그리하여 10년이 지난 오늘날, 나는 제삼자의 눈으로 이 '중·일 지식공동체'를 돌이켜보고자 한다.

어떤 외국 학자는 내게 지식공동체가 왜 '해산'하게 되었느냐고 물었다. 난 당시 처음부터 결집한 적이 없기 때문에 해산하고 말고 할 문제가 없다고 대답했다. 내 대답이 조금 교활한 것처럼 보이지만, 당초의 설정은 정말 그러했다. 학계에는 일을 '내실 있게' 해야 업적으로 인정받을 수 있는 풍조가 성행해서, 가령 아무리 재미없는 국제회의라도 논문집을 출판하지 않으면 자금을 지원받은 곳에 해명할 방법이 없다. 지식공동체는 내실이 없었고 회의 논문집을 출판하지 않았으며 심지어 인원도 끊임없이 유동했다. 6년 동안 관련 논문이 사상 및 학술 잡지에 발표된 것을 제외하면, 스스로 독립된 윤곽을 추구하지 않았다. 그러나 지금도 기억하는 사람이 있는 것을 보면 이 '게릴라성 집회飛行集會'가 정말로 흔적을 남기긴 했나 보다.

그것은 어떤 흔적을 남겼을까?

대륙과 타이완에 비해 한국과 일본은 이 활동에 대해 훨씬 진지한 흥미를 보였다. 이 회담은 중국과 일본의 지식인 사이에서 일어났지만 여기서 다루어진 문제는 중·일의 틀 안에 완전히 포함시킬 수 없다. 그것이 마주했던 것은 '동아시아'의 문제였기 때문이다.

동아시아는 지역이지만 지역에서 그치지 않는다. 원했든 원치 않았든 이 지역은 역사적으로 개방된 구도를 형성했다. 미국은 동아시아의 외부에 있지 않고 동아시아에 내재한다. 한국과 일본의 미군기지만 보더라도 우리는 물리적인 공간에서도 미국이 단순히 북아메리카에만 있는 것이 아님을 알 수 있다. 미 해군이 요코스카橫須賀 미군기지로 몰고 간 핵추진 항공모함은 미군기지가 일본에서 한층 더 강화될 것임을 예고했다. 오키나와에서 나날이 고조되는 미군기지 반대 여론도 일본 정부와 미국의 군사 공모를 저지할 수는 없었다. 경제적·문화적·정신적 측면에서 나날이 더해가는 동아시아에 대한 미국의 침투는 눈만 있으면 누구나 볼 수 있는 일이다. 이 때문에 중·일 간에는 개인이든 단체든 어떤 회담을 막론하고 동아시아에 관련되기만 하면 미국을 비켜갈 수는 없다.

사실 동아시아에 내재해 피해갈 수 없는 또 하나가 있는데, 바로 과거의 소련, 오늘날의 러시아다. 제2차 세계대전 이후 소련은 동아시아의 현대 및 당대 역사에서 마찬가지로 중요한 역할을 담당했다. 단지 베를린 장벽의 붕괴가 마치 소련이 해체된 후 그것의 역사적 기능과 현실 작용마저 그에 따라 해체된 듯한 허상을 만들었을 뿐이다. 사실 상하이협력기구SCO의 활동 궤적을 훑어보면, 중·소 관계가 오늘날 탈냉전 시기의 기본 축임을 암시하며, 냉전 이데올로기가 느슨해졌다고 해도 일변도의 국제정치 구도가 생길 수 없음을 알 수 있다.

그 당시 지식공동체가 회담을 진행할 때는 상술한 문제를 주요 화제로 설정하지 않았다. 이는 한편으로는 어떤 생각들은 정리하고 축적할 필요가 있어서 단번에 이룰 수 없었기 때문이다. 다른 한편으로는 중·일 간에 해묵은 원한의 문제와 정면으로 부딪쳐야 하는 상황에서 미국과 소련 및 냉전의 문제를 끌어들이면 이런 화제를 희석시킬 수 있었기 때문이다.

이 때문에 오늘날 보기에 지식공동체의 회담 활동은 뚜렷한 한계성이 있지만, 바로 이런 한계 때문에 가장 기본적인 문제의 윤곽을 비교적 선명하게 설정할 수 있었다.

그 당시 인원수가 극히 제한된 참여자들은 각자 전쟁의 피해 경험을 나누었다. 지금 보기에 이런 교류는 여전히 한계가 있다. 일본의 침략전쟁이 중국인에게 가져다준 트라우마 기억에 화제가 한정되었기 때문에, 더욱 무거운 역사적 함의를 감당할 수 없었다.

냉정하게 논하자면 그 회담이 완수한 기능은 그때껏 문을 걸어 잠그고 공론公論하던 습관을 타파하고, 중국과 일본의 지식인이 한자리에 모여 여전히 직관적으로 공유할 수 없는 전쟁기억을 함께 토론할 수 있었다는 것뿐이다. 그 후로 일본의 비판적 지식인이 중국의 언론에 오르내리며 중국 시민과 함께 일본의 전쟁 책임을 추궁하기 시작했으니 커다란 변화라고 아니할 수 없다. 그러나 시간이 흐름에 따라 상황도 변해 중국에서 일본의 비판적 지식인의 발언이 갈수록 지위를 얻고 있을 때, 역사가 늘 그렇듯 사실 이 발단은 이미 그다지 중요하지 않게 되었다. 중요한 것은 당초 발단을 만들었을 때 나중에 깊이 들어갈 수 있는 계기를 준비했는가에 있다.

그 당시 지식공동체가 설정한 또 다른 논제는 중·일 사회의 서로 다른 역사적 맥락과 구조적 특징의 교류다. 겉으로 보기에 이 논제는 전쟁기억의 문제와 직접 관계가 없는 것 같지만, 인식론으로 말하자면 사실 이 두 가지 논제는 중요한 관련이 있다. 전쟁기억이 단순히 개인의 층위에 한정될 때, 그것은 역사적 기능을 직접 감당할 수 없다. 반대로 전쟁에 관한 화제가 형이상학적 '이치'로 추상화될 때, 그것도 마찬가지로 역사적 기능을 감당할 수 없다. 따라서 우리가 전쟁기억의 토론을 시도했을 때, 이면에 내포된 목표는 아주 중요하다. 도대체 왜 전쟁기억을 토론해야 하는가? 현실에서 정의를 신장하기 위함인가, 아니면 역사적 진상을 규명하기 위함인가? 나아가 현실 속의 정의 신장과 역사적 진상 규명은 과연 무슨 관계인가? 그것들은 어떻게 해야 효과적으로 호흡을 맞출 수 있는가?

일찍이 1930년대 말 영국의 국제정치학자 에드워드 카Edward H. Carr는 다음과 같이 의미심장한 사실을 지적했다. 즉, 위기로 가득 찬 1919년에서 1939년의 20년 동안 국제정치학은 새로운 학술 분야로서 그 합법성을 획득했다는 것이다. 국제정치학의 시야에서 유토피아주의적 정치 이상과 현실주의적 정치 관심은 한 쌍의 대립적 요소를 구성했다. 유토피아주의자는 기필코 '주의'적 입장을 고수해 현실을 철저하게 부정했으며, 현실주의자는 자기 의지가 현실을 통어할 수 있다는 확신이 없기에 모종의 결정론적 경향을 지녔다. 그리하여 두 차례의 세계대전 사이의 20년 동안 이러한 사유방식의 대립은 좌파와 우파, 지식인과 관료의 대립으로 변화했다. 지식인은 대부분 이론적 경향을 지니며, 관료에 비해서 정치 이념을 더욱 추구해 사실상 근대 이래 유토피아식 정치운동의 지도자가 되었다. 또한 비교적 쉽사리 좌익 내지 급진주의적 경향을 지닌다. 그러나 카는 다음과 같이 지적했다. 즉, 유토피아식 정치 지식인이 지닌 최대 약점은 그들이 현실의 상황을 이해할 수 없으며, 자신이 기준으로 삼는 기본 이념이 실은 그들이 거부하는 현실 상황의 산물이라는 기본적 사실을 이해할 수 없다는 데 있다. 그리하여 다음과 같은 현실적 딜레마가 생겨난다는 것이다. "무수한 역사 경험이 증명하듯 좌파 정당이나 정치가들이 정권을 장악해 현실을 접하기 시작할 때, 그들은 '유명무실한 이론'인 유토피아주의를 버리고 우경으로 돌아설 것이다." 이는 독일 정치에서 지식인의 기능에 대해 분석한 프리드리히 마이네케Friedrich Meinecke 의 견해와 호응한다. "그들은 자신의 순수함과 독립 정신, 철학적 이상주의 정신, 구체적인 이해관계를 초월하는 정신 등을 들어 자신의 정치적 소망을 증명할 수 있다. (…) 그러나 실제로 국가 생활이 지니는 현실적 이해관계에 대한 그들의 감각에는 결함이 존재하므로, 그들은 종종 숭고한 사물에서 광란과 부조리 상태로 신속하게 미끄러지곤 한다."[3]

카가 유토피아와 현실주의의 대립을 열거할 때 스스로에게 설정한 입장은 그중의 어느 쪽도 아니었다. 그에게 이런 대립은 사람들의 현실 사유에 관한 딜레마를 밝혀 새로운 과제를 가져다주었다. 이로 인해 카는 이런 대립을 현실 분석에 결부시켜 정치학 대상의 새로운 기본 윤곽을 찾으려고 했을 뿐만 아니라, 동시에 카를 만하임Karl Mannheim의 지식사회학적 시각을 원용해 인식론과 학술생산에 대해 반성하고자 했다. 그는 국제정치학이라는 학문에서 유토피아는 기정의 목적에 지나치게 집착하기 때문에 분석정신을 지닌 성숙한 상태로 나아갈 수 없으며, 현실주의는 분석적 능력은 갖추었지만 그 맹목적인 실증정신이 주체가 설정한 목적을 배제했기 때문에 지나치게 연로해졌다고 지적했다. 성년기에 이른 학문은 유토피아의 목적성과 현실주의의 관찰 분석능력을 교묘하게 결합시켜야 한다. 지식공동체가 중·일 간의 전쟁 문제 등에 대해 회담을 진행할 때, 사실 다음의 가장 기본적인 딜레마를 비켜갈 수 없었다. 그것은 곧 뚜렷한 목적의식과 정확한 상황 분석을 효과적으로 결합시키는 것이며, 이것이 바로 사상의 임무다.

지식공동체는 중국과 일본의 사회와 지적 풍토에 관한 인식에 있어서 단지 초보적인 노력만 했을 뿐이다. 앞에 가로놓인 어려움은 명백했다. 한편으로 기성의 서구 근대성 이론을 맹목적으로 답습할 수도 없고 간단히 배척할 수도 없었다. 그것이 중국과 일본의 문화 정체성에 끼친 잠재적 영향은 눈에 보이지 않아도 무시할수 없었다. 우리는 중국의 농촌개혁을 공통 화제로 삼아보려고 했으며, 이는 한때 일본 지식인과 언론에 큰 흥미를 불러일으켰다. 그러나 이 화제는 근대성 이론의 틀 속으로 쉽게 환원되었으며, 중국 내지 동아시아의 역사 서술로서 그것은 효과적인 역사 서술의 윤곽을 찾지 못했다. 다른 한편으로 사실 지식계는 역사에 진입하기 전에 과도하게 무장하고 있었는데, 이는 역사적 특수성의 추상성에 대한 경계였다. 보편성의 서술은 지고무상의 정치적 올바름political correctness을 갖추고 있어서 역사적 특수성을 강조하기가 힘든 작업이다. 그것은 문화보수주의의 입장에서 스스로를 구별해내기 어렵기 때문이다. 문화본질주의는 언제나 덮어씌우기 좋은 구실인데, 그것이 문화보수주의를 억제할 수 있는지의 여부는의문이지만, 사상과 학술에서의 독창적 노력을 말살하기엔 충분했다. 특히 동아시아 지역의 지식인이 서구의 기정된 서술 영역을벗어난 곳에서 자기 역사의 효과적인 서술 방식을 찾으려면, 우선스스로가 "보수적인 문화본질주의자가 결코 아님"을 증명해야 했으며, 그렇지 않으면 폭력적인 무시에 직면하기 마련이었다.

　지식공동체가 중·일의 역사를 토론할 때 봉착했던 특정한 어려움은 상술한 지적 풍토와 기본적으로 관계가 있다. 그중 중일전쟁의 역사기억이 '자본주의의 전지구화'의 차원을 이용해 일반적인화제로 전환될 수 있는지의 여부가 하나의 충돌 지점을 구성했다.

이 점은 전후 서독 사학계에서 발생한 논쟁 상황과 모종의 유사성이 있다. 일본의 침략전쟁이 기타 사건과 비교해 논의될 수 없으며 그것이 모종의 특수성을 지녀서 단독으로 토론해야 한다면, 이런 특수성에 대한 고수는 장차 어떤 방향으로 뻗어나갈 것인가? 바꿔 말해서 이는 일본이 모종의 특수한 '본질주의'를 지녔음을 의미하지 않을까? 만약 그렇다면 이는 문화본질주의를 비판하는 입장과 어떤 관계를 맺을까? 만약 그렇지 않다면 이는 보편주의적 태도의 절대성을 유지하기 위해 객관적 결과에서 가장 골치 아픈 특수 문제들을 외면함으로써 일본사회에 전쟁 책임을 회피하는 풍조를 조장할 수 있음을 의미하지는 않을까?

지식공동체는 중·일 사회의 역사 분석과 전쟁기억에 대해 긴밀한 관계를 유지했기 때문에, 편리한 제약이 생겨나 참여자가 자유자재로 거침없이 화제를 고도로 추상화할 수 없게 만들었다. 우리의 지적 관습에서 이론은 통상 가장 부조리한 감정 문제, 특히 전쟁기억과 같은 화제를 회피할 수 있다. 반대로 감정 요소를 지닌 경험적 화제는 가장 직관적인 방식으로 스스로를 드러내게 된다. 지식공동체도 이 문제를 진정으로 해결하진 못했지만, 어디까지나 이 딜레마와 정면으로 부딪쳤다.

지식공동체의 활동이 일단락을 고한 후, 중국사회에서는 몇 차례의 반일 사건이 일어났다. 중국 지식계에 의해 자기 분석의 시야 밖으로 누락되는 바람에 오히려 간단히 동일시할 수 있는 이 중요한 사회현상은 에드워드 카가 일찍이 지적했던 국제정치학에 관한 다음의 기본 사실을 암시한다. 즉, 의욕이 생각을 앞서고, 개괄이 관찰을 능가하는 것은 초기 단계에 처한 학문의 징후다. 이 단계에서 사람들의 관심은 달성해야 할 목표 자체에 집중되며, 수단에 대한 분석과 비판은 유해무익한 행위로 간주된다. 목표 설정에서 정확한 현실 분석을 통해 효과적인 판단을 달성하는 정치적 절차를 배제했고, 이런 절차 위에 수립된 정치적 판단력을 갖추지 않았기 때문에, 우리는 중국사회에 나타난 반일 사건의 윤곽이 상당히 거칠고, 목표도 상대적으로 추상적임을 관찰할 수 있다. 몇 차례 반일 사건의 결코 연속되지 않은 '지속 상태'에서 우리는 의미심장한 진전을 관찰할 수 있다. 그것은 중국 시민의 정치참여 의식의 성장[4]을 암시한다. 그러나 전반적으로 말해서 대규모 운동의 형태로 나타나는 사회적 사건은 통상 고도의 자기통제 기술을 갖추기 어렵다. 따라서 사회적 사건 자체의 불완전한 부분을 지적하기보다는, 차라리 사회적 사건에서 동시대의 지적 풍토가 어떻게 사람들의 의식에 직간접적인 영향을 미치는지 효과적으로 관찰할 수 있다고 하는 편이 나을 것이다. 바꿔 말하면 어떤 사회적 사건이 자발적으로 일어났을 때, 그것은 당시의 사회·정치·경제 환경에 달려 있으며, 동시에 사회 정신생활 속에 이미 형성된 어떤 합의에 달려 있다. 이런 복잡한 사회적 조건은 사회적 사건에 종합적으로 투사될 수 있으며, 사회적 사건의 정치 성숙도를 좌우한다.

반드시 인정해야 할 기본 사실은 냉전이라는 구체적 역사 조건의 제약으로 인해 중·일 간의 전후 처리에서 가장 효과적인 시기를 놓쳐버렸다는 점이다. 일본이 미국의 조종하에 1951년 샌프란시스코에서 타이완과 일방적인 평화조약을 맺었을 때, 일본은 중국과 화해할 가장 좋은 시기를 놓쳤다. 이렇게 시간이 지연됨에 따라 중·일 간의 화해는 훨씬 많은 역사적 기능을 감당해야만 했다. 동시에 중·일 관계는 동아시아의 냉전구도에서 독립적으로 존재한 적이 없었기 때문에, 다시 말해 중·일 관계는 단순히 두 주권국가 간의 관계를 의미하지 않기 때문에, 지금도 여전히 미국에 아시아 최대이자 가장 중요한 군사기지를 제공하고 있는 일본은 중·일 관계에서 줄곧 미국의 통제를 받아왔다. 이 때문에 중·일 관계의 개선은 동아시아의 냉전구도 속에서 관찰하고 판단해야만 현실적인 겨냥성을 지닌다.

베를린 장벽 붕괴와 소련 해체로 상징되는 '탈냉전' 시기가 어물쩍 시작된 후, 이미 냉전의 역사적 사실에 관심을 갖는 이는 드물다. 국제정치학 분야에서 냉전에 관한 출중한 연구들이 갈수록 많이 나타나는 것을 볼 수 있지만, 이런 연구들은 아직 효과적인 사상의 수단을 통해 사회적 합의로 전환되지 못하고 있는 듯하다. 그리하여 개혁개방 후의 중국사회에서는 구체적인 사상적 상황으로 인해 중국 지식계의 친미 감각이 기본적인 공감대를 형성했고, 사회생활에서는 '반일친미'라는, 역사 상황에서 벗어난 정신구조가 특정한 역사 시기의 주요 인식 모델이 되었다. 문제는 반일과 반미를 결합시켜야 하는가 또는 중·일 관계의 어색함을 미국의 탓으로 돌려야 하는가에 있지 않다. 문제의 핵심은 중·일 관계라는 가장 절실한 화제를 토론할 때 표면적인 현상만을 단편적으로 논하거나, 추상적으로 전쟁 역사에 대해 도의적인 태도를 취하는 데 만족하지 않는다면, 우리의 분석이 역사에서 괴리된 채 논리에만 기대어 구축돼서는 안 된다는 데 있다.

중일전쟁 역사의 문제에서 감정기억에 관한 역사적 책임은 결코 가벼운 화제가 아니다. 상응하는 작업에 직접 참여하진 않았지만, 나는 줄곧 감정기억의 현장에서 분투하는 지식인들을 직접 또는 간접적으로 주목해왔다. 왕쉬안王選과 쑤즈량蘇智良 그리고 무수한 양식 있는 인사가 유혈이 낭자한 역사에 직면해 엄청난 심리적 충격을 견뎌내야 했다. 그들은 가장 힘겨운 방식으로 그 처참한 역사를 탐색하고 있으며, 우리 세대가 역사의 진상을 보존할 책임을 이행하고 있다. 나는 이런 작업에서 그들이 느꼈을 외로움과 트라우마를 상상할 수 있으며, 감정기억과 역사적 진실 사이에 복잡하게 뒤얽힌 연관성을 느낄 수 있다. 왕쉬안의 말을 빌리자면, 보고 나면 돌아설 수 없다! 중국어와 일본어로 작업하는 연구자로서 나는 내 방식으로 그들의 노력에 응답해야만 한다. 사상사 연구의 의의에서 이 시기의 역사를 어떻게 마주할 것인가?

그리하여 나는 당시 지식공동체의 기점으로 돌아가지 않을 수 없다. 우리가 대면해야 할 것이 민족국가의 서사라면, 우리는 어떻게 국가를 단위로 하는 역사적 특수성의 문제를 다룰 것이며, 나아가 이런 토론에서 어떻게 새로운 국제정치 관찰의 시야를 수립할 것인가? 제2차 세계대전이 끝난 후 반세기가 넘는 동안, 특히 경제세계화가 민족국가의 개방적 형태(많은 상황에서 이런 개방적 형태는 불합리한 패권관계에 수반되는 부득이한 결과임은 말하지 않아도 알 수 있다)를 조성한 뒤에는 고전적 의미에서의 국가 관념에도 변화가 일어나지 않을 수 없다. 사상 분석에서 국제정치의 시야는

'국가 간'이라는 직관적 의미에 착안점을 두어야 할 뿐 아니라, 새로운 관찰 시야를 제공해야 한다. 이 시야는 간단히 말해서 '문화 횡단적' 시야여야 한다. 특히 국가주권과 구별되는 의미에서 사상과 문화의 층위는 '국가연합체'와는 다른 입장을 찾아야 한다. 그러나 역사의 트라우마가 아직 아물지 않은 상황에서, 우리는 어떻게 중·일 간에 이처럼 국가를 절대 전제 및 귀결로 삼지 않는 출발점을 수립해 진실하게 문화횡단적 사상을 구축해나갈 것인가?

국가나 문화 간의 이해에 대해 통용되는 인식론은 주권국가를 기본 단위로 '대화'를 진행한다. 우리는 이미 이 방면의 대화가 결실을 낳기 시작하는 것을 보았다. 중국, 한국과 일본의 역사학자들이 공동으로 편찬한 삼국 역사교과서가 동시에 세 가지 언어로 출판된 것에서 이런 대화의 대표적 성과를 볼 수 있다. 그러나 이 경우에 국가적 시각의 '집합체'로 시야가 설정되다 보니 다음의 기본적 문제를 회피할 수 없다. 즉, 국가 간에 구체적인 사안을 놓고 대립이 발생했을 때(이런 대립은 보통 간단히 풀기 어렵다), 서로 다른 나라에 종속된 지식인들이 기본적 역사문제에 직면해 이런 대립에서 벗어날 수 없다면, 이런 경우에 지식의 입장에서 '타협'이란 보통 모종의 배반을 의미한다. 이 때문에 우리는 이런 '대화'에서 충돌은 사실 학자들 사이에 발생하는 것이 아니라 국가이익 간에 발생하는 것임을 관찰할 수 있다. 그러나 그것은 필연적으로 학자들에 의해 체현된다. 우리가 동아시아의 국제적 대화의 장에서 종종 볼 수 있는 학술 분야의 충돌은 지식론의 차이에 있는 것이 아니라 이런 주권국가의 시각 차이에서 오는 비타협성에 있다.

전지구화가 경제 분야에서 각 방면으로 끊임없이 확장될 때, 주권국가의 기능에도 변화가 생겼지만 그렇다고 쇠퇴하지는 않았다. 이와 관련된 어떤 문제들은 사실 지식계가 등한시함으로써 국제 학술계에서 국민국가와 민족주의의 이데올로기적 동일성에 대한 비판이 성행할 때까지 더욱 난감한 역사문제로 은폐되었다. 일본 학자 니시카와 나가오西川長夫는 최근 출간한 『신식민지주의론─글로벌화시대의 식민지주의를 묻는다新植民地主義論─グローバル化時代の植民地主義を問う』[5]에서 매우 곤란한 과제를 제기했다. 즉, 일본의 식민지 역사는 청산해야 하지만 전후 일본의 피식민 역사는 어떻게 청산해야 하느냐는 것이다. 니시카와 교수는 일본에서 국민국가 비판 이론의 열기를 불러일으킨 주요 학자로서 동아시아 전쟁사와 전후사에 직면하는 인식론 문제의 처리를 시도하고 있다. 만일 우리가 시점을 일본의 침략과 식민지 역사에 고정시킨다면, 일본에 지금까지 누적된 국민국가와 민족주의에 대한 비판은 효과적이다. 그러나 이런 비판을 진행하는 동시에 일본에 대한 미국의 '전후 식민'을 비판한다면, 특히 추상적으로 '탈식민'을 논하는 것이 아니라 원자폭탄 폭격에서 전후 점령까지의 과정에서 일본인이 겪은 고난에 적합한 역사적 위치를 찾는다면, 일본의 침략 역사와 국가 이데올로기에 대한 비판을 동시에 고수하는 것은 새로운 사상적 입장을 필요로 한다. 비판자가 단지 직관적으로 자신의 입장을 어떤 국민국가의 주권 층위에 설정한다면, 니시카와가 제기한 과제 앞에서 그는 미국을 동일시하거나 일본을 동일시할 수 있을 뿐이기 때문이다. 도쿄재판을 다루는 문제에서 일본의 진보적 지식인

은 줄곧 그중의 어떤 핵심 문제들을 언급하기를 피해왔는데, 이는 이 새로운 사상적 입장이 아직 형성되지 않았기 때문이다. 가령 미국이 도쿄재판에서 적나라하게 관철한 '미국의 국가이익'에 대해 비판한다면, 그것은 우익과 같은 일파라고 간주되지 않을까? 일본 우익은 도쿄재판에 대해 줄곧 단순하고 명쾌한 태도를 보였다. 그들은 일본의 국가이익을 고수해 미국과 영국이 주도한 도쿄 재판을 부정했던 것이다.

어떻게 이렇게 단순하고 직관적인 이원대립의 바깥에서 비판적 지식인의 사상적 입장을 수립할 것인가? 일부 학자들은 유토피아 식의 '세계주의' 담론으로 초월적인 사상적 입장을 수립하고자 했지만, 이런 노력은 도쿄재판과 같은 역사적 사건을 처리할 수 없으며, 아직까지도 효과적인 사상적 에너지를 제공하지 못했다. 어쩌면 이것이 바로 일본의 비판적 지식인이 줄곧 직면한 딜레마인지도 모른다. 니시카와 등의 학자들은 이미 분명히 다음과 같이 의식하고 있었다. 즉, 일본의 국민국가 이데올로기를 단지 단선적으로 비판하는 것은 그 시기의 역사를 효과적으로 처리할 수 없으며, 일본의 침략 역사는 이데올로기적 대상으로 단순화할 수 없다. 그렇지 않으면 그것은 진정으로 청산될 수 없다. 인류 역사상 가장 비통한 한 페이지를 이해하기 위해 지식인은 간단히 세계주의로 나아갈 것이 아니라 새롭고 효과적인 사상적 입장을 수립해야 한다.

지식공동체는 몇 차례의 토론을 통해 다른 측면에서 이 문제에 접근했다. 참여자들이 중국사회와 일본사회에서 전쟁에 관한 기억 및 전후 몇 세대가 전후 처리 문제에서 구체적으로 마주칠 딜 레마를 동일한 공간으로 가져오자 새로운 시각이 잠재적 가능성을 보이기 시작했다. 이는 곧 단수의 '국가적 전제前提'를 타파하고, 개인이 역사에서 책임을 지는 공통의 층위를 수립하는 것이다.

우리가 '일본'과 '중국'을 단지 주권국가의 대명사로만 간주할 때, 사실은 오히려 모든 개인이 시민으로서 져야 할 구체적 책임을 방치했다. 루쉰이 말한 것처럼 우리는 자기 머리카락을 위로 잡아당겨 지구에서 벗어날 수는 없다.[6] 오늘날 아무도 자신이 살고 있는 사회나 국가와 완전히 관계를 끊을 수는 없지만, 그렇다고 지식인이 국가의 대변인이 될 수 있음을 의미하는 것은 결코 아니다. 역사를 돌이켜보면 진보적이든 보수적이든, 아니면 반동적이든 지식인은 아무도 국가정치를 대표할 수 없다. 이는 눈 깜짝할 사이에 수없이 변화하는 국제정치 관계에서 국가이성은 최소의 손실로 최대의 수익을 내는 방안을 선택해야 하며, 끊임없는 조정 속에서 유연한 결단을 내려야 하기 때문이다.

이런 국가정치의 '결과 책임'(즉 운용 결과에 대한 책임)은 그것의 '비원리적 형태'를 초래했다. 원리주의fundamentalism의 이론적 입장과는 상대적인 의미에서 현실정치의 입장은 실용주의적이다(이런 실용주의에는 다양한 층위와 다른 성질의 형태가 있지만 그중에서도 상황 속에서 원리를 고수하는 가능성을 포함한다). 그러나 지식인들은 자기 사고의 일관성을 유지해야 하며, 간단한 실용주의적 태도를 취할 수 없다. 다만 이런 사고의 일관성은 한번 정해지면 고칠 줄 모르는 추상적 입장과는 다르며, 어떤 상황에서도 조정할 줄 모르는 원리주의와도 다르다. 오히려 그것은 구체적 상황에서 다양한 형태와 논점으로 나타날 수 있다. 그러나 현실정치의 목표와는 달리 지식인의 사상적 입장은 현실정치의 결과를 직접 겨냥하지 않는다. 그것은 통상 사고의 일관성이 원리에 대한 추구로 나타난다는 점에서 모종의 원리성을 지닌다. 지식인의 사상적 입장과 현실의 관계는 직접 현실에 개입하는 것이 아니라, 모종의 매개를 통해 전환되어야 한다. 또한 이런 전환은 지식인이 일방적으로 바라는 목표 설정에 복종하지 않는다. 예컨대 지식인은 인식론이나 이데올로기를 만들고, 나아가 각종 수단을 통해 그것을 사회의 공통된 인식으로 전환해서 사회에 어떤 변화를 발생시킨다. 그러나 이 과정은 통상 주체적인 개인 의지가 결정하는 것이 아니라 다양한 역학관계의 평형에 달려 있다. 이 때문에 어떤 사회에서 지식인이 맡은 역할은 지식인 스스로나 지식계가 결정할 수 있는 것이 아니며, 갑작스런 변화가 일어난 역사적 위기의 순간에서야 우리는 비로소 그 사회에서 지식인이 행할 수 있는 진정한 기능을 이해할 수 있다. 이런 역사적 전환의 결정적 순간 때문에 우리는 기존의 인지 모델에 대한 역사의 무정한 도태와 지식인에 대한 현실정치의 제약관계를 가장 쉽게 관찰할 수 있다.

이런 기본 사실들로 말미암아 지식인은 필요한 책임윤리 의식을 수립해야 한다. 그리고 바로 이 책임윤리[7]의 층위에서 문화횡단이 가능해진다.

지식공동체가 중·일 지식인 각자의 과제를 동일한 공간에 가져왔을 때, 이 층위는 그것의 존재 가능성을 암시했다. 중국 지식인과 일본 지식인에게 현대사의 과제는 상당히 커다란 차이를 보인다. 중국 지식인의 과제는 전쟁 피해국의 역사를 어떻게 계승할 것인가에 있으며, 여기에는 이 시기의 역사과정에서 주권국가의 형성과 타이완해협 양안에 존재하는 냉전구도의 구체적 형태 등과 같은 구체적 문제를 어떻게 논할 것인지가 포함된다. 이에 비해 일본 지식인에게 전후의 역사는 단지 전쟁 책임을 규명하는 문제가 아니라, 동아시아의 냉전구도에서 일본이 어떻게 스스로를 자리매김하는가의 문제와 관련된다. 이 때문에 국민국가 이데올로기에 대한 비판과 미국의 '식민정책'에 대한 비판은 동일한 시기의 역사에 대한 탐구를 구성한다.

지식공동체는 구체적인 시각을 진정으로 수립해 중·일 지식인의 서로 다른 사상적 관심을 하나의 총체로 묶을 수는 없었지만, 논란의 여지가 많은 의제들을 확실히 모두의 시야로 들어가게 했다. 예컨대 난징대학살과 히로시마 및 나가사키의 원폭 피해 경험, 야스쿠니 신사 문제와 비판적 지식인의 문화횡단적 협력 가능성이 그것이다. 훨씬 원리적인 층위에서, 예컨대 이론과 실천의 우선권 문제, 동아시아의 실체성과 이념성의 관계 등도 문제로서 토론의 범위에 들어갔다. 물론 건설적인 목표의 실현과는 거리가 멀었지만, 문제 제기와 논쟁의 방식에서 지식공동체는 이미 지식인이 국가를 대표해 발언한다는 틀을 타파하기 시작했으며, 사상과제를 공유하기 위한 가능성을 찾기 시작했다.

부인할 수 없는 사실은, 지금에 이르기까지 중국 지식인들은 일본의 비판적 지식인들이 자국에 대해 매섭게 비판하는 것을 비교

적 익숙하게 받아들인다는 점이다. 그러나 이 상황에서 이런 지식인들이 본국에서 어떤 처지에 있는지를 상상하는 사람은 사실 드물다. 우익 세력이 일본사회에서 여전히 강대한 힘을 지닐 때, 어떤 일본 지식인들은 전쟁 책임을 규명하기 위해 심지어 생명의 위험까지 무릅써야 한다. 이 때문에 어떻게 그들의 노력을 지지할 것인가는 매우 현실적인 과제가 된다. 동시에 나날이 복잡해지는 국제관계의 구도 속에서 일본의 정치는 거대한 변화를 보이고 있으며, 미·일 관계와 중·일 관계는 주권국가의 의미에서 끊임없이 조정되고 있다. 이는 양국 사회의 관계 조정과 결코 보조를 같이하지 않는다. 이런 상황에서 어떤 난감한 문제들은 중·일 지식인이나 세계 지식인들이 함께 마주해야 한다. 예컨대 일본의 개헌 문제가 그러하다. 헌법 제9조의 개정 가능성을 저지하기 위해 일본의 저명한 지식인 9명이 '9조의 회九條の會'를 발기해 일본사회에 지칠 줄 모르고 호소했다. 그러나 단지 일본 국내에서 제기된 이런 호소만으로는 끊임없이 가속화되는 일본과 미국의 군사동맹을 효과적으로 견제할 수 없다. 중국사회, 우선 중국의 지식인은 평화 수호의 의미에서 '9조의 회' 운동을 성원할 수 있는가? 이 문제는 사실 답을 찾기 어렵다. 국제관계를 개략적으로 다루는 데 익숙한 기존 인식론의 제약 아래, 우리는 사실 어떤 국제적 압력을 행사해야 일본의 양식 있는 사람들에게 부담 없는 도움을 줄 수 있을지 판단하기 어렵다. 나 역시 실제로 운동에 참여한 일본의 벗에게 동일한 문제에 대해 가르침을 청했지만 당혹스런 대답을 얻기는 마찬가지였다. 중·일 사회와 중·일 지식인 간에는 아직 효과적

으로 시행할 수 있는 협력 모델이 수립되지 않았으며, 우리는 어떤 국제적 성원과 압력이 서로 간에 현실적으로 효과를 볼 수 있는지 이해하지 못한다.

이와 상응해 소홀히 할 수 없는 중요한 현상이 있다. 중국 지식계가 막다른 골목으로 치닫는 중·일 관계를 타파하고자 할 때, 종종 사상자원의 빈곤으로 인해 어쩔 수 없이 한 층위에서 다른 층위로 건너뛰곤 한다. 즉, 극히 현실적인 분석에서 두루뭉술한 추상적 화제로 방향을 바꾸는 것이다. 『국화와 칼』은 이런 상황에서 만병통치약 같은 시각을 제공해, 수많은 구체적 사상과제를 '국민성'이라는 담론 속으로 어물쩍 환원시켰다. 이론과 실천의 이원대립은 우리의 사유를 극히 구체적인 단편적 논의에 머물게 하거나, 단번에 높은 곳에 군림하는 이론 개괄로 전환시킨다. 바로 이러한 지식 습관으로 인해 우리는 지금도 서로 뒤엉킨 중·일 관계에서 효과적인 생각의 갈래를 풀어내고, 전쟁 역사에 관한 토론을 건설적으로 추진하기 어렵다.

역사는 직선으로 나아간 적이 없으며, 정치도 논리의 산물이 아니다. 허나 지식인은 역사와 정치를 대면할 때 논리로 작업해야 한다. 어쩌면 오늘날에 이르러 카를 만하임이 당시 제기한 과제가 또다시 우리 눈앞에 놓여 있는지도 모른다. "갖가지 요인들로 인해 갈수록 많은 사람이 불가피하게 외부 사물에 대해 반성할 뿐만 아니라 사상 자체에 대해서도 반성하며, 심지어 여기서는 진리에 대한 반성도 상이한 관찰자의 눈에는 동일한 세계도 다르게 나타날 수 있다는 놀라운 사실에 대한 반성에는 미치지 못한다."[8]

지식 영역에는 '동일한 세계'가 존재할 수 없다 하더라도, 현실이 이론에 여과된 후 아직 인지되지 않은 중요한 내용이 대량으로 손실되었다 하더라도, 우리에겐 여전히 지식생산이 임의적이고 직관적인 상황에서 진행될 수 있다고 여길 권리가 없다. 바로 '족쇄와 수갑을 차고 춤을 추지' 않을 수 없을 때 지식의 진리성은 한층 고문당할 수 있으며, 문화횡단적 영역의 지식생산은 더 많은 시련에 직면하게 된다. 이는 지식공동체의 초보적인 탐색에 길고 험난한 길이 놓여 있음을 의미하는 것이기도 했다. 그것이 어떤 상황에서 어떤 방식으로 지속되고 재생될지는 지식사회에서 뜻을 같이하는 자들의 노력에 달려 있으나, 이는 우리가 추진했던 제한적인 운동의 적재능력을 이미 초과하는 것이었다.

일본을 관찰하는 시각[9]

중국인이 어떻게 일본을 관찰하는가는 결코 토론이 필요 없는 문제가 아니다. 게다가 가장 난감한 문제는 주객과 완급의 구별이 있더라도, 시각의 설정은 복수적이며 단수적일 수 없다는 데 있다. 특히 역사가 격렬히 변동하는 시대에는 그 어떤 시각도 독보적인 위치를 차지하거나 천하를 호령할 수 없다.

시각의 차이는 완전히 다른 관찰 결과를 가져올 수 있다. 이는 무의식적으로 어떤 시각에 종속될 때, 그것이 드러내는 내용들은 강조하고 그것이 은폐하는 부분은 소홀히 할 수 있기 때문이다.

만능적인 시각은 없으며 역사가 변화함에 따라 시각도 변화하기 마련이다. 문제는 우리가 이 모든 것을 감지할 수 있느냐에 있다.

난징대학살, 야스쿠니 신사참배, 세균전, 위안부 문제. 피로 물든 이런 시각들은 지금까지도 우리를 전율케 한다. 나는 운이 좋게 왕쉬안王選을 알게 되어 그녀의 경험을 직접 듣고, 힘겹고도 외로운 그녀의 노력을 이해하게 되었다. 그녀는 내게 전쟁의 트라우마는 영원히 화해로 지워질 수 없다는 무거운 이치를 일깨워주었다. 그렇다고 증오가 역사를 감당할 수 있다는 뜻은 아니다. 화해와 증오가 역사에서 자리를 찾을 수는 있으나, 그것들은 역사로 통하는 경로가 아니다.

중국인을 가장 견딜 수 없게 만드는 것은 난징대학살과 야스쿠니 신사참배라는 두 가지 사건일 것이다. 두 사건은 자체의 내용을 초과하는 상징성을 지탱한다는 동일한 특징을 지니고 있기 때문에, 종종 세균전이나 위안부 문제처럼 똑같이 무거운 역사적 사건의 위에 놓이고, 중·일 양국 간의 논쟁적 사건으로 간주된다. 사회 여론이 이런 상징적 사건에 집중될 때, 충돌의 백열화는 불가피하다. 결과적으로 보면 이런 백열화한 충돌은 역사에 대한 망각을 거부하는 동력을 제공해, 양식 있는 사람이 역사적 진상의 힘겨운 투쟁 속에서 필요한 사회 여론의 지지를 쉽게 얻도록 할 수 있다.

그러나 이와 동시에 우리는 문제의 또 다른 측면을 보지 않을 수 없다. 즉, 사회 여론이 이러한 상징적인 역사적 사건에 집중되었을 때, 때로는 그 상징성에 지나치게 주목한 나머지 역사성을 소홀히 할 수 있다는 점이다. 이런 상황에서 논쟁의 초점은 인식과 분석의 구체적 대상이 아니라, 관찰자 자신의 태도와 입장이다. 일본사회에는 침략전쟁을 미화하고 전쟁의 모든 범죄 사실을 부정하는 우익의 경향이 줄곧 존재했기 때문에 태도와 입장 문제가 매우 현실적인 기능을 지니게 되었다. 대개의 경우에 역사 분석의 목표는 일본 우익의 황당무계한 논리를 반박하기 위한 것이었으며, 이 반박은 자연스레 명확한 입장을 필요로 했다. 난징대학살의 숫자 문제와 야스쿠니 신사의 성격 문제에 관한 토론이 이처럼 중요한 연쇄반응을 일으키는 까닭은 우선 그것들이 이러한 성격을 지니고 있기 때문이다. 그러나 우리가 역사적 사건의 상징성에 대한 추구 자체가 지닌 한계를 또렷이 파악하지 못한다면, 단순화된 입장 분석의 안목이 진정한 역사 분석을 대체해서 장차 역사를 잃어버릴 가능성에 직면하게 될 것이다. 사실상 우리는 '반일' 사조가 잠시 수그러들 때면 종종 깊이 생각하게 만드는 현상을 관찰할 수 있다. 즉, 중대한 역사적 사건의 상징적 의미에 집중되었던 사회 여론이 필연적으로 최전선에서 역사의 진상을 추적하기 위해 분투하는 양식 있는 사람들을 전 사회가 성원하도록 이끌기는커녕, 오히려 사회 여론에 의해 잊혀가게 만든다는 것이다. 사람들은 종종 상징으로서의 역사적 사건은 명사적이지만, 역사로서의 역사적 사건은 동사적이라는 기본적인 사실을 간과한다. 사람들이 명사적인 결론에 만족할 때, 동사로서 끊임없이 유동하는 역사는 고요히 변화하고 있다. 끊임없이 변화하는 소용돌이의 중심에 처한 사람들에게 필요한 것은 마찬가지로 동태적인 지지다. 그러나 결론을 위해 서로 자기 의견을 고집할 때, 우리는 이러한 지지를 나타내기 어렵다.

역사 분석을 확립하기 위해서는 주체의 목적의식을 수립해야 한다. 이는 격렬히 충돌하는 역사 앞에서 현상을 추인하는 역사결정론의 태도를 취하는 것을 피할 수 있기 때문이다. 그러나 이런 목적의식은 단순히 현실적 정치 태도 및 입장과 동일시될 수 없다. 반대로 그것은 역사시각이 끊임없이 휘몰아치는 현실정치의 소용돌이 속에서 자신의 '사정거리'를 유지할 것을 요구한다. 바로 이렇기 때문에 역사적 진상에 대한 규명이 반드시 정치투쟁과 완전히 보조를 같이하는 것은 아니다. 그것의 주체적 목적의식은 직접 자아실현을 추구하는 데 있지 않으며(이 가정은 허위적이기 때문이다), 종종 역사적 장場에서의 구조적 역학관계에 대한 물음으로 체현된다. 왜냐하면 역사는 이제껏 그 어떤 주체에도 호의를 베풀 줄 모르고 주체가 자아의지를 실현하고자 한다면 반드시 역사라는 역학의 장에서 단련을 받아야 하지만, 설령 그렇다 하더라도 주체의 자아실현은 여전히 부분적이며 미리 가정한 목표와 거리가 있을 수 있기 때문이다.

현재 갈수록 많은 사람이 중·일 관계에 주목하고 있으며, 관련된 역사적 사건에 대한 일본 비판적 지식인들의 연구, 특히 최근 몇 년간 야스쿠니 신사에 관한 뛰어난 연구가 중국사회에 소개됨에 따라, 우리는 일본에 관한 초보적 지식을 얻게 되었다. 중국인이 일본에 대한 감각을 형성하는 데 이런 지식이 미치는 영향은 중요하다. 특히 그것들이 지니는 비판적 성격으로 인해 중국 지식계는 일본에 대한 단일한 상상을 비교적 쉽게 타파하게 되었고, 일본 내부의 비판적 지식인들에 대해 모종의 동일시 현상을 보이게 되었다. 효과적인 역사 분석을 위해 이는 아주 중요한 단계일지도 모른다. 사실상 이 단계는 지금 일어나고 있으며, 우리가 해야 할 질문은 다음 단계, 즉 우리는 어디로 나아가야 하는가다.

이와나미서점巖波書店에서 출판한 임시 증보판 『세카이世界』를 펼쳐보자. 2008년 1월 1일자에 게재된 「오키나와 전투와 '집단자결'—무엇이 일어났고 무엇을 전달하나」는 다음의 긴박한 소식을 전하고 있다. 즉, 오늘날의 일본에 있어서 코앞에 닥친 역사와 현실 문제는 오키나와에 집중되었다!

중국의 언론은 사실 이와 관련된 소식을 이미 보도한 바 있다. 즉, 2007년 3월 30일 일본 문부과학성이 역사교과서 심의 결과를 공포했는데, 태평양전쟁 중의 오키나와 전투 후반 미군이 막 상륙할 무렵에 오키나와 민중이 일본 군대로부터 '집단자결'을 강요받았다는 내용에서 "일본군이 강요했다"는 부분을 삭제하고, 이 놀라운 사건을 오키나와 사람들이 순국을 위해 자원해서 자살을 선택했다고 수정한 것이다. 이러한 행위는 오키나와 민중의 공분을 불러일으켰다. 2007년 9월 29일 오키나와에서 11만 명이 군중집회에 참가해 이에 항의하며 문부과학성에 심의 결과를 철회할 것을 요구했다. 문부과학성은 압력에 못 이겨 어쩔 수 없이 집단자결의 강제성을 인정하며 '가치중립'적 태도를 취했다. 즉, 심사를 의뢰한 출판사가 해당 원고의 철회를 요구한다면 원래의 표현을 유지할 수 있다는 것이었다.

이와 관련해 실은 이미 2년 전에 똑같은 문제를 둘러싸고 오사카 법원에 한 건의 소송이 수리되었다. 원고는 오키나와 전투에서 해상 정진대挺進隊 제1대장이었던 우메자와梅澤와 이미 작고한 제3대장 아카마쓰赤松의 동생이었고,[10] 피고는 이와나미서점과 오에 겐자부로大江健三郎였다. 이와나미서점은 1968년 이에나가 사부로家永三郎의 『태평양전쟁太平洋戰爭』을 출판했고, 1965년에는 나카노 요시오中野好夫·아라사키 모리테루新崎盛暉의 『오키나와 문제 20년沖繩問題二十年』을, 1970년에는 오에 겐자부로의 『오키나와 노트沖繩ノート』[11]를 출판했다. 원고는 오에의 『오키나와 노트』가 오키나와 민중의 '집단자결'에 관한 강제성을 기재해 명예를 훼손했다는 이유로, 피고에게 출판 정지와 공개 사과 및 정신적 피해 보상금 지급 등을 요구했다. 실제로 이 소송은 암암리에 어떤 전환을 완성했다. 즉, 일본이라는 국가가 통솔한 군대가 전시에 행했던 가해 행위를 개인의 명예 문제로 전환한 것이다. 그리하여 초점을 어떤 부대장이 당시 민중에게 집단으로 자살하라는 명령을 진짜로 내렸는가라는 극히 제한된 개인의 층위에 모았다. 이로 인해 대립하는 쌍방은 당연히 표면적인 현상만을 단편적으로 논하며 법정 공방을 펼치지 않을 수 없었다. 그러나 이 사건은 동시에 또 다른 인식론적 층위를 드러냈다.

민사소송을 이용해 사상과 정치투쟁을 전개하는 것은 일본사회에서 통용되는 일종의 방식이다. 각 정치 세력은 의식적으로 그것을 이용해 자신의 정치 목표를 실현한다. 신역사교과서편찬회가 그들의 '자유주의 사관'에 기초한 교과서를 출판하고 이를 학교 교육에 시행하려고 한 뒤로 일본의 진보 세력은 줄곧 갖가지 방식을 동원해 역사적 사실을 왜곡하려는 기도를 저지해왔는데, 그 방식 중 하나가 민사소송의 형식으로 항의하고 저지하는 것이었다. 고이즈미 준이치로小泉純一郎 총리가 야스쿠니 신사를 참배한 행위도 헌법을 위배했기 때문에 수차례 법정에 고소되었다. 난징대학살과 관련한 아즈마 시로東史郎 사건 때에도 처음에는 민사소송의 방식으로 표출되었다. 정치와 사상의 문제도 대개 민사소송의 방식으로 표출되며, 그것의 함의는 이미 민법 자체가 담당하는 범위를 훨씬 뛰어넘었다. 이 때문에 법정 증거와 변론은 매우 강렬한 공공정치의 색채를 띠게 되었다. 오에 겐자부로와 같은 공공 지식인이 법정에 나타났을 때, 그의 법정 진술이 사실상 일종의 연설이 되는 것은 실로 당연한 일이었다.

2년 동안 지속된 이 소송은 2007년 11월에 또 한 차례 개정開廷해 원고와 피고를 신문했다. 오에는 법정 진술에서 자신의 『오키나와 노트』에는 세 가지 주요 모티프가 포함된다고 표명했다. 첫째, 그는 일본이 근대 이후에 오키나와를 자국의 체제에 편입시키기 위해 황민화皇民化 교육을 진행했던 과정에 대해 자신이 이해하는 바를 일본사회를 향해 보고했으며, 이는 오키나와의 비극이라고 인식했다. 둘째, 1970년대 초 그는 오키나와가 미국에 점령된 상태에서 일본에 반환되었을 때, 대규모 미군 군사기지의 존속을 계속 감수해야 할 것이라고 예견했다. 셋째, 일본인은 본토의 번영과 평화가 오키나와가 치른 거대한 희생의 대가임을 인식하지 못한다고 했다. 그는 가슴에 손을 얹고 이렇게 자문했다. "나는 자신을 변화시켜 지금의 이러한 일본인과는 다른 일본인이 될 수 있는가?"

법정에서 구체적 인간사의 다툼에 관해 언급하는 문제와는 달리, 오에 겐자부로는 법정에서 개인적 명예훼손의 층위를 뛰어넘는 중대한 정치문제를 진술했다. 12월에 변론이 종결되고 2008년 3월에 판결을 선고한 이 소송 사건은 사실 오에가 제기한 문제를 포괄하기엔 한참 부족하다. 그것은 중대한 역사적 맥락을 지닌 사건을 구체적인 군인이 당시 강제 자살명령을 내렸는지의 문제로 슬쩍 바꿔놓았기 때문이다. 오에와 이와나미서점이 판결 선고에서 승소를 이끌어냈다 하더라도 슬쩍 바뀌어버린 문제가 해결되었음을 의미하지는 않는다. 사카모토 요시카즈坂本義和가 같은 호의 『세카이』 임시 증보판에서 쓴 것처럼, "오키나와에서 발생한 집단자결에서 과연 일본 군대의 강제와 명령이 있었는가? 나는 신문과 텔레비전에서 이런 설문을 퍼뜨리는 것을 접할 때마다 늘 이런 생각을 금치 못한다. '또 문제를 왜곡하고 축소하기 시작하는구나!' 왜냐하면 이 설문 자체에 문제가 있기 때문이다". 사카모토는 오키나와 사람들은 자신의 고향이 전쟁터로 변하는 것을 원치 않았고, 태평양전쟁에 말려들기를 바라지도 않았으며, 그들의 '집단자살'을 포함해 전쟁의 전 과정이 도쿄를 중심으로 하는 일본 군대가 강제한 결과였음을 지적했다. 이런 강제는 오키나와에 국한된 것이 아니라 일본 본토도 마찬가지였다. 사카모토 본인도 당시에 그와 같은 '자결 준비'의 '강제적 내면화' 과정을 겪었다. 사카모토는 다음과 같이 예리하게 지적했다. "당시의 일본은 '강제'와 '자발성'의 구별을 허락하지 않는, 심지어 그것들 간의 경계조차 지워버리려고 한 나라였다."

사건과 인물의 개별 사례 속의 구체적 증언, 특히 사실과 차이가 있는 증언을 이용해 총체적 역사 사건 내지 역사적 사회구조의 기본 특징을 부정하는 것은 일본 보수 세력과 우익의 상투적인 수법이다. 현실의 층위에서 유력한 증언을 발굴하는 것은 여전히 필요한 투쟁 전략이다. 오키나와 민중 가운데 당시 참극을 직접 겪은 노인들도 오랫동안 지켜왔던 침묵을 깨고 꿋꿋하게 나서서 본래 저세상까지 가져가려 했던 증언을 제공했다. 이 과정에서 동아시아 피해국에서 발생한 위안부 및 세균전 피해자가 증언을 하는 힘겨운 장면이 또 한 차례 재연되었다. 『세카이』 증보판에 실린 그 증인들의 사진을 보며 나는 다시 한번 가슴을 쥐어뜯는 아픔을 느꼈다.

오키나와는 유일하게 진정으로 '죽은 자의 평등'에 대한 믿음을 실천한 곳이다. 이런 믿음을 표명하고도 천황에게 충성을 다했는가에 따라 죽은 자를 취사선택했던 야스쿠니 신사와는 달리, 오키나와 주민들은 적어도 오키나와인과 본토 일본인, 일본 군대와 미국 군대를 평등하게 추모하는 '평화기념공원'을 용인했다. 그러나 이러한 관용이 무원칙적인 순종을 의미하는 것은 아니다. 오키나와 사람들이 집결해 역사를 왜곡하는 '황민화' 서술에 반대할 때, 그들은 일본 내부에서 항쟁을 진행한다기보다는 일본의 전쟁 책임을 규명하는 동아시아 지역의 유기적인 구성 부분을 형성한다고 할 것이다.

문제는 여기서 끝나지 않는다. 오에와 사카모토가 자성의 태도로 그들의 문제를 추진할 때, 태평양전쟁 말기에 오키나와의 무고한 주민들이 집단자살한 문제는 일본사회의 다른 문제들과 관련되었다. 위안부 문제와 세균전 문제, 교과서 문제 등이 오키나와라는 시각 속에서 새로운 형태를 획득했을 뿐만 아니라, 난징대학살과 야스쿠니 신사참배라는 두 가지 상징적 사건의 이면에 숨겨진 일본사회의 정치구조에 관한 문제도 오키나와 사건으로 인해무대 앞쪽으로 끌려나왔다. 더욱 중요한 것은 피해 국가의 국민으로서 우리 중국인이 오키나와 민중의 저항운동에 대체 어떻게 반응해야 하며, 나아가 우리는 '일본'을 과연 어떻게 보아야 할 것인가도 문제가 되었다는 점이다.

일본의 적지 않은 양식 있는 사람들은 오키나와 민중의 집단자살이 강요된 것인가에 관한 기존 논쟁의 배후에는 다음과 같은 위험한 흐름이 숨어 있다고 지적한다. 즉, 일본의 방위청防衛廳이 방위성防衛省으로 승격되고, 현행 일본 헌법 가운데 '평화헌법'의 기조를정하는 '영원히 군대를 보유하지 않고 영원히 전쟁을 포기한다'는내용의 제9조가 장차 폐지될 것이며, 일본은 미국의 국제적인 군사공범이 될 것이다. 이런 우려는 절대로 근거 없는 것이 아니다. 얼마전 일본 내각은 '자위대 해외 원유수송 신법안'을 통과시키기 위해,야당이 다수를 차지한 참의원에서 이미 해당 제안이 부결된 상황에서도 재차 임시국회 연장을 불사했으며, 중의원에서 집권당이 다수 의석을 차지한다는 점을 이용해 참의원의 결의를 부정하는 특별수단을 발동했다. 이는 1960년의 안보운동 때 기시 노부스케岸信介

내각이 미·일 신안보조약 및 부속 약관의 통과를 강행했던 행태를 연상시킨다. 『마이니치신문每日新聞』은 2007년 9월과 10월, 12월에 각각 일본인을 대상으로 일본 해상자위대가 11월 원유수송 기한이 끝난 후에도 다시 차기 원유수송 임무를 시행해야 하는가에 대해 전국적인 전화 여론조사를 실시했다. 여론조사는 민심이 다수 찬성에서 다수 반대로 바뀌었음을 보여주었다. 그러나 이와 동시에 우리는 평화를 요구하는 민심을 거스르며 일본 내각이 해상 원유수송대를 파견하는 등의 문제에서 국회에 그 어떤 토론의 공간도 내주지 않는 것을 보았다. 『아사히신문朝日新聞』이 2008년 1월 11일자의 사설 「궁지에 몰린 '3분의 2' 결의」에서 지적한 것처럼, "재투표 통과는 정치 대립이 해결될 수 없을 때를 위해 헌법에 예비해둔 비상 수단이다. 이 권리를 행사하려면 입법 단위가 합의에 도달하기 위해 최대한도의 노력을 행할 것과 유권자의 이해가 필수적이다. 참의원의 의지를 부정하기 위해서는 정치적 타당성을 갖추어야 한다". 이는 곧 헌법에서 규정한 비상 수단의 도움을 받아 결의의 통과를 추진하고, 특히 이 결의가 유권자의 의지에 위배되어 한 차례 부결되었을 때, 의회는 진정한 민주 절차를 이행해야 한다는 말이다. 그러나 결정적 순간에 오늘날의 일본 집권당은 결코 그렇게 행하지 않았으며, 그것이 구현한 의회정치는 '설득의 정치'가 아니라 '비상 수단의 정치'임을 알 수 있다.

이런 상황 아래 오키나와 민중의 저항운동은 더 이상 교과서 개정에 대한 항의만을 의미하지 않는다. 사실상 오키나와의 사회적 여론에서 그것은 일련의 사건과 연관되어 인식된다. 그중 1990

년대 중반에 발생한 미군 사병의 오키나와 소녀 성폭력 사건, 오키나와 미군기지 철수 요구와 이와 관련된 일본 정부에 대한 항의는 미국과 일본 정부의 공모에 항의했을 뿐 아니라, 이 항의를 통해 세계평화를 위해 참된 공헌을 했다. 오키나와의 헤노코邊野古 일대에는 미군기지 이전 계획에 대한 항쟁이 힘겹게 지속되고 있으나, 일본 정부와 오키나와현 정부의 유화 내지 공모 정책, 자금 원조의 유혹과 자위대의 위협은 오키나와 민중에게 내부의 분열과 대립을 조성하는 동시에 미군기지 반대운동의 난이도를 강화했다. 한국에서 발생한 미군기지 반대운동과 마찬가지로 이 저항은 한편으로 본국 정부에 대한 대항을 의미하므로 장차 정치적 압력을 초래할 것이다. 동시에 이는 해당 지역의 민중이 이미 기지를 생계수단으로 삼고 있는 '기지경제基地經濟'의 와해 가능성을 의미한다. 대조적으로 후자는 기지저항운동의 내적 딜레마를 형성한다.

헌법 제9조를 수호하려는 일본 본토의 사회운동과 상응해, 오키나와의 교과서 개정 항의와 미군기지 반대운동은 일본사회에서 부침을 거듭하는 사회 상황이다. 이와 동시에 중국사회의 상황과 유사한 것은 대중문화가 일본사회에 대규모의 '정치적 무관심 증후군'을 조성하고 있다는 점이다. 훨씬 많은 사람이 자신의 생계와 일상적인 향락에만 관심을 갖는다. 그들은 국가정치와 세계평화에 대해 강 건너 불구경하는 듯한 태도를 취하며, 신변에서 일어난 사건에 함축된 정치성에 대해 필요한 민감도가 결여되어 있다. 이런 사회집단은 현실정치를 추인하는 보수성을 가장 강하게 지닌다. 이는 바로 일본 내각이 끊임없이 보수주의 노선을 추진할 수 있는 사회적 기초이기도 하다.

많은 상황에서 우리는 이미 '민중'이라는 단어를 사용해 사회생활의 주체를 포괄적으로 지칭할 수 없다. 우리가 '국가'를 고정불변의 실체로 볼 수 없는 것처럼 그것은 정태적인 통일체가 아니다. 그것은 격렬한 분화로 인해 상호 대립적인 역학관계를 포함하며, 따라서 끊임없이 부침하는 동태적 평형을 이룬다. 바로 이와 같기 때문에 우리는 오키나와를 쇳덩어리처럼 단단히 뭉쳐서 나눌 수 없는 것으로 볼 수 없으며, 일본을 단순히 통합된 대상으로 볼 수도 없다. 더 나아가 말하자면 오직 주권국가의 의미에서만 우리는 보통시민으로서 일본의 밖에 있고 중국의 안에 있지만, 전쟁 역사의 진상을 규명하고 세계평화를 수호할 때 주권국가를 유일한 기준으로 삼아 자아와 타자를 구분하는 것은 종종 문제의 본질을 은폐하기 마련이다. 극단적인 가정을 예로 든다면(물론 이것이 가정일 뿐이기를 바란다), 우리는 '일본의 내부 일'이라는 이유로 오키나와에서 지금 벌어지고 있는 모든 일을 강 건너 불구경하듯이 대해도 되는 것일까? 미국의 항공모함이 일본의 자위대(軍)와 연합해 우리 대문 앞까지 쳐들어와야 비로소 오키나와인의 항쟁이 우리와 전혀 관계없지 않다는 사실을 깨달을 수 있을까?

물론 이런 극단적인 예는 문제의 본질을 설명하지 못한다. 문제의 본질은 우리가 어물쩍 '민족주의 비판'의 방식으로 은폐한 데 있으니, 이는 바로 개인과 국가의 관계다. 이 문제에 관해서는 국제정치학 분야에 이미 상당히 축적되었으며, 고전적 논술에 힘입어 우리는 다음과 같은 기본 사실을 이해할 수 있다. 국가가 가설적 의미에서 인격화되고 이로써 국제적 도의가 이 가설적 전제 아래 성립할 수 있을 때, 실제 존재로서 개인이 신봉하는 도의 원칙은 국가의 도의 원칙으로 직접 전화될 수 없다. 이런 의미에서 개인은 국가를 직접 대표할 수 없을 뿐 아니라 개인 윤리적 의미에서의 '악'은 많은 경우에 국가적 도의의 의미에서 '선'으로 전화될수 있다. 오늘날 초국가적 연합(이런 연합이 반드시 대등한 것은 아니며, 반드시 윤리적 의미에서의 '선'을 의미하지도 않지만)이 각종 층위에서 추진될 때, '국가주권' 등의 문제는 주변화되지 않는다. '초국가'는 여전히 '국가'를 단위로 삼기 때문이다. 우리가 지속적으로 궁구해야 하는 문제는, 이런 상황에서 개인의 도의적 선택이 과연어떻게 국가의 도의적 선택과 진실한 관계를 수립함으로써 그것으로 하여금 국제정치적 의미에서의 정당성을 지니게 할 것인가에 있다.

일본의 민주화 과정은 민주화의 절차만으로는 필연적으로 민주화의 내용을 갖출 수 없다는 사실을 알려준다. 정치권력과 유권자의 사회적 압력이 고도로 분리된 상태에서는, 아무리 국회 내부의 논쟁이 유권자의 목소리를 대표한다거나 고도로 투명한 여론이 자유롭게 비판한다고 해도, 결정적 순간의 결단이 반드시 민주적이지는 않으며 반드시 민심을 대표하는 것도 아니다. 앞서 언급한 해외 원유수송 법안에 관한 일본 국회의 사례는 오늘날 민주제도가 봉착한 딜레마를 암시하는 바가 크다. 이에 비춰보건대 우리는 일반적인 의미에서만 민주를 논해서는 안 되며, "민주적 절차만 있으면 모든 문제를 해결할 수 있다"는 환상에 희망을 걸어서도 안 된다. 훨씬 긴박한 문제는 국민의 의지가 국가정책 결정에 진정으로 영향을 줄 수 없을 때, 국가의 도의 원칙을 어떻게 구상할 것이며, 국민과 국가 간의 도의적 연관성을 어떻게 사고할 것인가에 있다. 바꿔 말해서 오키나와 민중이 개인으로 집결해 항의할 때, 우리가 그로부터 배울 수 있는 것은 단지 역사교과서 개정 반대와 같은 사상과제뿐만 아니라 국가의 도의에 대한 국민의 자기 해석과 고수일 것이다.

오키나와 민중 사이에 '일본'이라는 국가에 대한 해석이 다양하고 복잡한 것은 분명하다. 그러나 현대사에서 오키나와가 불평등한 대우를 받았다는 점에서는 의견에 큰 차이가 없다. 결론적으로 불평등을 만든 원흉은 제2차 세계대전 시기의 일본 정부 그리고 일본 정부가 전후에 신봉한 미국 추수追隨 정책이다. 집단자결에 대한 불공정한 기록과 미군기지에 대한 전폭적인 지지는 서로 표리를 이룬다. 오키나와인의 도의감각은 그들의 생활감각과 관계있으며, 그들의 특정한 처지와 관계있다. 미군기지가 오키나와 경제의 버팀목 역할을 하는 이 왜곡된 현실은 오늘날 국제 경제정치의 구도에서 이미 오키나와로 하여금 특정한 '아시아 성격'을 지니게 했다. 미군기지에 대한 오키나와의 항쟁은 아시아 내지 세계에서의 미국의 군사패권에 대한 항쟁을 직접적으로 의미할 뿐만 아니라, 동시에 기존의 '기지경제' 모델 탐색을 타파함과 아울러 보장 없는 경제발전 가능성을 타파함을 의미한다. 기지경제 이외에 오키나와의 경제구조는 기본적으로 파괴되었으며, 오키나와에 진입한 일본 무역 시스템은 단지 오키나와의 공간을 이용해 얻은 이익을 본토로 옮겨갈 뿐이다. 이 때문에 오키나와인이 기지경제를 타파한다는 것은 가장 믿을 만한 경제 원천을 잃어버리고 보장 없는 생산과 생활 방식을 탐색해야 함을 의미한다. 바로 이런 의미에서 오키나와인의 기지 반대운동은 도의적 성격을 지니며, 그들의 이런 도의감각은 아시아의 도의감각을 대표하는 것이자 동시대사의 추진 상태를 구현한다. 나아가 본토 일본인이 오키나와 저항운동을 지지하는 과정에서 일본사회의 도의감각도 새롭게 조성되고 있다.

제2차 세계대전 이후 독일의 지식인들은 자신들이 어떻게 나치에 협력하게 되었는지 총정리하면서 상당히 통찰력 있게 개괄한 바 있다. 즉, 파시즘의 진행 상태는 단번에 이루어지는 것이 아니라, 점진적이고 눈에 띄지 않으며, 때로는 설득력 있는 자기반성과 수정을 수반하거나 우회적으로 추진된다는 것이다. 이는 농부가 매일 밭에 나가 농작물을 돌보는 일과 같은데, 농부는 전날과 별 차이가 없는 대상을 매일 보기 때문에 작물의 성장을 의식하지 못하다가 어느 날 아침 문득 농작물이 이미 자신의 키보다 크게 자랐음을 깨닫게 된다. 자신과 상관없는 일에는 전혀 관심을 두지 않는 의식은 그 당시 독일의 저항 세력을 각자 자기 집 앞에 쌓인 눈만 치우는 단절 상태로 분산시켰다. 재난이 자신에게 들이 닥쳤을 때에야 비로소 각자 저항을 시작했으나, 사태는 이미 손을 쓸 수 없는 지경으로 발전한 뒤였다. 독일의 저항 세력은 제2차 세계대전 후 이 시기의 역사를 돌이켜보면서, 진정한 저항은 사물이 종결되었을 때가 아니라 반드시 발단 지점에서 시작해야 함을 깨달았다!

우리는 바로 이런 상황에 직면해 있다. 지금의 중국 및 중·일 관계의 과제는 당시 독일 진보 세력의 과제와 같지 않지만, 인식론에서 말하자면 우리는 독일 지식인의 전철을 다시 밟을 가능성이 아주 크다. 발단 지점에서 사물을 인식하고, 사태가 진행하는 과정에서 그것을 식별하며, 정태적이지 않은 눈으로 역사를 관찰하는 것, 이는 우리가 정태적인 결론을 맹종할 것이 아니라, 반드시 동태적인 분석 습관을 배워야 함을 의미한다. 이 때문에 중일전쟁의 역사 토론을 어디서부터 시작해야 하는지에 대한 인식론적 과제가 반드시 먼저 우리의 시야 속에 들어와야 한다. 전체 여론계가 깊이 고려하지 않고 일본을 완전히 외재적 대상으로 보면서 문제를 야스쿠니 신사와 난징대학살 사건에 상징적으로 귀결시킬 때, 우리는 예컨대 오늘날 오키나와에서 벌어지는 투쟁과 같은 중요한 다른 사물을 간과하고 있는지도 모른다. 더욱 중요한 것은 우리가 어떤 고정된 이미지만을 역사 토론의 화제로 삼는다면, 살아 있는 역사는 우리의 어깨를 스치고 지나갈 것이라는 점이다. 당대 역사에서 우리 모든 개인의 역사적 기능은 간접적이며, 이런 간접성은 수많은 착각을 만들어 자신이 역사 속에 있다고 느끼게 만든다. 사실 일본의 '오키나와' 사건이 진행되고 있을 때, 중·일 관계의 장래에 관한 일부 기조도 살포시 조정되고 있을지 모른다. 단지 자신의 이데올로기적 상상에만 집착할 때, 우리는 그것을 포착할 기회를 놓치고 있는지도 모른다. 이에 따라 우리는 자신을 역사 밖에 두지 않을 수 없으며, 우리의 사고도 그로 인해 역사성을 잃어버릴 수 있다.

아시아의 보편성 상상과
중국의 정치 서사[12]

파사 차터지Partha Chatterjee 교수는 중국 지식계에 이미 영향을 끼치기 시작했다. 이는 상당히 의미 깊은 일이다. 이미 출판된『피치자의 정치학被治理者的政治』[13] 등의 저서와 차터지 교수가 중국 대륙에서 행한 수차례의 강연을 통해 나는 인도에 뿌리내리고 있지만 동시에 인류의 정신생활을 지향하는 이론적 독창성을 느끼며 흥분했다. 또한 그 안에서 이를 매개로 한 중국의 사회정치 이론이 수립될 가능성을 보았다. 차터지 교수는 우리에게 잠시 서구 이론의 기본 맥락에서 벗어나, 어떻게 아시아 본토의 사상자원을 개방할 것인가 하는 문제에 관해 생각해볼 수 있는 기회를 제공했다.

똑같이 개발도상국에 속한 중국과 인도의 지식인에게 어떤 기본적 이론 가정은 토론이 필요하다. 예컨대 직관적 문화보수주의 관념을 겨냥해 추상적으로 '문화본질주의에 반대'하는 입장은 필수적이거나 효과적인가? 보편성에 대한 강조와 구체적 역사의 맥락이 유기적으로 내적 결합을 이룰 수 없을 때, 관념의 층위에서 허구적인 이원대립을 구성해 보편성과 다원성의 내재적 관계에 대한 탐구를 가로막는 것을 어떻게 피할 것인가? 나아가 이른바 보편성이란 도대체 어떠한 이론 상태인가? 그것은 구체적인 역사 맥락에서 비롯한 개념틀을, 마찬가지로 구체적인 또 다른 역사 맥락에 그대로 적용할 수 있음을 의미하는가? 만약 그대로 적용할 수 없다면, 틀림없이 보편성 서사에 대한 부정을 의미하거나 보수주의적 문화 입장을 의미하는 것은 아닐까? 보편성의 입장이 다원적 기초 위에 세워져야 한다면, 이런 보편성과 다원성 사이에는 대체 어떠한 관계가 있을까? 우리는 어떻게 직관적으로 동일시할 수 없는 다원적 역사 사이에서 결코 일원화된 패권적 사유를 기준으로 삼지 않는 평등하고도 다양한 '보편성'을 찾을 수 있을까?

오늘날 세계의 이론과 지식은 결코 균질적이거나 자유롭지 않으며, 동서양의 지식인은 지식을 생산하는 동시에 지식의 형태를 둘러싼 패권관계를 생산하고 있음을 인정하지 않을 수 없다. 오늘날 단순히 직관의 층위에서 '서구중심주의'의 문제를 논하려는 사람은 아무도 없을 것이다. 차터지가 언급한 것처럼 오늘날의 세계에서 제국은 '패권 없는 지배'를 생산하고 있다. 왜냐하면 이 층위에서 현실적 국제관계의 지배 구도는 개발도상국을 '전지구화'라 명명된 자본운용 과정으로 강제로 말려들게 했으며, 동서양의 상호 침투는 평등의 형태로 진행되는지의 여부와 관계없이 돌이킬 수 없는 사실이기 때문이다. 이로 인해 우리는 이미 서로가 타자가 되는 동양과 서양을 더 이상 직관적으로 구분해내기 어렵게 되었다. 이런 의미에서 '서구'에 대립되는 아시아와 본토를 강조하는 것은 반역사적이다.

정치경제와 문화가 상호 침투함에 따라, 우리도 냉전 시기에 고착화된 양대 진영 그리고 그와 관련된 선진국과 개발도상국의 관계를 새롭게 생각하지 않을 수 없다. 이데올로기 항쟁이 모든 것을 농단했던 역사 시기에는 이런 관념이 빚어낸 관계가 간단명료했다. 그러나 이데올로기 서술이 더 이상 모든 것을 혼자 틀어쥘 수 없는 오늘날에는 이런 관계가 사라지지는 않았으나 복잡하고 다양해서 파악하기 어렵게 되었다. 또는 우리가 더 이상 이데올로기 서술에 만족하지 못할 때, 그 진정한 역사의 형태들이 비로소 복잡하게 얽힌 양상을 드러낸다고 할 수 있을 것이다.

그리하여 우리는 새로이 경로를 찾아 이데올로기의 괴롭힘에서 벗어나야 하고, 새로운 지식 패권 관계의 괴롭힘에서 벗어나야 한다. 후자에 대해 말하자면, 그것의 가장 흔한 형태는 서구 이론과 관념을 그대로 가져와 본토 역사 현실의 지식생산 모델을 해석하는 것이 아니라(이런 형태가 여전히 대량으로 복제되고는 있지만, 이미 개발도상국의 지식계를 진정으로 주도하긴 어렵다), 이론 형식 자체와 보편적 가치에 대한 훨씬 정교하고 치밀한 숭배다. 이론 형식과 보편적 가치의 중요성은 물론 부인할 수 없으며, 그것들이 구체적인 역사 분석과 대립되고 우월한 위치에 놓일 때에만 비로소 지식 패권의 문제가 존재한다. 이런 패권의 핵심은 개발도상국 스스로의 역사와 현실 상황 분석이 기성의 이론(통상적으로 서구에서 온 이론적 결론)에 적응할 수 없을 때, 전자가 합법적으로 무시된다는 데에 있다. 보편성에 대한 피상적 이해는 보편성이 어디에서나 들어맞는 만병통치약이라고 오해하게 만든다. 우리는 대체로 이런 이론적 오류가 초래한 지식 패권 관계가 단지 서구 지식인이 만든 것이라고 단언하기 어렵다. 가야트리 스피박Gayatri C. Spivak이 수년 전에 지적했던 것처럼, 제3세계의 지식 엘리트는 보통 이런 패권관계의 형성과정에서 공모자의 역할을 했다.

이 또한 차터지가 도전하려는 이론과 지식의 딜레마다. 정치사회에 관한 그의 논술이 겨냥하는 것은 시민사회에 진입할 수 없는 대중사회정치에 대한 사회 엘리트, 특히 이론 엘리트의 '무시'다. 또한 바로 이 '무시'에 대한 예리한 통찰의 기초 위에서 차터지는 오늘날의 지적 풍토와 담론 패권의 관계에 대한 자신의 비판을 구축했다.

나는 차터지 교수의 논저에 대해 아는 바가 많지 않다. 그가 2007년 상하이문화연구 연례회의에서 행한 강연을 경청하고, 『피치자의 정치학』과 다른 중국어 출판물에 수록된 논문 한 편을 읽었을 뿐이다. 이것만으로도 나를 흥분시키기엔 충분했다. 물론 인도의 경험에 대한 자신의 이론적 개괄을 아무런 매개 없이 아시아 대부분 지역의 대중정치에 관한 기본 모델로 간주하는 데에는 동의할 수 없으며, 그의 논저에서 보편적 가치에 대한 다원적 시각을 찾을 수 있기를 바랐지만 아직 만족스런 결과를 얻지는 못했다. 그러나 인도사회에 관한 차터지 교수의 이론 분석은 인식론 측면에서 여전히 내게 아주 큰 시사점을 주고 있다.

차터지는 인도사회의 정치형태를 국가정치, 시민사회정치, 정치사회의 정치로 나눈다. 그의 논술에서 정치사회의 주체—'대중'이라고 불리는 서민, 특히 농민과 도시를 떠도는 날품팔이—는 시민사회와는 다른 정치작동 형태를 형성한다. 인도에서 시민사회 규칙에 부합하지 않는 바로 이런 정치형태는 다수인의 정치작동 방식이 되었다. 그것은 법률과 국가권력이 지배할 수 있는 주변 공간 내지 비합법적 공간에서 작동하며, 비정규적이고 불확정적인 방식으로 자신의 이익을 지킨다. 자본주의의 성장 부문으로 흡수될 수 없는 이 사람들의 기본 생활 조건을 국가 기능이 보호하지 않을 수 없을 때, 원시적 축적primitive accumulation과 동시에 원시적 축적을 상쇄하는 병행과정이 발생한다.

차터지의 이와 같은 뛰어난 분석은 아주 광활한 이론적 전망을 지닌다. 그것은 인도의 근대화 과정에 대한 분석이 서양의 기본 맥락을 따를 수 없음을 알려준다. 시민사회에 의해 바깥으로 배제된 이 '정치사회'는 정치의 함의를 새롭게 해석한다. 불확정성으로 가득 차 피치 못하게 질서감각을 결여하고 우발적 요소를 더 많이 지닌 정치사회에는 또 다른 동태적 질서가 내포되어 있다. 그것은 과도기적 상태로 간주될 수 없으며, 일종의 새로운 정치형태로 확정되어야 한다.

차터지의 분석에서 우리는 중국사회의 수많은 유사한 현상을 떠올릴 수도 있다. 황혼녘에 도시 길거리에 나타나는 무허가 노점상, 그들과 노점 단속반이 벌이는 술래잡기, 도시에 대량으로 몰려든 농촌의 청장년층 노동력, 도시의 변두리에 급속하게 모인 일용직 커뮤니티, 최근 몇 년간 농촌정책의 조정과정에서 끊임없이 변화하고 있는 농촌 구조 등이 그것이다. 수많은 현상에서 우리는 아주 단순하게 차터지 교수의 분석을 동일시하게 된다. 그것은 곧 중국에서도 시민사회 밖에 존재하는, 법률 밖의 잠재 규칙을 지닌 정치사회를 찾을 수 있기 때문이다.

차터지의 이론이 이렇게 직관적인 의미에서 전용될 수 있다면, 이는 우리와 차터지 모두에게 불행일 것이다. 이론의 여행에는 필수 조건 하나가 필요하다. 그것은 바로 직관의 외투를 벗어던지고 상이한 사회와 상응하는 새로운 형태로 변형되어야 한다는 것이다. 이렇게 변형된 후에 이론 본연의 틀과 결론은 더 이상 중요한 의미를 지니지 않으며, 그것이 제공하는 통찰력 자체가 상이한 형태로 재생될 것이다. 만약 차터지와 그의 서민연구 단체의 정치사회에 관한 이론이 파괴력을 지닌다면, 진정한 파괴력은 신선한 인도 자료나 인도의 실제를 겨냥해 설득력을 지닌 결론에 있는 것이 아니라, 본토의 현실과 마주하는 살아 있는 안목에 있다. 우리가 서구의 이론 모델을 그대로 가져다 쓸 수 없는 것처럼, 차터지와 동료의 이론 모델도 그대로 가져다 쓸 수는 없다. 바로 이런 의미에서 나는 차터지가 정치사회에 관한 이론을 아시아 대부분의 개발도상국에 보편적으로 사용할 수 있는 분석 모델로 간주하는 데에는 찬성할 수 없다.

그러나 이와 동시에 반드시 설명해야 할 문제는, 내가 여기서 모종의 문화본질주의로써 차터지의 이론적 공헌을 거부하라고 강조하는 것은 결코 아니라는 점이다. '문화본질주의'는 자세히 말하지 않아도 부정적인 의미로 간주되며, 나아가 특수한 역사 분석을 부정하는 데 속되게 남용된다. 그러므로 진정한 역사적 안목들이 종종 천박한 '본토주의'와 동급으로 다루어져, 특정 역사에 대한 그 어떤 분석도 '보편주의'의 이론적 후광을 입지 않으면 푸대접을 받게 된다. 이렇게 서글픈 지적 풍토로 인해 우리는 깊이 사고할 수 있는 수많은 기회를 잃어버리고, 매우 피상적인 지식의 층위에 머무를 수밖에 없게 되었다. 이 층위에서 사람들이 종종 주목하는 문제는 서구의 이론에 정말 도전장을 내밀 수 있느냐는 것이다. 서구 이론과 호응관계(가장 좋은 것은 도전의 방식으로 서구 이론을 수정하는 것이다)를 구성할 수 없는 서술은 그것이 이론적이든 역사적이든, 독창성을 지녔든 그렇지 않든 간에 효과적으로 유통될 수 없다. 이것이야말로 문제의 핵심이다. 깊이 들어가기도 전에 문제가 이 층위에서 해소되지 않게 하려면, 우선 내가 중국의 '특수성'을 가지고 차터지의 정치사회 이론에 대항하려는 것이 아님을 강조해야 할 것이다. 내가 관심을 가지는 문제는, 우리가 아시아를 강조할 때 도대체 어떻게 허구적인 동서양의 이원대립에서 벗어나는 동시에 앵무새가 말을 흉내 내는 식의 이론적 함정에 빠지지 않을 것인가에 있다.

당대 중국에 서구적 의미에서의 '시민사회'가 존재하는지에 관해서는 줄곧 논쟁이 있었다. 현상의 층위에서 '시민사회'로 분류할 수 있는 표징을 관찰할 수는 있지만, 홍콩을 중국의 축소판으로 간주하는 경우를 제외하면 우리는 지금도 효과적으로 중국사회의 정치과정을 시민사회와 국가권력 간에 길항하는 쌍방향 관계로 귀결시킬 수 없다. 오히려 중국의 정치과정에서 우리는 때로 차터지가 묘사한 '정치사회'의 어떤 불확정한 유동성의 특징을 관찰할 수 있다. 이는 물론 인도 정치사회의 함의가 중국의 권력정치에서 구현됨을 의미하지는 않는다. 그것은 중국에는 인도와 같은 국가정권—시민사회—정치사회로 삼분되는 기본 구조가 존재하지 않음을 의미한다. 중국의 현대정치는 역사의 격렬한 변동, 특히 사회주의 실천 경험을 충분히 축적하지 못함으로 인해 자신의 독립된 서사를 형성할 만큼 충분한 시간을 얻지 못했다. 우리는 단지 중국의 정치형태가 미국식도 아니고 러시아식도 아니며, 당연히 인도식도 아니라고 판단할 수 있을 뿐이다. 중국의 정치형태가 모종의 기정 양식으로 발전해가는 초기 형태로 간주될 때, 현 단계에서 우리가 관찰할 수 있는 모든 현상은 일종의 '과도기'로 간주될 수 있다. 그러나 우리가 선입견에 사로잡힌 관념을 포기한다면, 이른바 '과도기적 상태'는 더 이상 형체가 없고 무질서한 것이 아니며, 또 다른 질서를 내포한다.

현대적 의미에서의 주권국가로서 중국의 정치형태는 '신민주주의新民主主義'라고 불러야 할까, 아니면 도중에 '사회주의'를 실현했다거나 '사회주의 초급 단계'라고 해야 할까? 현재의 문헌을 보면 이는 아직 정론定論을 결여한 문제다. 이에 상응해 중국 정치의 진정한 형태도 줄곧 고도로 관념화되고 이데올로기화된 서술로 은폐되었으며, 구체적인 정치 전략에 대한 사상적 이론 분석을 결여했다. 개혁개방 이후 중국의 정치과정은 세계와 궤도를 같이하기 위한 근대화의 과정으로 간단히 해석되었다. 이런 서술은 물론 줄곧 마귀처럼 묘사한 서구 이데올로기의 '독재 상상'을 타파하는 데에는 유리하지만, 중국 정치의 기본 특성을 설명하는 데에는 도움이 되지 않는다. 즉, 중국 현대사회의 정치는 그 통치 기능을 도대체 어떻게 집행하는가? 그것이 치른 대가와 그것이 거둔 성과를 어떻게 기술하는가? 중앙정부와 기층민중의 관계는 무엇을 매개로 성립할 수 있으며, 또 어떻게 작동하는가? 나아가 중국의 민중은 자신들이 통치되는 방식을 어떻게 선택하는가? 격렬히 변동하는 전지구화 구도 속에서 중국의 정치구조는 어떠한 변화를 진행할 수 있는가?

　나는 일본에 있을 때 일본 언론이 다음과 같이 가정하는 것을 들은 적이 있다. 즉, 만약 모든 중국인이 저마다 한 표의 권리를 가지고 국가 지도자를 선출할 수 있다면 중국사회는 또 다른 모습으로 변할 것이라는 내용이었다.

　이는 국내의 유사한 논조를 연상시킨다. 1990년대 이래 중국 지식계의 논쟁을 회상해보면, 사실 어떤 잠재적인 가설들은 국외 언론의 이와 같이 단순화된 선전과 큰 차이가 없다. 수많은 사람이 중국 정치의 폐단을 민주가 결여된 것으로 귀결시키며, 나아가 민주를 일종의 긍정적 가치로 추상화한다. 마치 중국에 민주만 있다면 모든 문제가 해결될 수 있을 것 같다. 그러나 무엇이 '민주'인가? 민주의 핵심은 '일인일표一人一票'의 선거 방식으로 귀결될 수 있는가? 나아가 일종의 사회정치 절차로서 민주는 현대정치에서 도대체 어떤 역할을 맡았는가? '9·11' 이후 서구 민주 신화의 효력 상실은 어떤 사유 조정을 일으킬 수 있는가? 이렇게 본격적으로 해부되어야 할 문제들에 대한 분석이 결여되었기 때문에 지식계는 서구 정치경제학의 이론 내지 서구 이론계가 자신의 사회 상황에 뿌리내린 논쟁을 이식하는 데 지나치게 의존한다. 따라서 중국의 민주는 여전히 서구식 민주를 향해 나아가고 있는 과도기적 미성숙 상태로 상상되며, 냉전 이데올로기에서 비롯한 이원대립의 정치적 사유思惟는 중국 지식계에서 '민주적인가 전제적인가'라는 지극히 단순화된 시각을 끊임없이 만들어낼 수 있었다. 이렇게 대립적인 시야 속에서 중국 정치과정의 실태는 은폐되고, 사회적 요구와 정치정책 간의 복잡한 쌍방향 관계는 한 표의 권리가 있는가 없는가의 문제로 단순화된다. 이 때문에 이제 막 형성되고 있는 중국사회의 정치과정은 서구 자본주의 사회의 기본 구조를 지니고 있지 않다는 이유로 정치 분석의 틀 밖으로 배척된다. 반대로 서구식 '민주사회'에 대한 이상주의적 관념화는 사람들의 시선을 중국의 정치구조 속에서 별로 중요하지 않을지 모르는 고리에 끊임없이 집중시키고, 진정으로 중요한 요소를 소홀히 하게 만든다. 힘겹게 자라나고 있는 중국사회의 새로운 정치 요소는 그것이 반드시 이데올로기적 방식으로 스스로를 명명하거나 시민사회의 기본 구조로서 나타나는 것은 아니라고 해도, 현실정치의 과정에서 중국이 앞으로 나아갈 기본 요소를 좌우한다.

일본의 정치사상사가 마루야마 마사오는 일본의 언론에 대해 정계政界와 정치의 경계를 효과적으로 구분하지 못하며, 그 결과 정치를 정계의 인사 변동으로 이해한다고 지적한 바 있다. 언론의 정치부가 보도하는 내용은 정계의 동향에 집중되어 있으며, 어떻게 각 개인을 정치인이 되게 할 것인가와 같은 사회정치에 관련된 근본 문제에는 거의 주목하지 않는다는 것이다. 마루야마와 그 세대의 지식인은 일본에 정치사회를 수립하는 데 줄곧 힘써왔다. 그들의 관심사는 민주와 자유에 찬성할 것인가와 같은 추상적 '입장' 문제가 아니라 현실에 근접한 구체적 분석이다. 이러한 분석에서 이 세대의 지식인들은 서구에서 온 자유주의 이념을 일본의 정치통치 모델로 전화시킬 가능성을 찾으려고 시도했다. 이 층위에서 그들의 작업은 고전적 자유주의의 기초에 입각한다.

오늘날 일본사회는 이미 차터지가 지적한 대로 정치 사무를 행정 통치로 대체하는 이른바 복지사회의 시대로 들어섰다. 이는 고전식 민주정치 상상에 대한 가장 큰 도전이다. 일본사회를 제어하는 것은 자유주의적 민주정치라기보다는 전문가가 대표하는 기술 통치 시스템이기 때문이다. 그러나 마루야마 세대 사람들이 추구했던, 개인을 성숙한 '정치인'으로 만드는 과제는 결코 시대에 뒤떨어진 것이 아니다. 왜냐하면 이는 사회가 '정치'를 어떻게 이해하는가라는 근본 문제와 관련되기 때문이다. 이 시점에서 마루야마는 냉전 사유를 해체했으며, 이데올로기 대립과 현실의 국가 형태 간의 낙차를 지적했다. 그는 전후 미국과 소련의 체제상의 근사화 近似化 문제를 밝혔을 뿐만 아니라, 세계가 평화를 실현할 수 있는지의 여부는 대체로 인식론의 문제임을 거듭 강조했다. 일본에 정치사회를 수립하려는 마루야마의 노력은 줄곧 정치적 사유를 수립하려는 노력 위에서 구현되었다. 그는 정치적 사유가 정치가와 일반인 모두에게 똑같이 중요하다는 생각을 견지했다. 곰곰이 새겨볼 만한 것은 그가 다음과 같이 정치판단에 관한 기준을 제기했다는 점이다. 즉, 정치는 최선을 추구하는 것이 아니라 차악을 추구하는 것이다. 그것은 '가장 좋은 것'을 창조하는 것이 아니라 "두 가지 폐단을 비교해 그중 가벼운 쪽을 취하는 것"이다. 바꿔 말하면 정치는 현실주의적 태도를 요구하며, 그 어떤 이상주의적 가정(물론 이는 정치가 본인이 지닌 이상주의를 거부하는 것과는 다르다)도 거부한다. 이는 정치 자체의 특질로부터 결정되는데, 그것은 통치와 권력투쟁에 관한 기술이기 때문이다. 이는 또한 정치 바깥에 왜 도덕이 필요하며 정치윤리는 왜 도덕윤리와 다른지를 설명한다. 정치적 윤리는 철저한 '결과 책임'이다. 다시 말해 정치적 선善은 정치행위가 가져온 결과에 대해 반드시 져야 하는 책임을 의미한다.

정치에 관한 마루야마의 이러한 시각은 우리가 정치와 도덕을 한데 뭉뚱그려 논하는 사유의 혼란을 배제하고, 중국의 정치과정에 더욱 신중하게 접근하는 데 도움이 될지도 모른다. 중국의 정치과정은 고전적 자유주의 이념에 기대어 설명할 수 있는 시스템이 아니다. 과거의 논술에서 이렇게 남의 것을 기계적으로 적용한 해석은 사고의 맥락상 중국 정치에 "무엇이 부족한가"라는 질문을 초래했으며, 중국의 정치과정을 간단히 부정하게 만들었다.

중국이 인도사회와 다른 것은 기본적으로 탈식민 경험과 탈식민 사회 특유의 '민주통치' 모델을 갖추지는 않았으나, 자기 고유의 신민주주의(사회주의)를 실천했다는 점이다. 기나긴 중국의 역사과정에서 인도의 하층사회(이는 곧 차터지가 말한 '정치사회'다)와 같은 정치담판의 메커니즘은 형성되지 않았으나, 반대로 중국 혁명의 유산이 존재한다. 인도에서 기본 대립관계를 구성하는 세속정치와 교파정치 간의 대립도 중국에서는 구조적 특징을 구성하지 않는다. 이 모든 역사적 차이로 말미암아 정치사회에 관한 차터지의 이론을 그대로 가져다 쓴다면 문제가 될 것이다. 이와 같은 기계적 적용은 중국의 소유제 변천과정에서 국가와 사회 간의 진실한 연관 방식을 소홀히 하게 한다. 또한 분석 시각을 '소수자 집단과 권력기구의 대항과 담판'으로 허공에 매달아서 진정으로 효과적인 정치 선택을 간과하게 만든다.

오늘날 전지구화 경제가 주도적 지위를 차지하는 국면에서 중국사회의 정치 조절 기능도 그에 따라 변화하지 않을 수 없다. 가장 기본적인 문제는 민족국가가 개발도상국에 여전히 중요한 의미를 지니는 세계 구도에서 중국 정치가 자신의 생존 필요에 적응하는 발전 모델을 반드시 탐색해야 한다는 데 있다. 이런 의미에서 정치적 사유에 대한 마루야마 마사오의 정의는 고도의 현실적 의미를 지닌다. 우리가 목표를 "차악의 추구"라는 정치 선택 위에 설정했을 때에만 비로소 중국 정치의 진정한 문제가 나타날 수 있으며, 분석도 시대적 병폐의 정곡을 찌를 수 있다.

'사회주의' '혁명' 등의 단어가 '시장경제' '민주' '시민사회' 등의 단어와 마찬가지로 구체적 역사과정에서 떨어져 나와 마음대로 가져다 쓸 수 있는 관념이 될 때, 그것들은 결국 현실을 지칭하고 역사를 분석하는 기능을 더 이상 지니지 않는다. 바로 이런 의미에서 중국의 정치과정은 불투명하고 예측 불가능하다. 인도의 정치에서는 국가정권과 시민사회의 상호작용으로 귀납할 수 있는 부분이 존재하기 때문에 이 규정 바깥에 정치사회적 시각을 수립할 수 있는 데 반해, 중국의 불투명한 정치과정에서는 이와 같은 구분을 하기가 어렵다. 현대 중국의 정치 전통으로서 중국의 혁명은 단순히 기성 질서의 파괴를 의미하는 것이 아니라, 동시에 그것은 일종의 건설과 관리의 양식이기도 하다. 긴 시간 동안 그것은 역사의 내용이 모두 추출된 채 단지 도덕 이데올로기로 변했다. 이로 인해 우리는 오히려 그것을 역사적으로 분석하고 계승할 계기를 잃었으며, 그것을 '정치 입장'에 대한 확인으로 전환하는 데 만족해야만 했다. 1990년대 이래 지식계의 의미 없는 분쟁도 이로 인해 엄숙하고도 곤란한 과제를 좌초하게 만들었다.

역사과정 속의 가장 복잡한 부분을 객관적으로 분석하기 위해, 그리고 중국의 정치과정이 자기 서술의 언어를 얻어 예측 가능한 방향으로 나아가게 하기 위해, 우리는 성숙한 정치 시야를 수립해야 한다. 이는 정치판단의 도덕화를 피하는 것을 의미할 뿐만 아니라, 동시에 역사판단의 추상화를 피하는 것을 의미한다. 이는 또한 성급하게 중국의 당대 정치를 '민주와 전제'의 갈등으로 귀결시키고 지식인이 '좌·우' 사이에서 줄을 설 자리를 선택하느라 바쁘기 이전에, 선입관에 사로잡힌 가치판단을 더욱 신중하게 제거하고 중국이 1949년 이후 도대체 어떠한 정치통치 메커니즘을 형성했는지, 엄청난 대가를 치른 후 어떻게 오늘날까지 지속되었는지를 캐물어야 할지도 모름을 의미한다.

차터지는 우리에게 도전성을 지닌 사유의 계기를 가져다주었다. 똑같이 개발 도상에 있는 아시아의 인구 대국이기 때문에 중국과 인도의 공통성은 중국과 구미의 공통성을 훨씬 뛰어넘는다. 그렇다고 해서 우리가 차터지의 이론 모델을 그대로 가져와 중국의 정치형태를 설명할 수 있는 것은 아니다. 동시에 이는 우리가 '보편성' 개념에 관한 이론적 인식을 새롭게 사고해야 함을 의미한다. 보편적인 것은 반드시 다원적이어야 하며, 직접 일원적 다원으로 통합될 수 없다. 미국식 보편주의 이론 서사가 자신의 일원론적 패권 경향을 드러낼 때, 우리는 개발도상국의 지식인이 다원론을 고수하는 입장(심지어 어떤 상황에서는 '문화본질주의'를 고수하는!) 의 이론적 의미를 새롭게 사색해야 한다. 차터지가 대다수 개발도 상국의 대중정치 모델을 구상했을 때, 우리가 해야 할 일은 그가 인도의 경험으로 세계 대부분의 대중정치를 직접 포괄했다고 반 박할 것이 아니라, 오히려 우리는 인도가 이미 열어놓은 다원화 시 야 속에 새로운 일원一元을 더해야만 한다. 개발도상국의 다원화된 정치시야가 진정으로 형성될 때라야 구미의 보편성 서사가 그 본 래 모습을 회복할 수 있으며, 각자 세계사 다원화의 서사 구도 속 에 속한 일원一元이 될 수 있다. 다케우치 요시미가 이미 반세기 전 에 제기한 이 구상은 오늘날 또다시 문제가 되었다. 다케우치 요 시미가 예언했던 것처럼, 구미의 우수한 가치를 포함하는 인류의 사상적 유산을 전 인류의 '보편성' 가치로 승화시키는 작업은 아시 아(다만 이 인격화된 '아시아'는 반드시 물리적인 실체에만 한정되지 않는 다)가 완성해야 한다. 왜냐하면 서양에서 비롯한 폭력 아래 우뚝 일어선 아시아의 현대사야말로 진정으로 다원성 구도를 필요로 하기 때문이다.

4장

'전후' 동북아 문제를 어떻게 서술할 것인가

고구려 문제가 불러일으킨 생각[1]

2003~2004년에 고구려의 역사 기술에 관한 문제가 한국사회에서 한때 커다란 반향을 불러일으켰다. 양국 정부가 합의에 도달했기 때문에 고구려 문제는 외교와 국제정치 관계의 충돌 사건으로 발전하기 전에 해결되었다. 이는 중국과 한국 지식인 모두가 바라던 결과였다. 오늘날 동북아의 각 지역 사람들에게 평화 수호는 무엇보다 중요한 기본 원칙이다. 따라서 우리는 어떻게 평화를 수호할 수 있는가 하는 문제를 반드시 생각해야 한다. 우리가 수립하려는 지역 간 평화는 도대체 어떠한 메커니즘인가?

고구려 문제가 우리 앞에 펼쳐진 후 잠재적인 문제가 수면 위로 떠올랐다. 고구려 문제는 우리가 이런 문제들의 복잡성을 인식하는 데 좋은 계기를 제공했다고 할 수 있다.

(1)

우선 우리는 역사를 거슬러 올라가 다음과 같은 기본적 문제를 새롭게 마주해야 한다. 즉, 전근대의 '조공관계'가 해체된 후 동북아의 국제관계는 무엇을 계기로 새롭게 구축되었는가? 그것은 어떠한 특징을 지니는가?

20세기의 동북아는 빈번한 전쟁을 매개로 '근대화' 과정을 추진했다. 근대화가 동북아에 가져온 결과 중 하나는 국민국가와 민족자결권의 확립이다. 중국과 한반도는 일찍이 군국주의 일본이라는 공동의 적을 겪었으며, 지금까지도 각자 일본의 침략전쟁이 가져온 트라우마 경험을 간직하고 있다. 그러나 이런 피침략의 경험은 중국사회와 한국사회 간의 연대감을 조성하지 않았으며, 최근 몇 년간 중·일과 한·일 관계에도 복잡한 관련성이 생기지 않았다. 바꿔 말하면, 단지 일본이 동아시아의 이웃 나라를 침략했다는 이런 단순한 시각에 기대어서는 동북아 지역의 현대 국제관계를 효과적으로 수립하고 설명할 수 없다. 일본의 침략전쟁 역사는 동북아 지역(물론 일본 자신도 포함해)의 내부를 유기적으로 연결하는 매개를 단독으로 구성하기에 충분치 않다. 오늘날 우리가 동북아를 상대적으로 독립된 인식 대상으로 간주할 수 있는가의 문제는 이미 수많은 논쟁을 불러일으켰다. 아마도 문제는 이 지리적 구역이 아직 내부의 유기적 연결을 구성할 수 있는 매개를 찾지 못했다는 데 있을 것이다. 적어도 우리가 '중·한·일'이 아니라 '동북아'라는 용어를 사용해 문제를 토론할 때, 이 시각이 성립할 수 있는지의 여부를 막론하고, 우리는 반드시 국가별 경계선을 뛰어넘는 더욱 복잡한 관찰 차원을 수립해야 하는데, 이것이 바로 동북아의 '전후戰後'다.

동북아의 '전후'는 1945년의 일본 패전에서 시작된다. 전후의 상징적 사건은 도쿄재판이다. 어떤 의미에서 도쿄재판은 전후 동북아 지역의 국제관계에 관한 기본 흐름을 확정했다. 이는 미국과 영국이 주도하는 패권 구도로서, 일본 군국주의가 태평양전쟁에서 저지른 죄상을 정의의 이름으로 심판했다. 그러나 태평양전쟁 이전의 일본 침략전쟁에 대해서는 기본적으로 부차적인 심판을 진행했을 뿐이며, 태평양전쟁 시기 일본의 전쟁범죄와 동등하게 다루지 않았다. 도쿄재판 이후 미국의 일본 점령은 그 후의 한국전쟁과 베트남전쟁을 위한 군사적·물질적 기초를 닦았으며, 이로부터 동아시아에 대한 미국의 폭력적인 '내재화' 과정이 시작되었다. 그러나 이 과정은 결코 일방적인 것이 아니었으며, 동시에 동북아 각 지역에 역으로 이용되었다.

예컨대 미국이 일본에서 '군사 대리'를 담당하자, 일본은 1950년대에 신속하게 경제를 발전시켜 한국전쟁과 베트남전쟁 때 군수산업으로 큰돈을 벌었다. 한국도 주한미군을 이용해 안전을 보장받고, 동시에 군비 지출을 삭감해 경제를 발전시킬 수 있었다. 중국으로서는 한국전쟁으로 인해 미국이 맹방에서 적국으로 바뀌었으나, 한동안 미국은 여전히 일본의 군사력을 견제하는 중요한 요소였다. 전후의 타이완은 대륙과의 적대관계와 이전의 식민국인 일본에 간단히 의지할 수 없다는 어려움 때문에 미국이 빈틈을 타고 들어올 수 있었다. 동북아 지역에서 미국의 내재화는 동북아 국제관계의 긴장 덕분에 '쌍방 선택'의 악순환으로 변했다. 다시 말해 동북아 각 국가와 지역의 상호 적대로 말미암아 미국은 동북아에 내재해 동북아 국제사무 속의 한 요소가 될 수 있었다. 반대로 미국의 진입으로 인해 동북아 지역의 내재적 긴장이 또다시 부단히 강화되었다. 냉전구도의 형성은 이 악순환의 존재를 선명하게 반영한다.

미국의 '내재화'는 동시에 동북아에서 중국의 '외재화'라는 또 다른 현실적 과정을 수반했다. 이는 단순히 전근대적 조공관계의 결렬, 곧 원래의 종주국과 조공국의 관계가 평등한 국민국가 관계로 바뀌었음을 의미할 뿐만 아니라, 중국 자신을 포함하는 '탈중국화' 경향을 의미한다. 이는 바로 사회제도와 문화의 구성에서 중국 중심의 전근대적 전통에서 벗어나 외부의 '선진' 모델을 도입하려는 것이었다. 한반도와 일본은 모두 이 탈중국화 과정 속에서 자신의 독립적 위치를 확립하고자 했으며, 일본은 중국을 대신해 새로운 종주국이 되고자 했다. 한편 중국의 탈중국화는 끊임없이 전통과 단절하고 새롭게 자신을 인식하는 복잡한 과정이었다. 다만 이 과정을 '탈중국화'라고 명명하는 것은 그다지 적합하지 않으며, 적어도 이렇게 부르려면 수많은 주석이 필요하다. 그것은 직관적인 방식으로 토론할 수 없기 때문이다.

물론 중국의 현대사는 결코 단순한 '탈아입구脫亞入歐'의 과정이 아니다. 중국의 탈중국화는 간단한 자기부정을 의미하는 것이 아니라, 매우 복잡한 내재적 모순과 상이한 가치 지향을 지닌다. 근대 이래 중국의 반전통 경향과 전통 회귀의 노력은 서로 복잡하게 얽힌 내재적 과정이다. 이 밖에 반전통 경향과 20세기 후반기의 사회주의 실천 간의 관계는 아직 정리가 필요한 문제다. 중국 내부의 '탈중국화'는 서로 다른 역사 시기의 함의도 같지 않다. 그러나 의문의 여지가 없는 것은 전후의 중국은 북한을 제외하고는 동북아 이웃 나라와의 관계가 그 어느 때보다 소원해졌다는 점이다. 반세기 이래 중국사회 발전의 급격한 부침浮沈에 따라 중국에 대한 이웃 나라의 이해理解도 갈수록 성립되기 어려워졌다. 이렇게 상호 이해가 결핍된 상황에서 탈냉전 시대가 시작됨에 따라, 동북아에 경제세계화가 가져온 자본주의 시장 일체화의 국면이 나타나기 시작했다. 이로 인해 동북아에서 미국의 내재화는 더욱 의문시되기 어렵게 되었다. 한 가지 풍자적 의미를 지닌 사실은 중국이 시장화 단계에 들어선 후 '9·11' 직전까지, 미국이 정도의 차이는 있지만 민주의 아이콘으로서 동북아 각 지역(물론 중국도 포함해)의 민간사회에서 공통으로 인정되었다는 점이다.

그리하여 우리는 다음과 같은 딜레마를 생각하지 않을 수 없다. 동북아의 지역 충돌에서 미국의 패권을 벗어나 인식할 수 있는 '동북아 내부 문제'가 존재하는가? 중국과 한국의 상상된 긴장 관계, 또는 중국과 일본의 대립관계는 현실 속에서 미국이 동북아에 존재하는 것과 정말 아무런 관계도 없는 두 가지 문제인가? 만약 미국의 내재화를 동북아의 전후 상황을 생각하는 한 차원으로

간주한다면, 우리는 이렇게 복잡한 역사를 도대체 어떻게 계승해
야 하는가?

(2)

동북아 지역의 충돌 중에서 가장 생각해볼 만한 충돌은 민족
국가 간에 발생한다기보다는 더욱 복잡한 지역에서 발생한다고 할
수 있다. 전후에 출현한 한국과 북한의 관계는 국민국가의 관계일
뿐더러 민족적이고 문화적인 내적 연계를 지니고 있어서 다른 국
제관계와 한데 섞어 논하기 힘들다. 중국 대륙과 타이완의 관계는
더욱 복잡하게 얼키설키 뒤얽혀 있다. 탈냉전 시기에 자본과 대중
문화通俗文化 popular culture의 거대한 충격은 동북아를 비이데올로기
적 방식으로 일체화했다. 이런 일체화는 냉전 시기에 동북아의 각
지역이 서로 왕래하지 않던 국면을 바꾸었으나, 원래 상상의 기초
위에서만 성립할 수 있었던 적대관계와 갈등관계를 도리어 현실
속으로 구체화시켜 문제를 청산하기 몹시 어렵게 만들었다.

우리가 인정하지 않을 수 없는 사실은 냉전 시기에 동북아 내부
의 긴장관계는 상대적으로 단순하고 서술하기 쉬웠다는 점이다.
그러나 탈냉전 시기에 동북아 내부의 긴장관계는 정확하게 파악
하기가 몹시 어려워졌다. 우리에게 이미 익숙한 '사회주의-자본주
의'라는 인식틀과 민족국가라는 분석틀로는 사실 당면한 문제를
효과적으로 파악할 수 없다. 예컨대 만약 민족국가의 틀에 따라
문제를 인식한다면, 고구려 유적은 북한과 중국 둥베이 지역 안에
있으므로 한국이 북한을 대신해 이 문제를 직접 처리할 여지가 없

어 보인다. 그러나 한국사회에서 일어난 강렬한 반응은 역으로 고구려 문제가 단순히 국가 간의 문제로서 처리될 수 없음을 증명한다. 그렇다면 어떻게 해야 논리상 정말 효과적으로 이 문제를 토론할 수 있을까? 다시 예를 들어 중국의 변방사 연구 프로젝트는 한국사회에서 한때 강렬한 반응을 불러일으켜 한국의 전 사회가 주목하는 문제가 되었다. 이에 반해 중국에서 이 프로젝트는 국부적인 사업으로 간주되었을 뿐이며, 지식계의 관심을 불러일으키지 못했고 관련된 논쟁을 일으키지도 못했다. 이 문제는 나중에 국제정치의 층위로 격상된 후에도 사회적 관심을 크게 불러일으키진 못했다.

중국 지식인은 감히 비판하지 못한다고 말하는 것은 정확하지 않다. 그보다는 중국 지식인이 이 문제에 주목할 동력을 결여했다고 말하는 편이 정확할 것이다. 왜 그럴까? 이는 물론 이 '프로젝트'가 중국의 각종 '프로젝트'에서 차지하는 위치가 별로 중요하지 않다는 것과 직접적인 관계가 있다. 하지만 그보다 중요한 것은 중국사회의 정치과정은 위로부터 아래로의 질서정연한 과정으로 상상할 수 없으며, 중국의 지식생산과 국가정책 간의 관계도 상하가 연결된 직접적인 관계로 상정하기 어렵다는 점이다. 바꿔 말하면 중국 지식계가 설계하고 행하는 각종 '프로젝트'와 비판이 반드시 현실정치의 정책으로 직접 전화될 수 있는 것은 아니며, 현실정치의 정책이 필요로 하는 '어용 학술'은 사실 학술계와 사상계에서 기본적으로 생명력을 지니지 못한다. 중국의 지식생산이 지닌 가능성은 그것이 현실정치에 직접 개입할 수 있는가로 측정할 수 없으며, 그 민감한 화제들을 포함한 학술토론은 현실정치와 대등하지 않은 '문화정치'의 함의를 갖추었을 때에만 학계의 진정한 주목을 불러일으킬 수 있다. 이는 고구려 연구라는 사업이 중국 지식계에서 냉대를 받고 있음을 의미하며, 사실은 그것이 문화정치의 품격을 충분히 갖추지 않았음을 암시한다. 나아가 정치학의 과제로서 우리는 다음의 문제들을 직면해야 한다. 즉, 중국사회의 정치구조는 도대체 어떤 모습인가? 그 운용 법칙은 도대체 어떻게 인식해야 하는가? 단순히 중국 지식계의 논쟁을 정치과정의 일환으로 직접 간주하는 것이 중국사회의 진실한 상황에 부합하는가? 나아가 또 다른 문제로 비판적 지식인의 비판은 도대체 어떻게 해야 현실과 괴리되는 것을 피할 수 있는가?

유감스럽게도 서양, 특히 미국의 정치 분석 모델에 과도하게 의존하기 때문에 우리는 지금도 이와 같은 문제들에 효과적으로 답할 수 없다. 국민국가와 민족주의의 인식틀이 동북아 국제관계를 완전히 포괄할 수 없는 상황에서, 인식론적으로 중국의 정치구조에 대한 분석을 어떻게 추진할 것이며, 동북아 지역정치에 대한 담론을 어떻게 전개할 것인지는 아직 충분히 논의되지 않은 참신한 과제다.

자본의 힘이 동북아 사회를 강타했을 때, 정치 패권이 반드시 정치적 방식으로 드러난 것은 아니다. 상당히 많은 경우에 확장과 패권의 문제는 오히려 가장 평화로운 방식으로 드러날 수 있다. 따라서 반패권의 효과적인 투쟁도 입장 표명식의 이데올로기적 방식에 기대어 완성할 수 없다. 이러한 상황에서 현실에 대한 정확한 판단은 그 어떤 일보다 중요하며, 냉전 시기의 단순한 가치판단은 오늘날 이미 갈수록 유효성을 잃고 있다. 한국과 일본의 지식인이든 중국의 지식인이든, 오늘날 회피할 수 없는 문제가 있다. 즉, 현실을 몇 가지 기정의 틀 속으로 귀결시키지 않는다면, 우리는 맨주먹으로 현실과 마주하는 위험을 무릅쓰지 않을 수 없다는 것이다. 이 위험은 우리가 때로는 '정치적 올바름'의 안도감을 희생해야 함을 의미한다.

(3)

동북아의 평화 문제에는 또 다른 복잡한 차원이 존재한다. 바로 감정기억의 차원이다. 이미 수많은 문화 연구가 사실을 증명하고 있듯이, 어떤 국가나 어떤 민족을 막론하고 감정기억은 사실 여론이나 기타 사회세력 내지 관변 이데올로기에 의해 만들어진 것이다. 순수하게 개인의 감정기억에 속하는 것은 전환을 가하지 않은 상황에서는 거의 사회적 가치를 지니지 않는다. 감정기억 속의 사회적 성격이나 이데올로기적 성질을 구분하는 것은 이로써 문화 연구의 과제가 되었다.

그러나 똑같이 중요한 문제가 강조되어야 한다. 즉, 감정기억을 재는 척도는 그것이 객관적 사실의 '진실성'에 의거하는가에 있지 않으며, 단순히 그것이 어떻게 생겨났는가에 있을 수도 없다. 동시에 그 척도는 그것이 동시대사 속에서 어떠한 위치를 차지하며, 동시대사 속에서 어떠한 정치적 기능을 지니는가에 달려 있다. 바꿔 말하면 감정기억이 어떻게 만들어지는가와 만들어진 감정기억이 어떠한 현실정치 기능을 지니는가는 서로 대체될 수 없는 상이한 문제다. 단순히 감정기억이 어떻게 이데올로기에 의해 만들어졌는가의 문제만을 분석해서는 감정기억에서 가장 정치적·사회적 기능을 지닌 핵심에 효과적으로 다가갈 수 없다.

동북아 지역에서 한때 가장 주목받은 감정기억의 문제는 일본의 침략과 식민시대에 대한 중국과 한국의 사회적 기억이다. 중국사회와 일본사회 간에는 지금도 여전히 이런 감정기억의 현실적 기능에 관한 명확한 위상을 찾을 수 없다. 또한 중국사회와 한국사회 간에도 서로 이런 감정기억을 공유한 적이 없다. 즉, 전체 동북아 지역에서 감정기억에 대해 효과적인 청산과 전화를 진행한 적이 없으며, 따라서 그것의 '동시대사적 진실성'에 대해 합의에 도달할 수 없었다고 할 수 있다.

이른바 '동시대사적 진실성'이란 이런 감정기억이 객관적으로 실증될 수 있는 함의를 지녔는지의 여부를 가리키는 것이 아니라(현재 감정기억이 지닌 관변 이데올로기적 특징에 대한 분석은 그 근본적 사고로 말하자면, 사실 주로 개체기억의 '진실성'이라는 모호한 기준에 기대고 있다), 그것이 지닌 역사적·사회적 기능이 현실의 진실성을 지녔는지를 가리킨다. 감정기억은 구체적인 사회적 사건으로 전화될 수 있기 때문에 일련의 사회적 효과를 간접적으로 추동할 수 있다. 바로 이런 사회적 효과야말로 가장 변덕스럽고 고정된 윤곽을 가장 결여하며, 이 때문에 사람들은 심지어 감정기억 자체의 존재를 의식하기 어렵다. 동북아 지역의 서로 다른 언어공동체 내부에서 수많은 지식인의 비판적 사고 배후에 숨겨진 기본 동력이 바로 이런 감정기억이며, 사회 보수 세력의 정치적 입장도 특정한 감정기억과 불가분의 관계에 있음을 알 수 있다. 특별히 지적해야 할 것은 이런 사회적 효과가 국경을 초월할 때, 한 나라 안의 가치 기준으로 그것을 판단하기 어렵다는 점이다. 각자의 감정기억은 통일될 수 없기 때문에 동북아 지역에는 '공동의 논리'가 생기기도 어렵게 되었다. 따라서 감정기억에 대한 공공의 사용 문제는 극히 복잡한 정치학과 사상사의 과제다. 이 과제가 아직 충분히 지식인의 주목을 받지 못했음을 인정해야 한다. 사람들은 종종 감정기억이 어떻게 만들어지는가의 문제에 관심의 중점을 두지만, 감정기억이 모종의 사회적 분위기로 전화되었을 때에는 그것이 지닌 동시대사적 기능 자체를 소홀히 한다.

고구려 문제에서 한국사회에 나타난 논쟁도 감정기억과 관련이 있을 것이다. 바로 이렇기 때문에 한국사회에 나타난 고구려 서사에 관한 감정 요소를 정련해내는 것이 중요한 작업이 된다. 더욱 중요한 작업은 이런 감정 요소가 현실의 사회생활 속에서 어떻게 작용하는지를 분석하는 것이다. 한국과 일본에 대한 중국의 사회적 분위기에 잠재한 기본적 감정 요소를 비교해보면, 중국 시민의 한국에 대한 호감도가 일본에 대한 호감도를 훨씬 능가함을 분명히 볼 수 있다. 구체적인 예를 들면, 중국의 일부 시민들 가운데 '반일反日'은 화제가 되었지만 '반한反韓' 같은 어휘는 아예 없다. 그뿐 아니라 수많은 중국인은 반일 태도의 철저성 측면에서 중국인과 한국인을 비교하며 한국인의 격렬한 반일 태도를 높이 평가하고 탄복할 것이다.

그러나 한국에 대한 중국 시민의 호감은 한국에 대한 깊은 이해의 기초 위에 세워진 것이 아니다. 대체로 그것은 일본에 대한 트라우마 기억을 대칭축으로 삼는다. 최근 몇 년간 나타난 반일 정서는 이미 중국사회가 정치사회로서 미성숙함을 드러냈다. 정치적 국민이라면 뒷일은 생각하지도 않고 감정을 발산할 것이 아니라 사회적 행동의 결과를 고려하고 이에 대해 책임질 능력이 있어야 하기 때문이다. 이런 상황에서 감정적 대항은 문제를 극단으로 몰아갈 뿐이며, 문제의 전환에는 도움이 되지 않는다. 정치적 성격이 미성숙한 중국사회에서 한국과 일본에 대해 정치적 이해를 수립하는 것은 어려운 과제다. 시간이 흐름에 따라 중국의 일부 시민들이 정치과정 속의 어떤 사회적 상호작용의 고리를 힘겹게 추진하고 있지만, 이는 장기적인 과정이 될 것이며 단숨에 이룰 수 없는 일이다.

　　특히 곤란하고 미묘한 문제는 중국 시민이 무심코 드러내는 '대국 정서'다. 대개의 경우 반드시 대외적인 확장을 의미하는 것은 아니지만, 지식인으로서 이러한 정서를 중국 중심주의의 극단으로 밀고 나갈 것인지, 아니면 평등의 전제 아래 동북아에 대한 책임의식으로 전환시킬 것인지는 분별감이 아주 강한 사상과제다. 이 사상과제를 완수하려면 중국, 한국과 일본 지식인의 협력이 절실히 필요하다. 여기에는 치밀한 분석과 판단능력이 필요하며, 경솔하게 처리했다가는 부정적 효과를 가져올 것이다. 고구려 문제가 나타난 후 가장 걱정스러웠던 것은 이러한 부정교합이 양국 시민 간에 감정상의 균열을 가져오지는 않을까 하는 점이다. 일본의 침략전쟁이 초래한 중국사회의 트라우마 기억은 몇 세대가 지나도 사라지지 않고 있다. 일본의 수많은 우호적 인사가 이를 위해 막대한 노력을 기울였지만 양국 민간의 화해는 여전히 진정으로 완성되지 않았다. 양식 있는 중국인이라면 누구든지 중국사회와 한국사회 간에 감정상의 대립이 나타나는 것을 원치 않는다. 이런 감정 대립은 형체 없는 반감 정서가 형성되는 것을 의미하기 때문이다. 전쟁의 가능성을 효과적으로 제지하고 동북아의 평화를 유지하기 위해, 우리는 최대한 노력해서 전쟁의 정신적 기초가 조성되는 것을 극복해야 한다. 이런 정신적 기초는 민간사회의 감정적 균열이자, 역사에 대한 무지와 이데올로기적 열광임을 역사가 말해준다.

최근 중국사회에는 '입장 바꿔 생각하기換位思考'라는 말이 조용히 유행하기 시작했다. 그 뜻은 상대방의 입장에 서서 처지를 바꾸어 상대방의 방식으로 문제를 생각하는 것이다. 이 말의 유행은 최근 몇 년간 중국사회에 일어난 거대한 변화와 관련 있다. 사회적 유동성이 중국사회 내부의 상이한 부분들을 서로 접촉하게 하기 때문에 계층적·민족적·지역적 차이 등이 각양각색의 소통의 어려움을 조성할 뿐더러 아주 쉽게 충돌이 일어난 것이다. 더욱 중요한 것은 사실 중국 내부의 각 지역은 줄곧 진정한 상호 이해가 성립된 적이 없다는 점인데, 이는 중국인이 외부세계를 이해하지 못하는 것과 거의 같은 성질의 문제다. 이런 상태에서 입장 바꿔 생각하기의 의미는 매우 중요해진다. 전 사회가 이에 대해 공통된 인식에 이르지는 못했지만, 이는 중국사회를 진정으로 국제화하는 효과적인 경로다. 한 사회가 내부적으로 '입장 바꿔 생각하기'를 배워야만 외부세계와 대면했을 때 어떻게 타자와 함께 지낼 것인지 이해할 수 있기 때문이다. 중국사회와 중국 시민은 세계사 속에서 자신의 위치를 사고하는 법을 배우지 못했으며, 이로 인해 중국인은 국제관계 속에서 국내 사무를 생각하는 능력을 기르기 어려웠다. 문제는 사실 '대국 심리'를 지녔는지의 여부에 있는 것이 아니라, 자각적으로 국제정치의 안목에 기대어 대국의 내부 상황을 분석하려는 의사가 있는가에 있다. 일본의 침략 역사가 증명하듯 대국이 반드시 소국보다 더 위험한 것은 아니다. 가장 위험한 것은 국제관계에 대해 정확하게 판단하지 못하고, 사회의 '내부 사무'와 '외부 사무'의 관계에 대해 입장을 바꿔 상상하지 못하는 것이다. 이런 입장 바꾸기는 자본의 논리가 얼마나 강력하든지 간에 경제적 이익이 추동하는 범주 속으로 환원되어서는 안 된다. 이런 의미에서 중국인이 어떻게 아시아 시각을 수립하는가는 확실히 긴박한 과제다. 이 과제의 의미는 어쩌면 현실을 바꾸는 것이 아니라 현실을 인식하는 방식을 바꾸는 것일지도 모른다. 우리가 단지 기존의 관성적 사유에 기대어 문제를 처리한다면, 수많은 긴박한 사회문제들은 모른 척 넘어가게 될 것이 분명하다.

세계사의 기존 경험에 비춰보면, 진정한 의미에서의 사회적 '입장 바꿔 생각하기'는 그 성공 사례를 찾아보기 힘들다. 어쩌면 인류에게 이러한 건의 자체가 유토피아적 성질을 띠는 것인지도 모른다. 아마도 더욱 진실한 상상은 인류가 어떻게 위급함 속에서 반성을 배우고, 오늘날 미국식 폭력이 '민주를 수출'하는 것과는 다른 국제정치의 경로를 찾을 수 있는 방법을 배우는 것이다. 진실로 효과적인 경로를 찾지 못한다면 '평화'는 영원히 아름답지만 공허한 구호가 될 것이다.

평화에 대한 위협적 요인은 평화로운 세월 속에서 길러진다. 감정상의 대립은 문제를 회피하고 '앞을 바라보는' 방식으로 해소될 수 없다. 반대로 문제에 대한 회피는 사회생활 깊은 곳에 숨어 있는 파괴적 요소들을 조장할 뿐이다. 이 때문에 긴박하고도 힘겨운 과제는 우리가 어떻게 해야 감정상의 잠재적 대립을 직시하고, 서로 다른 사회와 시민 간에 이해와 신임을 수립할 수 있느냐는 것이다. 중국사회의 '입장 바꿔 생각하기'를 추동하는 것이 중국 지식인의 책임이라면, 한국사회도 완전히 다른 내적 운용 메커니즘을 지닌 중국이라는 사회를 이해하고, 그것의 변화와 난제難題를 이해할 필요가 있지 않을까? 입장 바꿔 생각하기는 상대방을 이해하는 데 도움이 될 뿐 아니라 자신을 이해하는 데도 도움이 된다. 그렇지 않다면 자아에 대한 상상도 타자에 대한 상상과 마찬가지로 그저 일방적인 생각일 뿐이다.

이 어려운 과제들은 때때로 자기부정을 의미하기 때문에 처리하기가 매우 곤란하다. 그러나 동북아의 평화를 위해, 다시는 인위적으로 감정 대립을 만들지 않기 위해 우리에겐 다른 선택이 없다. 일본의 진보 지식인은 그들의 근대 역사를 총결산할 때 일본이 동아시아 이웃 나라와 신임을 쌓을 기회를 번번이 놓친 것에 대해 몹시 분개했다. 어쩌면 중국사회와 한국사회도 지금이 서로를 깊이 이해할 기회인지도 모른다. 우리가 현실을 좌우할 수 있다고는 생각하지 않지만, 나는 여전히 인식론의 측면에서 고뇌하는 지식인의 작업이 역사적 기회를 창조하는 데 필요한 고리가 될 것이라고 생각한다.

오키나와에 내재된 동아시아 전후사[2]

(1)

2008년 초여름 나는 초청을 받고 오키나와에서 열린 학술토론회 「'자기결정권'의 창조를 위해 — 오키나와·아시아·헌법」에 참가했다. 이 모임은 오키나와 사상계와 사회운동권이 오키나와 시민을 위해 준비하고 개최한 공개 학술토론회였으며, 어떤 의미에서는 시정권施政權이 일본에 반환된 이후 오키나와의 사회사상적 상황에 대한 현지의 지식인 및 사회활동가의 회고이자 총결산이었다.

회의에서 나는 영상 자료를 통해 오키나와 일본 복귀의 기본 상황에 관한 위 세대 지식인 오카모토 게이토쿠岡本惠德 등의 생각을 이해했으며, 시인 가와미쓰 신이치川滿信一의 보고를 통해 그가 복귀-반복귀운동에서 '류큐琉球 공화사회 헌법 초안'을 기초한 실제 동기를 이해했다. 또한 그 자리에 있던 사회활동가로부터 오키나와의 사회현상에 관한 견해를 들었고, 운 좋게도 투쟁 중인 수많은 오키나와인을 접했다. 나로서는 근래에 보기 드문 회의였다. 나는 그 속에서 반세기가 넘는 동아시아의 역사적 중압을 느꼈으며, 그로 인해 역사의 참여자가 역사적 뒤얽힘을 마주할 때 겪을 수 있는 특유의 강도 높은 긴장감과 담론의 이면에 숨어 있는 '실어失語 상태'를 체험했다.

회의 기간에 나는 운 좋게도 아라사키 모리테루新崎盛暉를 알게 되었다. 나는 회의가 끝난 후에야 그의 『오키나와 전후사沖繩戰後史』와 『오키나와 현대사沖繩現代史』를 읽기 시작했다(전자는 일시적으로 구하기 어려웠는데, 『현대사상現代思想』 편집장 이케가미 요시히코池上善彦가 한 권뿐인 자신의 소장본을 내게 주었다. 여기서 삼가 사의를 표한다). 아라사키는 겸손하고 온화하며 차분한 학자였다. 그가 내게 준 인상은 그의 글쓰기 풍격과 일치했다. 난마같이 얽힌 현실 상황을 이처럼 침착하게 정리하고, 그것을 '역사'로 정리할 수 있는 사람은 예리한 통찰력을 지니고 있음이 분명하다.

아라사키가 이 두 권의 중국어판을 위해 쓴 서문에서 지적한 것처럼, 오늘날의 오키나와는 일본의 현縣이지만 다른 현들과는 달리(한 마디 더 보충하자면 다른 현들과 구별되는 홋카이도와도 다르다) 류큐 왕국으로 불렸던 유구한 역사를 지니고 있으며, 일찍이 명·청과 예의를 표상으로 하는 조공관계를 유지했다. 에도 시대에 사쓰마번薩摩藩에게 무력으로 점령된 후 오키나와는 독립성이 점점 박탈되었으며, 메이지 초기인 1879년 류큐는 일본의 한 '현'이 되었다. 이로써 조공관계에서 지녔던 자주성은 더 이상 존재하지 않게 되었으며, 그 역사도 일본어에 의해 가려지게 되었다. 오늘날 많은 오키나와 젊은이는 심지어 자신의 언어를 할 줄 모르며, 류큐의 문화예술에도 더 이상 익숙하지 않다. 1945년 일본이 패전한 후 오키나와는 다시 류큐라는 이름으로 일본에서 벗어났지만 미국의 점령하에 놓였기 때문에 자유를 얻지는 못했다. 세계 패권정치의 네트워크 속에서 오키나와라는 이 유린당한 지역사회는 중요한 위치를 차지한다. 이곳은 미국이 전 세계를 제패하는 군사기지이자 일본이 위기를 전가하는 담지체다. 그러나 이 '중요성'이 오키나와 민중에게 가져온 것은 끝없는 재난이었을 뿐만 아니라 정체성 선택의 어려움이었다. 1950년대 초반에 일어난 일로서 어떤 의미에서는 오늘날까지 지속된다고 할 수 있는 딜레마, 곧 '일본으로 복귀할 것인가, 아니면 일본에서 독립할 것인가'라는 문제는 오키나와인의 역사적 운명을 그대로 묘사한다. 1972년 오키나와의 시정권이 일본으로 '복귀'되었지만, 이는 오키나와의 문제를 조금도 해결하지 못했다. 일본 정부는 오키나와에 약간의 경제적 원조를 제공했지만, 이는 본토의 각종 위기(우선은 본토의 미군기지)를 떠넘기기 위한 포석에 불과했다. 오키나와인이 각종 기본권을 얻으려면 여전히 자신의 투쟁에 의지해야 했다.

회의가 끝난 후 저명한 평론가 나카자토 이사오仲里效와 그의 부인이 짬을 내어 옛 류큐의 문화유적을 참관할 수 있도록 안내해주었다. 나는 지금도 류큐 왕국의 옛터에서 머리 위로 날아가는 미군 전투기를 올려다봤을 때의 정경을 잊지 못한다. 일찍이 류큐의 휘황찬란함은 점령당한 이 토지의 것이었으나, 이곳 사람들은 자유를 되찾기 위해 전력을 다해 싸우고 버틴다. 오늘날 '일본인'으로서 그들은 자신과 역사의 관계를 어떻게 느낄까?

오키나와를 떠나기 전에 나는 한 커피숍에서 어느 사회활동가와 만나기로 했다. 그녀는 바삐 왔다가 커피 한 잔만 마시고는 또 바삐 떠났는데, 이 잠깐의 만남은 내게 깊은 인상을 남겼다. 이 짧디짧은 시간에 그녀는 내게 오키나와의 사회활동가들이 미군기지에 대항하는 운동을 지속하기 위해 끊임없이 에너지를 쏟고 있다고 알려주었다. 이는 기력을 소진시키는 일이다. 어떤 대중운동이든지 발흥할 때에는 발동과 조직이 필요하지만, 그 후의 유지에 비하면 처음에 소모하는 기력은 아무것도 아니다. 오키나와에서의 미군기지 확장에 대한 저항, 특히 미군기지를 오키나와에서 몰아내는 일은 오랜 시간이 걸리는 투쟁이다. 사회활동가는 운동집단에 늘 에너지를 쏟아부어 투쟁이 지속되게 하고 도중에 변질되는 것을 막아야 한다.

그 활동가는 내게 미국이 결국엔 오키나와의 기지에서 철수할 수밖에 없겠지만 이것이 반드시 오키나와인의 승리나 미국 정부의 실패를 의미하지는 않는다고 말했다. 오키나와에서 철수한 미군기지는 곧바로 태평양의 다른 도서에 배치될 수 있으며, 모든 도서가 오키나와처럼 미군기지에 반대할 수 있는 에너지를 지닌 것은 아니기 때문이다. 미국은 일찌감치 선택 가능한 기지 설치 방안을 몇 가지 예비하고 있으며, 오키나와의 저항이 오키나와에 주둔한 미군을 몰아낼 수는 있지만, 미군을 진짜 그들의 국토로 쫓아 보낼 수 있는 것은 아니라는 의미다.

나는 이 활동가의 분석에 탄복했다. 그녀의 시야에서 오키나와인의 투쟁 목표는 미국을 자신들의 토지에서 몰아내는 것이 아니라, 전쟁의 잠재적 위협을 진정으로 소멸시키고 미국이 그들의 국토 밖에 설치한 군사기지를 취소시키는 것이었다. 이 얼마나 대단한 정치적 책임감인가!

마찬가지로 가와미쓰 신이치가 자신이 기초한 '류큐 공화사회 헌법 초안'을 설명할 때, 내가 받았던 자극도 형언하기 어렵다. 이 초안은 현행 일본 헌법에 대한 대체 방안이 아니다. 그것은 '국가의 헌법'이 아니라 '사회의 헌법'이기 때문이다. 이 헌법 초안은 법학자가 기초한 또 다른 '류큐 공화국 헌법 초안'과 함께 1981년의 『신류큐문학新琉球文學』에 맨 처음 발표되어 당시 커다란 반향을 불러일으켰다. 가와미쓰는 그의 초안 제1장 '기본 이념'에 다음과 같이 서술했다.

제1조 우리 류큐 공화사회 인민은 역사적 반성과 비원悲願에 입각해 인류 유사 이래 권력 집중의 기능이 조성한 모든 죄업의 뿌리를 지양하며, 이에 단호히 국가를 철폐함을 명확히 선포한다. 이 헌법은 공화사회 인민의 아래와 같은 행위만을 보장하며, 만물에 대한 자비의 원리에 근거해 상호부조의 제도를 끊임없이 창조한다.

자비의 원리를 넘어서거나 벗어나는 인민, 협조 기구와 그 권력자는 그 어떤 권리도 보장받지 못한다.

제2조 이 헌법은 모든 법률을 폐기하기 위해 세운 유일한 법이다. 따라서 그것은 군대, 경찰, 고정된 국가 관리 기구, 관료체제, 사법기관 등 권력을 집중시키는 조직체제를 폐지하며, 이런 유의 조직을 설치하지 않는다. 공화사회의 인민은 개개인의 마

음속에서 권력의 싹을 근절하고 전력을 다해 깨끗이 제거해야
한다…….

이 '헌법'의 유토피아적 성격을 지적하기란 쉬운 일이며, 1980년
대에 이런 유의 평가를 받았던 듯하다. 그러나 이런 유의 비판이
여전히 존재하긴 하지만 20여 년이 지난 후에 오키나와의 지식인
이 다시 이 '헌법'(또 다른 '헌법'은 작자가 세상을 떠났기 때문에 직접적
으로 토론되지는 않았지만, 회의 문건에는 동시에 인쇄되어 배부되었다)
을 되새기는 것은 또렷한 현실인식에서 비롯한다. 그것이 유토피
아적 성격을 지녔다고 한다면, 이러한 유토피아는 현실사회와 동
떨어진 것이 아니라 산재한 '요소'의 방식으로 현실정치의 관계 속
에 존재하며, 현실의 기성 질서를 와해하는 기능을 지닌다. 그런
까닭에 그것은 오키나와의 내일을 대표하고 있는지도 모른다.
　가와미쓰 신이치는 학술토론회에서, 일본 국회가 오키나와 의
원에게 역할을 발휘하지 못하게 하는 상태에서 이 헌법이 일본 민
중에게 현행 일본 헌법의 합법성에 대한 의문을 불러일으키고, 일
본인이 자신의 사회형태를 자주적으로 설계하는 주체의식을 불러
일으킬 수 있기를 바란다고 말했다. 그는 만약 일본의 모든 도都·
독督·부府·현縣이 저마다의 '헌법 초안'을 지닌다면, 일본의 헌법은
진정으로 다시 제정되지 않을 수 없을 것이라고 했다. 그리고 이런
전제하에서 오늘날 일본 본토의 진보 지식인이 벌이고 있는 헌법
제9조 수호투쟁도 지나치게 무력하고 본말이 전도된 것처럼 보인
다고 했다.

나카자토 이사오는 이 헌법 초안이 1960~1970년대에 오키나와 본토에서 일어난 '일본 복귀' 운동에 대한 철저한 비판이라고 말했다. 그것은 동시에 권력에 대한 색다른 상상을 제시했는데, 바로 오키나와의 '근대'에 대한 깊은 반성에 뿌리를 둔 '반복귀·오키나와 자립론'이다. 제삼자는 단지 그것을 직관적으로 '오키나와가 독립 자치를 요구'하는 것으로 이해할 것이나, 이렇게 이해한다면 실로 대단한 오산이다. 나카자토 이사오와 기타 반복귀운동의 창도자는 절대로 직관적 의미에서의 '독립파'가 아니다. 오히려 그들은 현실에 대해 무책임한 '오키나와 독립론'에 반대한다. 준엄한 투쟁에서 이런 사상가들은 늘 투쟁의 유효성과 이념성에 관심을 가지며 이를 위해 투쟁 영혼으로서의 원리를 연마한다. 나카자토 이사오의 분석에 따르면 '반복귀·오키나와 자립론'이 맞서려는 것은 단순한 '일본 복귀'가 아니라 이런 복귀의 조류 속에 나타나는 식민지주의에 대한 내재화된 정체성과 이런 정체성의 문화형태. 같은 이치로 '오키나와 독립론'도 명백히 현실정치의 독립 방안이 아니라, 우선은 일종의 정신적 자립자주의 욕구다. 동시에 아라사키가 말한 것처럼 반복귀사상은 결코 복귀사상의 반명제가 아니며, 훨씬 풍부한 창조적 상상을 포함한다. 나카자토 이사오는 진정한 문제는 "오키나와에서 나고 자란 우리가 세계로 통하면서도 자신에게 돌아오는 담론을 얻을 수 있는가"에 있음을 강조한다. 정치권력에 대한 이 두 가지 헌법의 색다른 상상은 오키나와 담론과 오키나와적 세계 이미지에 대한 창조로 이해되어야 한다.

　이 회의에 참석한 후로 줄곧 나는 내가 받았던 충격을 글로 적어 중국의 독자들에게 전달하고 싶었으나 정확한 언어를 찾을 수 없어 괴로웠다. 오키나와의 경험은 고난과 저항으로 개괄할 수 있는 것이 아니다. 그것은 반세기가 넘는 동아시아의 전후사戰後史를 응축했으며, 이 역사 시기 속의 모든 잔혹함과 딜레마를 거의 한데 모아놓았다. 오키나와인의 저항은 오키나와의 운명을 결정하고 있을 뿐만 아니라 동아시아의 운명에도 영향을 미치고 있다. 오키나와의 활동가들은 어렵고 고달픈 '지구전持久戰' 속에 몇 대에 걸친 사람들의 생명과 세월을 바쳤으며, 오키나와의 사상가들은 긴박한 실천과제 속에서 이 지구전을 위해 끊임없이 변동하는 사상의 윤곽을 만들고 있다. 오늘날 세계의 지식 구도 속에서 오키나와인은 자신의 역사를 서술하려면 반드시 자신의 담론을 벼려내는 것부터 시작해야 함을 또렷이 의식하고 있다. 패권에 의해 지배되는 이 세계는 오키나와 같은 지역을 위해 그에 속하는 서술 공간을 미리 남겨두지 않기 때문이다.

중국어권에서는 오에 겐자부로의 『오키나와 노트』가 이미 번역되었다. 이는 상당히 대표성을 지니는 저작으로, 오키나와에 대해 본토의 양식 있는 일본인이 느끼는 복잡한 감정을 표현했다. 이 저작에서 태평양전쟁 후기에 일본 군대가 오키나와 민중에게 '집단자결'을 강요한 일에 관해 언급한 사실이 일본에서 한바탕 소송을 불러일으켰다. 오에는 이 소송을 통해 또 한번 일본사회에 전쟁 책임에 관한 자신의 생각을 전달했다. 동시에 이 소송은 오키나와의 전쟁기억이 단순히 '기억'이 아니라 현재진행형의 상태로 사람들 사이에 아직 살아 있음을 암시했다. 시간이 흘러감에 따

라 오키나와의 현대사는 훨씬 광범위한 방식으로 기억되고 있다. 예컨대 올해 이와나미서점에서 출간한 『잔상의 소리残傷の音』는 재일 한국 시인이자 학자인 이정화가 책임편집한 문집으로서 오키나와·한국·일본 본토 예술가의 창작과 그에 대한 해석을 모아놓았는데, 그 시점은 전쟁 시기의 오키나와와 한반도에 명확하게 놓여 있다. DVD가 딸려 있는 이 저작의 가장 큰 특징은 언어를 해체시키고 가능한 한 담론 바깥의 '음향'으로 그것을 대체했다는 점이다. 이정화의 작업에는 나카자토 이사오가 제기한 '오키나와 담론'의 문제와 서로 맞물리는 주제가 함축되었다고 말할 수 있다. 이는 곧 오키나와와 한국(특히 제주도)의 역사를 마주할 때는 '실어 상태'에 처해야만 그것의 목소리를 들을 수 있고, 그것에 속하는 담론을 창건할 수 있다는 것이다.

(2)

내가 책을 읽을 때 얻은 느낌은 상술한 경험의 맥락을 통해야만 비로소 쉽게 전달될 수 있을지도 모른다. 앞서 언급한 두 책을 하나로 묶은 중국어 번역본 『오키나와 현대사沖縄現代史』[3]는 엄격히 동일한 맥락, 즉 일본 패전 이후부터 지금에 이르기까지 오키나와 정계와 사회에서 발생한 항쟁을 따라 서술했다. 오키나와의 전후 미국에 의한 '신탁통치'부터 시정권의 일본 반환까지, 그리고 다시 복귀 후 일본 정부 및 미국과의 첨예한 충돌에 이르기까지, 이렇게 두 단계로 나뉘어 기술된 역사에는 처음부터 끝까지 오키나와 민중의 한결같은 분투 목표가 관통하고 있다. 그 분투 목표란 그 어떤 외부의 은혜에도 기대지 않고 스스로의 역량에 기대어 최대한도의 자결권을 쟁취하는 것이다. 동시에 이 분투는 줄곧 매우 어려운 조건 아래 각종 제도적 공간과 시대적 변화의 틈새를 이용해 추진된다. 모든 투쟁의 고리는 이 역사의 일부분을 구성하지만, 각 고리의 함의는 반드시 다른 고리와 직접 연관되는 것은 아니며, 심지어 다수의 상황에서 그것들은 상호 모순적인 방식을 통해서만 서로 연결될 수 있다. 이런 특성은 오키나와가 국제정치 구도에 놓인 특수한 위치에서 비롯한다.

오키나와가 전후 '류큐'라는 이름으로 일본에서 벗어나 미국의 '신탁통치'를 받을 때부터 1972년 시정권이 일본에 반환될 때까지, 그 기간에 오키나와가 미국의 한 주州인지 아니면 동아시아의 고아인지는 줄곧 애매모호한 문제였다. 이 문제는 미국과 일본 정부에게 전혀 중요하지 않았다. 그들의 관심은 전후의 국제 구도에서 어떻게 자신을 위해 최대의 이익을 쟁취할 것인가에만 있었고, 류큐는 단지 위기를 전가하고 교역을 진행하기 위한 중간 거점일 뿐이었기 때문이다. 그러나 현대 세계에서 자기 위치를 확정해야 하는 오키나와인으로서는 신분에 관련된 이 문제가 지극히 중요하다. 왜냐하면 그것은 귀속과 정체성을 의미할 뿐만 아니라, 더욱 중요하게는 현실정치의 권리에 대한 확인과 투쟁 목표의 수립을 의미하기 때문이다. 태평양전쟁에서 유일하게 일본 본토에서 전투가 발생한 지역으로서, 오키나와는 전쟁 후반에 일본 정부에 의해 '졸卒을 버려서 차車를 지키는' 데 이용되었다. 미군이 오키나와에 상륙한 후, 이 상륙작전이 오키나와에서 발생한 순간 전지구적 패권을 수립하려는 미국의 계획성이 구현되었다. 즉, 미군의 상륙 작전과 오키나와 섬에 민중의 진입을 금지하는 대규모 군사구역을 구획하는 작전이 동시에 전개된 것이다. 일본 본토의 진보 세력이 아직 미국 군대를 천황제의 도탄에서 민중을 구원해줄 '해방군'으로 간주하고 있을 때, 오키나와 민중은 이미 이 '해방'의 간난신고를 충분히 맛보았다. 또한 본토 사람들이 미국이 들여온 '민주화'에 대한 환상으로 가득 찼을 때, 오키나와 민중은 이미 현실의 항쟁에서 이 민주제도의 위선적 함의를 깊이 체득했다. 역사가 본토 일본인에게 허황한 '선택의 여지'를 주었다고 한다면, 설령 이런 잠깐의 허황한 가능성이라도 오키나와는 신경 쓴 적이 없다고 말할 수 있다. 본토 일본인이 아직 꿈을 꾸고 있을 때, 오키나와인은 루쉰이 말한 "꿈에서 깨어난 후 갈 길이 없는" 상황에 직면했다.

『오키나와 현대사』는 이 시기의 역사를 간결하게 묘사했다. 오키나와에서 발생한 합법 투쟁은 바로 이렇게 갈 길이 없는 상태에서 오키나와인 스스로의 역량에 기대어 추진되었다. 그들은 일본과 미국의 관계를 절묘하게 이용하고, 미국이 점령한 사실과 미국 군정부(1972년까지 류큐의 실제 통치권을 보유했던 이 미국 군사기구는 1950년부터 '민정부'로 이름을 바꾸었다)가 공포한 각종 정책 조문을 이용해, 한 걸음씩 오키나와 사회의 자유도自由度와 자결권을 추진하고 확립했다. 이 책은 큰 편폭을 할애해 오키나와 정계 자체의 분쟁과 대립을 간결하게 묘사했다. 즉, 혁신 세력과 보수 세력의 대립, 혁신 세력 내부의 대립, 그리고 이러한 대립이 초래한 오키나와 사회의 변화가 그것이다. 거의 숨을 돌리기 어려울 만큼 긴박한 리듬 속에서 아라사키 모리테루는 복잡하게 변화하는 동태적 정치과정을 서술했다. 이 과정에서 미국·일본 정부와 오키나와 정계 내의 각종 세력이 형성한 긴박한 역학관계는 상이한 역사적 순간에 상이한 구조적 관계를 지녀서 동일한 척도로 비교하기 어렵다. 예컨대 어떤 순간에는 수호해야 하는 정책 조문의 법률적 효과가 다른 순간에는 철저하게 파괴되어야 했고, 어떤 순간에는 고수해야 하는 대일·대미 입장이 다른 순간에는 부정되어야 했다.

정계의 투쟁에 민중의 의지가 참여하지 않는다면 당쟁으로 전락하는 것을 면할 수 없다. 오키나와의 정치투쟁은 시종 민중의 의지를 관철했다. 이 책에는 '온 섬의 위아래'가 함께한 대규모 항쟁 형태를 여러 차례 소개했으며, 섬 전체가 떨쳐 일어난 이 정치투쟁의 전통이 정세에 직접 영향을 미치는 에너지를 지녔음을 특별히 강조했다. 그것은 예컨대 나하那霸의 시정市政에 대한 미군의 조종을 효과적으로 제지할 수 있었을 뿐만 아니라, 미국의 오키나와 주둔 정책을 양보하고 조정하게 할 수 있었다. 극한 상태에서 형성된 오키나와인의 이런 전투 전통은 일본 정부가 오키나와의 이익을 팔아먹고 미국이 오키나와를 아시아 통제의 주요 거점으로 삼는 험악한 정세하에서 자신의 기본 권익을 지키는 유일하게 믿음직한 방식이었다.

이 책에서 '오키나와 민중'은 단수가 아니다. 바꿔 말해서 민중이 늘 똑같은 선택을 하거나 통일된 행동을 하는 것은 아니다. 사실상 이 책이 전후의 세월 속에 오키나와 정계에서 일어난 정당의 분열과 부단히 형성된 각종 사회조직을 서술할 때, 그것은 바로 오키나와 민중의 '다원'적 성격을 서술하고 있는 것이다. 오늘날 세계의 민주제도는 나날이 형식화로 흐르고, 정당정치는 나날이 사회적 기초에서 벗어나며, 민중의 요구와 의회의 논쟁은 나날이 어긋나고 있다. 이런 때에 오키나와의 민중 정치항쟁은 여전히 활력을 유지하고 있으며, 민중의 다원화된 정치 욕구는 여전히 정계의 투쟁 형태에 영향을 미칠 수 있다. 이는 막대한 에너지가 있어야 유지할 수 있는 어려운 국면이다. 이런 국면을 조성하는 것은 오키나와가 당대 동아시아 구도에서 차지하는 중요한 위치, 그리고 전후에 오키나와가 처한 운명적 딜레마 상태다.

가장 대표성을 지니는 것은 이 책에서 언급한 '복귀–반복귀' 운동일 것이다. 이 운동의 내부는 불일치와 대립으로 가득 찼지만, 전체적으로 보면 오키나와 전후 역사에서 가장 큰 딜레마를 상당히 또렷하게 구현했다. 이 책의 제1부 제9장에 서술한 문제는 오키나와의 최종 귀속에 있는 것이 아니라 이 귀속 문제를 둘러싸고 오키나와와 일본 본토 사이, 오키나와의 내부에서 일어난 일련의 파생적 문제다. 예컨대 오키나와 시정권이 일본 정부에 반환되는 것과 미·일 안보체제 사이에는 어떤 관계가 있는가? 일본 자위대는 오키나와에 들어갈 수 있는가? 오키나와에 있는 미군기지가 반환될 때 핵무기 사용권을 남겨둘 수 있는가? 오키나와의 미군기지가 반환된 후 본토 기지와의 사이에 '평등'한 기준을 수립해야 하는가?

오키나와의 복귀운동과 반복귀운동은 시간상으로 서로 이어진 것 같지만, 실은 동시에 진행되었다. 왜냐하면 오키나와의 복귀를 제창하는 활동가 가운데 많은 사람이 단순히 일본 복귀를 오키나와의 피점령 국면을 타개하는 출구로 간주했고, 이를 위해 '평화헌법을 보유한 일본'으로의 복귀가 호소력 있는 구호가 되었기 때문이다. 이 구호의 실질은 일본으로의 회귀라기보다는 '평화헌법'으로의 회귀다. 그러나 '평화 일본'으로 복귀한다는 이상은 결코 일본 정부에 버림받고 차별당하는 오키나와의 현실을 해결할 수 없다. 또한 전후에 일본 정부가 미국으로부터 진정으로 독립하지 못했으므로 일본 복귀가 미군 점령에 효과적으로 대항할 수 없다는 문제를 해결할 수도 없다. 따라서 일본 복귀운동이 일어났을 때부터 반복귀의 이념과 감정도 동시에 자라났다. 그러나 반복귀가 오키나와의 독립으로 통할 수 있는가? 반복귀가 오키나와 독립론과 결합했을 때, 그것의 구체적인 딜레마는 무엇인가? 오키나와인을 괴롭히는 이 문제들은 결국 '복귀-반복귀'를 실천의 목표가 아니라 사상과 현실 투쟁의 틀 또는 매개로 변하게 만들었다. 이 틀에 힘입어 가장 또렷하게 떠오른 것은 오키나와인이 고독한 전투에서 스스로에게 설정한 각각의 구체적 목표다. 이 목표는 오키나와인의 생존 문제에 관계될 뿐만 아니라, 동아시아 지역의 국제정세에도 관계된다.

오키나와의 귀속 문제가 미·일 양국의 담판 일정에 포함되었을 때는 바로 베트남전쟁이 격렬한 양상으로 진입하고 오키나와는 베트남 침략의 최전선 기지가 되었으며, 일본 정부는 베트남전쟁에 더욱 깊이 개입하던 시기였다. 오키나와 시정권의 일본 회귀는 동아시아 반공정책의 구체적인 실시를 일본에 전가하려는 미국의 정책과 서로 표리를 이룬다. '평화헌법'으로 회귀하려는 오키나와인의 바람과는 반대로, 평화헌법을 보유한 일본 정부는 바로 이 시기에 전쟁의 염원을 가장 강렬하게 드러냈다. 2008년 12월 22일자『아사히신문』에 따르면, 1964년 중국이 핵실험을 성공한 후 1965년 미국을 방문한 일본 총리 사토 에이사쿠佐藤榮作는 일·중 간에 전쟁이 발발하면 미국이 곧바로 핵무기를 사용해 보복해주기를 바란다고 분명하게 밝혔다. 바로 이 사토 총리가 1969년 11월 미국을 방문해 '사토−닉슨 공동성명'에 서명함으로써 오키나와의 일본 복귀를 현실로 만들었다. 이 현실의 직접적인 결과는 바로 이 책에서 제시한 것처럼 일본 본토의 미군기지가 한층 더 오키나와에 집중되는 것이었다. 오키나와의 일본 복귀는 오키나와를 평화로 통하지 못하게 하고 오히려 전쟁으로 한 걸음 더 밀어넣었다.

복귀냐 반복귀냐의 문제는 정체성 문제보다 훨씬 더 복잡하다. 베트남전쟁이 폭발한 1960년대 중반, 오키나와 민중은 복귀와 미국의 극동 반공정책 간의 잠재적 연관성을 깨달았으며, 이에 운동 구호가 "평화헌법으로 복귀하자"에서 "반전 복귀"로 방향을 바꾸게 되었다. 미·일 정부의 오키나와 시정권 인계 목표도 '복귀'라는 구호를 사용했지만, 이는 방향이 상반된 투쟁이었다. 이 책은 이 운동이 끝내 성공을 거두지는 못했지만, 그로 인해 민중이 미군기지를 묵인하는 것은 곧 베트남 민중에게 사실상 해를 끼치는 것임을 인식하게 되었다고 지적한다. 이 인식으로 인해 오키나와의 귀속 문제와 정체성 문제가 동아시아 국제관계의 한 고리를 형성하게 되었다.

오키나와가 일본으로 복귀한 후 미·일 군사동맹은 이를 계기로 강화되었으며, 자위대가 오키나와에 들어감으로써 미·일의 군사 역량이 새롭게 개편되었다. 이른바 주변사태 법안 등의 보충 조항은 일본 민중이 줄곧 철폐하고자 했던 안보조약을 한층 강화시켜 향후 걸프전쟁과 이라크전쟁 등을 위한 군사적 조건을 마련했으며, 미국과 그 비호 아래 숨은 일본이 동아시아에서 군사적 패권을 확립하는 데 필요한 기초를 끊임없이 다졌다. 이와 동시에 복귀가 오키나와 민중에게 가져다준 것은 거짓된 번영과 실질적인 약탈이었다. 한 오키나와 지식인은 내게 다음과 같이 알려주었다. 오늘날 오키나와의 관광·무역·생산 기구를 가득 채우고 있는 것은 기본적으로 일본 본토에서 온 대기업이다. 그들이 오키나와에서 얻은 이윤은 오키나와인의 행복을 위해 쓰이지 않고 다른 곳으로 이동되며, 그 최대 수익자는 여전히 오키나와 밖에 있다. 전후의 기형적 발전으로 인해 오키나와는 어업 및 사회 재생산을 유지할 수 있는 기타 경제형태를 상실했으며, 오로지 '기지경제'에 의지해 사회 발전을 유지하고 있다. 따라서 미군기지가 정말 오키나와에서 쫓겨나고 일본 정부도 기지 보상금을 철폐한다면 합리적 산업과 상업 구조를 갖추지 못한 오키나와 사회는 매우 심각한 시련에 직면할 것이다.

바로 이런 의미에서 1972년 이후 훨씬 성숙된 '반복귀운동'과 미군기지 반대운동, 그리고 이에 상응하는 천황제 반대와 일장기 거부운동은 힘겨운 투쟁과정이었다. 이는 오키나와가 스스로를 위해 더욱 합리적인 사회형태를 찾고, 현실 투쟁에서 끊임없이 그 기초를 다져왔음을 의미한다. 미국과 일본에 필적할 수 있는 '국가 기구'가 갖추어지지 않은 상황하에, 오키나와인은 민주사회의 최대 잠재력을 이끌어냈다. 그들은 자신들의 위기감과 결단을 바탕으로 합법 투쟁의 제도적 공간을 이용해 미국의 군사 확장과 일본의 공모를 부단히 견제하면서 자신들의 정치이념을 끊임없이 키웠다. 이 책에서 몇 차례 언급된 '한 평 반전지주反戰地主운동'은 이러한 이념성을 지닌 구체적 투쟁이다. 이 운동은 여러 사람을 동원해 '한 평'을 단위로 미군기지 내부의 토지소유권을 나누어 사들이는 형식으로 미군기지 내부에 장애를 일으켰기 때문에, 어느 정도 현실적 대항 기능을 지니게 되었다. 동시에 강렬한 상징성으로 인해 이 운동은 모종의 사회 계몽적 기능도 지니게 되었다. 그것은 가령 '1피트 필름운동'(기금을 마련해 '1피트'를 단위로 미군이 오키나와를 점령할 때 찍은 필름을 공동으로 구매함으로써 다음 세대에 역사적 교훈을 남기자는 운동)과 같이 상응하는 다른 운동들과 결합해, 오키나와 사회에서 모든 개인을 참여시킬 수 있는 정치과정을 형성했다. 이러한 사회적 분위기를 이해해야만 가와미쓰 신이치의 '류큐 공화사회 헌법 초안'의 유토피아가 지닌 현실적 성격을 이해할 수 있으며, 오키나와평화시민연락회가 발표한 '오키나와 민중 평화 선언'의 다음과 같은 내용을 이해할 수 있다.

이른바 '경제 번영'이란 일부 대국과 그중의 특권계급의 이익을 추구하는 것에 불과하며, 이른바 '평화'란 이런 이익을 보장할 수 있는 경제체제와 국제질서를 유지하는 것에 불과하다.

우리가 바라는 '평화'는 지구상의 사람들이 자연환경을 소중히 여기고, 유한한 자원과 부를 가능한 한 평등하게 누리며, 절대 폭력(군사적 힘)을 사용하지 않고, 상이한 문화·가치관·제도 사이에서 상호 존중해 공생을 실현하는 것이다.

사람들이 자신의 투쟁으로 현실에 영향을 미치고, 차이와 분쟁 속에서 상응하는 사회적 합의를 나날이 배양할 수 있을 때, 이런 선언은 관념적 탁상공론이 결코 아니라 구체적 항쟁 목표와 구체적 이념 환경을 규정하며 이로써 진실한 정치적 역량을 지닌다.

(3)

오키나와 민중과 오키나와 사상가의 지지부진한 항쟁은 동아시아 사회가 공유하는 정신적 자산이 되지 못했다. 반세기가 넘게 지속된 이 항쟁의 파란만장한 기복은 동아시아와 아시아의 국제 정세를 변화시키고 있다. 또한 '온 섬의 위아래'가 참여한 저항 행동은 오키나와인이 세계평화를 위해 미군의 손발을 직접 견제한 것으로, 이를 위해 막대한 에너지를 소모하고 있다. 그럼에도 불구하고 오키나와인은 고독 속에서 투쟁하고 있다. 그들의 고독은 계속된 일본 정부의 배신에서 기원할 뿐만 아니라, 오키나와 이외의 지역에서는 깊이 이해하는 사람과 동맹군을 찾기 어렵다는 데서도 기원한다.

이 책에서는 일본 본토의 진보 세력과 오키나와 사회 간의 간극이 여러 차례 언급되었으며, 본토 일본사회의 냉담한 태도에 격분해 '기지 지지'나 '핵 포함 반환 지지'[4]로 돌아서게 된 일부 오키나와인의 복잡하게 뒤얽힌 감정이 언급되었다. 이와 상대적으로 사실 본토의 진보 인사가 오키나와를 마주할 때도 종종 문제의 복잡함을 느끼기 때문에 어찌할 바를 모른다. 본토 일본인 가운데 양식 있는 사람은 근대 이후 오키나와의 불행에 대해 깊은 죄책감을 느낀다. 오키나와와 오키나와인을 마주할 때 그들은 언제나 "오키나와는 독립해야 한다"거나 "오키나와는 일본이 아니다"라는 말로 자신의 심정을 표현하는데, 사실 그들의 감정은 대부분 이런 말보다 훨씬 복잡하다. 내가 관찰한 바로는 본토의 진보 지식인이 취한 강도 높은 비판적 태도는 오키나와에서 발붙일 기초를 찾지 못했고, 본토의 양식 있는 사람이 오키나와를 마주할 때 보이는 진실한 미안함도 오키나와 사회가 진정으로 기대하고 필요로 하는 것이 아니다. 이 심각한 전도顚倒는 오키나와인을 괴롭힐 뿐만 아니라 마찬가지로 본토의 양식 있는 일본인을 괴롭힌다.

나는 1951년의 미·일 안보조약 체결부터 1960년의 안보조약 개정, 다시 1970년대 오키나와의 시정권이 일본에 반환될 때까지의 일부 자료를 살펴본 적이 있다. 오키나와의 귀속 문제와 안보조약의 관계, 오키나와의 일본 회귀와 안보투쟁 중 본토의 진보 세력에 나타난 인식상의 맹점 등은 서로 복잡하게 얽혀 간단히 환원되기 어려운 방대한 문제군問題群을 형성한다고 할 수 있다. 하나를 내걸고 만 개를 빠뜨리는 위험을 무릅쓰고서라도 나는 다음과 같은 문제를 초보적으로 지적하고자 한다. 즉, 오키나와가 미국에 점령된 20여 년은 바로 안보조약이 일본에 부단히 침투하고, 일본 정부가 '부전국가不戰國家'에서 '향전국가向戰國家'로 전향한 시기다. 극동의 평화 수호를 구실로 삼는 군사조약인 이 안보조약은 미국의 동아시아 군사 배치를 합법화하고, 그것을 부단히 '일본화'했다(일본 정부는 오키나와가 반환된 후 원래 미국이 부담했던 군비와 기지 보상비, 토지 관리권을 대부분 '인수해 관리'했으며, 미국이 오키나와에서 군사기지를 확장하는 데 도움을 주는 유능한 공범이 되었다. 동시에 미·일은 조항의 수정을 통해 일본 자위대가 미국의 군사행동에 더욱 직접적으로 참여하게 만들었다). 오키나와 기지의 거취는 안보조약에서 가장 핵심적인 문제였다. 이에 대해 일본 본토의 사상계는 의식이 없지 않았으나, 오키나와 문제의 성격은 완전히 국가 시각에 의해 환원될 수 없으며, 일본의 진보 지식인은 오키나와 현대사의 딜레마에 충분히 대응할 수 있는 유효한 시각을 구축할 수 없었다는 데에 골치 아픈 문제가 있었다. 이는 또한 이 책에서 본토 안보운동의 치명적 약점을 비판하는 원인이기도 하다. 이 책의 저자가 보기에 안보조약에 반대하는 본토의 군중운동과 오키나와 민중의 투쟁은 서로 어긋나 있으며, 이런 어긋남은 훗날 오키나와 민중의 반기지 투쟁에 고립무원의 곤경을 초래했다.

오키나와는 요즘 세상에서 온갖 수모를 당했으나 진정으로 존중받지 못하는 곳이다. 오늘날에도 사람들이 이해하기 어려운 문제는 오키나와인은 동정이 아니라 '오키나와 논리'에 대한 이해와 존중을 필요로 하며, 이런 이해와 존중에 입각한 사상과 행동의 지원을 필요로 한다는 점이다. 근대 이래의 국가 관념이 만들어낸 주류 이데올로기는 정체성과 관련 있는 모든 역사문제를 국가주권과 민족자결권의 범주로 분류되게 만들었다. 이런 사유 패턴은 세계체제 속의 중대한 정치문제를 다루었지만, 중대한 문제가 은폐하는 훨씬 심층적인 사회문제는 건드릴 수 없었다. 오늘날 세계의 대다수 정치문제는 '귀속'의 시각에서 자리매김되고 논쟁이 이뤄지지만, 귀속 문제의 토론이 다룰 수 있는 대상과 해석 문제의 유효성은 구체적인 선별이 필요하다. 즉, 이 시각은 결코 만능이 아니라 많은 상황에서 생각해볼 수 있는 하나의 매개에 불과할 뿐 문제의 핵심이 아니다. 주권 문제가 위협을 받지 않거나 선택의 여지가 존재하지 않는 곳에서는 귀속에 관한 문제가 상대화되고 문제화되기 어렵다. 그것은 종종 요점을 간명하게 제시할 수 있는 선행 전제로 자연스레 간주된다. 그러나 오키나와 같은 사회에서 귀속과 같이 주권에도 관련되고 정체성에도 관련된 중요한 문제는 반드시 상대적이다. 오키나와의 사상가는 무조건적인 일본 복귀와 절대적인 오키나와 독립에 대해 똑같이 경계를 유지한다. 이는 바로 조공 시기의 옛 류큐와 처참한 상처를 입은 현대의 오키나와가 그들에게 준 소중한 사상적 유산이다. 오키나와인은 무엇을 위해 싸우는가? 그들이 반항하는 방향은 무엇인가? 그들은 이 세계에 어떤 공헌을 가져왔는가?

아라사키 모리테루는 현실운동 속의 '반복귀론'(편폭의 제한으로 인해 여기서는 오키나와에서 '반복귀론'이 지니는 다의성 문제를 전개할 수 없다. 여기서 아라사키가 말하는 현실운동으로서의 '반복귀론'은 이 글의 첫머리에 언급한 나카자토 이사오의 이념으로서의 '반복귀·오키나와 자립론'과 결코 동일한 대상이 아니다)의 약점을 분석하면서 다음과 같이 예리하게 지적했다. "반복귀론은 오키나와인 스스로 일본이라는 국가가 오키나와를 통치하는 내재적 기초인 '야마토大和 콤플렉스'를 형성하는 것을 철저하게 잘라내어 일본이라는 국가와 근본적으로 맞설 것을 주장한다. 그러나 반복귀론은 자신에 속한 독특한 사회구상을 지니지 않았기 때문에 반복귀론에 그칠 수밖에 없다." 이 책을 총체적으로 보면 다음의 중요한 특징에 주의하게 된다. 즉, 저자는 복귀와 반복귀를 오키나와의 현대사를 상세히 논술하는 기본 단서로 삼으면서도 그것을 토론의 도달점으로 설정하지 않았다는 점이다. 진정한 초점은 '독특한 사회구상'이지 귀속 문제가 아님을 잘 알 수 있다.

이 책은 외국인을 위해 쓴 책이 아닐지도 모른다. 숨 돌릴 겨를도 없이 미·일 군사패권에 반대하는 최전선에서 반세기 넘게 싸워온 오키나와인은 아직 그들의 '세계로 통하는 담론'을 다듬을 충분한 시간을 얻지 못했다. 그러나 차별의 고통을 실컷 맛보고, 막심한 대가를 치른 오키나와인이 그들을 단지 피해자로 간주하는 것을 거부하고, 동시에 그들의 '주변'적 위치를 중심으로 역전시키는 것을 거부할 때, 그들은 이미 우리를 위해 인류 미래의 이념을 생산하고 있다. 외부의 상상력으로 말하자면, 미국과 일본으로부터의 분리, 역사상의 류큐로의 회귀, 독립자치의 새로운 획득이 오키나와인이 투쟁하는 최종 도달점일지도 모른다. 그러나 오키나와인으로 말하자면, 그들의 전투 목표는 이러한 상상보다 훨씬 높으며, 그들의 구체적인 투쟁은 이 목표가 가정한 내용보다 훨씬 더 풍부하고 복잡하다. 이 모든 것으로 인해 오키나와인의 분투는 더 이상 단순히 자신의 곤경을 해결하는 수단이 아니라, 그 자체로 원리를 구성한다.

만약 '류큐 공화사회 헌법 초안'이 제시하는 이념이 우리 같은 외국인에게는 단지 요원한 미래를 의미할 뿐이라고 한다면, 그것은 오키나와라는 이 타오르는 토지에서는 현실적 근거가 있다. 바로 이런 의미에서 오키나와인은 우리보다 앞선다. 이 책이 기록한 항쟁의 함의를 이해하려면 우리의 세계감각을 전도하고, 우리의 정치의식을 반성하며, 정체성에 관한 기본 문제를 새롭게 사고할 필요가 있다. 오키나와인과 본토 일본인 간에 발생한 간극은 남의 일만이 아니다. 이 간극은 우리의 정치 상상과 세계 상상 속에도 똑같이 존재한다. 우리 중국인의 사회생활 속에 오키나와인이 직면한 문제가 존재하지 않는 것은 아니다. 다만 그것들이 적나라한 형태로 나타나지 않고, 기본적인 사회구조의 관계를 형성하지 않았을 뿐이다. 오키나와인이 이미 자신의 실천 속에서 모색한 정치적 표현 방식은 필요한 전환을 통해서만 우리의 진실한 문제의식과 접점을 찾을 수 있으며, 우리는 이 귀중한 사상적 경험을 그대로 가져다 쓸 수 없을지도 모른다. 그러나 이런 의미에서 오키나와를 배우는 것은 아닐지라도, 적어도 우리는 가슴에 손을 얹고 다음과 같이 물어보아야 한다. 즉, 반전평화라는 의미를 담고 있는 오키나와인의 국제주의적 시야, 패권에 반대하는 오키나와인의 평등 공생 이념, 정체성 문제에서 오키나와 사상가들이 보여준 명석한 판단력이야말로 중국사회 또한 필요로 하는 기본적 합의가 아닐까?

나하에서 상하이까지[5]

나는 2004년의 크리스마스를 오키나와의 나하에서 보냈다.

비행기가 착륙을 준비할 때, 나는 기이한 저공비행을 경험했다. 비행기가 파도 위를 스치며 날자 창문 너머로 아름다운 파도가 투명하게 쫓아오면서 꿈결처럼 기이하게 바뀌는 광경을 볼 수 있었다. 환각인지는 모르겠지만 어렴풋이 수면 아래로 새하얀 산호초를 본 것 같았다. 산호가 죽으면 색이 하얗게 된다는데, 흰색 산호가 짙은 쪽빛 바다를 아름다운 청록색으로 물들였다. 녹색 바다 밑에는 반드시 산호의 유해가 있기 때문에 오키나와 어민은 녹색을 죽음의 색으로 여긴다. 비행기가 날개를 흔들며 각도를 틀자 객실 바깥의 하늘과 바다가 비스듬히 한 덩어리가 되었다. 바다와 하늘이 한 가지 빛깔이니 내가 하늘에 있는 건지 바닷속에 있는 건지 모를 환각이 들었다. 이 저공비행이 얼마나 지속되었는지는 기억나지 않지만, 여느 공항의 착륙 방식과는 판이한 이 저공 활공은 아름다운 시간의 차원을 내 기억 속에 고정시켰다.

며칠 후에야 나는 오키나와인에게서 나하로 들어오는 모든 비행기는 반드시 이륙 후와 착륙 전에 얼마간 저공비행을 유지해야 한다는 사실을 알게 되었다. 오키나와의 영공이 미군에 점령되어 민간 여객기는 고공에 진입할 수 없기 때문이란다. 이 때문에 비행기는 더 많은 위험을 감수하고 더 많은 에너지를 소모해야 한다. 이 사실을 들었을 때 며칠 전 아름답게 고정되었던 기억이 와르르 무너져 내렸다. 그리고 눈앞에 떠오르는 것은 몇 년 전(2001년 4월 1

일―옮긴이) 중국 하이난섬海南島 영공에서 발생한 미군 비행기의 충돌 장면이었다!

오키나와는 점령된 섬이다. 1945년 미군은 오키나와 섬을 함락했을 때 섬의 남북으로 통하는 요로를 가로막고 현지인을 정해진 지역에 집결시켜 마음대로 다니지 못하게 했으며, 섬에 넓은 지역을 구획해 군사기지 건설을 준비했다. 나중에 미군이 오키나와 주민에 대한 금지령을 해제한 후 이 섬에는 기묘한 정치문화 경관이 생겨났다. 미군기지를 중심으로 생활 집산지가 형성되었는데, 오늘날 나하시의 도시 구조가 그것이다. 오키나와 주민은 생계를 위해 미군기지를 밥벌이의 수단으로 삼게 되었으며, 이렇게 해서 전후에 기지를 겨냥한 수많은 업종이 생겨났다. 오늘날의 기노완宜野灣시 중심에는 후텐마普天間 공군기지가 자리 잡고 있어서 현지인은 시 중심을 통과하지 못하고 우회해서 다닐 수밖에 없다. 이런 접촉이 밀접한 공생 상태는 수많은 말썽을 초래했으며, 섬에서 빈발하는 악성 사건으로 인해 주민들은 갖은 고통을 당했다.

나는 동행한 학자와 함께 오키나와 국제대학교를 참관했다. 이 사립대학의 담장은 후텐마 공군기지와 바싹 붙어서 작은 길 하나를 사이에 두고 있을 뿐이었다. 기지에 인접한 토지가 비교적 저렴하고 정부가 매년 상응하는 보상비를 제공하기 때문에, 당시 이 대학은 이곳에 부지를 선정할 수 있었다고 한다. 몇 달 전(2004년 8월 13일―옮긴이), 이라크에서 막 돌아온 헬리콥터가 기지에서 이륙한 뒤 오키나와 국제대학교의 본관 빌딩에 부딪쳐 큰 화재를 내며 건물의 반을 태우고 캠퍼스의 나무들도 까맣게 태워버렸다고 한다. 더욱 끔찍한 것은 산산이 부서진 비행기 잔해 부품 속에서 열화우라늄탄과 유사한 성질의 방사성 물질 운반체가 발견되었는데, 그중 하나가 행방불명되었다는 사실이다! 헬리콥터의 추락은 교정에 몰아낼 수 없는 그림자를 드리웠다. 이곳에서 일하는 어떤 교원은 자신들은 언제라도 암에 걸릴 수 있는 환경에서 근무하게 되었지만 아무런 방호능력도 없다고 말했다.

나하에 머물렀던 짧디짧은 며칠 동안 우리는 오키나와의 중대한 사건을 겪게 되었다. 현지 군중의 항의로 인해 미군이 후텐마 기지를 폐쇄하고 다른 곳으로 이전하기로 결정한 것이다. 1996년 미·일특별행동위원회의 보고서는 나하시에서 그리 멀지 않은 나고名護시의 헤노코邊野古를 점찍었다. 이곳은 산호초 산지로 유명한데, 바닷물이 맑고 투명해서 수많은 진귀한 해양생물이 서식하고 있으며, 멸종위기에 처한 희귀종도 있다. 이곳의 해초는 깨끗하고 품질이 좋기로 유명하다. 새로운 기지를 설립하기 위해 미군은 이 아름답고 풍요로운 만灣을 메우려고 했다. 이는 당연히 이곳에서 대대손손 만과 함께 살아온 어민의 고향을 훼손하는 것을 의미했다. 1997년 12월 나고시의 시민들은 투표를 실시해 새로운 기지 건설에 반대한다는 태도를 분명하게 밝혔으며, 이어서 이에 항의하는 정좌靜坐 시위활동을 발기했다. 몇 년에 걸친 이 평화적 시위활동은 확실히 공사의 시작을 방해했으나 그것을 진정으로 저지할 수는 없었다. 2001년 1월이 되자 일본 정부는 헤노코 해역에 말뚝을 박고 새 기지를 건설하기로 결정했다. 미군 측은 바다를 메워 기지를 건설하는 공사를 공개입찰을 통해 일본의 대형 건설회사에 '도급'을 주고 자신들은 싸움을 방관하면서 어부지리를 얻었다. 그리하여 현지인은 자기 삶을 지키기 위해, 2004년 4월 19일부터 바다에서 시추 탐사를 하는 일본 회사에 완강하게 대항했다. 우리가 도착했을 때 헤노코 사람들은 이미 200여 일을 항쟁한 상태였다. 그들은 매일 바다에 설치한 시추기試錐機에 올라가 정좌 시위를 하며 공사의 진전을 늦추면서 이 계획을 취소시키기 위해 시간을 벌었다. 때는 바야흐로 한겨울이 되어 해수면 위의 찬 바람이 뼛속까지 파고들어 정좌하는 사람은 두세 시간마다 교대를 해야 했다. 이 해역에는 이미 예닐곱 대의 시추기가 세워져 시위하는 사람이 턱없이 부족했다. 이 같은 상황은 곧 일본 전국에서 지원자들의 관심을 불러일으켰고, 그들은 각지에서 달려와 동참할 의사를 밝혔다. 현지인들 사이에서는 일본 본토에서 온 지원자들의 참여 여부를 놓고 약간의 논쟁이 있었지만, 우리가 바다에 갔을 때에는 확실히 이미 본토의 지원자들이 이 힘겨운 항의 활동에 참여하고 있었다.

크리스마스 당일에 우리는 헤노코에 가서 정좌 시위를 조직하고 참여하는 사람들의 이야기를 들었다. 그들은 길고 긴 항쟁에서 투쟁의 합법성을 확보하기 위해 줄곧 '비폭력 저항'의 원칙을 고수했다. 그들은 작은 배를 저어 시추기에 접근하려다 탐사대원들에게 떠밀려 바다에 빠지기도 했다. 바다에 빠진 사람이 작은 배에 기어올라 다시 배를 저어 접근했다가 또다시 바다에 빠지기도 했다. 이렇게 확실히 약세인 투쟁 방식 덕분에 그들은 항쟁을 지속할 권리를 얻었다. 경찰이 그들을 귀찮게 할 핑계가 없었기 때문이다. 헤노코 사람들은 투쟁의 합법성이 이 불합리하고 불공정한 세상에서 여전히 매우 중요하다는 사실을 알았다.

나를 더욱 감동시킨 것은 1990년대 후반부터 항쟁에 힘써온 어느 아주머니가 백사장에서 내게 건네준 말이었다. 나는 그녀에게 이 항쟁이 승리할 수 있다고 생각하는지 물어보았다. 그녀는 전혀 그렇게 기대하지 않는다고 냉정하게 말했다. 전력투구로 항쟁하는 까닭은 이 항쟁이 중요한 형식이며 역사를 다음 세대에 전해줄 수 있다고 생각하기 때문이라 했다. "우리에겐 자유로운 류큐가 있었어요. 우리는 동아시아, 동남아시아와 자유롭게 무역할 수 있었지요. 그 시대는 다시 오지 않겠지만 우리는 잊어버려서는 안 돼요. 나는 우리 세대가 자유의 이상을 포기하지 않았다는 것을 자손들에게 알릴 거예요!"

나는 또 헤노코 해변에서 오키나와의 학자들이 그들의 처지와 곤혹스러움에 대해 이야기하는 것도 들었다. 오키나와는 제2차 세계대전 때 일본에서 유일하게 미군이 상륙작전을 벌인 곳이다. 그러나 이는 오키나와의 전쟁기억이 일본 본토와 일치함을 의미하는 것이 아니다. 전후 사상사의 맥락에서 일본 본토의 진보 지식인은 줄곧 오키나와를 일본의 피해자로 간주하는 경향이 있다. 오키나와는 태평양전쟁 시기의 희생양이었을 뿐만 아니라 전후 미군기지의 유린 아래 여전히 무거운 대가를 치르고 있기 때문이다. 그런데도 일본 정부는 미국 추수追隨 정책을 취하며 오키나와의 피해와 고통을 줄곧 무시했고, 미군기지의 철수를 외치는 오키나와인의 목소리는 지금도 정부의 대답을 듣지 못하고 있다. 역사에 대한 회고까지 더해진다면 본토의 진보 지식인은 더욱더 미안한 마음이 드는 것을 면할 수 없다. 일본의 영역으로 돌아가는 과정에서 오키나와는 가령 천황제와 같이 자신의 문화가 아닌 것을 너무 많이 강요받았기 때문이다. 일본 본토의 진보 지식인은 오키나와에서 미안해하며 "이곳은 일본이 아니다"라고 말하곤 한다. 나는 그 속에 숨어 있는 복잡한 언외지의言外之意를 이해할 수 있다.

그러나 내가 만난 몇몇 오키나와 지식인은 단순히 피해자로 자처하는 것을 원치 않는 것 같다. 그들의 진술에서 가해와 피해의 구조적 관계는 단지 '미국' '일본'과 오키나와의 사이에만 있는 것이 아니라, 오키나와 자체에 더 많이 내재한다. 나미히라 쓰네오波平恒男 교수는 그의 전후 사상사 연구에서 다음과 같이 지적했다. 즉, 나하와 오키나와의 다른 작은 섬離島 사이에는 줄곧 중심과 주변의 관계가 존재해왔다. 미군의 점령과 군사기지의 건설은 전후 오키나와 본도本島와 주변 도서 사이에 훨씬 기형적인 분화 그리고 이와 관련된 차별 문제를 야기했다. 일본문학을 연구하는 신조 이쿠오新城郁夫 교수는 오키나와 남성과 미군 병사의 동성애를 묘사한 소설 분석을 통해, 가해자와 피해자 간의 역할 전환의 가능성을 밝히고자 했다. 미군기지에 반대하고 오키나와에 대한 일본 정부의 태도에 항의하는 배경 아래, 이러한 오키나와 지식인들의 시각은 더욱 풍부한 함의를 보여준다.

오키나와에서의 며칠 동안 나는 회의 사이의 짬을 내어 홀로 길거리의 상점과 음식점을 돌아다니며 오키나와의 일반인들과 접촉하고자 노력했다. 매우 놀라웠던 것은 이 오키나와인들이 미군기지의 철수에 대해 상당히 유보적이었다는 점이다. 그들은 한편으로 미군기지의 존재가 오키나와의 안녕을 파괴했음을 인정하면서도, 다른 한편으로는 기지의 철수에 대해 현실적인 염려로 가득차 있었다. 기념품점을 운영하는 가게 주인은 내게 이렇게 말했다. "미군은 정말 나쁘지만, 기지를 철수하면 일본 정부가 또 무엇을 들여놓을지 누가 안답니까? 핵실험 기지나 더 나쁜 것이 들어올지도 모를 일이지. 어쨌든 일본은 여태껏 오키나와를 제대로 대접한 적이 없으니까!" 식당에서 내 옆 테이블에 앉았던 또 다른 중년 여성도 이렇게 말했다. "미국인을 쫓아낼 수 있다면야 당연히 좋겠지만, 문제는 쫓아낸 후에 어떡하냐는 거지요. 지금 오키나와현의 예산 가운데 절반은 미군기지 설립에 대한 일본 정부의 보상금에서 나오는데, 철수하고 나면 자기 산업이 전혀 없는 오키나와가 어떻게 편히 발붙이고 살겠어요?"

나미히라 교수는 전후 발전하기 시작한 이와 같은 경제구조를 '기지경제'라고 부른다. 나는 독일에서도 유사한 상황을 들은 적이 있다. 미국이 독일에 주둔하는 부대를 일부 철수하기로 결정했을 때, 기지 주변에서 기지에 의지해 살아가는 독일인들이 항의하는 일이 벌어졌다. 그러나 미국의 독일 주둔군은 그리 많지 않았으며, 독일 사회생활에 미치는 영향도 오키나와와는 비교할 수 없기 때문에 이런 '기지경제'의 상황이 국부적이고 표면적이었다. 그러나 오키나와의 상황은 전혀 다르다. 오키나와의 면적은 일본 영토의 1퍼센트에도 못 미치지만 이곳의 미군기지는 일본 내 전체 기지의 75퍼센트를 차지한다. 이곳에서 기지경제는 가장 기본적인 구조이며, 전체 오키나와현의 명맥을 틀어쥐고 있다. 바로 이런 의미에서 미군기지를 몰아내는 사회운동이 대단히 힘겨워지는 것이다. 이제부터는 미국을 추종하는 일본 정부의 국가정책에 대항해야 할 뿐만 아니라, 자신의 생존 문제와 대면해야 한다. 이 땅 위에서 '자유'는 아름다운 단어가 아니라 값비싼 대가를 치러야 하는 힘겨운 선택이다. 나는 오키나와 학자의 발언에서 그것을 느꼈다.

그때 이후로 일 년이 지났다. 2005년 한 해 동안 일본 본토와 오키나와의 사회운동 인사는 헤노코를 쟁취하기 위해 전면적인 항의 활동을 전개했다. 헤노코에서 정좌운동을 벌이는 동시에 도쿄도의 방위청 앞에서도 정기적으로 항의 시위활동을 거행했다. 2005년 8월 30일 일본에서 다음과 같은 소식이 날아왔다. 헤노코 정좌 500일을 기념하기 위해 헤노코에 있는 나고시 시청 앞에서 집회가 열리고, 9월 4일에는 운동 단체가 도쿄에 있는 방위청 앞에서 '인간 사슬'이란 이름의 상징적인 포위 활동을 거행할 예정이라는 것이었다. 오키나와현 정부도 민중의 추동 아래 마침내 일본 정부에 대해 절제된 대항 태도를 나타내기 시작했다. 이나미네 게이이치稻嶺惠一 지사가 헤노코의 바다를 메워 기지를 세우는 것에 반대했기 때문에, 일본 정부는 2006년 국회 토론에서 특별 입법안을 제출해 오키나와의 제해권制海權을 오키나와현 지사로부터 일본 정부의 수중으로 이전할 것을 계획했다. 동시에 미·일 정부는 10월 26일 공동 의견서를 발표해 기지 건설 지점을 헤노코에서 인근 해역으로 옮길 것을 표명했다. 이와 더불어 일본 자위대가 군사시설을 이전하는 과정에 참여할 뿐만 아니라, 일본 정부가 미군기지를 이전하는 데 드는 비용을 모두 부담하기로 했다. 미국에서 온 사회활동가 켈리 더츠는 서명 모집을 호소하며, 오키나와 민중의 의지와 인권을 무시한 채 미·일공동기지건설조약의 체결을 강행하는 미국 정부와 일본 정부의 반민주주의적 태도에 항의했다. 투쟁이 무르익음에 따라 오키나와와 일본의 여론도 '법제사회'의 유효한 권능에 대해 의심을 품기 시작했으며, 어떤 이는 이렇게 지적했다. 즉, 정부는 강제적 목표에 도달하기 위해 언제든지 국민의 의지를 고려하지 않고 입법을 강행해도 되고, 법제는 단지 일종의 절차로서 사회의 공정함을 반드시 보장하지는 않는다. 미·일 정부가 오키나와에서 저지른 모든 행위는 법제 이념과 사회정치 실천 간의 거대한 명암 대비를 가장 극단적인 방식으로 드러냈으며, 서구사회 내부에서는 그런대로 부분적인 효과가 있는 '법제' 실천이, 불평등한 동서양의 관계에서는 어떻게 조금의 갈등도 없이 적나라한 강권 정치로 전화하는지 폭로했다!

같은 해 중국사회에도 조용히 변화가 발생했다. 일본의 유엔 안보리 상임이사국 가입 신청 및 일본 각료의 야스쿠니 신사참배 등에 항의를 표시하기 위해, 4월부터 각지에서 지속적으로 발생하기 시작한 자발적 시위가 항전 승리 60주년의 서막을 열었다. 이어서 양안 관계의 극적인 변화도 동북아시아 정치구도의 새로운 가능성을 가져왔다. 이 모든 변동 가운데 가장 주목할 만한 것은 중국사회가 일본에 대해 전에 없는 관심을 표출했다는 점이다. 수년간의 단절이 이어진 뒤였기에 이 관심은 다소 유치하게 보였지만, 중국인, 특히 중국의 젊은 세대는 단순한 반일감정보다 훨씬 더 건설적인 규명 태도와 성찰 정신을 나타내기 시작했다.

바로 이러한 사회 분위기 속에서 나는 2005년의 크리스마스를 보냈다. 이번엔 상하이에서 열린 일본 사상가 다케우치 요시미와 관련된 국제 학술토론회에 참석했다.

다케우치 요시미의 논문은 지금까지 중국어·한국어·독일어·영어로 4종의 외국어 번역본이 출판되었는데, 2004년과 2005년 전후에 몰려 있다. 다케우치 요시미에 관한 학술토론회는 2004년 9월 독일 하이델베르크대학교에서 거행된 것이 세계 최초이고, 이번 상하이 회의가 그 두 번째다. 이 회의가 흥미로운 것은 참가자가 기본적으로 일본 연구자가 아니라 일본어에 능숙하지 않은 중국문학 연구자였다는 데 있다. 어쩌면 이런 회의는 한 사상가의 역량을 가장 효과적으로 증명할 수 있으며, 동시에 상이한 문화에서 사상적 유산을 활성화하는 경로를 가장 효과적으로 모색할 수 있을 것이다. 우리처럼 전후에 출생한 중국인으로서는 다케우치 요시미를 받아들이는 것이 쉬운 일은 아니다. 전쟁과 전후의 냉전구도가 우리와 일본 지식인 사이에 성립할 수 있는 소통을 가로막았기 때문에, 우리는 위 세대가 위기 상태에서 일본 지식인과 '친밀하게 접촉'했던 것과 같은 경험이 없었다. 또한 준엄한 정치투쟁에서 이성적 결단을 내려야 하는 어려움도 없었다. 이로 인해 우리는 위 세대처럼 역사적 상황 속에서 일본 지식인의 개인적 경험을 이해하지 못하며, 중국과 일본을 선행 전제로 삼기 쉽다. 바로 이렇기 때문에 루쉰과 다케우치 요시미를 주제로 상하이대학교에서 개최된 이 학술토론회는 몹시 소중해 보인다. 왜냐하면 그것은 일본 연구를 업으로 삼지 않는 중국 학자들이 일본 사상을 힘겹게 탐색하고 있음을 보여주고 있기 때문이다. 상하이는 루쉰이 삶의 마지막 순간을 보낸 도시이자, 루거우차오盧溝橋 사건 이전에 혼돈과 불안으로 가득 찬 곳이었다. 이 공간에서는 일찍이 상당히 복잡한 사상 투쟁 방식이 생겨났다. 따라서 이 공간에서 이루어진 다케우치 요시미에 대한 독해는 결코 단순히 일본의 한 사상가를 연구하는 것을 의미하지 않으며, 그것은 우리 자신의 사상적 상황과 더욱 관계 있다.

상하이에 있으면서 마침 크리스마스라서 그랬는지는 모르겠지만 일 년 전 크리스마스 무렵의 나하가 떠올랐다. 일 년이라는 시간 속에 묻혀 있던 장면이 별안간 눈앞에 나타난 것이다.

나하에서 남쪽으로 가면 이토만糸滿 시가 나오는데, 이곳에는 평화기념공원이 있다. 나는 지금도 이 공원의 정경을 또렷이 기억한다. 바다가 바라보이는 곳에 세워진 이 공원은 정확히 말하면 전사자의 묘지로, 안에 똑같은 양식으로 된 묘비와 기념비가 줄지어 세워져 있다. 공원 입구의 대형 광장에는 검은색 돌로 된 묘비가 차례대로 늘어서 있는데, 위에 작은 글씨로 전사자의 이름이 빼곡히 새겨져 있다. 광장 뒤쪽의 깊숙한 곳에는 일본의 각 현을 단위로 오키나와 전투의 전몰자를 기리는 기념비가 있다. 묘비 광장에는 일본 백성과 일본군, 미국군 전사자의 이름이 동일한 방식과 동일한 크기로 평등하게 새겨져 있으며, 그중에는 일본에 의해 강제로 징집당한 한국과 북한 병사의 전사자 이름도 포함되어 있다. 매년 8월 15일이 되면 이곳에서는 기이한 광경이 펼쳐진다. 즉, 죽은 자를 애도하는 일본 시민과 미국 병사가 종종 어깨를 나란히 하고 서서 각자 헌화하는 것이다. 고이즈미 수상이 야스쿠니 신사를 참배할 때 늘 강조하는 핑계는, 생전에 덕을 쌓았든 악업을 행했든 죽은 자를 모두 부처로 간주하는 게 일본 풍속이라는 것이다. 사람은 죽으면 모두 평등하다. 그러나 일본에서 이 풍속을 진정으로 구현하고 있는 곳은 강렬한 배타성을 지닌 야스쿠니 신사가 결코 아니라 오키나와의 이 평화공원이다. 당시 고이즈미가 막 수상에 취임한 뒤 어떤 날을 택해 야스쿠니 신사를 참배할지 주저하고 있을 때 이 공원에 온 적이 있었는데, 일본의 한 방송국에서 카메라 렌즈를 그에게 맞추었다. 고이즈미는 묘비 앞에서 어깨를 나란히 하고 묵도하는 미국 군인과 일본 평민을 마주하고는 무표정한 얼굴로 잠시 서 있다가 헌화도 하지 않고 참배도 하지 않은 채 고개를 돌리고 자리를 떠났다.

나는 오키나와의 친구에게 이 공원의 유래에 대해 물었다. 그들은 다음과 같이 알려주었다. 1990년대 후반 당시 오키나와현 지사가 미국을 방문했는데, 미국인이 제2차 세계대전의 전사자를 기릴 때 자국인만 기념하는 것을 보고는 오키나와에 국경을 뛰어넘어 죽은 자를 기리는 기념공원을 반드시 설립하겠다고 마음먹었다. 그는 많은 시간과 정력을 쏟고서야 현지인의 반발을 극복하고 마침내 이 공원을 세웠다. 나는 길에서 오키나와인들과 직접 이야기를 나누었는데, 돌아오는 대답이 모두 똑같지는 않았다. 어떤 이는 한 번도 그곳에 간 적이 없으며 오키나와인은 저마다 추모하는 곳이 따로 있다고 했다. 어떤 이는 그것이 꼼수에 불과하다고 했다. 그러나 이 방식에 동의하는 사람들도 있었는데, 사람이 죽으면 더 이상 죄를 지을 수 없으므로 같이 제사를 지내는 것이 본래 더없이 자연스러운 일이라는 것이다.

추측건대 이 공원의 유래에 대해서는 정치적·전략적·경제적 등의 면에서 훨씬 다양한 해설이 있을 수도 있다. 그러나 유래가 모든 것을 설명할 수 있는 것은 아니다. 이 공원이 낙성되고 이런 추모 형식이 나타났을 때, 그것은 그 성인成因에서 벗어나 홀로 자신의 운명을 짊어지기 시작한 것이다. 나는 이 관용의 묘비공원을 헤노코의 항쟁 그리고 오키나와인이 '기지경제'에서 느끼는 고뇌·곤혹과 따로 떼놓고 볼 수 없다. 미군이 오키나와현의 지사가 행한 항의에도 아랑곳하지 않고 오키나와의 긴정金武町에서 시가지 실전 훈련을 전개해 이 소도시를 포격 소리로 가득 채웠을 때, 헤노코의 비폭력 항쟁이 미군의 수륙양용 장갑차가 해만海灣에 들어가 청정해역을 오염시키는 것을 저지하지 못했을 때, 미성년 여아를 노린 미군 병사들의 성폭력이 빈번하게 일어나 오키나와인이 누려야 할 일상생활 속의 안정이 파괴되고 있을 때, 내가 이상하다고 느낀 것은 왜 그 어떤 오키나와인도 평등과 관용을 상징하는 그 평화공원을 파괴하려고 들지 않는가였다. 혹시 오키나와인의 정치적 본능 속엔 단순한 분노보다 훨씬 더 도타운 감정과 판단력이 깃들어 있는 것일까? 아니면 이성에 기대어 논리적으로 분석하지 않는 그들의 소박한 판단 속에는 이성의 절제력보다 훨씬 더 강력한 민속과 민풍民風이 담겨 있는 것일까?

이것은 내가 상하이에서 사색했던 문제이기도 하다. 내게 이런 사색을 불러일으키게 한 계기는 상하이의 근현대문학사를 연구하는 학자의 안내를 받아 당시 루쉰·취추바이瞿秋白·마오둔茅盾·궈모뤄郭沫若의 고거故居와 좌련左聯(중국좌익작가연맹) 기념관 등의 역사유적을 참관했을 때 그에게 들은 설명이었다. 상하이의 인문지리에 정통한 이 학자는 나를 이끌고 루쉰이 상하이에서 차례로 살았던 세 곳의 거처와 장서실藏書室을 확인시켜주었고, 루쉰이 매일 집에서 우치야마서점內山書店으로 가던 비밀스런 오솔길을 가리키며 루쉰이 어떻게 백색테러의 위험 속에 그곳으로 가서 손님을 접대하고 우편물을 수령했는지 알려주었다. 그는 또한 좌련 작가들의 고거가 있는 곳을 하나씩 알려주었다. 이 고거들은 루쉰이 세상을 떠날 때 살았던 대륙신촌大陸新村 9호 아파트가 보존되어 있는 것을 제외하면 나머지는 일찌감치 터만 남고 그들이 살았던 흔적은 찾아볼 수 없게 되었다. 상하이시 문물국文物局이 벽에 달아 놓은 팻말만이 이 낡은 집들 속에 감추어진 역사를 보여주고 있을 뿐이었다. 나는 이 고거들이 그렇게 가까이 붙어 있는 것을 보고 깜짝 놀랐다. 루쉰의 세 고거와 그가 일본인의 명의로 빌렸던 장서실조차 서로 멀지 않은 곳에 있었다. 그 연유를 물으니 그 학자는 옛날 우치야마서점에서 멀지 않은 곳에 있던, 은행 간판이 빼곡히 걸린 건물을 가리키며 당시 일본 해군사령부가 있던 곳이라고 했다. 일본군 사령부가 생긴 후 주위가 일본 교민들로 넘쳐났기 때문에, 이곳에서는 국민당 특수요원이 활동하기가 그리 수월하지 않았다는 것이다. 루쉰이 상하이에서 두 번째로 거처했던 라모쓰아파트拉摩斯公寓는 바로 이 무서운 건물의 맞은편에 있는데, 루쉰은 매일 창문으로 맞은편 망루에서 일본 병사가 보초를 교대하는 것을 볼 수 있었으며, 1·28 사건[6]이 일어났을 때에는 창문으로 총알이 날아 들어오기도 했다고 한다. 이곳은 일본인이 바로 코앞에 있는 장소였지만 국민당 특수요원의 괴롭힘을 피할 수 있었기 때문에, 그 시기의 중국 좌익작가들이 한데 모일 수 있었다. 그들은 서로 이웃해 살면서 결코 안전하지 않은 일본인 거류지를 왕래해가며 힘겨운 문화구국운동에 종사했다. 일본 침략자의 그림자는 중국의 민족혼을 엄호하는 데 사용되었으며, 갖가지 함정으로 가득 찬 그 전쟁 시기에 상하이에서 살았던 보통 일본인은 반드시 친구는 아니었으나 그렇다고 반드시 적도 아니었다. 같은 중국 동포라고 해서 전부 믿을 수 있는 것도 아니었으며, 게다가 '남의 칼을 빌려 사람을 죽이는借刀殺人' 광대놀음이 언제고 벌어질 수 있었다. 이 위험하고 불확실한 관계 속에서 일본인들과 뒤섞여 살고 있던 중국의 진보 지식인은 과연 어떤 의심을 했으며 어떤 스트레스를 받았을까? 일본 해군사령부 옆에서 생활한 루쉰은 만년에 일본인과 밀접하게 교제하면서 과연 신임과 경계의 문제를 어떻게 처리했을까? 더 나아가 그는 민족의 존망이 조석에 달려 있던 때에 '일본'과 '일본인'을 어떻게 감지했으며, 문화정치적 선택 속에서 자신의 판단 기준을 어떻게 수립했을까?

북적거리는 인파 속에서 구불구불한 골목길을 지나며 나는 지난날의 숨결을 있는 힘껏 구분해내려고 애썼다. 그 역사 속으로 들어가고자 한다는 것이 말로는 얼마나 쉬운 일인가! 자료 속의 고사를 읽고 역사적 분위기를 복원하는 것은 어느 정도까지는 할 수 있지만, 어떻게 해야 루쉰의 거처에서 우치야마서점으로 향하는 그 좁다란 골목길의 양쪽 벽 사이에서 그 시대의 극도의 긴장을 체험할 수 있을까? 나는 루쉰이 『차개정잡문且介亭雜文』에 실린 「운명運命」에서 다음과 같이 조롱했던 것을 기억해냈다. "나는 자주 우치야마서점에 가서 한담을 나누었다. 내게 적대적인 가엾은 '문학가'들은 이를 구실로 내게 '매국노'라는 칭호를 붙이려고 애쓰다가 애석하게도 또 지금은 그만두었다." 그는 또한 「아이의 사진에 대한 소회從孩子的照相說起」에서 원수의 장점일지라도 배워야 한다고 말하고 나서 이렇게 덧붙였다. "나는 내 주장이 결코 '제국주의자의 사주를 받아' 중국인이 노예가 되게 유도하려는 것이 아니라고 믿는다. 입만 열면 애국을 부르짖고 온몸에 국수國粹가 배었어도 실제로 노예가 되는 데에는 아무런 지장을 주지 않는다." 나는 우치야마서점으로 통하는 그 골목길에서 비로소 루쉰이 1934년에 쓴 이 조롱을 진정으로 이해하게 되었다. 그것은 단순히 터무니없는 공격에 대한 분노에서 비롯된 것이 아니라, 역사적 상황 속에서 그가 행한 정치적 선택에 대한 고집에서 비롯된 것이다. 국가의 존망이 나날이 현실 문제가 되는 냉혹한 순간에 루쉰의 고집은 직관적인 의미에서의 '민족 입장'이 아니라, 이 입장보다 훨씬 더 심오한 '노예 되기 거부'에 대한 고집이며, 부자유스런 상태에서 힘겹게 '자유'를 창출하는 것에 대한 고집이다!

어쩌면 평화로운 시대에서만 감각 방식이 단도직입적으로 배양될 수 있는지도 모른다. 또 어쩌면 위기의식으로부터 몸을 돌릴 여유가 있는 시간에만 관념이 착실히 굳게 지킬 수 있는 것으로 간주될 수 있는지도 모른다. 상하이 훙커우구虹口區의 번화하고 시 끌벅적한 오후에 과거 일본 해군사령부의 옥상에 특별히 보존해 놓아 주변 풍경과 확연히 어긋나는 낡은 망루를 멀리서 바라보며, 나는 머나먼 나하와 헤노코에서 일어난 일, 곧 '미군기지에 대한 저항'으로는 간단히 개괄할 수 없는 그 모든 것을 이해할 것 같았 다. 아울러 투명한 방식으로 개념에 호소해 전달할 수 없는 것이 역사이며, 이 불투명한 역사가 마찬가지로 우리 땅 위에서 일어나 고 있음을 이해했다.

오늘날의 상하이인들이 자부심을 느끼는 것은 훙커우구의 그 간판들 너머로 상상을 해야만 드러날 수 있는 역사가 아니라, 직 접 만질 수 있는 푸둥浦東의 현재일 것이다. 시야가 사방으로 트인 88층짜리 진마오金茂 빌딩의 전망대 유리창에 세계 각 대도시의 이름을 방향과 거리에 따라 써놓은 것을 보았을 때, 나는 세계가 상하이를 중심으로 하여 밖으로 뻗어나가는 듯한 환각을 느꼈다. 진마오 빌딩의 꼭대기 층을 천천히 거닐면서 나는 '나하'라는 글자 를 찾지는 못했지만, 동남쪽을 바라보며 그 존재를 똑똑히 느낄 수 있었으며, 그곳과 상하이 그리고 중국과의 밀접한 관계를 느낄 수 있었다. 중국인이 여전히 미국식 민주와 법제를 상상하고 부르 짖으면서, 그것을 투명한 이념으로 변신시킬 때, 오키나와는 결코 투명하지 않은 이 '법제'에 진실로 유린당하고 있다! 다케우치 요 시미는 서구 내부의 평등은 아시아·아프리카에 대한 식민 수탈을 용인하는 기초 위에서의 평등이며, 이러한 가치는 전 인류에 관철 될 수 없다고 말한 바 있다. 그렇다면 우리는 스스로 위기를 극복하는 효과적인 진입로를 어떻게 찾을 수 있을까? 어떻게 피상적 의미에서의 입장 논쟁에 얽매이지 않고, 추상화된 후 역사적 함량을 잃어버린 서구 관념들을 단순하게 유용하지도 않으면서, 우리 사회와 역사가 필요로 하는 가치판단을 만들어낼 것인가?

나는 나하에서 다케우치 요시미를 좋아하는 오키나와 지식인을 만난 적이 있다. 그는 다케우치 요시미에게서 학생운동에 투신할 에너지를 찾았다고 말했다. 본토 일본인이 오키나와를 일본의 일부분으로 부르는 것이 정치적 올바름을 잃는 것은 아닌지 여전히 의심하며 염려하고 있을 때, 이 오키나와인은 다케우치 요시미가 일본 본토 지식인이라는 점을 전혀 따지지 않는 것 같았다. 그는 다케우치 요시미에게서 중국과 혁명에 관한 가장 훌륭한 상상을 얻었기 때문이라고 말했다. 오늘날 오키나와는 다중의 압력을 견디고 있으며, 미군기지를 몰아내는 것은 수면 위로 올라온 빙산의 일각에 불과하다. 어쩌면 바로 이러한 다중의 압력 아래, 평화공원의 묘비가 헤노코 아주머니의 자유에 대한 갈망과 함께 똑같은 역사를 지탱할 수 있을 것이다. 상하이에서 루쉰이 우치야마서점으로 걸어갔던 백여 미터 길이의 석판 골목길을 걸으면서 나는 다중의 압력 아래 있던 결코 단순하지 않은 그 시기의 역사를 느꼈으며, 루쉰의 사상이 남긴 유산의 넉넉함을 느꼈다. 어쩌면 연이은 이 두 차례의 크리스마스 경험 때문에 나에게는 중국과 일본에 대한 감각 그리고 루쉰과 다케우치 요시미에 대한 감각이 더 이상 뚜렷하게 구분되는 방식으로 병존할 수 없게 되었는지도 모른다. 그것들은 서로 뒤엉켰다가도 각자 독립하고, 팽팽히 맞서다가도 또 끊임없이 전화한다. 복잡하게 뒤얽힌 채 약동하는 역사적 관계 속에서 나는 나하에서 상하이까지 힘겹게 뻗어나가는 사상 차원을 어렴풋이 보았다. 이 차원에서 우리는 '중국과 일본'에 관한 사고를 새롭게 발굴할 수 있으며, 더욱 중요한 것은 현실의 위기의식 속에 감춰져 아직 자라나지 않은 정치판단의 역량을 새롭게 발굴할 수 있을지도 모른다는 점이다.

민중시각과 민중의 연대[7]

2010년 11월 하순 동아시아에서 온 일군의 지식인들이 타이완의 진먼金門에 한데 모였다. 이 특수한 지리적 공간에서 '냉전의 역사문화'라는 제목으로 동아시아 비판적 잡지 회의가 열렸다. 회의에 참가한 사람들 중에는 『창작과비평』(서울), 『반풍反風』(오키나와), 『현대사상現代思想』(도쿄), 『타이완사회연구』(타이베이), 『열풍학술熱風學術』(상하이) 등 영향력 있는 잡지의 편집장과 기고자들이 있었으며, 타이완과 동아시아의 기타 지역에서 온 일군의 젊은 청중도 있었다.

이는 2006년의 서울 회의와 2008년의 타이베이 회의에 이은 제3차 동아시아 비판적 잡지 회의였다. 다만 이 회의에는 특별한 점이 있었다. 바로 국가 담론에서 통상 주변부로 간주되는 진먼과 오키나와라는 두 지역이 회의에서 중심 화제가 되었다는 점이다. 중국 대륙과 일본이 회의에서 담론의 중심이 되지 못했을 뿐만 아니라, 줄곧 동아시아 주변 지역으로 간주되었던 한국과 타이완도 이러한 구도에서는 주변의 신분으로 자리매김하지 못했다. 국족國族을 중심으로 하는 담론틀에서 통상 가려졌던 진먼과 오키나와는 이 회의에서 냉전의 제일선에 처했거나 처하고 있는 위치 때문에 참가자들의 집중적인 관심을 받았다. 이러한 관심이 불러일으킨 역사적 사고는 단순히 그것들이 냉전구도에서 핵심적 위치에 처했기 때문이 아니라, 이 두 지역과 국족 정체성 간의 전도된 관계에서 더욱 기인한다.

(1)

진먼은 행정구획상 타이완에 귀속되지만 타이완 본도에서 멀리 떨어져 있어 대륙의 푸젠성福建省과 더 가까운 작은 섬이다. 이곳은 국민당이 내전에서 패배해 타이완으로 철수할 때 끝까지 고수했던 반공전선으로, 1949년부터 1956년까지 군사관제軍事管制를 실시했으며, 1956년부터 1992년까지 군사화 통치를 실시한 전쟁 상태하의 도서였다. 이곳에서 비행기를 타면 타이베이의 쑹산松山 공항까지 1시간 가까이 걸리지만, 대륙에 위치한 샤먼厦門의 우퉁항五通港까지는 배를 타고 30분이면 도착한다. 진먼섬의 서북부 해안에서는 샤먼의 고층 건물들을 또렷이 조망할 수 있으며, 저녁에는 관광객들이 이곳에서 샤먼의 야경을 감상할 수 있다. 1958년부터 대륙은 진먼을 향해 '격일隔日 포격'을 실시한 뒤로 20년간이나 실탄에서 선전탄까지 포격을 퍼부었다. 국민당 군대도 이곳에서 샤먼과 취안저우泉州 일대에 포격을 실시했다. 따라서 "제일 먼저 포탄

맞아라!"라는 말이 양안 민중의 생활에서 똑같이 가장 심한 저주로 유행했다고 한다. 이 기나긴 전쟁 상태에서 진먼섬은 전쟁 환경으로 완전 무장되었고, 주민들의 삶도 전쟁에 의해 빚어졌다. 섬 안의 주요 부분은 거의 다 땅을 파서 수 킬로미터에 달하는 지하갱도가 몇 개씩이나 구불구불 이어지다가 지상의 각 주요 건물로 통한다. 연해 지역에는 지뢰가 널리 퍼져 있는데, 지금까지도 완전히 제거되지 않은 상태다.

대륙과 타이완의 관계가 완화됨에 따라 샤먼과 진먼 간에 '소삼통小三通'[8]이 실현되었다. 현재 양안의 민중 간에는 교류가 훨씬 더 많아졌으며, 진먼 사람도 바다 건너에서 집을 사고 취업할 수 있는 기회가 생겼다. 그러나 '탈냉전' 후의 진먼은 여전히 군사화의 흔적에서 진정으로 벗어나지 못했으며, 이곳 민중은 군사화가 초래한 결과를 짊어질 수밖에 없었다. 그들은 이 시기의 역사를 기술할 적합한 서술 형식을 이제 막 찾기 시작했다.

진먼에 비해 오키나와의 전후 역사는 훨씬 더 복잡하다. 오키나와는 1952년 일본이 샌프란시스코 평화조약을 맺을 때[9] 일본 독립의 교환조건으로 미국 관할로 귀속되었다. 1972년 일본에 복귀한 후에도 오키나와는 진정한 독립과 자유를 얻지 못했다. 이른바 '전후' 시기에 오키나와는 미국의 '민정부民政府' 관리하에서든 일본의 한 현으로서든, 줄곧 전쟁 상태에 놓였다. 미군기지는 역사적 시기마다 오키나와인의 생존권을 크게 위협했다. 2010년은 오키나와인의 미군기지 건설 반대투쟁이 최고조에 달했던 한 해였다. 미·일 정부가 체결한 후텐마 공군기지를 헤노코로 이전하는 협정에 반대하고, 나아가 미군기지를 오키나와에서 몰아내기 위해 오키나와 민중은 지속적으로 대규모 집회와 시위활동을 진행했다. 막 거행된 오키나와현의 지사 선거는 역사상 처음으로 기지 문제를 경선 구호로 삼았다. 지금까지도 지지부진한 이 항쟁은 최후의 승리를 얻지 못했으며, 아직 오키나와인은 조금도 긴장을 늦출 수 없다.

동아시아에서의 미국의 군사적 패권에 반대한다는 의미에서, 오키나와와 한국사회는 비슷한 점이 더 많다고 할 것이다. 회의에서 기조연설을 한 전 오키나와대학 총장이자 저명한 반기지운동가 및 시민운동가인 아라사키 모리테루 선생도 이 점을 언급했다. 그에 따르면 1995년 미군 병사가 오키나와 소녀를 강간한 사건을 계기로, 오키나와 민중이 대규모 항의 활동을 일으켰다고 한다. 당시에 그들은 한국의 반기지운동 인사들과 연대관계를 맺을 수 있기를 바랐지만, 상황을 잘 몰라 한국 친구들에게 폐를 끼칠까 봐 감히 성급하게 행동하지 못했다. 그런데 그들이 주저하고 있을 때, 한국의 반기지운동가가 오키나와에 나타나 현지 민주운동가와의 교류를 주동적으로 요청했다. 그때부터 오키나와인은 시종 한국의 민주운동을 자신들의 참조 체계로 삼았다.

그러나 미군기지 반대의 층위에서 한국사회와 연대관계를 맺은 오키나와 사회는 다른 층위에서 한국사회와 차이를 보인다. 이는 곧 정체성의 딜레마다. 한국사회에도 분단체제가 초래한 불안정성과 이로 인해 생긴 관련 문제들이 존재하지만, 한국에는 오키나와와 같이 복잡하게 얽힌 정체성 문제가 존재하지 않는다. 미·일의 관계 내지 동아시아의 국제관계에서 오키나와는 일본을 구성하는 영역으로 간주되기 때문에, 오키나와인 자신들의 욕구와 이익은 줄곧 간과되었다는 데 오키나와 문제의 복잡성이 있다. 그들의 의향과 일본 본토 간의 복잡한 관계는 여태껏 존중받은 적이 없다. 이렇게 존중받지 못하는 상황은 또다시 국가를 기본 단위로 하는 서사에 의해 은폐됨으로써 동아시아 시야에 오키나와인을 위해 남겨진 자기표현의 공간은 없다. 반기지 투쟁에 투신한 오키나와인은 갈수록 명확하게 자신을 '류큐인'이라고 칭하지만, 그렇다고 그들이 '독립 운동'을 추진하는 것은 아니다. 바로 이런 연유로 반미 투쟁의 어떤 단계에서 고립 상태에 처한 오키나와인은 주변 사회에 의해 '일본인'으로 간주될 때, 피해자로서의 대가와 가해자로서의 책임을 고독하게 짊어지지 않을 수 없다.

진먼이라는 이 똑같이 방치되고 은폐된 공간에서 나는 비로소 현대 행정의 틀 속에 강제로 편입된 지역이 감내하는 고난을 강렬하게 느꼈다. 특히 이 지역이 전쟁이 가져온 결과를 받아들일 수밖에 없었을 때, 이 형언하기 어려운 고난은 종종 주변 사회로부터 이해받기 어려웠다. 진먼에서 정신질환을 치료하는 홍더순洪德舜은 회의에서 진먼의 정신질환 상황에 대해 발표했다. 그에 따르면 1949년 이후 진먼에 십만의 국민당 군대가 진주했는데, 진먼에 등록된 총인구는 10만 명이 안 되었다고 한다. 이 방대한 군대와 반세기에 가까운 군사관제가 섬에 사는 주민들에게 안겨준 트라우마는 더 말할 나위가 없다. 이로 인해 진먼에는 수많은 정신질환자가 나타났으며, 그 가운데 부녀자가 대다수를 차지했다. 진먼에는 효과적인 의료 시설이 없기 때문에 현지 주민들은 종종 전통 무속에 기대었고, 그로 인한 후유증이 매우 심각했다.

타이완에서 통일이냐 독립이냐의 논쟁에 열중하고 있을 때, 진면 민중은 장시간의 긴장이 가져온 부정적 결과에 직면해야 했다. 원래 군대에서 보급품을 해결하기 위해 만든 군수품이었던 진면 고량주는 오히려 진면 사람들의 전쟁 트라우마를 보듬어주는 효과적인 도구가 되었다. '탈군사화'가 전개됨에 따라 진면 사람들은 이미 지난날의 그림자에서 벗어난 듯하지만, 뼛속 깊이 새겨진 전쟁의 기억은 지울 수 없다. 1949년 국민당과 공산당 군대 간에 치열한 전투가 벌어졌던 구닝터우진古寧頭鎭에는 아직도 포탄 자국투성이의 허물어진 담벼락이 보존되어 있다. 현지 주민은 가능한 한 입을 다물고 그 당시의 참혹한 광경에 대해 언급하지 않는다. 참극을 목도하고 시체를 묻거나 심지어 부상자를 생매장하도록 강요당했던 수많은 마을 사람은 내내 침묵을 지켰다. 그러나 통일이냐 독립이냐의 대립을 기축으로 하는 타이완의 서사에서 진면 사람들의 트라우마 기억은 정확한 위치를 찾을 수 없다.

오키나와 민중도 유사한 상황을 겪었다. 에도 시기에 류큐는 사쓰마번의 시마즈島津 가문의 침략을 받고 무력으로 점령되어 청나라 조정 및 에도와 이중의 조공관계를 수립했다. 1879년이 되자 메이지 정부는 류큐를 정식으로 병탄해 오키나와현으로 바꾸었는데, 역사에서는 이를 '류큐 처분'이라고 부른다. 제2차 세계대전 말기에 미군은 일본 본토 공세를 발동해 오키나와를 함락하고 곧바로 미군기지 건립을 기획하기 시작했다. 1952년 일본과 미국은 샌프란시스코 평화조약을 체결하고 동시에 미·일 안보조약을 체결했다. 그 결과로 일본의 시정권이 미국에 점령된 상태에서 벗어났을 때, 오키나와는 오히려 일본에서 분할되어 오키나와에 수립된 미국 민정부의 관리를 받으며 동아시아, 나아가 아시아를 통제하는 미군의 최대 기지가 되었다. 1972년이 되어서야 오키나와의 시정권이 일본에 반환되고 본토의 일본인과 오키나와인은 비로소 자유롭게 왕래할 수 있게 되었다. 그러나 이 반환은 실질적으로 오키나와 민중에게 자유와 자주를 가져다주지 않았으며, 도리어 일본 정부가 본토에 있던 미군기지를 오키나와에 집중시킬 수 있도록 했다. 이 때문에 오키나와인은 1952년과 1972년을 제1차 류큐 처분에 이은 제2차, 제3차 류큐 처분이라고 부른다. 1990년대 중반에 미·일 정부는 안보조약의 부속 조항을 체결했는데, 그중에는 후텐마 공군기지를 헤노코 해역으로 이전한다는 결정이 포함되었다. 이는 헤노코와 전체 오키나와현 민중의 격렬한 반항을 불러일으켰다. 대규모의 미군기지 반대운동이 십수 년간 지속되었으며, 민주당 집권 후의 첫 번째 실각을 초래했다. 오늘날 오키나와의 미군기지 반대운동은 여전히 멈추지 않고 있으며, 후텐마 공군기지 이전 조약이 파기되지 않은 상황에서 오키나와인은 저항운동을 꾸준히 지속해야 한다.

(2)

냉전구도에서 진먼과 오키나와 그리고 한국은 최전방의 위치에 처했거나 처한 적이 있다. 서로 다른 역사적 맥락으로 인해 이 '최전선'은 서로 다른 함의를 지니게 되었지만, 그들은 냉전구도 속에서 미국이 주도하는 서방 측에 함께 처하며, 직접 혹은 간접적으로 미국의 영향 내지 통제를 받는다. 이런 의미에서 진먼에서 냉전의 주제를 토론하는 것은 적당한 선택인 것 같다. 그러나 문제는 여기서 그치지 않는다. 나는 이 몇몇 지역의 똑같은 위상과 다른 역사적 맥락에 힘입어 단서들을 찾을 수 있었으며, 단일한 지역에서는 알아차리기 어려운 문제들을 심화시켰다.

나는 줄곧 오키나와인이 왜 이토록 강렬하게 본토 일본인에 대해 좋지 않은 감정을 품게 되었는지 이해하려고 했다. 심지어 자기비판정신이 충만한 본토의 좌익 지식인조차 오키나와인의 동일시를 쉽게 얻을 수 없었다. 진먼에서 나는 이 점을 이해하기 시작했다. 국족 서사에서 자기 주체성이 말소된 지역, 특히 오키나와처럼 오랜 시간 일본 정부에게 배신당한 지역은 일본 정부 내지 일본사회를 신뢰하기가 매우 어렵다. 그러나 진먼과 다른 점이 있다면, 오키나와인은 그들 자신의 트라우마 경험을 단순하게 '동일시'하지 않는다는 점이다. 장기간의 민주투쟁을 통해 오키나와인은 피해자 의식 속에서 고도의 책임의식을 길러냈다. 아라사키 모리테루가 발표문에서 언급했듯이, 1960년대 중반의 베트남전 반대운동에서 오키나와 기지의 노동자들이 파업을 시행하며 외친 구호는 '우리가 24시간을 파업하면 미군의 전진을 방해할 수 있으며, 베트남 유격대에게 24시간의 주동권을 쟁취해줄 수 있다'는 것이었다. 이 때문에 오키나와인은 베트남전에서 베트남 민중과 연대하자는 구호를 제기했다. 1995년 미군 병사의 성범죄로 유발된 오키나와현 전체 규모의 반기지 시위운동에서도 오키나와인은 똑같이 미군기지 문제에 직면한 한국 민중과 연대하기를 원했다. 그러나 갖가지 원인으로 인해 오키나와 민중과 일본 본토의 민중 사이에는 줄곧 대규모의 진정한 연대가 일어나지 않았다. 본토 진보 지식인의 연대 행동은 소수인의 성원 활동을 제외하면 기본적으로 오키나와인에 대해 사죄나 동정의 감정을 표현하는 데 국한되었다. 국부적인 연대관계(본토 일본인과 오키나와인 간에 발생하는 이런 연대는 여전히 주로 소수 지식인 내부의 일이다)를 고려하지 않고 전체 구조로 본다면, 오키나와 사회와 일본사회 간에는 여전히 명확하게 전도된 관계를 청산할 수 없다. '중심'과 '주변'이라는 동일 평면의 개념으로는 이런 전도를 인식하기 어려울 것 같다. 냉전의 특수한 역사와 미국 군사력의 동아시아 진입이라는 특정 조건으로 인해, 오키나와 사회는 본토 일본사회와는 다른 방식으로 조직되고 운영되며, 오키나와의 민주운동도 본토와 다른 과제의식으로써 끊임없이 추동되기 때문이다. 간단히 말해서 오키나와는 본토 사회와 같은 '국가의식'을 지니지 않으며, 본토의 진보파처럼 '반국가 의식'을 지니지도 않는다. 이 두 가지 의식은 오키나와의 현실 투쟁 속에서 냉전 상태하의 긴박한 과제에 의해 상이한 정치적 요구로 만들어진 것이다. 전자로 말하자면, 오키나와인은 비록 명확한 '류큐 정체성'을 지니지만 그렇다고 해서 진정한 의미에서의 '류큐 독립 운동'을 추진하지는 않는다. 동시에 각종 구체적 사건에서 오키나와의 사회운동가들은 '일본이라는 국가에 대한 반대'를 전제로 삼지 않으며, 그들은 더욱 세심한 투쟁 목표를 지니고 있다.

아라사키 모리테루가 언급했듯이 오키나와인의 반기지 항쟁에서 '가해자가 되지 않는다'는 자각은 줄곧 그들의 투쟁 동력이었다. 바로 이렇게 자신보다 높은 정치 목표는 오키나와의 민중운동을 고된 분열과 대립 속에서도 지속될 수 있게 했으며, 아울러 중요한 고비에서 정확한 선택을 할 수 있게 했다. 예컨대 오키나와의 독립을 주장하는 운동가들이 줄곧 존재해왔고 지금도 독립 운동을 추진하고 있지만, 경선에서 독립을 구호로 삼은 후보는 득표 수가 가장 적었다. 이에 대한 아라사키의 설명은, 우리는 독립할 권리가 있지만 이 권리를 행사할 권리가 있는지는 생각해보아야 한다는 것이다. 독립 운동이 지역 평화의 요소를 고려하지 않는다면, 그것은 종종 평화의 파괴라는 커다란 대가를 치르게 한다는 교훈을 이미 남슬라브가 주었기 때문이다. 또한 댜오위다오釣魚島 문제에서도 아라사키는 중·일 정부 간에 실제적인 대화 태도를 수립해야 하며, 주권 문제에 관한 논쟁에서 한 치의 양보도 없이 맞서서는 안 된다고 지적했다. 동시에 댜오위다오 해역에 살고 있는 오키나와인의 태도를 존중해야 한다고도 했다.

2010년 하반기에 동아시아는 다사다난한 가을을 보냈다. 중·일 간에는 정부에서 사회까지 댜오위다오 문제를 둘러싸고 대립이 일어났으며, 이 대립관계는 댜오위다오에서 가장 가까운 오키나와와 타이완까지 파급되어 훨씬 복잡한 귀속 논쟁을 이끌었다. 한반도의 남북한도 연평도 포격 사건으로 인해 한때 긴장 상태에 빠졌다. 짧디짧은 몇 달 동안 동아시아 지역의 긴장된 분위기는 일촉

즉발의 지경에 이른 것 같았다. 각종 정치 역량이 기울인 노력으로 눈앞의 긴장 상태가 어느 정도 완화되었지만 지역 평화는 여전히 위협을 받았다.

진먼에서 열린 냉전의 역사문화를 주제로 한 이 회의는 바로 이러한 지역 정세를 배경으로 한다. 회의에 참석한 여러 비판적 잡지의 주요 구성원은 서로 다른 지역의 상이한 소식을 가져왔으며, 다음의 절박한 화제를 공동으로 추진하고 심화시켰다. 즉, 어떻게 효과적인 연대의 방법을 찾아서 지역 내 민중운동의 상호 연결을 추진할 것인가?

이번 진먼 회의에서는 한국에서 온 대표적 지식인 백낙청과 백영서가 전체 참가자들에게 동아시아 문제를 생각하는 새로운 시각을 제시했다. 그것은 바로 '분단체제론'과 '복합국가론'이다. 그들의 구체적인 생각에 관해서는 별도의 글에서 논한 바 있으므로[10] 여기서는 잠시 생략하기로 한다. 다만 강조하고 싶은 것은 진먼 회의에 힘입어 동아시아 담론에 대한 한국 사상계의 공헌이 확연히 드러나게 되었다는 점이다. 사실상 최근 몇 년 동안 동아시아의 원리적 사고를 효과적으로 추진한 이들은 한국의 사상가들이었다. 그들은 이미 동아시아 각 지역의 원리생산에 효과적인 참조 체계를 제공했다.

백낙청의 '분단체제론'과 '복합국가론'이든, 백영서의 '이중적 주변의 시각'과 '동아시아론'이든 다음의 공통된 사상적 특징을 지닌다. 즉, 실제의 현실 상황에서 출발해 원리적 탐색을 진행한다는 것이다. 이른바 현실 상황이란 한국 사상가의 사유에서는 결코 기성사실이 아니라 추동해야 하는 가능성의 요소다. 따라서 국민국가의 존재 방식과 남북한 긴장관계에 대한 그들의 사고는 신선하고 탄력 있는 이론적 구상을 제공했다. 한반도 밖에 있는 사람들로서는 20세기에 줄곧 외세의 패권관계 아래 놓인 한반도의 역사, 특히 1950년대 이후 분단 상태에 처한 정치구도를 이해하기란 결코 쉬운 일이 아니다. 사실상 동아시아를 논할 때, 대륙의 중국인뿐만 아니라 일본의 진보 지식인조차 간혹 한반도의 주체성을 망각하고, 한반도를 단순히 동아시아 냉전의 최전방 기지로 간주한다. 따라서 백낙청이 한반도 분단의 역사를 일종의 사회기제 형성의 역사진행 담론으로 간주할 때, 분단은 더 이상 피동적이고 소극적인 과정이 아니라 주체성의 참여로 바뀐다. 그리하여 분단은 남북한 기득권 집단 간의 공모적 체제로서, 그것의 상호 의존 관계는 스스로를 끊임없이 재생산할 것이다. 백낙청은 분단체제의 특수성을 다음과 같이 예리하게 관찰했다. 즉, 그것은 결코 단순히 냉전의 직접적인 결과가 아니라, 오히려 냉전구도에 대한 견제와 이용이다. 또한 단순히 근대민족국가 형태에 대한 전복이 아니라, 새로운 복합국가 모델을 만들 수 있다.

백영서는 그의 저서와 발표를 통해 끊임없이 하나의 기본관념, 즉 한반도의 '탈중심화' 과정은 그것이 전지구적 한인 네트워크를 수립하고 연동하는 동아시아를 수립하는 과정과 보조를 맞춰 진행될 것이라고 강조한다. 이것도 중요한 이론과 실천 명제다. 그것은 전혀 새로운 감각 방식을 의미한다. 즉, 잠정적으로 '개방식 집결점'이라 부르는 이 감각으로 기존의 '중심' 혹은 '반反중심'의 감각 방식을 대체하는 것이다. 이 차원에서 백영서는 한반도는 냉전의 의미에서 국제자본의 세계체제에 대해 직접적인 영향을 미칠 뿐만 아니라, 더욱 적극적인 의미에서 동아시아와 국제사무에 주체적으로 참여할 수 있다고 강조한다.[11]

한국 사상계에 누적된 이러한 사상자원은 어떻게 해야 진정으로 한국을 나서서 동아시아 지식계와 공유될 수 있을까? 이번 진먼 회의는 오키나와와 한국 등지의 사상자원이 동일한 층위에서 충돌하게 하고, 몇 가지 원리적 사고들을 서로 검증하고 보충할 수 있는 기회를 제공했다. 이는 단일한 문맥 속에서는 이해하기 어려운 담론을 입체적으로 드러나게 했으며, 더 많은 이해와 상상을 촉발시켰다.

(3)

오키나와의 위 세대 사상가 오카모토 게이토쿠는 중요한 사상 텍스트들을 남겼다. 그 가운데 이미 중국어권에 소개된 논문인 「수평축 사상―오키나와의 '공동체 의식'에 관해」[12]는 백낙청·백영서의 사유와 멀리서 호응하는 중요한 문헌이라 할 것이다. 이 논문에서 오카모토는 오키나와의 공동체 정체성이라는 골치 아픈 문제를 다루고자 했다. 그는 '오키나와인의 열등감은 일본 본토의 차별에서 비롯된 것이다'라는 기성의 인지 모델을 따르기를 거부하고, '수평축'이라는 토론의 차원을 설정해 일상생활을 기점으로 삼아 인간관계와 질서감각의 형성 방식을 탐구했다. 이른바 '수평축'이란 민중이 개체로서 공동체에 대한 귀속의식을 수립할 때,

자신과 주변 성원 간의 관계가 방해받을 수 있는지의 여부를 기준으로 삼는 것을 가리킨다. 바꿔 말하면 공동체 성원은 특정 대상과의 위치와 거리의 차이에 따라 자신의 태도를 결정하며, 따라서 추상적이고 고정불변의 판단은 존재하지 않는다. 오카모토에 따르면, 개체가 시비를 판단하는 기준은 전적으로 그 개체가 관심을 갖는 대상과 장場, 그리고 자신과의 관계에 관한 안정성에 제약을 받는다. 오카모토는 이런 안정성을 '질서감각'이라고 부른다. 주지하다시피 이런 질서감각은 반드시 구체적일 뿐만 아니라 필연적으로 대상과 장의 변화에 따라 변화한다. 따라서 오카모토는 이렇게 멈추지 않고 변동하는 질서감각을 '공동체의 생리'라고 부른다. 오카모토가 관심을 갖는 문제는 이데올로기 관념으로서가 아니라 살아 숨 쉬는 민중 생활감각으로서의 오키나와 사회의 공동체 의식이다. 그것의 진실한 상태는 복합적인 형식으로써 무수한 개체의 이러한 질서감각을 균형 있게 하는 데 있다. 분명 이 문제의 지향성은 위로부터 아래로 민중의 정체성을 통합하는 사유방식과 다르다.

오카모토는 전쟁 시기의 집단자결 사건과 1972년의 일본 복귀운동을 예로 들며, 그중 진정한 '공동체 생리의 기초'를 분석하고 오키나와 공동체 의식 속의 또 다른 측면을 추출해냈다. 즉, 이 집단자결의 비극적 사건 기저에는 '같이 살고 같이 죽는다同生共死'는 집단 가치 관념이 존재한다는 것이다. 이런 가치관은 오키나와인에게 이른바 '근대'의 개인주의 가치관보다 더욱 강하게 받아들여졌으며, 오키나와인의 정감세계를 제약하고 있다. 오카모토에 따르면 공동체 의식은 메이지 시기에 시작된 황민화 교육에 이용되었으며, 오키나와인의 '일본인 되기'와 '이질적인 점령자'(즉 미군)에 대항하는 추동력을 담당했다. 그러나 민중이라는 시각에서 본다면 이런 상태는 또 다른 논리를 보여준다. 즉, 민중은 '질서감각'을 행위규범으로 삼을 필요가 있으며, 천황제는 공동체 염원 속에 내재한 기능을 교묘하게 이용해 그것을 '애국심'으로 포장했다. 이 때문에 천황제를 정점으로 하는 일본 공동체 이데올로기는 오키나와에서 우선적인 '질서감각'이 아니라, 단지 전쟁 상태에서 생사존망의 위기에 직면했을 때 나타나는 특정한 이데올로기일 뿐이다. 바꿔 말하면 오키나와 민중이 지닌 '같이 살고 같이 죽는다'는 질서감각이 특정한 역사적 단계에서 천황제의 정치권력에 의해 강력히 통제되었을 때, 겉으로 보면 이런 질서감각은 일본 천황제를 동일시하는 방식으로 나타난다. 그러나 신중하게 살펴보면 일본에 충성하는 듯한 이런 '애국심'은 같이 살고 같이 죽는다는 질서감각을 특정 시기에 하나의 표현 방식으로 나타낸 것에 지나지 않는다는 사실을 알 수 있다.

오카모토는 분명 오키나와인의 공동체 의식 속에 깊이 자리 잡고 있는 새로운 사회적 가능성을 모색하고 있다. 그가 보기에 어떤 소박하고 건강한 '집단무의식'은 간단히 '민족주의'나 '국가주의'의 탓으로 돌릴 수 없으며, 만약 적당한 통로가 생긴다면 이러한 사회 에너지는 훨씬 강한 주체성을 지닌 책임감과 연대감을 불러일으킬 수 있을지도 모른다. 그는 아주 핵심적인 문제를 짚어냈다. 즉, 민중의 공동체 의식을 구성하는 것은 단순히 위에서 아래로 향하는 관변 이데올로기의 조종 결과가 아니라, '수평축'상의 실생활에서 비롯되는 생활 질서라는 점이다. 이런 질서가 '권력에 의해 만들어졌다'는 측면만 밝힌다면 문제의 핵심을 포착할 수 없다. '만들어졌다'거나 '조종된다'와 같은 서술은 권력의 지배관계를 밝힌다는 측면에서 비판적 기능이 있긴 하지만, 민중의 생활 상태에서 나타나는 주체적 능동성을 이해하는 데는 도움이 되지 않는다. 사실상 민중의 공동체 의식은 황민화 이데올로기에 의해 이용된 기초도 포함하고, 민중 간에 같이 살고 같이 죽는다는 연대감도 포함한다. 그것들은 똑같이 생활 경험이라는 '수평축'에 뿌리를 내리며, 심지어 복잡하게 한데 얽혀 있다. 단일한 가치로 민중의 공동체 의식을 긍정하거나 부정하긴 어렵다. 그것들은 거의 생리본능(오카모토는 이를 '공동체 생리'라 부른다)적인 연대감이어서 독재체제가 이용하는 에너지가 될 수도 있으며, 반독재의 에너지가 될 수도 있기 때문이다. 문제는 어떻게 민중이 인정하는 형식을 찾아, 이런 '생리본능'을 민중의 주체의식으로 바뀌게 할 것인가에 있다.

단순화된 자유주의자는 민중을 계몽의 대상으로 간주하며, 단순화된 마르크스주의자는 민중을 혁명의 동력으로 간주한다. 이러한 민중은 대립적인 것처럼 보이지만, 민중의 위에 자신을 두는 '외부 시각'을 공유한다. 그러나 오카모토가 제공한 이 '수평축' 시각은 민중에 내재하는 특징을 지닐 뿐만 아니라, 더욱 중요한 것은 그것이 민중이라는 이 복잡하고 다양한 집단의 동태적 성격을 효과적으로 밝혔다는 점이다. 오키나와 반기지 투쟁의 배경 아래 우리는 오카모토가 게시한 완전히 다른 전망을 본다. 즉, 전쟁 말기의 집단적 자살이든 전후 일본 복귀에 관한 사회운동이든 그 안에는 오키나와 민중 자신의 생활 논리가 포함되며, 부득이한 상태에서 행할 수밖에 없는 부득이한 선택이었다는 점이다. 따라서 그들을 단순히 피해자로 간주하고, 그들에게 집단자살을 하도록 강요한 일본군을 비판하거나, 일본 복귀운동이 도리어 일본 정부에 이용되었다고 지적하는 것은 오키나와 민중이 받은 피해 경험의 외부 요인만을 게시할 뿐이다(물론 이런 게시 작업은 중요하며 지속되어야 한다). 그러나 이보다 더 중요한 요소가 신중하게 다루어져야 한다. 이 요소들은 그들이 부득이한 선택을 할 때의 기준이다. 오키나와 지식인이 민중과 오키나와의 반기지운동을 이상화하는 것을 거부하는 원인은 민중이 판단하고 선택하는 기준이 이데올로기적 이유가 아니라 '수평축'상의 생활감각에서 비롯한다는 데 있다. 민중의 생존 상태가 결정하는 저항 형식은 훨씬 모호하고 다중적이나, 지식 엘리트의 이념화 분석은 오히려 그것을 단순화해서 생활에서 벗어나게 하고 나아가 역사에서 벗어나게 할 수 있다.

오카모토의 이러한 논의에 힘입어 다시 한국의 사상생산으로 되돌아가보자. 동일한 층위에서 백낙청의 '분단체제' 담론을 이해하면, 그 안에 오카모토와 매우 상통하는 문제의식이 존재하고 있음을 알 수 있다. 백낙청이 '분단체제 극복' 운동을 일종의 '일상생활의 실천'으로 만들자고 호소할 때, 그는 바로 민중의 질서감각의 층위에서 정치의 함의를 새롭게 정의하는 것이다. 그에 따르면 분단체제는 한국사회에서 이미 견고한 일상적 구조로 변했으며, 그것에 대한 극복은 일상생활 질서에 대한 거대한 전복을 의미한다. 전쟁이라는 수단을 통해 이 전복을 완성하고 싶지 않다면, 유일하게 할 수 있는 진정한 선택은 끊임없이 생활을 개조하는 일상운동을 진행하는 것뿐이다. 여기서 백낙청은 오카모토가 설정한 그 화제를 추진한다. 즉, 민중에게 수평축상의 질서감각이 가장 기본적인 판단 기준이라면, 운동의 목표를 어떻게 이 기본점 위에 설정할 것인가인데, 이는 개혁을 추동하는 운동가들에게 가장 긴박한 과제다.

어쩌면 바로 이 공동체 생리의 층위에서 '국가'가 진정으로 상대화될 수 있을지도 모른다. 오카모토와 백낙청의 분석을 빌리면, 민중이 본능의 층위에서 국가와 맺는 관계는 일종의 적극적인(물론 대개는 부득이하고 부자유스런 상황하에서) 선택이며 소극적인 인내가 아님을 알 수 있다. 따라서 복합국가의 구상은 국가의 시각이 아닌 민중의 시각에서 제기된 것이며, 바로 이 층위에서 연대의 과제는 진실할 뿐만 아니라 그 딜레마도 훨씬 판별하기 쉽다.

백낙청은 한반도 분단체제의 특성을 분석한 후, 사실상 분단이 동북아 지역의 기본 문제임을 지적한다. 그는 일본과 나머지 지역 간의 분단, 중국과 나머지 지역 간의 분단을 '초대형 분단巨型分斷'이라고 부르며, 이런 초대형 분단의 배경 아래 한반도의 분단체제에 관한 문제를 논의한다. 주의할 만한 것은 그가 동시에 또 다른 개념을 제시했다는 점이다. 즉, 새롭게 정의를 내린 '제3세계' 개념이 바로 그것이다. 그는 민중의 시각에서 세계를 단일한 총체로 볼 필요가 있다고 인식한다. 바꿔 말하면 백낙청은 제3세계 시각이 실체적으로 세계를 삼분하는 것이 아니라, 기능적으로 인식론의 각도에서 세계를 또 다른 차원에서 하나의 총체로 새롭게 통합하는 것으로 인식한다. 달리 말하면 자본 전지구화의 위로부터 아래로의 과정에 상대적으로, 백낙청은 제3세계라는 민중의 시각을 통해 '아래로부터 위로의 전지구화'를 완성하고자 한다.

이러한 '전지구화'는 말하지 않아도 알다시피 국가의 틀을 뛰어넘는 민중의 연대다. 자본의 전지구화 아래 민중의 '질서감각'이라는 기본 과제를 직시하기 위해, 그는 동시에 또 다른 중요한 개념인 '민족문학'이라는 개념을 제기했다. 그는 1970년대에 한국에서 일어난 민족문학운동은 '국민문학'과는 다르며, 그것은 분단체제를 뛰어넘는 민중문화운동이라고 지적한다. "민족문학운동은 일종의 민족운동이지만, 단순히 민족주의적 운동이나 방안은 아니다. (…) 그것은 모종의 추상적 민중이나 민족 개념을 찬양하지 않으며, 한국에서 압도적인 다수를 차지하는 구성원의 진실한 요구의 처리를 겨냥한다."[13]

상술한 백낙청의 세 가지 기본 서술 범주[14]의 관련 속에서 우리는 중요한 이론적 사고를 찾을 수 있다. 이 이론적 사고는 다음의 골치 아픈 문제를 가리킨다. 즉, 만약 비판적 지식인이 현실과 동떨어진 정치적으로 올바른 논술에 만족하지 못하고, 민중의 기존 생활 상태가 규정하는 '일상생활 규율'에도 동의하지 않는다면, 이는 창조적인 변화가 보통 사람의 일상생활에서 일어나야 함을 의미한다. 백낙청은 이렇게 지적한다. "진리가 일상생활 속에서 이해될 수 있는 상황에서만 진정한 진리로 불릴 수 있다면, '역사적으로 의미 있는' 운동은 '일상적 평범함'과의 미묘한 긴장과 균형을 지녀야 한다."[15]

초국가적 연대의 민중 과제를 논할 때, 가장 골치 아픈 것은 이런 '미묘한 긴장과 균형'일 것이다. 왜냐하면 이는 백낙청의 '제3세계' 기능론 시각과 오카모토 게이토쿠의 '수평축 질서감각' 사이에 진정한 접점을 수립해 국경을 초월한 민중의 연대의식과 자신의 공동체 질서감각을 유기적인 구성 요소로 만드는 것을 의미하기 때문이다. 그렇지 않으면 세계를 하나의 총체로 간주하는 민중의 '아래로부터 위로의' 전지구화 구상과 생활의 장을 본위로 하는 민중의 같이 살고 같이 죽는다는 공동체 감각이 수사의 차원에만 머물게 될 것이며, 자본의 전지구화와 국가의 공모관계에서 그것들은 긴장관계를 지닌 유기적 조합이 아니라 대립적인 생활 형태로 만들어질 것이다. 오카모토 게이토쿠, 백낙청과 백영서의 사상 작업은 바로 이런 어려운 과제에 직면하며, 그것을 추진하기 위해 효과적인 인식론 도구를 만든다고 할 것이다. 예컨대 그들은 각자 다른 방식으로 민중의 '민족감정'은 단지 민족주의로서 간단히 부정될 수 없음을 지적한다. 백낙청은 심지어 오늘날 여전히 민족주의가 필요하다고 강조한다. 오카모토 게이토쿠가 부정된 '애국심' 속에서 오키나와 민중의 연대의식을 구출해내고자 하는 것도, 마찬가지로 개방적 정체성이 수립될 가능성을 찾기 위함이다. 백영서가 구상한 '한반도의 탈중심화'와 '한인 네트워크 수립'의 역설적 과제는 다음의 문제를 직접 다루고자 한다. 즉, 민중의 공동체 정체성이 배타성을 지닌다면, 어떻게 해야 민중의 층위에서 국경을 초월한 연대를 이룩할 수 있을 것인가?

(4)

국가의 틀을 뛰어넘는 민중 연대는 어떤 사회과정인가? 그것의 진실한 상태와 지식인의 담론 및 추동 사이에는 어떤 관련이 있는가? 지식인의 담론에서 민중은 통상 주체적인 사회존재가 아니라 담론의 범주에 불과하다. 설령 담론과 분석 내지 의지의 대상으로 삼더라도 민중은 통상 단수의 집단으로 환원되며, 단지 모종의 명확하게 정의내릴 수 있는 사회 역량으로 전화된다. 이런 상황에서 민중 연대의 가능성에 관한 지식인의 토론은 종종 사회집단으로서 민중이 지니는 정치 성향상의 불확정성과 민중의 정치적 선택에 대한 주체의지를 간과하기 쉬우며, 자신도 모르게 지식인의 가치판단으로써 그것을 대체한다. 이 기본적인 이론 딜레마는 오늘날 이미 사회 상황에 대한 지식인의 추측이 종종 현실의 흐름과 어긋남을 폭로한다. 또한 현실을 평가할 때 우리는 민중의 상황에 관한 평가가 기본적으로 생략되었거나 고도로 추상화되었음을 관찰할 수 있다. 이는 지식 엘리트의 민중 상상이 그것에 도덕적 정당성을 부여하는 경향이 있으며, 민중의 '공동체 생리'가 지닌 비범한 에너지의 특질을 다루지 않기 때문이다. 이런 공동체 생리는 반드시 정치적 올바름을 지니는 것이 아니기 때문에 종종 보수적이고 낙후된 역량으로 간주되나, 지식인의 엘리트 의식은 종종 이런 '공동체 생리' 앞에서 좌절당한다. 이 골치 아픈 문제를 다룰 때 가장 쉬운 방식은 '민중'을 하나의 범주로 추상화하고 지식 엘리트의 가치판단의 담지체로 만드는 것이다.

그러나 오늘날의 동아시아 담론에서 민중의 연대는 현실적인 과제가 되었으며, 이로써 단순히 추상적인 개념 범주를 벗어났다. 이 과제를 지식인의 관념론적 세계에 국한시키지 않는다면, 그것은 '수평축'의 시각에서 지식인의 생각과 문제의식을 새롭게 조정해야 함을 의미하는가? 내 생각에 이것이 바로 진먼 회의가 부딪친 기본 문제다.

진먼에서 동아시아 각 지역의 지식인이 모여 보기 드문 다원화 담론을 구성했다. 동아시아에 거의 이해받지 못한 진먼이라는 낯선 공간에 있었기 때문에 수많은 사유 패턴이 타파되었다. 이로 인해 나 역시 비판적 지식인에 대한 '민중'의 진정한 함의를 사유하기 시작했다.

냉전체제 속의 국공대치가 없었다면 진먼은 백영서가 말한 '핵심 현장'이 될 수 없었을 것이다. 그러나 진먼의 보통 주민에게 이 대치는 부차적인 것이며, 우선적인 것은 그들의 삶 자체다. 진먼의 크고 작은 갱도가 관광명소로 꾸며졌을 때, 어민들이 과거의 낙하 방지 말뚝[16]을 굴 수확 말뚝으로 개조했을 때, 진먼의 상점이 과거의 선전 포탄피를 날붙이로 개조했을 때를 포함해 이 모든 것이 결코 진먼 사람이 과거의 참혹한 역사를 망각했음을 의미하지는 않는다. 그러나 진먼 사람은 확실히 자신의 방식으로 이 시기의 역사를 받아들이며 감당하고 있다. 진먼섬 중심에 있는 허우푸後浦의 번화한 거리에서 '진먼 추억관老金門懷舊館'이라는 이름의 음식점

간판을 보았을 때, 나는 '민중 질서감각'의 함의를 느꼈다. 이 작은 가게의 간판에는 마오쩌둥 얼굴이 커다랗게 그려져 있었으며, 그 옆에 붙은 '마오쩌둥 밀크 티' 광고에는 작은 글씨로 이렇게 쓰여 있었다. "시대가 변하면 밀크 티도 변해야 운명이 바뀔 수 있습니다." 그 아래에는 더 구체적인 제안이 적혀 있었다. "이곳에 오시면 통일─독립, 범람汎藍─범록汎綠[17]은 양옆으로 놓아두고 가볍게 양안兩岸[18] 공치共治 governance의 평화적인 분위기를 누리세요……."

우리가 시야를 민중생활의 '수평축' 위에 둔다면 아주 흥미로운 기본 사실을 관찰할 수 있다. 그것은 바로 사회의 하층에 처할수록 이데올로기적 충돌 대립이 약해지며, 사회의 상층으로 올라갈수록 이데올로기적 대립이 더욱 중요하고 명확해진다는 것이다. 상층의 이데올로기 요소가 권력이 민중생활의 층위로 침투하는 것을 수반할 때, 민중은 대체로 이러한 이데올로기의 소비자다. 그러나 이는 민중이 상부구조에서 온 모든 이데올로기를 무조건 받아들임을 의미하지는 않는다. 그들은 나름의 선택 기준이 있다. 전쟁 시기라는 별 다른 선택의 여지가 없는 극한 상태를 제외하면, 민중의 선택 기준은 대중매체와 각종 선전 수단의 제약을 받는다. 그러나 이는 그들이 이렇게 권력에 의해 조종되는 이데올로기를 완전히 '피동적으로 소비'함을 의미하지 않는다. 민중의 각종 필요(이런 필요는 종종 상호 모순되지만)가 자신의 외부外在 형상을 어떻게 만들고, 또 어떤 경로를 통해 사회의 상부구조에 도달하는가는 비판적 지식인이 반드시 직면해야 하는 과제다.

오카모토 게이토쿠의 「수평축 사상」의 중요성은 그가 이 어려운 과제를 직시하려고 한 데 있다. 이 텍스트가 지닌 모호한 성격은 민중 공동체 의식에 대한 신중한 성찰 태도로 인해 두터운 역사성을 얻었다. 이는 이 오키나와의 텍스트가 백낙청 등 한국 지식인의 사상 담론과 멀리서 호응할 능력이 있는 원인이다. 백낙청 등이 민중의 시야로 '분단체제를 극복'하자고 소리 높여 외치는 제의는 결코 간단한 정치 방안이 아니다. 그것은 인식론상에서 비판적 지식인의 담론에 대해 근본적인 조정을 진행하고, 국가 이데올로기가 위로부터 아래로 민간의 층위에 침투하는 오늘날, 민중 간의 국경을 초월한 연대가 어떻게 해야 진실하고 가능할지 진정으로 사유하는 것을 의미한다.

나는 이것이 동북아 지식인이 공유하는 과제의식이 되기를 바란다. 그때가 되어야만 동아시아 담론은 진실한 담론이 될 수 있다.

5장

'문화간'의 일본 사상

개별 문화 정체성의
정신적 성격[1]

영광스럽게도 한국 친구들이 나의 글을 한국어로 번역한다는 소식을 들었다. 이를 계기로 나는 한국의 독자와 만날 기회를 얻었다. 이 일을 맡은 한국 친구는 내게 이 책의 내용에 대해서가 아니라 나 자신에 대해 이야기해주면 좋겠다고 했다. 이는 나의 개인 경력이 무슨 대단한 가치가 있어서가 아니라, 중국과 한국의 지식인이 (지식상으로는 서로를 잘 알고 있다고 느낄지라도) 아직 상대방의 문화적 배경과 행동 논리를 낯설게 느끼는 지금, 자신에 대해 진솔하게 털어놓는 것이 서로 간의 거리를 좁힐 수도 있는 일이기 때문이리라.

1995년 나는 처음으로 한국을 방문해 부산의 한 학술토론회에 참가했다. 내게 그때의 한국행은 잊을 수 없고 중요한 일이다. 그것은 내게 커다란 충격을 주었으며, 내가 피부로 느낄 만큼 '동아시아'에 관한 경험을 모색하기 시작하게 만들었다.

나는 대학에서 중문학을 전공했으나, 앞으로 이야기할 기회와 인연으로 인해, 정통 '문학 연구'를 벗어나 일본사상사와 관련 있는 연구를 수행했다. 10여 년간 나는 줄곧 중국과 일본 사이의 문제를 논해왔으며, 한국의 문제에는 들어갈 능력도 기회도 전혀 없었다. 사실 처음 한국을 방문했던 것도 일본 친구가 추천한 덕분이었다. 그래서 일본에서 몇몇 일본 학자와 한국 유학생과 함께 부산으로 출발했다.

어쩌면 바로 이런 방식으로 한국에 들어갔기 때문에 나는 '순수한 중국인'이 주목하기 어려운 사실을 관찰했는지도 모른다. 그것은 바로 한국과 일본의 '대립'이나 '대화'에는 '중·한'이나 '중·일'의 비슷한 상황에선 만나기 힘든 진실한 접촉이 존재한다는 사실이다. 한국인과 일본인 간에는 어떻게 논쟁하고 어떻게 대화의 통로를 찾을지 잘 아는 것 같았다. 대립하고 적대시하든, 우호적으로 잘 지내든 쌍방은 필요한 '호응'이 부족하지 않았다. 그에 비해 중국인은 한국과 일본에 대해 상대방 속으로 들어가는 효과적인 통로를 찾지 못해 감각상의 호응이 부족한 것 같았다. 어쩌면 바로 이런 상황으로 인해 중국 지식인과 한국 지식계의 대화에는, 이를테면 서구의 근대성 이론이나 비판 이론같이 서구에서 비롯한 매개의 도움이 더 많이 필요하고, 직접적인 대화가 비교적 어려운지도 모른다. 아무리 성의를 보인다 한들 피차 아무런 매개 없이 상대방의 문제와 고뇌에 다가가기란 어려운 일이다.

처음 한국을 방문한 지 꼬박 7년이란 세월이 흘렀다. 모든 것이 변했다. 한국의 상황은 중국 지식계의 시야에 더 많이 들어왔으며, 대화도 심화되었다. 그렇다고는 해도 맨 처음 느꼈던 곤혹스러움이 아직 완전히 해소되지 않았음을 나는 어렴풋이 느낀다. 오히려 그것은 훨씬 은폐된 형태로 우리의 '교류'를 좌우하고 있다. 중국 지식인에게 '한국 논리'는 낯설고 난해한 것이다. 그것을 '영어 논리'로 '번역'하고 모두가 대체로 공유하고 있는 이론 분석으로 보완해야만 겨우 이해할 수 있고 들어갈 수 있다. 한국 지식계로서는 중국 지식인의 시야에 '아시아 의식'이 결핍되었다는 사실이 중화제국 자기중심주의의 현대판으로 어느 정도 쉽게 치부되는 경향이 있다.

중국 지식인에게 아시아 의식이 결여되었다는 한국 친구들의 비판은 정확하다. 오늘날 '아시아' 담론이 점점 인기를 얻고 있는 상황에서도, 중국 지식계에는 여전히 아시아 의식이 결핍되었다. 우리도 아시아를 논하고는 있지만, 이것이 아시아 의식의 존재를 증명하는 것은 아니다. 서양의 이론을 자원으로 사용한다고 해서 서구중심주의를 고취한다고 볼 수는 없는 것처럼 말이다. 내가 이러한 지적 풍토에 주목하지 않을 수 없었던 것은 동북아 지역에서 어느 정도 공유되고 있는 다음의 지적 환경 때문이다. 즉, 동서양이 서로 충돌하고 융합하는 틀 속에서 자신의 역사과정을 토론할 수밖에 없을 때, 우리는 이미 이른바 '순수한 본토'나 '타자와 구별되는 자아'와 같은 분류에 기대어 주체성을 확립할 수 없다. 그러나 동시에 부인할 수 없는 사실은 우리가 지닌 모국어문화 또한 간단히 약분할 수 없는 특질을 지니고 있다는 점이다. 단순히 문화본질주의와 문화상대주의, 국제주의와 민족주의의 대립 범주를 사용해서는 이렇게 복잡한 상황을 효과적으로 건드릴 수 없다. 또한 문제를 전지구화 서술의 층위에만 던져놓으면 부득불 상황 속에서 가장 복잡한 요소를 내버리게 될 수도 있다. 이는 문제를 회피하지 않으려는 사람이라면 누구나 인정하지 않을 수 없다.

이러한 대전제가 논의되지 않으면 우리는 훨씬 복잡한 정신 영역에서 다음과 같은 기본적인 문제와 대면하기 어렵다. 즉, 우리는 왜 아시아를 토론해야 하는가? 이 명제는 이 지역에서 나고 자란 우리 지식인과 무슨 관계에 있는가? 경제세계화와 동아시아 사회의 급속한 부상, 아시아 금융위기가 초래한 동아시아와 동남아시아 각 지역의 긴밀한 관계는 확실히 '아시아'가 더 이상 서양만 바라보는 피동적 실체가 아니게 했다. 본디 서구 세계에 의해 만들어진 이 객체는 자신에게로 방향을 돌려 자기 주체를 확립하기 시작했다. 이 과정이 일단 시작되자, 기존의 민족국가를 기점으로 '서구에 대항'하는 구도는 더 이상 뚜렷하지 않게 되었다. 똑같이 자기 국토 안에 미군기지의 존재를 용인하지 않을 수 없는 한국과 일본이 만약 '아시아' 문제를 제기하지 않는다면, 민족국가를 전제로 각자 미국에 대항한다는 생각은 여전히 유효할 것이다. 그러나 아시아, 특히 동아시아의 서술이 전제가 되었을 때, 한국과 일본

간의 갈등도 함께 교차하며, 역사상 은원(恩怨)의 기억은 미국에 점령되었다는 현실적 트라우마에 결코 뒤지지 않는다.

그리하여 이렇게 불거진 '동아시아 내부 갈등'은 국제정치 관계에 대한 서술을 새롭게 구성하지 않을 수 없게 만든다. 왜냐하면 그것은 더 이상 단순히 '서구 패권의 동양 침입'이라는 문제가 아니기 때문이다. 일본의 '대동아공영권' 이데올로기가 은폐하고 있는 아시아 각국에 대한 침략 사실은 단순히 '동서양 대항' 구도를 사용해서는 역사 속의 긴장관계를 설명할 수 없음을 증명한다. 일본이 현대사에서 '아시아를 대표해 서구에 대항한다'는 이데올로기로 쌓아올린 것은 아시아의 일체화가 아니라, 이웃 나라에 대한 잔혹한 침략과 수탈이었다. 이는 다음과 같은 골치 아픈 문제를 동아시아 지식인의 눈앞에 밀어놓았다. 즉, 사실 서구에 대항한다는 태도가 자신은 그렇기 때문에 패권 논리를 피할 수 있음을 반드시 보증하는 것은 아니다. 더구나 전후 냉전의 역사에서 냉전구도 속에 나타난 동아시아의 분열 상태는 이미 미국이라는 서구 패권의 상징을 '내재화'했다.

아시아(동아시아)가 서구에 대항한다는 발상은 사실 단지 논리상으로만 실행 가능성을 지닌다. 현실과 역사의 관계에서 이런 서술은 우리 정치와 사회생활의 진실한 상황을 건드릴 수 없다. 진실한 상황은 복잡한 패권관계가 '내부'와 '외부'의 상호작용 과정을 통해, 아시아 내부의 패권관계와 동양에 대한 서양(특히 미국)의 패권관계를 긴밀하게 얽히게 하는 데 있다. 이런 상황 아래 민족국가의 틀이 여전히 유효하고, 지정학적 시각이 새로운 시야를 열었다고 하더라도, 복잡한 국제정치 관계의 구도에 직면해 예전처럼 고정된 틀과 시각에 기대어 모든 문제를 설명하기는 어렵다. 상대적으로 유효한 틀과 시각일지라도 격렬히 변동하는 과정 속에 처해 있기 때문이다.

상술한 인식에 기초해 나는 나 자신의 유한한 지식과 사유 범위 안에서 줄곧 동아시아, 특히 중·일 간의 '아시아 내부 문제'를 다루고자 했다. 아시아나 동아시아의 원리를 발견할 능력은 없지만, 이렇게 모색하는 가운데 나는 진실한 동서양의 상호작용 과정으로 인도되었을 뿐만 아니라, 상황의 유동성과 대면하지 않을 수 없었다. 나는 자각하기 시작했다. 아시아를 대면하고 아시아를 과제로 삼는지의 여부는 문제의 관건이 아니다. 문제의 관건은 이런 사고를 통해서 내가 어떤 문제군問題群에 몸담을 수 있는가에 있다. 바꿔 말해서, 아시아를 대면하고 동아시아를 대면할 때, 나는 진실하게 유동하는 상황을 대면했는가?

1978년 봄 내가 지린대학교吉林大學校 교문을 들어서서 배움을 구하기 시작했을 때, 마침 중국에는 역사적인 전환이 일어났다. 문화대혁명이 끝난 후 첫 번째로 시험 성적에 따라 대학에 들어간 문과생으로서, 우리 학번과 이후 몇몇 학번의 대학생들은 지식과 정신상의 '단층'에 직면했다. 우리 선생님들은 이제 막 동란을 빠져나온 지식인들로, 대부분이 문혁 기간에 비판의 대상이었기에 마음속에 아직 트라우마와 그림자를 감추고 있었다. 이런 까닭에 그들은 학생들을 가르칠 때 다소 부드럽게 타협하는 태도를 취했다. 우리의 교재와 수업은 문혁 이전과 문혁 기간의 구성을 약간 이어받았지만, 엄격하고 정연한 윤곽을 형성할 수는 없었다. 바로 이 시기에 중국의 문학예술계는 생동감 넘치고 다채로운 창작을 시작했고, 상당수의 유명한 외국 문학작품도 도서관에서 '해빙'되었다. 어떤 책들은 아직 대출이 안 되고 어떤 책들은 공개적으로 읽으며 토론하기 어려웠지만, 강의실 밖은 이미 갈수록 많은 정보들로 가득 찼다. 그때, 특히 중국 둥베이東北 지역은 '유행'이라는 의식이 거의 없었고, 절대다수의 소식은 '과거'를 가리키고 있었다. 이는 당시의 둥베이 지역이 고전을 공부하기에 아주 좋은 조건을 지니고 있었음을 의미한다.

나의 모교 문과대의 각 학과에는 우수한 교수들이 있었는데, 어떤 분은 당시에도 제일선에서 강의했다. 그러나 학생들의 수강 신청은 지금처럼 자유롭지 않아서 타 전공 수업을 듣는 것이 금지되었다. 당시 철학과의 어느 뛰어난 선생님이 존 로크를 강의하셨는데, 그분 수업을 듣기 위해 나는 전공인 중문과 수업도 빼먹고 철학과 교실에 몰래 들어갔던 적도 있다. 그러나 불행하게도 딱 두 번 듣고 철학과 행정관리원에게 들켜 쫓겨났다. 그래도 그때에는 대학 캠퍼스에 오늘날 젊은 세대의 학자들은 느낄 수 없는 자유가 있었다. 그 역사의 틈새에서, 위 세대의 트라우마 경험과 급격한 사회 전환이 초래한 지식의 단층으로 인해, 우리는 겉으로는 인위적인 간섭을 많이 받았지만, 우리에게 인정받는 규범이 '학술'로서 우리의 감각체계에 들어오는 일은 없었다. 각종 제도는 권위를 만들 수는 있지만 사유의 장애를 초래할 수는 없기 때문이다.

진정한 장애는 스스로 주류와 동일시하는 본능에서 비롯한다. 그리하여 그런 환경 속에서 윤곽은 모호하지만 진실로 존재하는 자유로운 사유공간이 형성되었다. 나는 한참 후에야 이 점을 깨달았다. 그런 자유 때문이었을까, 당시 나의 동창 중에 몇몇 재능 있는 시인이 한꺼번에 나타났고, 그들은 훗날 중국 시단에서 인기 절정의 인물이 되었다. 이 재기발랄한 친구들은 시 동아리를 결성해서 자주 시를 짓고 화답했다. 줄곧 작가가 되기를 꿈꿨던 나도 몇 편을 써서 그 와자지껄한 틈에 같이 어울리고 싶었지만, 머지않아 재능이 부족하다는 정중한 통보를 받았다. 돌이켜보건대 대학 시절 전체를 통틀어 가장 진정한 트라우마 기억은 그 친구들에게 거절당한 일이었다.

1980년대는 내가 교문을 걸어나와 학술기관에 들어간 초창기였다. 중국이 '과학생산력'의 통합으로 기존의 정치 이데올로기를 대체함에 따라, 중국 지식계는 이 시기를 '신시기新時期'라고 부르며 신계몽기로 간주했다. 나로서는 물론 이 역시 시야를 넓히는 시기였지만, 나는 결코 거기에 속하지는 않았다. 내 또래의 몇몇 친구는 그 시기의 학술계에서 두각을 나타내며 당시의 학술 풍격을 거의 형성했다. 그리고 내가 몸담은 중국문학 연구 분야도 당시 '인간의 주체성'이 관심의 핵심이 되었던 까닭에 그 시기에 눈부신 역할을 했다.

그러나 내가 뜻하지 않게 중국문학을 연구하지 않게 된 것도 바로 그 시기였다. 나는 당시 기세등등했던 서양 철학과 사상이론의 학습 열풍에도 녹아들지 못했다. 이 모든 것이 어떻게 일어났는지는 이미 중요하지 않은 것 같다. 내가 의식적으로 이런 선택을 한 것이 아니었기 때문이다. 만약 사람이 자신이 처한 장場이나 지적 분위기와 일치하지 않을 수 있다고 한다면, 나는 확실히 이런 경험을 했다. 지금 돌이켜보면 이는 아마도 젊은 시절 둥베이에서 공부했던 경력과 관계있을 것 같다. 둥베이에는 '시대의 조류'라는 정신적 풍토가 부족했다. 그래서 오히려 최신 유행을 좇고 창조하는 풍운아를 만들어낼 수도 있고, 시대정신과 거리를 두는 '시대에 뒤떨어진 자'를 만들어낼 수도 있었다. 나는 후자의 유형이었던 것 같다. 나는 당시 시대의 조류에 합류하기를 거부했던 게 아니라 그런 본능이 없었을 뿐이다. 그러나 사실 이런 거리감 덕분에 나는 오히려 지적 환경에 대한 반성의 기회를 얻을 수 있었다. 이런 우연한 개별 경험이 단순히 내 개인적인 것이 아니라면, '시대정신'과 거리가 존재하는 이런 상황을 역사와 사회의 또 다른 측면으로 볼 수 있다면, 이런 측면을 역사와 사회로 들어가는 또 다른 사유의 차원으로 간주할 수 있지 않을까? 훗날의 연구 생활에서 나는 나도 모르게 이러한 '거리감'을 사유와 글쓰기의 시각으로 전화하여, '시대정신'을 추구하는 사고에서 벗어나 시대와 역사를 관찰하기 시작했다. 지금까지도 이는 나의 학술 습관이 되었다.

나는 우연히 일본으로 가게 되었고, 또 우연히 일본의 사상사 연구에 매료되었다. 1990년대에 접어들자 중국 학술계는 계속된 논쟁 속에서 스스로 자각하기 시작했으며, 사회과학의 규범화에 관한 토론을 한바탕 불러일으키기도 했다. 1990년대의 중국 학술계가 갈수록 학술 형식의 엄정함과 기성 규칙의 중요성을 중시할 때, 나는 지극히 비규범적으로 자신의 '사상사 연구'를 시작했다. 중국이든 일본이든 사상사 분야는 나의 이런 비규범적인 연구를 위해 공간을 남겨두지 않았다. 그러나 이상하게 들리겠지만 뜻밖에도 나는 이런 식으로 오늘에 이르렀다.

사실 나는 결코 고군분투하지 않았다. 나는 지금도 중국과 일본의 선배 학자 두 분께 깊이 감사드린다. 그분들이 나의 이 비규범적인 기점을 결정했다. 1980년대 말, 내가 아직 해외 중국문학 연구를 전문적으로 번역해 소개하는 잡지를 편집하고 있을 때, 당시 직속상관이었던 편집장이 나를 한사코 일본으로 '밀어'넣었다. 그녀는 직접 나를 도와 일본 연수의 기회를 연결해주면서 "나가서 한번 보라"고 명령했다. 이것이 내 첫 번째 일본행이었는데, 내가 기꺼이 원했던 것은 아니었다. 그녀가 이런 결정을 내려주지 않았다면 나는 평생 일본과 인연이 없었을지도 모른다. 몇 년 후, 일본의 어떤 샤옌夏衍[2] 연구자가 이름 없고 나이 어린 내게 또다시 객원연구의 기회를 만들어주었다. 이 노선생은 내게 이렇게 말했다. "자네는 내 연구실에 이름을 걸어둘 수 있네. 그러나 그 어떤 의무도 질 필요는 없다네. 자네는 자네가 가고 싶은 곳은 어디든지 가고, 하고 싶은 일은 무엇이든 하게나."

내가 존경하는 이 두 분은 현재 모두 퇴임했다. 그분들이 내 연구를 직접 지도한 적은 없으며, 나는 그분들과 지금도 최소한의 연락만 유지하고 있을 뿐이다. 그러나 그분들께 감사하는 마음은 나중에 만난 그 어떤 훌륭한 스승과 좋은 친구에 대한 마음보다 더 앞선다. 그분들은 내가 가장 도움이 필요한 시기에 관례를 깨뜨리면서까지 나를 도와주었기 때문이다. 그분들은 '학과'나 '지위'를 전혀 고려하지 않았다. 아마 그분들은 그다지 기회가 필요하지 않은 명사名士에게 기회를 만들어주거나 학과 체제의 평가 기준에 따라 후임자를 요구하느니, 차라리 후배들에게 자유롭게 발전할 수 있는 가능성을 더 많이 만들어주자고 생각했던 것 같다.

이 소중한 기회와 인연은 내가 중국문학 연구를 떠나는 계기가 되었다. 혹은 이렇게 말할 수도 있을 것이다. 내가 중국문학 연구를 '확장'시켜 그것을 다른 학과와 뒤얽히게 하고 다른 학과가 자족적인 상태에서는 볼 수 없었던 문제와 부딪치려 했다고 말이다. 이른바 '학제간 연구'가 사실은 매우 힘겨운 일임을 나는 몇 년 후에야 깨달았다. 그것은 반드시 학과 간 연구를 하려는 학과 내부의 지적 풍토에 대한 깊이 있는 이해를 전제로 삼아야 하며, 그 반대로 단순히 부정하는 방식으로 각 학과 위에 군림해서는 안 된다. 실제로 학제간 연구는 단지 각 학과의 폐쇄성만이 아니라, 각 학과의 지식수준 저하라는 상황과도 부딪친다. 어쩌면 오늘날 이른바 '학제간 연구'가 체제에 의해 개편되고 있는 상태에서, 사이비 '학제간 연구' 방식에 대한 지식체제의 긍정이야말로 자신의 평가 메커니즘과 지식축적 방식의 빈곤함을 충분히 폭로하고 있는지도 모른다.

내가 이 점을 인식하게 된 것은 사실 나의 또 다른 지지자들 덕분이다. 그들은 나보다 젊은 친구들이다. 만약 앞서 언급한 두 분 선생이 아니었다면 나는 일본과 인연이 없었을 것이다. 또 젊은 친구들의 지지와 기대가 없었다면 나는 훗날 '성장'하지 못했을 것이다. 이 친구들은 대부분 전업이나 겸업으로 잡지 출판의 편집 작업을 했기 때문에, 끊임없이 자신의 편집 방침을 수정하고 형성하면서, 내게 원고와 의견을 달라고 요구했다. 그들과의 상호작용 속에서 나를 가장 감동시킨 것은 『학술사상평론學術思想評論』의 편집장이다. 자금이 전혀 보장되지 않은 상황에서 이 젊은이는 자신의 노력으로 이 민간 학술문총을 기획하고 편집했다. 이 문총은 필진이 개방적이어서 '동인'의 성격을 지니지 않았다. 1990년대 전반에 걸쳐 중국 학술계가 '사상'과 '학술'을 나누어 논하는 추세 속에서, 이 문총은 훌륭하게도 학술과 사상의 참된 관계를 보여주었다. 처음 몇 년간 내가 쓴 대부분의 학술논문은 이 문총에 발표되었다. 편집장은 끊임없이 내 생각에 의문을 제기하고 건의를 보내와 내가 감히 게으름을 피울 수 없게 만들었다. 이 경험으로 인해 나는 어떤 의미에서는 젊은이들이 나를 성장시켰다고 확신하게 되었다. 1990년대 내내 중국 지식계는 분화와 전환 속에서 간단히 통합할 수 없는 새로운 구도를 형성했다. 이는 몇 차례의 유형적인 논쟁으로 개괄하기 어렵다. 만약 논쟁을 '시대정신'의 상징으로 간주한다면, 나는 차라리 고정된 형상은 부족하더라도 그 바깥에서 이 시대의 활력을 찾을 것이다.

시대의 활력 가운데 하나는 지식체제 바깥에서 수많은 '민간 간행물'이 생겨난 일일 것이다. 이 간행물들은 체제 내부의 물질적 자원을 결여했지만, 종종 편집자의 깊이 있는 사고와 탐색 정신으로 인해 체제 내부의 간행물이 확보하지 못한 높은 수준의 독자층을 지닐 수 있었다. 바로 이러한 독자층은 탐색과 토론을 갈망하는 작가들을 끌어들일 수 있다. 물론 출판물의 품질을 평가할 때, 지식체제 안에 있는지의 여부는 결코 절대적인 기준이 아니다. 출판물의 품질은 지식체제와의 관계가 아니라 편집자의 능력에 제약을 받기 때문이다. 어떤 의미에서 10여 년간 중국에 집중적으로 쏟아진 각종 유형의 민간 출판물들은 그 품질이 모두 일치하지 않으며, 체제 내부 간행물과의 대항을 특징으로 삼지도 않는다. 일부 우수한 간행물들은 체제 내부의 자원을 이용해 생존했다. 정확히 말해서 1990년대 이래의 출판 상황은 아카데미 학술이 나날이 규범화되는 과정 속에서 필연적인 산물이었다. 학술 규범화 과정이 학과 건설의 진전을 촉진했지만, 동시에 편협함과 경직성을 초래해 거짓 학술과 죽은 지식이 정당성을 얻게 되었을 때, 반드시 일부 생명력 있는 사고와 탐색이 이른바 '학과 규범'을 넘치게 할 것이며, 반드시 자신의 생존공간을 모색할 것이다. 이 10여 년간은 중국 학술 전환기의 귀중한 틈새다. 그것이 지식제도의 주변부에서 아직 형태를 갖추지 않은 수많은 사유의 탄생을 촉진시켰기 때문이다.

나는 다행스럽게도 이 황금기를 만났다. '박사 지도교수'나 '교수'와 같은 직함이 나날이 학술을 가늠하는 척도로 변하고 있는 때에 중국에는 여전히 이런 힘들의 통제를 받지 않는 사고능력이 존재하며, 여전히 학술의 정수를 탐색하는 사람들, 특히 자신의 편집과 저술을 통해 활력이 충만한 사유공간을 세우려는 사람들이 있다. 그들은 학술과 사회 및 학술 자체의 기본 상황을 끊임없이 사색하며, 해답이 없는 골치 아픈 문제와 끊임없이 마주한다.

'조류潮流 의식'이 부족한 나의 작업 방식은 이런 사람들 속에서 공명을 얻었다. 그들은 『학술사상평론』의 편집장처럼, 겉에 '사상'의 후광을 두르지 않고 진실한 사상과제를 직시했다.

학술연구 영역에 발을 들여놓은 이래로 개인적인 능력의 한계로 인해 나는 어떤 '사조'에도 개입한 적이 없으며, 심지어 믿을 만한 학과 배경도 결여했다. 따라서 나는 이런 의미에서의 대표성을 전혀 지니지 않으며, 이런 배경 자료의 도움을 받아 내 작업을 자리매김기도 어려웠다. 그뿐 아니라 나는 일본 현대사상사의 사건과 인물을 연구 대상으로 삼고 있기 때문에, 모국어문화와의 연결 방식이라는 이중의 자리매김이 지니는 어려움과도 직면해야 했다. 이런 개인적인 경험은 내게 매우 특별한 감각과정을 느끼게 해주었다. 그것은 중국문화에 대한 새로운 동일시 과정이었다.

나는 연구자가 자신의 연구 대상에 들어가야 하는지에 대해 함께 작업하는 친구와 토론한 적이 있다. 들어갈 수 있고 또 들어가야 한다면 이는 어떠한 과정이 될 것인가? 요 몇 년 동안 나는 줄곧 이렇게 하려고 시도했다. 이는 나 자신의 감각으로 내가 대면한 일본사상사의 기본 문제에 조심스럽게 접근해, 나의 연구 대상이 역사 속에서 어떻게 생각하고 어떻게 느꼈는지 상상해보는 것을 의미한다. 이런 방식은 나를 어느 정도 일본사상사 속으로 들어가게 해주었지만 그렇다고 나를 '일본화'하지는 않았다. 왜냐하면 나는 직관적인 의미에서 자신의 '감각'을 사용하고 직관적인 의미에서 자기의 연구 대상을 동일시하는 것을 가능한 한 피했기 때문이다. 중문과 출신은 비교적 직관의 오류를 저지르기 쉬워서, 자신이 보고 느낀 것이 진실한 세계이며, 자신의 토론이 사회의 진전에 직접 영향을 미칠 수 있다고 오해한다. 또한 으레 그러려니 하고 각종 현상에서 추상적 결론을 얻으며, 직관과 추상 사이에 아무런 근거 없이 행해지는 비약을 거의 고려하지 않는다. 중문과 출신인 나도 자신의 이러한 '학과적 저열성'과 투쟁하지 않을 수 없었으며, 지성의 층위에서 연구 대상에 들어가되 자신을 그 안에서 추출해내는 에너지를 유지하고자 했다. 그러나 이런 진입에서 얻은 수확은 뜻밖의 것이었다. 그것은 바로 내가 원래 지녔던 문화 정체성의 직관성을 파괴했다는 것이었다.

외국 연구에 종사하는 사람이 가장 저지르기 쉬운 오류는 상대방의 문화 논리에 들어가려는 노력이 실패한 후 자신의 모국어문화를 퇴로로 삼는다는 것이다. 이런 상황에서 모국어문화는 분석할 수 없는 전제로 절대화되기 쉽다. 자국의 문제를 연구하는 사람에 비해 외국 연구에 종사하는 사람이 훨씬 격렬하고 단순한 민족주의 경향을 지니기 쉬운 원인이 바로 여기에 있다. 일본사상사의 일부 자료를 다루기 시작했을 때, 나도 마찬가지로 이런 위험에 직면했다. 일련의 문제를 토론하는 과정에서 나는 이 위험이 사실은 앞의 위험과 표리를 이룬다는 사실을 깨달았다. 즉, 사유 방식이 직관적이 될수록 모국어문화 정체성에 대한 맹목성의 정도도 높아진다. 이런 직관적이고 맹목적인 문화 정체성은 사실 효과적인 사회적·지적 입장을 전혀 제공할 수 없다. 특히 복잡한 국제정치 관계에서 이런 맹목성은 실제 문제를 처리하는 데 커다란 장애가 된다.

상술한 이중의 위험에 직면한 상황에서 나는 스스로 일본의 현대정신사에 들어가려고 시도했으며, 그리하여 자기감정의 직관성을 통제하고 그것을 사유의 동력으로 전화시키는 법을 배우지 않을 수 없었다. 바로 이런 과정 속에서 나는 자신의 문화 정체성을 새롭게 단련했다. 지식을 업으로 삼는 중국인으로서, 그리고 자신이 처한 환경과 '시대정신'을 전혀 대표할 수 없는 사색자로서, 나는 모국어문화가 내게 준 전부를 되돌아보는 법을 배우기 시작했다. 이렇게 되돌아본 덕분에 나는 근거리에서 동아시아의 이웃 나라 사람들과 접촉할 때, 세밀한 부분에서 말로는 설명할 수 없는 것들을 감지하게 되었고, 침묵 속에서 각종 정보를 이해하는 법을 배우게 되었다. 또 이렇게 되돌아본 덕분에 나 자신이 사실은 결코 자연적으로 모국어문화에 속한 것이 아니며, 그것은 노력해야만 들어갈 수 있는 과정임을 깨닫게 되었다. 그리하여 나는 지성생활 속의 간단한 이치를 체득하기 시작했다. 즉, 자기 문화에 진정으로 들어가기를 원한다면 먼저 다른 문화에 들어가보는 것도 무방하다는 것이다. 인간의 외국어 능력이 통상 모국어 능력에 제약을 받는 것처럼, 다른 문화에 효과적으로 들어갈 수 없다면 통상 이것은 자신의 모국어문화에 대해 감수성이 떨어짐을 의미한다. 나는 연구 대상에 깊이 들어가면 들어갈수록 나날이 강렬하게 다음과 같은 역설적인 문제를 느꼈다. 즉, 연구 대상에 들어가는 것은 '감정이입'식으로 이 대상을 동일시하는 것을 의미하지 않으며, 자신도 '상황성'이 풍부하도록 바꾸는 것을 의미한다. 다시 말해 반드시 유동적이고 변화하는 과정 속에서 자신의 주체적 성격을 자각적으로 빚어내며, 그것을 탄성이 풍부하게 만드는 것이다. 이런 탄성은 지성의 층위에서 국가별 의식을 해소시키며, 관심을 좀더 구체적인 문제로 깊이 들어가게 하여 구체적인 문제 속에서 해석의 가능성을 찾게 할 것이다. 이 과정에서 나는 간단히 국가별 틀을 사용해 그 곤란한 '외국 문제'를 거부할 수 없으며, '타인'의 문제에 들어가고자 하는 이런 바람은 내가 중국인임을 망각할 때 과거보다 모국어문화에 훨씬 더 다가가게 만든다. 왜냐하면 자신이 반드시 모국어문화를 대표하지 않음을 의식할 때 비로소 타자에 들어가려는 그 노력으로 자신의 모국어문화에 들어갈 수 있으며 자신과 이 문화의 연결점을 찾을 수 있기 때문이다. 주체 형성의 과정은 이런 '진입'의 노력으로 인해서만 진실이 될 수 있다. 지성의 층위에서 나는 개별 문화 정체성의 비직관성을 이해하기 시작했다.

어쩌면 바로 이러한 기본적인 지적 입장으로 인해, 한정된 개인 경험이 나를 동아시아 삼국 간 국제관계의 불균형 상태에 주목하게 만들었는지도 모른다. 이 글의 첫머리에서 언급했던 것처럼, 삼국과 삼국 국민 간의 접촉 방식과 효과는 서로 다르다. 국가의 층위에서든 민간사회의 층위에서든, 심지어 개인 교제의 층위에서까지 이런 불균형을 명백히 볼 수 있다. 중국인과 한국인 간의 간극은 서로 간의 문화적 어긋남에 뿌리내리고 있어서 지식의 방식으로는 보완하기 어렵다. 지리적 의미에서의 대국과 소국의 차이는 물론 이런 불균형 상태를 초래한 기본 원인이지만, 이 층위에서만 따진다면 여전히 문제를 설명할 방도가 없다. 접촉의 장애와 피차의 무시 등의 문제가 어느 정도 해결되면, '동아시아' 시각은 이런 대국과 소국 간의 차이를 포함해 메커니즘상의 차이를 한층 더 분명하게 밝힐 수 있을까? 이런 메커니즘상의 차이는 국가의 틀을 사용해 밝힐 수 있으므로 이런 국가의 틀을 타파해 일종의 '안팎으로 상호작용'하는 층위에서 밝힐 수 있을까?

'사조思潮'를 사용해 한 시대를 자리매김하는 것과 '국가'와 '문화'를 단위로 어떤 행위와 현상을 자리매김하는 것은 우리의 사유 습관에 비교적 부합한다. 그러나 이런 자리매김의 내부에 깊이 들어가 불확정적 요소들을 발견하면 현실 상황의 복잡성이 비로소 나타나게 될지도 모른다. '중국'이 '한국'에 상대적으로 하나의 실체로 통합될 때, 문제는 비교적 쉽게 파악될 수 있을 것 같다. 그러나 일단 이런 유동적 상황 자체로 들어가면 모든 상황을 간단히 민족국가의 틀 속으로 귀결시킬 수는 없다. 반대로 '내부'와 '외부'의 맞물린 상호작용은 현실 속에서 국가라는 틀의 통합 기능에 조금도 뒤처지지 않는다. 문화 정체성의 진실성은 이런 불확정적 상황 속에서 일어나며, 진정한 의미에서의 주체성도 이런 불확정적 상황 속에서 형성된다.

'9·11' 사건이 역사적으로 세계의 구도를 바꾸어 놓은 이래, 민족국가의 존재 방식과 그것의 실제 기능은 사고의 대상이 되고 있다. 가장 중요하고도 곤란한 점은 아마도 우리가 어떻게 민족국가의 실제 기능을 전제나 결론이 아닌 하나의 시각으로 삼아, 상황에 대한 토론 속으로 융합하는가에 있을 것이다. 이런 상황에서 국가별 담론의 유효성은 제한을 받게 될 것이며, 우리는 타인의 정치문화 생활 속으로 더욱 깊이 들어가 '안팎으로 상호작용'할 가능성을 지닌 문제점을 찾지 않을 수 없다. 이런 토론 속에서만 '아시아'나 '동아시아'는 의미를 지닐 수 있으며, 우리 사고는 나아가 진실한 상황과 대면할 수 있을 것이다.

오늘, 우리는 왜 다케우치 요시미를 필요로 하는가[3]

최근 몇 년 사이에 다케우치 요시미가 잊혀진 기억 속에서 떠오르기 시작하는 듯하다. 사실 이런 '부상浮上'은 다케우치 요시미 한 사람에게만 한정되지 않는다. 오늘날의 일본사회는 강렬한 위기감으로 인해 지나간 시대를 회고하고 대면하는 일종의 사상적 조류의 탄생이 촉진되었다. 다케우치 요시미도 바로 이런 배경에서 소생하기 시작했다.

그러나 다케우치 요시미를 읽기 전에 우리는 먼저 다음 문제를 생각해야 할 것이다. 이른바 '과거의 시대'는 진짜 실체로서 '거기에' 존재하는가? 실체로서 존재하는 '과거'는 사실 자연시간에 불과하다. 자연시간은 역사시간을 창조하는 데 필요한 요소지만, 역사시간을 창조하려면 자연시간의 균질성에만 의지해서는 불충분하며 다음 단계가 필요하다. 역사시간으로서의 '과거'는 어느 곳에 '존재'하는 게 아니기 때문이다. 바꿔 말하면 역사시간으로서의 과거는 실체가 아니다. 실체성을 지니지 않은 시간을 실제적으로 느끼려면 어쨌든 시간 속에서 변동하는 그 대상의 힘을 빌려야 한다. 그리하여 '사람' 또는 '사건'과 같은 대상의 '역사성'이 이로부터 생겨나게 된다.

따지고 보면, 인간은 시간의 제약을 받는 동시에 사실 공간의 제약도 받는다. 개인으로서의 인간은 늘 자기 입장에서 판단을 내리며, 자기 입장에 기초해 행동 모델을 형성한다. 한 인간이 아무리 깊이 생각하고 멀리 내다보더라도 개인의 입장에는 결국 한계가 있다. 이로써 본래 한계가 있는 시각에 입각하면 '보는 것'과 '보아도 보이지 않는 것'의 두 가지 인식행위가 동시에 발생할 것이다. 더 나아가 말하자면 개인이든 단체이든, 어느 한 가지 입장에만 입각하면 절대적인 의미에서의 '총체적' 인식을 지닐 수 없다. 무수한 개인과 상이한 층위의 단체는 서로 간에 상이한 시각을 추동하며, 동일한 대상을 마주해도 서로 다른 이미지를 만들어낸다. 역사의 시간은 바로 이런 시각들 간의 차이가 한데 뒤얽혀 무수히 많은 불투명한 순간의 탄생을 촉진한다. 무수한 개인과 무수한 단체 사이에 입장과 상황의 차이가 긴장관계를 빚어낼 때, 이런 뒤얽힘은 더욱 혼돈의 순간이 된다. 하나의 시점에 입각하면 역사의 어떤 측면이 눈앞에 나타날 수 있지만, 역사의 총체적 상황은 파악할 길이 없다. 역사의 총체적 상황을 파악하기 위해서는 무수한 시각 사이의 긴장과 갈등으로부터 시작하는 수밖에 없다. 이러한 긴장과 갈등 속에서 생기는 것은 자연시간이 절대로 품을 수 없는 '시간의 농축성'이다. 그리하여 역사시간은 자연시간에서는 상상할 수도 없는 비균질적 성격을 지니게 된다. 바꿔 말하면, 그런 긴장이 고강도에 도달하는 순간에 자연성을 파괴하는 '역사시간'이 깃들어 있다. 이른바 역사인식이란 바로 이러한 역사시간을 대상으로 삼아 발생하는 인지활동이다. 군말할 것 없이 이러한 역사시간은 상식적인 의미에서의 '과거'가 결코 아니다.

역사를 서술할 때 사람들이 흔히 일으키는 착각은 자신이 객관적인 대상을 논술한다고 생각하는 것이다. 실제로 사람들은 자신의 제한된 인식에 기대어 제한된 판단을 내릴 뿐이지만, 통상적으로 이 기본적인 사실은 쉽게 간과된다. 이 기본적인 상황에 대한 자각이 결여되기 때문에, 역사적 인물도 우리와 마찬가지로 언제나 제한된 상황에서 결코 자유롭지 않은 선택과 결단을 내린다는 사실이 종종 무시된다. 긴장된 역사시간은 무수한 주관의 개입으로 인해 유동성을 지니며, 이 무수한 주관의 개입으로 인해 도리어 장악할 수 없이 변한다. 이 역설적 성격의 인식은 우리가 역사에 다가서는 열쇠가 될 것이다. 예컨대 어떤 주체의지는 상황에 긴밀하게 부합하는 경우, 상황에 참여하고 결정적인 순간에 결단을 내린다. 그러나 이 주체의지의 노력으로 인해 상황을 그가 기대하는 방향으로 발전시킨다고 해도, 결코 그의 주관적 의지대로 발전하지는 않을 것이다. 왜냐하면 무수한 주체의지는 언제나 상이한 방향에서 또 다른 상이한 방향으로 상황의 발전을 이끌고자 하며, 이런 장력張力은 그 어떤 주체의 의지도 사전에 구상한 그런 상황을 통해 실현될 수 없게 만들기 때문이다. 그런 까닭에 우리는 다음의 두 가지 문제를 동시에 의식해야 한다. 첫째, 역사는 언제나 변화한다. 그리고 이 변화를 촉진시키는 것은 역사에 진입하는 행위다. 둘째, 이 변화는 그 어떤 개별의지도 좌우할 수 없으며, 따라서 개인의 의지를 절대화해 역사를 장악하려는 생각은 현실성이 없다. 이 두 가지 문제를 의식하기만 한다면 역사에 대해 진정으로 '겸허한 태도'가 생길 것이다.

역사를 고정된 '사물'로 파악하는 습관은 오랜 시간 동안 우리의 잠재의식을 좌우해왔다. 이런 기초 위에 이른바 육체성의 역사 감각, 직관성의 '객관주의', 실체화된 이른바 역사진실인식이 비로소 부단히 재생산될 수 있었다. 이런 역사 관념은 다음과 같은 사유 패턴을 초래했다. 즉, 역사를 고정불변의 대상으로 파악하고, 인식 주체는 자신을 이 불변의 대상 밖에 둔 채 그에 대해 두루뭉술하게 파악하며, 이런 파악이야말로 절대적인 의미에서의 '객관화'에 도달할 수 있다고 여기는 것이다.

일본의 패전을 계기로 이런 역사인식의 문제는 좁은 의미에서의 '학술' 영역을 뛰어넘어 정치투쟁의 수단으로 부단히 전화되었다. 전쟁범죄 행위의 '진실성'을 부정하는 사회의 반동적 조류 속에서 역사를 왜곡하는 정치적 의도는 상식과 정감이라는 겉포장을 걸쳤다. 일본 우익으로 대표되는 조잡한 역사 서술과 역사적 사실에 대한 자의적 해석은 불가피하게 양식 있는 인사들이 '역사는 다시 쓸 수 없다'는 대결 자세를 견지하게 만든다. 특히 마르크스주의 역사학에서, 엄밀한 실증 수단을 통해 사실을 확인하는 것과 같은 작업은 그 자체로 정치투쟁이다. 의심의 여지 없이 이러한 정치투쟁은 역사를 직시하기 위해 반드시 이행해야 하는 절차이며, 일본사회를 재건하기 위해 진행하는 양지良知를 갖춘 노력이다. 우리는 이 점을 높이 평가해야 한다. 다만 이와 동시에 우리는 이런 투쟁 양식의 배후에도 역사를 실체로서 다루는 사유방식이 뒷받침되어야 함을 인정하지 않을 수 없다. 다시 말해서 역사 해석의 자의성에 저항하는 데 문제를 집중하기 때문에 그 결과 도리어 문제의 다른 측면을 볼 수 없다는 것이다. 즉, 역사는 사실 유동하는 역학관계가 구성하는 사물의 '관계망'이므로 정지된 완성태가 아니라 동태적이라는 점이다. 역사의 이러한 동태성과 미완성성에 대한 주목은 '자의적인 역사 왜곡'과 모호하게 혼동되기 때문에, 인식론의 층위에서 우리는 매우 단순한 대립을 보게 된다. 즉, 멋대로 역사를 다시 쓰거나, 객관적 사실 자체의 절대성을 강조하는 것이다. 그리하여 역사는 단지 '과거의 사실' 자체로만 이해할 뿐인데, 이른바 과거의 사실이란 상식적인 의미에서 직관적으로 볼 수 있는 '사물'과 마찬가지로 일단 어떤 관념에 의해 윤곽이 만들어지고 나면 다시는 상이한 방향에서 그것을 조명하거나, 그것의 상이한 윤곽을 드러내는 것이 허락되지 않는다.

다케우치 요시미는 죽을 때까지 이렇게 역사를 실체화하는 사유방식과 사투를 벌였다. 그가 고수한 입장은 다음과 같다. '과거'는 결코 무거운 기성 사물이 아니며, 오늘과 아무런 관계없는 절연체絕緣體도 아니다. 그것은 분해될 수 있으며, 반드시 분해되어야 하는 구축과정이다. 이것이 바로 다케우치 요시미가 「학자의 책임에 관하여学者の責任について」라는 글에서 제기한 기본 명제다. 이 명제는 그의 평생에 걸친 사상 작업을 관통한다.

문제의 복잡성은 이런 사투로 인해 다케우치 요시미가 일본 좌익에 의해 외부에서 총체적으로 부정된 역사적 대상을 대면하게 되었다는 데 있다. 그는 대면했을 뿐만 아니라, 그 부정된 대상으로 들어가 부정된 요소에서 '분해할 수 있는' 요소를 정련해 훨씬 건설적인 방향에서 역사를 재구성하고자 했다. 이러한 재구성이 일본 우익의 역사 날조 및 침략전쟁 미화와는 당연히 다르다는 점은 말하지 않아도 알 것이다. 그러나 다케우치 요시미의 노력은 흑백이 분명하거나 이해하기가 쉽지 않기 때문에 종종 '위험하다'거나 '우익'이라는 평가를 초래했다. 그 결과 다케우치 요시미는 일본 진보진영 지식인의 효과적인 협력을 얻지 못하고 줄곧 고군분투했으며, 그의 사상 작업은 결국 공중에 뜬 상태에 처했다.

　다케우치 요시미 생전에 일본 마르크스주의자와 좌익 비판권에서 제기한 비판으로 인해 일어난 양자 간의 불화는 사상적인 것이라기보다는 주로 인식론적인 것이다. 불화의 핵심은 예컨대 '아시아주의'와 '근대의 초극' 등 악명 높은 역사적 대상에 대해 그 안으로 깊숙이 파고드는 내재적 분석이 가능한지의 여부, 또는 더 나아가서 그렇게 해야만 하는지의 여부에 있었다. 이런 불화를 낳은 시대적 배경에는 거대한 사상과제가 도사리고 있다. 이는 곧 역사수정주의자에게 어떻게 대응해야 하는가의 문제다. '대동아전쟁 긍정론'에서 '메이지 100년'을 전면적으로 긍정하는 사회 풍조까지, 근대 이래 일본이 걸어온 길을 전면적으로 긍정하고 크게 찬미해 마지않는 풍조가 1960년대 전반부터 시작되었다. 이러한 풍조는 사료史料와 사료의 복잡한 맥락을 무시하고 이데올로기에 기대어 역사를 단순화한다. 이런 의미에서 이러한 풍조는 역사를 날조하는 것이다. 오늘날 '신역사교과서 편찬위원회'가 사용하는 수법은 갑작스레 나타난 것이 아니라, 이런 맥락에서 1960년대의 풍조를 지속하고 있는 것이다. 그리고 1960년대 일본의 좌익이 채택한 투쟁 전략은 메이지 이래 역사상의 민족주의 요소를 전면 긍정하는 동향을 겨냥해 이를 전면적으로 부정하는 것이었다.

다케우치 요시미는 일찌감치 '역사 다시 쓰기' 문제를 제기했다.[4] 그의 생각은 당시 진보파의 '역사 진실 지키기'라는 투쟁 전략과 서로 맞지 않고, 메이지 시대를 전제專制와 대외 침략의 기호로 간주하며 전후를 평화와 민주의 동의어로 보는 도식적인 역사 관념과도 대립되는 것처럼 보인다. 그러나 그렇다고 하더라도 다케우치 요시미가 좌파의 반대편에 섰다고 간단히 단언하는 것은 여전히 사실에 위배된다. 왜냐하면 일본 아시아주의에 대한 재검토나 '근대의 초극'에 대한 내재적 분석과 같은 다케우치 요시미의 노력을 일본의 진보 지식인들도 못마땅해했지만, 그는 마찬가지로 보수파 및 우익과도 같은 길을 걷지 않았기 때문이다. 전반적으로 역사를 긍정하는 1960년대의 사회 풍조 속에서 다케우치 요시미는 긍정–부정이라는 이원대립 구도를 타파했으며, 마르크스주의 역사학의 '실체사학' 관념을 비판하는 동시에 역사수정주의에 대해서도 자기만의 독특한 비판을 가했다. 요컨대 다케우치 요시미의 역사인식론은 역사수정주의의 논리와 그 반대편에 선 진보파의 인식론과도 어느 정도 상충한다.

1960년대를 전후해 다케우치 요시미는 자신이 1940년대 말에 제기했던 '역사 다시 쓰기'의 명제를 구체화할 수 있었다. 이렇게 하도록 재촉했던 매개는 전후의 특수한 사회 상황 속에서 빚어진 '일본을 자랑스럽게 여기는' 사회적 분위기였다. 이런 상황에서 예컨대 하야시 후사오林房雄의 『대동아전쟁 긍정론大東亞戰爭肯定論』 등과 같은 저술은 순식간에 널리 유행했다. 최초로 '메이지 유신 100주년 기념'을 제창한 발기인 가운데 한 사람으로서 다케우치 요시미는 '긍정-부정'이라는 틀을 타파하는 길을 힘겹게 모색했다. 그러나 그는 결국 직관적인 의미에서의 긍정-부정이라는 시소게임 속에서 대립하는 사상계에 자신의 작업을 받아들이게 할 수 없었다. 그 결과 그는 이미 변질되어버린 메이지 유신 기념 활동에서 퇴장을 선언하는 수밖에 없었다. 그러나 그는 '역사 다시 쓰기'의 의지를 포기하지는 않았다.

다케우치 요시미는 이렇게 말했다. "메이지 국가는 한 가지 선택이었을 뿐이다. 그 시기에는 훨씬 다양한 가능성을 포함하고 있었다고 생각한다. 그러한 가능성에 대한 탐구를 통해 우리는 일본이라는 국가 자체를 상대화할 수 있으며, 따라서 미래에 대한 구상을 형성하는 데에도 유리하다."[5] 다케우치 요시미는 메이지 민족주의가 일본 국민국가 형성의 실패한 예라고 여겼다. 그는 메이지 유신의 근원으로 거슬러 올라가 미래로 통하는 '건전한 민족'을 찾을 수 있도록 다른 가능성을 탐구하기를 희망했다. '민족주의'가 이미 부정적인 단어가 되어버린 오늘날 이런 명제는 다소 '위험'해 보인다. 그러나 '긍정-부정'이란 이원대립의 틀을 타파하지 않는다면 다케우치 요시미의 참뜻을 파악하기 어려울 것이다.

그는 결코 '민족'을 고정불변의 실체로 여기지 않았으며, 그것을 각양각색의 서로 갈등하는 요소들의 집합체로 간주했다. 바로 그렇기 때문에 그는 그 안에서 각양각색의 가능성을 추출할 수 있다고 여겼던 것이다. 다케우치 요시미는 이런 갈등 요소의 집합체를 '분해할 수 있는 구조물'이라 명명했다.

평생에 걸친 다케우치 요시미의 지식 활동은 주로 두 부분으로 구성된다. 그것은 바로 일본 사상 전통의 형성과 중국 사상에 대한 탐구다. 후자는 사실 전자의 매개다. 그러나 다케우치 요시미는 아카데미 생산에서 통상적으로 볼 수 있는 '학술 연구'를 수행하지 않았다. 동시에 다수의 평론가가 선택하기 쉬운 시사평론의 층위에 머무르지도 않았다. 다케우치 요시미는 사상의 '통찰력'이 생존하는 비가시 층위에서 끊임없이 사상을 생산했다. 그러나 그는 저술 속에서 단도직입적으로 자신의 주관적 견해를 표현하는 일은 많은 반면에 간접적으로 사료의 고증을 통해 자기를 논증하는 일은 드물었다. 그뿐 아니라 다케우치 요시미는 명백하게 중국을 이상화했다. 물론 이상화된 중국의 이미지 속에도 다케우치 요시미의 역사 통찰력이 감춰져 있다. 이 점은 그의 마오쩌둥 평전과 쑨원론에도 충분히 나타나 있으며, 중국의 항일의식에 관한 그의 논의에도 충분히 구현되었다. 중국의 구체적 문제에 대한 다케우치 요시미의 분석은 상당 부분 거칠고 단순하며 미화된 감이 있다. 그럼에도 불구하고 중국에 관한 그의 논의는 오늘날 다시 읽어보더라도 여전히 행간에서 모종의 묵직함을 느낄 수 있다. 바로 그가 『루쉰魯迅』[6]에서 했던 인구에 회자되는 다음의 비유처

럼 말이다. "화려한 무도장에서 해골이 춤추는 것처럼, 나중에는
해골을 실체로 생각하게 된다."[7] 여기서 '해골'은 다른 게 아니라
바로 중국 역사 속에서 살아 숨쉬는 '중국 원리'다. 다케우치 요시
미의 중국 담론은 오늘날 풍만한 육체로 가득한 화려한 무도장에
서 확실히 해골과 같다. "나중에는 해골을 실체로 생각하게" 되는
지의 여부는 사실상 관찰자의 안목에 따라 다르다. 그러나 적어도
이 '해골'의 존재는 다케우치 요시미를 다케우치 요시미답게 한다.

다케우치 요시미는 그의 시대에서 중국의 역사에 대해 모종의
'자각'을 형성했다. 또한 이런 자각을 통해 그는 자기 방식으로 중
국의 역사를 다시 썼다. 패전 후의 일본사회가 서구 근대에 대한
왜곡된 콤플렉스를 형성할 때, 다케우치 요시미는 "중국의 근대
는 일본의 근대보다 훨씬 튼튼한 토대를 지닌다"고 단언했다. 낙
후된 중국에서 발생한 근대는 선진적인 일본에서보다 철저했다는
것이다. 이런 인식은 진보 지식인 진영에서 지지를 얻기 힘들었을
것이다. 여기서 '근대'의 함의[8]가 무엇인지 따져볼 필요가 있을 것
이다. 그러나 더욱 따져볼 필요가 있는 것은 사실 전후 일본사회
에서 지배적 지위를 차지한 '근대 이데올로기'다. 「국가의 독립과
이상國の独立と理想」 「아시아에서의 진보와 반동アジアにおける進歩と反動」
「우리의 헌법감각私たちの憲法感覚」 등과 같은 일련의 문장에서 다케
우치 요시미는 동일한 층위에서 '가치의 전도'를 진행했다. 이른바
동일한 층위란 인식론적 층위를 가리킨다. 독립·진보·민주 등이
절대적인 긍정적 가치 개념으로 간주되어, 역사 상황이라는 유동
적이고 비가시적인 역학관계의 집합체 속에 놓일 때, 그것들은 비

로소 현실적인 상태에 처하게 되며, 이 순간부터 이 일련의 가치는 구체적인 역사적 조건에 의해 고문을 당한다. 그리하여 일본사회 속의 '근대'에 과연 깊이 있는 토대가 있는가 하는 문제가 비로소 문제가 될 수 있었다. 따져 물은 후에 이 가치 관념들은 더 이상 사물을 판단하는 전제가 되지 않았으며, 반드시 토론하고 궁구해야 할 대상이 되었다. 이런 '전도'를 통해 다케우치 요시미는 중국에 관한 상이한 이미지를 드러내보였다. 1961년에 발표된 「방법으로서의 아시아」[9]라는 글에서 다케우치 요시미는 중국과 일본에 대한 존 듀이John Dewey의 관찰을 이렇게 묘사했다. "듀이는 중국문명의 표면상의 혼란 저변에 흐르는 본질을 꿰뚫어보았습니다. 그는 중국이 장차 세계에서 발언권을 지니게 될 것임을 예견했습니다. 겉보기에 선진적인 일본은 취약합니다. 언제고 무너져내릴 수 있습니다. 중국의 근대는 내발적 정도가 높아서, 다시 말해 그것은 중국 자신의 요구로부터 발원하기 때문에 견고합니다. 1919년에 이렇게 단언할 수 있었다니, 이런 의미에서 나는 듀이가 대단하다고 생각합니다."[10]

다케우치 요시미가 상술한 단락을 썼을 때는 중·일 국교 정상화까지 아직 11년이라는 시간이 남아 있었다. 이 시점에서 다케우치 요시미는 듀이의 선견지명에 탄복을 나타냈다. 그러나 우리가 듀이의 선견지명에 탄복했다는 지점에 머물러 다케우치 요시미의 생각을 이해한다면, 문제의 핵심을 쉽게 간과하게 될 것이다. 왜냐하면 다케우치 요시미는 중국의 견고함과 일본의 취약함이라는 결론을 자기 논술의 중점으로 삼으려고 한 것이 아니며, 기성의 가치판단을 전도시키는 인식론적 노력을 통해 '역사 다시 쓰기' 작업에 전력을 기울였기 때문이다. 다케우치 요시미의 지식생산에서 중요한 위치를 차지하는 또 다른 작업은 일본의 사상 전통에 행한 '가치의 전도'다. 이는 그가 중국에 대한 이해에서 행한 가치의 전도와 마찬가지로 모종의 '자각'에 입각한다. 이런 자각은 외래의 방식으로 구축된 '주어진 근대'의 취약성을 대체할 요소로 삼기 위해, 일본의 근대사상 내부에서 감춰진 '자신의 내재적 요구로서'의 '근대'를 발굴하는 것이다. 역사적으로 보면 이런 요소는 바로 다케우치 요시미가 메이지 이래 침략과 연결된 일본 이데올로기 속에서 선별하고 구출하고자 시도한 '연대連帶'의 염원이다.

1963년 지쿠마서방筑摩書房은 다케우치 요시미가 편집한 『아시아주의アジア主義』라는 책을 출판했다. 이 책을 위해 쓴 장문의 서문 「일본의 아시아주의日本のアジア主義」[11]는 다케우치 요시미가 「근대의 초극近代の超克」[12]에 이어 저술한 것으로서 힘겨운 도전이 담긴 대표적 작품이다.

이 서문에서 다케우치 요시미는 겐요샤玄洋社와 고쿠류카이黑龍會를 일본의 아시아주의가 생존하는 거의 유일한 경로로 간주한다. 그러나 그가 주목하는 중점은 이런 경로가 이끌어낸 침략 이데올로기의 문제가 아니라, 겐요샤와 고쿠류카이 이데올로기가 최종적으로 확립된 메이지 말기 이전에 일어난 상황 변화의 복잡성 자체다. "그러나 만약 겐요샤=고쿠류카이 이데올로기가 처음부터 침략을 주장했다고 한다면 이는 사실에 부합하지 않는다. 겐요샤=고쿠류카이 이데올로기가 확립된 것은 메이지 말기의 일이다. 그

전까지의 과정에서 상황 변화는 결코 이렇게 간단하지 않다."13

다케우치 요시미의 문제의식은 다음에 있다. "후발국가인 일본의 자본주의 형태는 대외 확장으로써 내재적 결함을 보완하려는 패턴이 부단히 반복되며, 이 과정이 1945년까지 줄곧 지속되었다는 것은 기본적 사실이다. 이 사실은 인민의 나약함에 뿌리를 내리고 있다. 그러나 역사에서 이런 패턴의 형성을 저지하는 계기를 발견할 수는 없을까? 이것이 바로 오늘날 아시아주의를 살펴보는 최대 과제다."14

다케우치 요시미는 패전 후 일본사회가 행했던 반성과 메이지 역사에 대한 전반적 부정의 동향 속에서 이런 비판 내부에 외재적으로 '주어진' 모종의 성질이 감춰져 있음을 예리하게 감지했다. '주어진 근대'와 마찬가지로 이런 외재적 반성과 비판 역시 취약하다. 그가 일본의 아시아주의에 대해 새롭게 행한 검토는 겐요샤와 고쿠류카이를 변호하기 위한 것이 아니며, 일본 근대의 침략 이데올로기를 위해 변명을 찾고자 한 것은 더더욱 아니었다. 그것은 좌익의 책임을 사고하기 위한 것이었다. 역사상 그들은 한때 좋은 기회를 앉아서 잃음으로써 아시아주의가 침략전쟁을 재단할 수 있는 문명관으로 발전할 수 없게 만들었다. 다케우치 요시미는 메이지 말기에 일본의 좌익이 지나치게 관념적으로 국제주의와 반제국주의의 입장을 고수한 탓에 민족 현실에 대한 사고를 포기했고, 그 결과 문명관으로 승화될 수 있었던 아시아주의를 우익 민족주의 단체에 순순히 넘겨주었다고 지적했다. "결코 (아시아주의를 문명관으로 전화시킬) 기회가 없었다고는 말할 수 없다. 기회를 잡지 못했다는 점에서 고토쿠 슈스이幸德秋水와 우치다 료헤이內田良平는 죄가 같다."[15]

그뿐 아니라 다케우치 요시미는 나아가 메이지 유신의 실패와 사이고 다카모리西鄉隆盛의 '이중성'에 눈을 돌리고, 자유민권운동에 대해 이렇게 분석했다. "메이지의 자유민권은 귀중한 혁명 유산이다. 나는 모쪼록 이 유산을 발굴할 수 있기를 바란다. 나는 학문적으로 이러한 발굴을 위해 유익한 일을 하고 싶다. 그러나 자유민권 내부에 이미 대륙 침략의 맹아가 싹텄다는 점만은 감출 수 없다고 생각한다."[16] 다케우치 요시미는 연대와 침략이라는 이분법의 실행 가능성에 대해 의문을 제기했다. 그는 차라리 연대와 침략의 상이한 조합 모델이 있어야만 역사의 복잡성에 한층 다가설 수 있다고 하는 편이 낫다고 여겼다. 그의 이 사상 작업은 완성되지 못했지만 그의 사고 자체는 시사점을 남겼다. 다케우치 요시미의 '역사 다시 쓰기'는 좌익-우익, 연대-침략 등과 같이 추상화된 '입장'을 그것이 탄생한 구체적인 역사 상황에 놓이게 만들었다. 이러한 상황 의식 속에서 중국과 일본은 대립적인 절연체가 아니라, 동일한 구조 속에 놓인다. 그는 다음과 같이 말했다. "만약 우리가 오늘날 당시의 중국 청년(특히 학생)들이 21개조 불평등 조약을 민족의 치욕으로 여겼던 것처럼, 21개조를 일본 민족의 역사적 치욕으로 이해하지 못한다면, 그리고 만약 우리의 연구가 이 층위까지 밀고 나아가지 못한다면, 턱없이 부족한 것이다."[17]

이 말이 전달하는 것은 중국을 중심으로 삼는 다케우치 요시미의 생각이 아니라, 그가 역사 다시 쓰기를 통해 구축하고자 하는,

침략을 재단할 수 있는 문명관으로서의 '아시아주의'다. 다케우치 요시미가 출생하기 전의 메이지 시대에, 그리고 다케우치 요시미가 살아간 전쟁 시기에 이런 연대라는 심정은 결국 문명 관념으로서의 아시아주의를 형성할 기회를 상실하고 파시즘으로 미끄러지고 말았다. 오늘날 우리 눈앞에 이런 기회가 다시 나타날지도 모른다. 이는 바로 우리가 오늘날 왜 다케우치 요시미를 필요로 하는가라는 문제의 본질이기도 하다.

다케우치 요시미 읽기와 역사 읽기[18]

2005년, 일본의 사상가 다케우치 요시미의 논문집이 중국 대륙에서 출판되었다. 이는 17권짜리 『다케우치 요시미 전집』에서 선별해 편집한 것이며, 최초로 판권을 획득한 중국어 번역본이기도 하다.[19]

다케우치 요시미는 일본의 중국문학 연구와 중국문학연구회의 창시자다. 이 때문에 그는 줄곧 중국문학 연구자로 간주되었다. 그러나 평생에 걸친 그의 저술에서 사실 중국문학과 사상 연구 자체는 진정한 작업 목표가 아니었다. 그는 이 연구를 매개로 삼아 일본의 사상 건설에 힘썼다. 따라서 이 번역집은 중국문학 연구서가 아니라 완강한 사유를 지닌 사람이 부단히 자기를 부정하고 갱신하는 심리 변화의 역정이며, 현실 탐색에서 사회적 책임을 짊어진 일본 사상가의 실루엣이다.

중국 대륙에는 줄곧 인식론의 오류가 뿌리 깊게 존재해온 탓에 사람들이 쉽사리 사상을 절대 불변하는 '올바른' 관념으로 간주해버린다. 특히 미디어가 고도로 발달해 대중사회가 통속을 추구하는 경향이 초래되자, 사상계와 지식계도 역사인식을 단순화하고 기성의 개념 모델에 과도하게 의존하는 병폐가 물들었다. 이런 상황은 지식계가 현실의 복잡성을 인식할 가능성을 극도로 저해했다. 그러나 지금은 바로 현실이 가장 많은 다의성을 지니고 있기 때문에 여러 가지 가능성을 함축할 수 있는 때이기도 하다. 지식계가 복잡한 현실을 간단명료한 분석틀 속으로 거두어들이려고 힘쓸 때, 현실은 사실 담론 밖으로 누락된다.

다케우치 요시미의 저술은 바로 이런 상황에서 번역되었다. 이 번역본에는 그의 글 가운데 정치적으로 가장 올바르지 않은 텍스트인 「대동아전쟁과 우리의 결의大東亜戦争と吾等の決意」가 수록되었다. 이는 1942년 1월에 발표된 것으로서 태평양전쟁을 지지하는 선언이다. 동시에 가장 난해한 텍스트인 「근대의 초극」도 수록되었다. 이는 그가 1959년 일본 사상계에 자신의 사상 역정에 대한 반성 속에서 전화할 수 있는 요소를 찾도록 촉구하기 위해 쓴 논문이다. 전시戦時의 모든 지성을 간단히 부정하는 전후 풍조와는 다르게, 이 장문의 글은 실패한 결과에 대해 그 과정과 요인을 분석하고, 전후에 파시즘 이데올로기로 간주된 전시 언론에서 긍정적인 사상적 에너지로 전화할 수 있는 요소들을 찾는 데 힘썼다. 편폭의 제한으로 인해 이 책은 다케우치 요시미의 다른 두 분야의 저

술, 즉 중국 현대사와 중국혁명에 관한 분석 및 일본 메이지 시대에 싹트기 시작한 '아시아주의'에 대한 분석을 수록하지 못했다. 이 두 분야는 다케우치 요시미의 사상을 구성하는 중요한 부분이다. 직관적인 의미에서 본다면 이 둘은 상호 모순적인 듯하다. 그는 한편으로는 현대 중국의 주체성을 높이 평가하면서, 다른 한편으로는 또 결코 이 때문에 일본 메이지 초기의 아시아주의를 간단히 부정하지 않았다. 비록 후자가 1890년대 이후 연대와 침략을 구별하기 어려운 복잡한 양상을 띠고, 마침내 파시즘 이데올로기로 전락했지만 말이다.

다케우치 요시미는 이처럼 복잡한 면모를 지녔기 때문에, 편집자가 이 책에 수록할 문장을 선별할 때 자못 주저하지 않을 수 없었다. 결론적으로 말해서 대륙에서의 다케우치 요시미 번역은 사실 매우 학리화된 고려에 기초한다. 1980년대의 사상해방운동 이래, 대륙의 사상계는 문화대혁명 기간의 단순화된 사유로부터 안간힘을 다해 벗어나기 시작했으며, 주체적이고 역사적인 사고방식을 수립함으로써 단순화된 이데올로기 사유에서 벗어나고자 했다. 그러나 단순한 이원대립적 인식론의 틀에서 벗어나기 어려웠던 데다가 1980년대 서구 이론에 대한 추상적 도입 방식으로 인해, 사실 대륙 사상계는 단순화된 사유에서 벗어날 수 있는 인식론적 기초를 진정으로 다지지는 못했다. 그리고 20여 년간 일어난 동시대사의 거대한 변동으로 인해 수많은 지식인이 초초하고 조급하게 변하기 시작했다. 사상 토론을 현실과 동일시하고 관념을 역사과정과 동일시하는 인식론적 오류로 인해, 정치적 올바름의 관념(그것도 상당히 단순화된 정치적 올바름의 관념)을 추구하는 학술계와 사상계의 본능이 전에 없이 팽창하게 되었다. 거대담론과 거대정치大政治[20]의 전제하에, 어떤 전환도 가하지 않고 현실을 '지정된 번호대로 앉게' 하는 것은 학술이 자체적으로 발전해나갈 기회를 상실하게 만드는 일이었다. 바로 이런 인식에 기초해 다케우치 요시미는 어떤 매개로서 번역되었다. 편집자의 의도는 다케우치 요시미라는 인물의 비관념적인 역사에 대한 사고와 행차 뒤에 나팔 부는 식이 아닌 사상 실천을 통해, 역사감각이 결여된 대륙 지식계의 지식 구도 속에서 어떤 맹점을 꿰뚫어 자기 건설의 새로운 가능성을 찾으려는 데 있었다. 다케우치 요시미 본인은 중대한 역사적 사건 앞에서 자기 혼자만 고결한 태도를 취하지 않았다. 그가 줄곧 생각한 문제는 어떻게 일본인의 주체성을 수립하면서도 파시즘화의 전철을 밟지 않을 것인가였다. 이로 인해 그는 일본의 일부 좌파 지식인이 침략의 역사를 간단명료하게 부정해버리는 방식에 의문을 품게 되었다. 그가 보기에 이와 같이 정치적으로 올바른 방법은 지나치게 외재적이며, 지나치게 민중과 괴리되기 때문에 효과적으로 역사에 개입할 수 없다. 다케우치 요시미에겐 완벽한 사상적 방안을 제시할 능력이 없었다. 다만 다수의 일본인에 근접한 생각을 이용해 일본사회의 주체성을 수립하려고 시도했을 뿐이다. 그가 줄곧 고수했던 관점은 주체성이 없는 사회는 위험한 정치가에게 가장 이용되기 쉬우며, 따라서 국제사회에 가장 위협적이라는 것이다. 이 때문에 그는 전쟁 시기에 전쟁 조건을 이용했던 지식인 가운데서 주체성을 형성할 수 있는 요소를 발굴하려고 시도하면서 '불 속에서 밤 줍기'를 고수했다. 이는 자연스레 다케우치 요시미를 정치적 올바름에서 멀리 떨어지게 만들었으며, 선견지명의 가능성에서도 멀어지게 했다.

『근대의 초극』은 출판된 후 작지 않은 반향을 불러일으킨 것 같다. 이 책의 독자는 주로 중문과와 역사학과의 학자 및 대학원생이었고, 그 외에도 많은 사람이 이 책을 인용하기 시작했다. 그러나 이런 반향은 사실 표면적인 것일 뿐, 인용 속에서 생산성을 지닌 창조적 상상은 찾아보기 힘들다. 이와 상대적으로 느지감치 일련의 '다케우치 요시미 비판'이 나타났다. 다케우치 요시미의 사상 실천에서 가장 모험적 성격을 지닌 부분을 포착해 교조적인 잣대를 들이대며 그를 일본의 파시스트라고 비판한 것이다. 비판을 받은 텍스트에는 그가 일본의 대미 선전포고를 지지한 「대동아전쟁과 우리의 결의」뿐만 아니라, 전쟁 중 파시즘 이데올로기에 동조한 좌담회를 분석한 「근대의 초극」이 있으며, 심지어는 그의 명저 『루쉰』도 포함되었다. 비판의 내용보다 사실 가장 주목할 만한 점은 비판의 형식이다. 이런 비판은 기본적으로 관념적 올바름에 대한 주목으로 구현되었는데, 어떤 관념이 올바른지의 여부를 판단하는 기준은 그것이 나중의 역사적 결말에 합치하는지에 있다고 할 것이다.

어떤 사건이 종결된 후 다시 돌이켜 전 과정을 자세히 살펴본다면, 특히 결말과 일치하지 않는 요소들을 살펴본다면, 우리는 각 층위의 '착오'를 쉽게 판별할 수 있을 것이다. 역사 분석에서 가장 흔한 이른바 '인과해석因果解釋'은 바로 이 논리를 따른다. 인과해석은 겉으로 보면 원인부터 결과까지 추적하는 것이지만, 사실 사고의 맥락에서는 결과로부터 돌이켜 원인으로 거슬러 올라가지 않는다면 결코 작동할 수 없다. 그러나 사건이 한창 진행되는 과정에 있다면 상황은 완전히 다르다. 인과해석은 이 과정에서 효과가 없다. 복잡한 사건의 과정 속에서 정확한 판단을 내리기란 극히 어려운 일이다. 정보가 불충분하고 심지어 정확함을 보증할 수 없는 상황에서는 그 어떤 판단도 반드시 '내기 한 판'의 성질을 지니게 되기 때문이다. 기왕에 모험성을 지닌 결단인 이상 정확과 착오의 가능성은 반반씩이며, 결코 결과에 근거해 '원인'이 어디 있는지 판단할 수 없다. 하물며 정확과 착오 사이에는 훨씬 많은 '회색지대'가 존재하며, 각 지점은 다중의 가능성을 지닌다.

역사와 역사학에 관해서는 이미 수많은 학파와 다양한 정의가 있어서 우리는 '무엇이 역사이고, 무엇이 역사가 아닌지' 간단히 단언할 수 없기에 이르렀다. 그러나 설령 그럴지라도 기본적인 고리는 찾을 수 있으며, 역사의 독해와 담론 방식에 관해 토론할 수 있다. 우선, 역사는 자기 한계가 있다. 그 어떤 역사적 사건도 그것의 시대 상황에서 벗어날 수는 없다. 현재의 잣대로 역사에 요구하거나 역사를 재단하는 것은 반역사적인 태도다. 바꿔 말하면 역사적 태도는 과거와 현재의 차이를 신중하게 처리하는 데에 있으며, 현재의 기준을 과거에 강제할 수 없다. 그러나 이는 결코 역사의 한계를 무조건 인가하는 것을 의미하지 않으며, "존재하는 것은 합리적이다"를 의미하지도 않는다. 오늘의 각도에서 역사적 사건과 인물의 한계에 대해 분석하는 것은 역사학의 임무 가운데 하나다. 다만 이러한 분석은 역사의 규칙을 존중해야지 임의로 해서는 안 된다. 이 부분이야말로 역사학에 상상력과 고도의 기교가 필요한 지점이다.

다음으로, 역사학은 예컨대 사람을 연구할 수도 있고 사람을 연구하지 않을 수도 있으며, 긴 시간대를 연구할 수도 있고 단기간만 다룰 수도 있으며, 사건을 대상으로 삼을 수도 있고 사건을 다루지 않을 수도 있다. 이렇듯 여러 방식이 있을 수 있지만 어떤 경우를 막론하고 역사학에서 질적인 문제를 처리하려면 사이비로 얄팍하게 논해서는 안 된다.

마지막으로, 역사 해석은 초험적인 행위로, '상식'에 기대어서는 안 된다. 어떤 개인도 날씨를 관측하고 제어하는 것으로써 비행을 막을 수 없는 것과 마찬가지로, 역사과정은 다각적인 세력 간에 일어나는 길항의 산물이기 때문에 개인의 직관적 경험에 기대어서는 결코 파악할 수 없다. 한 사회의 역사 해석이 발달했는지의 여부는 따라서 이 사회의 '두뇌'가 직관적 경험을 초월하는 상상력과 창조성을 갖추었는지의 여부를 명시한다. 역사 읽기의 깊이는 사회 전체의 예지叡智가 축적된 정도에 달렸다고 할 수 있으며, 반대로 역사학의 질도 사회의 예지에 직접적인 영향을 미친다. 그렇다면 깊이 있는 역사 읽기에 기준이 있어야 하지 않을까? 역사학에 관해 의론이 분분한 오늘날 통일된 기준이 있기는 어려울 것이다. 그렇지만 적어도 깊이 있는 역사 읽기는 기성의 관념 및 이데올로기 사고를 답습하는 방법과 근본적으로 대립한다고 할 수 있다. 그것은 역사를 읽는 이가 기존의 틀이나 결론 밖에서 새로운 것을 발견하기를 요구한다.

그렇다면 무엇을 '발견'이라 하며, 어떻게 해야 '발견'할 수 있는가?

사건이 진행하는 과정에서는 사실 각 선택의 기능을 동일하게 평가할 수 없으며, 그것이 옳은지 그른지는 결말이 난 연후에야 이해할 수 있다. 그렇다면 이는 위험을 무릅쓰고 하는 선택에는 반드시 동시에 적어도 두 가지 성질이 함께 나타남을 의미한다. 사건의 결과를 놓고 보면 그것은 옳거나 그르다. 만약 사건의 결과만을 포착한다면 우리는 역으로 결과에서 사건과정 속의 각 고리를 추론해 그것이 과연 옳은지 그른지를 판단할 수 있을 뿐이다. 이때 결과로 통하는 과정 속에서 선택을 하는 모든 순간은 고정될 것이다. 마치 모든 것이 결말의 규정을 따르는 것처럼, 하나의 선택만이 있을 뿐이다. 이렇듯 주체가 변동하는 상황 속에서 고도의 긴장감을 수반하는 선택의 행위는 결말에 의해 역으로 규정되기 때문에, 옳거나 그른 일목요연한 수단으로 단순화된다.

역사의 과정은 어떤 사람이 비행기를 타려다가 폭풍우를 만난 경우처럼, 날씨가 개어 비행기가 뜰 수 있을 때까지 공항에서 참을성 있게 기다리는 수밖에 없는 것과 같다. 변화불측한 날씨가 역사과정 자체를 상징한다면, 어떤 개인도 좌지우지할 수 없는 이 과정에서 주체가 할 수 있는 일이라곤 자신에게 대단히 모험적이고도 극히 제한된 '선택'뿐이다. 기껏해야 그가 선택할 수 있는 일은 표를 환불할 것인가 말 것인가, 그리고 표를 환불하거나 하지 않음으로써 발생한 결과를 감당하는 것뿐이다. 이런 제한된 선택과 대립되는 것은 안전을 보장하기 위해 상황 속으로 들어가지 않는 입장이다. 그것은 모험을 피하는 대신 주체가 역사 속으로 들어갈 수 없게 만든다. 각 시대가 종결된 후에는 역사적 사건의 결말에 근거해 전체 과정을 되돌아보고 판단을 내리는 '행차 뒤에 나팔 부는' 식의 태도가 나타나기 마련이다. 그것의 가장 큰 특징은 사건과정의 불확정성을 무시하고 역사를 확정적인 과정으로 사이비처럼 서술하는 데 있다. 만약 역사과정이 확정된다면 주체가 모험성을 지니는 선택 자체는 의미를 지니지 않으며, 결말과 일치하는 선택만이 가치 있을 뿐이다.

사실, 이는 본래 역사학에서도 낡디낡은 문제이나, 이 문제는 낡았어도 늘 새롭다. 그것은 완전히 해결되지 않았기 때문에 여전히 문제다. 역사철학의 층위에서 역사를 확정된 단선적 진화과정으로 서술하려는 사람은 이미 아무도 없다. 그러나 이는 사람들이 역사적 판단을 내릴 때 행차 뒤에 나팔 불기를 하는 데 결코 방해가 되지 않는다. 생각해보라. 만약 당신이 어떤 역사 시기에 대해 판결을 내린다면, 그것은 당신이 제 딴에는 그 역사 시기 속의 인물보다 훨씬 고명하고 '진화'했다고 여기는 것을 의미하지 않을까? 더욱 중요한 것은 행차 뒤에 나팔 부는 식의 역사 읽기는 역사과정의 불확정적 특징을 완전히 무시하고, 역사과정을 확정된 대상으로 치환한다는 점이다. 그리하여 결과에서 출발해 역으로 역사 행위의 정확 여부를 판단하는 것이 역사 읽기의 중심 과제가 되어버린다. 이러한 '정치적 올바름'의 역사 읽기 방식에서 가장 큰 폐단은 역사 읽기에 속하는 발견이 나오기 힘들다는 점이다. 역사적 사건과 역사적 인물에서 잘못을 찾는 이유가 오늘날 똑같은 잘못을 되풀이하지 않기 위해서라는 생각은 상당히 피상적인 인식이다. 왜냐하면 역사가 두 번 반복될 수 있다 하더라도 그것은 비극이 희극으로 바뀌는 반복 방식이기 때문이다. 성질이 다른 연극 속에서 어떻게 '똑같은 잘못'을 피할 수 있겠는가? 옛사람을 심판하든 본받든지 간에, 역사 읽기로 말하자면 모두 비역사적이다. 그것의 전제는 역사의 결말에 대한 절대성을 확정하고 역사의 과정에서 일어나는 유동성을 부정하는 데 있기 때문이다.

그렇다면 역사 읽기의 과정에서 어떻게 '발견'의 계기를 찾을 것인가?

내 생각에는 다케우치 요시미를 읽는 것이 아주 좋은 훈련이 될 것이다.

다케우치 요시미는 평생의 저술에서 시종일관 역사를 고정불변의 실체로 보지 않았으며, 동시에 지식인의 언론이 사회현실을 직접 좌우할 수 있다고 직관적으로 여기지도 않았다. 이런 전제하에 다케우치 요시미는 '행차 뒤에 나팔 부는' 식의 역사 읽기 태도를 거부했으며, 안전을 위해 모험을 피하는 전략을 거부했다. 그는 평생 진보 지식인들이 다루고 싶어하지 않았던 정치적으로 올바르지 않은 문제를 포함해 오늘날 보아도 여전히 '문제'인 문제를 수없이 논의했다. 일본에서 다케우치 요시미는 적어도 두 세대의 사람을 고무시켰다. 이들은 전후에 자라난 세대와 전후에 태어난 세대로, 후자는 1968년 학생운동의 주력이기도 했다. 오늘날 이 사람들과 교류해보면, 그들은 여전히 다케우치 요시미가 중국과 중국혁명에 대한 자신들의 상상의 기점을 형성했다고 말할 것이다.

그러나 다케우치 요시미의 저술을 읽어보면, 그의 정확한 인식과 투철한 견해는 결코 동시대사가 '마땅히 어떠해야 하는가'를 지적하고 자신의 시대에 처방을 내리는 것으로 나타나지 않으며, 역사의 유동성에 대한 고도의 민감함으로 나타난다는 점을 깨닫게 될 것이다. 이로 인해 그는 인류에게 가장 근본적인 문제를 끊임없이 제기하고 천착했으며, 이렇게 질문하는 태도를 유지했다. 다케우치 요시미는 이런 근본 문제들에 천착하면서 문제를 '지식'으로 전화하려고 애쓰지 않았다. 그는 다만 역사의 소용돌이 속에서 끊임없이 이런 질문을 던졌을 뿐이다. 인류는 어떻게 살아야 하는가? 어떠한 선택이 국가와 개인에 대해 충분히 윤리성을 지니는가? 현실 속에서 결단을 내려야만 할 때 인간에게는 얼마만큼이나 자주의 가능성이 있는가? 그런 까닭에 다케우치 요시미는 일본현대사에 불확정성이 충만하므로 전화의 계기가 충만한 윤곽을 그려주고자 했다. 아울러 일본 동시대사를 훨씬 이성적으로 만들 수 있는 전화 요소를 확인하는 데 힘썼다. 서구 근대성 이론의 훈련을 받아 서구 이론을 본토 경험의 참조 체계로 삼는 데 익숙한 동시대의 작업 방식에 비해 다케우치 요시미의 그것은 훨씬 모험적이다. 이는 우리가 그 시기에 관한 역사의 복잡성을 관찰할 수 있는 역사 문헌을 얻을 수 있게 해주었으며, 다케우치 요시미와 같은 시대를 걸어온 일본인은 이미 흘러간 시대와 그의 논술 사이의 진실한 연관성을 증명하고 있다.

다케우치 요시미의 중국에 대한 상상에는 확실히 '미화'의 혐의가 있다. 이런 미화는 동시대 일본의 일부 진보적 지식인에게 보이는 서구에 대한 '미화'와 오묘하게 닮은 점이 있다. 그것들은 모두 특정한 역사적 단계에서 본토 문화를 새로이 설계하고자 할 때 취하는 전략이다. 다케우치 요시미의 중국 상상에 중국 역사의 유동성에 대한 이해가 결여되었다면, 그는 자신을 보통의 '일·중 우호인사'와 구별하기 어려울 것이다. 실제로 1950~1960년대의 교차기에 그를 중상하는 소문에는 그가 '중국공산당의 보조금을 받고 있다'는 말이 있었다. 나중에 다케우치 요시미를 자세히 읽지 않은 성급한 학자들도 그의 중국 상상 속에 담긴 이상화理想化의 요소를 단편적으로 강조하고, 그의 '역사관' 자체는 소홀히 했다. 그러나 다케우치 요시미의 역사관은 그가 제시한 정확하거나 잘못된 여러 결론과 마찬가지로 '완성되지' 않았다. 다시 말해서 그는 결코 자신의 역사관에 관해 고정된 논조를 보이지 않았으며, 우리는 그의 텍스트에 대한 자세한 독해와 동시대사의 맥락을 구축해나간 과정을 통해 그의 역사관을 조심스럽게 구성해볼 수 있을 뿐이다.

여기서 역사 읽기의 내공이 필요하다. 그리고 다케우치 요시미야말로 우리의 역사 읽기 훈련을 도울 가장 좋은 대상이다.

일본의 당대 사상사에서 다케우치 요시미처럼 '사분오열'된 평가를 받는 이도 드물다. 일본 내지 국제 학계 범위에서 다케우치 요시미는 당대부터 지금까지 상대적으로 온전한 이미지를 얻기 힘들다. 어떤 이는 그를 친중파親華派 지식인으로 보고, 어떤 이는 그를 일본 '대아시아주의'의 현대 고취자로 간주한다. 어떤 이는 그를 '반근대성'의 본토주의자로 보고, 어떤 이는 그를 색다른 모더니스트 또는 포스트모더니스트로 간주한다. 어떤 이는 그를 민족주의자라 여기고, 어떤 이는 그를 심층적 의미에서의 국제주의자라 여긴다. 어떤 이는 그를 전후 민주사회와 반천황제를 세운 일본의 정신적 지도자라 여기고, 어떤 이는 천황제 군국주의의 변호인으로 여긴다…….

이렇게 갖가지 대립된 견해가 생겨난 까닭은 다케우치 요시미가 그와 동시대의 좌파 및 우파 지식인과 달랐기 때문이다. 그는 이 두 가지 정치적 유형 가운데 어디에도 귀속시킬 수 없으며, 현실정치의 문제 밖에서 초연한 적도 없었다. 그는 가령 '아시아주의' 이념과 같이 보수 내지 우익 지식인만 다루는 것으로 여겨졌던 문제를 과감하게 다루었다(다케우치 요시미가 자신의 사상과제로서 다루고자 했던 것은 '대동아공영권'이 아니라, 역사상 이념으로서 존재했다가 후에 군국주의 이데올로기로 변질된 '아시아주의'였다). 그는 일본 본토와 천황제 이데올로기가 직접적으로 관련된 '일본 낭만파' 사조의 경계를 내재적으로 천착하려 했으며, "대상이 탄생한 근원으로 깊이 들어가 내재적인 비평을 하는"[21] 사상투쟁 방식을 만들어내고자 했다. 그는 이것이야말로 "적을 쓰러뜨리는 유일한 방법"이라고 강조했다(1950년대 초에 저술한 다케우치 요시미의 「근대주의와 민족의 문제近代主義と民族の問題」는 1950년대 말 하시카와 분소橋川文三에게 진정한 의미에서 일본 낭만파 비평의 계기를 촉진했다는 평을 들었다. 하시카와의 『일본 낭만파 비평 서설日本浪曼派批判序説』은 오늘날까지도 여전히 일본 낭만파 연구에 관한 고전으로 손꼽힌다). 심지어 동양의 지식인들이 거의 본능적으로 받아들인 '민주'에 관한 서구화 상상에 대해서도 다케우치 요시미는 상당히 대담한 방식으로 그것을 메이지 천황의 「5개조 어서문五箇條の御誓文」으로 전환하고자 했다. 상술한 여러 가지는 단장취의斷章取義하는 읽기에 적지 않은 빌미를 제공해 일부 학인들의 공격 대상이 되었다. 이와 반대로 다케우치 요시미에게서 사상자원을 찾으려는 학인들은 종종 그에게 불리한 사실을 비켜가며 '잘잘못을 7대 3으로 평가'하는 방식으로 그의 주요 공헌을 논했다. 일본에서든 중국에서든 우리의 지적 훈련은 아직 다케우치 요시미를 효과적으로 다룰 사상적 수단을 제공하지 못한다고 말할 수 있다. 결론적으로 말해서 만약 어떤 사람이 동시에 몇 가지 대립되는 요소로 분열된다면, 문제가 있는 것은 분열된 대상이 아니라 우리의 인식론 자체에 있을 것이다.

바로 이런 기본적인 상황에서 비롯해 다케우치 요시미는 오늘날에도 여전히 총체적으로 다루어지지 못하고 있다. 그에 대한 단장취의식 비판과 '잘잘못을 7대 3으로 평가'하는 식의 얄팍한 변호로는 '다케우치 요시미 연구'를 구축하기 어렵다. 문제는 '다케우치 요시미 연구'에 관한 학술적 시야를 수립했는지의 여부에 있는 것이 아니라, 우리가 지금 인식론 조정의 계기를 놓치고 있는 것은 아닌지의 여부에 있다. 일본과 중국 학계에서 최근 몇 년간 잇달아 나타난 다케우치 요시미에 대한 주목은 아직 기존의 인식론에 대한 조정으로 발전하지 못했다. 그보다는 차라리 다케우치 요시미가 상당한 정도로 기존 지식론의 틀 속으로 환원되고 있다고 하는 편이 나을 것이다. 이 틀은 사실 진화론의 틀이다. 그것은 지금의 학인들로 하여금 자신이 역사의 최고점에 서서 옛사람의 일체를 높은 곳에서 굽어보듯이 심사하고 평가할 수 있으며, 옛사람이 역사의 진행과정에서 내린 결단과 선택을 고려할 필요가 없다고 착각하게 만든다. 이 틀의 결함은 사실 비단 역사인식의 개념화와 이데올로기화를 초래할 뿐만 아니라, 더욱 중요한 것은 그것이 바로 현실인식의 관념성을 초래한다는 데 있다. 동시대사 역시 역사인데도 다케우치 요시미에 대한 독해 방식과 동시대사를 사고하는 방식은 서로 표리를 이룬다. 다케우치 요시미에게서 공헌이나 착오를 찾는 사유방식은 현실사회에 대한 분석에서도 마찬가지로 고정된 '결론'만을 마주할 수 있을 뿐이다. 심지어 어떤 경우에는 유동적 상황에 대한 정확한 파악을 하지 못한 채 결과에만 주목하기도 하는데, 이런 사유방식은 사람들로 하여금 문제의 핵심을 간과하게 만들고, 문제와 무관한 사람이나 사건에 직관적으로 책임을 강요할 수 있다.

일본 현대사상사에서 진화론 사관은 줄곧 잠재적으로 주도적 위치를 차지했으며, 일부 마르크스주의 역사학자도 이런 경향이 있다. 그중에서도 특히 일본사를 전공한 학자들은 자각적으로 일본식 마르크스주의 정치 분석 모델을 역사 분석에 응용하고, 시대 과제에 대한 분석에 응용한다. 패전 후의 일본 사상계 특유의 정신적 풍토에서 일본 마르크스주의의 영향력은 아카데미 학술의 광범한 영역으로 침투해, 현실사회의 운용에서 주도 세력이 되지 못한 일본공산당 세력이 아카데미 학술에서 상당한 주도권을 획득하게 만들었다. 이런 의미에서 학술사상의 영역 안에서 야당으로서의 일본공산당의 행위를 관찰하는 것은 사실 매우 균형감각이 필요한 사상과제다. 이 글에서 이와 관련된 토론을 본격적으로 전개할 수는 없고, 다만 다음의 기본적 사실을 지적하는 데 한정한다. 즉, 전후 일본의 학술 영역에서 일본공산당(물론, 정치 파벌로서의 일본공산당은 내부 분열과 조정을 끊임없이 겪었으며 쇳덩어리처럼 긴밀하게 결합되어 나눌 수 없는 것이 아니었다)을 배경으로 하는 마르크스주의의 학술적 입장은 일찍이 우수한 지식인을 대거 흡수했으며, 그들 사이에서 상당히 뛰어난 학술적 성과가 나왔다. 이 부류의 지식인은 '정당정치' 특유의 이데올로기 요구에 직면해야 했기 때문에 학술 문제를 다룰 때 더 많은 딜레마, 즉 당파 투쟁의 현실정치 비판과 학술생산이 요구하는 정신적 자유 창조 사이의 갈등에 봉착했다. 이 때문에 뛰어난 학자들은 '과학성'으로 양자 간의 갈등을 통일하고자 했으며, 확실히 일부 우수한 학자들은 정신적 생산을 수행할 때 현실정치 이데올로기의 구속에서 벗어날 수 있었다. 예컨대 이시모다 쇼石母田正와 도야마 시게키遠山茂樹는 사학자로서 자신의 일본사 연구를 통해 양자의 관계를 엄숙하게 다루고자 했다. 또한 그들은 일본 학계에서의 마르크스주의의 개념화 결함에 대해 반성을 나타냈다. 그러나 필경 고난도의 작업이 요구하는 경계 의식은 누구나 모방할 수 있는 것이 아니다. 따라서 일본 마르크스주의 사학자 가운데 많은 이가 '정치적 강령 및 노선의 원칙적 관점에서 판단'하는 방식을 사용해 학술생산을 하는 데 만족했다. 가장 우수한 사학자라도 일본사에서 가장 민감한 정치 이슈와 마주칠 때면 때때로 '정치적 올바름'의 단순한 입장을 취하며 본디 펼쳐야 할 문제를 좌초되게 만들었다.

다케우치 요시미는 전후 몇몇 부류의 지식인과 논쟁을 벌였는데, 일본 마르크스주의자와의 논쟁도 그중 하나였다. 여기서 그는 몇 가지 비판과 반비판에 직면했다. 마르크스주의 진영에서 흔히 보이는 이데올로기화한 학술생산 방식으로 인해 다케우치 요시미는 일련의 비학술적인 '대비판'에 직면하지 않을 수 없었다. 그 때문에 학술 상식을 위반하고 모종의 특정한 정치적 분위기에 편승해 사회적으로 한때 유행한 '오독'(정확히 말해서 이런 유의 '오독'은 사실 '읽지 않은 것不讀'이다. 비판자는 자신이 비판하는 대상의 글을 전혀 참을성 있게 읽지 않았으며, 단장취의해서 몇몇 표현을 찾아낸 후에 죄명을 날조해 강력히 토벌했을 뿐이다) 내지 공격은 분명 그를 격분시켰다. 이런 격분이 반박문의 학술적 깊이에 영향을 미친 것은 매우 유감스러운 일이다. 다케우치 요시미가 남긴 논쟁 글 가운데 가장 대표적인 것은 1966년에 발표한 「학자의 책임에 관하여」[22]라고 할 수 있다. 이 글은 본래 도야마 시게키의 질의에 응답하기 위해 쓴 것인데, 안타깝게도 다른 이들의 수준 낮은 '대비판' 문장이 과도하게 주의를 끌었던 탓에 도야마와의 대화에 중점을 두지 않아 완성도가 떨어졌다. 그렇다고는 해도 이 글을 도야마의 글과 함께 놓고 읽으면 토론의 중요한 실마리를 얻을 수 있다.

1960년대 초 다케우치 요시미는 메이지 유신 100주년을 기념하고 그에 대해 새로이 탐구하려는 구상을 한 적이 있다. 그는 메이지 민족주의가 일종의 '국가만 있고 민족은 없는' 실패한 형태이며, 이는 그 후의 군국주의와 밀접한 관계가 있다고 생각했다.

따라서 메이지 유신에 대한 새로운 탐구를 통해, 일본 현대 사상의 전통에서 전화하여 미래로 나아갈 수 있는 일부 사상을 발굴하고, 고도로 단순화된 '군국주의'의 역사로부터 군국주의에 대항할 수 있는 요소를 구해내고자 했다. 그러나 그의 구상은 전혀 이해를 얻지 못했다. 오히려 문단에서 우위를 점한 것은 메이지 유신을 전면 긍정하는 풍조였으며, 관민 합작의 '메이지 유신 100주년 기념행사'로 변질되는 지경에 이르자 다케우치 요시미는 이 구상의 취소와 퇴출을 선언할 수밖에 없었다. 1965년 마르크스주의 사학자 도야마 시게키가 '메이지 유신 100주년 기념'을 배경으로 「메이지 유신 연구의 사회적 책임明治維新研究の社会的責任」이라는 글을 발표했다. 이 글은 메이지 유신에 관한 연구를 기본 실마리로 삼아 학술 규칙과 학자의 사회적 책임, 학자 간의 협력에 관한 문제를 밝혔다. 그는 풍부한 통찰력으로 메이지 유신 100주년 기념에 관한 다케우치 요시미의 제의를 다음과 같이 자리매김했다. "다케우치 요시미는 장차 도래할 1968년에 정부와 우익이 유신 100주년 기념활동을 멋대로 거행하리라는 점을 예견했기에, 우리가 담론의 주도권을 쟁취해 메이지 유신을 재평가하자고 제창했던 것이다."[23] 우수한 사학자로서 도야마는 마르크스주의 진영 내부에서 두 방면의 전투를 치러야 했다. 한편으로 그는 일본 마르크스주의 사학의 성과가 빈약하며 전후 논단에서 마르크스주의 사학의 지위가 급속히 하락함을 자각하고, 비非마르크스주의 사학자와 지식인(다케우치 요시미를 포함해)에게서 주동적으로 학술적 영양분을 흡수했다. 동시에 그는 마르크스주의 사학 진영의 내부에서 표출하는 강렬한 배타성과 신경질적인 꼬리표 붙이기 방식에 대해 완곡하게 비판했다. 다른 한편으로 그는 학술과 사상의 정치적 기능 및 사회적 책임을 '당파성'으로 귀결 짓고 이 '당파성'을 고수하고자 했다(그는 당파성이란 현실 속의 정치적 선택이며, 작당해 사리사욕을 채우는 소집단주의가 아님을 강조했다. 이를 위해 그는 특별히 당파성과 파벌 다툼을 구별했다). 바로 이러했기 때문에 도야마는 다케우치 요시미가 존경하는 몇 안 되는 마르크스주의 사학자 가운데 한 사람이 되었다. 다케우치 요시미는 글을 써서 도야마에게 응답할 때, 다른 마르크스주의 학자들에게 보여왔던 격렬한 비판적 태도와는 다르게, 대단히 '동정적으로 이해'하는 성의를 표했다.

도야마에 대한 다케우치 요시미의 '동정적 이해'는 도야마와 일치하는 그의 현실적 위기감에서 비롯한다. 이는 곧 "역사학, 일반적으로 말해서 전체 학계에 존재하는 황폐한 추세를 감지하고, 이로부터 학자의 책임(그것을 굳이 사회적 책임이라고까지 말할 필요는 없을 것 같다) 문제를 고려하는"[24] 것이다. 다케우치 요시미는 '학자의 책임'과 '사회적 책임'을 두 가지 상이한 범주로 제기했을 뿐만 아니라, 문제를 '학계의 황폐함'으로 돌렸다. 이는 그와 도야마의 입장에 미묘한 차이를 낳았다. 도야마가 마르크스주의 사학의 꼬리표 붙이기 방식에 대해 반성하고 비판했다고 할지라도, 그는 현실정치의 당파성이 학술생산에 직접 응용될 수 있는지의 여부를 묻는 골치 아픈 문제를 비켜갔다. 거꾸로 말해 문화정치의 기능을 강조하는 것은 그것과 현실정치의 관계가 직접적이고 대등함을 의미하는 것이 아닌가. 마르크스주의 진영 내부에 줄곧 존재한 꼬리표 붙이기식 지식생산 방식은 사실 나중에 마르크스주의 진영을 뛰어넘어 전지구적 범위에서 학원 좌파 학술생산의 일반적 폐단이 되었다. 이 역시 오늘날 애매모호하게 부정적 현상으로 간주되는 이른바 '정치적 올바름'의 문제다. 그 당시 마르크스주의 학자가 봉착했던 딜레마와 같이, '정치적 올바름'도 마찬가지로 인식론적 오류에서 기원한다. 그것은 학술 행위를 현실정치 행위로 단순화했으며, 정신적 생산의 복잡한 향방이 현실 투쟁에 기댄 '결과'를 이것 아니면 저것의 단순한 문제로 만들었다. 비록 도야마가 역사과정의 불확정성과 복잡성을 충분히 주시한 우수한 학자라 할지라도, 학자의 책임을 사회적 책임과 그대로 동일시할 때, 그는 직관적인 이원대립의 사유 패턴을 강화하고 있다. 즉, 사회적 책임을 이행하기 위해 직관적으로 현실 문제를 학술 문제로 바꾸거나, 현실에서 동떨어져 '상아탑'으로 숨어드는 것이다. 이는 그가 역사과정에서 '정치적 올바름'에 위배되는 문제를 마주했을 때, 본능적으로 돌연 자신의 역사학 수양을 거스르며 단순화된 판단을 내리게 할 수 있다.

다케우치 요시미에게 이런 사유 패턴은 효과적인 사상투쟁 전통을 수립할 수 없게 만들었다. 반대로 그것은 '학계의 황폐함'만 초래할 뿐이었다. 마찬가지로 학계의 황폐함을 감지하고 이런 국면을 되돌리려 했던 도야마를 만났을 때, 그가 느낀 무력감은 분노보다 컸을 것이다. 왜냐하면 도야마는 상술한 문장에서 상당히 중요한 인식론 문제를 언급했고, 건설적인 제의를 했지만, 동시에 가장 전형적인 '정치적 올바름'의 태도로 이러한 문제들을 일소했

기 때문이다. 이는 정상을 참작할 만하다. 이 글에서 도야마가 다루고자 했던 것은 다케우치 요시미가 문제의 변질에 못 이겨 취소할 수밖에 없었던 그 구상, 즉 메이지 유신 100주년을 기념하고 이로부터 일본 현대사의 아시아주의를 평가하는 문제로 확장하는 것이었다. 당시 상황에서 이런 문제는 기본적으로 일본의 보수파 지식인이 틀어쥐고 있었으며, 다케우치 요시미의 '비판적 계승'이란 생각은 기본적으로 환영받지 못했다. 동시에 다케우치 요시미가 동의動議를 제기한 뒤 자신의 전체 구상을 충분히 발전시킬 겨를이 없었고(1965년의 「'메이지 붐'을 생각하다'明治ブーム' に思う」[25]라는 글에서 그는 자신이 메이지 유신 100주년 기념에서 물러나는 동시에 「근대의 초극」 「일본과 아시아日本とアジア」 「아시아주의의 전망」 등의 집필을 통해, 점차 독자적으로 이 구상의 윤곽을 그렸다고 언급했다), 더욱 중요한 것은 당시의 지적 풍토에서 다케우치 요시미의 구상 내지 그의 작업 방식은 정확한 이해를 얻을 수 있는 기초를 결여했기 때문에, 도야마는 이런 문제들을 처리할 때 다케우치 요시미를 어떻게 다루어야 할지 몰랐다. 「메이지 유신 연구의 사회적 책임」이란 글에서 그는 한편으로 다케우치 요시미의 사상 작업이 다른 비판자들이 말하는 것처럼 "일본 제국주의를 변호"하는 것이 아님을 인정했다. 그는 심지어 "특히 창조성이 풍부한 사상과 연구는 오해와 악의적인 이용을 완전히 피하기가 어렵다"[26]고 정확히 지적했다. 그러나 일본 마르크스주의 사학 진영의 이데올로기 비평을 비판한 도야마는 동시에 '불 속에서 밤을 줍는' 다케우치 요시미의 방법을 받아들이길 거부했다.

왜
동아시아
인가

360

다케우치 요시미 씨의 일관된 논점은 다음과 같다. 일본은 아시아에서 유일한 제국주의 국가로서 전후에도 줄곧 제국주의 부활의 노선을 걸었으며, 이 상황은 일본인에게 심각한 사상 문제를 초래하게 했다는 것이다. 일본의 국민으로서 일본인은 주체성의 책임감이 언제나 강하지 않았으며, 따라서 이런 상황에서 벗어날 가능성을 잃어버렸다. 이 오래된 폐단의 근원을 분명히 하기 위해, 그는 역사를 거슬러 올라가 자신의 작업으로 일본이 언제, 어떤 조건하에서 제국주의 노선을 선택했으며 아시아 인식의 능력을 상실했는지 탐구했다. 나는 다케우치 씨의 문제의식을 이렇게 이해한다. 다만, 이 문제의식에서 출발해 아시아주의에 대해 "아시아 제국諸國의 연대를 지향(침략을 수단으로 삼는지의 여부를 불문하고)"하는 것이라고 정의하는 것이 지금 시대에 어떤 의의를 지니는지 의문을 품지 않을 수 없게 한다.[27]

상술한 인용문은 도야마의 같은 글인데 다소 자기모순에 빠진 것처럼 보인다. 도야마가 지닌 역사학의 내공으로는 본래 이와 같은 오독이 생겨서는 안 된다. 다케우치 요시미의 「일본의 아시아주의」[28]에서 일본의 아시아주의에 대한 정의는 결코 그렇게 단순하지 않기 때문이다. 더구나 다케우치 요시미는 결코 가치판단의 층위에서가 아니라, 역사적 맥락에서 아시아주의와의 연대관계를 언급했다. 또한 그는 일본의 아시아주의가 후기에 다다른 침략 확장 이데올로기의 기능을 충분히 강조하고 나서야 초기 아시아주의자들의 동기에 대해 세밀하게 선별하고 그 속에 잠재한 '연대'

지향을 발굴하고자 했다. 분명 다케우치와 도야마의 차이는 역사를 거슬러 올라갈 때 비판해야 할 요소에 착안하는지, 아니면 발굴할 수 있는 가능성에 착안하는지에 있다. 도야마가 이런 판단을 내린 것은 사실 그의 인식론에서 비롯한다. 같은 글에서 그는 마르크스주의 사학 진영이 전개하는 이데올로기 투쟁의 꼬리표 붙이기 방식에 대해 비판하면서 다음과 같이 자신의 인식론을 명확하게 천명했다. "주관적 의도와 이 의도를 실현하는 논증과정, 그리고 이 이론의 사회적 반향, 이 세 가지 사이의 연관과 위치 전도에 대해서 반드시 주관적 의도에 접근하고 해당 이론의 내용에 들어가 내부로부터 분석과 비판을 행해야 한다. 이러한 노력을 마땅한 정도까지 행하지 않고 단지 이론과 사상의 외부에서 그에 대해 꼬리표를 붙인다면, 이데올로기 전선에서 본래 동지가 되어야 하는 사상을 적에게 넘기고, 적의 악의적인 사용을 위해 길을 내어주며, 그것을 고정시키는 것이다. 이야말로 진짜 객관적으로 반작용을 일으킨다."[29] 그러나 동시에 그는 다른 측면도 강조했다. 즉, 분석을 할 때 대상의 주관적 의도보다 대상이 초래하는 객관적 효과가 훨씬 중요하다는 것이다. 이로부터 도야마는 논리적으로 완벽하기 어려운 딜레마에 봉착하는 것을 면치 못한다. 즉, 그가 "객관적 효과가 주관적 의도보다 중요하다"는 판단을 사용할 때, 그는 사실 주관적 의도와 객관적 효과가 전도된 역사 대상을 효과적으로 처리할 수 없다. 이는 그가 결국 성공과 실패로 영웅을 논하게 만들었다. 특히 역사상 후세에서 부정된 인물에 대해서 도야마는 사실 자신이 말한, 주관적 의도에 접근하는 "내재적 분석과 비판"을 관철할 생각이 없었다. 일본 마르크스주의 사학자에 대해 말하자면, "적으로부터 배운다"는 기본적 인식론 입장은 실제 운용에서 (말로만이 아니라) 받아들일 수 없는 것이었다. 적으로부터 배운다는 것은 가치판단을 하기 전에 먼저 차별 없이 평등하게 분석함을 의미한다. 대상이 적인지 벗인지를 막론하고, 이렇게 차별 없이 평등하게 내린 분석은 장차 역사과정의 불확정성을 충분히 파악하고, 대상의 내재적 논리를 충분히 고려하며, 그에 대해 합당한 평가를 내린다. 이 과정에서 "성공과 실패로 영웅을 논하는" 방식은 분석의 무게를 크게 단순화한다. 왜냐하면 그것은 장차 역사의 진행과정에서 불확정적인 요소들과 상황이 불투명한 상태에서 결단을 내린 행위를 대수롭지 않은 것으로 만들기 때문이다. 또한 그것은 결과에서 긍정적 가치를 지니는 현상만을 주목하고, 결말에서 부정적인 현상 가운데 잠재적이고 발전할 수 있는 각종 긍정적 요소는 고려하지 않는다. 이것이 바로 일본 마르크스주의 사학이 드러낸 인식론 방면의 최저선이며, 도야마도 예외는 아니다. 비록 그가 다른 이들처럼 기본 텍스트를 거칠게 무시하거나 정치적 강령 및 노선의 원칙적 관점에서 멋대로 판단하지는 않았지만, 그는 여전히 정치적 입장이 다른 역사 대상 앞에서 동일한 분석 태도를 취하길 원치 않았다.

다케우치 요시미는 도야마에게 응답할 때 분명 이런 인식론에 대해 울화와 무력감을 느꼈을 것이다. 그는 말했다. "내가 어떻게 말해야 도야마 씨를 이해시킬 수 있을까?" 그는 반드시 공통의 문제를 설정해야만 토론에 접점이 생길 수 있다고 느꼈다. 「학자의 책임에 관하여」에서 그는 공통 문제의 생산을 추진하기 위해 다음과 같은 기본 관점을 제기했다.

진리의 탐구를 위해서는 그 대상이 마귀이든 사갈蛇蝎이든, 밟아야 할 절차는 모두 밟고, 보아야 할 것은 모두 보며, 들어야 할 것은 반드시 들어야 한다. 이렇게 하지 못한다면 학문에 기대어 사회에 발붙일 생각을 말아야 한다.[30]

마르크스주의 사학의 '사회적 책임'이나 '당파성'이 크게 비난받을 만한 점은 없다. 다만 이런 것들을 강조하기 전에 학술의 존엄과 학자의 책임을 먼저 되찾기를 제안한다.[31]

다케우치 요시미가 말한 것은 실제적인 체득이었다. 어떤 학자가 글의 전후 문맥을 무시하고 제멋대로 죄명을 날조한 방법에 대해 반격할 때 그는 다음과 같이 신랄하게 풍자했다. "문장을 산산조각 내고 새롭게 조립하다니 정말 다방면에 재능이 있는 것 같다." 갖가지 곡해와 마주하며 다케우치 요시미는 인용의 원칙을 강조하는 수밖에 없었다. "이 원칙이란 상대방이 주장하는 주요 착안점을 정리하는 것이다. 인용만 보아도 인용자의 두뇌 수준을 알 수 있다. 전체 맥락에서 벗어나 오로지 자기 목적에 맞추기 위해 단장취의하거나 본뜻을 왜곡해 인용하는 자를 만나게 되면 그건 정말 재난이다."[32]

이런 재난이 많아지면 학술의 존엄도 사라진다. 동서고금에 예외는 절대 있을 수 없다. 다케우치 요시미는 평생 이런 '재난'과 많이 마주쳤으며, 그중에는 진보파 학자에게서 나온 곡해도 적지 않았다.

그런데 다케우치 요시미는 도야마가 그런 부류에 속하지 않음을 알았다. 바로 그러했기 때문에 다케우치 요시미는 도야마를 진지한 대화 상대로 삼고, 다른 사람들에게 했던 것처럼 조롱하거나 욕설을 퍼붓지 않았던 것이다. 다케우치 요시미가 도야마에게 반비판을 제기했을 때 문제를 비교적 깊은 층위까지 추진할 수 있었던 까닭은 도야마도 학술 규범을 존중하는 학자였기 때문이다. 바로 그러했기 때문에 이 대화가 후세의 우리에게 더욱 많은 시사점을 주는 것이다. 예컨대 일본 현대사의 아시아주의 사조에 연대와 침략의 이분법을 사용하자는 도야마의 건의를 겨냥해 다케우치 요시미는 이렇게 대답했다. "내 경우는 그와 반대로, 나는 연대와 침략의 이분법 문제에 질문을 던지는 것에서 출발한다."[33] 이런 질문은 다케우치 요시미의 역사인식론에서 기원한다. 이분법을 사용해 역사과정의 비균질적 내지 대립적인 요소를 구분하는 것은 역사 결말에 입각한 경우에만 효과가 있다. 반대로 역사의 단계적 결말을 역사인식의 기점으로 간주하지 않는다면, 이분법은 의미를 지니기 어렵다. 역사과정에는 비균질적인 요소가 반드시 한데 뒤섞이기 때문이다. 그에 대해 선별하려면 역사적 방식을 채택하는 수밖에 없다. 다케우치 요시미는 이런 방식을 다음과 같이 표현했다. "나의 문제 설정은 연대와 침략이 조합하는 방식의 상이한 유형을 고찰하는 것이다."[34]

다케우치 요시미는 이렇게 비판했다. "나는 역사가가 문헌을 읽는 방식에서 마땅히 들여야 할 품과 시간을 아끼려 한다고 생각한다. 그들은 문자의 표면을 스칠 뿐이다. 그들에게 종이가 뚫어지게 보라고 감히 요구하진 않겠지만, 적어도 종이에 눈길은 주어야 할 것 아닌가." 문자의 표면을 스치고 텍스트에서 벗어난 '종잇장'의 제약이 여전히 학문을 할 수 있으려면, 텍스트 바깥에 있는 기성의 것의 힘을 빌려야 한다. 예컨대 사회적으로 통용되는 이데올로기나, 한 시대의 위기의식이나, 특정 시기의 사회적 기대 등의 힘을 빌려야 하는 것이다. 이런 작업 방식은 역으로 텍스트에 대한 얄팍한 독해를 조장했으며, 심지어 단장취의의 방법이 거침없이 통용되도록 했다. 악의적인 곡해에 비해 이런 사이비 독해가 '재난'을 구성하진 않았지만, 적어도 그것은 재난을 '합법화'하는 지식생산의 토양을 형성했다.

그런데 이런 비판은 도야마에 대해서는 적합하지 않다. 다케우치 요시미와 그의 차이는 인식론의 차이일 뿐 독해의 내공에 차이가 있는 것은 아니다. 다케우치 요시미의 다음과 같은 보충이야말로 정곡을 찌르는 말이다. "도야마 씨에게 인간의 동기와 수단은 명확히 구분할 수 있고 타자에 의해 총체적으로 파악될 수 있는 투명한 실체이나, 나에게는 유동적이고 상황적이며 자아와 타자를 명확히 구분하기 어려운 대상이다. 그리고 역사는 도야마 씨에게 무거운 '주어진 사물'인 데 반해, 나에게는 가소성可塑性이 있고 분해할 수 있는 구축물이다. 이것이 나와 도야마 씨의 차이점이라고 생각한다."[35]

역사에 진입할 것인지의 여부는 역사를 읽는 사람에게 언어유희가 아니다. 그것은 역사를 읽는 시각과 기준이 완전히 다른 규범을 준수함을 의미한다. 동시대사에 대한 참여 역시 주관적 의지에 불과한 것이 아니다. 그것은 마찬가지로 인식론과 객체 대상의 구속을 받는다. 다케우치 요시미가 말한 "유동적이고 상황적이며 자아와 타자를 명확히 구분하기 어려운" 대상은 역사과정의 불투명성을 명확하게 하고 주체의 각 결단이 지닌 다의성을 중시한다는 전제하에서만 이해될 수 있다. 그렇지 않다면 이는 단지 '표현'에 불과할 것이다. 역사가 무거운 '주어진 사물'로 간주될 때, 진보 지식인이 '외재적 비판'의 태도를 취할 수밖에 없는 것은 불가피한 일이다. '정치적 올바름'이 붙들고 늘어지는 것도 바로 이 '주어진 사물'을 어떻게 다룰 것인가의 태도 문제이지, 그것을 어떻게 분해하고 내재적으로 변화시킬 것인가의 문제가 아니다. 필경 역사는 단순히 과거가 아니다. 그것은 비직선적인 방식으로 현재에 연결되며 미래로 향한다.

　지난 세기의 60년대 중반에 건강 상태가 여의치 않았던 다케우치 요시미가 도야마같이 우수한 마르크스주의 사학자와의 논쟁을 마땅한 수위까지 밀고나가지 못한 것은 매우 안타까운 일이다. 이는 물론 다케우치 요시미의 개인적인 학술 방식의 한계와도 상관 있지만, 더욱 중요한 사실은 이것이 당시 일본 사학계(마르크스주의 사학뿐만 아니라)의 인식론적 자각 수준의 한계와도 관련 있다는 점이다. 사실 마찬가지로 일본 사학자들에게 영향을 미쳤으나 마찬가지로 학술 국면을 변화시키지는 못했던 사람으로는 우에하라 센로쿠上原專祿 등과 같은 우수한 사학자가 있으며, 이데올로기화된 역사 읽기 방식도 마르크스주의자에게만 한정되지 않는다. "결말로부터 과정을 되돌아보는" 사유 패턴은 줄곧 역사 읽기의 주도적인 방식이었다. 특히 위기로 가득 찬 역사적 순간에 역사는 고도로 단순화되고 투명화되며, 상황은 고도로 고정화되고 외재화된다. 이런 방법은 오히려 쉽게 사회적 기초를 얻는다. 오늘날 우리는 아카데미의 '비판적 지식인'(이들의 사상적 입장은 차라리 자유주의 좌파의 특징을 더 많이 지니고 있다고 할 수 있다)에게서 이렇듯 역사를 단순화하고 상황을 고정화하는 사유 패턴을 훨씬 더 많이 보게 된다. 다케우치 요시미가 일찍이 제기했던 그 낡은 문제는 아직도 전혀 해결되지 못한 듯하다. 즉, '사회적 책임'이나 '당파성'이 크게 비난받을 만한 점은 없다. 다만 이런 것들을 강조하기 전에 학술의 존엄과 학자의 책임을 먼저 되찾아야 한다. 결론적으로 말해서, 오늘날 인식론 문제를 다시 살펴보는 것은 결코 다케우치 요시미를 분석하기 위함이 아니며, 심지어 단순히 깊이 있는 역사 읽기를 위한 것도 아니다. 이것은 우리의 오늘과 미래의 지식생산 방식과 직접 연관된다.

제3부

—

예술로서의
정치학

6장

마루야마 마사오 정치학 속의 '정치'[1]

마루야마 마사오丸山眞男는 일본 정치학계에서 자못 논란이 많은 정치사상사가다. 오랫동안의 각종 논란, 특히 그가 세상을 떠난 후 집중적으로 쏟아진 '마루야마 비판' 풍조로 인해 오히려 그는 망각의 운명에서 벗어날 수 있었다. 그렇기는 하지만 일본 정치학계, 정확히 말해서 일본 정치사상사 연구 분야에서 마루야마 정치학에 대한 진정한 의미에서의 분석과 비판적 계승은 전혀 완성되지 않은 작업이다. 이렇게 말하는 까닭은 이 작업의 완성에는 기본적인 절차가 필요하기 때문이다. 즉, 마루야마 정치사상사학을 그와 동시대의 사상사 연구 속에 자리매김하고, 이로부터 마루야마 자신의 인식론과 그가 설정한 시대적 과제를 정리하는 것이다. 나아가 마루야마 정치사상사학과 그에 대한 질의 내지 비판을 똑같이 '역사화', 즉 각자가 처한 시대의 사상적 상황 속에서 상대화할 필요가 있다.

이 글은 상술한 문제의식의 주도 아래 수행된 논의다. 이 글은 마루야마 정치사상사학에 담긴 '정치'의 함의를 밝히며 그 정치성의 기본 특징을 탐구하고자 한다. 나는 다음의 기본적인 문제에 대해 여전히 충분한 설명을 얻지 못하고 있다. 즉, 마루야마 마사오는 일본의 아카데미 학술 영역에 '일본 정치사상사'라는 범주를 확립하는 과정에서 과연 어떤 과제를 확정하고자 했으며, 또 그러한 과제를 어떻게 실현했는가?

본업과 부업[2]
―정치의 인식론 문제

마루야마 마사오는 정치인식론 문제에 대한 자신의 집착을 여러 차례 강조했다.

내가 여기서 논하는 중심 문제는 현실적 정치론 자체가 아니라 그런 구체적 정치문제에 대한 인식 방식이다. 이렇게 화제를 설정하는 까닭은 문제를 토론할 때 이 인식론 문제가 통상 간과되고, 곧바로 정치론의 내용에 대해 '좋다'거나 '나쁘다'는 평가를 내리기 때문이다. 그리하여 많은 말썽이 야기된다. 내가 여기서 말하고 싶은 것은 겉으로 보기엔 추상적이다. 내가 이야기하

려는 것은 정치의 인식 방법으로, 철학적 의미에서 말하면 '정치의 인식론' 문제다.[3]

이는 마루야마 마사오가 1958년에 행한 강연의 도입 부분이다. 이와 관련해 마루야마는 예컨대 『마루야마 마사오 강의록丸山眞男講義錄』 제3권 「정치학」 제1강의 '사상사적 방법론'에 관한 여러 차례의 강연 등 다른 자리에서도 똑같이 정치의 인식론과 관련된 문제를 언급했다. 나아가 이런 문제들과 상호 보완 관계를 이루는 것이 『강의록』 제5권의 '머리말'이다. 여기서 마루야마 마사오는 다음과 같은 문제를 제기했다.

커뮤니케이션(자극)이 나타난 후엔 반응이 일어나게 된다. 커뮤니케이션과 반응 사이에는 사상이 생겨난다. [자극을 받은 후에 즉시 반응하지 않고] 자극에 대해 사고하는 데 [이러는 동안] 얼마간의 시간이 걸린다. 커뮤니케이션이 일어나자마자 즉각 반응한다면 사상이 생겨날 수 없다. (…) 자극과 반응이 직접 연속되지 않은 곳에 사상이 존재한다.[4]

상술한 인용문에는 몇 가지 주목할 만한 문제가 포함되어 있다. 첫째, 구체적인 정치문제에 대한 인식 방법은 정치론의 내용 자체와 동일하지 않다. 인식론 문제를 회피한 '정치론'이 정치문제에 효과적으로 대응할 수 있는 것은 아니다. 둘째, 정치인식론의 문제는 '좋다' '나쁘다'와 같은 가치판단과 상대적인 의미에서 분리될 필요가 있다. 이는 '방법론'만의 문제가 아니라 철학적인 의미에서의 인식론 문제다. 셋째, 자극과 반응이 직접 연속되지 않는 곳에서 사상이 생겨난다. 이 때문에 자연시간의 '동시성'을 절단한 '사상시간'이 필요하다. 물론 이 정의는 다소 모호해서 구체적인 문제의 상하 문맥에서 그 함의를 생각해야 한다. 이 문제에서 주목해야 할 것은 사상에 대한 마루야마의 정의가 아니라, 사상과 사건 자극 사이의 '비동시성'에 대한 그의 강조가 논리적으로 사상의 직접적인 '실용 기능'을 배척했다는 점이다. 이런 의미에서 이는 인식론의 표현이다.

이상의 문제는 마루야마 마사오가 연구한 정치인식론의 핵심을 구성한다고 할 수 있다. 그렇다면 이 정치인식론의 문제는 마루야마 정치사상사학에서 어떻게 자리매김되어야 하는가? 16권으로 구성된 『마루야마 마사오집』에서 정치의 인식론 문제와 사상사적 방법론 문제를 본격적으로 논의한 논문이 상당한 비중을 차지한다. 그러나 방법론의 층위에서만 이 일부 저술들을 이해해도 될까?

1984년에 쓴 「원형·고층·집요한 저음—일본사상사 방법론에 관한 나의 발걸음原型·古層·執拗低音—日本思想史方法論についての私の步み」에서 마루야마는 다음과 같이 표현한 적이 있다. "전문적인 학자로서, 좀더 어렵게 말하자면 막스 베버가 말한 '직업으로서의 학문'에 종사하는 연구자로서 나의 본업은 일본 정치사상사이고, 나머지는 조금 극단적으로 말해서 나의 부업이다."[5] 마루야마가 이렇게 고백한 후 그가 말한 '부업'은 주로 그의 대표작 가운데 하나인 『현대정치의 사상과 행동現代政治の思想と行動』[6]의 별칭으로 간주되었다.

이 논문집에 수록된 대부분의 논문이 대중적 종합잡지에 기고한 글이기 때문이다. 다시 말해서 마루야마의 이 정의에 대한 지식계의 이해는, '아카데미즘 저작'인 학술논문에 속하는 것은 그의 '본업'이고, 시정時政에 개입하는 '공공언론'에 속하는 것은 '부업'이라는 것이다. 대체로 이런 이해는 본뜻에서 다소 벗어났기 때문에, 1995년 마루야마는 어느 좌담에서 자신의 표현에 대해 보충 설명을 했다.

> 제가 말하는 본업이란 일본 정치사상사라는 분야를 가리킵니다. 정치학과 안에서라도 이 밖의 다른 분야는 모두 부업에 속하는 것이지요. (…) 해명을 좀 드리자면, 부업이라 칭해지는 논문도 내용적으로는 제 본업에 비교적 근접한 주제를 가능한 한 의식적으로 골라 작성한 것입니다.[7]

'본업'과 '부업'에 관한 이해는 그리하여 다른 해석을 낳았고 그 기의記意에서도 미묘한 전이가 생겨났다. '부업'으로 간주된 종합잡지상의 논문, 예컨대 「초국가주의의 논리와 심리超国家主義の論理と心理」 「일본파시즘의 사상과 운동日本ファシズムの思想と運動」 「군국지배자의 정신형태軍国支配者の精神形態」 등은 사실 '내용적인 정치론'의 수준에 머무르지 않는다. 그것들은 마루야마 본업을 지향한다는 의미에서 강렬한 **사상 분석**의 색채를 띤다. 나중에 어떤 이가 마루야마의 이런 논문들이 "제도적 분석을 결여"했다고 지적해 마루야마를 울지도 웃지도 못하게 만들었다. 현실정치 문제를 분석하고 있

는 것처럼 보이는 마루야마의 이러한 '시평時評'은 어떤 의미에서는 '정치인식론'의 문제로 받아들여 쓴 것이기 때문이다. 그것들의 기능은 단순히 시정에 대해 분석하는 것이 아니라, 현실 분석을 통해 마루야마의 정치사상사학에 관한 기본 논점을 안내하는 것이다. 이 논문들을 쓸 때 마루야마는 동시대의 정치사상 과제를 정련하기 위해, 현실 사건과 현실 사건에 대한 자신의 반응 사이의 '동시성'을 단절한 시간 차를 창조했다. 이 시간 차는 그가 자신이 토론하는 사건과 **자연시간**의 보조를 맞추지 않음을 의미하는 것이 아니라, 자극이 만들어낸 반응과 자극이 지닌 비동시성을 주체적으로 다룸을 의미한다. 다시 말해서 마루야마는 동시대의 어떤 사건들에 대해 즉각 반응해서 자연시간의 단절이 발생하지 않았지만, 이런 반응은 문제 자체를 해결하는 데 뜻이 있는 게 아니라 문제들의 존재 방식에 대한 **인식**을 정련하는 데 뜻이 있었던 것이다. 이런 인식이 일본 사상계에 충격을 가져올 수 있었던 까닭은 그것들이 통상 두루뭉술하게 받아들여진 '상식'을 꼼꼼하게 분해하고, 오랜 관습을 통해 은연중에 일반화된 이런 상식을 무너뜨려 새로운 문제의식을 만들어냈기 때문이다. 마루야마는 인식론과 내용론의 구별을 철저히 지켰으며, 이 미묘한 차이를 통해 '사상'의 과정을 완성했다. 마루야마의 사상 행위는 직접(마루야마의 말을 빌리자면 "무매개적으로") 현실을 바꾼다는 이런 가정에는 방향적으로 어울리지 않았으며, **현실에 대한 인식을 바꾸는 데** 힘을 기울였다.

'현실'이라는 정치사상 범주는 종종 생활감각으로 슬쩍 치환된

다. 이 전제하에 생겨난 '현실인식'은 그것이 지닌 직관성과 실체성으로 인해 필연적으로 통찰력을 결여한다. 정치학 특유의 경험성은 '현실인식'의 문제를 매우 첨예하게 만든다. 생활상식에 기대어 직관적이고 고립적으로 총괄한 이른바 '현실정치 인식'은 복잡하고 변덕스러운 정치 현실을 효과적으로 대면하기 어렵다. 이는 논쟁의 여지가 없는 사실이다. 여러 가지 상황에서 이런 인식론적 결함은 애매모호하게 현실정치의 폭력성 탓으로 돌려졌으며, 나아가 대중사회와 지식층의 정치에 대한 염증을 촉진했다. 우리가 보게 되는 아카데미 '비판적 지식인'은 사실 종종 '현실인식'의 문제에서 매우 직관적이고 실체적인 태도를 취하곤 한다. 따라서 마루야마의 정치인식론에 관한 토론의 기점은 반드시 "현실을 생활감각의 상식으로부터 해방시키는" 위치에 놓여야 한다. 「'현실'주의의 함정 '現実'主義の陥穽」과 「정치적 판단」이라는 두 편의 논문에서 그는 현실이 어떻게 정의되어야 하는가의 문제를 논했다. 그는 이렇게 지적했다. 일본인이 즐겨 말하는 "이건 현실적이지 않아"에서의 '현실'은 사실 일종의 눈에 보이는 기성사실에 불과할 따름이다. 그뿐 아니라 눈에 보이는 기성사실에서도 사실 어떤 고정된 측면(통상 언론의 이데올로기가 만들어낸 이미지)만이 강조될 뿐이며, 각양각색의 보이지 않는 동태 구조는 간과되고 만다. 그리하여 상식적인 '현실'의 이미지는 동태적 사건을 움직이지 않는 틀 속으로 끊임없이 밀어넣는 것을 통해 만들어진다. 마루야마는 이 상식적인 의미에서의 현실관을 해체했으며, 현실이 "각종 가능성의 다발"로서 존재한다는 정치학 기존의 명제를 제시했다. 이 명제는 마루야마가 발명한 것은 아니지만 마루야마 정치학에서 상당히 중요한 위치를 차지하며, 이 **위치**는 마루야마의 독창적인 영역이다. 바꿔 말하면 마루야마는 자신의 정치학 시야를 위해 통상 정치학 이론에서 간과되는 각도를 확정하고자 했다. 이는 고정불변의 현실이 정치에 대해 지니는 제약 기능을 강조하고, 통상 정치적 사고에서 현실 '전략'에 대응하는 것으로 간주되는 부분을 정치원리의 담론으로 끌어올린 것이다. 마루야마 현실관의 특징은 현실 상황이 어떤 방향으로 발전할 수 있는가에 대한 판단에 뿌리를 내리며, 현실이 지닌 다층 구조를 자각적으로 파악하고, 날마다 변하는 그 구조의 유동 상태와 국면 전환의 계기를 포착해 현실 개혁의 가능성을 찾는다는 것이다. 이런 자각에 기초해 마루야마는 상당한 수량의 '부업 논문'을 집필했으며, 이 논문들은 고정된 사실에 질질 끌려다니지 않는 마루야마의 이런 '현실감각'을 보여준다. 여기서는 「세 번째 평화에 대하여三たび平和について」[8](제1·2장)만 예로 든다.

「세 번째 평화에 대하여」(제1·2장)는 1950년 한국전쟁이 발발한 후에 쓰였다. 이는 당시 일본 지식인이 평화를 호소하기 위해 조직한 '평화문제담화회' 공동성명의 일부분으로, 마루야마는 제1장과 제2장의 집필을 맡았다. 이 두 장에서 그가 제기한 내용은 기초적인 것으로서 바로 "평화의 가능성을 어떻게 바라볼 것인가"에 관한 인식론적 문제였다. 여기서 마루야마는 어떻게 철의 장막을 뛰어넘어 두 진영의 공존을 모색하고, 그럼으로써 제3차 세계대전을 방지할 것인가 하는 긴박한 과제를 제기했다. 물론 이런 문제의식은 마루야마의 개인 소유가 아니며 이는 당시 '평화문제담화회'에서 열렬하게 논의된 문제였다. 다만 이 성명에서 마루야마가 집필한 두 장을 『마루야마 마사오집』의 맥락 속에 놓고 읽으면, 결론 및 성명과 직접 관련되지 않은 문제들이 중요하게 보일 것이다. 이 문제들은 글 속에 내포된 '마루야마식' 다층적 분석으로, 본인의 표현 방식을 빌리자면 "의욕을 포함하는 인식"이다.[9]

'평화문제담화회'는 유네스코 성명에 영감을 받아 결성된, 패전 후 일본 지식인의 사상운동 조직이다. 당사자의 회고에 따르면, 정세政勢가 복잡하고 혼돈스런 국면 속에서 당시의 사상적 상황에는 여러 가지 과제가 뒤섞여 있었으며, 결코 질서정연한 집합체가 아니었다. 그중 평화 문제를 어떤 전후 문맥에서 인식해야 하는가의 과제는 유동적인 국내외 정치 상황 속에서 줄곧 여러 가지 상이한 방향으로 발전할 가능성을 지니고 있었다.[10] 여러 학자가 공동으로 집필한 이 「세 번째 평화에 대하여」라는 성명은 그중의 한 가능성을 보여주었으며, 이런 의미에서 중요한 역사적 문헌이다.

마루야마가 집필한 제1장과 제2장은 당시 주도적 지위를 차지했던 냉전 이데올로기가 강조한 "공산주의 세력과는 양립할 수 없다"는 '현실인식'에 직접 맞섰으며, 평화를 위해 양대 진영의 공존을 모색하는 것이 **인식론으로서** 어떻게 가능한가라는 문제를 상세히 분석했다. 이 문제에서 근본적인 점은 이런 인식론상의 '의욕'에 있다. 즉, 평화를 '이상理想'으로 삼는 상식(이 상식은 종종 전쟁이 빈발하는 '현실'과 서로의 영역을 침범하지 않는 '이념'으로 간주되곤 한다)을 평화를 현실 속의 최대 가치로 간주하는 사유 습관으로 전화하는 것이다.

제2장에서 마루야마는 정치적 사고의 원칙에 대해 언급했다. 이 원칙은 "세계 정치와 외교의 문제를 다층적으로, 조건적으로 사고"하는 것이다. 이 원칙에서 출발해 "적과 나, 선과 악 등 선행적이고 절대화된 기준으로 현실을 재단하는" 위험한 사유방식을 경계할 필요가 있다. 왜냐하면 그것은 정치적 사유의 심각한 비정치화를 초래할 수 있기 때문이다. 마루야마는 이렇게 지적했다. 즉, 1950년대 초기의 국제정치 시야에서는 세 쌍의 대립, 곧 이데올로기로서의 자유민주주의와 공산주의의 대립, 영·미를 중심으로 하는 서구 국가군과 소련을 중심으로 하는 공산주의 국가군의 대립, 미·소 간의 대립의 구체적 의미를 구분하는 것이 중요했다. 이 세 쌍의 대립이 지닌 상이한 함의를 한데 섞어 동일하게 다룬다면 복잡한 상황에 대한 인식은 단순화되고, 그리하여 '양대 진영'의 공존 가능성을 증가시킬 계기를 잃어버릴 것이다. 마루야마는 이 장에서 이 세 쌍의 대립이 지닌 상이한 함의와 각각의 유동성을 분석했으며, 이런 대립이 어떤 견제를 받고 어떤 다각관계 속에서 자신의 현실적 기능을 유지하는지 등의 문제를 중점적으로 밝혔다. 또한 유엔의 존재 방식과 식민지 국가의 민족주의 문제, 양대 진영 사이의 '제3세력', 냉전의 지속으로 인해 야기된 미·소 체제의 유사성 등의 문제들을 통해 세계 정치구도가 복잡하게 변화해나갈 가능성을 표명했다. 이 인식론의 층위에서 마루야마는 **평화의 현실 가능성** 문제를 논했다. 마루야마 인식론의 특징을 이해하기 위해 인도 자와할랄 네루 총리의 '중립정책'에 대한 그의 분석을 읽어보는 것도 괜찮다.

네루 총리는 한반도 사건에서 북한 군대의 행동을 명확하게 비판하며, 그들이 삼팔선 이북으로 철수해야 한다고 주장했다. 그러나 이와 동시에 그는 유엔 안보리가 이에 대해 결정할 때 한반도의 사태를 제어하는 것을 전제로, 중국과 소련을 자극하는 그 어떤 동향에도 반대해야 함을 고수했다. 한반도 사건을 진정으로 해결하고 유엔의 기능을 부활시킬 방도로서, 네루는 중국 공산당 대표가 유엔에 가입하는 것을 열심히 도왔다. 어떤 상황에서도 반드시 국제 협조를 통해 무력 분쟁을 해결해야 한다는 네루의 이 원칙은 다소 진부하고 현실에 맞지 않는 것처럼 보이지만, 우리는 사실 그 속에서 이 글의 첫머리에 언급한 현대 전쟁의 성질에 대한 투철한 통찰력을 엿볼 수 있다.[11]

'양대 진영'은 고정불변의 '객관적 존재'가 아니다. 이 양극의 사이에는 각양각색의 복잡하게 뒤얽힌 역학관계가 존재하기 때문에, 이 양극도 끊임없이 자기조절을 하지 않을 수 없다. 이런 동태적 평형을 포착하기 위해서는 네루 총리가 보여준 정치적 통찰력이 필요하며, 평화를 최대 가치로 삼아 이런 통찰력의 탄생을 촉진시키는 가치관이 필요하다. 그러나 사실상 마루야마가 비판한, '선악'을 절대적 전제로 삼는 사고방식은 냉전체제가 붕괴된 후에도 그와 함께 붕괴되지 않았으며, 냉전 사유의 구성 요소로서 여전히 완강하게 존재하고 있다. 오늘날 동서양 구도의 인식에서 "선행적이고 절대화된 기준"으로서의 미국식 가치관은 그것이 탄생한 역사적 맥락에서 여전히 유리된 채 거침없이 부단히 재생산되

제3부
예술로서의
정치학

고 있지 않은가? 또한 소련의 해체를 필두로, 예컨대 중국의 체제 개혁, 북한의 경제개혁 등과 같이 일찍이 사회주의 진영에 속했던 각 나라들이 진행하는 구조적 전환은 '서양 일방'의 모델 속으로 환원되어 인식되고 평가되고 있지 않은가? 이라크전쟁은 미국이 세계에 다른 가치를 평화 가치 위에 두도록 강제하려 한다는 기본적인 현실을 폭로했다. 이런 상황에서 마루야마의 이 '부업 논문'을 다시 읽는다면, 적어도 우리에게 세계를 인식하는 인식론 모델에 대해 성찰하는 자각을 불러일으킬 수 있을 것이다.

상황에 대한 시평 같은 성격을 지니는 마루야마의 이 논문은 어쩌면 그의 정치사상사 내지 정치학 학리의 '실천'에 상당할 것이다. 여기서 말하는 '실천'은 현실 행동의 '사상 실천'과 구별된다. 이런 사상 실천은 현실 문제를 직접 해결하기 위한 것이 아니라, 현실의 사건을 영양분 삼아 현실 사건과의 관계(이런 관계는 보통 마루야마가 말한 자연시간을 단절한 '사상시간'을 포함한다) 속에서 인식론적 변화를 추진하며, 이런 변화를 통해 현실의 발전 추세에 반작용한다. 마루야마의 사상 실천은 전부 구체적인 정치 사건에 달라붙지 않는 특징을 지니며, 언제나 인류의 인식세계 자체를 지향한다.

그러나 "자극과 반응이 직접 연속되지 않은 곳"에 쓴, '부업'에 속하는 이 사상 텍스트들은 마루야마를 만족시키지 못했던 것 같다. 1984년 그가 처음으로 '본업'과 '부업'의 차이를 언급했을 때 그가 강조한 것은, 세상에 '마루야마 정치학'이라는 표현이 있지만 이는 헛된 명성에 불과할 뿐 자신의 실제 전공은 정치사상사라는 점이었다. 정치학의 일반 이론이든 정치 상황에 대한 분석이든, 자신은 이 방면의 전문가가 아니기 때문에 단지 부업으로 할 뿐이라는 것이다.

지금도 여전히 사람들에게 등한시되는 이 설명은 마루야마가 자신의 작업을 내용만 논하는 정치론과 구별하는 방법론적 의식임을 암시한다. 그에게는 종합잡지에 발표하는 시사평론과 아카데미 내부에서 수행하는 정치학 연구가 똑같이 '부업'의 범주에 속했다. 즉, '본업'과 '부업'의 차이는 이론과 사상 실천의 차이일 뿐만 아니라, 근본적으로 말해서 정치학과 정치사상사의 차이인 것이다. 다만 주의할 것은 마루야마가 이런 구별에 명확한 형상을 부여한 것은 1984년 이후의 일로, 이 사이에 1968년 학생운동과 1970년대 일본 사회의 고속성장을 겪었으며, 마루야마의 학술 생애도 마지막 단계로 들어섰다는 점이다. 그 이전에는 마루야마가 정치학자로서의 자신의 신분에 대해 거부감을 드러낸 적이 없었다. 물론 이는 전후 수십 년에 걸쳐 진행된 일본 정치학과 정치사상사의 직업화 과정과 직접적인 관계가 있다. 1950년대에서 1980년대까지 일본 정치학은 이미 학과로서의 기본 건설을 완성했으며, 새로운 세대의 정치학자들이 성장하기 시작해 더 이상 마루야마가 '특별 출연'할 필요가 없었다. 동시에 학과로서의 정치사상사는 마루야마 등의 노력 아래 이미 자신의 독립성을 갖추고 있었다. 그러나 문제가 이것뿐일까?

내가 흥미를 느끼는 문제는 오늘날 일본의 대학 법학부든 정치학회든, 정치학과 정치사상사를 단지 상대적으로 구분한다는 점이다. 그것들은 똑같이 정치학과에 속해 있으며, 사람들은 그 두 가지의 '업종 구별'을 중시하지 않는다. 그렇다면 정치학에 상당한 업적을 남긴 마루야마는 왜 이 차이를 몇 번이나 강조했을까? 나는 이 실마리를 따라 다음의 가설을 조심스럽게 추적하고자 한다. 즉, 명백히 보이는 원인을 제외하고 마루야마가 이 구별을 고수한 데에는 훨씬 깊은 고려가 있는 것은 아닐까? 그리고 이 구별은 그의 정치사상사학에 과연 어떤 영향을 미쳤을까?

'예술로서의 정치'
― 마루야마 정치학의 사고

젊은 시절의 마루야마 마사오는 「과학으로서의 정치학科学として の政治学」이라는 의미심장한 논문을 쓴 적이 있다. 1946년에 발표된 이 논문은 만년의 본업과 부업에 관한 생각과 방향이 완전히 다르다. 여기서 그는 정치학자로서 자인할 뿐만 아니라, 전후 일본이 어떻게 정치학을 '과학'이 되게 할 수 있었는지 웅변적으로 논증했다. 몇 년 후 마루야마 마사오는 더 이상 '과학으로서의 정치학'이라는 구호를 내걸지 않았으며, 그의 설명은 시대가 변함에 따라, 특히 과학이라는 단어가 남용된 후로 이 논법은 더 이상 의미를 지니지 않게 되었다. 다만 그것은 마루야마가 이 구호에 대해서 설명한 것뿐이며, 이 논문의 핵심을 겨냥한 해석은 아니었다.[12] 이 짧은 논문에서 그는 이미 향후 학술 생애에서의 '정치'에 대한 주요 시각을 제기했기 때문이다.

이 논문의 요점은 다음과 같다. 1946년, 즉 일본이 막 패전했을 때, 정치적 요소는 미증유의 깊이와 폭으로 현실의 각 방면에 신속히 스며들었다. 이와 상대적으로 정치학 자체는 크게 뒤떨어 졌다. 예컨대 법학이나 경제학 같은 인접 학과에 비해 이런 약점 은 매우 뚜렷했다. 이런 약점의 특징은, 정치학과 현실정치는 전 혀 관계없기 때문에, 일단 현실에 직면하면 정치학의 방법론은 조 금도 쓸모가 없고, 정치학자는 마치 정치학 훈련이라곤 전혀 받은 적이 없는 신문사의 정치부 기자처럼 상식에 의존해서 분석할 뿐 이라는 것이다. 정치학의 이런 '불임증'은 메이지 이래 일본사회의 정치구조(그것은 언론통제로 표상된다)가 규정한 것이며, 전후 일본 사회가 변동함에 따라 정치학의 '객관적 제약'은 이미 대폭 제거되 었다. 일본의 정치경제 상황에 대응할 수 있는 정치학을 구축하기 위해서는 '정치적 사유'를 확립할 필요가 있다. 이를 위해서는 '상 식'과는 다른 정치적 사유의 특질을 인식해야 한다. 이 특질은 "이 미 고정된 형상에 의존하는 것이 아니라 새로운 것의 형성을 끊임 없이 추진하는 것이다. 이런 의미에서 미지수의 동태적 가변성 요 소로 가득 찬 것을 대상으로 삼는다". 이런 인식 작용을 통해 객 관적 현실에 일정한 방향감각을 끊임없이 부여하며, 인식의 주체 와 객체 사이에 '상호 이입'의 과정이 발생한다. 과학으로서의 정치 학(마루야마가 말한 '순수정치학')은 실증주의적 '객관 학문'이 결코 아니다. 근본적으로 말해서 그것은 "자신을 포함한 모든 정치적 사유가 받는 객관적 제약"을 인정하고, 이를 인정하는 기초 위에 제약된 자아의 주관의지와 대결하는 '금욕주의' 태도를 취한다.[13]

의심할 여지 없이, 마루야마가 그 후 발표한 동시대의 정치 상황에 관한 일련의 '부업 논문'은 이 방향을 따라 저술한 것이다. 그뿐 아니라 1960년 안보운동이 끝난 후 그가 도쿄대학 법학부에 개설한 '정치학' 교과과정도 「과학으로서의 정치학」의 사고를 확장시킨 기초 위에 전개된 것이다. 1960년의 정치학 교과과정과 1946년의 「과학으로서의 정치학」 논문 사이에는 14년이란 시간이 있으며, 이 14년 동안 발표한 정치인식론에 관한 수많은 '부업 논문'은 이 교과과정의 내재적 긴장을 지탱하고 있다. 이 교과과정은 여섯 부분으로 구성된다. 개인(자아)이 외부세계에 대해 품는 이미지에서 시작해, 주체적 정치 태도의 형성 문제, 집단과 헤게모니의 정치과정 문제를 다루며, 후반부에서야 "상식에 속하는, 정치학으로 간주되는 문제", 즉 정당정치와 통치구조, 정체政體의 문제로 들어간다. 이 교과과정에는 일반 정치학이 잘 다루지 않는 내용이 있으며, 바로 이 부분의 내용이 이 교과과정의 특색을 구성한다. 즉, 그것이 추구하는 것은 정치적 사유가 어떻게 형성되는가의 문제다.

마루야마가 정치적 사유의 특질을 분석할 때 강조한 것은 정치 상황을 구성하는 주체의 기능성이다. 다시 말해, 사람들이 행동하는 정치의 층위는 정치적 주체로서 추상화할 수 있으나, 정치적 주체는 사람이라는 실체와 같지 않다. 정치적 주체는 실재하는 개인(집단일 수도 있다)이 지닌 정치적 측면으로, 주체가 정치 기능을 담당할 때에야 비로소 정치 주체가 되며, 그렇지 않으면 기타 주체일 뿐이다. 주체가 처한 이런 상황 속에서 시간과 공간의 두 방면에서는 끊임없이 변화와 전이가 발생하며, 동시에 정치 주체의 변화, 복수複數 주체 간의 관계 변화, 장場의 변화, 주체와 장의 관계 변화 등의 모든 것이 복합적인 형태로 진행된다. 이 모든 것의 동태성을 강조하는 까닭은 정치적 현실이 지닌 **구체성 특징**을 밝힐 필요가 있기 때문이다. 다만 이 구체성은 일상적 감각에서 의미하는 구체성이 아니다. 바꿔 말하면 그것은 직관적 의미에서의 실체성이 아니라, 비직관적 의미에서의 기능성이다. 마루야마는 여기서 '정치감각' 속 사건의 기능성과 이 사건을 처리하는 주체의 기능성을 동시에 강조했다. 즉, 주체는 '직접적 사건'을 겨냥해 반응하는 것이 아니라, 몇 가지 매개를 통해 사건의 '이미지'에 대해 반응한다. 이와 동시에 이러한 반응을 하는 주체 자체는 실체로서의 생물적 객체가 아니라 사회화된 주체(즉, 사회적 기능을 발휘하는 단위)다. 바로 이러한 기능의 층위에서 정치적 사고가 발생할 수 있다. 이 교과과정에서 미처 전개되지 못했던 이러한 기본 명제는 마루야마의 다른 논문에서 한층 발휘될 수 있었다.[14] 이런 기능의 층위에서 정치적 사유가 탄생한 것은 그것이 장차 정치인식의 기본 특질을 규정할 것임을 의미한다.

예컨대, '정치학' 교과과정의 제1장에서 마루야마는 살아 숨 쉬는 상황을 인식할 때 '유머'가 지닌 중요한 기능을 언급했다. 여기서 '유머'란 정치적 판단에서 가장 어려운 "거리를 두고 자세히 살펴보는" **정신적 여유**를 가리킨다. 여기서 정치인식의 기능성 문제는 '상대화'의 형식으로 표현된다. "정치는 격정으로 충만한 행동이기 때문에 거리감이 필요하다. 정치는 엄숙하고 진지한 문제다. **따라서 융통성이 없는 진지함은 오히려 위험하다.**"[15] 이런 인식은 필연적으로 주체가 주동적으로 자신의 정치적 입장을 상대화하도록 요구한다. 바꿔 말하면 정치의 현장에는 복수의 입장 사이에 각양각색의 긴장관계가 뒤얽혀 있기 때문에, 이런 갖가지 관계를 입체적으로 파악해야만 현실의 다층성을 포착하고 시국 전환의 가능성을 냉정하게 예견할 수 있다. 자신의 입장만을 고수하고, 대립적이거나 일치하지 않는 모든 입장에 대해 전부 배척하는 태도를 취한다면, 이런 '실체성'의 정치적 태도는 오히려 가장 정치성을 결핍한 것이다. 이와 같이 정치성을 결핍한 정치적 태도는 현실의 층위에서 정치투쟁의 실패를 초래하며, 인식론의 층위에서는 원칙의 준수를 물신화物神化로 바꾸고 '정치사상'을 공허한 도그마로 바꾼다. 정치인식의 특질이 이런 실체적이고 정태적인 태도와 구별되어야 하는 가장 큰 이유는 정치적 사고가 정치적 결단과 '필요악'의 문제에 직면해야 한다는 데에 있다.

카를 슈미트Carl Schmitt의 정치적 결단주의에 관해 마루야마는 명료하게 비평한 바 있다. 이 비평은 정치적이라기보다는 인식론적이다. "이런 정치 속의 '직관'과 '모험'적 요소를 절대화해 자신을 자신의 목적으로 바꾸는 것이 파시즘의 이데올로기다. '예외 상태 하의 결단'(카를 슈미트)을 규범과 논리에 우선하게 하는 것이 바로 이 '논리'다. 여기에 파시즘이 **원리적으로 정치지상주의를 신봉**하게 만드는 근원이 존재한다."16 비록 이렇게 비평했지만 마루야마가 그렇다고 슈미트의 정치적 결단주의를 무시했음을 의미하지는 않는다. 그렇다기보다는 슈미트와 다른 방향에서 최대한도로 '결단'의 의미를 활성화한 것이며, 이는 마루야마의 정치적 사고에서 상당히 중요한 고리를 이룬다. 이는 정치적 현실 속에서 비이성적

이고 예측과 결과가 어긋나는 상황이 종종 주체에게 '결단'을 내릴 것을 요구하기 때문이다.[17]

마루야마는 상황과 필요한 거리를 유지하고 이로부터 상황 구조 속의 복잡한 정치적 역학관계와 이런 관계들의 변화 에너지를 현실적으로 포착하는 것이 결코 식은 죽 먹기가 아님을 또렷이 인식했다. 의식적으로는 이 점을 인정했더라도 그것이 실제로 완전히 실현될 수 있는 것은 다른 문제다. 따라서 그는 얄팍하게 논하는 데 만족하지 않고 나아가 정치학을 위해 어려운 과제를 설정했다. 즉, 일반적 상황에 대한 인식과 개별적 결단 사이의 낙차 문제를 처리하는 것이다. 주체가 현실의 복잡성과 변화의 격렬함에 직면할 때, 질서정연한 '이론'에만 의지해서는 현실 속 변화의 계기를 두루뭉술하게 덮어버리기 쉬우며, 그리하여 효과적으로 현실에 개입해 그것을 더 나은 방향으로 발전하게 만들 기회를 잃어버린다.

마루야마의 중요한 두 논문 「일본의 사상日本の思想」과 「근대 일본의 사상과 문학近代日本の思想と文学」은 이 기본 문제를 다루는 중요한 문헌이다. 그는 일본의 정신적 풍토 속에서 이론과 실천의 관계가 일대일의 통일체로 이해됨을 밝히고, 이런 사유 양식의 단순화와 직관을 지적했을 뿐만 아니라 이 상황을 바꿀 구상을 구체적으로 제기했다. 예컨대 어떠한 분석 범주를 구축해야 분석이 추상적인 일반화 문제에 머무르지 않고 현실적 정치감각을 배양해 그 복잡한 개별 상황들을 처리할 수 있게 할 것인가. 왜 정치학에서 이 개별 상황들을 처리하는 것이 필요한가 등이다. 여기서 결단에 대한 분석은 또 다른 문제를 불러일으킨다. 즉, 인격성을 지닌 결단은

일반적 보편주의의 문제로 환원될 수 없기 때문에 정치와 도덕의 관계도 문제가 된다.

가령 초기에 발표한 「근대 일본사상사에서 국가이성의 문제近代日本思想史における国家理性の問題」[18](1949), 「메이지 국가의 사상明治国家の思想」(1949), 「권력과 도덕権力と道徳」[19](1950), 「정치의 세계政治の世界」(1952) 등의 논문에서 마루야마는 국가이성의 존재 방식에 대해 깊은 흥미를 나타냈다. 그는 국가권력과 도덕이라는 한 쌍의 범주를 중심으로, 국가이성을 기본 시각으로 삼아 정치학의 기본 문제에 대한 토론을 전개했다. 여기서 특별히 주목할 것은 다음과 같은 특징이다. 즉, 국가이성에 대해 언급할 때 마루야마는 국가권력과 사회도덕 간의 대립을 강조하지 않고, 양자 간의 복잡한 긴장관계와 이런 긴장관계의 역사적 맥락에 주목했다. 예컨대 「권력과 도덕」에서 마루야마는 서구의 정치권력과 종교의 인격화한 도덕의 함의가 역사적으로 어떻게 변화했는지 분석한 후, 다음과 같이 분석의 요지를 총괄했다. "유럽 세계에 특색을 부여하는 것은 정치권력 고유의 존재 근거와 기독교의 인격 윤리라는 이원적 가치의 갈등이다. 양자는 미세하게 차이 나는 그 어떤 의미상으로 서로 뒤얽히더라도 끝내 하나가 될 수 없다. 그것들은 끊임없이 서로의 거리를 유지하며 그로부터 새로운 긴장을 생성한다. 냉소주의로의 전화 혹은 위선으로의 타락은 근본적으로 말해서 내면적 도덕성의 비가시적이지만 강력한 구속력을 전제로 하는 전화와 타락이었다."[20] 그리고 「근대 일본사상사에서 국가이성의 문제' 보주補注」[21]에서 마루야마는 '국가이성'을 다음과 같이 정의했다. "권력정

치에 대해 **권력정치**로서의 자기인식을 지니고, 국가 이해利害가 **국가 이해**의 문제로서 자각되는 이런 한도 안에서, 이 의식은 동시에 이러한 권력 행사와 이해의 '한도'에 대한 인식을 포함한다."22 이 방향에서 마루야마는 후쿠자와 유키치를 필두로 하는 메이지 전기 일본 사상가의 국가이성 인식에 대해 "국가이성이 보편적 이념과 국가 고유의 권력이해의 추구라는 '두 혼령'의 상극임을 자각하는 의식意識"이라고 지적했다.23

국가이성을 중심으로 하는 마루야마의 정치학 연구는 그 정의 방식을 포함해 폭넓은 문제를 다루고 있다. 이렇듯 그가 추구한 "권력의 운동법칙"이라는 과제는 더 이상 고립된 과제가 아니라 일련의 연관된 문제군을 파생시킬 수 있다. 「권력과 도덕」 「충성과 반역忠誠と反逆」24 「지배와 복종支配と服従」25 등의 논문은 모두 권력의 존재 방식에 대해 궁구한 결과물이다. 국가이성에 관한 연구는 비록 완성되지 못했지만, 실제로 그것은 국가이성의 기초—사회 시스템과 주체의 정신구조에 대한 궁구로 전환되었다. 이와 상응해 정치학을 '국가학'의 틀에서 해방시킬 가능성이 나타났으며, 정치 상황을 전체 사회의 '상호작용'으로 간주하는 생각이 중요한 과제의식이 되었다.

'필요악'이라는 정치학의 기본 과제는 마루야마의 사유에서 특정한 방향을 부여받았다. 그것은 국가기구의 비인격적 역학 결과로서 확인되는 것이 아니라, 행위자actor의 인격에 대한 인식에 기초해 발생하는 '정치판단'이다. 마루야마는 성악론性惡論이라는 범주에서 착수해, 정치에서의 '필요악'이라는 자고이래 정치학의 최대 난제에 대해 논술하고자 했다.

인간을 효과적으로 지배하고 조직화하는 것, 이 과정을 외재적 결과로 삼아 그 실현을 확보하는 것에 정치의 생명이 있다고 한다면, 당연하게도 정치는 이 과정에서 인간이라는 대상을 처리하려는 '위험물'로서 다룰 것이다. 이른바 성악性惡이란 이 위험물의 꼬리표다. 만약 인간이 어떤 상황에서도 틀림없이 '악한' 행동을 취한다면, 일은 오히려 간단해져서 본래의 정치가 개입할 여지가 없다. 인간은 선한 쪽으로도, 악한 쪽으로도 바뀔 수 있으며, 상황에 따라 천사가 되기도 하고, 악마가 되기도 한다. 바로 이런 의미에서 기술art로서의 정치 생산이 필요하다. (…) 정치의 전제로서의 인간은 바로 이런 '수수께끼'다. 신학에서 인간의 원죄가 구원의 전제인 것처럼, 인간의 이 같은 '위험성'은 다름이 아니라 인간을 전체적으로 파악하지 않으면 안 되는 정치가 필연적으로 예상해야 하는 계기다.[26]

마루야마 정치학은 권력과 도덕을 총체적으로 파악하는 층위에서 특별히 성악이라는 상황적 판단을 추출해 권력과 도덕의 관계에 대한 그의 이해에 모종의 인격성을 부여했다. 여기서 특별히 주목할 것은 정치라는 '기술'에 대해 언급할 때 마루야마가 일본어의 '기술'이라는 단어에 '아트art'라는 주석을 달았다는 점이다. 분명 그는 정치가 일반적 의미에서의 운용 기술도 아니고, 단지 목적에 도달하기 위해 사용되는 수단도 아니므로, 예술과 동일한 의미에서의 정신적 생산이라는 점을 강조하고 싶었던 것이다. 정치는 고도의 정신성을 지니며, 이 정신성의 특징은 마루야마의 말을 빌리면 "일정한 거리를 두고 현실을 관찰하는 동시에 꿈을 정밀하게 만드는 능력"[27]이다.

기술(예술)로서의 정치인식은 마루야마 정치학의 특질이다. 마루야마 정치학에 내재한 인간에 대한 관심과 관찰, 특히 인간의 정신세계에 대한 주목은 정치과정의 고유 법칙, 즉 정치학의 자율성에 대한 관심을 통해 표현된다. 마루야마 정치학은 끝내 정치학 이론의 구축작업을 완성하지 못했다.[28] 외재적 원인과 내재적 관심으로 인해 마루야마는 일본 정치사상사를 자신의 '본업'으로 삼았다. 마루야마의 개인적 의도에 지나치게 제약받지 않고 그의 정치학 연구의 성격에서 출발해 생각한다면, 이런 가설이 성립될 수 있을 것이다. 즉, 그가 끝내 일반적 의미에서의 정치학 연구로 깊이 들어가지 않고 정치사상사에 전념했으며, 정치학과 정치사상사를 학과적으로 구분한 것은 모종의 학리상의 필연성을 지닌다. 또한 정치학이 다루기 어려운 인간 정신세계의 '정치성'은 정치사상사라는 분야의 힘을 빌려야만 진정으로 깊이 들어갈 수 있다. 이런 기본 사실을 확인한 기초 위에 마루야마의 '본업'과 '부업'의 관계에 관한 생각은 다음의 문제를 고찰하는 데 의미를 지닌다고 할 것이다. 즉, 정치와 정치학에 대해 '사람이 중심'이라는 기본인식과 이런 정치인식의 자율성에 대한 고수는 그의 정치사상사의 성격을 한층 강하게 규정했다. 마루야마의 표현에 따르면 사상사 연구에는 사실사事實史와 관념사觀念史라는 두 유형의 차이와 대립이 존재하는데, 그의 정치사상사 연구는 관념사 수준에 머무르지 않았으며, 자율성을 지닌 정치감각이 스며 있다. 상황의 유동성에 대한 민감함과 관심은 정태적인 관념사 분석과는 다르며, 그것은 분석을 관념의 '긴장 상태', 즉 관념의 '극한 상태'로 이끌었다. 이러한 사상사 연구는 일회성의 사실을 연구하는 '사실사'와도 다르다. 그것은 사실의 변화 자체에 가치를 부여하지 않고, 사실의 배후에 잠재한 '변화의 계기'에 가치를 부여한다. 후쿠자와 유키치 연구를 대표로 하는 마루야마의 일본 정치사상사 연구는 이러한 인식론적 의도를 명확하게 보여준다고 할 수 있다.

물론 사상사가 반드시 사실사와 관념사의 분류로 궁구할 수 있는 것은 아니다. 이 두 유형을 초월해 역사성을 관념에 주입시키고, 이로써 사실에서 원리의 패러다임을 발굴하는 방법도 있다. 그러나 마루야마의 시야에는 이런 유형이 들어 있지 않으며, 그 자신도 역사감각을 배양하지 않았다. 마루야마의 정치사상사학이 정태적인 관념사를 구축하지는 않았지만, 관념을 사용해 역사 속의 긴장을 다룰 때 그의 정치사상사 연구는 다음의 딜레마에 직면하지 않을 수 없었다. 즉, 그가 스스로 "사상사를 사실사에 대한 '반응' 내지 그 함수로 간주하는 견해에서 해방"[29]되는 과제를 확립했을 때, 그는 사실 이미 지성을 실천하는 '결단'을 내린 것이다. 이 결단이란 정치학의 기본 방법에 입각해 관념의 긴장 상태의 분석을 통해서 대상의 내부 구조에 대한 분석으로 깊이 들어간다면, 이는 "더 완전하고 더 풍부한 인식에 대해 어쩔 수 없이 단념함"을 의미하며, 다음의 기본적인 한계에 대해 자각함을 의미한다. 즉 "자신이 입각한 지점에서 투시법을 사용해 관찰합니다. 이로부터 우리 인식은 언제나 일정한 편향을 띠게 됩니다"[30]라는 것이다. 다시 말해, 정치사상사의 자율성을 확립하기 위해 마루야마는 인식과정의 무한성을 알면서도 그중의 한 측면만을 선택하기로 결정했던 것이다. 이런 편향은 마루야마 정치사상사의 특질에 윤곽을 확정했으며, 그 한계를 암시했다. 왜냐하면 더 풍부한 인식에 대해 단념했을 때, 관념의 정태화가 가져오는 위험에서 끝내 벗어나기 어렵기 때문이다. 어떤 의미에서 마루야마 정치사상사의 성격은 '역사'라기보다는 정치학의 한 표현 방식이라고 하는 편이 훨씬 적절할 것이다.

마루야마 정치사상사의 환경

나는 학자도 아니고 사상가도 아닌 이상한 괴물로 평가받는다 (요시모토 다카아키吉本隆明). 이 평가는 어떤 의미에서는 정확하다. 다만 이런 상황을 '이상하다'고만 간주하는 것은 나의 사유를 관통하는 최대의 관심사가 비평가의 시야에 전혀 들어가지 않았다는 사실을 의미하는 것이다. 잡지에 산재된 나의 논문들이 다루는 대상은 각양각색이지만, 그것들의 방법론적 시각은 끊임없이 답습되는 일본식 '인식의 객관성'이라는 도식을 어떻게 타파하고 또 사상과 이념에 대해 똑같이 고질적인 도식을 어떻게 타파할 것이며, 아울러 양자 간에 격렬한 충돌을 발생시

킬 수 있는 장場을 설정하는 데 있다. 이른바 '인식의 객관성'이
란 '진지한 실증주의'나 단순한 논리적 통합성과 같을 수 없다.
인식한다는 것은 다음과 같은 행위다. 즉, 자아의 책임에 따라
소재가 **구축**될 수 있게 하고, 이 구축과정을 계기로 불가피하게
사상과 가치판단의 영역으로 들어가는 것이다. 그러나 다른 한
편으로 '사상'은 학술 인식의 대용품이 될 수 없으며, 모든 것의
우위에 있는 존귀한 무엇은 더더욱 아니다. 자신의 기발한 생각
을 밖으로 투사할 뿐인 사상들을 보라! 자기 고백과 감개感慨의
표현에 불과한 사상들을 보라! 그것들이 얼마나 범람하는지 보
라. 나는 한편으로 주체 개입이 결여된 '인식'에 안주하는 학자
가 되는 데 만족할 수 없으며, 다른 한편으로 아름답고 감동적
인 어휘를 사용해 사상과 세계관 등을 표현한다 하더라도 현실
적 인식과 광물질처럼 냉혹한 인식에 대한 내적 열정을 이해할
수 없는 '사상가'와 한패가 되고 싶지도 않다. 내가 '괴물'로 여겨
지는 것도 어쩔 수 없는 일인 것 같다.[31]

구체적 상황을 겨냥해서 발언한 마루야마의 이 '변명'은 극단
적 방식으로 그가 처한 지적 환경을 암시한다. 마루야마는 자신의
정치적 사고 속에서 구체적 사물과 추상적 이론을 동일한 층위에
서 '실체화'한 후 다시 그것들을 대립시키는 지식생산 방식에 일관
되게 저항했다. 그는 사상이 "학술 인식의 대용품이 될 수 없"다
고 보았으며, "현실적 인식과 광물질처럼 냉혹한 인식"에 대한 내
적 열정을 유지하고자 힘썼다. 이는 충분히 주의할 만한 지적 입

장이다. 이는 그의 '정치인식론'에 뿌리내린 "자아의 책임에 따라 소재가 **구축**될 수 있게" 하는 계기가 사상적 요소를 포함하는 동시에 사상을 학문의 형태로 한층 발전시키고자 하기 때문이다. 마루야마의 '내적 열정'은 '금욕주의'의 단계를 거쳐, 한편으로는 '현실적'인 특성을 지니며, 다른 한편으로는 '냉혹한 인식'으로서 나타난다. 이런 방식은 일본에서 통용되는(물론 일본에서만 통용되는 것은 아니다) '인식의 객관성'과 '사상'에 관계된 이해 방식과 첨예하게 대립하는 것이다. 마루야마는 '객관적 인식'(중국 학계의 표현을 빌리자면 '순수학문')을 사상 및 이념과 '격렬하게 충돌'시킬 필요성을 매우 중시했으며, 이런 충돌의 장을 구축하는 것이 필요하고 여겼다. 이는 양자가 서로의 영역을 침범하지 않는다는 것이 사실은 허상에 불과함을 밝히기 위한 것이었다. 마루야마의 이런 인식론적 의도로 말미암아, 확실히 요시모토 다카아키가 예리하게 지적한 대로 그는 더 이상 통상적인 의미에서의 '학자'가 아니었으며, 통상적인 의미에서의 '사상가'도 아니었다. 다만 어쩌면 이는 마루야마가 '괴물'임을 의미하는 것이 아니라, 반대로 새로운 지식 실천의 장이 형성되고 있음을 의미하는 것인지도 모른다.

동시대의 지적 풍토에 대한 마루야마의 인식은 그의 지식생산 방식에 이런 성질을 만들었다. 정치학자로서 전후의 격렬한 사회변화 속에서 마루야마는 '평화문제담화회'나 안보운동과 같은 사회적 실천을 통해 의심할 바 없이 일본 정치사회의 형성이라는 문제에 대해 강렬한 책임을 느꼈다. 그는 특히 일본의 정치운동이 아직 그에 상응하는 '정치적 사유방식'을 기르지 못한 기본 상황에 대해 강렬한 위기의식을 품었으며, 이로써 보통시민의 입장에 기초한 정치학을 어떻게 형성해야 하는가라는 기본적 과제의식을 수립했다. 안보운동의 고조기에 발표한 대담 「정치학 연구 입문」은 '일본 정치학의 방향'에 관한 구상을 언급했다. 그는 일본 정치운동의 특징과 정치운동의 특징에 대한 지식인들의 인식론적 경향에 대해 이렇게 분석했다.

여기서 국민 사이에는 공공정치에 관한 명확한 의향이 존재하지 않는다. 사적 감정이라든가, 협력관계라든가, 이런 사적인 인간관계는 가령 정치운동과 같은 정치의 층위로 전부 투입되었다. 이는 무엇을 의미하는가? 이는 곧 정치적 현실주의의 소멸이다. 이런 소멸이 지식인과 학자들의 정치인식론에서 구현될 때, 그것은 곧 그들이 내건 간판으로 나타난다. 분명히 인성에서 비이성적 측면. 곧 질투라든가, 호오의 감정이라든가, 격정이라든가 등등이 정치 운용에 큰 역할을 하는데도, 그들은 이런 측면을 대상화하지 않고, 마치 인간의 정치적 행동이 이렇게 이성적 판단을 사용할 수 있는 곳에서만 발생하는 것처럼 단지 원칙성의 전제나 이익에 관한 공리주의 판단 등만을 고담준론한다. (…) 정치는 감정과 잠재의식의 영향을 매우 많이 받기 때문에, 정치인식과 정치 지도指導는 이런 비이성적 작용에 대해 냉철한 통찰력을 구비해야 한다. 특히 정치 지도는 반드시 다음의 두 가지 상이한 능력을 결합해야만 한다. 즉, 자신의 호오와 편견을 철저하게 억제함으로써 비인간적 수준의 냉정한 상황 인식과 정치적 정의,

'더 나은 사회'에 대한 불타는 열정에 도달해야 한다.[32]

정치운동에 사적 감정이 개입되면 공공정치에 대한 효과적인 대응, 즉 정치적 현실주의의 형성을 방해할 수 있다. 이런 상황에서는 생활 감정과 원칙성 전제라는 양극단에서 '정치적 현실주의'의 파괴라는 부작용이 동시에 발생할 수 있다. 마루야마는 궁극적 의미에서 스스로 역설적 입장에 서지 않을 수 없었다. 한편으로 그는 줄곧 사적 감정의 개입이 정치적 현실주의를 파괴시킬 수 있다는 관점을 고수했고, 대중사회를 향해 정치적 태도가 어떻게 형성될 수 있는가의 문제에 관해 지속적으로 강연했으며, 정치지도자뿐만 아니라 모든 정치적 개체가 '냉철한 안목'을 갖춰야 함을 강조했다. 다른 한편으로 그는 지식인을 필두로 하는 '정치의식'의 생산자들이 이런 인성의 비이성적 측면이 지닌 '정치적 역할'에 충분히 주의하도록 일깨우는 데 끊임없는 노력을 기울였다.

안보투쟁의 고조기에 위와 같이 분석한 마루야마는 안보운동이 종결된 후 개설한 '정치학' 교과과정에서 자신이 생각해온 '시민의 입장에 기초한 정치학'을 실천했다. 따라서 궁극적 의미에서 이 교과과정은 자신의 학생들을 위해 개설한 것이 아니라 미래의 일본 시민을 위해 개설한 것이다. 이는 마루야마가 수년 동안 계속 진행했던 '시민강좌'와 방향적으로 완전히 일치한다. 안보운동과 이 교과과정 사이에 반드시 인과관계가 있는 것은 아니지만(법학부에서 이 교과과정의 개설을 결정한 것은 1959년으로, 당시에는 안보운동이 아직 시작되지 않았다), 안보운동의 여러 상황에 대한 마루야마의 인식은 분명히 이 교과과정에서 활용되었다. 이 교과과정에는 '시민 정치참여'의 '정치 현실주의'를 확립하기 위해서는 "자신의 기발한 생각을 밖으로 투사할 뿐인 사상" 방식을 경계하고, 주체 참여가 결여된 "진지한 실증주의"를 거부해야 한다는 마루야마의 기본적인 방법론 의식이 관류하고 있다. 이 교과과정을 구성하는 핵심 내용은 모든 개체가 정치 주체가 되는 '정치의 존재 방식'이다. 그리고 이런 존재 방식에 대한 분석이 냉철한 통찰력을 유지할 수 있는 것은 마루야마의 주체 개입을 포함한 '객관적 학문'이라는 "최대의 관심사" 덕분이다. 이 교과과정은 마루야마의 '광물질' 같은 인식 내부에 내재하는 정치적 '열정'을 또렷하게 보여주고 있다.

예컨대 정치의 비합리적 측면, 정치인식에서 합리적 판단과 결단 사이의 관계를 강의한 후, 마루야마는 그가 전에 수차례 논의했던 '정치적 무관심political apathy'에 대해 한층 상세하게 논했다. 마루야마의 논리에서 무관심apathy에 감춰진 강력한 비이성의 파괴력은 정치인식에서의 핵심적인 문제점이다. 마루야마는 일찍이 몇몇 논문에서 정치적 무관심의 태도가 만들어내는 현대사회의 메커니즘을 언급했다.[33] 여기서 특별히 주목할 것은 1953년에 저술한 「현대문명과 정치의 동향現代文明と政治の動向」 후반부의 분석이다. 여기서 마루야마는 '일차원적 인간'[34](원문은 '부분적 인간')이라는 종합적 인격이 해체된 인격 유형이 대량으로 생산되고 있는데, 이런 일차원적 인간은 기술의 발달로 인해 수단을 목적화하며, 효율에 대해서만 흥미를 느끼고 역사의 동향과 사회적 변화 등의 가치에 대해서는 전혀 흥미가 없음을 지적했다. 이에 따라 이런 사

람이 권력기관에 들어가면 '관료의 비정치화' 현상이 발생한다. 즉, 정치적 판단력을 지녀야 하는 공무원이 기술 관료직만을 담당해 정치의 총체적 구조에 대해서는 파악할 능력이 전혀 없는 것이다. 이런 일차원적 인간이 지탱하는 대중사회에서는 한편으로는 정치적 무관심의 분위기가 급속도로 만연하고, 다른 한편으로는 민주 훈련을 받지 않은 대중이 정치과정에 가하는 사회적 압력이 끊임없이 증대한다. 이런 역설적인 상황에서 대중의 발흥은 반드시 사회가 민주적 방향으로 발전하는 것을 의미하지는 않는다. 정치에 전혀 관심 없는 대중과 사회적 압력을 담당하는 대중은 그들이 지닌 비이성적 격정으로 인해 도리어 파시스트 정치가에게 이용될 위험성을 끊임없이 조성하기 때문이다.

마루야마의 이런 사고는 그의 「일본의 사상」 및 「근대 일본의 사상과 문학」과 종합해서 이해할 필요가 있을지도 모른다. 그가 인식의 '물신화' 상황을 최대한도로 폭로한 까닭은 단순히 지적 호기심과 논리 전개의 필요성에서 나온 것이 아니다. 마루야마의 정치적 사유는 그가 전후 전혀 성숙하지 못한 일본의 정치사회에 직면했을 때의 위기의식에서 발생했다. 그는 일본사회, 특히 지식계에서 토론을 거치지 않고 사이비처럼 확인된 '관습에 의한 약정'이 유행하는 것을 숱하게 보았다. 사상이 현실에 대해 직접적으로 영향을 미치길 요구하는 심리, 또는 반대로 직접적으로 현실을 통제할 수 없는 사상은 가치가 없다는 생각, 사상과 학문 그리고 이론과 현실을 대립시키는 지적 관습, 사상과 이론이 현실을 두루뭉술하게 망라할 수 있으며 이로써 현실을 대체할 수 있다는 생각, 현실과 사상을 분리시키고 현실을 불변하는 기성 상태로 간주하는 습관…… 마루야마는 바로 이러한 일련의 '인식론' 문제야말로 일본 사회생활 속의 정치 성숙도를 제고할 수 없게 만든다고 여겼다. 풍자적인 사실은 나중에 마루야마 본인이 받은 비판 중 일부는 바로 이런 인식론의 '견본'이라는 점이다. 다만 마루야마 본인은 '학문적 인식론'이라는 원칙을 줄곧 엄수했으며, 그가 평생 '논쟁'을 사상생산의 기본 양식으로 삼지 않았던 것은 그가 사상에 대해 취했던 이런 인식론적 입장에 원인이 있을 것이다. '동시성'을 절단해 창조한 비연속적 시간을 통해, 마루야마는 사상을 학문으로 전화했다. 그러나 마루야마 학술의 성격은 '학문'을 새롭게 정의한 후에야 파악할 수 있다. 그리고 이런 재정의再定義 작업을 가능하게 하는 것은 다름이 아니라 바로 마루야마 마사오 사유 속의 '정치성' 자체다.

결어
—마루야마의 정치성과 마루야마 읽기의 정치성

마루야마 마사오는 엄밀한 사유구조와 예민한 문제의식을 지녔으며, 웅대한 지적 시야를 가졌다. 그러나 그는 끝내 체계적인 정치이론가가 되지 못했으며, 질서정연한 사상사가가 되지도 못했다. 동시에 그는 서양의 이론으로 일본의 정치사상 상황을 분석할 때마다 언제나 서양을 이상화하고 보편화해서 자신의 논점을 추진했기 때문에, 종종 '근대주의자'로 간주되었다.[35] 『마루야마 마사오집』을 필두로 하는 그의 방대한 저작군을 통람한다면, 누구라도 다음과 같은 의문이 생길 것이다. 마루야마는 인식론의 확립을 목표로 끊임없이 지식생산을 진행했는데, 그는 왜 이렇게 방대한 생산량을 체계적인 '대작'을 만드는 데 쓰지 않았을까? 만약 동시대의 다른 역사학자, 사상사학자 내지 정치학자의 작업과 비교한다면, 마루야마의 가장 주목받는 저작들은 '장편 논문'의 수준을 넘는 것이 없으며, 스케일이 큰 저작이 발표된 적도 없다. 단순히 건강 상태나 대학교수라는 직업의 성격 등 개인적 이유에만 의지해서 해석한다면, 원인을 충분히 설명할 수 없을 것이다. 마루야마는 학생 시절부터 독일 관념론의 영향을 받아 일본 정치사상사 분야에 체계적인 저작이 결핍되었다는 사실에 대해 줄곧 위기감을 품고 '진정한 통사通史'의 집필을 자신의 소임으로 삼았기 때문이다.

마루야마가 추구한 '진정한 통사'는 어째서 완성되지 못했을까? 이 글에서 그 원인을 추측하려는 것은 아니다. 이 글의 관심사는 사실 이렇게 체계성을 결여한 마루야마의 저작군이 왜 일본 역사의 어떤 단계에서 중요한 저작이 될 수 있었으며, 오늘날에도 끊임없이 재간행되고 있는가를 살펴보는 데 있다. 여기서 마루야마의 정치사상사를 이해하는 가장 좋은 실마리는 해럴드 래스키Harold J. Laski에 대한 그의 평가에서 찾을 수 있다. 래스키에 관해 쓴 두 편의 주요 논문에서 그는 래스키의 저술이 체계성을 결여하고 이론을 우선적인 것으로 삼지 않는 특징에 대해 언급했다. 다만 마루야마에게 이는 결점이 아니라 오히려 장점이었다. "풍부하고 구체적 사례에서 한마디로 정곡을 찌르는 예민한 감성이 관통하고 있다. 이 고도의 기술은 대단히 매력적이다."[36] 정치학자 래스키의 정치성이 바로 구체성에 의해 매몰되지 않은 그의 이러한 '구체적 분석' 속에 담겨 있다는 것이다.

마루야마가 의도적으로 래스키의 저술 형태를 자신의 글쓰기 모델로 삼았는지의 여부는 의심할 만하다. 다만 한 가지 분명한 것은 정치학자로서 긴박한 시대 상황에 대한 정치적 사고에 몰두한 열정이 체계성에 대한 동경을 훨씬 능가했다는 점이다. 마루야마의 '정치성'은 바로 이러한 '선택' 속에 구현되어 있을 것이다.

오늘날 마루야마를 어떻게 읽을 것인가는 새로운 과제가 되었다. 이는 최근 10여 년간 '마루야마 비판'이 나타났기 때문이 아니라, 마루야마 비판을 어떻게 평가할 것인가를 포함해 일본 정치학이 새로운 사고의 패러다임을 생산해야 하는 시련에 직면했기 때문이다. 마루야마는 제2차 세계대전이 종결되기 전의 서구 정치학을 자신의 사상자원으로 삼았으며, 동시에 일본의 정치사상을 자원화하는 데 힘썼다. 이 노력의 성공 여부는 이 글의 관심사가 아니다. 이 글이 관심을 갖는 문제는 왜 인식론을 중심으로 삼아 이 노력을 기울였는가에 있다.

정치학과 정치사상사는 일본에서 자명한 학문이 아니다. 그것이 자율적인 학술 영역이 된 시기는 일본 패전 후이며, 그때서야 비로소 외재적 조건을 얻었다. 유럽 역사에서 축적된 정치론적 사고는 '이론'으로서 일본에 수입되었으며, 곧바로 '실감신앙實感信仰'과 결합되었다. 이 점은 이미 마루야마가 지적한 대로다. 이론을 기성품으로 삼아 고스란히 복제하고 응용하는 태도는 오늘날 일본에서뿐만 아니라, 가령 이론 수출국인 미국에서도 지식생산을 좌우하고 있다. 이런 상황을 타파하기 위해서는 인식론의 문제를 다루는 것 외에는 다른 방법이 없다. 마루야마의 '부업 논문'이 오늘날 읽어도 시대에 뒤떨어진 느낌이 없는 까닭은, 그것이 논하는 내용은 이미 시효가 지났어도 그 인식론은 여전히 투과력을 지니고 있기 때문이다. 그러나 마루야마가 평생의 에너지를 쏟아 '정치의 인식론'을 만들었지만, 그의 작업은 진정 효과적으로 전승되었다고 할 수 없다. 마루야마를 단순히 모방하지도 않고 직관적으로 비판하지도 않으며 마루야마가 직면했던 사상과제와 오늘날의 사상과제가 지닌 역사적 연관성을 발견하기 위해서는, 마루야마 정치학적 의미에서의 '정치성'을 갖추어야만 한다.

이 글은 '마루야마 마사오론'이 아니다. 이미 역사적 인물이 된 마루야마를 현대 일본의 정치적 사고의 한 양태로서 고찰하기 위해서, 이 글은 그의 기능성 사고와 동일한 층위에서 그의 정치인식론에 가능한 한 접근하고자 했다. 이 접근은 진정으로 마루야마와 조우하기 위한 예비 단계일 뿐이다. 도처에 위기가 도사린 오늘날의 세계 정세에서, 전쟁과 평화에 대한 판단을 필두로 '현실'에 대한 모든 인식은 여전히 토론을 필요로 하는 문제다. 현실과 아무런 상관없이 현실을 '재단'하는 거짓 지성의 범람을 방지하기 위해서는 우리 자신의 현실감각을 길러야 할 것이다. 마루야마 읽기는 그런 까닭에 독자의 정치성을 연마하는 가장 좋은 계기가 된다.

7장
문학작품 속의 '정치'

극한 상태에서의
정치감각[1]

한국에 대해 아무런 지적 준비와 감각적 경험을 갖추지 못한 내게 갑작스레 한국 친구가 작가 황석영에 대해 서평을 써주었으면 좋겠다는 부탁을 했다. 나는 그의 작품을 전혀 읽은 적이 없고 오랫동안 문학평론을 쓰지 않았기 때문에 다소 망설이지 않을 수 없었다. 그러나 나는 황석영이 한국에서 가장 영향력 있는 대표적 민주 작가이며, 그에 대해 서평을 쓸 것인가를 떠나서 적어도 그의 작품을 읽어보아야 한다는 말을 들었다.

나는 그리하여 일본어판 소설집 『객지』(다카사키 소지高崎宗司 옮김, 이와나미서점, 1986)를 한 권 입수하게 되었다. 처음에는 일본어로 한국 소설을 읽으면 오독이 생기고 그것을 일본의 이야기로 상상하게 될 것이라 생각했다. 그런데 뜻밖에도 일단 읽기 시작하자, 나는 별로 힘들이지 않고 일본어가 빚어내는 '일본' 이미지를 뛰어넘어 한국의 문맥으로 들어갔다. 그것은 내가 일본의 휴머니즘이나 민주주의 문학에서는 여태껏 본 적이 없는 세계였다. 나는 그것을 '한국'이라 명명했다.

공교롭게도 한 젊은 친구가 이 일을 알고서 자신이 타이완에서 가져온 중국어 번역본 『당대 세계 소설가 독본─황석영當代世界小說家讀本─黃皙暎』(천닝닝陳寧寧 옮김, 타이완광복서국臺灣光復書局, 1987년 초판, 1993년 제7쇄)을 빌려주었는데, 마침 수록된 작품이 일치했다. 나는 중국어로 다시 한번 읽어보며 '타이완'의 환각이 생기지는 않는지 시험해보았다. 그러나 뜻밖에도 그렇지 않았다. 그것은 내가 지금껏 익숙했던 '타이완 문학'과 전혀 부합하지 않았다. 그렇다. 황석영의 소설에는 뭔가 특별한 것이 있었다. 상당히 제한된 나의 문학 독서 경험에서 나는 그것과 처음으로 조우했다.

이 강렬한 인상은 중편소설 「객지」에서 비롯한다. 듣기로 지난 세기 60~70년대의 교차기에 쓰인 이 소설은 당시 학생운동의 '계몽교과서'였다고 한다. 또한 이 소설의 출현은 한국문학의 '모더니즘 예술' 경향을 바꾸었으며, 한참 시간이 흘러서야 비로소 한국문학계가 독서 경험상 그것을 '문학작품'으로 받아들이게 되었다고도 한다. 그러나 관련된 평론은 이 소설이 리얼리즘 작품의 극치라고 말할 뿐이다. 예로부터 지금까지 전 세계에 이 타이틀을 쓰는 데 적합한 작가들은 실로 너무 많아서, 한국문화를 이해하지 못하는 외국인에게 황석영이 리얼리즘 작가라고 말하는 것은 아무 말도 하지 않은 것과 같다. 「객지」를 읽고 나서, 나는 「객지」의 리얼리즘 정신은 고달픈 현실을 필력이 종이 뒷면까지 배어들도록 묘사한 데 있는 것이 아니라, 비관념적인 태도로 관념의 세계에 참여하고 이를 재구성한 데 있음을 더욱더 깨달았다. 바꿔 말해서 「객지」의 공헌은 그것이 '현실'에 대한 관념세계의 이해와 이 이해에 기초한 가치판단에 충격을 주었다는 데 있다.

「객지」는 실패로 막을 열어 실패로 끝을 알리는 '민주항쟁' 과정을 묘사했다. 소설의 배경은 방조제를 건설해 바다를 메우고 밭을 만드는 어느 바닷가의 공사 현장이다. 주요 인물은 외지에서 이곳으로 일하러 온 노동자와 노동자를 관리하는 노무회사 감독 및 그들이 고용한 깡패들이다. 소설의 첫머리에 노동쟁의가 실패한 후 노동자들이 대거 해고되고 새로 고용된 외지 노동자가 충원된다. 새로운 노동자들이 체력으로 보수를 벌겠다는 꿈을 안고 깨끗이 정리된 노동력 집단에 재편성되어 들어온 후, 모든 것이 또다시 처음부터 시작된다. 노동자들은 정상인이 견딜 수 있는 한도를 넘어서는 비인간적 노동에 시달리고, 노무회사가 지불한 임금은 십장과 감독에게 층층이 뜯기고 나면 남는 게 거의 없다. 이 쥐꼬리만 한 보수도 현금으로 지불되는 것이 아니고, 노동자가 수령한 전표는 공사장 내부에서만 유통될 수 있을 뿐이다. 그걸로는 십장이 운영하는 매점에서 외상으로 노동자들을 유혹해 지게 만든 빚을 갚기에도 부족하다. 그리하여 노동자와 고용주의 관계는 채무

자와 채권자의 관계로 변질된다. 노동시간이 길어질수록 빚도 늘어나서, 노동자들은 마침내 빚을 산더미처럼 진 변종 노예가 된다. 새로 온 노동자들이 일을 해도 돈을 벌 수 없을 뿐만 아니라 오히려 자신의 처지를 더욱 비참하게 만든다는 사실을 깨닫기 시작하면서 그들은 또다시 저항을 계획한다. 힘겨운 준비와 동원을 마친 후 대규모 파업과 담판이 시작되지만 실권자들은 갖은 책략으로 시간을 끌며 파업과 담판에 나선 군중의 투지를 와해시키고 대오를 분열시켜 파업과 담판을 또다시 실패로 돌아가게 만든다. 소설의 말미에서 파업의 핵심 지도자 이동혁은 외롭게 산속에 앉아 끝까지 가보겠다는 결심을 한다. 그러나 그의 주변 사람들과 함께 투쟁하던 노동자들은 하나둘씩 그를 떠나서 산을 내려가 개선된 노동조건을 받아들이고, 머지않아 원상 복구될 피착취 환경 속으로 되돌아간다.

사람의 마음을 뒤흔드는 「객지」의 사실寫實의 힘은 그것이 1960~1970년대를 전후한 한국의 대규모 저임금 노동력의 비인간적 대우 문제와 노사분규를 치밀하게 서술했다거나, 민주항쟁의 필연성을 본격적으로 선양했다는 데 있지 않다. 이에 불과했다면 경제가 급속도로 발전한 한국의 오늘날, 그것은 한국 독자들에게 과거의 이야기로 잊혔을지도 모른다. 「객지」가 오늘날에도 여전히 사람의 마음을 뒤흔드는 예술적 생명력을 유지하는 원인은 그것이 정치투쟁의 실제 운용과정을 담담하게 드러냈다는 데 있다. 이렇게 드러내는 과정에서 작품은 느슨한 민중 속에서 민주정치의 움직임을 일으키는 것에 관한 기본 문제를 제시했을 뿐만 아니라, 정치

제3부
예술로서의
정치학

운용과 인도적 이념 사이의 긴장관계를 암시했다. 바로 이 모든 것이 지식인에 의해 부단히 반복 재생산되는 민주와 인권에 관한 상상에 대해 강력한 충격을 형성했다. 이런 기본 모티프로 인해 이 소설은 더 이상 1960~1970년대의 이야기도, 한국에만 속하는 것도 아니게 되었으며, 세계 지식인이 민주 관념을 성찰하고 새로이 구축하는 사상자원이 되었다.

「객지」의 핵심 줄거리는 새로 온 노동자 이동혁과 지난번 해고를 모면하고 남은 숙련 노동자 대위가 연대서명 청원을 발기해 노동자 처우 개선을 계획하는 과정이다. 동혁과 대위는 남몰래 일부 서명을 모집한 후, 며칠 뒤 국회의원이 공사 현장을 시찰하는 기회를 틈타 현장에서 담판 요구서를 제출함으로써 노무회사가 관련 조건을 수락하지 않을 수 없도록 압박할 준비를 했다. 이를 위해 그들은 구체적으로 파업에 돌입할 시기를 구상했다. 노동자들이 비가 내린 후 초과수당을 받기 위해 잔업을 해서 쥐꼬리만 한 잔업수당을 손에 넣으면 십장이 즉시 와서 외상값을 갚으라고 독촉할 테니, 그때를 기다려 파업을 개시해서 임금 개선을 요구한다면 훨씬 많은 노동자가 빚을 갚지 않고 손에 쥔 임금 몇 푼을 지키기 위해 동참할 것이었다. 그들은 현지 인부들의 수수방관과 값싼 노임으로 자신들을 대체할 부작용까지 포함해, 파업이 일어난 후 나타날 수 있는 각종 불리한 상황을 용의주도하게 고려했다. 이런 준비과정에서 동혁의 제의는 투쟁의 정치적 성격을 형성한다. "우리는 폭동을 일으켜선 안 됩니다. 우리는 조건 개선을 위해 항의하는 것이기 때문입니다. 분풀이로 복수하려 한다면 일이 수습하기 어려워질 겁니다."[2]

현행 체제의 운용 메커니즘을 이용해 합법적인 투쟁을 벌이는 것과 분풀이로 복수하기 위해 악으로써 악에 맞서는 것은 군중성 민주운동을 개시할 때 반드시 맞닥뜨리게 되는 두 가지 상이한 선택이다. 기존의 법률은 폭도를 제재할 구실이 많기 때문에, 후자는 체제와 무력의 우위를 갖추지 못한 항쟁 군중을 불리한 위치에 빠뜨릴 것이 분명했다. 그러나 동혁의 제의는 문제의 또 다른 측면을 간과하지 않았다. 즉, 합법 투쟁과 비합법적 폭동은 현실의 과정에서 뚜렷하게 구분 짓기 힘들다는 점이다. 특히 정치투쟁의 경험이 전혀 없는 하층 군중을 응집시킬 수 있는 유대는 정치이념도, 심지어 생활개선의 경제적 요구도 아니며, 불공정한 현실의 생활 속에서 점점 쌓여가는 증오다. 이는 비이성적 감정 요소로서 강한 파괴성을 지니고 있지만, 단기간에 수많은 개체를 그러모으는 감화력을 지닌다.

동혁과 그의 동료는 이 점을 잘 알고 있었다. 파업을 계획할 때부터 동혁은 폭동을 일으키지 않을 것을 강조하는 동시에 '복수'라는 요소의 중요성을 고려했다. 즉, 청원서에 서명한 인원수가 아직 강한 기세를 형성하기엔 부족할 때, 누군가 피를 흘리는 대가를 치르고서라도 노동자들을 자극해 훨씬 많은 사람을 쟁의의 대오에 동참하게 할 필요가 있었다. 따라서 동혁은 이 계기를 어떻게 찾을 것인가를 줄곧 고민했다.

기회는 뜻밖에 찾아왔다. 노동자들이 비가 내린 후 잔업을 서둘러서 임무를 초과 달성했는데, 감독조가 작업량을 기록할 때 농간을 부리며 작업량을 일부러 적게 계산해 임금을 깎는 것을 대위가 발견했다. 이 일로 대위와 감독조 사이에 충돌이 벌어졌다. 이 충돌은 다시 현장에 있던 노동자들의 불만을 야기했으며, 그 결과 오가라는 벙어리 노동자가 감독조와 싸움이 붙어 흠씬 두들겨 맞았다. 이때 동혁은 자못 냉혹해 보인다. 그는 벙어리 오가를 보호하려는 대위를 저지하고, 전체 계획을 위해서는 누군가 희생을 치러야 한다고 말했다. "화약이 터지려면 불을 붙여야만 해요."[3] 대위는 이 말에 설복되었다. 벙어리 오가가 재차 더 많은 감독조원에게 둘러싸여 맞을 때, 대위도 다른 노동자들이 나서서 구하려는 걸 가로막고 오가가 몰매를 맞아 중상을 입도록 좌시했다. 이어서 중상을 입은 오가를 업은 대위에게 동혁은 낮은 목소리로 이렇게 당부했다. "천천히 걸으세요, 더 많은 사람들이 볼 수 있게."[4] 그들은 곧장 오가를 치료하러 가지 않고 각 함바의 인부들에게 직접 보이며 더 많은 사람들이 자극을 받도록 힘썼다. 그리하여 격분한 노동자들은 너도나도 청원의 대오에 합류했다.

이후의 청원 활동에서 동혁은 마찬가지로 감정을 제어하지 못하고 중상을 입은 대위를 대신해 유일한 지도자가 되었다. 이 과정에서 동혁은 시종 폭동을 일으키지 않는다는 초지를 견지하며 최초의 교섭에서 국면을 효과적으로 통제했다. 그러나 현장 사무실에서 시간을 벌기 위한 계책을 써서 군중을 가라앉고 슬그머니 경찰을 불렀을 때, 동혁은 이 계략을 간파하지 못해 위신을 잃고 다시는 국면을 통제할 수 없게 되었다. 그리하여 대치는 폭력적인 성격으로 변하기 시작했고 노동자들은 결국 분열했다. 소설의 말미에서 독산으로 쫓겨 올라간 노동자들은 내부 첩자의 권유로 회유 조건을 받아들이며 너도나도 산을 내려가 복귀했다. 산에 남아 국회 시찰단이 올 때까지 대항할 준비를 하는 자는 소수(아마도 동혁 한 사람)뿐이었다. 이때 동혁은 한 노동자가 산에 남기고 간 폭탄을 집어들고 그 건조한 도화선을 입에 물고는 계속 투쟁해나가겠다는 기대감을 체험한다.[5]

이는 상당히 애매한 결말이다. 작가가 합법적인 민주항쟁이 실패한 후에는 무력에 호소할 수밖에 없음을 암시하는 것인지 판단할 수 없다. 그러나 이 결말은 사실 중요하지 않다. 소설에서 진짜 흥미로운 부분은 정치투쟁, 특히 감정적 요소에 기대어 조직된 군중운동이 시시각각 변화하는 과정과 이 과정 속에서 매 순간 내리는 판단의 중요성을 핍진하게 그린 데에 있다. 동혁이라는 인물의 상당히 출중한 정치적 판단력은 현실정치에 대한 그의 이해에 기초한다. 그에게 현실정치는 결코 추상 불변의 '사물'이 아니며, 추상적 정의正義의 개념으로 운용하고 해석할 수 있는 정태적 대상도 아니다. 그것은 주체가 결정적 순간마다 선택하고 결단을 내려야 하는 동태적 역학관계다. 「객지」는 몇몇 이런 순간의 내재적 긴장으로 구성되었으며, 결정적 순간마다 불확정성과 불확정으로 인해 초래된 근심과 의심으로 가득 차 있다. 청원을 조직하고 이를 위해 일련의 준비를 진행하면서 동혁은 계속 공포에 가까운 근심에 빠졌다. 누군가 나와서 피를 흘리지 않는다면 손을 쓸 기회는 기다림 속에 지나가버릴 것이다. 누군가 희생한다 하더라도 청원의 결과가 반드시 성공한다고 보장할 수 없으며, 요구 조건이 확실히 충족된다고 볼 수 없다. 표면적으로 충족된다 하더라도 당국의 완충계책에 불과할 것이니, 얼마 동안이나 지속될 수 있겠는가······.6

사실상 전체 사건의 진행과정은 동혁의 우려를 증명했다. 증오의 감정에 기대어 동원된 인부들은 비폭력 항쟁을 오래 지속할 수 없다. 마음대로 노동자를 해고해도 값싼 노동력을 찾지 못할 걱정이 없는 현장감독 측은 사실상 노동자들이 파업한다고 해서 인부들을 착취하는 잔혹함의 정도를 바꿀 리가 없다. 그러나 이런 극한 상태에서 동혁과 그의 동료들에겐 다른 선택이 없다. 그들은 민주항쟁을 통해서 자기 삶의 권리를 쟁취할 수 있을 뿐이다. 이 가혹한 현실 앞에서 어떻게 항쟁이 실질적인 효과를 갖도록 할 것인가는 무엇보다 우선하는 기준이다. 이는 물론 수단과 방법을 가리지 않아도 된다는 것을 의미하지는 않지만, 전반적으로 고려할 때 국부적 사건의 위상을 정확히 예측함을 의미한다. 동혁은 직업 정치가는 아니지만 상당히 성숙한 정치감각을 지니고 있다. 작가는 동혁의 정치감각이 그의 정치투쟁 경험에서 비롯하는 것이 아님을 특별히 강조한다. 그에겐 이런 경험이 없기 때문이다. 그것은 심사숙고하는 그의 성격에서 비롯한다. 작가는 분명 우리에게 정치감각은 직업 정치가의 전유물이 아니며 보통 민중도 똑같이 그것을 지닐 수 있음을 암시한다. 벙어리 오가가 불공정한 대우를 참지 못하고 분기해 감독조에게 반항할 때, 동혁은 유혈 사태를 일으키기로 결정한다. 이때 그의 결정은 오가에게는 냉혹한 것이었다. 그러나 오가의 돌발 행동은 사실상 전체 청원 사건의 도화선이 되었으며, 이로써 동혁이 기대한 청원의 모양새가 갖추어졌다. 이어서 대위가 충동적으로 현장의 감독조와 한바탕 크게 싸우고 중상을 입자, 동혁은 이런 상황에서 계속 청원을 이끌어 전체 행동을 최고조로 밀고 나간다. 주목할 것은 파업의 대오가 현장의 감독조와 대치할 때, 동혁이 부상자 두 명을 치료해줄 것을 요구했다는 점이다. 그는 부상자가 다친 것과 노동자 파업은 별개의 일임을 강조했다. 십장은 부상자를 치료해주는 조건으로 노동자들의 청원을 당장 중지하라고 압박했지만, 동혁은 즉시 거절했다. 비폭력 항쟁이 실패한 후 동혁이 첫 번째로 한 일은 대위와 오가에게 달려가 부상 정도를 살피고 그들이 치료를 받도록 설득하는 것이었다.

「객지」는 대단히 박력 있는 필치로 시시각각 변화하는 정치투쟁과 균형 있는 정치감각을 묘사했다. 동혁은 잔인하리만치 냉정하지만 그렇다고 인간미를 잃어버리진 않았다. 이것이 직관적인 의미에서의 인정人情이 아니라 정치과정에서의 인성人性에 관한 특수한 표현이라고 하더라도, 분명 총체적인 정치적 행동의 목표에 복종하며, 결정적 순간의 정치적 결단에 복종한다. 소박한 인도적 감각에 비해 이런 정치 속의 인성은 때때로 '반反인도'적인 방식으로 나타난다. 이런 '반인도'는 결코 비非인도와 동일하지 않다. 그것은 단지 소박하고 직관적인 인도적 감각을 초월했을 뿐이다. 이런 의미에서 「객지」는 무엇이 정치 속의 인성인지 충분히 체험하게 한다.

내가 입수한 일역본과 중역본에는 편폭이 다소 긴 「객지」이외에도 또 다른 중편소설 「한씨연대기」와 두 편의 단편소설이 수록되어 있다. 일어판에는 중국어판에는 없는 르포문학 「벽지의 하늘」과 일본의 한국 문제 전문가 와다 하루키和田春樹 선생의 작가 인터뷰가 포함되어 있다. 「객지」 이외에 다른 작품들은 정치과정에서 구체적인 상황으로 대변되는 민주투쟁을 본격적으로 묘사하진 않았지만, 마찬가지로 날카로운 관찰이 관류하고 있다. 「한씨연대기」를 예로 들면, 북한에서 남한으로 피난 온 한씨는 시종 어떻게 살아나갈 것인가 하는 최저 한계선상에서 의사로서의 도덕과 인간으로서의 존엄을 유지한다. 남북 분단이라는 이 커다란 정치적 배경은 이러한 인성의 한계선상에서 현실정치로 전화된다. 「한씨연대기」도 마찬가지로 정치소설이지만, 단순히 한반도에서 남북 대치의 종결을 호소하는 작품이 아니다. 그것은 훨씬 구체적이고 훨씬 무서운 현실 상황, 즉 국가의 이데올로기 메커니즘이 어떻게 현실생활 속의 이익관계에 의해 이용되며, 남북 분단의 정치적 국면이 어떻게 남북 사회 내부의 권력관계로 전화되는가를 밝힌다. 이 과정에서 나타나는 피해자는 남북 분단이 빚어낸 희생자로 간단히 귀결시킬 수 없다. 남북 분단은 분명 현실의 갈등을 첨예하게 하는 극한 상태를 제공했지만, 소설이 밝히는 기본 문제는 한반도의 통일이 실현된다고 해서 해결될 수 있는 것이 아니다. 따라서 분단이 빚어낸 극한 상태에 주목해야 한다. 북한에서 온 망명자 한씨는 명문 의과대학 교수이지만, 기술에 의지해 합법적으로 생존할 수 없다. 그들은 생활의 중압 아래 다시 가정을 꾸릴 수밖에 없었을 뿐만 아니라, 언제든 배신당해 체포될 수 있었으며, 이 과정에서 목숨을 부지하기 위해 뇌물을 쓰거나 무고하게 죄를 뒤집어쓰고 자백을 강요받을 수밖에 없었다. 이런 극한 상태는 「객지」의 하층생활에서 발버둥을 치는 남한 노동자와 상통한다. 작가가 우리에게 전달하는 것은 단순히 고달픈 삶에 대한 고발이 아니다. 작품을 관통하는 극한 상태하에서 작가가 전달하고 있는 것은 주체의 정치감각이다. 「객지」에서 동혁을 통해 전달되는 정치감각은 다른 작품에서는 3인칭 서술자가 전달한다. 그러나 그것의 비관념적 성격으로 말미암아 그것의 존재 자체는 인성이 묘사하는 배후로 더욱 쉽게 숨어버리고 간과된다. 「객지」가 정치 속의 인성 문제를 본격적으로 묘사했다면, 다른 작품들은 한국의 하층사회를 바탕으로 인성의 존재 방식, 그 왜곡됨과 완강함, 그 보잘것없음과 진실함을 깊이 있게 표현했다. 황석영은 우리에게 이런 인성의 존재 방식이 현실의 정치관계, 더 나아가 사회 전체의 정치구도를 결정했음을 알려준다. 그러나 시시각각 변화하는 인성과 같이 동태적인 일상정치도 미지의 변화로 가득 찼으며, 이것이 바로 (황석영을 포함해) 현실로부터 이념을 창조하려는 지식인이 직면할 수밖에 없는 딜레마다. 이 딜레마는 지식인이 정치 관념을 생산할 때 자기 작업의 유효 경계를 확정할 수밖에 없게 하고, 이론의 명목으로 현실을 무한히 포괄할 수 없게 한다. 동시에, 상대적으로 고정된 '민주'와 '자유' 등의 추상적 이념은 필요한 전환을 거쳐야만 현실을 대면할 수 있음을 의미하기도 한다. 그것들은 그대로 가져다 쓸 수 없다. 이는 한편으로는 이론 스스로 자기조절의 긴장을 갖추기를 요구하며, 다른 한편으로는 이론과 현실 간의 대등하지 못한 관계가 본격적으로 인식되기를 요구한다.

황석영의 작품은 내게 깊은 인상을 주었다. 내 생각에 이 한국 작가가 세계문학에 공헌한 것은 극한 상태에서의 휴머니즘적 사고가 아니라, 그 특유의 정치감각이다. 개인적으로 말해서, 황석영과의 만남은 문학 독서 습관을 바꾸는 계기이자, 문학의 기능을 다시 생각하는 계기가 되었다. 그중에서 내 마음을 가장 뒤흔든 것은 「객지」로 인해 문학의 정치적 기능 문제를 새롭게 대면하게 되었다는 점이다.

근대 이래의 중국 지식계, 특히 중국의 문학계는 줄곧 '소설과 군치群治'에 관한 량치차오의 문제 설정에서 벗어나지 못했다. 이 설정은 방향적으로 '위로부터 아래로' 민중을 관리하는 정치의 기능을 규정했으며, '아래로부터 위로' 정치를 형성할 여지를 충분히 남겨두지 않았다. 정치에 대한 이런 일방적 상상은 동혁과 같은 하층 민중이 정치적 주동성을 가질 기회를 박탈했다. 그들은 종종 정치의 피해자로 간주되며, 이로 인해 이른바 정치감각은 아주 쉽게 '나쁜 정치'에 대한 단순한 비판적 태도로 바뀐다. 근대 이래 중국에서 정치적 문학이라 자처하는 문학은 '나쁜 정치'를 고발하고 대항하며, 그와 상대적인 '좋은 정치'를 선양한다는 의의에서 자기 기능을 발휘했다. 문학의 개념화에 관한 문제는 줄곧 중국 지식인을 괴롭혀온 난제였다. 그러나 문학이 정치를 위해 봉사해야 하는지, 어떻게 정치를 위해 봉사할 것인지에 관한 지금까지의 논쟁에서 문제시된 것은 문학일 뿐 정치가 아니며, 문학과 정치의 관계는 더더욱 아니었다. 이러한 맥락에서 정치는 개념화되고 단순화되었으며, '거대정치'의 방식으로 일상생활에서 추출되어

텅 빈 권력기호로 변했다. 현실생활에서 수시로 일어나고 또 끊임
없이 변화하며 복잡하게 얽히고설킨 일상정치는 보통 사람과 전혀
상관없어 보이거나, 사람들의 시야에 들어온다 하더라도 설렁설렁
거대정치 속으로 환원된다. 이러한 사고 패턴이 유행할 때 문제의
핵심은 문학의 개념화가 초래되는 것이 아니라 정치의 개념화가
초래되는 것이다. 정치 개념화의 부작용이 사회와 국민의 비정치
화임은 말할 나위 없다. 보기에 정치적 색채를 띠는 태도와 의견
은 사실 정치감각과 정치 판단력을 결여한 추상적 연역에 불과하
다. 사상계에서 한때 유행한 이른바 '정치적 올바름'의 태도는 정
치감각 결핍의 전형적인 견본이다. 일체의 정치문제를 거대정치 탓
으로 돌리는 정신적 분위기 속에서 추상적 정치 관념이 자의적으
로 사용되고, 동시에 '반정치反政治'는 현실정치의 가치를 지니는 사
상적 입장으로 변했다. 중국 현대문학은 루쉰을 배출해 인류문화
에 공헌했지만, 현대문학사에서 루쉰의 위치는 고립적이었으며 그
의 출현은 중국 현대문학에 내재적인 유기 구조를 가져다주지 못
했다. 반대로 정치감각이 풍부한 루쉰의 문학정신은 현대문학사의
서사 밖으로 유리되었다. 중국의 문학사 서사에서 현당대 문학은
사실 '반정치'의 의미에서 자신의 사회적 기능을 담당했다. 그러나
그것이 반항한 것은 현실정치 자체가 아니라 관념적인 정치 상상
에 불과했기에 비정치의 숙명에서 벗어나기 힘들었다.

정치가 두렵고 추잡한 폭력으로 묘사될 때, 인성은 정치로부터
멀리 떨어지는 것을 선택했다. 소박한 인도적 감정으로 정치판단
을 대체하고, 관념화된 추상적 추론으로 현실의 난제를 해소하는

것은 근대 이래 수많은 문화에서 발생한 '휴머니스트'의 가장 흔한 행위 모델이었다. 문학은 언제나 이런 '휴머니즘'을 지탱하는 데 사용되었고, 이러한 '휴머니즘'은 종종 고통스런 현실에서 가장 멀리 떨어졌으며, 따라서 가장 투명하고 추상적이다. 우리는 많든 적든 간에 이런 '휴머니즘' 문학에 의해 독서 습관이 형성되었으며, 이 습관을 이른바 '사회정치 비판'으로 그대로 추단했다.

관념적 색채가 전혀 없는 황석영 작품의 정치적 성격은 그가 다년간 하층생활을 경험한 데서 비롯한다. 그의 작품에서 '민중'은 묘사 대상이 아니라 시각 그 자체다. 여기서 나는 일본 사상가 다케우치 요시미竹內好의 유명한 논제가 떠올랐다. 일본 패전 이후 문학계가 문화 재건의 과제에 직면했을 때, 다케우치 요시미는 1948년 문학의 정치적 기능 문제에 관한 몇 편의 글을 집중적으로 발표하며 다음과 같은 기본 논제를 제기했다. 즉, 문학의 정치성은 문학이 현실정치를 위해 봉사하는 것으로 나타나지 않으며, 그것이 자신의 기능으로 민중의 정치적 요구를 드러내고 사회의 개혁에 개입하는 데서 나타난다는 것이다. 이는 문단이 스스로의 폐쇄성을 타파하고 국민의 염원을 대표하는 것을 전제로 한다. 다케우치 요시미의 이 논제는 물론 당시 일본 문단의 패거리식行幫式 존재 방식을 겨냥한 것이지만, 그는 논술에서 황석영과 일맥상통하는 기본적인 문제를 언급했다. 그것은 지식인이 민중의 정치적 요구를 어떻게 이해하고 전달하느냐는 것이다.

다케우치 요시미는 「중국문학의 정치성中國文學の政治性」[7]에서 다음과 같이 말했다. "민중의 요구는 일상생활에 부합하며 모두 개

별적이다. 그들은 '민주'라는 말조차 모를 것이다. 그러나 일상적인 요구가 쌓여 정치적 요구 속으로 조직되어 들어갈 때, 그것에 문학적 표현을 부여하는 것이 문학가의 책임이다."[8] 다케우치 요시미는 이런 '문학가의 표현'을 현실에서 벗어난 정태적 추상과 신중하게 구별하고, 이어서 이렇게 지적했다. 일본의 지식인은 일반적으로 중국을 국민당과 공산당으로 양분하고 중국인은 양자택일을 할 수 있을 뿐이라고 여긴다. 학자들은 중국의 민족성 등의 문제에 관해 토론하기를 더욱 좋아한다. 이런 것들은 자신의 요구에 비추어 현실을 추상하고, 자기 내부의 가치판단 기준을 대상에 투사하는 것에 지나지 않는다.[9] 이 모든 것은 다케우치 요시미의 견해에 따르면 정치감각을 결여해서 빚어진 오해다. 바꿔 말해서, 동태적인 현실에 대한 정치판단을 결여하면, 이른바 '순수학술'은 종종 허위의 것이 될 수 있다. 그런데 정치감각은 학술 저작에서 나오는 게 아니라 '일상적인 요구'에 대한 민감함과 그것들을 정치적 요구로 조직하는 능력에 뿌리를 내린다.

다케우치 요시미의 이 토론은 학술을 겨냥한 것이 아니었다. 그에게는 훨씬 더 중요한 작업이 있었다. 1948년 그를 괴롭혔던 문제는 진정한 의미에서의 국민문학을 어떻게 수립하며, 문단에서 국민이라는 단어를 사용하는 패거리 문학行幇文學을 어떻게 타파할 것인가였다. 그중에서 가장 어려운 문제는 민주의 개념에서 출발해 정치 강령의 연역을 자신의 직책으로 삼는 것이 아니라, 어떻게 문학이 비직관적 의미에서 "'민주'라는 말조차 모를" 민중의 일상적인 요구를 진정으로 반영하게 할 것인가에 있다. 여기서 다케우치 요시미는 정치감각의 중요한 의의를 강조했다. 그는 논술에서 가장 골치 아픈 문제, 즉 진정한 정치감각은 결코 거대정치(현실 속에서 그것은 때로는 정당의 강령으로 나타나며, 때로는 정치운동이 실현하려는 목표로 나타난다)를 절대적인 목표로 삼지 않고 추상적인 행동 기준을 규정하지도 않으며, 복잡한 상황에 대해 정곡을 찌르는 판단을 내리고 동태적 대응 속에서 자신의 원칙을 관철하도록 요구한다는 점을 암시했다. 다케우치 요시미는 전후 일본 문단이 프롤레타리아 문학가 고바야시 다키지小林多喜二를 새롭게 평가하면서 일으킨 논쟁을 인용해 예로 들었다. 진보 문학가 내부에서 일어난 이 논쟁에서 고바야시의 「당 생활자黨生活者」를 대표로 하는 정치적 문학에 '인성'이 있는가가 논쟁의 초점이 되었다. 다케우치 요시미는 이 논쟁의 구조상의 핵심 문제를 포착했다. 그것은 논쟁의 쌍방이 '정치'에 대한 이해에서 똑같은 오류를 범하고 있으며, 겉보기에 대립적인 형태로 동일한 사유방식을 강화시켰다는 점이다. 고바야시 문학과 고바야시 다키지 본인의 인생 역정이 상징하는 '문학의 정치성'은 추상적으로 고정된 정치성이며, 그것의 준엄함과 희생정신으로 인해 고바야시는 아무도 따라잡을 수 없는 절대적인 본보기로 변했다. 논쟁의 쌍방은 그에게 인성이 없다고 비판하든, 고바야시 문학을 마주하며 그보다 못한 것을 부끄럽게 여기든 간에 고바야시를 더욱더 따라잡기 어렵게 만들었다는 점에서는 모두 일치한다.

다케우치 요시미는 이런 오류가 일본의 진보 문학가에게 정치감각이 결여되어 있다는 사실을 증명하는 것이라고 지적했다. 그는 나아가 일본의 프롤레타리아 문학운동은 고바야시 다키지가 실천한 정치 요소를 다른 사람도 실행할 수 있는 원칙으로 전화할 능력이 없었으며, 그의 자기희생 정신만을 강조해 아무도 흉내 낼 수 없는 우상으로 바꾸었다고 비판했다. 이는 고바야시의 희생을 헛되이 낭비할 뿐만 아니라, 일본 프롤레타리아 문학운동 자체의 비정치성을 증명한다는 것이다.

여기서 다케우치 요시미는 실은 이론이 어떻게 현실과 연결되는가의 문제를 언급하고 있다. '정치감각'이 지닌 쌍방향적 기능은 이론 명제를 유동적인 현실에 직면할 수 있는 사상으로 전환하고, 현실 경험을 이론 문제로 정련하며, 이론적 사고의 심화를 추동하는 핵심 고리다. 이런 핵심 고리가 결여되면, 사람들은 추상적 명제와 구체적 현실 사이에서 아무런 매개 없이 이리저리 뛰어다니며 거칠게 두 가지를 억지로 한데 묶을 수밖에 없다. 정치감각이 동시에 갖추고 있는 비직관성과 비추상성은 어떤 상황에서도 교조적 이데올로기와 맹목적 직관 경험을 동시에 거절하도록 결정한다.

다케우치 요시미가 일본 프롤레타리아 문학운동의 비정치적 성격을 비판할 때, 그는 적어도 다음의 몇 가지 문제가 지니는 연관성 속에서 이 문제를 논의했다. 하나는 정치의 개방성과 비관념성, 즉 정치의 국민적 성격 문제이고, 다른 하나는 정치와 근대성 운동, 즉 동서양의 현실 충돌과 문화 충돌 과정의 관계 문제이며, 나머지 하나는 실체성의 정태적 전제에 상대인 정치의 기능성 특징 문제다. 이렇게 복잡한 맥락 속에서 다케우치 요시미는 루쉰을 현실의 정치감각을 수립하는 사상적 기점으로 삼았다. 왜냐하면 루쉰은 상술한 기본 문제들에 호응하는 사상적 요소를 동시에 갖추었기 때문이다. 다케우치 요시미는 이와 동시에 루쉰의 정치감각이 그가 우상화되는 과정에서 비정치성의 기호로 쉽게 변질될 것임을 예견했다. 1948년을 전후로 다케우치 요시미는 이런 우상화와 추상화의 비정치성과 전력을 다해 투쟁했다. 그는 이 과정에서 정치적 판단력을 결여한 '가짜 정치'와 대립되는 정치감각을 수립하고자 했으며, 그것을 '문학'이라 명명했다. 다케우치 요시미가 『루쉰』에서 확립한 기본 명제, 곧 '문학은 행동이며, 정치는 이 행동이 발생하는 장場이다'라는 명제는 전후 일본 지식계가 이원대립적 도식을 보편적으로 사용해 문학과 정치를 대립시킬 때, 문학과 정치 관계의 진실한 양태를 밝혔다. 또한 그것은 다케우치 요시미의 일련의 논쟁 글을 통해 심화되었으며, 문제를 다음과 같은 층위로 밀고 나갔다. 즉, 정치와 문학이 대립하는 양극단으로 묘사되는 것은 그것들이 똑같이 실체화되고 절대화될 위험에 직면했음을 증명한다는 것이다. 이런 상황을 발생시키는 공통된 근원은 민중의 생존 상태에서 벗어나 폐쇄된 소그룹 감각으로 마땅히 있어야 할 사회감각을 대체한 것이다. 이런 의미에서 정치감각을 수립하는 것은 문학을 단순히 현실정치의 목표에 종속시키는 것과 다르다. 그것은 이런 방식에 대한 부정을 의미한다. 평생에 걸친 루쉰의 사상적 실천은 현실정치의 목표를 상대화하는 정치경험을 남겼으며, 다케우치 요시미는 이야말로 진정한 문학정신이라 여겼다.

루쉰의 사상적 전통을 지닌 중국 지식인에게도 정치감각으로써 루쉰의 사상적 유산을 계승하는 것은 똑같이 어려운 과제다. 실제로 우리에겐 아직 루쉰과 대화할 능력이 없다. 루쉰이 그 당시 직면했던 기본적인 사회문제와 이 문제들에 대한 루쉰의 반응 방식은 아직 이론을 현실에 개방시킬 핵심 고리로서 계승되지 못했다. 루쉰은 상당히 비정치화되었으며, 이로 인해 그는 진정으로 신단神壇에서 내려올 수 없게 되었다. 이는 동시에 우리가 오늘날 여전히 정치사회와 그에 상응하는 정치감각을 진정으로 수립하지 못했음을 의미한다. 대체로 중국 지식계도 1940년대 말 일본에서 고바야시 다키지의 인성 문제를 토론할 때의 기본 패턴을 되풀이하고 있다. 우상의 위치에서 루쉰을 구출하기 위해 그를 인성화하는 것과 루쉰을 간단히 부정해 우상화라는 문제 자체를 일소해버리는 것, 이 대립하는 쌍방은 모두 '우상화' 자체가 암시하는 정치적 미성숙이라는 기본적 사회문제를 무시한다. 이 때문에 그것들은 사실 루쉰 정신이 정치성을 상실하게 만드는 사유 모델을 공동으로 강화했다. 이런 사유 모델은 사람들이 언제나 편협한 직관의 틀 속에서 사고하면서 현실을 비판하게 만들었으며, 그 결과는 어떤 기성의 이념에 지나치게 의지하고 현실을 이러한 이념 속에 끼워넣는 것이었다. 바로 이런 상황 속에서 정치감각의 결핍은 사람들로 하여금 '정치'를 다 뽑아내고, '인성'과 '인도'를 다 뽑아내게 한다. 정치가 '악'으로 기호화되는 과정에 상응하는 것은 인성이나 인도가 '선'으로 기호화되는 것이다. 똑같은 논리에 기대어, '민주' '혁명' '항쟁'은 사고와 판단력이 필요하고 정세를 살핌은 더욱 필요한 긴박한 정치과정이 아니라, 「객지」에서 벙어리 오가와 대위가 그랬던 것처럼 직접적인 반항 내지 발산으로 이해된다. 중국에 황석영 같은 작가가 나타난다면 그도 똑같은 영향력과 감화력을 지닐 수 있을지는 모르겠다. 「객지」와 같은 작품은 어두운 현실을 규탄하고 떨쳐 일어나 반항할 것을 호소하는 '선동적' 작품으로 이해되지는 않을까? 그렇지 않으면 더 형편없게 '반인도'적 작품으로 이해되지는 않을까?

「한씨연대기」는 한국에서 연극과 드라마로 각색되어 관중의 사랑을 받았다고 한다. 그 이유가 이 작품이 인성의 각도에서 국가기관과 일상정치의 사고를 탐구한 때문인지는 모르겠다. 왜냐하면 그것이 단지 한반도의 남북통일 문제를 해결하려는 소망에서 나온 것이라고 상상하고 싶지 않기 때문이다(물론 이것이 한국의 정치현실에서 가장 중요한 문제임을 부정하진 않는다). 이는 한반도의 통일 문제는 사회생활 과정 속의 정치감각을 불러일으킬 때에만 비로소 정치적이되 이데올로기적인 것이 아니기 때문이다. 만약 한국에서의 황석영이 일본에서의 고바야시 다키지와 똑같고 「객지」가 「당 생활자」와 똑같다면, 황석영도 일종의 낭비가 될 것이다. 황석영의 현실 참여는 단순히 그가 현실의 어둠을 파헤치고 인성의 결함을 폭로했다는 데에 그치지 않는다. 이는 중국과 일본의 수많은 휴머니즘 작가가 공유하는 주제다. 황석영의 독특한 점은 그가 이런 비판과 폭로를 추상적 도덕이나 이데올로기로 귀결시키지 않고, 냉혹한 현실정치의 사고로 전화했다는 데 있다. 다음의 전형적인 예에서 이 점을 느낄 수 있다. 즉, 그는 와다 하루키와의 인터뷰에서 한국의 광주사건은 민중이 잔혹하게 학살당했고 민중이 의열하게 저항투쟁을 했다는 등의 의미에서 총괄할 수 있지만, 더 중요한 것은 민중이 그 시기에 겪은 닷새 동안의 자치 경험이라고 지적했다. 황석영은 이념적으로 이 닷새 동안 발생한 갖가지 일들이 훨씬 더 중요하다고 말했다. 왜냐하면 그 닷새가 있었기에 광주사건이 혁명이 될 수 있었다는 것이다.

그 당시 다케우치 요시미는 루쉰 정신의 의미에서 '중국'이라는 칭호를 사용했다. 나는 다케우치 요시미가 「중국문학의 정치성」 등 문학과 정치의 관계를 논하는 일련의 글을 썼을 때, 그의 머릿속에 있던 중국은 곧 루쉰이었다고 믿는다. 똑같은 논리를 적용해서 황석영이라는 이름으로 한국을 대표할 수 있을지는 모르겠다. 이 이름이 상징하는 정치감각은 어떤 정치사회의 존재를 암시할지도 모르기 때문이다. 한 작가의 정치감각이 그가 속한 사회와 상호작용을 할 수 있는지의 여부는 그 사회의 정치 성숙도에 달려 있다. 한국이 황석영을 배출해 세계에 공헌하고, 한국 독자들이 그를 추대하는 이유는 한국이 정치적인 국민을 지녔기 때문이라고 생각하고 싶다. 고바야시 다키지는 우상으로 변했고, 루쉰도 한때는 우상으로 변했다. 황석영은 이 운명에서 벗어날 수 있기를 축원한다. 이런 상황하에서만 정치감각이 풍부한 이 이름이 진정으로 한국을 대표할 수 있기 때문이다.

'풀 한 포기, 나무 한 그루'에 던지는 시선[10]

어떤 모임에서 일본 친구가 우리에게 이런 질문을 한 적이 있다. "고향은 제게 매우 중요합니다. 사실 저뿐만 아니라 일본인들의 마음속에서 고향은 커다란 비중을 차지합니다. 그러나 중국에선 현재 이렇게 많은 농민공이 도시로 흘러들고 있는데, 그들이 고향을 잃게 될 위험은 없는지요?"

당시 그 자리에 있던 중국인들은 이 문제의 방향성을 전혀 인식하지 못했다. 그들의 대답은 너무 현실적이어서 질문자의 의도와 따로 놀았다. 그들은 현재 중국 농촌은 여전히 빈곤해서 이런 향수를 느낄 여유가 없으며, 농민의 대거 용출湧出과 그들의 생활개선 문제가 고향을 잃느냐 마느냐보다 훨씬 더 중요하다고 말했다. 또한 고향에 대한 그리움이 생기려면 앞으로 그들의 생활이 부유해질 때까지 기다려야 할 것이라고 했다.

이는 어떤 방향성의 전형적인 대화를 보여준다. 비교문화 연구자에게 이 대화에 포함된 문제보다 그들을 더 골치 아프게 하는 일은 없을 것이다. 이런 문제는 어떤 경우에는 본래 유추할 수 없는 두 가지 상황이지만 언어의 유사성으로 인해 그 안의 차이가 은폐되고, 그리하여 두 가지 상황이 우리 인식세계 속에서 단순하게 하나로 연결된다. 이러한 사고방식은 '비교'의 세계 속에 거듭나타난다. 그러나 한 가지 부인할 수 없는 사실은, 비교 불가를 주장하는 '문화특수론'에 대해 비판적 태도를 견지하는 사람들도 비교의 단계를 더욱 복잡하고 엄밀하게 만들지 못했으며, 도리어 결과적으로 '비교'를 훨씬 더 단순하게 만들었다는 점이다.

일본 이와나미서점의 총서 책임편집자에게 원고 요강을 받고, 『왕을 둘러싼 시선王を巡る視線』이라는 분책分冊에 논문을 게재하기로 했을 때, 나는 곧바로 앞에서 말한 대화가 떠올랐다. 그러나 유감스럽게도 일본 문맥에서의 군왕에 대한 시선이 중국에는 존재하지 않는다. '천황제' 및 왕권의 문제는 일본의 근대 이후에 각양각색의 형식, 즉 사회조직 시스템으로서의 측면에 착안하거나, 이데올로기와 금기에 착안하거나, 일종의 비판 대상으로서 논의되었지만, 중국에서는 기본적으로 유사한 논의가 이루어지지 않았다.

중국도 물론 과거에 왕권이 있었으며, 왕권에 관한 금기가 전혀 없지 않았다. 중국의 왕권제도는 중국 특유의 사회조직 시스템으로서 중국의 근대에 복잡한 영향을 미쳤다. 그런데 중국에서는 '왕권'이 역사 서술의 대상이 되었음에도, '왕권'에 기초해 구축한 역사 서술(일본의 황국사관처럼)은 발달하지 않았다. 전혀 발달하지 않은 중국의 왕권사관으로 일본 천황제 및 왕권의 '저주'를 풀려는 것은 아무래도 지나치게 힘에 부친다.

따라서 이 글에서는 중국에 기본적으로 존재하지 않는 '시선'을 한사코 표현할 생각이 없으며, 이런 시선이 왜 존재하지 않는가에 대해 논할 생각도 없다. '왜'에 관한 문제는 필시 사회사와 경제사의 수많은 연구가 이미 허다한 답안을 내놓았으며, 앞으로도 금후의 과제로 계속될 것이다. 따라서 이 글은 훨씬 오래된 논제로 돌아가려고 한다. 즉, 일본의 천황제이든 중국의 왕권이든, 그것은 공중에 떠다니는 뿌리 없는 나무가 아니라, 사회라는 토양에 깊숙이 뿌리를 내렸으며 그로부터 끊임없이 에너지를 흡수한다는 것이다. 과거 다케우치 요시미가 "풀 한 포기, 나무 한 그루一草一木에도 천황제가 있다"고 한 말이 바로 이런 뜻이다. '풀 한 포기, 나무 한 그루'에 주목하는 시선이야말로 내 생각을 '천황과 왕권'이라는 명제로부터 점점 돌려서, 내가 어느 각도에 도달해 일정한 거리 밖에서 부단히 '물화物化'되는 '천황제에 관한 언론'을 관찰할 수 있게 한다.

(1) 루쉰의 '고향'—중국 근대의 딜레마

일본 독자에게 비교적 친숙한 작가인 루쉰이 쓴 「고향故鄕」이라는 유명한 소설이 있다. 일본인의 고향관과 조우할 때, 나는 늘 이 작품을 떠올리곤 한다.

「고향」의 줄거리는 간단하다. 주인공인 '내'가 대가족이 몰락하자 도시에서 잠시 고향으로 돌아와 가산을 정리하고, 마지막에 어머니와 조카를 데리고 고향을 멀리 떠난다는 이야기다. 고향과 결별하는 과정에서 '나'는 오랫동안 떨어져 지낸 어릴 적 동무와 다시 만난다. '나'는 고향에 대해 줄곧 아름다운 기억을 간직하고 있었지만, 냉혹한 현실 앞에서 '나'는 마침내 이 아름다운 인상이 영원히 기억 속에서만 머물 수밖에 없음을 깨닫는다. 루쉰의 냉혹하고 준엄한 작품세계에서 「고향」은 보기 드물게 따뜻한 색채를 띠는 작품이다.

소설은 첫머리에 '내'가 20년 후 고향으로 되돌아가는 길목에서

본 정경을 묘사한다. 때는 바야흐로 한겨울로 쓸쓸하고 황량한 풍경이 시야에 비칠 때, '나'는 기억 속에 담겨 있던 고향의 모습을 애써 찾아보려 하지만 성공하지 못한다. "내가 기억하던 고향은 전혀 이렇지 않았다. 내 고향은 훨씬 더 좋았다. 그러나 그 아름다움을 기억하며 그 장점을 말해보려 하면 그 모습은 순식간에 지워지고, 표현하고자 했던 말도 없어져버린다."[11]

그러나 이튿날 집에 도착해 어머니 입에서 '룬투閏土'라는 이름을 들었을 때 "그 어렸을 때의 기억이 별안간 번개처럼 되살아나 나의 아름다운 고향을 보는 것만 같았다".[12]

'룬투'는 '내'가 소년 시절 집에서 고용한 품팔이꾼의 아들이자 '나'의 어릴 적 놀이동무였다. 그때 '나'는 그래도 도련님이었다. 그러나 실제로 룬투와의 우정은 딱 한 번 있었던 대화에서 생긴 것이었다. 서로 다른 계급에 속했던 두 소년은 그 후로 다시는 만나지 못했고, 각자 상상의 세계 속에서 아름다운 우정을 간직할 뿐이었다. '나'에게 룬투는 진한 쪽빛 밤하늘에 걸려 있는 황금빛 보름달, 파란 수박밭, 눈밭 위의 새, 해변의 조개껍데기 등과 함께 연결되었다. 그는 아름다운 대자연 속의 작은 영웅이었다. 그런데 실제로 '나'는 한 번도 이 세계에 발을 디뎌본 적이 없었다. 그러나 그것은 상상 속에서만 살아 있었기 때문에 도리어 더욱 동경하게 만들었다. 이런 까닭에 '나의 아름다운 고향'은 이미 현실 자체가 아니라 현실과 일정 거리 떨어진 존재이며, 이로부터 '향수'의 원천이 되었다.

그러나 내가 20년간 보지 못한 룬투를 다시 만난 그때, '나'의 머릿속에 줄곧 남아 있던 아름다운 고향의 상像은 순식간에 무너져 내린다. 중년이 된 룬투는 이미 "내 기억 속의 룬투가 아니었다". 삶의 고통에 짓눌린 성년 룬투의 몸에서는 이미 소년 시절의 생기 발랄한 활력과 기민함을 조금도 찾아볼 수 없었던 것이다. 룬투는 예전에는 '나'를 "쉰迅이야"라고 불렀지만, 지금은 "마침내 공손한 태도를 취하더니" '나'에게 분명히 "나으리"라고 불렀다. 그리하여 '나'의 머릿속에서 아름다운 고향의 상징으로 남아 주마등처럼 맴 돌던 "뻘닭이며 날치, 조개껍질" 등은 그 세계의 안내자였던 소년 룬투가 사라짐에 따라 순식간에 재와 연기로 변해버렸다.

소설의 마지막에서 '우리'가 모든 물건을 정리하고 배에 올라 떠 나자, "고향의 산천도 점차 내게서 멀리 떨어져간다. 하지만 나는 아무런 미련도 느끼지 못했다. (⋯) 저 수박밭 위에 은목걸이를 한 작은 영웅의 영상은 무척 또렷했었는데, 지금은 그것조차도 갑자 기 흐릿해지며 나를 매우 슬프게 만들었다".[13]

1921년에 발표된 이 소설은 5·4 운동의 정신을 대표한다고 간 주되는 잡지 『신청년新靑年』에 실렸다. 어떤 의미에서 루쉰의 「고향」 은 5·4 시기 문화의 전형적인 구현이라 할 수 있다. 그것은 「광인 일기狂人日記」보다 훨씬 더 복잡한 시대감각을 전달했다. 가족제도 에 대한 반발이 사회 여론의 기조를 이루던 시대에 고향은 자기반 성의 대상이 되었다. 「고향」에서 작가는 한편으로 고향에 대해 깊 은 애정을 품고 있으면서, 한편으로는 또 그것과 결별할 수밖에 없다. 이런 복잡한 심경은 그 시대의 분위기를 남김없이 형상화했 다. 고향에 대한 그리움이 해체된 까닭은 소년 룬투가 사라졌기

왜
동아시아
인가

432

때문만이 아니다. 용의주도하고 잇속만 차리는 이웃, 가난한 생활과 뜬소문, 악담 등이 원인이기도 하다. 고향이 이미 현실과 하나가 되었을 때, 더 이상 현실도피의 경로를 제공할 수 없다. 도피할 길이 없다는 바로 이 지점으로부터 루쉰은 '희망'을 이야기한다.

"희망이란 본래 있다고도 할 수 없고, 없다고도 할 수 없다. 그것은 마치 땅 위의 길과 같다. 사실 땅 위에는 본래 길이 없다. 걸어가는 사람이 많아지면 그게 곧 길이 되는 것이다."[14] 전에 없던 길을 찾기 위해 루쉰은 '전통으로의 회귀'와 경계선을 긋고, 이로써 고향을 해체한다.

「고향」이 발표된 1920년대에 중국 사상계에서는 '농업 입국立國'이냐 '공업 입국'이냐의 논쟁이 한창 진행되고 있었으며, '향촌건설'이라는 사회운동도 준비 기간에 있었다. 1921년 『동서 문화와 그 철학東西文化及其哲學』을 출판한 량수밍梁漱溟은 그 후 향촌개조 작업에 투신했으며, 1930년대에 『향촌건설대강鄕村建設大綱』 등의 글을 발표했다. 이와 동시에 1920년대 후반기부터 옌양추晏陽初 등이 설립한 '중화평민교육촉진회中華平民敎育促進會'와 그가 직접 초대 주석을 맡은 '화베이농촌건설협의회華北農村建設協進會'가 허베이성河北省 딩현定縣에서 실험 작업을 시작했으며, 량수밍 등은 산둥성山東省에서 '산둥향촌건설연구원山東鄕村建設研究院'을 설립하는 등 전국 각지에서 정식으로 향촌건설운동이 기세 드높게 전개되었다. 지식인과 농촌 간부들이 추진한 이 농촌개조운동은 결국 일본의 침략으로 인해 부득이하게 중단되었지만, 농업대국으로서 중국이 스스로 근대화의 길을 모색하는 소중한 발자취를 남겼다.

중국의 '향촌건설'운동과 그 사조를 루쉰의 소설 「고향」과 동일한 구조 속에 놓고 분석할 수 있는지의 여부에 관해서는 시점이 아직 확립되지 않았다. 그 안의 '연관성'은 직관의 방식으로 구축할 수 없기 때문이다. 그러나 만약 직관의 층위를 벗어나 지난 세기의 1920~1930년대 중국사회의 '전체 윤곽'을 그리고자 한다면, 양자가 현대 중국인의 고향관 형성이라는 점에서 저마다 없어서는 안 될 위치를 차지하고 있음을 고려해야, 이 층위에서 양자 사이의 연관성이 동의를 얻을 수 있을 것이다.

우리가 시선을 단지 루쉰의 「고향」에서 멈춘다면, 가령 전통사회 비판, 특히 가족제도 비판 등의 각도에서만 그 시대의 정보를 읽을 수 있을 것이다. 만약 그렇다면 루쉰이 말한 '희망'은 텅 빈 구호에 지나지 않을 것이다. 바로 '고향'에서 이런 희망을 실현시키려고 하는 노력이 있었기 때문에, 중국의 근대정신은 비로소 그 중량감을 드러냈다. 루쉰의 「고향」이 실제의 전통사회를 무자비하게 폭로하고 내부로부터 그것을 파괴해 새로운 가능성을 모색하고자 했다면, '향촌건설'운동은 사회의 층위에서 이 모색을 위해 방향을 밝히고자 했다. 이는 향촌건설을 중국 근대화의 중요한 부분으로 간주해 진행한 실험이었다. 예컨대 옌양추는 일찍이 '향촌건설'운동이 '향촌구제鄉村救濟'가 아니라 '민족재건民族再造'임을 강조했고, 량수밍도 『향촌건설 이론鄉村建設理論』에서 향촌 조직의 방식으로 '새로운 사회조직 구조의 수립'을 실현할 것을 제기했다. 1920~1930년대의 이 같은 향촌건설운동은 중국의 근대 구상을 농촌의 구조 혁명에 기탁했으며, 중국 근대화의 길을 모색하기 시작했다.

량수밍과 옌양추 등의 끝나지 않은 실험과 나란히, 루쉰은 그들과 상당히 일치하는 방향에서 중국 근대가 직면한 딜레마를 밝혔다. 그것은 바로 격렬한 '건국' 과정에서 '고향 보존'의 입장을 취하지 못하고 '고향 개조'를 선택했을 때, 사람들은 자기 해체의 위기에 직면할 수밖에 없다는 점이다. 이 고통스러운 과정에서 중국의 전통세계는 이상화의 여지가 털끝만큼도 없으며, 그렇기 때문에 그 어떤 상징화의 여지도 없다. 루쉰의 문학세계에서 '향촌'은 종종 그가 그리움이나 고뇌, 여한을 기탁하는 대상일 뿐, 영원히 에덴동산이 될 수 없다. 「고향」과 거의 비슷한 시기에 쓰인 「풍파風波」에서도 이 특징에 대한 전형적인 묘사를 볼 수 있다. "강에는 문인들의 술놀이 배가 지나고 있었는데, 문호文豪가 보고는 크게 시상이 떠올라 이렇게 말했다. '근심 걱정 없도다. 이게 바로 전원田園의 즐거움이라!' 그러나 문호의 말은 사실과는 좀 맞지 않는다. 그들은 구근九斤 할매의 말을 듣지 못했기 때문이다."[15]

이 "사실과는 좀 맞지 않는" 측면을 문제 삼아 분석하는 것은 루쉰에게 매우 고통스런 일이었을 것이다. 왜냐하면 이는 고향에 대한 단순하고도 아름다운 기억의 파괴를 의미할 수밖에 없기 때문이다. 「고향」이라는 작품의 말미에서 고향이 '나'의 등 뒤로 점점 멀어져갈 때, '나'는 문호의 시상을 철저하게 깨뜨리고 시상과 완전히 "맞지 않는" 이 현실에 과감히 직면할 결심을 나타낸다. 이런 결심이야말로 중국의 근대정신이 깃든 곳이다. 루쉰이 늘 자신을 '역사적 중간물'로 칭했던 까닭은 그가 간단히 대립면에 서서 외부에서 비판하는 입장을 취하지 않고, 자신이 비판하는 대상 속으로 들어가 그것의 모든 결함을 받아들이며 이 결함을 냉정하게 폭로함으로써 신생의 길을 모색했기 때문이다. 루쉰에게 사상의 원천, 투쟁의 에너지는 전부 그 "시상과 맞지 않는" "고향" 속에서 얻은 것이다. 「아큐정전阿Q正傳」이 상징하는 것처럼 루쉰의 '고향'은 문호의 시상과 맞지 않을 뿐만 아니라, 당연히 신사조 지식인의 '사상'과도 맞지 않는다. 자아를 파괴할 결심으로부터 자아를 '재건'하는 방법은 외부에서 빌려온 '선진적' 사상과 아무런 친연성이 없기 때문이다. 따라서 이러한 '고향'은 '향수'의 여지를 털끝만큼도 자아내지 않는다.

(2) 잃어버린 고향─근대 인식의 차이

루쉰의 「고향」이 중국의 '근대'라는 전환기를 전형적으로 형상화하긴 했지만, 그것이 결코 유일한 형상화는 아니다. 현대문명으로 진입하기 어려운 토지에 대한 그리움을 노래한 다른 '고향 노래'들도 있다. 『변성邊城』[16]을 대표로 하는 선충원沈從文의 문학세계도 그중 하나다.[17] 연도상으로 말하자면 그는 루쉰보다 늦은 세대의 문인에 속하는데, 중국 동부에서 '향촌건설' 운동이 일어났을 때, 루쉰의 「고향」이 발표된 지 10여 년 뒤인[18] 1934년 중국 서남부 지역에 거주하는 소수민족의 이야기를 그린 『변성』을 세상에 내놓았다.

겉으로 보면 『변성』이 묘사하는 것은 일본문학에서 흔히 보이는 '비장미'다. 이야기는 현대문명에 전혀 오염되지 않은 샹시湘西

지방에서 펼쳐진다. 선주船主 집안의 두 형제가 순진한 소녀 추이추이翠翠를 동시에 좋아하게 되는데, 추이추이의 할아버지는 손자사위를 고르는 문제에서 태도가 분명치 않다. 추이추이가 마음속으로 좋아하는 사람은 동생이지만 자신의 속마음을 밝히지 않아서 혼사는 그렇게 늦춰져간다. 그러는 사이 두 형제는 마침내 그들이 같은 아가씨를 좋아한다는 사실을 알게 된다. 현지의 풍습에 따르면 이런 상황에서 결투를 피할 수 없다. 두 형제는 결투를 피하기 위해 노랫소리로 추이추이에게 마음을 전하기로 결정한다. 그러나 첫날 저녁 동생이 멋지게 노래를 부르자, 노래에 소질이 없는 형은 자신이 이길 가망이 없음을 깨닫고 상심해 배를 타고 바깥세상으로 나가던 도중 뜻밖에도 물에 빠져 숨지고 만다. 동생은 심한 충격을 받고 역시 배를 타고 집을 떠난다. 천둥이 치던 밤, 마을의 안정을 상징하는 강가의 흰 탑이 무너지고 그날 저녁 추이추이의 할아버지도 세상을 떠난다. 마침내 추이추이 혼자만이 강가에 남아 사랑하는 임이 돌아오기를 기다린다. "이 사람은 영원히 돌아오지 않을지도 모르지만, 또 어쩌면 '내일' 돌아올지도 모른다!"[19] 작가는 소설의 마지막에 이렇게 썼다.

선충원의 문학세계에는 주인공이 뱃사공인 경우가 많은데, 이는 어떤 면에서 상징적 의미를 지닌다. 물을 매개로 하는 인생은 종종 유동적이며 위험을 안고 있는 동시에 스릴과 신선함으로 가득 찬다. 바로 이런 의미에서 야성이 넘쳐흐르는 그의 문학세계에서 슬픔은 언제나 에너지로 가득 차고, 비극 속에도 살아 숨 쉬는 인성이 깃들어 있다. 바로 이 점 때문에 선충원의 문학세계는 일

본식의 '모노노아와레物の哀れ'[20]가 결코 아니다. '강'을 자기 고향으로 삼은 작가에게 고향은 결코 고정시킬 수 있는 대상이 아니다. 바로 이런 이유에서 선충원은 현대 중국에서 가장 사랑받는 작가 가운데 한 사람이 되었다.

그러나 문제는 여기서 끝나지 않는다. 결혼한 지 얼마 되지 않아 『변성』과 같이 아름다운 비극을 쓴 작가로서 그의 마음속에는 분명 그를 불안하게 만드는 무엇이 있었으며, 바로 이런 불안이 빼어난 문학가를 만들어냈다. 이런 불안은 그의 미학관념에서 비롯할 뿐만 아니라 근대 중국의 운명에 뿌리를 내리고 있다.

루쉰으로부터 선충원의 시대까지 중국인에게 '고향'은 언제나 유동적인 것이었으며, 어쩌면 지금의 중국도 여전히 그렇다고 할 수 있다. 현실세계 속의 격렬한 유동성은 말할 것도 없고, 정신세계 속의 '고향' 역시 그러했다. '고향'이 일단 루쉰 세대의 사람들에 의해 '해체'된 후에는, 뒤를 이은 선충원 세대의 사람들이 얼마나 갈망하든지 간에 '고향'은 이제 더 이상 고정된 이미지가 될 수 없었다. 사실 유동적인 '고향'은 '민족'의 이미지로 치환될 수 있다. '황하'가 중화민족의 상징이 된 이유도 그것의 유동성이 이 드넓은 토지를 통합하는 힘으로 간주되었기 때문이다.

이 토지에서 빈곤과 전란의 반식민지 상태를 겪고, 근대 이후 굴욕적인 역사의 기억을 수반하면서 중국의 '근대'는 마침내 우여곡절 속에 어렵사리 장성했다. 일본에는 '지진·천둥·화재·아버지'라고 하는 일과성—過性 공포감을 표현하는 속담이 있다. 이런 공포의 '단기성'과 전혀 상반되게 중국의 유동성은 절대로 벗어날 수 없는 숙명이다.

선충원이 『변성』을 발표한 때와 거의 비슷한 시기인 1933년 일본에서는 고바야시 히데오小林秀雄가 「고향을 잃은 문학故鄉を失った文學」[21]을 집필했다. 대단히 흥미로운 사실은 고바야시가 이 유명한 작품에서 근대 일본인의 '추상성'을 비판했다는 점이다. 그는 "추억이 없는 곳에 고향은 없다"고 했고, "자신의 생활을 돌이켜보면 거기에는 무엇인가 구체성이 많이 결여되어 있음을 깨닫게 된다"고 말했다. 결핍된 것은 '현실적인 생활감정의 흐름'인데, 이 흐름은 자연주의같이 보이는 근대 일본의 육체문학肉體文學 속에 있는 게 아니라 현실생활에서 동떨어진 '시대극'과 무술영화에 존재한다. 동시에 그는 똑같이 현실에서 동떨어진 서양의 것도 같은 이유에서 일본인의 생활감정에 호소한다고 지적했다.[22]

고바야시 히데오의 「사소설론私小說論」[23]과 그가 마사무네 하쿠초正宗白鳥와 '사상과 현실생활'에 관해 벌인 논쟁을 함께 연결해서 보면, 「고향을 잃은 문학」의 주지主旨가 훨씬 또렷해질 것이다. 고향은 여기서 지식인의 추상적 '감각'의 대립면에 놓인다. 더 나아가 말하자면, 당시 "서양은 곧 근대"라는 풍조하에 고바야시가 '고향'에 기탁한 것은 '일본인'의 전의식前意識 상태의 '전통감정'이다. 고바야시는 일반적인 의미에서 동양과 서양, 근대와 전통의 대립 문제를 말하려는 것이 아니며, 이런 개념들을 일종의 '사물物'로서 사용하려는 것도 아니다. 그는 동양의 자아해체(고바야시는 그것을 현실 속의 '나'에 대한 부정으로 정의했다)를 통해 전통으로의 회귀를 찾고자 했다. 그러나 고바야시는 이 점을 진정으로 달성하지는 못했으며, 도리어 종종 자기가 비판했던 상대와 마찬가지로 '생활감정'을 무매개적으로 물화物化했다. 고바야시가 '고향'을 이용해 현대 일본 지식인의 관념적인 평면화扁平化를 비판했을 때, 그 자신도 루쉰의 「풍파」속 문호와 같은 방법에서 벗어나지 못했으며, 그 결과 '고향' 밖에서 그것을 이상화하고 마찬가지로 그것을 평면화했다.

여기서 고바야시의 예술론을 평가하려는 것은 아니다. 다만 다음의 기본 상황을 지적하고자 한다. 즉, 일본과 중국에서 '고향 상실'은 모두 비켜가기 어려운 근대의 특징이라는 점이다. 그것은 가족제도와 그에 수반된 전통적 가치체계의 해체를 의미한다. 그러나 고바야시의 '고향론'에서 '추억'의 담지체로서 등장하는 '고향'은 중국에는 존재하지 않는다. 중국의 혼돈스런 근대화 과정에서 중국인의 추억은 루쉰의 「고향」과 선충원의 『변성』에 공통적으로 있는 '불안'을 통해 구축되었으며, 바로 그렇기 때문에 유동성과 현실성을 지닌다. 그러나 고바야시의 고향에선 불안과 유동이 털끝만큼도 보이지 않는다. 고바야시가 고향을 이야기할 때는 모종의 자명성自明性을 띠는데, 이는 고향이 현실생활에서 벗어난 '과거'와 같기 때문이다. 그는 지식인의 눈에 비친 현실의 '추상성'에 대해 부정하는 기초 위에 '고향'에 가치를 부여하고, 이렇게 현실에 참여하지 않는 방식을 통해 그의 '고향'은 교묘하게 분석의 대상이 되는 것을 피하고 결국 추상적인 것으로 변한다. 따라서 고바야시가 구상한 '고향'은 고정된 존재이며, 그 내용이 무엇인지 의문시된 적은 없다. 현실의 생활감정이라는 애매한 언어를 통해 사람들에게 공유되는 '추억'의 내용도 마찬가지로 의문시된 적이 없다.

이 안정적이고 의문시된 적이 없는 '고향'과 '추억'을 비판할 생
각은 전혀 없다. 근대 중국에서 줄곧 의문시된 '고향'과 해체된 '추
억'이 위대하다고도 생각하지 않는다. 이 글은 단지 어떤 문제의식
을 초보적으로 밝히려는 것뿐이다. 그것은 바로 언어의 유사성이
중·일 간 '고향' 감각의 근본적인 차이를 은폐했으며, '고향'이 분
석될 수 있는지의 여부가 사회구조 속에서 그것이 차지하는 위치
의 차이를 결정했다는 것이다. 이것이 그 안에 문제를 감추었으며,
이를 통해 중·일 양국의 근대 인식에 대한 새로운 논의를 이끌어
낼 수 있을지도 모른다.

한 가지 재미있는 문제가 생각난다. 일본에서 전혀 의문시된 적
이 없는 '고향'은 추상적인 것이기 때문에 오히려 더 이상 사적인
것이 될 수 없었으며, 일종의 사회화된 감각 방식으로 변해서 말
하지 않아도 자명한 방식으로 모두에게 공유되었다. 그런 까닭에
일본의 사상 공간에서 '고향'에 관한 의견은 모종의 현실도피 방식
으로 변했다. 상대적으로 일찌감치 분석 대상이 된 '가족제도'는
분석할 수 없는 '고향'으로 대체되었고, 고향은 외래의 '근대'에 대
항하는 장소가 되었을 뿐만 아니라 정신세계의 금기가 되었다. 일
본에서 나면서부터 지닌 존재로서 계승된 '고향'은 정신상의 어떤
보이지 않는 강제력으로 변했다. 그러나 중국의 사상 공간에서 접
할 수 있는 '고향'은 루쉰 등과 같은 지식인의 작업과 '향촌건설'운
동을 필두로 하는 각종 사회운동이 전개된 후로 일찌감치 더 이
상 추상적이지 않은, 현실적 존재가 되었다. 이런 의미에서 중국의
'고향'은 이데올로기적 기능을 발휘할 수 없으며, 사회의 통합 역

량이 될 수도 없다. '고향'을 현실생활과 동떨어진 일종의 '추억'으로 간주하는 것은 오늘날의 중국인에게 단순한 개인 행위일 뿐이며, 고정된 사회적 행위 방식이 될 수 없다. '근대'라는 과제 앞에서 중국인이 '고향'을 상실했다 하더라도 고바야시 같은 지식인은 나올 수 없다. 정태적이고 추상적이며 고정된 '고향', 나아가 정신적 트라우마를 아물게 하는 이 장소는 우리 중국인에게는 존재하지 않는다.

(3) 루쉰에서 다케우치 요시미로

지난 시대에 다케우치 요시미는 "풀 한 포기, 나무 한 그루에도 천황제가 있다"[24]라는 유명한 명제를 제기했다. 이 명제를 정확하게 이해하려면 적어도 다케우치 요시미의 몇 가지 문제의식에 대한 이해가 선행되어야 한다. 우선 다케우치 요시미는 정치 시스템으로서의 천황제와 국가 종교로서의 천황신앙을 민중의 천황신앙과 구분해야 한다고 생각했다.[25] 둘째, 천황제는 고체가 아닌 액체와 기체의 형식으로 존재하며, 일본인의 일상생활 속에 스며 있다. 따라서 '천황제의 조직 원리'는 부락 공동체의 질서이며, 심지어 학계와 문단에도 관류한다. 선진적 정당과 노동조합 조직에도 고질적인 '상의하달上意下達'의 전통이 쌓여 있으며, 상부에서 내려온 명령을 집행하는 것은 일종의 잠재적 심리 패턴이다. 이 전통에 통제되지 않으려는 노력은 종종 도중에 변질되며, 끝내 성공하기 어렵다.[26] 따라서 천황제를 '물화'되고 독립된 대상으로 다룬다면 오히려 파악할 수 없다. 이는 천황제의 특징이 "권력의 형식으로 권력을 표현하지 않으며" "공기처럼 가볍고 부드럽게 우리 주위를 가득 채우는" 데 있기 때문이다. 정신구조로서의 천황제는 "낱개의 가치체계가 아니라 복합체계이며, 또는 체계라기보다는 여러 가치 사이에서 평형을 조절하는 일종의 장치에 가깝다".[27] 끝으로, 다케우치 요시미는 일본의 급진적 지식인의 '천황제 비판'에 대해 의문을 제기했다. 그는 근대주의자의 정밀한 무기라 할지라도 천황제의 완강한 원시적 생명력에는 필적할 수 없다고 여겼다. 이런 의미에서 창조적인 지도 유형이 필요하다. 이는 곧 기존의 가치와 상징에 기대지 않고, 그것들에 대한 파괴를 통해 새로운 가치와 상징을 창조하는 것이다.[28]

"풀 한 포기, 나무 한 그루에도 천황제가 있다"는 명제는 위와 같은 문맥에서만 비로소 그 의미를 이해할 수 있다. 다케우치 요시미가 가장 우려했던 것은 천황제 정치 시스템과 국가 종교로서의 천황제가 이미 사라졌는가와 같은 '물화'된 문제가 아니었으며, 교육을 통해 민중의 천황신앙을 바꿀 수 있는가의 문제도 아니었다. 그가 가장 해결하고 싶어했던 것은 '권력의 소재' 문제였다. 왜냐하면 "천황제는 폭력적일 뿐만 아니라 동시에 '인자'한 측면도 있다. 그것은 당신의 머리를 때리기만 하는 것이 아니라 다른 손으로 때린 머리를 쓰다듬을 수도 있기" 때문이다.[29] 이렇게 할 수 있는 것은 '미풍양속'의 근거지인 '집'이 일본의 근대화 과정에서 해체되지 않았기 때문이다.

다케우치 요시미가 시마자키 도손島崎藤村의 『집家』과 시가 나오야志賀直哉의 작품에 대해 집의 구조를 제대로 파악하지 못했다고 비판했을 때 그의 머릿속에 루쉰의 「고향」이 있었는지는 고찰할 수 없지만, 그의 '일초일목론一草一木論'이 루쉰의 시각에서 나왔다고 하는 의견에는 문제가 없을 것이다. 왜냐하면 그는 천황제라는 기성의 범위에서 민중의 생존 상태로 시각을 돌렸기 때문이다. 1958년 다케우치 요시미는, 천황제 아래 정서적으로 함께 결합되어 끊임없이 상대방의 사생활을 감시하는 민중들에 둘러싸여 있기 때문에, 일본의 예술가는 "고독한 자아가 될 수 없었다"[30]고 지적했다. 이렇게 단언했을 때 그는 이미 일본의 '고향'이라는 아성牙城이 얼마나 견고한지 알고 있었을 것이다.

루쉰의 작품은 오늘날 중국의 젊은 세대가 결코 이해하기 쉽지 않다. 「고향」이 중고등학교 국어교과서에 수록되어 학생들에게 읽히고 있지만, 그런 절망감이 오늘날의 학생들에게는 이해되기가 어렵다. 그렇기는 해도 루쉰은 결코 이미 철 지난 존재가 아니다. 지금의 중국에서 고향이 해체된 후의 '희망'은 여전히 실현되지 않았기 때문이다. 같은 의미에서, 오늘날의 일본사회에서 다케우치 요시미가 느꼈던 천황제에 대한 공포감이 대중의 '무관심'에 의해 대체되었다고 해도, 그리고 천황과 왕권이 이데올로기나 지식으로서 토론된다고 해도, 다케우치 요시미의 '일초일목론' 또한 철 지난 것이 아니다. 왜냐하면 민주주의의 위력이 다시 어떻게 일본사회 속으로 침투해 들어가든지 간에, 또한 전위적인 지식인이 주관적으로 얼마나 전통과 관계를 끊고 싶어하든지 간에, 우리는 바로 다케우치 요시미의 시야를 통해서야 비로소 "고독한 자아가 될 수 없었던" 일본사회의 기본 양태를 진정으로 알게 되었기 때문이다.

8장

상황 속의 '정치'

역사의 갈림길에서[1]

2005년에 들어서 일본의 유엔 안보리 상임이사국 가입 신청 및 역사교과서 등의 문제를 둘러싸고 한국과 중국 사회에서 대규모의 시위 행진이 잇따랐다. 일본 정부는 초반에 외교적 해결의 기회를 놓치고 중국에 현명하지 못한 태도를 취함으로써 한동안 사태를 매우 긴장되게 만들었으며, 이에 따라 중·일 관계도 동아시아 국제관계의 중요한 사건으로 떠올랐다. 시간이 지남에 따라 정세는 끊임없이 변화했으며, 외교적 해결을 강구한다는 합의 아래 고이즈미小泉 수상이 아시아·아프리카 정상회담에서 무라야마村山 전 수상의 입장을 인용하며[2] 일본의 침략전쟁 역사에 대해 사과의 뜻을 표명했다. 일본 내부에서도 정세 완화를 요구하는 목소리가 갈수록 높아졌고, 중국 시민도 이에 상응해 자제하는 태도를 보였다. 물론 이는 양호한 출발에 불과하며, 문제의 최종적 해결을 의미하지는 않는다. 어떻게 사태를 양국 시민의 관심 아래 양성적으로 전개할 것인가가 지속적인 과제가 될 것이다.

중국의 시위는 돌발 사건이었다. 위기로 충만했으나 위기 감수성을 결여한 우리 시대에 그것은 새로운 소식을 가져다주지 못했으며, 낡은 인식 모델 속으로 재빨리 통합되는 듯했다. 오랫동안 중국 대륙은 정치와 언론이 자유롭지 못한 '권위주의 국가'로 간주되었으며, 이 나라에서 발생한 모든 돌발 사건은 결국 '정부 지시'의 결과로 해석되기 마련이었다. 이번 중·일 관계의 긴장 이후 일본 여야의 반응에서도 이런 사유방식을 찾아볼 수 있다. 사태의 변화에 따라 일본 여론의 논조도 부단히 조정되었지만, 주도적인 위치를 차지하는 기본 인식 모델에는 변화가 일어나지 않았다. 이 모델이란 이른바 '중국 정부의 통제'다. 시위 주체로서의 중국 시민은 일본사회의 상상 속에서 늘 정부에 이용되거나 억압당하는 피동적 대상으로 간주되었다. 이 때문에 일본 여야의 주류 여론에서 시위과정의 통제 불능 상태는 절대로 없어서는 안 될 소재다. 시위, 특히 시위 도중에 나타나는 혼란과 폭력은 다른 현실적 요소 밖으로 유리된 기호로 변했다. 이 기호가 암시하는 것은 최근 몇 년간 일본 보수 언론이 끊임없이 재생산하는 '권위주의 국가' 특유의 무질서한 폭도의 이미지다. 그 언외지의言外之意는 이런 것이다. 즉, 중국 정부는 국제법 규범을 무시하고 폭도의 폭력을 묵

인해 저지하지 않으며 일본 정부에 사과하지 않는다. 나아가 필요할 때는 정부가 태도를 바꿔 국내를 진압하고 문제를 일으킨 사람들을 체포한다는 것이다. 이렇게 기호화된 이미지는 일본 보수 언론이 최근 몇 년간 반복해서 보도해온 중·일 간의 영토 문제 등과 줄곧 서로 연관되며, 각종 돌발 사건에 맞닥뜨릴 때마다 반복적으로 재생산되었다.

이런 상황에서 중·일 양국의 식자들이 우선 주목해야 할 것은 사람들이 눈앞의 사건을 논할 때 확연히 드러나는 편중된 경향이다. 중국의 주일駐日 기구에 대한 일본 극단분자들의 폭력적 소요에 대해서는 잠시 언급하지 않기로 하고 중국의 시위에 대해서만 말한다고 하더라도, 시위 중의 통제 불능을 과장하면서 그것을 다른 요소 바깥으로 고립시키는 수법은 현실에서 벗어난 단순 이데올로기다. 예컨대 시위 중의 폭력을 지나치게 과장했기 때문에 사람들은 자연스레 다음과 같은 문제들을 간과했다. 말하자면 연이어 발생하는 대규모 반일 시위는 왜 주말에만 일어나는가, 그것은 왜 사회의 정상적 질서에 대한 파괴로까지 발전하지 않는가, 왜 이런 시위의 주체는 대학생이나 사회의 빈곤계층이 아니라 주로 중국의 신흥 중산계층으로 간주되는 젊은 화이트칼라 집단일까, 중국사회 내부에는 시위와 일본 제품 불매에 대한 상이한 의견이 존재하는가, 각종 의견은 평등한 논쟁의 국면을 지니는가 등이다.

사실상 시위가 벌어지면서 중국 시민, 특히 젊은 누리꾼들은 줄곧 각종 논쟁을 진행해왔다. 시위가 민족주의인지의 여부와 시위의 유효성, 일본 제품 불매의 한계, 일본이 유엔 안보리 상임이

사국에 가입한 뒤 전개될 국면 등에 관해서 다양한 의견이 있다. 주목할 만한 것은 극단적 반일파와 극단적 친일파 모두 지지 세력이 없어 보인다는 점이다. 논쟁은 양극단의 사이에서 진행되었다고 하는 편이 나을 것이다. 가령 일본 제품 불매를 호소하는 사람들은 동시에 일본 제품 불매의 여부는 개인 선택의 자유라는 점을 인정한다. 일본 제품 불매에 관한 논쟁도 원리의 층위에서 전개된 것이 아니라 상황에 대한 분석이 더 많았다. 예컨대 중국에서 생산된 일본 브랜드 상품을 불매의 범위에 넣어야 할 것인가 말 것인가? 만약 불매한다면 중국의 종사자와 중국 경제에 어떤 부정적 영향을 미치게 될 것인가? 이러한 토론의 의미는 납득할 만한 결론을 도출했는가에 있는 게 아니라, 이로 인해 사람들이 현상을 철저하게 인식하는 계기가 되었는가에 있다. 이 때문에 그것은 나아가 중국의 경제개혁 과정에 대한 분석으로 심화되었다. 그에 비해 시위 중 발생한 폭력에 대해서는 오히려 논쟁이 별로 일어나지 않았는데, 많은 사람에게 견책하는 외에는 그로부터 깊이 분석할 수 있는 요소를 별로 찾을 수 없었기 때문이다. 이는 토론의 흥미를 유발할 수 있는 화제가 아니었다. 관변 언론이 줄곧 저조한 태도를 취하고 민간을 위해 논쟁의 공간을 열어주지 않았지만, 인터넷상의 각종 사회생활 공간에서는 논쟁이 여전히 지속되고 있었다. 이러한 논쟁은 다음의 기본적인 사실을 나타낸다. 즉, 상당수의 시민이 시위라는 형식 자체에 만족하지 않으며, 폭력적 사건은 대다수에게 주요 관심사가 아니라는 점이다. 그에 비해 시위 참여의 여부를 막론하고 중국인은 더 많은 질문과 관심을 나타내기 시작했다. 이를테면 일본은 도대체 어떤 나라인가, 고이즈미 총리가 야스쿠니 신사를 참배한 행위 모델을 어떻게 분석할 것인가, 일반 일본인은 중국을 도대체 어떻게 바라보는가 등이다. 단속적으로 일어난 이번의 자발적 시위는 모처럼 공공적 화제 공간을 제공했는데, 그것이 바로 '일본'이었다. 여태까지 중국사회는 일본에 대해 관심을 결여했으며, 개혁개방이 가져온 각종 난제들이 중·일 관계보다 훨씬 시급하고 직접적인 것이었다. 그러나 시위가 발생하고 서로 호응한 후, 그것의 진정한 의미는 일련의 토론을 불러옴으로써 '일본'이라는 가깝고도 먼 대상을 중국의 사회생활 속으로 확실히 데려왔다는 데 있는 듯하다.

중국사회가 일본에 대해 이렇게 폭넓은 관심(특별히 지적해야 할 것은 보편적으로 존재하는 대일 반감과 증오는 이런 관심으로 인해 다시는 단순하지 않게 변해갈 것이라는 점이다)을 나타낸 것은 '5·4' 운동에 대한 단순 복제로 이해할 수는 없을 듯하다. 정세가 완화됨에 따라 어떤 요소는 목하의 '반일'이 어떤 새로운 구조적 관계를 지니고 있음을 암시한다. 예컨대 감정적으로 격앙된 반일 풍조 속에서 냉정한 인지(혹은 토론) 공간이 나타나기 시작했다. 화이트칼라를 위주로 하는 시위는 수많은 시민이 이성적으로 사회정치에 참여하는 방법을 모색하기 시작했음을 보여주었다. 두드러진 예는 배경이 확실치 않은 폭력 행위에 직면해 상당히 많은 사람이 '이성'을 오랜 관습을 통해 은연중에 일반화된 키워드로 여긴다는 점이다. 많은 사람이 정부의 대일 입장이 민의를 대표하는지의 여부를 관찰하고, 이를 행동 선택의 전제로 삼았다. 반드시 지적해야

449

제3부
예술로서의
정치학

할 것은, 이런 새로운 요소들은 독립적이고 온전하게 나타난 것이 아니라 수많은 파괴적인 부정적 현상과 한데 뒤섞여 있으며, 따라서 기껏해야 목하의 '반일'이 어떤 새로운 구조적 관계를 지니고 있음을 암시할 뿐이라는 점이다. 그리고 이런 구조적 관계는 사람들이 시위(특히 그중의 폭력 부분)에 과도하게 관심을 집중할 때 은폐되고 만다.

어쩌면 우리는 일본 언론에 의해 반복적으로 기사화되는 '중국 정부의 사태 통제'를 통해서 이 점을 볼 수 있을지도 모른다. 이 논조에는 다음과 같은 전제가 있다. 즉, 중국에는 국가의 의지 외에 민중의 의지가 존재하지 않는다는 것이다. 시민들이 거리로 나가 시위하는 것은 정부의 종용에 따른 것이고, 시민들이 거리로 나서지 않는 것은 정부의 통제를 의미한다. 이 전제는 나아가 모든 것을 중국에 정치와 언론의 자유가 결여된 탓으로 돌리는 생각을 암시한다. 일본의 대중은 냉전 시기에 겪은 어떤 역사적 기억의 편린을 환기해 이런 생각을 뒷받침할 수 있다. 실은 이런 상황은 일본에만 한정되지 않는다. 문화대혁명이 끝난 후로 30년 동안, 이는 지식인을 포함한 수많은 중국인이 끊임없이 재생산한 생각이었으며, 아울러 고정되고 심지어 경직된 사유 패턴을 형성했다. 중국사회가 부단히 변동하는 과정에서 끊임없이 자기조정을 할 때, 중국을 관찰하는 사고에는 상응하는 조정이 없었다. 이야말로 문제의 핵심일지 모른다. 중국을 대일통大一統의 '권위주의 국가'로 설정한 후, 돌발 사건이 일어나기만 하면 모든 해석은 결국 이 점으로 귀결되고, 정부와 민간의 복잡한 쌍방향 관계는 '관민 일치官民一致'로 묘사될 뿐이다. 시위 중의 폭력 행위가 일본 대중의 기억 속에 반복적으로 나타난 '폭도' 이미지를 불러왔기 때문에, 사람들은 이번 시위의 구조적 특징을 쉽게 간과했다. 그리하여 그 것을 이전에 중국사회에서 발생한 국부적인 반일 사건(가령 축구 팬 사건)의 연장으로 간주하고, 사태의 진정을 정부의 공권력으로 귀결시켰다. 그러나 정부와 행정 시스템이 민간에 대해 확실히 사 태 수습을 호소했다고 하더라도, 절대다수의 경우 이런 정부의 의 지는 강경한 간여를 형성하지 않았을 것이다. 반일 시위의 고조에 서 평정까지를 총괄해보면, 정부의 의지에 대한 중국 시민의 협력 은 스스로의 주체적 판단에 기초하며, 그 판단의 근거는 정부의 대일 자세에 대한 민간의 만족도라고 하지 않을 수 없다. '9·11' 이후 여론이 한결같았던 미국사회에 비해, 오늘날 중국의 여론계 는 사실상 더 탄력적이고 다양한 가능성이 더 풍부해 보인다. 물 론 행정 압력은 존재하지만, 그것이 효과적인지의 여부는 결국 민 간의 의향에 달려 있다. 중국에서 외재적 행정 압력은 갈수록 효 율을 결여한 응급 수단이 되고 있으며, 더 이상 사회를 조직하는 기본 원리가 아님을 살펴야 한다.

나아가 지적할 필요가 있는 것은 중국 정부가 일본 정부에 표명 한 태도와 요구(가령 후진타오胡錦濤 주석이 고이즈미 총리에게 제기한 야스쿠니 신사참배 중지에 관한 문제 등)는 무엇보다 먼저 민심에 따 른 것이지 정부의 독단적 결정이 아니었다는 점이다. 일본의 주류 여론은 중국 시민의 정치적 요구가 정부정책에 미치는 복잡한 영 향력을 자신의 시야에 포함시키기 힘들다. 당연히 중국 정부가 민

제3부
예술로서의
정치학

중의 의지에 호응한다는 시각도 받아들이기 어렵다. 이는 현재 서구 세계에서 통용되는 편견이다. 그러나 이 편견을 바로잡는 것보다 더 주목할 만한 기본 사실은 중국사회에 분명히 정부와 민간의 쌍방향 관계가 형성되고 있다는 점이다. 적합한 제도 형식을 찾아 그것이 효과적으로 기능하도록 하는 데에는 아직 상당한 시간이 필요하기 때문에, 이런 쌍방향 관계는 주로 일상의 제도적 안배를 통해 표현되는 것이 아니라 돌발 사건의 힘을 빌려 나타난다. 이제 막 형성되고 있는 쌍방향 관계는 중국인에게도 똑같이 신선한 경험이다. 그것의 비제도적 성격이 가져온 불확정성은 그것의 진짜 존재를 쉽게 간과하게 하고, 그것이 일회적 이미지 아래 남겨진 '누적'된 흔적임을 간과하게 만든다. 비제도적 돌발 사건으로서의 시위는 이런 의미에서 바로 그 비제도성이 오히려 그것으로 하여금 혼돈스럽지만 풍부한 내용을 지니게 만들었다. 그것을 관찰하는 데 가장 중요한 점은 폭력과 어떤 관계가 있는지가 아니라, 어떤 관심사를 만들어내고 어떤 사회 구조조정을 가져올 수 있는가에 있다. 10년 전, 20년 전의 상황을 돌이켜보았을 때 명확하게 알 수 있는 한 가지 변화는, 그것이 적대적이든 협조적이든 간에 중국 정부와 민중 사이의 상호작용이 국가에도 속하고 인민에도 속한 정치적 능력, 곧 가장 효과적이고 가장 덜 소모적인 방식으로 문제를 해결하는 능력을 나날이 쌓아가고 있다는 점이다.

2003년 사스SARS라는 돌발 사건에 힘입어, 중국사회는 각종 역량의 대조적 관계를 새롭게 조합하고 정치개혁 과정을 추진했다. 정부는 소수자 집단으로 관심을 돌렸을 뿐만 아니라, 사회적 요구에 훨씬 효과적으로 부응하는 메커니즘을 구축했다. 이 개혁과정에서 관료주의가 강력한 타성으로서 여전히 막대한 지장을 주었으며, 이미 형성된 이익계층도 완강하게 역사의 진행과정을 자신들에게 유리한 방향으로 비틀었다. 중국사회에 시시각각 발생하고 있는 상이한 사회집단 간의 동태적인 긴장관계로 인해, 당대사는 강제로 굴곡진 방식으로 변동하며 뻗어나가게 되었다. 외관상 중국에 정부 측의 여론 통제와 이데올로기 장악이라는 특징이 여전히 존재한다고 하더라도, 이런 통제가 중국의 정치과정에서 가장 핵심적인 부분을 대표할 수는 없다. 중국 정치에서 가장 활력 있는 부분은 이런 낡은 작동 방식을 점차 돌파하며 새로운 정치형태를 모색하고, 나아가 새로운 제도 안배를 구축할 것이다. 탄력적인 정부는 정치적 판단력이 있는 시민이 만드는 것이다. 중국 정부가 최근 몇 년간 보여준 탄력성과 자기조정 기능은 이 정부의 능력을 증명했을 뿐만 아니라, 동시에 중국 시민이 민주과정에서 성장했음을 증명했다. 갈수록 많아지는 자발적 집단 사건은 정부와 대중 여론의 공통된 관심을 불러일으키는 동시에 진정한 민주정치의 계기를 축적하고 있다. 이런 계기는 우선 민중과 정부가 대화와 호응관계를 구축함을 의미한다. 사스 때부터 우리는 이미 이런 관계의 뚜렷하고도 강력한 맹아를 관찰해왔다.

오늘날 집단 사건의 정치 성숙도는 여전히 낮으며, 그것은 기본적으로 구체적인 문제를 직관적으로 해결하는 층위에서 발생할 뿐, 사건 해결의 전망에 대해서는 필요한 장악능력과 판단능력이 결여되어 있다. 이는 하층 민중의 사회생활에서 보이는 보편적 결실缺失과 무관하지 않다. 그러나 바로 이런 다발적 집단 사건은 민중과 정부 사이에 진정한 의미에서의 정치적 접촉을 나날이 강화하고 있다. 이런 접촉관계는 통상 긴장으로 충만하며, 때로는 심지어 직접 대항하는 폭력의 방식으로써 이런 긴장관계를 체현한다. 그러나 정치적 함의를 결여한 것처럼 보이는 이런 긴장이야말로 진정한 활력으로써 중국식 민주 형태에 대한 중국 민중의 모색을 불러일으키고 있다. 그리고 시위는 바로 이런 모색과정에서 일어난다. 중국사회에 살고 있는 시민으로서 우리 모두는 개혁의 어려움과 뜻대로 되지 않음에 대해 깊이 체험했으며, 사상사를 연구하는 학자로서 나는 통용되는 인식틀에 대해 더욱 위기감을 느낀다. 중국에서든 일본에서든 사람들이 시위가 다시 일어날지의 여부에 대해 흥미진진하게 이야기하며 추측할 때, 어쩌면 살며시 일어난 역사적 변화는 우리와 어깨를 스치고 지나갈지도 모른다. 사람들이 양국 정부에 대해 이러쿵저러쿵 하는 것에 더 크게 만족할 때, 어쩌면 우리는 역사에 참여할 기회를 잃어버리고 있을지도 모른다. 지금 우리는 역사의 갈림길에 서 있다. 약동하는 동시대사에 진입해서 함께 행진할 수 있는지의 여부가 어쩌면 시위보다 훨씬 더 중요한 일일지도 모른다.

오늘날 서방 국가가 국제정치 방면에서 훨씬 뚜렷한 강권적 특징을 드러냄에 따라, 서구식 인권과 민주의 신화는 이미 갈수록 많은 질문을 받고 있다. 그러나 적어도 지금 단계에서 우리는 아직 진정으로 이 질문들을 유효한 적극적 사고로 전화하지는 못했으며, 이는 중국사회에서 한창 자라고 있는 정치 민주화 요소에 대한 객관적 평가를 방해하고 있다. 나는 국제회의 석상에서 외국 학자들로부터 중국 정치에 대한 개념화된 질의를 여러 차례 마주한 적이 있다. 그들은 통상 아주 단순하게 중국에 '인권이 결여되고' '민주가 없다'는 이미지를 고정시키고, 중국은 왜 '민주가 없는지' 감정적으로 질문한다. 이는 오늘날 국제정치의 냉전 이데올로기가 지식계에 끼친 영향을 폭로하는 것이며, 동시에 이런 냉전적 사유의 지식인(그중에는 이른바 '비판적 지식인'도 일부 포함된다)이 가장 기본적인 정치적 판단능력을 결여하고 있음을 암시한다. 그러나 문제의 핵심은 이런 천박한 비판을 어떻게 반박할 것인가에 있는 게 아니라, 자신도 냉전적 사유의 논리에 빠질 수 있는 상황을 어떻게 피할 것인가에 있다. 사실 우리는 이미 이런 냉전적 사유의 대립면에 서는 반비판反比判도 통상 똑같은 비정치 논리를 공유하고 있음을 관찰할 수 있다. 즉, 중국의 현재 정치형태를 도식화하고 이를 통해 추상적으로 전면적인 긍정을 함으로써 기성의 서구 냉전 이데올로기 담론에 대항하는 것이다. 따라서 이런 중국 담론은 중국 사회에 이제 한창 형성되고 있는 민주정치 요소의 특성을 효과적으로 밝힐 수 없으며, 이 요소들과 중국사회의 정치제도 변혁 간에 지닐 수 있는 연관성을 예측할 수도 없다. 이 연관성은 형태로 말한다면, 진정한 의미에서 중국사회에 싹튼 민주정치의 맹아다. 반일 시위와 정부의 대외적 자세 간의 협조 상태가 나타내는 것처럼, 그것은 종종 반드시 명확한 적대관계를 나타내는 것은 아니며, 사회 여론과 정부정책 간의 탄력적인 긴장으로 더 많이 구현된다.

2008년 쓰촨四川 대지진이 일어났을 때, 중국의 보통 국민들은 매우 강한 사회적 책임감을 보여주었다. 전국 각지에서 온 보통 민중의 자발적 구호 이외에도, 지진 속에서 '터져나온' 각종 현실정치와 경제구조 문제도 전국적 범위의 관심을 불러일으켰다. 이런 관심은 도리어 사회로부터의 압력을 형성했으며, 이는 나중에 충칭重慶에서 일어난 '범죄소탕打黑' 투쟁의 서막을 여는 데 어느 정도 영향을 끼쳤다. 공안 부문의 법 집행 공정성에 대한 회의, 간부 지도자의 수뢰에 대한 분노 등과 같은 민간으로부터의 외침은 정치 체제의 자기갱신을 위한 사회적 기초를 제공했다. 특히 주목할 만한 것은 쓰촨 대지진 이후 형성된 사회적 상호작용(예컨대 재해지역의 상황에 대한 인터넷상의 지속적 관심, 자원봉사자와 사회학자가 지진 복구 현장에서 끊임없이 전하는 각종 소식 등)이 언론 매체에서 이미 신선도 문제 때문에 다른 대상을 쫓게 된 이후에도 어느 정도 여전히 지속되었다는 점이다. 특히 충칭의 범죄소탕이라는 힘겨운 조치가 이끌어낸 일반적 문제는 민간의 관심이 지진 복구의 전개로 인해 희석되지 않게 했다. 이는 쓰촨 대지진이라는 '돌발 사건'이 이미 사스 때보다 훨씬 지속적인 효과와 반응이 있었음을 의미한다. 그것은 현상의 층위에서 끊임없이 스스로 변화하고, 각급 정부와 민중 사이에 공평과 정의 등의 사회문제를 둘러싼 접촉 경험을 끊임없이 쌓아가고 있다.

시간이 지남에 따라 중국사회의 일본관도 은연중에 변화가 생기고 있다. 4년 만인 2009년 우리는 이 문제를 관찰할 기회를 또다시 얻었다. 이 기회는 루촨陸川 감독이 발표한 영화 「난징!난징南京!南京!」이 제공한 것이다. 이 영화는 역사관으로 보나, 중국의 정치 상황과 역사 상황에 대한 구체적 관찰로 보나, 중국의 일반 백성에 대한 미학적 평가로 보나 심각한 결함이 존재한다. 이 때문에 영화가 개봉될 때부터 수많은 논쟁과 비판을 불러일으켰다. 그러나 이 영화는 자신이 감당할 능력을 초과하는 사회적 효과를 지녔다. 그것은 바로 4년 만에 또다시 중국사회의 '일본 이미지'에 대해 측정한 것이다.

「난징!난징」은 기본적으로 일본 침략군의 하급 사병과 중국의 하급 사병 및 민중의 시각에서 동시에 이 전쟁을 다루고 있다. 이런 시각은 일찍이 1990년대 후반에 일본 감독이 시도한 적이 있으며, 당시에도 중·일 양국의 연기자 연맹을 동원했다. 그러나 「천바오 이야기陳寶的故事」라는 제목의 이 영화는 당시 중국에서 상영되지 못하고 일본에서만 상영되었으며 그다지 큰 반향을 불러일으키지도 못했다. 듣자 하니 당시 이 영화를 촬영할 때 중국에서 부딪힌 난관은 단순히 관련 행정 부문에만 기인한 것이 아니라, 중국 연기자들에게 배척당한 것이라고 한다. 촬영은 결코 유쾌하지 않았고 필름 프린트를 발행하기도 어려웠다. 이는 영화 촬영을 통해 중·일 양국 사회에 전쟁과 전후의 화해에 대한 사고를 제공하고자 했던 일본 감독에게 좌절이었다고 하지 않을 수 없다. 그러나 그로부터 10여 년이 흐른 루촨의 「난징!난징」은 수많은 비난 여론 속에서도 이런 좌절을 피했다. 이 영화는 동일한 시각에서 출발해 촬영을 진행했으며, 일본 사병의 이미지를 확실히 미화했다. 이 영화도 똑같이 중국과 일본의 연기자를 기용했으며, 촬영할 때 화면 비율을 최대한 일본 연기자에게 할애했다. 수많은 비판의 목소리가 있었음에도 불구하고 이 영화는 여전히 상당한 사회적 기초를 얻었으며, 1980년대 이후에 태어난 이른바 '바링허우80後' 세대 가운데 상당수가 이 영화의 열렬한 팬이 되었다고 한다.

「난징!난징」에 대한 논쟁은 빠르게 잊혔다. 그러나 한 가지 기본적인 사실은 아무도 주목하지 않는 상황에서 중국사회의 일본 이미지가 조용히 축적하고 확장했으며, 각종 의미의 충돌과 결탁 과정에서 힘겹지만 진실하게 스스로를 풍부하게 만들었다는 점이다. 2011년 3월 11일 일본 도호쿠東北에서 지진과 쓰나미가 발생한 후, 초반에 중국사회의 반응은 우호적이고 적극적이었다. 중국 시민이 주목한 것은 일본인이 지진 재해 앞에서 보여준 질서의식이었으며, 많은 사람이 자발적으로 구호의 손길을 내밀었다. 후쿠시마福島 원전 사고가 알려진 후에도 중국 시민들은 진지한 동정심을 보였다. 여전히 남아 있는 반일감정 속에서도 일본의 보통 시민을 대하는 우호적 태도는 정당성을 얻게 되었고, 상당히 뚜렷한 위치를 차지했다. 이는 매우 눈길을 끄는 상황이었다. 날마다 조금씩 쌓이는 소소한 변화 속에서 사람들은 변화 자체를 의식하지 못할 수도 있다. 그러나 초기 중국사회의 척박한 일본관을 돌이켜 비교해보면, 오늘날 중국인이 일본사회를 대하는 태도에서 다양성을 보이고 있으며, 중국의 여론 공간도 이런 다양성을 표현할 가능성을 제공하고 있다는 점을 느낄 수 있다.

중국인이 어떻게 일본을 바라보는가는 단순히 일본관의 문제가 아니다. 그것은 중국사회 자체의 정치적 함량과 직접 관련이 있다. 일본에 관한 지식에 정통하다고 해서 일본을 정확하게 파악할 수 있는 것은 아니다. 정치적 성격이 지극히 풍부한 중·일 관계라는 화제는 그에 상응하는 정치적 판단력이 없으면 경험과 지식이 아무리 많아도 진정으로 파악할 수 없다. 개인이든 사회든 정치적 수양을 쌓는다는 의미에서 일본을 효과적인 매개로 볼 필요가 있다. 이를 통해 우리 자신과 우리 사회가 정치 대상의 복잡한 역사적 지향을 진정으로 파악하고, '선−악'과 '좋음−나쁨'의 단순한 이분법을 뛰어넘어 사물의 다양하고 다층적인 상태를 이해하며, 직관적인 표상을 꿰뚫고 사물의 내재적 논리를 통찰할 능력이 있는지 검증할 수 있다. 이 모든 것은 행위자로서의 중국 시민이 직면한 기본 과제다. 그것은 우리가 어떻게 일본을 대하는지에 관계될 뿐만 아니라, 우리가 어떻게 자신의 사회적 책임을 이행하는지에 더욱 관계된다. 이른바 '민주정치'는 이런 경로를 통해서만 진실로 형성되고 생장할 수 있다.

사상사적 사건으로서의 '사스'[3]

이 절은 2003년 봄과 여름에 걸쳐 중국 광둥廣東 지방과 베이징 등지에서 발생한 중증 급성 호흡기 증후군非典型性肺炎 SARS을 사상사적 사건으로서 다루며, 사상사의 각도에서 지식인과 공공 사회 생활의 관계, 특히 정치와의 관계에 대해 분석하고자 한다. 현실 생활 속의 '사건'으로서 사스는 이미 몇 년 전에 지나갔지만, 그것의 사상사적 의미는 여전히 해결되지 않은 과제다.

(1)

사스에 대해 사람들은 아는 것이 매우 적다. 그 전파 경로뿐만
아니라 심지어 발생 원인에 대해서조차 지금까지도 분명치 않다.
2002년 말 광둥에서 발생해 2003년 봄에 베이징으로 확산된 사
스는 미증유의 재난성 사건이었을 뿐만 아니라 사람들의 인식 영
역에서 소중한 매개가 되었다. 그것은 그동안 상식으로 여겨왔던
갖가지 감각 방식과 사유 모델을 타파했으며, 사람들로 하여금 생
사의 기로에서 자신과 사회의 관계를 새롭게 사고하도록 강제했
다. 그리하여 원래 계속 잠재해 있던 몇 가지 가능성이 사회 인식
의 지평선 위로 떠오르기 시작했다. 그중 한 가지 가능성은 중국
의 지식계가 이를 계기로 자신의 사유 모델에 대해 반성적 사고를
할 수 있었다는 점일 것이다.

전염성 질병의 일반적 특징과는 달리 광둥에서 발생해 베이징
으로 확산된 사스는 다음과 같은 몇 가지 특징을 지닌다.

첫째, 주요 전염 대상은 사회적으로 우월하지 않은 계층, 즉 빈
곤계층이 아니었다. 최초로 전염된 사람들은 주로 생활이 비교적
풍족한 집단이었다. 이는 다음과 같은 사스의 특징과 관계가 있을
수 있다. 이런 질병은 밀폐된 공간에서 쉽게 확산되고 병원을 통
해 전염될 수 있기 때문에, 에어컨을 자주 사용하는 사람과 병원
에 자주 드나들며 보건 진료를 받은 사람들에게 비교적 쉽게 전염
되었다. 반면 빈곤계층은 이러한 생활 조건과 거리가 멀기 때문에

도리어 질병이 확산되기 시작한 초기에는 비교적 안전한 환경에 놓였던 것이다.

둘째, 사실 일반적인 전염병과 비교해서 사스의 전염성이 훨씬 더 강하다고 할 수는 없다. 사스는 발병 후에는 전염성이 강한 편이지만, 잠복기에는 기본적으로 전염되지 않거나 전염성이 강하지 않다. 바로 이렇기 때문에 병원이 오히려 가장 주된 전염원이 되었다. 사스 초기 단계에서 의사와 간호사들은 충분한 방호 조치를 취하지 않았기 때문에 가장 먼저 전염되고 심지어 목숨을 잃었다. 이런 상황하에 사스가 사회적인 범위에서 불러일으킨 심리적 공황은 다른 질병에서보다 훨씬 더 심각했다. 환자에게 최후의 보호를 제공하는 병원이라는 장소마저 자신의 생명을 보장해주지 못한다는 생각이 들자, 수많은 환자가 입원 치료를 거부하고 기피하게 되었다. 이런 혼란이 막 시작되면서 질병의 사회적 만연을 초래했을 뿐만 아니라, 사람들의 대인관계에도 엄청난 부정적 영향을 가져왔다. 이른바 '사스 증후군'은 바로 이런 상황에서 나타난 것이다.

셋째, 베이징에서의 사스 전염은 인위적 요인이 강하게 작용했다. 원래의 위생부衛生部 책임자가 진상을 숨겼기 때문에, 사스 초기에 전염 확산을 효과적으로 억제할 시기를 헛되이 놓치고 말았다. 이는 중국 관료주의에 대한 중대한 폭로였으며, 그 결과 베이징과 중국 각지의 시민들로 하여금 엄청난 희생을 치르게 만들었다. 이로 인해 사스는 최초로 발병한 시점부터 시작해서 단순히 한바탕 질병이 만연한 것이 아니라 관료정치 문제와 한데 얽힌 사건이 되었다.

2003년 4월 중순부터 하순까지 베이징시 전체가 비상사태에 돌입했다. 상업과 오락 시설이 영업을 중지하고 학교는 수업을 중단했으며, 다수의 시민은 집에서 자체적으로 격리 생활을 시작했다. 외지에서 상경해 일하던 농민들이 귀향하기 시작했고, 원래 시끌벅적한 소리로 가득 찼던 베이징 시내는 평일의 교통체증마저 사라지고 고요해졌다. 이와 동시에 동아시아 경제도 중국 경제와 함께 심각한 위기에 직면했다. 이미 중국에 들어온 한국과 일본 기업에 사스는 결코 강 건너 불구경하듯 바라만 볼 수 있는 사건이 아니었다. 지금은 이라크전쟁 등과 같은 사건처럼 지속성을 지니지 않으며, 게다가 동남아시아의 쓰나미 등 새로운 자연재해가 닥쳤기 때문에, 사스는 사람들의 기억 속에서 점차 흐려지기 시작했고, 그것이 포함하는 문제성도 아주 쉽게 간과되었다. 이런 상황에서 오늘날 다시 사스에 대해 논할 필요가 있다면, 그 필요성은 대체 어디에서 구현되는 것일까?

(2)

베이징의 사스는 초기의 국부적 감염에서 대규모로 폭발했다가 마침내 진정될 때까지 대략 4개월의 시간이 걸렸다. 지금은 당시 사스를 몸소 겪은 베이징 시민이더라도 기억 속에서 이 사건을 하나의 균질한 과정으로 처리하는 것을 면하기는 어렵다. 당사자의 역사기억과 제삼자의 추측 및 상상이 내용상으로는 명확한 차이가 존재하더라도, 형식상으로는 한 가지 공통점이 존재한다. 그것은 바로 결과에서 출발해 사건의 경과를 기억하고 추측하는 사유 모델에 기대고 있다는 점이다. 사건이 종결된 후에는 당사자와 제삼자가 사건의 결말에서 출발해 공통의 화제를 정련할 수 있지만, 사건이 아직 진행 중일 때에는 상황이 완전히 다르다. 사건의 소용돌이 속에 처한 당사자로서는 사건의 총체적 결과를 알 수 없으며, 당시 행했던 국부적인 결정 하나하나가 어떤 결과와 연결될지 미리 알 도리가 없다. 모든 판단은 최종 결과에서 보면 언제나 잘못될 가능성을 포함한다. 그러나 선택은 순간에 해야 하며, 이런 위험을 무릅쓰는 것 외에는 다른 길이 없다. 또한 당사자에게는 사건의 최종 결말이 반드시 가장 중요한 것은 아니다. 가장 중요한 과제는 눈앞에 당면한 구체적 난제를 어떻게 해결할 것인가에 있다. 설령 일이 끝나고 나서 보면 하찮아서 말할 가치가 없을지라도 말이다.

사스는 상술한 문제를 아주 잘 보여준다. 생사의 시련에 직면한 베이징 시민들은 심각한 정세 속에서 어려운 시국을 함께 보내는 것 외에는 다른 선택이 없었다. 또한 상황의 추이에 따라 사람들의 기존 판단은 효력을 잃기 시작했으며, 사회적 상황과 가치판단도 격렬한 변동에 직면했다. 그 어떤 당사자도 진정한 '당사자'가 되고자 한다면 모든 일을 사건의 전체 변화과정 속에 놓고 인식해야 한다. 이와 반대로 제삼자는 모든 국부적 문제를 이미 완성되고 더 이상 변화하지 않는 것으로 간주해야만 이 문제들을 이해할 수 있다. 사스의 진행과정에서 나는 과거 그 어느 때보다 더욱 강렬하게 이런 '내부 시각'과 '외부 시각'의 차이를 느꼈다. 그리고 사스 발생지역에 있었던 사람들(특히 지식인)이라고 해서 반드시 '내부 시각'으로 문제를 보는 것은 아님을 깨달았다. 우선 설명해두어야 할 것은 여기서 말하는 '내부 시각'과 '외부 시각'은 물리적 공간을 의미하는 '안'과 '밖'을 가리키는 것이 아니며, 실체로서의 '내부'와 '외부'의 차이를 강화하는 것도 아니라는 점이다. 내부와 외부를 시각으로서 비교하는 까닭은 다음과 같은 분석적 필요에 기인한다. 즉, 어떤 사건을 관찰하고 분석할 때 나타나는 차이는 분석자가 당사자인지의 여부에 있지 않고 분석자가 채택한 '시각'에 달려 있다. 서로 다른 시각 간의 근본적 차이는 '내부'로부터 사건의 상황을 파악하고 유동적인 현실을 이해했는가, 아니면 '외부'로부터 상황을 고정시키고 일련의 정지된 요소에 기대어 사건을 재구성했는가에 있다. 여기서 특별히 주의할 것은 제삼자라고 해서 '내부 시각'을 지닐 수 없는 것은 아니며, 당사자라고 해도 '외부 시각'으로 문제를 볼 수밖에 없을 수도 있다는 점이다. 한 가지 더 강조하고 싶은 점은 '내부'와 '외부'를 사상사 분석의 범주로 삼을 때, 양자는 서로 조금도 관계없고 상호 대립적인 양극이 결코 아니라, 사건의 유동성으로 인해 종종 상호 전환되고 상호 연관될 수 있는 한 쌍의 개념이라는 것이다.

3월에서 4월 초순까지 베이징에 아직 대규모 전염이 발생하지 않았을 때, 어떻게 해야 진실한 정보를 얻을 수 있느냐가 대중의 최대 관심사가 되었다. 정부에 대한 비판도 주로 이 시기에 집중되었다. 그러나 각종 비판과 불만은 구체적 문제에 대한 것이었으며, 국외 언론이 가장 관심을 갖는 언론의 자유에 관한 방향으로 토론이 전개되지는 않았다. 그중 가장 두드러진 것은 최근 몇 년간 지속적으로 나타난 '부패'와 '관료주의' 문제에 대한 비판이었다. 이 시기에 인터넷에서는 공황과 불안으로 가득 차 진실을 판별하기 어려운 정보가 대량으로 나돌았다. 그러나 흥미로운 것은 이런 정보를 진짜로 믿는 시민들은 그다지 많지 않았다는 점이다. 인터넷상의 정보를 전부 따라하다 보면 생활이 불가능해지기 때문이었다.

4월 하순 베이징대학 부속 인민병원이 돌연 자체 격리를 시작했다. 이를 계기로 사람들은 사스의 대규모 폭발이 이미 사실이 되었음을 깨닫기 시작했다. 4월 초순부터 중앙정부는 내부조정을 시행했고, 일련의 구체적 조치를 정식으로 공포했다. 특히 큰 병원들 사이에 협력관계를 구축하고 효과적인 격리와 치료 시스템 등의 수립에 착수했다. 정치정책이 점차 투명해짐에 따라 대중매체도 전에 없이 투명해졌다. 대중매체의 보도와 인터넷상의 정보가 일치하기 시작했으며, 때로는 대중매체의 보도가 훨씬 대담하기도 했다. 이 단계에 이르자 시민들에겐 어떻게 사회 전체의 역량을 동원해 질병의 확산을 방지할 것인가가 가장 중대하고 긴요한 일이 되었다. 대중매체는 이때에도 아주 효과적으로 역할을 수행했다. 이 시기에 시민들은 정부에 대해 높은 신뢰를 보냈으며, 시민들의 의견도 각종 경로를 통해 정책 결정에 영향력을 가하기 시작했다. 그리하여 사회의 각종 집단들의 관계는 곧 보기 드문 일치성을 나타냈으며, 사스를 억제하는 방향으로 전화했다.

6월 하순에 WHO(세계보건기구)는 베이징을 전염지역 명단에서 제외했다. 큰 병원들은 여전히 경계를 유지했지만 시민들은 이미 마스크를 벗고 자유로운 생활의 새로운 도래를 경축하기 시작했다. 사스는 이미 지나갔지만 베이징 시민의 사회참여 의식과 자주정신 등은 그와 함께 과거가 되지 않았다. 이는 금후의 사회 공공생활에 어떤 의미를 지니게 될까?

만약 사스가 중국 지식계에 지식생산과 사상적 상황을 성찰하는 계기를 주었다고 한다면, 그것은 사스가 자유주의 판단과 정치 이데올로기 판단을 초월하는 '생명의 시각'을 제공했기 때문이 아니라, 사람들이 시시각각 변화하는 '상황' 자체를 직접 대면하지 않을 수 없게 했기 때문이다. 상황이 유동적이라는 것은 이치상으로는 누구나 이해하지만, 사람들의 생사와 밀접하게 연관되었을 때에만 그것은 비로소 누구도 회피할 수 없는 절실한 문제가 될 수 있다. 이런 유동성이 가장 먼저 깨뜨리는 것은 고정된 개념적 판단이다.

(3)

사스가 폭발하기 시작했을 때 외국의 대중매체는 신속하게 반응했다. 나는 이에 대해 체계적인 조사를 한 적은 없고 아주 제한된 정보에 근거해서 판단을 내릴 뿐이다. 따라서 나는 가능한 한 총체적 서술을 피하고, 대중매체 보도에 존재하는 강한 지정학적 특징에서 출발해 다음의 몇 가지 문제를 생각하고자 한다. 지리적으로 중국과 멀리 떨어진 구미의 대중매체는 중국의 정치제도 및 이와 관련된 사회생활 방식에 시선을 집중했다. 예컨대 미국의 시사 주간지 『타임』의 사스 특집호가 표지를 중국 국기와 환자의 엑스레이 사진이 겹쳐진 장면으로 디자인한 것이 상징하듯이, 서방 국가의 일부 보도는 중국을 악의 형상으로 묘사했다. 그들은 전후 맥락이 없는 상황에서 중국인의 낙후된 생활 방식, 낮은 의료 수준과 저열한 문명 수준을 기술했다. 그중에는 홍콩과 대륙을 한데 놓고 전자의 뛰어남과 후자의 뒤떨어짐을 부각시킨 경우도 있었다.

이에 비해 아시아의 이웃 나라들에겐 이렇게 중국을 부정적으로 묘사할 여유가 하나도 없었다. 왜냐하면 사스는 중국 경제에 중대한 부정적 영향을 초래했을 뿐만 아니라 한국과 일본 경제에도 거대한 영향을 미쳤기 때문이다. 그뿐 아니라 이런 국가들은 어떻게 사스를 자신들의 국경 밖에서 저지할 것인가라는 현실적인 중대한 과제에 직면해 있었다. 일본의 신문을 훑어보면, 일본의 보도 자세와 구미 세계의 보도 사이에 미묘한 차이가 존재함을 알 수 있다. 그들은 단순한 '방관자'적 태도를 취하지 않았다. 풍격이 판이하게 다른 『아사히신문朝日新聞』과 『요미우리신문讀賣新聞』조차도, 한번 읽어보면 그들 사이에 차이보다는 일치가 훨씬 두드러짐을 알 수 있다. 요컨대 사상 비판을 강조하는 『아사히신문』이든, 일반인과 비즈니스계 인사를 겨냥한 『요미우리신문』이든, 사스 기간에 중국에 대해 보도할 때 다음의 공통점이 있었다. 그들은 구미 세계의 방관자적 태도와는 다르게 사태의 진전을 면밀하게 주시했으며, 가능한 한 정보를 조금도 빠뜨리지 않고 독자에게 제공했다. 그중 다음의 두 가지가 특히 흥미로웠다.

첫째, 이 양대 신문은 사스의 전 과정을 밀착 보도했으며, 중국의 질병예방과 치료과정을 정치체제의 변동과 연결해서 분석했다. 대표적인 사건에 대해서도 핵심을 포착해 보도했다. 그러나 모든 보도는 미리 설정해놓은 결론을 향해 나아갔으며, 이 점에서 양대 신문은 별반 다르지 않았다. 미리 설정해놓은 결론이란, 중국은 정치적으로 아직 민주주의를 실현하지 못했고, 언론의 자유가 없으며, 중국 시민의 인권 문제는 여전히 해결되지 못했다는 것 등이다. 이와 관련해 『아사히신문』과 『요미우리신문』의 차이점은 전자가 정교한 분석을 한 반면 후자는 다소 대략적이라는 것뿐이며, 방향에서는 기본적으로 일치했다. 유감스러운 점은 이 양대 신문이 다음과 같은 문제에 주의하지 않았다는 사실이다. 즉, 중국사회가 상당히 효과적으로 사스를 극복할 수 있었던 까닭은 그들이 말하는 정부의 전제에 기대어서도 아니고, 시민들이 피동적인 태도로 사건에 말려들어서도 아니며, 시민들이 이 과정에 적극적이고 자주적으로 참여했기 때문인 것이다. 그들이 참여한 방식은 현재 이미 모양을 갖춘 미국식 형식민주주의라는 민주주의 모델과는 다르며, 훨씬 굴절되고 훨씬 무질서해 보이는 방식이다. 이런 상황은 민주주의 모델은 상이한 사회체제와 정치과정을 포함해야 한다는 원리적 성격의 문제를 제시한다. 중국 국민의 정치생활이 '무질서'한 특징을 지니는 까닭은 중국인이 정치적 훈련을 결여한 탓으로만 돌릴 수 없으며, 더욱 중요한 원인은 여기에 있다. 즉, 중국인의 무질서 상태 속에는 서구 민주 형식에 결여된 또 다른 질서감이 포함되어 있는데, 그것들은 비합법적인 잠재 규칙으로 간주되므로 충분히 인지되고 토론될 수 없으며, 의식적으로 배양되고 촉진될 수는 더더욱 없기 때문이다.

둘째, 중국사회에 민주주의가 없다는 입장에서 보도한 이상 자연스레 다음과 같은 결론을 얻을 수 있다. 즉, 사스는 중국 시민들에게 재난이었던 것 말고는 아무런 긍정적 요인이 없다는 것이다. 이런 입장의 보도에서는 사건이 음울한 색채를 띨 뿐이며, 중국 시민도 피해자로서만 다루어질 뿐이다. 이런 보도는 격리로 인해 일어나는 프라이버시 문제와 주민위원회의 감독 시스템 등 '강제적 관리'의 측면에 대해서는 특히 지대한 관심을 나타냈으나, 그에 비해 전혀 손색이 없는 상호부조의 측면은 아예 보도하지 않았다. 사스는 그 속에 처했던 베이징 사람으로서는 당연히 막대한 재난이었지만, 그들의 생활은 결코 그로 인해 정지되지 않았으며, 사스 기간에 그들의 생활이 잿빛 일색이었던 것도 아니었다. 이 질병 구역 밖에 있었던 사람으로서는 이 풍부한 사건을 단순한 재난으로 바라보기 쉬우며, 이는 결국 방관자의 인식에 지나지 않는다.

상술한 '외부 시각'으로 이 사건을 다룰 때, 사실은 미묘한 방식에 의해 총체적으로 다시 쓰인다. 사스 전염지역에서 모든 과정을 겪었기 때문에 내가 보기에 수많은 서술은 실은 사이비일 뿐이다. 이런 서술이 기대고 있는 것은 국부적이고 고정된 사실일 뿐이며, 유동하는 상황의 총체성에 대해서는 거의 민감하게 다가가지 못했다. 따라서 '외부 시각'에 얽매인 논자에게 이 사건은 중국에 대해 새로운 인식을 만드는 계기가 될 수 없다. 모든 보도는 결국 근본적인 문제, 즉 초기에는 잘못을 저질렀다 하더라도 중국은 단기간에 전염병의 대규모 확산을 효과적으로 극복했는데, 이 과정에서 중국의 정치 시스템이 과연 어떤 역할을 발휘했으며, 중국 시민들의 실제 감각은 과연 어떠했는지 등의 문제를 회피했기 때문이다.

이 절의 목적은 사스 기간에 행해진 외국 매체의 보도를 다루는 데 있지 않으며, 나는 다만 다음의 문제에 흥미를 느낄 뿐이다. 그것은 곧 '외부 시각'은 '외부자의 시각'과 동일하지 않으며, 그것은 내부인과 외부인을 막론하고 누구에게나 존재할 수 있는 일종의 인식론적 기초라는 점이다. 우리는 이미 중국의 '당사자', 특히 비판적 지식인을 포함한 동아시아의 진보 지식인이 사스에 대해 사유할 때, 의식적이든 무의식적이든 결국에는 기본적으로 앞에서 말한 매체의 논리를 따르는 것을 보았다. 유감스러운 것은 이 사건이 중국의 사상계, 나아가 동아시아 사상계에 새로운 인식의 탄생을 촉진하는 계기가 되지 못했다는 점이다.

그러나 사상사적 사건으로서 사스는 중국사회의 정치과정을 관찰하는 절호의 기회일 뿐만 아니라, 사람들에게 이론 분석의 도구가 어떻게 사용되어야 하고 어떻게 사회현실과 관계를 맺을 것인지 등의 문제를 본격적으로 대면할 계기를 제공했다. 부패와 관료주의의 문제는 현재 세계 정치 속의 중대한 문제일 뿐만 아니라 중국사회의 전진을 가로막는 심각한 장애물이다. 빈부격차와 도농격차 등의 문제도 중국의 근대화 과정에 지극히 부정적인 영향을 미친다. 그러나 이러한 것들이 중국의 정치과정 자체와 동일하다고 말할 수는 없다. 현대 중국의 정치과정은 일련의 부정적인 요인의 탄생을 촉진했을 뿐만 아니라, 동시에 그것들을 극복해야 할 대상으로 삼기도 했다. 이 과정에서 각종 긴장관계가 끊임없이 생겨나고, 압력단체도 지금까지의 정치학 개념과는 다른 형식으로 역할을 발휘하고 있다. 늘 유동적 상태에 처하고 갈등과 충돌로 가득 찬 정치과정은 정치학 이론에 있는 기성의 기준으로는 정확하게 인식할 수 없다.

(4)

사스 기간에 몇 가지 의미심장한 사건이 일어났다.

첫 번째 사건은 해방군 부속병원의 의사 장옌융蔣彦永이 미국의 시사 주간지 『타임』을 통해 중국의 위생부 부장이 전염 상황의 진상을 은폐했다고 비판한 것이다. 이 행위는 마침내 중앙정부가 사스 전염 상황을 진정으로 중시하게 만들었으며, 각종 대응 조치를 정식으로 시행하는 데 중요한 역할을 했다. 일본의 『아사히신문』은 이 사건을 이렇게 보도했다. "이 의사의 발표에 따르면 베이징시의 또 다른 해방군 병원 안에서만 60명의 환자를 받아서 치료했고, 사망자는 7명으로 증가했다고 한다. 그러나 중국의 위생부 부장 장원캉張文康은 3일에 있었던 기자회견에서 베이징시 전체에 환자가 12명, 사망자는 3명뿐이라고 공표한 바 있다. 이 의사는 『타임』에 자신이 이 글을 발표한 까닭은 '정확한 수치를 밝히지 않으면 더 많은 환자가 사망할 수 있기 때문'이라고 말했다."(2003년 4월 9일자 『아사히신문』 석간판 참조) 이어서 이 신문은 중국 정부가 어떻게 진상을 숨겼으며 얼마나 신뢰하기 어려운가에 대해 잇따라 보도했다(이 신문의 6월 1일, 5일, 25일자 보도 참조). 이러한 맥락에서

의사 장옌융이 『타임』에 투고한 것은 중국 정부정책의 불투명성을 폭로하는 행위로 자리매김되었고, 매체가 그 속에서 전달하는 것은 중국사회가 지금도 언론의 자유가 없고 정보가 불투명한 사회라는 식의 여전히 진부한 이미지였다.

　그러나 당시의 정황을 함께 고려하면 사건의 의미는 완전히 달라질 수 있다. 2003년 5월 19일자 『베이징만보北京晚報』에 「'사스'가 도덕의 상한선을 긋다"非典"劃出道德上線」라는 제목의 시사평론이 실렸다. 그 글은 다음과 같이 분석했다.

　'사스' 예방치료 작업이 공개적이고 투명해진 오늘날, 솔선해서 매체에 전염 상황의 진실을 밝힌 이 '성실한 의사'가 마침내 장막 뒤에서 무대 앞으로 걸어나왔다. (…) 한푸둥韓福東, 창핑長平은 글을 써서 장옌융 의사가 허난河南의 가오야오제高耀傑 의사를 떠오르게 한다고 했다. 허난 지역에 에이즈가 만연하자 가오야오제는 침묵을 선택하지 않았다. 그녀는 몸소 실천하는 데 힘을 기울이며 각종 구조 선전 작업을 펴는 이외에, 국내외 언론과 널리 협력하며 연약한 몸으로 "임금님은 벌거숭이"라는 사실을 말했다. 바로 가오야오제 등의 노력으로 중국의 에이즈 상황에 대해 국내외의 광범한 주목을 이끌어냈으며, 마침내 중앙정부의 관심을 불러일으켜 에이즈 예방과 치료에 대한 역량을 강화했다. 장옌융 의사는 또한 2년 전 후베이성湖北省 젠리현監利縣의 향당위원회 서기 리창핑李昌平이 총리에게 편지를 써 "농촌은 정말 가난하고, 농민은 정말 괴로우며, 농업은 정말 위험하다"고

직언했던 일을 떠오르게 한다. 그는 편지를 다 쓴 후 며칠 동안 내버려두었다가 각종 준비를 마치고 나서야 발송했다. 이것이 바로 성실한 용기다.

우리 나라는 아직 체제 전환의 과정에 있으며 많은 제도가 아직 완벽하지 못하다. 예컨대 위기 처리의 메커니즘과 외부의 감독 메커니즘은 완벽한 경지에 이르려면 아직 멀었다. 장옌융 의사가 뭇사람이 침묵할 때 자신의 진실한 목소리를 낼 수 있었던 것은 커다란 도덕적 책임과 용기가 필요한 일이다.

이 보도는 완벽하진 않지만 '외부 시각'과는 다른 사유방식을 충분히 드러낸다. 그것은 『아사히신문』이 '정부 비판'으로 단순화시킨 사건을 동태적인 정치과정 속에 놓고 고찰한다. 장옌융 의사의 행위가 전달하는 것은 중국 시민이 사회정치에 참여하는 정치 감각이다. 그의 진정한 목적은 '정부 비판'이 아니라, 효과적으로 사태를 통제하기 위해 힘이 닿는 범위에서 한 시민이 발휘할 수 있는 역할을 하는 것이다. 미국의 『타임』을 이용한 것을 포함한 모든 일이 곤경을 개선하기 위해 채택한 수단이다. 여기서 주의할 것은 장옌융이 채택한 방법은 실제로 중국 시민이 일상정치에 참여하는 효과적인 모델일 뿐 일시적인 충동이 아니라는 점이다. 이런 모델이 효과를 얻을 수 있는 까닭은 정부가 종종 긍정적으로 반응하며, 통상 이런 반응은 대부분 상응하는 정책 조정을 수반하기 때문이다. 리창핑의 '총리에게 보내는 편지'가 전형적인 예다. 사스가 지나간 지 1년 반이 된 2004년 말, '민원서신방문人民來信來

訪'(일반적으로 '신방信訪'이라 부른다. 이는 보통 시민이 정상적인 행정 시스템을 뛰어넘어 상급 해당 부서에 직접 상황을 반영하는 시스템이다. 이로 인해 각급 행정기관은 상설 '신방사무실'을 설치했는데, 제도적으로는 행정관리 시스템과 동급이다. 이 사무실의 역할은 일상 사무를 처리하는 것이 아니라 상급 관리 부서에 정보를 전달하는 것뿐이다)이라는 경로의 생산성과 부작용을 둘러싸고 중국 정부에서 민간에 이르기까지 격렬한 논쟁이 일어났다. '신방'은 도대체 일상의 행정 시스템과 어떤 관계가 있을까? 지방의 관료주의와 부패를 효과적으로 억제하기 위해 '신방사무실'에 문제를 처리할 권력을 부여해야만 하는가? 혹은 반대로 정상적인 행정감독에 대한 역량을 강화하고 이 경로를 취소해야만 하는가? 사스 기간에 주목을 받은 보통시민의 정치참여 문제는 이 지점에서 나아가 제도상의 개혁과 연결되었다. 중국의 시민이 '신방'이란 형식을 이용할 때 직면하게 되는 가장 큰 장애는 언론자유의 문제가 아니라, 각급 관료가 일신의 이익을 위해서 직권을 이용해 보복할 것에 대한 걱정이다. 바로 이렇기 때문에 "커다란 도덕적 책임과 용기가 필요한 일이다".

의미심장한 또 다른 사건은 베이징시 정부의 기자회견이다. 4월부터 베이징시는 매주 한 차례 기자회견을 열기 시작했다. 회견은 매회 1시간으로 예정되었으나, 통역이 필요하기 때문에 실제로 질의 답변하는 시간은 30분밖에 되지 않았다. 매번 주최 측에서 질문자를 지명했는데, 4명의 기자만 기회를 얻을 수 있었다. 재미있는 것은 기자회견에서 미국 『타임』의 기자가 3주 연속으로 지목되었으며, 그들도 연속으로 3번이나 같은 질문, 즉 "장옌융 의사에게 현재 언론의 자유가 있는가"를 물었다는 사실이다. 물론 그들이 얻은 답변은 "있다"였다. 내가 정말 흥미를 느낀 것은 답변의 내용이 아니라 왜 베이징시 정부가 고의로 이렇게 지명했느냐는 점이었다. 이런 지명이 국내외에 정부 입장을 공개하려는 의도에서 나온 것이라면, 중국사회의 공공 반응에 대해 상당한 자신감이 있다는 의미일 것이다. 그렇지 않았다면 아마도 실행하기 어려웠을 것이다. 이보다 더 설득력 있는 설명은 아마도 베이징시 정부가 중국사회의 대중이 가장 관심 있는 문제는 언론의 자유가 있는지 없는지의 문제가 아니라는 것을 확신했으며, 동시에 미국 기자가 이런 것 외에는 다른 문제를 제기하지 못할 것이라고 판단했기 때문에 이렇게 할 수 있었다는 것이다. 외부 언론을 이용한다는 의미에서, 베이징시 정부의 이런 방법과 장옌융의 방법 사이에는 모종의 미묘한 연관이 있으며, 이런 연관이야말로 동태적인 정치과정 그 자체다. 사실 중국 정치는 한창 구조적 변화가 일어나고 있으며, 특히 최근 몇 년간 정부는 이미 사회적 수요에 대해 일정한 반응을 나타냈다. 사회의 각종 수요는 서로 경쟁하는 동시에 정치 종합 시스템으로서 정부의 반응능력을 강화했다. 관료주의와 부패 문제는 이 '반응 시스템'에 대해 거대한 파괴로 작용하지만, 중국의 정치과정은 관료주의 일색으로 대표할 수 있는 것이 아니다. 의심할 바 없이 이것도 단순한 이데올로기 통치와는 다르다. 2003년부터 2004년까지 중국 정부는 "사람이 근본이다以人爲本"라는 구호를 제기했으며, 농업정책 조정에서 시작해 맹목적인 '근대화'를 위해 줄곧 희생한 농민과 농촌의 형편에 대한 개선에 착수했다. 민간에서도 이른바 시장경제는 '국가'와 '자본'이 결합한 것이라는 문제에 대해 토론하기 시작했다. 이런 상황은 필연적으로 금후의 정치정책에 충격을 가져왔다. 물론 중국 정치가 보여준 일련의 변화는 사회 전체의 운용과 경제 상황의 제약을 받기 마련이지만, 이러한 변화를 포함해 혼돈의 전환기에 놓인 중국사회에 대해 '언론의 자유가 있는가, 인권이 있는가'라는 미국식 도그마를 들이대서는 효과적으로 정리하고 분석할 수 없다.

세 번째 사건은 광저우廣州에서 발생한 사건으로, 외지인이 현지 경찰에게 구타당해 사망한 일이다. 사스 기간에 우한武漢의 한 대학 졸업생이 광저우에 취직해서 왔는데, 외출하면서 신분증을 지니지 않았다가 불법 노동자로 몰려 감금되고 폭행당해 끝내 사망에 이르렀다. 광저우와 베이징의 신문과 인터넷이 속속 사건에 대해 보도한 후, 베이징과 우한의 젊은 법률가 3명이 인민대표대회에 편지를 써서 살인범에게 징계를 내릴 것을 요구했다. 이는 전국적으로 광범한 토론을 불러일으켰고, 시민의 인권 문제와 외지 노동자, 특히 농민의 존엄과 이익의 보장 등이 뜨거운 쟁점이 되었다. 6월 5일 광저우 법원은 2심 판결에서 사건과 관련 있는 경찰과 관련 인원 등 20여 명에게 유죄를 선고했다. 사스가 지나간 오늘날, 농민공의 이익을 보호하는 정책이 이미 정식으로 시행되어 법률적으로 약자를 어느 정도 보호할 수 있게 되었다.

상술한 세 가지 사건은 깊이 있는 조사와 분석이 필요하지만, 여기서는 단지 정치학 분석의 가능성에 대해 사건을 초보적으로 밝히고자 한다. 유감스러운 사실은 냉전의 사유 모델에 끼워넣을 수 없는 중국 정치과정의 복잡한 시스템에 대해, 중국의 지식인을 포함한 국내외 수많은 중국 연구가는 신중하게 파악하고 이해하며 분석하기 어렵다는 점이다. 수많은 연구가 단지 기성의 '비판기준'에 기대어 정치와 사회 속의 결함을 지적하는 데 만족할 뿐이다. 이런 결함을 포함한 '현실 상황' 자체는 정태적인 분석과 일방적인 견해로 인해 가려진다. 예컨대 사회 여론과 정부 조절 간의 복잡한 긴장관계 속에서 중국이 새로운 방식으로 정치운용 과정과 사회 민주생활 등을 창조할 가능성은 존재하는가, 아니면 '미국식 민주주의'로 중국을 비교해 후자는 순전히 '낙후'했다고만 말할 것인가, 관민 쌍방이 자주 비판하는 관료주의와 부패의 문제는 중국의 현실정치에서 대체 어떠한 파괴력을 지니며, 어떠한 역학관계를 통해 변화가 일어나는가, 그것의 역사적 근원은 대체 무엇인가 등 지금까지 진지하게 토론된 적이 없는 이런 현실 문제들은 사스를 계기로 사람들 앞에 두드러지게 나타나게 되었다. 그러나 중국의 지식인은 이에 대해 사상이 극도로 결핍한 상태를 드러냈다.

(5)

사스 기간에 중국의 비판적 지식인들도 자신의 목소리를 냈다. 이른바 '신좌파'와 '자유주의자'도 이 시기에는 연합의 태도를 보였다. 그러나 이런 것들은 전혀 중요하지 않다. 사실은 정부의 책임 문제, 사회 빈부격차의 문제, 시민의 도덕과 역차별 등의 문제가 모두 토론되었지만, 이런 토론의 사고는 『아사히신문』의 패턴과 별반 큰 차이가 없었다. 중국 정부가 사스 극복을 위해 일련의 정책 전환과 자기조정을 실행하고 새로운 사회 시스템 구축을 시도했지만, 이런 변화와 이런 변화가 지닌 일상적 정치의 함의는 '외부 시각'만을 지닌 중국 지식인의 시야에는 거의 들어오지 않았다. 이 간과된 부분이야말로 긍정적이거나 부정적인 측면에서 금후의 중국 정치에 중대한 영향을 미칠 문제일지 모른다. 지식인의 단순한 비판적 태도에서 이 문제들에 대한 토론의 불충분함을 쉽게 알아챌 수 있다. 정부의 정책 조정은 국민에게 정치과정에 참여하는 새로운 각도와 가능성을 필연적으로 의미한다. 그리고 이 모든 가능성은 정부가 줄 수 있는 것이 아니라 반드시 국민이 자각해 쟁취해야 한다. 지식인이 정부가 인민의 이익을 대표하는지, 지식인이 정부 입장을 수호해야 하는지를 토론하는 데에만 집착할 때, 그들은 자신을 이 변화하는 정치과정 속에 두지 못한다. 바꿔 말하면 몸은 현장에 있더라도, 이런 토론이 여론의 압력을 조성하는 역할을 하더라도, 중국의 비판적 지식인이 지닌 것은 기본적으로 '외부 시각'뿐이다.

중국 정부가 효과적으로 사스를 통제할 수 있었던 까닭은 단순히 위로부터 아래로의 행정 압력에 기댔기 때문만이 아니다. 이 과정 속에서 정부와 시민의 관계도 상호작용이 없는 '통치자—피해자'라는 기성의 구도로는 설명할 방도가 없다. 격렬한 변화 속에서 정부가 취한 일련의 자기조절을 어떻게 보아야 할 것인가? 아직 모양을 갖추진 않았으나 활력으로 가득 찬 사회 에너지를 어떻게 이해할 것인가? 이런 복잡한 구조적 관계를 설명하지 못하고 정부 비판의 사유 모델을 단순히 재생산하며, 심지어 정부·체제와의 관계를 평가 기준으로 삼는다면, 외부에 서서 격렬히 변동하는 역사를 관망하는 것과 다를 게 없다. 실제로 이런 유의 '비판'은 아무리 격렬해도 장옌융 의사 등의 용기 및 결단과는 인연이 없으며, 기껏해야 자가소비에 제공하는 물건일 뿐이다.

나는 이 절에서 지식인을 비판하려는 게 아니다. 단지 사스를 계기로 한 가지 사실을 문제화하려는 것뿐이다. 즉, 1950년대 일본의 정치학자가 제기한 '결여 이론欠缺理論'[4]이라는 인식론적 문제가 지금도 여전히 존재한다는 것이다. 이른바 '결여 이론'은 유행하는 지식 인지 모델을 가리킨다. 그것은 대상 속에서 자신이 결핍한 것을 확인하고 이런 결핍을 질책하는 데 힘쓴다. 이런 사유 모델은 정치적 올바름의 비판 모델로 발전하기 쉬우며, 이런 비판은 흔히 이상적 상태를 설정하는 것에 기대어 이를 기준으로 연구 대상이 이런 상태를 결핍했음을 질책한다. 이런 사유 모델의 핵심은 그것이 언제나 완전무결한 잠재적 가정으로서 관념적으로 현실에 개입한다는 데 있다. 이런 유의 지식인은 현실 속에서 사건의 내부에 처하든 외부에 처하든 관계없이 관념상으로만 현실을 대면하기 때문에 실제로는 잠재적으로 모종의 '이상적 민주정치'와 '이상적 공평사회'의 상像을 지닌다. 이런 상의 본보기는 오랜 시간 동안 '미국'이었다. 이런 '문명일원론'의 관점 아래 아시아와 제3세계의 지식 엘리트는 늘 "우리에게 결핍된 것이 무엇인가"를 검증한다. 그러나 '결여 이론'은 사실 이런 사유 모델의 한 측면일 뿐이다. 그것의 다른 측면은 바로 현상을 추인하는 것이다. 이는 "우리에게 결핍된 것이 무엇인가"와 상대적으로 "우리에게 있는 것은 무엇인가"를 강조한다. 지식계의 인지 구도 속에서 우리는 단순한 이원대립을 쉽게 발견한다. '시장–국가' '민주–전제'나 '좌파–자유주의' '체제파–반체제파' 등의 추상적 이원대립 구도는 오늘날에도 여전히 각종 형식으로 변환하며 반복적으로 생산된다. 그 결과는 지식생산의 빈곤화이며, 이에 따라 풍부한 현실에서 사상을 정련하기가 몹시 어려워졌다. 진정한 과제는 우리가 어떻게 투쟁을 통해 '있을 수 있는 현실'을 창조할 것인가에 있다. 현실 자체의 동태적인 성격으로 인해, 현상을 추인하지 않는 태도는 구체적 목표를 가정할 수 없으며, 그것은 반드시 구체적 상황 속에서 부단히 밀고 나아가야 한다.

중국은 본래 서구 이론의 틀 속에 집어넣기 어려운 나라다. 이점을 강조하는 것은 서구중심주의를 비판하고 중국을 특수화하려는 의미가 아니다. 현재 이미 미국과 중국의 일부 학자들이 이런 시도를 하고 있지만, 이런 특수화 담론이 중국적 원리를 반드시 효과적으로 설명할 수 있는 것은 아니다. 연구자로서는 긍정 또는 부정의 태도를 취하기 전에, 우선 중국의 정치과정을 동태적인 구조로서 고려하고 인식하는 것이 무엇보다 가장 중요하다. 사실이 있다고 해서 반드시 결론을 얻을 수 있는 것은 아니라는 생각을 바탕으로 일단 여태껏 의지했던 분석틀을 포기하고 나면 어떤 방법으로 중국을 다루어야 할까? 이것이 사스라는 사건에서 얻어낸 문제들 가운데 가장 깊이 생각해야 할 과제다.

사스의 발생부터 지금까지 이미 2년이 지났다. 이 2년 동안 중국에는 격렬한 변화가 일어났다. 잠재했던 모순이 나타나고 백열화되기 시작했으며, 정치와 경제에 영향력을 행사하기 위해 각종 사회세력이 지속적으로 힘겨루기를 했다. 중국의 연구가들 가운데 일부는 지금까지의 인식 패러다임을 전환하지 않으면 중국에 대해 정확하게 분석할 수 없다는 사실을 이미 인식하기 시작했다. 외국의 일부 식자들도 '중국이 위협인가 아닌가' 하는 식의 기존 모델로는 정확히 현실을 파악할 수 없음을 제기하기 시작했다. 현재는 미증유의 전환기에 처해 있기 때문에 '내부 시각'을 지녔는지의 여부가 그 어떤 때보다도 중요해 보인다. 이른바 '내부 시각'이란 상황의 유동성을 받아들이고 유동적인 상황 속으로 들어갈 능력이 충분해서 살아 있는 원리를 발견하는 것이다. 이렇게 하려면 정태적인 개념에 생명력을 불어넣어야 한다. 이 역시 사상사 연구에서 필요한 절차다. 외부인이 '내재적으로' 연구 대상을 이해하려면 반드시 이 절차를 거쳐야 한다. 일본에서는 금기시된 '내부'와 '외부'의 표현 방식 및 이 표현과 관련된 이데올로기화된 사유방식을 타파하려면, 이런 표현을 꼭 회피할 필요는 없다. 어구상의 회피가 이 문제의 해결을 의미하는 것은 아니기 때문이다. 내재적 이해는 비판을 포기하는 것이 절대 아니다. 진정한 비판은 반드시 내재적 이해의 기초 위에서 이루어지는 것이다. 그렇지 않으면 생명력을 지닐 수 없다. 중국의 복잡한 현실 상황을 이해하려면 지금까지의 정태적 '비판'은 전혀 쓸모가 없다. 나는 이 점이 앞으로 점점 더 많은 사람의 합의를 이끌어낼 것이라고 믿는다. 그러나 문제는 이보다 앞에 있다. 오늘날 우리는 이런 합의를 형성하기 위해

481

제3부
예술로서의
정치학

어떻게 준비해야 하는가. 현재의 중국과 중국이라는 나라가 지금까지 걸어온 역사적 궤적을 어떻게 분석할 것인가. 이런 문제들을 정면으로 마주하기 위해 '비판적' 지식인이 먼저 폐쇄적 자기만족에서 벗어나지 않는다면 아무것도 해낼 수 없다. 이것이 사스를 겪은 후 내가 사상사 연구가로서 작업윤리의 중요성을 통렬히 깨닫게 된 원인이다.

'종합사회'로서의 중국을 직시하다[5]

2008년은 중국이나 전지구적으로나 평탄한 해가 아니었다. 이 한 해 동안 중국 국내에서 발생한 일련의 사건은 전지구적으로 주목을 받았으며, 여러 가지 의미에서 전지구적인 영향력을 계속 발휘했다. 격렬히 변동하는 동시대사에서 이 일련의 사건에 대해 우리가 어떤 입장을 취해야 하는지는 말하지 않아도 자명한 문제가 결코 아니다. 여기서 나는 개인적인 견해를 이야기하고자 한다.

우선 2008년의 세 가지 사건에 대해 간단히 설명하고자 한다. 여기서 세 가지 사건이란 티베트 소요와 성화 봉송, 쓰촨 대지진을 말한다. 이 세 가지 사건은 일본에서도 수차례 보도되었으며, 2008년 상반기 일본사회에서 가장 뜨거운 이슈였다고 할 수 있다.

티베트 소요는 3월에 일어났다. 일본 매체의 보도를 통해 다음의 몇 가지 기본적 인상을 얻을 수 있었다. 첫째로 소요는 티베트

승려가 중심이 되어 일으켰으며, 티베트에 자유를 달라는 것이 그 이유라고 했다. 그러나 이 자유의 내용에 관해서는 일본 매체나 구미 매체나 기본적으로 우리에게 답을 주지 않았다. 그리고 종교의 자유가 없다는 극히 추상적인 결론으로 끝을 맺었다. 두 번째 인상은 티베트인이 최근 몇 년간 한족漢族이 티베트 지역을 관리하거나 통치하는 일에 대해 저항한다는 것이다. 이 점은 사건 속에서 한족의 상점은 습격당했으나 티베트인의 상점은 걱정하지 않아도 됐다는 사실로 증명할 수 있다.

세 번째는 중국 정부에 관한 반응이다. 매체의 보도는 처음부터 다음과 같은 이미지를 부각시켰다. 즉, 티베트 소요가 시작되었을 때부터 중국 정부가 가혹하게 진압했다는 것이다. 그러나 '진압'의 규모와 수법에 관해서는 논조가 제각각이었다. 일본 『마이니치신문每日新聞』의 보도를 보면 적어도 두 가지 논조가 있었다. 하나는 중국의 군대가 마구잡이로 진압한 것이 아니라, 단지 치안을 유지하는 형식으로 방어 조치를 취하고 사건을 가라앉히고자 힘썼다는 것이다. 다른 하나는 티베트에서 대규모의 무력 진압과 학살이 일어났으며, 오래 지나지 않아 수많은 티베트인이 체포되고 감금되었다는 것이다. 이런 논조는 미국 매체의 보도에서 나왔다. 그러나 매체는 이 점에 대해 끝까지 좀더 명확한 설명을 하지 않았으며, 중국 정부가 외국 기자들의 진입을 금지했다는 이유만 강조했다. '진압'의 이미지를 강화하기 위해 '톈안먼天安門 사건'의 기억이 다시금 화제가 되었으며, 그리하여 사람들은 똑같은 눈길로 이 사건을 바라보지 않을 수 없었다. 티베트 사건의 '진상'도 진상이 명료하다고는 할 수 없는 상황 아래 고정되었다.

　티베트 사건이 일어난 지 얼마 지나지 않아 두 번째 사건, 즉 올림픽 성화 봉송 사건이 일어났다. 그 시기에 거의 모든 매체가 이 일을 보도했으나 이 현상이 어떤 문제를 표명하는지에 대해서는 언급하지 않았다. 결국 무질서한 보도는 사람들에게 기괴한 인상만을 남겼다. 성화 봉송을 방해하는 폭력 행위가 각지에서 의식의 진행을 어지럽혔지만, 매체가 전달한 소식이라고는 '중국'이 어찌어찌해서 무섭다는 것이었다. 중국이 사건에서 폭력을 택하지 않은 쪽이었는데도 말이다. 여기에는 논리상의 비약이 작용한다. 즉, 티베트 사건에서 강화된 "중국 정부는 톈안먼 사건 후 여전히 독재통치를 행한다"는 기본 이미지가 성화 봉송을 방해하는 화면 속에 그대로 적용된 것이다. 그러나 이 이미지image를 성화 봉송에 응용하는 것은 별로 편리하지 않은 부분이 있다. 성화 봉송은 중국이 주최하는 것이지만 동시에 국제적인 활동이기도 하다. 각국 정부는 활동이 순조롭게 진행되도록 협조할 의무가 있으며, 현지에서 경찰이 출동해 파괴 행위의 발생을 경계했다. 그들은 중국 정부에 대해 폭력 조치를 취할 필요가 없었으며, 성화 봉송을 지지하는 중국인에게 폭력을 행사할 필요도 없었다. 이미 일어난 국부적 충돌은 기본적으로 현지 경찰과 성화 봉송을 방해하는 사람 사이에 발생한 일이다. 따라서 이렇게 복잡한 국면을 단순화하려면 결국 '중국은 무섭다'라는 이미지로 귀결될 수밖에 없다. 이렇게 다루는 것은 실로 다소 억지스러운 점이 있으며, 이로 인해 우리가 텔레비전에서 보는 화면과 들리는 해설 사이에 커다란 괴리가 생겨났다. 일본은 대중매체가 많고 사상적 입장도 각기 다르지만, 티베트 소요와 성화 봉송 방해라는 두 가지 사건을 아무런 매개 없이 함께 중첩시켰다는 점에서, 그들이 드러낸 표현의 차이는 시각의 차이가 아니라 기껏해야 정도의 차이에 불과했다.

일찍이 티베트 문제가 발생하기 전에 프랑스의 어떤 인권단체는 성화 봉송을 정치적으로 이용할 계획을 세웠다. 티베트 사건이 발생한 후 티베트 문제도 이 계획을 실현하는 데 이용되었다. 티베트 사건이 성화 봉송을 방해하는 행동 속에 포함되려면 티베트 문제가 단순화되지 않을 수 없다. 그리하여 '티베트 문제=인권 문제'라는 도식이 창조되고 성화 릴레이에 대한 방해도 '인권'을 이유로 정당화되었다.

그러나 성화 봉송이 아직 끝나지 않았을 때, 세 번째 사건이 일어났다. 이는 쓰촨 대지진이라는 엄청난 자연재해였다. 대지진이 발생했을 때 세계 각지의 매체는 아직 성화 봉송 저지에 대한 보도에서 벗어나지 못했다. 일본을 예로 들면, 매체에 반복해서 보도된 화제는 4월 하순 나가노長野의 성화 릴레이에 대한 일본 시민들의 불만, 중국인의 민족주의, 성화 지지 활동에 대한 중국 정부의 조종 등이었다. 바로 이때 쓰촨 대지진이 일어났다.

지진은 앞의 두 사건과 성질이 완전히 다르다. 쓰촨 대지진은 자연재해로서 아마 인류 역사상 규모가 가장 컸을 것이다. 일본은 이전에 간사이關西 대지진을 겪은 적이 있으며 일본 시민들은 이에 대해 여전히 고통스런 기억을 간직하고 있기 때문에 쓰촨 대지진이 발생했을 때 어떤 일본 매체는 진심 어린 안부를 전하기도 했다. 구미 매체에 비해 일본 매체는 이 점에서 인정미로 가득했다.

그러나 인정미로 가득한 이 안부는 얼마간의 시간이 지난 후에야 도착했다. 일본 매체는 적어도 사나흘의 시간이 걸린 뒤에야 성화 릴레이의 선전에서 빠져나왔다. 지진은 5월 12일에 발생했는데, 이튿날부터 매체가 이를 보도하기 시작했지만 그 내용은 지진의 참상 이외에는 어떤 평론도 없었다. 하루가 더 지나서야 성화 봉송을 계속 진행할 것인지의 여부, 그리고 중국 정부가 언론의 자유를 제한하지는 않는가에 대한 보도와 평론이 나오기 시작했다. 2~3일간 지속된 후에 비판의 목소리는 점점 약해지고, 중국 정부의 신속한 반응과 민간의 구조작업이 보도되었다. 이런 변화가 나타날 수 있었던 까닭은 일본사회가 지진이라는 자연재해의 잔혹성에 대해 깊은 이해를 지닌 사회였기 때문이다. 이런 체험을 겪지 않은 사회에서는 이와 같은 반응이 나오기 힘들다.

짧디짧은 2개월의 시간 동안 우리는 티베트 문제에서 쓰촨 지진까지 세 가지 사건을 겪었다. 사건의 성질이 각자 변화하는 동시에, 우리도 그 속에서 모종의 일관된 기본적인 인상을 느꼈다. 이 세 가지 사건은 어떤 동질화의 노력을 겪은 후에 마침내 정치 통합 시스템의 권위주의라는 이미지로 함께 전화되었다. 또 다른 이미지는 중국의 민족주의다. 티베트 문제든 성화 봉송이든 지진이든 그 기초를 구성하는 민족주의는 동일하다. 또 다른 인상은 인권 문제다. 앞의 두 가지 사건에서는 인권이 그 개념적 추상성으로써 키워드가 되었는데, 지진에서는 인권 문제가 전면적으로 나타나진 않았지만 필시 잠재적으로 이재민의 인권 문제라는 모습으로 나타났을 것이라고 생각한다.

나아가 중국의 '민중'도 고정된 이미지로 형상화되었다. 즉, 그들은 정부에 의해 조종되는 군중이고, 억압받는 피해자이며, 자유도 없고 주체성도 없는 존재라는 것이다. 매체에 나타나는 중국 민중은 마치 단순히 억울함을 하소연하기 위해 존재하는 것처럼 보이며, 그들이 사회의 개조에 대해 어떻게 바라보고 어떻게 행동하는가는 기본적으로 매체상에 드러난 적이 없다. 때로는 '반체제적인 활동가'가 보도되기도 하는데, 그들은 거의 중국의 유일한 '민주주의적 노력'으로 간주된다.

이상의 세 가지 사건에 대한 보도를 정리하고 나면, 중국의 사정에 대해 잘 알지 못하더라도 다음의 몇 가지 의문이 생기는 것을 피할 수 없다.

첫째, 티베트 사건에서 가장 핵심적인 것은 티베트를 독립시켜야 하는가의 문제다. 그때 동서양 매체의 주류 의견은 독립을 지지하는 입장이었을 것이다. 이 점을 드러내놓고 말하진 않았지만 인권과 자유 등의 관념이 이 점의 연장선상에서 제기되었다. 그러나 티베트 문제에는 현실적인 배경이 있다. 즉, 티베트의 배후에 미국이라는 존재가 있다면 티베트가 순수한 '독립'이나 '중립'을 실현할 수 있는가? 티베트가 미국의 전략 거점으로 변할 수 있는가의 문제에 관해서는 지금 토론할 필요가 없을 것이다. 그러나 지진이 발생한 지역에는 상당수의 소수민족이 거주하고 있었으며, 그중에는 티베트족도 포함된다. 다민족이 공존하는 중국의 구도는 회피할 수 없는 사실이다. 이번 지진 구호에 대해 말하자면, 다민족이 모여 사는 상황 아래 통일국가의 중앙정부가 맡아야 할 역할이 극히 중요해 보인다. 예컨대 5월 16일자 『마이니치신문』은 중국이 13만 명의 군대를 구호에 참여하도록 출동시켰다고 보도했다. 일본에 사는 사람들은 거의 상상하기 어려운, 이렇게 큰 규모의 지진이 발생한 후에 통일국가의 중앙집권이 위기에 대처할 힘이 없었다면 이렇게 신속한 반응과 대규모의 구호활동은 일어날 수 없었을 것이다. 비록 일본을 포함한 국제 구호 역량의 협조가 있었지만, 중국이 난관을 극복하려면 결국 자신에게 기대어야 한다. 이렇게 큰 지진이 가져온 손실은 70여 시간의 구호활동으로 보충할 수 있는 것이 아니다. 지진 발생 후에 재해지역을 복구하는 데는 더 많은 에너지와 자원을 필요로 한다. 『아사히신문』의 보도에 의하면, 중국은 각 성의 분업 협력의 형식으로 경제적으로 부유한 성부터 구호물자를 조달해 구체적으로 재해지역의 복구를 장기간 보장했다. 이런 역할 분담은 분명 통일국가가 국민보호의 기능을 행사하고 있는 것이다. 티베트 독립을 주장하는 사람들은 이런 요소들에 대해 언급을 회피해서는 안 된다. 이런 의미에서 '인권'과 '자유' 같은 개념을 사용하고자 한다면, 우선 대지진과 같은 가혹한 상황 아래(물론 전쟁처럼 지진보다 훨씬 잔혹한 인재人災도 있다) 정부의 '국민에 대한 책임' 문제를 동시에 시야에 두어야 한다. 이 두 달간 일본 언론의 보도를 읽어보면 확연한 논리의 빈틈을 볼 수 있다. 나가노 역의 성화 릴레이가 끝날 때까지 줄곧 지속된 중국 정부에 대한 가차없는 비판은 대지진이 발생한 후에 기본적으로 사라졌다. 티베트 문제에서는 '악인惡人'이었던 중국 정부가 대지진

때 총력을 기울이자 순식간에 '호인好人'으로 변했다. 이런 논리를 계속 밀고 나간다면 정치적으로 통일국가의 중앙정권이 행하는 역할을 직시하지 않고, 단지 단순하게 '좋은 사람' '나쁜 사람'의 이분법으로 문제를 사고하는 것이다. 이런 사유방식은 오직 흑백의 두 가지 색으로 세계를 나누는 것이며, 정치 해석으로 보자면 발을 붙일 수 없는 것이다. 이 점에 대해서는 뒤에서 다시 분석하기로 한다.

둘째, 대지진이 발생하기 전에 중국인의 '민족주의' 문제는 마찬가지로 '악惡'으로 취급되었다. 티베트 문제에서는 별 다른 사회적 반응을 보이지 않았던 다수 중국인이 성화 봉송이 저지되었을 때에는 갑자기 흥분해서 국내외적으로 강렬한 반응을 보였다. 특히 까르푸 불매운동은 전지구적으로 '중국적 민족주의'로 간주되었다. 그러나 여기서 주류를 차지하는 논리는 중국에 언론의 자유가 없는 이상 중국인의 이런 행동은 정부의 조종에 불과할 뿐이라는 것이었다. 일본에서 통용된 논리도 마찬가지였다.

그러나 대지진이 발생한 후에는 일본의 매체도 얼마간 중국인의 상호부조에 대해 보도했다. 그리하여 '티베트족 대 한족'이라는 대립 구도가 퇴색했으며, 일본도 국가정권의 구호와 동시에 전국 각지의 중국인이 민족 출신을 불문하고 자주적으로 구호활동을 전개한다는 사실을 어느 정도 이해하기 시작했다. 그리하여 이런 의문이 생길 수 있다. 즉, 만약 중국인이 주체성이 없고 정부에 조종당하는 존재라면, 이렇게 적극적인 구호활동은 일어날 수 없다. 그리고 만약 그들이 자주적으로 행동하는 주체적 존재라면, 이전의 '민족주의'는 단순히 조종당한 행위로 이해하고 지금의 행위는 주체적인 행위로 볼 수 있을까?

여기서 우리는 마침내 근본적인 문제를 정면으로 건드리게 된다. 중국에서 일어난 일련의 사건을 이해하려 할 때, 우리가 중국을 다루는 시각은 먼저 검증을 받게 되는데, 그중에서도 특히 엄격하게 검증받는 것은 우리가 정치(중국 정치뿐만 아니라)를 이해하는 방식이다.

도덕을 기준으로 정치를 이해하는 것과 정치는 전부 정치가에게 미뤄버리고 자신은 뒤로 물러서는 것은 동일한 문제의 양면이다. 우리 주변에서 드물지 않게 보이는 현상은 선악을 기준으로, 자신과는 전혀 관계없다는 듯이 국가정치를 논하는 것이다. 이런 태도는 비판의 입장이든 변호의 입장이든 간에 정치를 변동하는 유동적 과정으로 보지 않고, 단지 '선'이나 '악'의 판단으로 정치의 성질을 규정한다.

언론 매체는 신선한 뉴스를 추구하기에 사건이 크든 작든 발생한 당시에만 집중적으로 보도하고, 사건이 지나간 후에는 더 이상 관심을 갖지 않는다. 그러나 현실생활에서, 특히 중대 사건이 발생한 경우, 상황은 돌발 사건이 지나간 후에도 여전히 변화된 형태로 존재하면서 계속해서 변화해나간다. 하지만 사건이 시작되자마자 언론 매체가 우리에게 조성한 인상은 사건 자체에서 쉽게 벗어나 계속 존재하며, 우리는 계속 이 인상에 기대어 현실을 이해한다. 그리하여 '역사시각'을 크게 결핍한 채 문제를 바라보는 현상이 생겨난다. 역사는 항시 변화하며, 변화 속에서 새로운 요소를 만들어내어 사람들의 굳어진 인식과 고정된 판단을 타파한다. 이런 역사적 시각이 결핍되면 고정된 가치관에 근거해 현실을 이해하기 십상이다. 이런 특징은 이른바 중국에 대한 선진국가의 견해에서 특히 두드러진다. 말하자면 복잡한 현상은 절단되고 절대선 대 절대악이라는 사유방식으로 판단하는 것이다. 이런 상황에서는 '반대냐 지지냐' 또는 '비판이냐 옹호냐'의 이분법으로 입장을 가르기 때문에 중국의 복잡한 현실을 분석하기란 기본적으로 불가능하다.

그러나 이런 '좋음-나쁨' 또는 '선-악'이라는 식의 인상은 왜 언론 매체에서 거듭 생산되는 것일까? 나는 여기서 냉전 이데올로기의 문제를 지적하고자 한다. 사카모토 요시카즈坂本義和는 『지구 시대의 국제정치地球時代の国際政治』라는 책에서 다음과 같이 아주 간단명료하게 분석한 바 있다.

냉전 해석의 또 다른 유형은 덜레스Dulles를 대표로 한다. 주지하다시피 덜레스의 해석에 의하면 동서양의 대립은 '민주주의'와 '공산주의' 이데올로기의 대립이고, 선과 악, 신과 악마의 힘 겨루기다. (…) 악의 존재가 악일 뿐만 아니라, 선과 악 사이에 타협과 공존이 존재한다고 인정하는 관점 자체도 악이다. 그 논리는 필연적으로 '반격정책反攻政策 rollback policy'6으로 공산주의 진영 안의 민중을 '해방'시키려는 욕구로 발전한다.7

2008년의 세 가지 사건에 대한 보도에서 일부 구미의 언론 매체를 필두로 한 선진국의 보도가 나타내는 것은 기본적으로 사카모토가 위에서 총괄한 냉전 이데올로기 모델이다. 이 모델에 끼워 넣을 수 없는 현상 위에 민주주의 대 권위주의(공산주의)라는 틀을 억지로 씌우고, 선악 대치의 방식으로 이해한다. 어떤 의미에서는 중국의 민중을 '인권'이 전혀 없고 단지 정부에 의해 조종되는 존재로 보는 견해 속에 함축된 것도 일종의 '국제적 반격國際反攻'으로 중국 민중을 '해방'시키려는 사유방식이다.

그러나 냉전 시기와 다른 것은 냉전 이데올로기가 현실에서 벗어나 독립적으로 자기복제를 한다고 해도, 실제 국제정치 속에서 이런 대립을 진정으로 유지할 수는 없다는 점이다. 2008년의 사건에서 우리는 서방국 정부의 태도와 그들 언론 매체의 선전 사이에 뚜렷한 괴리가 존재함을 명확하게 관찰할 수 있다. 이렇게 이데올로기가 현실에서 벗어나는 현상은 전지구적인 범위에서의 중국 적대시 여부라는 층위의 문제일 뿐만 아니라, 냉전 종결 후 세계 정치에 대한 사람들의 인식과 세계 정치의 현실 간의 격차를 집중적으로 반영한다. 현실 속의 세계 정치는 대변동이 일어났으며, 과거에 세계를 양대 진영으로 나누던 관점도 이미 효력을 잃었다. 그러나 현실에 상응하는 새로운 인식은 아직 진정으로 성장하지 않았다. 중국 문제를 논의할 때 사용하는 '인권'과 '자유' 등 냉전 이데올로기에서 자주 쓰이던 키워드는 그 추상적 사용법으로 인해 도리어 그것들의 이데올로기적 성격을 폭로한다. 매체는 많아도 결코 주류와 일치하지 않는 목소리를 내지 않으며, 여론은 방대해도 이구동성이다. 이런 양상은 '민주주의'의 규칙에 위배되지 않는

단 말인가? 의미심장한 것은 국제적 범위의 이데올로기 압력이 중국사회 내부에서도 유사한 이데올로기 양상을 불러일으켰으며, 중국인의 대외적 반응 속에 이데올로기의 단일한 색채도 강화되고 있다는 점이다. 2008년 상반기는 참으로 우리에게 또 한 차례의 냉전 이데올로기 전쟁을 펼쳐 보였다.

그러나 문제는 여기서 끝나지 않는다. 어떻게 냉전 이데올로기를 뛰어넘어 중국의 복잡한 동시대사를 이해할 것인가 하는 문제야말로 우리의 진정한 과제다.

현재의 중국을 분석할 때 우선 물어야 할 것은 어떻게 중국을 다룰 것인가가 아니라, 어떻게 '역사'와 '정치'를 다룰 것인가다. 냉전 이데올로기를 가볍게 뛰어넘기 어려운 까닭은, 일본과 중국사회를 두고 말하자면, '민주주의'에 대한 상상이 극히 관념적이고 빈약하기 때문이다. 역사 속의 민주주의는 실제로 각양각색의 형식을 지녀 통일된 모델이 있을 수 없으며, 언제나 완전무결하기도 어렵다. 정치 자체도 이상적인 상태가 아니라 늘 긴장관계 속에서 운동하며, '선'과 '악'의 두 측면을 동시에 포함하고 심지어 양자를 동시에 결탁시켜 혼돈 상태를 형성한다. 따라서 우리가 주의해야 할 것은 사회에 어떤 정치구조가 형성되었으며 어떤 역량관계로써 조정하고 있는가다. 이 밖에 한 나라의 정치 상황은 늘 그 나라의 경제·문화 또는 풍토 문제 등과 서로 관련이 있으며, 국제정치에서 발휘하는 역량과도 큰 관계가 있다. '인권'과 '자유'가 이런 관계 속에서 논의되지 않는다면 아무런 의미가 없다.

다시 티베트 문제로 돌아가보자. 여기서 논의하고 싶은 것은 중국의 근대화 문제를 어떻게 이해할 것인가다. 나는 티베트 문제 전문가가 아니기에 상세한 분석을 제시할 수는 없고 단지 상식적 범위에서 초보적인 논의를 하고자 한다.

티베트 문제에 대한 일본 언론 매체의 보도를 접하노라면 우리는 다음과 같은 문제를 생각하게 된다. 승려들이 요구하는 '자유'는 과연 무엇인가? 왜 승려들이 소요의 중심이 되었을까? 만약 한족의 대량 유입으로 인해 티베트인의 이익을 저해했다면 이 역시 최근 몇 년간의 일에 불과하다. 그렇다면 역사적으로 티베트에는 어떤 일이 일어났을까?

여기서 나는 다만 상식적인 문제를 지적하고자 한다. 중국공산당은 정권을 쟁취한 후 티베트에 들어가 그곳에서 토지개혁을 진행했다. 이 과정의 내용은 사원이 독점한 토지를 폭력으로 빼앗아 농노와 토지가 없는 티베트 민중에게 나누어준 것이다. 토지개혁의 과정은 격렬했지만 이런 토지개혁은 티베트 일대로만 한정된 것이 아니라 중국 전역에서 진행된 것이다. 또한 티베트에서 진행된 토지개혁에는 민족 대립 등의 미묘한 문제가 섞여 있는 까닭에 한족 지역에서 실행된 토지개혁보다 훨씬 오래 걸려서 기본적으로 10년에 가까운 시간이 소요되었다.

여기서 『티베트 근대화를 위한 투쟁—타시 체링 자서전The Struggle for Modern Tibet—The Autobiography of Tashi Tsering』이라는 책을 소개하고자 한다. 이 책은 티베트인 타시 체링의 자서전으로, 본인이 구술하고 미국의 티베트 문제 전문가 멜빈 골드스타인Melvyn Goldstein과 윌리엄 지벤슈William Siebenschuh가 기록한 것이다. 타시 체링은 티베트의 외진 산골 마을에서 태어났으며, 과거 티베트 사회에서 지위가 비교적 낮은 계층에 속했다. 어렸을 때 어떤 기회로 티베트 상류사회에 다가갈 수 있었으며, 후에 공산당이 티베트에 들어오는 과정을 직접 겪었다. 1956년에는 인도로 건너가 달라이 라마의 형 밑에서 일했다. 1960년에 미국으로 유학을 간 그는 유럽사를 공부하며 티베트 사회가 중세 유럽의 '정교일치政敎一致' 봉건사회와 비슷하다는 사실을 깨달았다. 이로 인해 티베트 종교에 대한 인식도 바뀌었다. 그는 종교란 상류사회가 빈곤한 노예를 착취하는 사실에 대한 은폐임을 인식하기 시작했으며, 티베트가 혁명을 일으켜 근대화를 실현해야 한다고 생각하게 되었다. 티베트인으로서 그는 한편으로는 중국공산당에 대해 의심을 품으면서, 한편으로는 공산당이 티베트에서 행한 개혁의 역사를 고찰하기 시작했다. 고찰을 거친 후에 그는 공산당이 티베트에서 행한 토지개혁과 정치개혁은 티베트 역사상 최초의 개혁이며, 공산당이 티베트인을 대신해 사회혁명을 개시한 것이라고 인식했다. 그는 또한 어떻게 이 혁명을 이용해 티베트인의 근대사회를 세울 것인지 사고하기 시작했다.

이 목표를 실현하기 위해 타시 체링은 달라이 라마의 형이 인도로 초청한 것을 거절하고 1964년 중국으로 돌아왔다. 그때 중국은 마침 문화대혁명의 전야였고, 귀국 후에 그는 온갖 고초를 겪었다. 어떤 의미에서는 그가 중국과 함께 수난을 겪었다고 말할 수 있다. 문화대혁명이 끝난 후 그는 미국 등의 국가로 갈 수 있었지만 티베트에 남기로 했다. 지금까지 그는 각급 정부 세력의 도움을 받아 티베트에 초등학교 66개교와 전문대학 1개교를 세워 티베트의 어린이들에게 계몽교육을 받을 수 있는 기회를 제공했으며, 문화 영역에서 티베트의 근대화를 위해 분투하고 있다.

타시 체링의 전기는 간단하지 않다. 그는 '근대화'가 중국에 무엇을 의미하는가, 또 티베트에는 무엇을 의미하는가와 같은 묵직한 문제들을 제기했다. 이야말로 티베트 문제의 본질이 자리한 곳이다.

여기서 영국의 정치학자 해럴드 래스키Harold J. Laski가 『현대 혁명의 고찰Reflections on the Revolution of Our Time』에서 논한 바를 인용하고자 한다. 래스키는 이 책에서 소련의 '근대화'에 대해 분석했다. 그는 혁명 이후 소련 정부에 두 가지 선택이 있었음을 지적했다. 하나는 자본주의화로, 외래 자본을 도입해 새로운 경제정책을 계속 추진하는 것이다. 다른 선택은 자력갱생으로, 소련의 공업화를 전면적으로 실현하는 것이다. 그들은 후자를 선택했다. 그런데 이 선택의 결과는 부득이하게 일종의 독재 정치체제를 국민에게 전면적으로 강화하는 것으로 나타났다.

1949년 이후 중국의 정치 진행과정은 소련의 그것과는 크게 다르지만 다음의 측면에서는 아주 유사하다. "산업화(외국자본에 의존하지 않고 실현한다면)의 대가는 소비재를 엄격히 제한하고 농업집단화(농업집단화를 하지 않으면 소비재를 제한할 방도가 없기 때문이다)를 실현하는 것이었다." 중국에서 일어난 상황도 이와 완전히 동일하다. "한마디로 소련은 30년도 안 되는 기간 안에 하나의 발전 단계를 완성하기 위해 노력했다. 이 단계는 미국조차도 한 세기반이 걸렸고, 그나마도 대량의 외국자본의 도움에 의존해 겨우 완성된 것이었다. 다시 말해서 이런 노력은 정해진 목표에 대해 태반이 훈련을 받은 적이 없는 인민들을 통해 진행되었는데, 그들은(적어도 농민 중에서는) 눈앞의 고생이 앞으로의 행복을 위한 것이라는 이치를 이해하지 못했을 가능성이 아주 크다. 만약 그들의 자유 선택에 맡겼다면 말이다."[8]

폭력으로 근대화를 실현하는 이 과정이 서유럽의 수많은 국가에서는 식민지에 대한 점유와 약탈을 통해 완성되었으며, 미국에서는 제2차 세계대전 기간과 그 후 확립된 세계 패권에 기대어 실현되었다. 그러나 러시아와 중국 등과 같은 이른바 공산주의 국가가 자신의 힘에 기대어 근대화를 실현하려면, 외부의 압력 아래 단기간 내에 자기 내부에서 '착취'를 자행하는 것 외에는 다른 선택의 여지가 없었다. 그리하여 문제에 변화가 생겨, '근대화'라는 역사의 진행과정을 어떻게 볼 것인가의 문제로 변했다.

"현대문명의 모순과 충돌을 만든 중요한 근원은 프랑스혁명 기간에는 손을 잡고 함께 나아갔던 자유와 평등의 이상이 이후의 역사에서는 대단히 가슴 아프게 등을 돌린 것이다." 이는 마루야마 마사오가 「세 번째 평화에 대하여三たび平和について」[9] 제1·2장에서 제기한 문제다. 자유를 표방하고 평등을 희생하는 '민주주의'식의 근대화 과정이든, 평등을 표방하고 자유를 희생하는 '사회주의'식의 근대화 과정이든, 그 어떤 것도 성공했다고 할 수 없다. 따라서 오늘날 우리가 보게 되는 것은 '현대문명의 모순과 충돌'이며, 직면하고 있는 것은 근대 목표를 실현하는 사회체계를 어떻게 창조할 것인가라는 무거운 과제다.

중국은 '천하' 사상이 '국가' 사상의 전통보다 훨씬 더 강해서 유럽의 근세 이후 형성된 민족국가 모형이 형성되기 어렵다. 다민족 공존은 극히 복잡한 존재 형식이어서, 정치적으로 이런 형식을 분석하는 작업은 아직 충분히 전개되지 않았다. 티베트 문제의 발생은 우리에게 다민족 공존이라는 역사적 상황에 대해 다시 생각해볼 기회를 주었으며, 평소에 간과되었던 문제를 대면하게 했다. 물론 현실 속에 민족 간의 갈등과 한족의 유리한 지위 문제가 존재하고 있지만, 이는 문제의 한 측면일 뿐 진정한 문제는 '공존의 모델이 과연 어떠한 것인가'에 있다. 갈등은 서로 다른 민족 간에만 존재하는 것이 아니며, 그것은 쉽게 의식되고 쉽게 강화되는 한 측면일 뿐이다. 사실 티베트족이든 한족이든 모든 민족의 내부에는 격렬한 충돌이 존재한다. 역사의 눈길로 분석하지 않고 이데올로기만을 사용해서는 이 현실을 파악하기 어렵다. 우리가 생각해야 할 것은 '근대화'라는 틀 안에 티베트를 어떻게 자리매김할 것이며, 자유와 평등이 "대단히 가슴 아프게 등을 돌린 것"을 어떻게 극복할 것인가라는 문제다. 지금처럼 이렇게 티베트족과 한족을 두 개의 실체로서 양분해 추상적으로 대립시키는 방법은 유동하는 정치적 결단과 동향, 예컨대 앞에서 이야기한 타시 체링의 생각과 노력을 완전히 말살할 것이다.

타시 체링은 현재 이미 80세가 다 되었다. 그의 전기는 맨 처음 홍콩에서 번역 출판되었으며(『티베트는 나의 집―타시 체링 자서전西藏是我家―扎西次仁的自傳』, 명경출판사明鏡出版社, 2000), 2006년 7월에 다시 대륙판이 나왔다. 2008년의 티베트족 사건 속에서도 이 책은 한족들 사이에서 호평을 받았다. 이 책이 서로 다른 민족을 감동시킬 수 있었던 까닭은 보통 사람이 어떻게 정치에 참여할 것인가를 자신의 과제로 삼았을 때의 결단과 희생정신 때문이다. 타시 체링은 감옥에 들어갔고, 감시를 받았으며, 갖은 고난을 겪었다. 그러나 그는 '억울함을 하소연'하는 이미지와는 전혀 인연이 없는 사람이다. 그는 '무엇이 문제이고 어떻게 해결할 것인가'에 대해 진지하게 분석한 후 그때마다 주체적으로 판단하고 행동했다. 그는 정치를 그 자리에 있는 관원에게 내어주고 자신은 단지 억울함을 하소연하기만 하는 역할을 맡지 않았으며, 외부에 서서 비판하는 흑백 논리의 입장을 취하지도 않았다. 타시 체링은 보통 사람이 '정치에 참여'할 때 해야 할 일을 착실하게 해나갔다. 이런 의미에서 그의 입장은 흑백 대립의 방식으로 판단할 수 없다.

그에게 감동을 받은 다른 민족 가운데에도 이런 사람이 많다. 바로 이런 사람들의 노력으로 말미암아 중국의 정치는 조금씩 조금씩 변화하고 있다.

쓰촨 대지진이 발생한 후 대체로 이튿날부터 보통 중국인들이 행동하기 시작했다. 한 가지 예를 들면, 허베이성河北省의 한 농촌 간부는 자신이 사업을 해서 모은 저축을 쾌척해 구호 팀을 만들었다. 이 구호 팀은 지진이 발생한 지 이틀 후인 14일 재해지역에 도착했다. 이 팀의 구성원은 마을 사람 15명을 포함해 23명이었는데, 8명은 줄곧 농촌건설운동에 몸담아온 자원봉사자였다. 그들은 출발 전에 구호활동의 내용에 대해 상세히 토론했다. 어떻게 재해지역의 민간단체와 협력하고 정부의 힘을 빌려 구호물자가 중간에 새지 않고 제대로 도달하게 할 것인가. 특히 어떻게 재해지역의 농민과 연합해 향후 재해복구 건설을 함께 전개할 것인가. 그들은 지금껏 농촌건설운동에 참여해 현장 경험이 풍부했다. 이 소식을 전해들은 수많은 시민이 너도나도 그들의 공개계좌에 도움의 손길을 보냈다.

일본 매체들은 중국의 구호활동에 대해 보도할 때 중국을 '정부'와 '민간'으로 양분하고 양자를 따로 실체화했는데, 이러한 사유방식으로 인해 어떤 사실에 대해서는 민감함을 유지했으나 다른 사실에 대해서는 둔감한 반응을 보였다. 그들이 쉽게 민감함을 드러낸 부분은 중국 행정 시스템의 부패 문제와 사회의 빈부격차 문제였다. 이런 문제들은 확실히 심각한 사실이며 허구가 아니다. 그러나 중국의 시민, 즉 일본 매체가 본 '피해자'들이 어떻게 이런 부패 및 격차와 투쟁하는지, 어떤 노력을 통해 '자유롭고 평등한' 사회적 기초를 조금씩 확대해나가는지 등의 핵심 부분은 완전히 그들의 시야 밖에 있었다. 사실상 2008년에 일어난 일련의 사건을 통해서 중국 시민은 과거의 축적 위에서 한 걸음 나아가 정치적으로 단련되었다. 예컨대 까르푸 불매운동 참가자들이 행동방식에서 행한 고려는 그들의 목적보다 훨씬 가치 있는 것이었다. 다수의 참가자가 감정적 반응에 대해 경계했으며, 프랑스에 대한 항의를 까르푸 이외의 프랑스 기업으로 확대시키지 말자고 호소한 것 등이 그러하다. 다시 2005년에 일어난 반일 시위 때의 상황을 살펴보면, 나는 이런 노력이 중국 정부의 조종이었다고 생각하지 않으며, 이는 중국 시민의 민주 훈련이 한층 더 쌓인 결과로 보아야 할 것이다. 사실에 더 가까운 설명은, 중국인은 정부에 대항하는 태도를 정치적 입장의 입각점으로 삼지 않으며, 그들은 정부의 힘을 이용할 수 있을 때 언제나 적극적으로 이용한다는 것이다. 이야말로 민주화의 가장 핵심적인 부분이다. 지진이 발생한 이후 쓰촨성의 시민을 중심으로 인터넷과 자원봉사자들이 형성한 네트워크를 통해 중국인이 어떻게 해야 구호활동이 공평하게 진행될 것인가 하는 극히 난감한 문제와 정면으로 마주했다. 지형이 이렇게나 험준하고 피해 면적이 이렇게나 넓으며 피해자 수가 이렇게나 많은 재해 앞에서, '날림 공사'로 피해를 입은 아이들 문제, 구호물자의 유용流用 문제, 특권층의 사회적 해악 문제 등 모든 문제가 쉽사리 해결될 수 있는 것들이 아니었다. 그러나 중국의 일반 시민들은 유언비어를 퍼뜨리거나 억울함을 하소연하기만 하지 않고 스스로 행동했다. 예컨대 청두成都 같은 지역에서는 재해를 입은 후 시민들이 자주적으로 '감독 시스템'을 구축했다. 그들은 구호물자가 불법으로 유용되지 않는지, 정부의 구호활동이 적극적으로 전개되고 있는지 등을 감독했으며, 여론을 동원하고 심지어 어떤 상황에서는 경찰에 압력을 행사해 경찰의 힘을 빌려 구호활동이 순조롭게 진행될 수 있도록 추동했다. 쓰촨 정부의 호소 아래 이런 '감독 시스템'은 임시 시스템으로서 제도적으로 승인을 얻었다. 중국의 민주주의는 이런 일련의 우발적 사건 속에서 점차 훈련되었다. 아직 이상적 상태에 도달하진 않았지만 중국사회의 진정한 정치과정은 바로 이 일련의 사건 속에서 초보적으로 윤곽을 형성했다고 할 수 있다. 또한 최근 몇 년간의 상황을 돌이켜보면 이런 훈련은 2008년에 시작된 것이 아니라 반일 시위, 사스 및 일본인이 알지 못하는 수많은 중국 국내 사건을 통해 축적된 것임을 알 수 있다. 억울함을 하소연한다는 이미지에만 의존하고, 추상적인 '인권' 개념에만 의지해서는 이런 요소 속에 숨어 있는 중국사회의 민주 잠재력을 발견할 수 없다.

1968년 다케우치 요시미는 요시모토 다카아키와 대담을 진행했다. 어떻게 중국을 바라볼 것인가라는 화제가 담화에서 제기되었고, 다케우치 요시미는 다음과 같은 의미심장한 문제를 지적했다.

지금의 중국은 이미 매우 완비된 근대국가가 되었습니다. 그렇지 않았다면 핵무기의 개발은 불가능했겠지요. 그러나 역사상 최초로 완비된 근대국가가 되었다고는 해도, 중국사회는 결코 우리가 상상하는 유형의 근대국가가 아닙니다. 그것은 상당한 유동성으로 가득 찬 사회로, 내부 구조가 극히 복잡합니다. 노예제 사회, 자본주의 사회에서 인민공사人民公社 등을 이상으로 삼는 미래의 공산주의 사회에 이르기까지, 중국은 내부에 모든 역사적 단계를 포함한 사회입니다. 중국사회는 일종의 종합사회인 것이지요. 따라서 우리가 지닌 국가관과 세계관의 척도로는 그것을 재단하기 어렵습니다.[10]

오늘날 중국에는 이미 상당히 커다란 변동이 일어났다. '종합사회'의 특징과 내용에도 변화가 일어났을 것이다. 그러나 중국은

'양극으로 분화된 사회'라는 개념으로는 전면적으로 개괄할 수 없는 사회이며, 그 내부 구조는 여전히 매우 복잡하다. 이 점에서 보면 중국은 여전히 종합사회라고 할 수 있다. 원리적으로 이에 대해 분석한 작업은 여전히 완성되지 않았다. 2008년이 되어 특히 '민족국가'라는 유럽 원리와의 충돌 아래 이 작업은 갈수록 긴박해졌다. 까르푸 불매운동과 성화 봉송 지지 등의 표상에 갇힌 채 '반체제'와 '인권 요구' 같은 기성의 관점에 의지해서만 문제를 보는 사람들은 이런 사회를 이해할 길이 없다. 현실의 대립 배후에 숨어 있는 이런 대립보다 훨씬 더 복잡한 정치원리를 발견하고자 한다면, '좋음－나쁨'이나 '선－악'이라는 식의 사고방식에서 반드시 벗어나야 한다.

이것이 티베트 문제 그리고 성화 봉송에서 대지진에 이르기까지 우리가 살고 있는 동시대사가 우리에게 제기하는 사상과제다.

제4부

사상사의
논리

9장
수평적 사고의 동아시아상[1]

　백낙청의 『분단체제·민족문학』[2](이하 『분단체제』로 약칭)과 백영서의 『사상으로서의 동아시아—한반도적 시각에서 본 역사와 실천』[3](이하 『사상동아』로 약칭)은 함께 읽어야 할 저서다. 한국 당대 사회에서 중대한 영향력을 지니는 '창작과비평'의 두 세대 인물이자 한국의 대표적 지식인인 이들의 이 두 저작은 우리에게 한국의 사상적 상황을 이해할 효과적인 실마리를 제공하며, 중요한 이론 명제를 제기한다.

　내가 접했던 몇 안 되는 한국 지식인들에게서 나는 공통된 소양을 관찰했다. 그것은 현실의 신속한 변화에 대해 고도의 민감함을 지녔으며, 이런 민감함에 기초한 위기의식을 유지하고 있다는 점이다. 백낙청과 백영서는 내게 이런 인상을 가장 강렬하게 준 사

제4부
사상사의
논리

507

람들이다. 이 두 저작에서 그들은 이 특징을 집중적으로 나타냈다. 어떤 의미에서 한국 지식인의 저서를 읽는 가장 효과적인 방법은 그들의 이런 위기의식을 입구로 삼고 이런 위기의식의 연장선상에서 그들이 사유하는 궤적을 추적하는 일이라 할 수 있다.

지리적 상상력의
사정거리

백영서는 『사상동아』에서 흥미진진한 문제를 제기했다. "소위 지역이란 단순히 이미 고정된 지리적 실체가 아니라, 인간활동이 창조한 결과다. 지역 개념을 창조하는 주체는 다양하기 때문에, 공통의 지역의식을 수립하려면 반드시 동일한 지역의 사람들이 공감할 수 있는 정체성을 확립해야 한다."[4]

한국에서 동아시아 담론을 가장 먼저 제기하고 또 끊임없이 추진한 지식인으로서, 백영서는 줄곧 이러한 '인간활동'에 힘썼다. 그는 동북아시아 지역의 지식인 교류를 추진하고 참여하는 데 많은 시간과 정력을 들였을 뿐만 아니라, 합의가 결여된 동북아 지역에서 어떻게 기본적인 합의를 수립할 것인가라는 어려운 사상과제를 추진하고자 모색했다.

동북아에서 이렇게 '공감'에 기초한 정체성을 수립하는 일은 확실히 막중한 어려움에 직면해 있다. 나는 일찍이 한 논문에서 이 딜레마의 역사적 이유를 분석한 바 있다.[5] 역사적 원인, 특히 냉전의 지속적 결과로 인해 동북아의 일부 사회[6] 간에는 지금까지도 여전히 동아시아를 하나의 지역으로서 통합적으로 인지하는 기초가 결여되어 있다. 이 점은 중국·한국·일본이 저마다 아세안(동남아시아 국가연합) 국가들과는 지역 자유무역협정을 체결하면서도 삼국 간에는 지지부진하게 자유무역지대를 설립하지 못하는 기본적인 상황만 보아도 대략 짐작할 수 있다. 더군다나 오늘날 동북아 지역에서 사회에 직간접적으로 사상 담론을 제공하는 지식인들도 정도는 다르지만 이런 합의를 추진하려는 욕망이 결여되어 있다. 어쩌면 지금은 아직 인간 교류를 통해 사람들이 공감할 수 있는 정체성을 창조할 수 있는지 캐물을 때가 아니라, 우선 눈앞의 사상 구도를 직시할 필요가 있을지도 모른다. 즉, 동북아의 지역 정체성에 관한 상상력은 상이한 지역 내부에서 그 사정거리가 어떤 역사적 함의를 지니는 것일까?

백영서는 그의 저작을 통해 흥미진진한 시각을 제공했다. 그에 따르면 동아시아 국제관계의 내재적 질서는 역사적으로 중화제국·일본제국·미제국이라는 세 개의 제국에 의해 차례로 주도되었다. 물론 그는 이 세 개의 '제국'을 동등한 것으로 간주하지 않으며, 심지어 일본을 '준準제국'으로 정의하고자 한다. 그러나 제국에 대한 개념에 상당히 폭넓은 규정을 부여한다. "제국은 본국과 주변 국가—동아시아에서는 차례로 조공국, 식민지, 위성국으로 성질이 변화되었다—사이의 관계에서 일정한 위계질서를 설정하여, 제국의 세력권 안에 있는 각국의 대내 및 대외 정책을 규정할 권력을 누린다. 이런 의미에서 본다면 제국의 시각으로 근대 이전과 이후의 동아시아 질서의 작동 방식을 비교할 수 있다. 이렇게 한다면 각 질서의 조정을 훨씬 더 효과적으로 분석할 수 있을 뿐만 아니라, 각 질서 간의 연속성을 더 잘 이해할 수 있다."[7]

백영서가 중화제국의 조공 시스템과 일본·미국의 제국 패권을 병렬하는지의 여부나 중화제국의 수천 년 문명사와 뒤의 두 '제국' 간의 거대한 낙차를 어떻게 처리하는가는 중요하지 않다. 중요한 점은 그가 역사학자의 안목으로 이 세 가지 상이한 역사 시기의 제국 형태에 대해 분석하되 가치판단을 내리지 않을 때, 그의 진정한 의도는 문제를 '동아시아 공동체'의 지역 상상으로 이끄는 데 있다는 것이다. 이 상상의 기점은 문명론이 아니라 그보다는 일종의 국제질서 담론이다. 이러한 국제정치의 시야에서 그는 이 세 '제국'이 동일한 범위에서 만들어낸 질서 사이에 모종의 연속성이 존재하는지의 여부, 그리고 이런 연속성과 당면 과제 사이의 관계에 주목한다. 주의할 것은 그가 미국을 동아시아 국제질서의 주도 세력 가운데 하나로 간주한다는 점이다. 그에 따르면 미국은 동아시아 외부가 아니라 내부에 존재한다. 지리적 개념을 확실히 벗어난 이 시야는 백영서가 제시하는 동아시아 담론의 복잡한 성격을 충분히 드러내며, 바로 이 시야에서 그는 대륙의 중국인들에게 간과되기 쉬운 문제를 제기한다. 그것은 바로 우리가 줄곧 일찍이 중화제국이었던 전통 속에서 생활했다는 것이다. 이는 다시 말하면 우리에게는 자연스런 문제들이 이 전통의 주변적 위치에 놓인 한국사회에서는 반드시 그렇지는 않다는 말이다.

조공 시스템과 화이華夷 질서관, 특히 동아시아에서 행한 '왕도王

道' 이념의 역사적 역할에 대해 중국인은 그것이 일종의 패권이라는 견해를 받아들이기 힘들다. 백영서도 이 점에 충분히 주의하고 있다. 그는 다음과 같이 인정한다. "중화제국의 질서는 종종 중국이 일방적으로 지배종속의 위계관계를 강요하여 수립한 것이 아니라서 근대세계에 나타난 제국주의적 지배관계에 비해 훨씬 범위가 광대하고 훨씬 다원적이며 관용적인 질서를 수립할 수 있다. 오늘날의 입장에서 보면 이는 우리가 제국질서의 대체 방안을 탐색하는 사상적 자원이 될 수 있을지도 모른다."[8] 다만 그는 곧이어 여전히 중화제국의 '제국성帝國性'을 주의해야 한다고 경고한다. 제국을 추구하는 경향으로 인해 역대 중국 왕조는 모두 대일통大一統을 추구했으며, 이런 통치이념이 중국인의 집단기억 속에 각인되었으리라는 것이다. 나아가 그는 중국의 전통 왕조뿐만 아니라 그 주변의 국가도 이 제국 이념을 공유하고 몇몇 소규모의 조공체제를 수립해 '중화사상공유권中華思想共有圈'을 형성했음을 지적한다.[9]

백영서의 생각에 따르면, 이 중화사상공유권은 그 주변지대에서 중심에 대한 원심력을 만들었을 뿐만 아니라, 일본 제국주의라는 성공하지 못한 제국을 만들었다. 어쩌면 바로 이런 생각에서 중·일 사회 간의 갖가지 긴장관계가 한·일 관계와는 다른 모종의 해석을 얻을지도 모른다. 그 해석이란 역사적 갈등이 극히 왜곡된 두 사회 간의 풀기 어려운 대항관계다.

2010년 댜오위댜오 사건이 발생한 후 중국사회와 일본사회 내부에는 시민생활의 층위에서 상호 대립적 분위기가 나타나기 시작했다. 어떤 사회에 분위기상 모종의 호감이나 악감정이 나타날 때,

그것의 해소나 유도는 이성적 분석에만 의지할 수 없다. 우리는 반드시 다음의 문제를 따져보아야 한다. 즉, 반일감정이 똑같이 격렬한 한국사회는 왜 동아시아 정체성을 일본의 대동아공영권과 간단히 동일시하지 않는가? 반면에 중국사회는 왜 한국사회에서와 같은 '동아시아 소구訴求'가 형성되기 어려운가?

백영서는 한국인의 '동양관東洋觀' 형성사를 언급할 때, '문화적 감상주의'라는 중요한 현상을 포착했다. 그는 영어의 '센티멘털리즘sentimentalism'에 대응하는 의미에서 이 개념을 사용했다. 이는 분명 저자나 역자가 이 어휘의 사회역사적 함량을 확장시키고자 하는 의도다. 문화적 감상주의는 사회 주체의 정치적 잠재력에 관한 비이성적 표현 방식으로서, 어떤 정권도 무시할 수 없는 부분이다. 그러나 그 비이성적 성질로 인해 그것의 함의는 가측성可測性과 방향감각을 결여하고, 종종 나타나는 돌발성 역전이나 간접적으로 유발되는 파괴적 결과를 파악하기 어렵다.

동아시아 소구의 문제에서 동아시아 지역의 상황은 상당히 일치하지 않는다. 이런 불일치는 '문화적 감상주의'의 표현 형태에서 구현된다. 대륙 중국인이 댜오위다오 사건 발생 후 지속적으로 일본에 반대할 때, 마찬가지로 댜오위다오 부근에서 일본과 충돌이 발생한 타이완 사회는 기본적으로 유사한 상황이 발생하지 않았다. 반대로 댜오위다오 주권 문제는 타이완섬 안의 정치 세력에 의해 남록藍綠10 진영 대치의 매개로 전화되었으며, '반일反日'은 주도적인 사회 분위기를 형성하지 않았다. 그러나 시선을 '합일哈日'11이냐 '반일'이냐의 문제에 국한시키지 않는다면, 비록 역사적인 이유는 동일하지 않지만 타이완해협 양안의 '문화적 감상주의'가 동아시아 소구를 결핍했다는 점에서는 상당히 일치한다는 것을 발견할 수 있다.

명백하게 알 수 있는 역사적 형성 원인이 이런 상황을 설명할 수 있을 듯하다. 그것들은 각각 대륙의 중일전쟁 기억과 마오쩌둥 시대의 제3세계 이념, 타이완의 일본 식민통치와 국민당 정권이 계엄 해제 이전에 행한 강압통치 사이의 역학관계다. 특정한 역사적 단계에서 형성된 이런 심각한 대립으로 인해 동아시아를 하나의 총체로 볼 필요성이 생기기 어려웠던 것이다. 그러나 더욱 은밀한 구조관계가 작용하고 있을지도 모른다. 예컨대 동아시아가 공동체를 형성할 수 있는가의 문제에서 대륙 중국인들 주류의 상상은 중국이 다시금 중심이 될 수 있는가다. 그러나 타이완 지식계는 이 문제를 회피하는데, 여기에는 동아시아에서 타이완의 위상이 잠재적 요소로 작용할 것이다. 왜냐하면 그들도 '중심'을 찾을 필요는 있지만, 타이완이 중심이 될 수 있다고 스스로 생각하기 어려우며, 동시에 중국 대륙이 중심이 되는 것도 인정하기 어렵기 때문이다.

백영서는 바로 이 일환에서 관찰시각의 존재를 암시한다. 자신을 중심으로 삼는 '제국'이라는 지리적 공간의 상상으로 인해 중국과 일본은 아무리 해도 상대방에 대한 악감정을 뛰어넘기 어렵게 되었다. 일본의 여야에서 이미 중·일을 중심으로 삼는 것에 관한 건의가 나온 바 있지만, 이는 제국이 남겨놓은 잠재의식 문제를 효과적으로 해결할 수 없을 듯하다. 바로 이런 잠재의식이 문화 감상주의의 추세를 빚어내고 있는 것이다.

백영서는 이 문제에 도전장을 내민다. 그는 논술에서 자신의 사상적 노정, 곧 '분단된 반쪽 나라의 시각'에 국한된 학자에서 '동아시아 시각'을 획득한 지식인으로 성장하기까지의 과정을 성찰했다. 그가 제공하는 것은 바로 동아시아 냉전의 중심에 놓인 지식인이 지닌 특정한 체험이다. 우리의 지적 감각에서 한반도는 실로 너무 오랫동안 부재한 상태였다. 그리고 이런 부재로 인해 동아시아 담론을 구축할 필요성도 방치되고 심지어는 부정되었다. 동아시아 담론의 층위에서는 대륙의 사회주의 담론이든 타이완의 통일—독립 논쟁이든, 대륙에서 점점 일어나고 있는 화평굴기和平崛起의 상상이든 타이완에서 점점 곡절을 겪는 정체성의 위기이든 간에 그 어느 것도 한반도에서 온 독특한 경험을 대체할 수는 없다. 비록 오늘날 우리가 북한에서 온 담론을 직접 얻을 수는 없지만, 한국 지식인이 제공하는 지리적 상상력은 우리에게 탈중심화된 동아시아 상상의 가능성이라는 중요한 인식론적 차원을 보여준다.

백영서의 서술은 심각한 진퇴양난의 처지를 나타낸다. 즉, 고도의 민족적 자존을 지닌 사회로서 한국 민중은 동아시아에서 종속적 국가로 취급받는 것을 받아들일 수 없다. 이 때문에 쑨원의 대아시아주의大亞洲主義가 서술한 '왕도王道'를 역사와 현실 속의 한국인들은 받아들일 수 없는 것이다. 그러나 이와 동시에 지리적 공간이 유한한 소국으로서, 특히 분단된 후에 더더욱 약세에 처한 한국은 역사적으로든 지금의 현실 속에서든 반드시 어떤 국가 또는 국가들과 동맹을 맺을 것인지 슬기롭게 선택해야 한다. 이는 한국이 자기중심적 상상의 기초를 그다지 지니지 않는 이유이기도 하다(비록 조선 역사에서 한때 화이華夷 관념과 소규모의 조공 모델이 존재하긴 했지만). 어떻게 현실의 정치적 목표를 위해 국제관계에서 고도로 탄력적인 태도를 유지하되, 동시에 이로 인해 사상적 입장의 일관성을 잃지 않을 것인가. 이것이 바로 백영서가 추구하는 사상과제이자, 한국사회의 역사적 운명이다.

백영서는 한국사회가 한 가지 정치 성향을 날로 증강하고 있음을 드러냈다. 그것은 바로 이미 동아시아에 내재하는 미국의 강권强權에 저항하기 위해, 그와 상대적인 동아시아 정체성의 수립을 선택하는 것이다. 중국 지식인들의 중국 대 서양, 또는 중국 대 미국이라는 이원적 상상과는 달리, 한국 지식인들은 자신의 역사적 처지로 말미암아 동아시아의 수평적 연대로 서양의 패권에 대항하는 것의 유효성과 절박성을 훨씬 또렷하게 의식했다. 백영서도 동아시아 내부에 심각한 대립과 불화가 존재하고 있음을 마찬가지로 인정하지만, 그렇다고 동아시아 상상을 구축하려는 노력을 포기하지 않는다. 오히려 그는 갖가지 대립 속에서 수평적 사고의 가능성을 찾고, 그 안에서 인적 교류를 만들어낼 수 있는 계기를 실제적으로 수립하고자 한다.

백영서가 추구하는 동아시아 수평적 사고에서 가장 기본적인 착안점은 민간 범위의 지역연대다. 그는 민국 시기 국민당 상부의 동아시아관이 어떻게 쑨원의 대아시아주의에서 왕징웨이汪精衛의 친일 합작으로 변천했는가를 회고하면서 이렇게 지적했다. "국민당 인사들의 아시아에 대한 인식과 실천은 다음의 한 가지 사실을 증명한다. 즉, 관변 입장에서 진행하는 아시아 지역연대는 현실 정치 속에서 기존의 국가체계(특히 그 파생물—제국주의)에 이용되기 쉬우며, 그리하여 지역연대의 가능성을 잃어버린다."[12] 분명 그가 지적하고자 하는 것은, 국민국가를 단위로 지역공동체를 구상한다면 '누구를 중심으로 삼을 것인가' 하는 가정이 피치 못하게 생겨나게 되는데 이것이 바로 제국주의의 논리라는 것이다. 그가 쑨원의 대아시아주의를 호의적으로 이해했더라도(백영서는 쑨원이 일본에서 중·일 양국이 공동으로 아시아를 이끄는 구상을 제기한 것은 전략적 고려에서 비롯된 것이라고 지적했다), 그는 여전히 이 최저선을 포기하지 않았다. 탈중심화된 동아시아의 수평적 연대는 민간의 층위에서만 설계할 수 있는 모델이다. 이 층위에서만 대국과 소국의 차이가 문화의 차이가 되며, 더 이상 권력의 분배를 의미하지 않기 때문이다.

백영서의 동아시아 담론 명제의 배후에는 백낙청의 '제3세계' 시각이 있다. 이는 추진할 만한 이론적 시야다. 백낙청이 강조하려는 것은 지역적인 실체 개념이 아니라 기능적인 분석 시야이기 때문이다. 중국의 마오쩌둥 시대에 줄곧 강조한 지역 대응성을 지닌 실체적 '제3세계' 담론과는 달리, 백낙청의 '제3세계 담론'은 기본적으로 구체적 지역에 대응하지 않는다. 바꿔 말하면 그는 세계를 국가 단위로 하여 '제1세계' '제2세계' '제3세계'로 나누고자 하는 것이 아니라, 전지구적 범위 안에서 '제1세계 시각'과 '제3세계 시각'을 구분하는 것이다. 즉, 그의 기준은 지리적 공간 구획이 아니라, 자본의 전지구화 과정 속에 처한 사회적 위치와 이로부터 생겨난 가치판단이다. 따라서 백낙청은 제3세계가 포괄하는 것은 단일한 세계이지, 세계를 셋으로 나눈 한 부분이 아니라고 생각한다. "내가 정의하는 제3세계 관점은 세계를 셋으로 나누는 것이 아니라, 강자가 아닌 보통 민중의 관점에서 출발하여 세계를 하나의 단일한 총체로 보는 것이다."¹³

명백히, 처한 시대와 위치가 다르고 또한 역사 단계적 과제의 격렬한 변화로 말미암아, 백낙청은 스스로에게 마오쩌둥의 제3세계 담론과는 다른 이론적 임무를 규정했다. 그는 세계가 자본주의 경제정치 패권에 의해 세 개의 불평등한 부분으로 나뉘었음을 인정하는 기초 위에, 현재 한국사회에서 전개되는 세 가지 세계의 구획 문제를 둘러싼 토론에 대해 신중한 수정을 가했다.

우선, 백낙청에 따르면 인류세계는 세 가지 세계의 물리적 구분으로 그 전체를 가를 수 없으며, 어떤 지역은 세 가지 세계 중 어디에도 속하지 않는다. "근본적으로 말해서 제3세계의 현실은 자본주의 세계경제의 수립 및 전지구화 확산의 결과다. '하나의 세계'와 '인류 형제'를 맹목적으로 선전하던 시기와는 상황이 다르다. 넓은 의미에서 말하자면 '제3세계'는 지구상에 있는 낙후된 지역의 총체를 가리킨다. 그러나 현대 세계경제가 아직 침투하지 않은 외지고 낙후된 지역에 이 개념은 적합하지 않다."¹⁴ 이는 백낙청이 이론적으로 제3세계와 자본의 전지구화의 관계를 정의하고 있음을 의미한다. 그것은 자본의 전지구화 운동의 산물이며, 그것과 제1세계의 대항은 이 운동의 내부에서 일어난다. 이 과정에 말려들지 않은 지역들은 세 가지 세계의 이론에 의해 포괄되기 어렵다. 이 때문에 인류사회라는 개념은 '세 가지 세계'의 총화보다 크다.

다음으로 그는 아시아·아프리카·라틴아메리카 등 저개발 지역이 제3세계의 자아인식을 구성하는 주체적 구역임을 인정하는 동시에, "특정 지역을 세계 여타 지역과 고립시켜 '제3세계'를 실체화하는 작업은 '제3세계주의'라고 할 수 있는 새로운 허위의식을 생산하기 쉬움"[15]을 경계하라고 강조했다. 이는 백낙청이 제3세계의 자아의식을 자본주의 세계체제에 내재하는 저항 역량으로 파악하며, 그것을 외부의 추상적 입장으로 단순화하지 않음을 의미한다. 이 기능적 시야에서 백낙청은 자신의 분단체제론과 내적 연관을 지니는 인식론을 제공한다. 즉, '제3세계'는 다른 두 세계와 대립의 형태로써 서로 의존할 뿐만 아니라, 제1세계와 제2세계의 내부에도 존재한다는 것이다. 우리는 나아가 이와 반대로 제3세계 내부에도 똑같이 제1세계와 제2세계의 요소가 존재함을 추론할 수 있다.

셋째, 백낙청은 제3세계를 하나의 총체 개념으로 만들자고 제기하면서, 민중시각에서 '세 가지 세계'를 하나의 총체로 합하는 것과 같은 '아래로부터 위로의 전지구화'가 지니는 현실적 기능에 특히 주목했다. 한편으로 그는 실체적 의미에서의 제3세계 민중 생활감각의 다원적 존재 방식을 존중하고, 진정으로 민족적 성격을 지니는 풍부하고 다원적인 세계를 수립하며, 이로써 제1세계의 사이비 다원주의 이데올로기가 추진하는 획일주의에 대항할 것을 강조했다. 그러나 동시에 이는 제1세계 내부의 제3세계와 '제3세계 요소'에 대해 충분히 관심을 가지며,[16] 제3세계의 시각(백낙청은 이것이 '민중시각'이라고 강조한다)에서 제1세계에 의해 고전으로 모셔진 사상문화유산을 새롭게 이해해 그것을 전 인류가 공유하도록 하는 것을 의미한다.

백낙청의 제3세계론은 기본적으로 국제정치 관계의 범주에 속하지 않음을 알 수 있다. 그보다 그것은 인식론 층위의 담론으로, 탈냉전 시기의 구체적인 사상과제를 명확하게 겨냥하고 있으며, 결코 가볍게 다루는 것이 아니다. 그의 이와 같은 '탈실체화'된 인식론적 노력은 한국 지식계가 동아시아 정체성을 논의하는 데 효과적인 사상적 자원을 제공하며, 지식인에게 다음과 같은 질문을 하도록 시사점을 준다. 즉, 세 가지 세계를 하나의 총체로 간주하고 동아시아를 하나의 총체로 간주하는 것은 동일한 과정 속의 상이한 고리로 이해될 수 있는가? 특히 국가를 기본 단위로 삼지 않고 사고할 때, 민중 시야로서 확립된 제3세계와 동아시아라는 두 가지 범주는 모종의 유사한 성격을 지니지 않는가? 나아가 민중 층위의 동아시아 정체성은 어떻게 해야 진정으로 구축될 수 있는가?

사실상 동북아 지역에서 한반도 한국사회의 일부 지식인들만이 동아시아 정체성에 대한 필요를 가장 명확하게 서술하며, 가장 자각적으로 동아시아 정체성의 문제와 미국 패권에 대한 대항 문제를 결합해 고려한다. 동북아 지역의 다른 사회에서는 동아시아의 수평적 연대가 아직 절박한 문제로서 주목을 받지는 못하는 듯하다. 이와 상응하는 과제는 대륙 중국인이 아직 일본에 대한 악감정을 효과적으로 전화하지 못했을 때, 동아시아에 대한 언급은 언제나 '대동아공영권'의 상상으로 인도되는 듯하다는 것이다. 적어도 한국사회와 중국사회 사이에는 뚜렷한 인식론적 낙차가 존재한다. 한국사회는 이미 동아시아 정체성에 관한 모종의 기본적 합의가 형성되었고, 미국의 동아시아 패권에 대항한다는 의미에서 그것은 우선 한국의 식자들이 중국사회와의 접점을 새롭게 찾으려 하며, 중국에 대한 한국사회의 각종 편견을 극복하고 진일보한 인적 교류를 추동하려 함을 의미한다. 그러나 현재 중국사회는 기본적으로 이에 상응하는 대등한 수요가 존재하지 않는다. 동아시아를 언급할 때 중국인이 떠올리는 것은 중국사회와 한반도의 관계가 아니라 중·일 관계다. 한국에 반일 콤플렉스가 존재하지 않는 것이 아니며, 민간의 격렬한 반일 정도는 심지어 중국보다 훨씬 더 심하다. 그러나 그것이 결코 동아시아 담론의 장애가 되지는 않는 것 같다. 이는 일본에 대한 한국사회의 객관적 분석과 관계있을 것이다. 오늘날의 한국인은 일본이 다시 흥기해 제국이 될 것이라고 생각하지 않는다. 또한 역사적으로 보면 대대로 조선의 지사들은 자신의 투쟁 목표를 동아시아 평화의 이념에 기탁했으며, 이를 기점으로 신의를 저버린 일본을 비판했다. 이는 곧 한국의 근현대 사상사에서 동아시아 이념이 일본의 대동아공영권과 등호가 성립하지 않음을 말한다. 백영서가 책에서 소개한 바와 같이 안중근이 이토 히로부미를 암살할 당시에도 그 이유는 동아시아 평화의 수호자가 되지 않았을 뿐만 아니라 신의를 저버리고 조선을 점령한 일본을 징계하는 데 있었다.[17] 이 역시 한국사회가 동아시아 담론을 일본의 대동아공영권과 동일할 뿐이라고 생각하지 않음을 의미한다.

『사상동아』를 통해 백영서는 근대사에서 한반도 동아시아관의 부침과 성쇠의 궤적 그리고 동아시아관과 한국 민족주의의 관계를 간결하게 묘사했다. 그는 일본의 식민지로 전락하기 전에 조선의 아시아관은 국민국가의 성립과 직접적으로 관련이 있었으며, 따라서 그것은 조선 지식인과 백성의 관심을 불러일으켰고, 조선의 지사가 20세기 초반의 중국혁명운동에서 조선 독립과 해방의 가능성을 찾도록 했음을 강조했다. 이로 인해 당시 조선의 지사는 중국혁명의 성공을 촉진하는 것이 조선의 독립과 해방에 유익하다고 여기게 되었으며, 따라서 그들은 중국혁명에 투신했다. 그러나 조선이 1910년 일본의 식민지로 전락함에 따라, 아시아 담론은 아무런 도움이 안 되는 공허한 이론으로 변했으며 민간의 기초를 상실했다. 20세기의 마지막 10년에 이르러서야 한국에서 동아시아에 관한 연구가 나타났으나, 그것은 이미 1910년 이전의 아시아관과는 달랐다. 그것은 20세기 1970년대 이래의 민족민주운동에 대해 반성하는 기초 위에 형성된, "국가체제 시각과 세계체제 시각 사이의 매개물로서 형성된 '동아시아적 시각'"[18]이다.

백영서가 지적한 바와 같이, 량치차오와 쑨원, 리다자오李大釗의 시대에 중국의 아시아주의는 민족해방을 모색하고, 일본의 '대아시아주의'에 대립하는 의미에서 자신의 정당성을 확립했다. 이 점에서 20세기 초반 중국의 아시아주의 담론에 관한 성쇠의 궤적은 한반도와 모종의 일치성을 지닌다. 그러나 20세기 후반에 이르자 중국은 한국과 보조를 같이해 동아시아를 바라보는 수평적 사고의 참된 수요가 생겨나지 않았다. 반대로 이런 가능성을 사이비처럼 뛰어넘고, 잠재의식에서 중국이 어떻게 동아시아를 대표할 것인가 하는 방향으로 사고를 발전시켰다. 그 사이의 역사 논리는 곰곰이 새겨볼 만하다.

대략적으로 말해서, 오늘날 통용되는 의미에서의 동북아 지역에서 유일하게 제국의 중심을 맡은 적이 없는 나라는 한반도일 것이다. 바로 이런 까닭에 한국의 지식인은 '제국 콤플렉스'가 동아시아 공동체의 형성과정에서 발생시킬 수 있는 방해 작용을 훨씬 예민하게 감지한다. 우리가 백영서의 이와 같은 분석을 적극적으로 받아들인다면, 동아시아 담론에 관한 방향감각에도 한 걸음 더 나아간 조정과 규명이 필요할 것이다. 백영서가 백지운의 견해를 인용하며 말한 것처럼, "그녀는 역사상 출현한 동아시아 질서는 모두 제국이 운영한 것으로, 오늘날의 동아시아 지역공동체 개념에서 여전히 국가 간 연합체 관념의 영향을 받고 있다고 반성하며, 이로 인해 현재 진행되고 있는 국경을 초월한 기층 민간단체들의 연대가 새로운 지역공동체에 건강한 기초를 제공할 수 있기를 희망한다".[19]

그렇다면 백지운이 구상하는 국경을 초월한 민간연대운동은 과연 어떤 사상적·현실적 에너지를 갖출 수 있는가?

분단체제 극복에서
이중적 주변의 시각까지

백지운의 서술에는 중요한 정보가 포함되어 있다. 즉, 동아시아

질서가 역사상의 제국 운영 모델을 타파하려면 국가연합체의 설계에만 의존해서는 충분치 않다는 것이다. 그녀에 따르면 국가연대는 반드시 대국과 소국 간 권력분배의 '제국주의 논리'를 따라야 하며, 그것을 타파하려면 민간 역량의 수평적 연대에 힘입을 수밖에 없다.

이는 분명 백영서의 생각이기도 하다. 동시에 그는 다른 견해를 보충했다. 즉, 단순한 반反국가는 오늘날의 실제 상황에 부합하지 않으며, 정치를 매개로 삼아 국가기구와 민중의 새로운 관계를 수립해야 한다고, 다시 말해 민중의 요구를 국가정치를 재구축하는 동력과 목표로 삼아야 한다고 강조했다.

한국 사상계의 지도적 인물인 백낙청은 줄곧 원리적으로 분단체제 극복의 가능성을 찾는 데 힘써왔다. 그의 사고는 국가를 전제로 삼는 담론 논리를 전복시켰다. 한반도에서는 세계체제를 개혁하는 것이든 자기 내부의 관계를 개혁하는 것이든, 그 어떤 사회운동도 '분단체제 극복'이라는 임무와 결합하지 않으면 힘을 낼 수 없다는 것이다. 이는 분단체제가 남북한 각자의 주체를 불완전한 상태로 만들어, 두 사회 간에 외부의 힘을 빌려 정치관계를 추동하는 상태를 계속 지속시켰기 때문이다. 한편 백낙청은 민족국가와는 다른 인식틀을 수립해서 민족국가 대립을 전제로 하는 이 '분단체제'를 인식하도록 호소한다. 이 틀은 곧 민중의 주체성으로 지탱되는 '민중화해운동'이다. 백낙청이 마주한 현실의 과제는 다음과 같다. 즉, 한반도의 분단은 독일, 베트남과 예멘의 방식으로 '통일'을 진행하기엔 부적합하고, 남북의 두 정권이 '재통일'을 둘러싸고 벌이는 저항과 담판을 수반하며, 한국사회의 각종 역량도 '분단체제 극복'이 아닌 '통일'을 현실의 투쟁 목표로서 설정한다는 것이다. 분명 백낙청은 '통일'과 '분단체제 극복'이 두 가지 상이한 방향을 향하는 노력이며, 한반도의 화해를 효과적으로 추진하려면 반드시 양자를 유기적으로 결합해야 한다고 생각한다.

『분단체제』에는 분단체제 극복의 함의를 전문적으로 언급한 글이 있다. 이는 이론상 추진하기에는 다소 힘겨운 담론이다. 어쩌면 바로 그렇기 때문에 백낙청이 극히 신선한 역사적 시야를 제공해 모호하게 '냉전의 산물'로 귀결되었던 한반도 분단 문제를 새롭게 살피고, 그 안에서 원리적 성격을 지닌 담론의 방향을 찾을 수 있게 되었는지도 모른다.

백낙청은 한반도 분단의 근본 원인을 구성하는 것은 한국전쟁이 아니라고 여긴다. 그것이 중대한 유인誘因이긴 하지만, 상당히 외재적인 성격을 지닌다. 동시에 그는 분단체제라는 개념이 없어서는 안 되는 까닭은 그것이 다음의 기본적인 상황을 서술하기 때문이라고 본다. 즉, 분단은 통일을 대립면으로 삼지 않으며, 그것은 감지하기 어려운 현실을 가리킨다. "확실히 한반도 전체를 포함하는 구조가 있어서 남북한에 대해 똑같이 근본적인 결정적 힘을 가하며, 이런 분단체제 자체를 공고히 하기 위해 심지어 서로의 적의와 대립까지도 동원된다. (…) 남북한이 세계체제 안에 참여하는 특수한 방식과 세계체제에서 남북한이 작동하는 결정적 힘은 모두 어떤 구조의 매개를 거친다. 이 구조는 분단에 의해 구축되며 많든지 적든지 간에 공고해진다. (…) 남한이든 북한이든 '체제'의 작동을 적절하게 해석하려면, '분단체제'라는 개념을 '중간항 middle term'으로 사용하지 않을 수 없다. 이는 단순히 인식론상의 문제가 아니라 동시에 실천의 문제이기도 하다."[20]

반드시 인정해야 할 것은, 타이완해협의 경험이 준 지적 감각을 동원하더라도 나는 여전히 백낙청의 분단체제론에서 어떤 낯선 것을 읽어낸다는 점이다. 이는 이 이론을 신중히 다루어야 하며, 그것을 나의 기성 이론 상상 속으로 간단히 환원할 수 없음을 직감케 한다.

핵심적인 문제는 백낙청이 '분단'과 '분단체제'의 차이를 구별하고, 후자가 개념으로서 독립적으로 존재할 필요성을 강조했다는 점이다. 그의 서술에서 남북 분단의 상태는 한반도의 특정한 역사 시기의 현실적 구도일 뿐이며, 분단이라는 구도를 포함하는 '분단체제'는 이 구도보다 훨씬 더 큰 지배적 구조다. 이는 분단체제는 훨씬 기본적인 구조로, 특정한 역사 시기에 남북한의 대립 구도를 초래했을 뿐만 아니라, 동시에 꼭 남북 분단으로 구현되지는 않는 여타의 대립 상태를 초래했음을 의미한다.[21] 나아가 분단체제의 연명술은 각종 형태의 대립과 단절에 있으며, 이런 단절적 대립 구도만 존재하면 분단체제가 존재한다. 따라서 남북한이 통일을 달성하고 한반도가 하나가 된다고 하더라도, 이 심층적인 분단체제가 와해되지 않는다면, 분단 국면은 여전히 각종 형태로 재연될 것이다. 따라서 핵심 문제는 분단이 아니라 분단체제에 있다.

백낙청의 관련 설명을 전면적으로 읽을 수 없으므로, 상술한 분석은 제한적인 중국어 번역본에 의거한 추론에 불과하다. 이런 추론을 하는 까닭은 분단 현실과 분단체제를 명확히 구분하지 않으면, 그가 1998년에 쓴 「분단체제 극복운동의 일상화를 위해」[22]를 이해하기 어렵기 때문이다. 이 문헌에서 그는 남북한 정권 간의 대립이 상호 의존적임을 여러 차례 강조했으며, 분단체제는 남북한 민중의 일상생활에 침투한 자기재생산 과정임을 강조했다. 또한 전면전全面戰은 분단을 극복하는 정당한 방식이 될 수 없음을 강조했다. 그의 이런 분석을 경험적 분석이나 정치 전략적 고려로만 이해한다면 중요한 측면을 간과하기 쉽다. 즉, 백낙청은 강렬한 정치 실천의 성격을 지닌 현실 분석에서 첨예한 이론 명제를 제기했다는 점이다.

그 이론 명제란 분단체제가 자본주의 전지구화의 기본적 매개 모델이라는 것이다. 다시 말해서 분단체제의 형식과 끊임없는 재생산은 자본주의 세계체제의 효과적인 작동을 보장하는 필수 고리다. 현실적 분단 상태가 존재하는 일부 지역(예컨대 한반도 및 중국 대륙과 타이완)에서 분단체제가 보증하는 '상호 의존적 대립관계'야말로 자본의 전지구화를 추진하는 매개다. 이는 모순으로 보이는 다음의 기본 사실을 형성한다. 즉, 자본주의 세계체제는 각종 의미에서의 대항과 단절을 유지하기를 원하며, 이야말로 그것이 세계 전체를 제어하는 기초라는 점이다. 한반도에 나타난 대항 구도가 표명하는 것처럼, 이런 대항을 해소하려는 평화적 노력은 언제나 강대국의 견책을 받으며, 이런 대항을 유지하는 도발도 언제나 대항의 평형을 깨뜨리지 않을 정도로 유지된다. 이는 간과되기 쉬운 다음의 사실을 드러낸다. 즉, 분단 자체가 목표가 되어버렸으며, 그것은 통일을 통해서 간단히 해소될 수 없다는 점이다. 이는 백낙청이 분단체제 극복의 민중운동이라는 매개를 통해서만 세계체제 변혁운동에 참여할 수 있다고 거듭 강조한 함의이기도 하며, 그가 무력으로 통일을 실현하는 데 반대하는 원인을 설명하는 것이기도 하다. 이 입장의 중점은 단순히 평화와 민중생활의 안정 보장을 중시하는 데에 있는 것이 아니라, 무력적 통일이 분단 문제를 해결할 수 있다 하더라도 그것은 바로 분단체제를 강화하는 가장 기본적인 형식이라고 인식한다는 데에 있다.

이 생각에 따라 계속 밀고나가다 보면, 우리는 다음의 문제에 직면하게 될 것이다. 즉, '통일'은 어떤 목표하에서 유효하거나 정당한 것인가?

백낙청이 '분단체제'의 내용에 대해 본격적으로 논한 글을 읽을 수 없기 때문에, 내가 읽은 그의 관련 논술에만 근거해서 그가 정의한 '분단체제'의 함의를 추론하고자 한다. 적어도 다음과 같은 그의 분석을 통해 간접적으로 분단체제의 기본 윤곽을 정의할 수 있을 것이다.

우선, 그에 따르면 분단체제를 구성하는 '분단'은 일종의 상호 배척적인 대립이며, 대립을 전제로 대립 쌍방의 '단절식' 상호 의존을 조성한다. 그리고 이런 의존관계는 대립 쌍방을 넘어서는 구조가 존재하며, 그것은 끊임없이 쌍방에 똑같은 영향을 행사함을 암시한다. 다시 말해 이 구조는 분단체제가 대립의 방식으로 각 방면을 분리시키는 것이 아니라, 대립의 방식으로 그것들을 연결하게 만든다. 그는 남북한의 두 정권이 자족적인 방식으로는 독립해 존재할 수 없으며, 분단을 통해 이익을 얻고 있음을 강조한다. 여기서 그는 분단체제가 조성한 단절은 단순히 완벽한 대립을 의미하는 것이 아니라, 그것은 동시에 피차의 적의와 대립을 이용해 자신을 공고히 하며, 그 가운데서 이익을 얻는 것은 권력과 자본임을 지적하고자 했다. 이는 역설적인 구조다. 그것은 내부의 끊임없는 대립과 충돌을 통해 각 부분을 유기적으로 연결시키며, 대항을 통해(그것의 극단적 방식은 전쟁이다) 분리될 수도 있는 각 부분을 하나로 만든다. 동북아의 근대에 어떻게 전쟁의 역사를 통해 뒤엉킨 관계가 발생했는지, 이런 뒤엉킨 관계가 어떻게 해소할 수 없는 대항적 성격을 지니게 되었는지 회고해본다면, 백낙청의 이 분석을 어렵지 않게 이해할 수 있다. 오늘날 남북한의 대항방식은 바로 이런 성격을 구현했다고 말할 수 있다. 역으로 대립이나 배척성만 있고 대립을 존재의 필요조건으로 삼지 않는 '분리'는 분단으로 구현된다 하더라도 분단체제의 직접적 표현으로 간주되어선 안 된다. 추측건대 백낙청은 아마도 동독·서독과 남베트남·북베트남이 이런 예라고 생각하는 것 같다. 이는 그가 남북한은 통일 문제에서 독일·베트남과 비교할 수 없다고 강조하는 원인이기도 할 것이다.

이런 기초에서 그는 나아가 분단이 일종의 단절 상태가 야기한 전도나 긴장관계임을 암시한다. 이는 충분히 명확한 서술은 아니지만, 그것의 역사적 함의 때문에 중요한 이론적 시사점을 지닌다. 백낙청은 2008년 타이베이에서 열린 동아시아 비판적 잡지 회의에서 '동아시아 화해의 바리케이드'라는 제목의 기조강연을 발표하면서, 동아시아에 두 개의 '초대형 분단'이 존재함을 매우 명쾌하게 지적했다. 하나는 일본의 '탈아입구脫亞入歐'로 표현되는 일본과 여타 지역의 '분단'이며, 다른 하나는 중국이 중화제국에서 근대국가로 전환한 후 나타난 여타 지역과의 분단이다. 이는 중국이 여타 국가와 대등하기 어렵다는 사실이 불러일으키는 심각한 부조화와 불균형으로 구현되며, 타이완해협 양안의 대립으로도 구현된다. 주의할 것은 그가 한반도의 분단을 양안의 분단에 견강부회할 수 있다고 생각하지 않는다는 점이다. 그는 분명 타이완해협의 관계는 중국이라는 거대한 제국이 근대국가로 전환하는 과정에서 발생한 불균형 상태일 뿐이며, '중국 초대형 분단'의 구성요소일 뿐이라고 인식한다.[23]

초대형 분단과 분단체제 간의 관계는 필요한 서술이 결여되어 분단체제라는 개념이 과연 어느 정도까지 일반화될 수 있는지에 대해서는 판단할 수 없다. 그러나 백낙청의 서술에서 더욱 주의할 만한 것은 이와 같은 동아시아 초대형 분단에 대한 논의가 화해를 전제로 삼고 있다는 점이다. 이 점은 그의 강연 제목에서도 쉽게 이해할 수 있다. 바꿔 말하면 분단의 대립항은 '통일'이 아니라 화해다. 이는 역으로 '분단체제란 무엇인가'를 이해하는 실마리를 간접적으로 제공한다. 그것은 통일에 상대적 개념으로서의 분열이 아니라, 각종 마찰과 충돌을 일으키는 매개물이다. 오직 이런 의미에서만 양안 관계가 분단체제 담론에 포함될 수 있다.

이렇게 보면 분단체제라는 개념은 이미 한반도의 범위를 넘어서 동아시아 지역이 공동으로 직면한 과제가 된다. 따라서 어떻게 분단체제를 극복할 것인가라는 한국 사상계의 과제도 더 이상 어떻게 한반도의 통일을 추구할 것인가만을 의미하지 않는다. 이론적 전망에서 그것은 나아가 자본의 전지구화가 만들어낸 '획일성'에 대한 깊이 있는 분석을 이끌어낼 수 있어야 한다. 이 획일성은 바로 마찰과 충돌 위에 세워진 것이기 때문이다. 우리도 이러한 분석을 통해 오늘날 세계의 도처에 도사린 긴장 상태가 어째서 늘 폭발 직전에 적당히 해소되는지 관찰함으로써 훨씬 효과적으로 평화의 계기를 파악할 수 있다.

　백낙청은 한반도가 어떻게 통일을 실현할 것인지의 문제에 아주 구체적인 의견을 제시했다. 이는 즉각 해결(특히 전쟁 수단을 통해)의 방식이 아닌, 점진적 방식으로 통일을 추진하는 것이다. 주의할 것은 그가 일종의 양면 작전의 상태에서 평화적인 점진 해결 방식을 논하고 있다는 점이다. 그는 지나치게 급속한 통일은 전체 동아시아 지역에 부정적인 충돌을 일으킬 수 있으며, 한반도가 통일구도를 형성하는 것이 중국과 일본에 모종의 자극을 일으킬 수 있다고 생각한다. 북한은 어떤 방식으로 붕괴하든 동아시아 각국의 글로벌 경쟁력을 흔들게 하고 손상시킬 수 있다. 그러나 분단의 현상을 유지하는 것도 바람직하지 못하다. 왜냐하면 분단체제의 지주支柱가 사라지고 있으며, 이렇게 끊임없이 마찰을 일으키는 매개물은 결코 합리적인 지역 구조가 아니기 때문이다. 백낙청은 이렇게 경고한다. 남한에서 많은 사람이 지역 협력을 논하지만, 그들은 북한이 아직 존재한다는 사실을 잊고 있다. 골칫거리는 북한 사람들이 자신들을 잊도록 놔두지 않을 것이며, 평화적으로 잊히는 데 동의하지 않을 거라는 데 있다. 그리하여 백낙청은 조급하게 북한을 자극하거나 무력으로 해결하려는 생각은 모두 옳지 않으며, '한국식 통일'이 유일한 선택이 될 것이라고 건의한다.[24]

이른바 한국식 통일이란 평화를 전제조건으로 하는 완만한 과정이다. 그것은 초보적인 '연방' 상태일 수 있으나, 명백히 통일을 구성하지는 않으며 기껏해야 통일을 향해 내딛는 첫걸음에 불과하다. 백낙청에 따르면 중요한 점은 다음에 있다. "이것이 만약 완만하고 한 걸음 한 걸음씩 나아가는 과정이라면, 일반 민중도 이 과정에 자기 힘을 기여할 수 있으며 이 과정에 참여할 수 있다. 그들은 제1단계가 언제 달성될지 결정하는 데 협조할 수 있을 뿐만 아니라 제2단계가 무엇이어야 하며, 심지어 통일이 우리가 바라는 최종 단계인지의 여부를 결정할 수도 있다. 우리는 과정 속에서 통일로 향하는 발전이 이미 충분하며, 당시 도달한 것보다 더 긴밀한 연합체, 가령 일종의 연방과 같은 상태가 필요하지 않다고 결정할 수도 있다. 우리가 1945년에 수립하려다 외세의 간섭으로 성공하지 못한 단일민족국가를 반드시 재건해야 하는 것은 아니다."[25] 백낙청은 동시에 이렇게 단언했다. 즉, 이런 과정은 장차 근대 민족국가의 주권을 약화시키는 결과를 가져올 것이나, 그것은 보통 민족국가가 결핍한 요소를 지니게 될 것이다. 예컨대 그것의 국가 형태는 본국 민중에 대해서는 약할 것이나 미국의 간섭 등에 대해서는 강할 것이며, 동아시아 이웃 나라와 기타 국가의 관계에 대해 훨씬 개방적일 것이다.

물론 이런 완만한 통일과정의 핵심은 바로 분단체제가 초래한 폐쇄성과 단절성 그리고 배타성을 타파하는 데 있다. 그것의 최종 결과가 단일민족국가식의 통일을 이룰지의 여부는 가장 중요한 사항이 아니다. 중요한 것은 민중의 일상생활 속에 침투한 분단체제의 자기재생산 과정이 민중참여라는 점진적 통일로 인해 진정으로 와해될 수 있다는 점이다. 따라서 분단체제 극복의 결과는 화해와 개방 그리고 평화적 국면의 출현이 될 것이라고 말할 수 있다. 이야말로 민중의 이익이 진정으로 요구하는 국면이다.

백낙청의 분단체제 극복에 관한 분석과 복합국가에 대한 구상은 한국에서 상당한 사상적 기초를 지니고 있는 듯하다. 적어도 백영서의 서술과 백지운의 견해에서 이 사유가 공유되고 있음을 감지할 수 있다. 『사상동아』의 전체 구조 역시 한국의 이 당대 과제에 호응해 그것을 추진하고자 한 것이다. 백영서는 다음과 같이 백낙청의 생각을 설명했다. "국민국가는 인민주권을 대표하는 동시에, 법률과 교육을 통해 시민을 규율하는 이중성을 지닌다. 바꿔 말하면, 해방과 억압의 이중적 역할을 발휘한다. 이로써 보건대 20세기는 '국민국가'의 역사인 동시에 '국민강제의 역사'였다. 따라서 21세기는 국민국가의 강제성을 제어하는 측면에서 획기적인 성취를 이루고, 국민국가의 해방 기능을 적극적으로 발양하는, 새로운 국가 구상을 수립하는 시기여야 한다."26 덧붙이자면 백영서가 말하는 복합국가 모델은 민주통치 원리의 구상을 통해 한민족공동체를 통합할 수 있는 다층적 복합구조의 정치체제인 '지향志向으로서의 국가'27다.

의심할 바 없이 오늘날 한반도의 남한과 북한에 통일과 대립은 단순한 일이 아니다. 특히 민족독립의 의미에서, 백낙청이 '민중화해운동'으로써 외세의 개입에 대항할 것을 절박하게 호소한 것은 매우 현실적인 정치적 고려에 뿌리내리고 있다. 백낙청의 '복합국가'와 백영서의 '지향으로서의 국가'는 모두 기성의 국가 상상을 초월하는 함의를 지니며, 심지어 오늘날 구미식 국가의 조직형식에 대한 반명제다. "인류사적 목표를 출발점으로 삼아 '민족국가'와 '유효한 국가'를 강조하는 관점이 이미 21세기에 접어든 오늘날에도 필요할까? 한반도는 지금 여전히 분단체제하에 있으며, 아직 국민국가 건설의 '미완성 단계'에 처해 있기 때문에, 이 점에서 보면 이런 관점은 분명히 어느 정도 설득력을 지닌다. 남북에 두 개의 '불완전한 국민국가'가 존재한다 하더라도, 통일을 하나의 민족이 하나의 국민국가를 수립하는 형태로 반드시 귀결시킬 수 있는지, 이것이 한민족이 가장 실현하기 바라는 결과인지에 대해서는 한층 탐구할 필요가 있다. 더구나 전지구화의 오늘날 국민국가 간의 국경의 제한은 나날이 약화되고, 초국가적 주체의 역할이 점점 중요해지고 있다. 한민족 자신을 위해, 아시아의 근린과 함께 생활하는 방법을 배우기 위해, 지금은 국민국가 건설을 유일한 역사과제로 간주하는 태도가 적합한지 여부를 새롭게 고려해야 할 때다."[28]

민중이 더불어 사는 사회의 수립을 기본 이념으로 하는 이런 '국가관'은 단순히 국가를 부정하고 민족주의를 부정하는 개념적 산물이 아니다. 그러나 그것 역시 기존의 국가 모델을 복제하는 유혹을 명확하게 거절한다. 백영서는 책에서 '지향으로서의 국가'와 민중의 생활방식 및 민중의 사회적 요구와의 연관을 끊임없이 강조한다. 또한 한민족공동체 존속의 주체성을 강조하고, 그중에서도 한반도 바깥에서 생활하는 재외 한인 및 한국인과 한반도 간에 형성된 '초국가공동체'에 충분히 주목했다. 그러나 그는 논의를 '대ㅅ한국'을 건설하는 방향으로 이끌지 않았으며, 반대로 "우리가 지나치게 한반도의 역할을 강조하면 한반도중심주의로 변질될 위험이 있다"[29]고 지적했다.

남북한의 경제협력은 한반도 내부의 일일 뿐만 아니라, 동시에 재외 한국인의 참여 영역에 관련되며, 미·일·중·러와의 경제협력 내지 동아시아·동남아시아[30]의 지역 협력과도 뗄 수 없는 구성 요소다. 이 때문에 현실의 층위에서 중국이 상이한 지역 문제를 처리할 때의 정치 모델, 즉 대륙과 홍콩의 '일국양제一國兩制'나 대륙과 타이완의 '양안교류'와도 구별되는 모델을 찾을 필요가 있다.[31]

박명규는 세 가지 층위의 공동체 정체성을 수립해, "'국민' 정체성, '민족 정체성', 다문화 정체성의 전지구적 한민족공동체의 정체성이 상호 공존하는" 것을 촉진할 수 있다고 제기했다.[32] 그는 동시에 한반도 두 국가의 국경 차단이 나날이 느슨해지는 현실의 상황 아래, 경계의 유연성과 권한의 분산성, 연대의 다층성 등 새로운 대안적 원리를 만들 것을 구상했다.[33]

전지구화의 국민국가 역학관계에서 어떻게 이와 같은 다중 정체성을 수립하고 나아가 개방적이고 탈중심화된 정치 모델을 만들어, 한인韓人·조선인朝鮮人이 지탱하는 주체를 구축하는 동시에 인식상에서 제국주의의 전철을 다시 밟지 않도록 '한반도중심주의'를 효과적으로 피할 것인가? 바꿔 말해서 탈중심화된 정체성, 그것의 구심력은 어떻게 만들어야 하는가?

이는 확실히 이론적 난제다. 현재 '해체'를 목표로 하는 갖가지 '포스트/탈後' 이론 중에서 이 역설적 문제를 직접 해결할 수 있는 자원을 찾을 수는 없으며, 진정한 이론 건설은 한국 지식인 스스로의 창조적 노력을 통해 이루어져야 할 것 같다. 하물며 한반도 남부에서 발원한 이 구상은 현재 북부 민중의 호응을 얻을 수 없다. 이 모든 어려움은 운명으로 정해졌으며, 한국 지식인은 그 어떤 기존의 주류 이론, 특히 서구의 이론적 자원에 힘입어 직접 전 지구적 대화를 구축할 수 없다.

어쩌면 바로 이런 딜레마 때문에 우리는 『사상동아』에서 한국 지식계와 재외 한인의 힘겨운 모색에 관한 정보를 대량으로 받아들일 수 있는지도 모른다. 그들의 사고는 상호 간에 차이 내지 갈등이 분명히 존재하며, 특히 정체성 수립 및 탈중심화와 관련된 문제에서는 한국인이라도 합의에 도달하기 어렵다. 하물며 중국의 화평굴기 과정에서 끊임없이 복제되는 '중국위협론'은 지금도 여전히 한국사회의 불안을 야기하고 있다. 중국에 대해 상당한 수준의 내재적 이해를 나타내는 백영서라고 해도, 중국이 과거 제국에 대한 기억에만 의지해서 부흥한다면 주변 국가의 인정을 얻기 힘들 것이라고 강조할 수밖에 없다.

따라서 백영서는 정체성과 탈중심화라는 이 한 쌍의 역설적 요소의 관념에 대해 탐구하는 데 머무르지 않고, 나아가 건설적인 상상을 제기한다. 그것은 곧 이중적 주변 시각의 확립과 이를 기점으로 하는 동아시아 공동체의 건설이다.

백영서는 이중적 주변 시각에 대해 이렇게 설명한다. 이중적 주변 시각이란 "'서구를 중심으로 하는 세계사 전개과정에서 비주체화의 길을 걷도록 강요당한 동아시아라는 주변의 시각' 및 '동아시아 내부의 위계질서에서 주변적 지위에 처한 주변의 시각'이라는 문제의식이다. 내가 말하는 중심과 주변의 관계는 지리적 위치에 대한 것일 뿐만 아니라, 가치론적인 차원에서의 무한연쇄와 억압이양抑壓移讓의 관계다. 여기서 말하는 '주변'적 존재는 단순히 주변국가를 주체로 삼지 않는다. 동아시아 현대사에서 국가 단위를 형성하지 않은 지역이나 집단의 역사 경험과 현재에 대한 탐구를 통해, 동아시아의 문제를 국가·국민의 일원적 문제로 단순화하지 않기를 바란다. 예컨대, 피압박 민족이나 이산자 집단diaspora, 류큐 (어떤 의미에서는 타이완도 포함될 수 있다) 등이 동아시아론에서 반드시 중시되어야 하는 이유가 바로 여기에 있다. 동아시아에서 이러한 지성과 실천 작업이 진행되어, 즉 역사적으로 형성된 주변의 다원적 주체의 정체성을 새롭게 정립하여, 그 전체 구조를 변혁하는 동력을 증강시키며, 주변에 내재하는 비판정신을 실질적으로 발휘하기를 희망한다".[34]

백영서의 이중적 주변 시각은 백낙청의 분단체제 극복과 긴밀한 호응관계에 있다. 그는 개방적인 시야에서 가치론적 차원에서의 무한연쇄와 억압이양의 관계를 논하고자 하며, 다음과 같이 까다로운 문제를 따져 묻고자 한다. 즉, 한반도 내지 동아시아의 민중시각이 다원적인 주체라면, 이러한 주체의 존재 방식은 국가 담론과 구별되는 층위에서 어떻게 분단체제로부터 벗어날 수 있는 가? 이 과정에서 이미 계몽자로 자처할 수 없는 지식인은 어떻게 자신의 작업윤리를 만들어야 하는가?

사회인문학의 전망

백영서는 한국 지식계에서 지난한 실험을 추진하고자 한다. 그 것은 바로 인문과학과 사회과학의 요소를 흡수한, 현실에 개방적 인 '사회인문학'을 수립하는 것이다. 이는 새로운 학문 영역의 수립 이나 '학제 간 연구'를 의미하지 않는다. 나는 이 실험을 한국 지식 인의 구체적인 사회정치 실천으로 보고자 한다. 그들은 지나치게 복잡한 현실에 응답하며, 그리하여 효과적인 지식과 사상 구도를 만들어내고자 한다.

『개방시대』 2011년 제1기에 발표된 백영서의 「사회인문학의 지 평을 열며開啓社會人文學的地平」[35]라는 글은 이 실험의 기본 내용을 간 결하게 소개했다. 주목할 것은 백영서가 "출생신고를 갓 마쳤다" 고 일컬은 이 구상이 다음의 중요한 이론적 고리를 건드렸다는 점 이다. 그것은 바로 한국사회에 축적된 '제도 밖의 지식운동'이 안 정적으로 지식을 생산하려면 제도를 모방하는 길을 택할 수밖에 없고, 그렇게 되면 제도에 편입되어 그 활력과 동력이 감소한다는 것이다. 만약 이런 제도 밖의 지식 활동이 자각적으로 대학제도 안의 혁신과 결합해 후자에 영향을 미칠 수 있다면, 그것은 훨씬 광활한 전망을 찾을 수 있을지도 모른다. 그러나 일단 이런 시도를 진행하면, 혁신적 시도들은 다음의 심각한 사실에 직면하게 된다. 즉, 제도 안의 지식생산은 고도로 세분화된 학문으로 인해 지식의 파편화를 초래하고, 현실생활의 복잡한 상황으로부터 동떨어져 '어떻게 사람답게 살 것인가'라는 근본적 인문과제를 등한시한다. 지식혁신운동이 이와 같은 제도 안의 지적 풍토에 정면으로 도전을 시도한다면, 반드시 효과적인 작업의 층위를 수립하고 의식적으로 핵심적인 돌파구를 찾아 작동 가능한 지식 차원을 수립해야 한다.

백영서는 초보적인 구상을 제공한다. 그는 역사학자로서 거대한 구조적 서사에 직접 기대어 '사회인문학'의 통합성을 서술하지 않고, 역사학이 어떻게 자신을 개방하고, 어떻게 공공성을 수립할 것인가의 문제로 시각을 확정한다. 그가 구체적으로 제기한 공공성의 역사학이 지닌 다섯 가지 특징은 역사학의 개혁을 학술 문제로 다루고 역사학의 방법론을 논하는 것처럼 보이지만, 그가 고수하는 역사학의 특징들은 다음의 명확한 목표를 지향한다. 즉, "도대체 얼마만큼이 사실에 부합하는 진실truth인가를 따지기보다, 더 중요한 것은 과거에 대한 심사숙고의 태도, 즉 진지함truthfulness을 견지하면서 사람답게 사는 길을 발견하는 것"이다.[36] 백영서는 역사학 이외의 다른 학문도 이런 학술적 혁신을 수행할 때, 진정한 의미에서의 공공성을 지닌 사회인문학이 실현될 수 있을 것이라 기대한다.

백영서의 구상에서 약점을 찾는 것은 어렵지 않으며, 그가 지나치게 이상적으로 역사학에 개혁 목표를 설정했다고 지적하는 것도 불가하지 않다. 그러나 내가 더욱 주목하는 것은 백영서의 구상에 함축된 건설적 성격이다. '학술'과 '사상'이 애매모호하게 대등한 자격으로 맞서는 오늘날의 지적 풍토에서, 백영서는 다음과 같이 아주 의미 있는 시야를 제공한다. 즉, 사상이 살아남으려면 학술을 토양으로 삼아야 하며, 학술이 생명을 얻으려면 사상적 에너지를 갖추어야 한다는 것이다. 학술과 사상의 결합은 '사람답게 산다'는 의미에서 더 이상 단순히 지식이 자기 입장이나 이데올로기적 '태도'를 명확히 해야 함을 의미하지 않는다. 이런 지극히 피상적인 규정은 이미 타파해야 할 단계에 이르렀으며, 공공의 지식인이 정치적 올바름의 지식 작업에 지나치게 구애되는 점도 반성이 필요하다. 바로 이런 의미에서 나는 한국 지식인의 평온해 보이지만 깊은 긴장감을 지닌 지식 방식에 주목하며, 그 안에서 매개화할 수 있는 방도를 찾고자 한다.

백낙청의 저작을 읽으며 나는 '관례에 맞지 않는' 시도를 분명하게 느꼈다. 지식생산이 상당히 서구화된 한국사회에서 백낙청과 같이 두터운 사회적 감화력을 지닌 학자가 아니었다면, 이런 시도가 공감을 얻기는 힘들었을 것이다. 구체적으로 말해서 백낙청은 서구화와 반서구화라는 통속적인 지식 모델을 벗어나, 그가 정의한 '한국 민중'의 층위에서 사상생산과 지식의 구축을 수행하고자 했다. 그는 구미 이론을 인용하거나 반박하는 것에 기대어 자신이 말하는 제3세계 시각 속의 '하나의 세계'를 만들고자 하지 않으며, 거의 경험적인 범주를 사용해 이론화 담론을 추진한다. 이는 자연히 독해에 지대한 도전을 초래한다.

영문학자로서 서양 학문에 대한 백낙청의 조예는 두말할 나위가 없다. 이런 지적 배경과 다년간에 걸친 민주화운동에서 얻은 경험을 바탕으로 그는 아주 특별한 위치에서 발언할 수 있다. 그는 한국의 민주화운동에서 얻은 경험으로부터 사상적 에너지를 정련하며, 주로 국제적 진보 지식권과의 대화에 기대지 않고 한반도 현실에 대한 깊은 개입을 통해 전지구적 사상생산에의 참여를 완수하고자 한다. 그의 본토는 결코 폐쇄적이거나 자족적이지 않으며, 그의 국제는 국제적으로 통용되는 담론 패러다임과 구별된다. 그가 서술하는 기본 명제는 한국사회에서 가장 골치 아프고 가장 절박한 문제다. 그는 매우 구체적인 행동 방안을 사고하며, 동시에 이런 방안이 특정 시기나 지역을 초월하는 사상적 에너지를 유지하도록 돕는다. 말하지 않아도 알다시피, 이렇게 현실에 근접한 사상 방식은 국제 사상계와의 직접적인 대화에 힘입어 생산되기는 어렵다. 특히 원리적 사상생산을 기본적으로 제1세계 지식인이 도맡고 있는 상황에서, 이런 대화는 동아시아의 그 어떤 진정한 본토 사유에 대해서도 간접적이고 단절적일 수밖에 없다. 또한 이런 간접적이고 단절적인 방식만이 국제 사상계에 제3세계의 사유를 전할 수 있다. 바로 이렇기 때문에 백낙청의 사상에서 인류에 속하는 보편성 요소를 정련하려면, 제1세계의 사상 생산품을 소비하는 데 익숙한 현재의 학계가 결여하고 있는 학술적 공감대를 갖추어야 한다.

문학 연구를 다루는 몇 편의 논문[37]에서 백낙청은 당대 한국과

제3세계의 기본적인 지적 풍토를 논했다. 그는 자본의 전지구화가 민족문학과 세계문학을 와해시켰다고 지적한다. 그것은 '시장 리얼리즘market realism'을 야기해 대수롭지 않은 사물이 최고의 지배권을 얻게 했으며, 동시에 문학의 사상과 풍격을 획일화로 나아가게 만들었다. 따라서 백낙청은 민족주의가 한국에서 수많은 함정을 초래할 수 있지만 여전히 효과적인 인식론적 차원이라고 여긴다. 확실하게 말해서 백낙청은 민족문화를 기점으로 삼는 '제3세계' 시각을 제창하기를 바란다. 이는 제1세계 시각의 패권에 대항한다는 의미에서 '민족'의 문화자원을 세계의 구성 요소로 만드는 것이다. 백낙청이 강조하는 것은 다음과 같다. 즉, 제3세계 시각에서 관찰하면, 자신의 문화가 민족적일 뿐만 아니라 제1세계의 문화유산도 똑같이 민족적인 것이 된다. 그러나 자신의 가장 아름다운 전통은 전지구화의 물결에 쓸려 내려간다. 이 때문에 가장 다급한 지식 작업은 전지구적 소비문화에 어떻게 대항할 것이며, 포스트모던이 자랑하는 다양성이 실상은 '후기자본주의의 문화적 논리'가 허용하거나 요구하는 결과에 불과함을 어떻게 간파해서 진정한 의미의 다원성을 수립할 것인가라는 문제다.

백낙청은 문학이야말로 전지구적 소비문화에 대항하는 효과적인 도구라고 지적한다. 그것은 특정 언어에 기대어 쓰일 뿐만 아니라, 대량의 특정한 본토 지식이 있어야만 이해할 수 있기 때문이다. 인터넷이 종이를 대체하는 시대에 문학은 바로 이런 특징 때문에 전지구적 소비문화가 가장 침투하기 어려운 영역이 되었다. 문학에 대한 백낙청의 이러한 자리매김을 특정한 역사문화로 확

장하면 문제는 훨씬 뚜렷해진다. 즉, 그 어떤 구체적인 역사문화든
지 모두 특정한 본토 요소를 대량으로 지니는데, 다원주의를 표방
하는 획일주의라는 제1세계 특유의 이데올로기로 이런 특정한 본
토 요소를 다룬다면 겉보기엔 그럴듯해도 실제로는 아닌 결과를
얻게 될 것이다.

강렬한 비판정신을 지닌 이 전제 아래, 백낙청은 '민족주의와
국제주의의 결합'을 어떻게 완성할 것인가라는, 전혀 새로울 것 없
는 문제를 신중하게 다루었다. 주의할 것은 이 층위에서 그는 타
성적인 이원대립의 사유를 완전히 타파하고, 사유의 깊이와 사상
의 창조력이라는 각도에서 이 문제를 논하고자 했다는 점이다.

백낙청은 문학 영역에 어떤 전범典範이 존재한다고 여긴다. 그것
은 후세가 효과적인 사고능력을 얻도록 하는 데 유용하게 쓰일 수
있다. 그러나 모든 전범은 시대의 산물로서 완벽할 수 없을 뿐만
아니라 어떤 때에는 후세의 필요로 인해 뒤집어질 수도 있다. 백낙
청은 서구문학의 전범이 유일한 전범으로 절대화되는 것은 피해야
하지만, 서구 패권의 존재 때문에 무조건 부정되어서도 안 된다고
생각한다. 왜냐하면 "사람은 글을 읽고 생각하는 능력을 갖추어야
하며, 매슈 아널드Matthew Arnold가 '세상에서 생각하고 말한 것 중
에서 최선의 것'이라고 부른 것을 읽고 생각해본 경험이 없다면 이
런 능력을 얻을 수 없기"[38] 때문이다.

이는 인류의 사상문화유산에서 가장 위대한 부분(물론 그것이
서구 세계에만 존재하는 것은 결코 아니다)에 의해 함양될 수 있는 능
력이다. 백낙청은 그리하여 우리에게 다음의 중대한 과제를 제기

한다. 즉, 어떤 층위에서 어떤 수준으로 지식생산과 사상생산에 종사할 것인가? 나아가 민중시각을 강조하는 것은 '엘리트'로 분류되는 지적 유산에 대해 보고도 못 본 체 할 수 있음을 의미하지는 않는가?

바로 이 전제하에 백낙청은 한국의 일부 학자들이 서양 고전 작품을 '저항적으로 읽는' 사상 방식을 겨냥해 신중하고도 단호하게 비평한다. 그의 지적에 따르면, 저항적 읽기라는 개념은 대체로 미국 페미니즘 비평가 주디스 페털리Judith Fetterley가 1978년에 쓴 『저항하는 독자−페미니즘의 관점으로 본 미국소설The Resisting Reader−A Feminist Approach to American Fiction』에서 비롯하는데, 이는 제1세계의 지식인이 생산한 비판적 인식론으로서 비평가로 하여금 고전을 포함한 작품에 대해 폭로식으로 비판하게 한다. 구체적으로 말하면, 예컨대 각종 탈식민이나 신역사주의적 분석은 모두 작품에 나타난 인종주의와 성차별, 제국주의 등의 편견과 오류를 폭로하는 데 치중한다는 것이다. 백낙청은 이런 해체가 주류사회의 패권에 비해서는 상대적으로 가치가 있지만, 동시에 문제도 존재함을 지적한다. 우선, 그것은 비평가로 하여금 자신의 작업에 대해 너무 쉽게 만족을 느끼게 해서 사실상 그가 공격하는 문제에 관한 통찰력을 결여하게 만든다. "많은 사람이 고전 작품과 영문학에 대한 그(즉 아널드)의 평가가 실제로 어떻게 모종의 지배계급 이데올로기와 통치 전략으로서 의도되었는가를 폭로했다고 주장한다. 이런 노력들이 너무 자기만족적이라고 말하는 까닭은 아널드가 영문학 연구를 지배계급 이데올로기로서 이용하려 의도했다는 점에 대해서는 사실상 해체할 것이 없기 때문이다. 그는 그것에 대해 아주 노골적이었다."[39] 바꿔 말해서 이런 공격에 대한 백낙청의 질의는 그것이 정말 너무 쉽게 행해졌다는 것이다. 다음으로, 비非제1세계의 엘리트들은 "서구 저항적 읽기의 범례를 뒤쫓으면서, 실제로는 도리어 매우 순응하는 읽기를 행했으며, 식민 본국의 이론가들이 세운 모델에 순응했다. 이런 저항적 읽기의 모델에 무비판적으로 빌붙는 것은 변장한 유럽중심주의를 재생산할 수 있다".[40]

백낙청은 지식 영역에서 '정치적 올바름'이 어떻게 해야 유효한가라는 문제의 핵심을 건드렸다. 그는 서구문학의 전범이 되는 작품을 어떻게 역사적으로 계승하는 동시에 서구중심주의의 함정에 어떻게 하면 빠지지 않을 수 있을까라는 골치 아픈 문제를 토론했다. 그 의의는 이 문제 자체에만 그치지 않으며, 오늘날의 지적 풍토의 한 측면을 이해하는 데 상당한 시사점을 제시한다. 오늘날 많은 비판적 지식인, 특히 젊은 지식인은 '비판'을 사상생산의 기본 방식으로 이해하고 있지만, 때때로 사상적 통찰력의 함양을 소홀히 한다. 이런 상황에서 단순한 공격은 기본적으로 사상 함량을 지니지 않는다. 백낙청은 다음과 같이 예리하게 지적했다. 즉, 정치적 올바름의 태도보다 훨씬 도전성을 지니는 것은 "'정상과학 常態科學 normal science'이라고 불리는 일이 아니라, 힘겨운 일을 하는 것이다".[41] 이런 의미에서 백낙청은 그와 같은 저항적 읽기에 의해 전면 부정된 작가들을 '구출'하고, 그들이 정치적으로 올바르지 않다고 해서 그들의 전범성典範性을 간과하지 말도록 호소했다. 동시에 그는 지금의 기준에서 출발해 옛사람의 정치적 입장을 질의

하는 것은 비역사적이라고 함축적으로 지적했다.[42]

백낙청은 다음의 기본적인 사실에 특별히 주의했다. 즉, 동아시아 지역이 자신의 문학 전범을 생산하려면, 어느 정도는 제1세계(그가 말하는 '핵심지역') 독자와 비평가의 인정에 의존해야 한다. 이런 인정은 전자를 후자의 '보편' 가치 시스템 속으로 편입시키는 것을 의미한다. 이런 상황은 동아시아의 문학 전범에 혼란이 발생하는 주요 원인이다. 백낙청은 그런 까닭에 이렇게 건의한다. 즉, 대립적 태도로 '지방주의'를 생산하는 것은 소용이 없다. 패권 담론(그것이 보수적이든 급진적이든)이 이를 무시하면 대립이 형성될 수 없기 때문이다. 효과적인 방법은 제3세계의 시각으로 서구의 고전에 훨씬 설득력 있는 독법을 제공하는 것이다. 이것이 바로 백낙청이 말하는 '이이제이以夷制夷', 즉 유럽 고전 텍스트 속의 해방 잠재력을 발굴해 패권 담론이 유럽중심주의의 방식으로 그것들을 사용하는 방법에 저항하는 것이다.[43]

백낙청의 이 전략은 문학비평을 겨냥한 것이지만, '정상과학 생산'이 지식계를 점령한 상황에 대한 그의 비평과 결합시키면, 그가 제기한 문제를 백영서와 그의 단체가 진행하고자 한 다음의 실험에 끌어들일 수 있다. 즉, 사회인문학이 효과적인 사상과 지식생산을 제공하려면 어떻게 스스로 작업윤리를 규정해야 할 것인가?

백영서는 「한국인의 중국 인식의 궤적」에서 다음과 같이 지적했다. "어떤 의미에서 말하자면, 정보보다 훨씬 더 중요한 것은 정보의 판단능력이나 소화능력을 좌우하는 시대 상황이다. 이에 대해 필자의 말로 표현하자면, 우리는 한국의 중국 인식을 중국에 대해 '알고 있는 것'과 '알고 싶은 것'(또는 기대하는 것)이라는 두 가지 상이한 측면이 상호 침투하는 동태적 과정 속에서 형성된다고 볼 필요가 있다는 것이다."[44]

이는 물론 단순히 한국의 중국 인식에만 나타나는 특유한 상황이 아니다. 오늘날 대중매체가 정보를 대량 전송하는 동시에 정보를 심하게 여과(이런 여과를 단순히 정치권력의 간여로 보는 것은 피상적이다. 권력의 간여가 효과적으로 통제된다 하더라도 이런 여과는 여전히 존재한다. 모든 시대의 각종 이데올로기는 '알고 싶은 것'의 기준을 생산하기 때문에, 이와 같이 상호 대립적인 기준은 상이한 무리에 침투해 '알고 싶지 않은' 정보를 효과적으로 배제하거나, 그것을 알고 싶은 상태로 변화시킬 것이다)하는 상황에서 '객관적 연구'를 수행하기란 생각보다 어렵다. 문제는 정보의 많고 적음에 있는 게 아니라, 우리가 정보를 이용해 '객관적 인지'를 수행할 능력이 있는지의 여부에 있다. 이는 정보가 어떤 층위와 어떤 고리에서 여과되고 변형되며, 그 여과된 정보가 무엇을 의미하는지를 식별할 능력이 우리에게 있는지를 의미한다. 따라서 객관적 인지는 기성의 정보(텍스트)를 추인하는 것이 아니라, 자기 가치성향보다 더 큰 정신활동이다. 가치성향을 갖추지 않았거나 자기 가치성향에만 충실한 사람은 객관적 인지를 수행할 수 없다. 전자는 기성의 텍스트를 추인할 수 있을 뿐이고, 후자는 자신이 받아들이는 부분만 인정하기 때문이다. 그러나 현실은 영원히 그 어떤 가치 시스템보다 훨씬 더 복잡하며, 이는 객관적 인지가 필요한 원인이기도 하다.

백낙청의 서술에서 내가 얻은 시사점은 객관적 인지는 결코 '정상과학'이 완성할 수 있는 일이 아니며, 그것은 "힘겨운 일을 하는 것"을 필요로 한다는 것이다. 그것은 여과된 정보가 함축하는 정보를 처리하기 위해 고도의 통찰력을 요구한다. 형세가 심각하고 투쟁이 격렬할수록 이런 통찰력은 형성되고 공유되기 어려워지며, 사람들이 기대하는 것은 종종 모종의 감정을 실은 명확한 태도이지 효과적인 분석이 아니다. 비판적 사상생산이 객관적 인지를 배척하고 반성의 기회를 결여하는 까닭은 이런 시대적인 '알고 싶은 것'의 상황과 직접 연관이 있다. 객관적 인지가 '정상과학'의 임무로 간주될 때, 인문사회과학 분야에서 그것은 해이한 작업으로 변해버린다.

학제 간 연구의 시도는 오늘날 이미 일종의 추세가 되었다. 여러 학과의 성과를 융합하는 것은 객관적 인지를 수립하는 데 필요한 고리일 것이나, 백낙청이 정의한 '객관적 인지'의 탄생을 보증할 수 있는 것은 아니다. 백낙청이 말한 높은 수준의 읽기와 사고 능력이 없다면 학제 간 연구가 형식에 치우치지 않는다고 보증하기 어렵다. 이런 까닭에 그가 제기한 문제는 참고할 가치가 있을지 모른다. 위대한 문화유산이 반드시 인류에 속하는 것이라면, 제1세계가 규정한 학술 방식을 뛰어넘는 것은 인류의 범위에서 제3세계의 시각으로 위대한 지적 유산을 찾고 그것들을 이용해 자아훈련을 하는 것을 의미한다. 이런 자아훈련이 필요한 까닭은 그것의 학리적 의미 이외에 현실적 이유도 있다. 지식인은 복잡한 상황 밖에서 '마땅히 ~해야 한다'를 고담준론할 권리가 없으며, 반드시 상황 속에서 어떤 가능성이 인류사회를 비교적 이상적인 상태로 발전하게 할 수 있고 어떤 가능성이 정반대인지를 조심스럽게 판별해야 한다. 또한 객관적 인지(그것은 가능한 한 전면적으로 현실을 파악하는 것을 의미한다)라는 전제하에, 사회에 상응하는 아이디어를 제공해야 한다. 이를 위해서는 당연히 필요한 사상적 내공이 있어야 한다. 현실의 상황이 복잡할수록 객관적 인지가 더욱 필요하며, 이런 인지는 결코 객관적인 경험론이나 추상적인 관념론이 완성할 수 있는 작업이 아니다. 백낙청은 바로 이러한 범례를 제공한다. 즉, 그가 창조적으로 분단체제론을 제기할 수 있었던 까닭은 그가 단순화된 지식 방식을 채택하지 않고 줄곧 복잡하고 변덕스러운 현실 상황과 마주했기 때문이다. 백낙청이 우리를 위해 수립한 본보기는 개념의 기성 함의를 경솔하게 믿지 말고, 현실의 다양한 가능성 속에서 그에 대해 새롭게 정의를 내려야 한다는 것이다. 그는 '국가주의'와 '민족주의' 등의 관념에 대한 기성의 이해를 뒤집었을 뿐만 아니라, 훨씬 효과적으로 역사의 문맥 속에서 남북한의 위상을 새롭게 해석했다. 곰곰이 새겨볼 만한 것은 그의 학술 훈련이 정통적 정치학과 기타 사회과학의 배경에서 비롯된 것이 아니라, 서구문학의 전범에 대한 '제3세계식' 독해에서 비롯했다는 점이다. 셰익스피어와 괴테, D. H. 로런스 등에 대한 이런 깊이 있는 사유와 한반도에 대한 그의 정치담론 간의 관계는 단절되기도 하고 유기적으로 연결되기도 한다. 백낙청은 한 가지 이치를 걸출하게 보여주었다. 그것은 바로 어떤 학문 영역 내부에서 깊이 있고 독창적인 작업을 수행할 수 있다면, 이런 작업은 사상생산을 위한 학제 간 연구의 매개로 전환될 수 있다는 것이다.

백낙청이 그가 종사하는 영문학 연구에서 도대체 어떻게 이런 전환을 완성했을까에 관해 나는 『분단체제』의 제한적인 번역문을 통해 추측할 수밖에 없지만, 이 번역문은 이미 충분히 상상할 수 있는 실마리를 제공했다. 그는 특정한 역사적 상황 속에서 우수한 문학 텍스트에 대해 분석했다. 앞부분에서 비판적 지식인들에 의해 부정된 문학작품에 대해 그가 보여준 '변호 태도'와 마찬가지로, 그는 정치적으로 올바르지 않은 고전으로부터 정확하고 세밀한 독해를 통해 그가 말하는 '해방 잠재력'을 정련하기를 두려워하지 않았다. 이런 태도는 그가 한반도의 정치 구도를 서술할 때의 분석정신과 일치한다. 분단체제 극복에 관한 그의 이론적 구상은 '정확한 비판 이론'의 수립과 같은 유의 목표에서 나온 것이 아니며, 어떻게 정확한 방식으로 한반도의 특정한 역사 상황을 파악할 것인지 추구하고, 자본주의 세계체제와 결합해 구조적 분석을 진행했다. 그는 국가와 민족주의, 자본의 전지구화 및 한반도 사무에서 미국의 패권적 지위를 논술할 때 강도 높은 비판적 태도를 취하지 않고, 반대로 이 모든 현실 상황에 직면하는 전제하에 한반도와 동아시아의 민중을 위해 어떻게 진정한 이익을 거둘 것인지 논의했다. 민중이라는 범주에 관해 백낙청도 그것이 복잡한 변수임을 주의했다. 남북한 민중이 합의에 이르지 않았을 뿐만 아니라, 심지어 민중운동이 나름의 전통을 지닌 한국사회에서도 민중은 단일한 존재가 아니다. 백낙청은 민중 범주의 다원성과 내적 갈등의 문제를 제기했고, 특히 분단 상태에서 민중 간의 적대 등의 문제를 지적했으며, 어떻게 민중이라는 범주를 사용할 것인지에 대해 유효한 시각을 제공했다. 이는 백영서와 같은 다음 세대의 지식인들이 이 변수를 토론할 수 있도록 길을 열어주었다.[45]

백낙청이 정치평론에서 보여준 통찰력이 풍부한 실재적 분석은 아카데미식 비판에서는 보기 드문 정신적 산물이다. 현실과 꽉 맞물린 그의 이론적 상상력은 서구문학 전범에 대한 독특한 분석방식과 긴밀한 내적 연관을 지닌다. 그는 이런 분석 방식을 '지구적 접근planetary approach'이라 부르지만, 그것의 함의는 '자주독립'이며 '가능한 한 객관'이다.[46] 이 두 가지 요구의 결합은 다음의 곤란한 과제를 제기한다. 즉, 자주독립은 자신의 판단기준을 견지하는 것을 의미하며, 가능한 한 객관은 자신의 가치판단에 대해 상대화하고, 이 기초 위에 구조적인 통찰력을 배양함을 의미한다. 그리하여 이 두 가지 인식론적 요소가 결합해 이루어진 '지구적 접근'은 보편주의와 지방주의, 서양과 동양, 패권과 반패권, 사상과 지식 등 갖가지 올바른 듯하지만 사실은 의심스러운 표면적 이원대립을 초월하는 시야를 구성하며, 사상적 산물의 질을 판단하는 내적 기준을 제공한다.

제한적인 번역으로는 백낙청과 백영서의 작업을 정확하게 파악하기 불충분하며, 언어의 장애로 인해 다른 한국 지식인(예컨대 최원식과 더 젊은 한국 학자들)의 작업은 아직 우리 시야에 들어오지 못했다. 나는 엄준한 현실 투쟁이 만들어낸 한국 지식계가 우리에게 풍부한 사상자원을 제공한다고 믿는다. 다만 우리는 주류 지식 모델에 대한 '순응하는 읽기' 습관을 타파하고, "힘겨운 일을 해야만" 그것들과 조우할 수 있다.

10장

쇼와사 논쟁의 한 측면[1]

쇼와사昭和史[2] 논쟁은 좁은 의미에서 1956년부터 일본 현대사 서술을 둘러싸고 일어나 1년 가까이 지속된 논쟁을 가리킨다. 논쟁의 쌍방은 각각 도야마 시게키를 필두로 하는 일본 마르크스주의 사학자들과 가메이 가쓰이치로龜井勝一郎를 대표로 하는 문학가 및 문학평론가들이다.

1955년 11월 이와나미서점에서 도야마 시게키 등 3명의 역사학자가 편저한 이와나미 신서 『쇼와사』[3]를 출판하자, 일본에서 상반된 평가가 일어났다. 한편으로는 당대사 서술이 극도로 결핍했던 당시 역사학계에서 『쇼와사』는 아직 과거가 되지 않은 쇼와의 역사를 대상으로 삼았을 뿐만 아니라, 역사 서술에 마르크스주의 이론적 범주의 응용을 시도함으로써 줄곧 경험연구를 기본 형태로 삼았던 사학계에 신선한 공기를 불어넣었다. 다른 한편으로 『쇼와사』는 교과서에 가까운 문체를 채택하고 동시대인의 체험을 전혀 언급하지 않았기 때문에, 사람들은 이런 서술 방식이 살아 있는 역사를 드러낼 수 있을지 의문을 품었다. 동시에 이 책이 당시의 사람들, 특히 일반인의 전쟁 체험을 소홀히 다루었다는 비판 의견도 있었다. '쇼와사 논쟁'은 이런 상황에서 일어난 것이었다. 좁은 의미에서 보면 이 논쟁은 아무런 성과가 없었다. 쌍방의 '대표선수'들이 마지막까지도 상대방의 논리를 받아들이지 않았고, 논쟁의 쌍방은 아무런 접점도 찾지 못했기 때문이다.

이 글은 별 다른 이유 없이 저절로 끝났다고 간주되는 이 논쟁에서 가능한 한 생산적인 문제를 추출하고자 한다. 직관의 층위에서는 건드릴 수 없는 문제와 그것이 만들어낸 사상구조를 직관적인 현상으로부터 정련해내려면, 자료의 행간에 감춰진 사상 요소를 추출해야만 한다. 이는 사상사 연구의 중요한 절차다. 이 글은 이 절차의 기초 위에서 쇼와사 논쟁의 한 측면에 대해 초보적으로 탐구하며, 가능한 한 일본의 아시아관과 전후戰後 역사학의 작업 윤리 사이의 연관성에 대해 밝히고자 한다.

쇼와사 논쟁의 기본 윤곽

쇼와사 논쟁의 도화선에 불을 붙인 것은 가메이 가쓰이치로가 발표한 「현대 역사가에 대한 의문 – 역사가에게 '종합적' 능력을 요

구하는 것은 과연 무리인가?現代歷史家への疑問−歷史家に『総合的』能力を要求することは果して無理だろうか」라는 도발적인 글이다. 이 글은 인류에게 왜 역사가 필요한가라는 소박한 문제를 제기했으며, 이 기초 위에서 역사학의 윤리 문제를 논하기 시작했다. 가메이에 따르면 현대인이 역사를 배우는 것은 두 가지 필요에서 비롯한다. 하나는 "민족성과 시대의 흐름 속에서 자기 생명의 원천을 찾는" 것이며, 다른 하나는 "역사상의 전형적인 인물과 해후하고, 그 안에서 새로운 윤리 중추가 형성될 수 있는 근거를 발견"하는 것이다. 이 두 가지 필요에 기초해 가메이는 다음과 같이 단언한다. "역사서가 속출하는 때는 반드시 위기의 시대다. 한 민족이 자신들의 존재 상태와 가능성 및 생존 근거에 대해 느끼는 초조함이 사회의 기조가 되었을 때, 다시 말해서 한 민족이 격렬한 변동에 처했을 때, 역사가는 반드시 가장 먼저 이런 상황을 감지하는 사람이어야 한다." 이런 판단에 기초해 가메이는 1955년 11월에 출간된 『쇼와사』(구판)에 대해 매섭게 비판했다. 일본의 젊은 마르크스주의 역사학자가 쓴 이 당대사 책에 대해 그는 "만약 일정한 자료와 방향을 제공한다면 고등학생도 쓸 수 있다"고 비난했으며, 이 책이 인간에 대한 묘사를 결여했다고 지적하면서 "좌파 역사가는 거의 예외 없이 관료 문장의 전통을 계승했다. 이는 실로 경악스럽다"고 사정없이 혹평했다.

가메이가 『쇼와사』를 '관료 문장'으로 보는 것은 그의 역사 이해에 기초한다. 그러나 이것으로 가메이가 역사학에 문학적 묘사를 요구했다고 생각하는 것은 정확하지 않을 것이다. 그는 이렇게 말했다. "역사에 진입한다는 것은 각양각색의 사람들과 뒤엉킨 관계 속으로 들어가는 것이다. 모든 갈등을 인지하고, 결단을 내리기 어려울 때 흐트러지는 것이 본래 역사책이 지닌 일종의 매력이 아닌가? 황국사관이든 유물사관이든 결국은 흐트러짐이 없는 역사의 퇴적과 범람이 아닌가?"[4]

구판 『쇼와사』에는 확실히 이와 같은 "각양각색의 사람들과 뒤엉킨 관계"와 "결단을 내리기 어려울 때 흐트러지는" 태도가 결여되었다. 이는 1959년에 출간된 신판 『쇼와사』에서도 똑같았다. 그렇다 하더라도 『쇼와사』는 출판되자마자 주목을 받았으며, 당시의 베스트셀러가 되었다. '악문惡文'으로 비판받은 이 책은 지금까지도 여전히 스테디셀러로서 이와나미서점의 서가에 꽂혀 있다.

이 도발적 문장을 발표한 후, 가메이는 자신을 반박하는 언론을 겨냥해 자기 관점을 한층 더 발전시켰다. 그는 『문예춘추』 7월호부터 10월호까지 일련의 문장을 연재했으며, 이는 나중에 『현대사의 과제現代史の課題』라는 제목의 책으로 묶였다. 이 일련의 문장은 「현대 역사가에 대한 의문」과 기본 방향에서 동일하지만 미묘한 차이가 있다. 맨 처음 문장에서 가메이는 『쇼와사』에 나타난 "인간이 없는" 역사 서술을 역사가가 '표현력'을 결여한 탓으로 돌렸다. 『현대사의 과제』에서 가메이가 공격의 예봉을 돌려 중점적으로 분석한 것은 더 이상 현대사 서술 방식의 문제가 아니라 그 내용이다. 예컨대 가메이는 일본의 근대화가 '비극'으로 막을 내린 원인을 분석하고 일본사회의 내재적 모순을 강조했다. 아울러 데이코쿠帝國대학과 사관학교가 각각 좌익과 우익의 거점이 되었으

며, 어느 쪽을 막론하고 "공간상으로나 시간상으로 외부에서 자신의 모델을 찾고 그것을 숭배함으로써 일종의 관념성을 띠고 국민과 괴리되었다. 지식계층과 현대문화에는 모두 이런 방식이 관통하고 있으며 단지 정도의 차이만 보일 뿐이다"[5]라고 지적했다.

가메이의 비판이 있은 후 도야마 시게키가 빠르게 반응을 보였다. 인정사정없이 공격하는 가메이와는 달리, 당시 갓 마흔이 넘은 도야마는 실제 나이를 뛰어넘는 진중함을 보였다. 「현대사 연구의 문제점」에서 도야마는 "흐트러짐이 없다"고 비판받은 자신의 역사학적 입장에 대해 설명했다. "오늘날 역사의 과학적 인식과 역사학의 과학성을 부정하려는 사람들이 있는데, 그들은 정부의 헌법 개정 및 교육 통제의 방법과 연합해 세력이 점점 커지고 있다."[6] 도야마는 당시 일본 문부성이 '정치적 편파성'을 구실로 수많은 역사 교과서의 심의를 통과시키지 않았던 상황을 가리키고 있다. 도야마는 당시 "과학성을 부정하는 동향"이 단순히 학술상의 문제가 아니라 영락없는 정치문제라고 생각했다. 그러나 가메이가 주장하는 "흐트러진 역사의 매력"과 도야마가 주장하는 "역사의 과학적 인식"이 이런 정치감각 아래 어떻게 연결될 수 있는지, 당시의 정치 형세가 정말 이른바 "역사학의 과학성을 부정"하는 형태로 비판받을 수 있는지 등과 같은 일련의 문제는 '쇼와사 논쟁'에서 기본적으로 논의되지 않았다.

가메이를 포함한 비판자들이 지적한 역사 서술의 '교조주의' 문제에 대해 도야마는 진지하게 받아들였으나 더 깊이 있게 이해하지는 않았다. 아마도 이것이 쇼와사 논쟁에서 진정한 쟁점이 나타나지 않았던 큰 원인일 것이다. 도야마는 단지 다음의 방향에서 이 비판을 이해했을 뿐이다. "나에 대한 비판 가운데 공통된 평가는 내가 교조주의적이고 결론이 지나치게 분명하다는 것이다. 이는 나에 대한 여러분의 가르침이라고 생각한다. 나 역시 현대사 연구의 어려움 앞에서는 더욱 겸허해야 하며, 사료의 선택, 비판과 사실史實의 확인에서 더욱 신중해야 한다는 가르침을 기꺼이 받아들인다."7 이러한 이해에서 출발한 데다가 가메이 본인의 표현상에도 혼란이 있어서, 도야마는 끝내 역사 서술에 인물 묘사가 있어야 하는가에 대해서만 관심을 표했으며, 가메이의 본뜻에서 철저하게 벗어났다. 흥미로운 것은 맨 처음 논쟁에 참가했던 역사학자들이 교조주의의 문제를 부정했을 뿐만 아니라, 가메이가 제기한 "역사에 진입한다는 것은 각양각색의 사람들과 뒤엉킨 관계 속으로 들어가는 것"이라는 중대한 명제에 대해서 거의 똑같이 아무런 반응을 보이지 않았다는 점이다.

도야마로서는 가메이가 제기한 문제를 받아들일 수 없었다. 도야마에게 역사학은 일종의 '과학'이었기 때문이다. 도야마가 이루고자 했던 것은 이러한 '과학'으로 전후 일본사회의 "역사의 진실과 국민의 감각 사이의 거대한 균열"8을 메우고, 역사 발전의 '법칙성'을 밝히는 것이었다. 그 시기의 도야마에게 이러한 현대사의 법칙성은 일본공산당의 1927년 강령과 1932년 강령을 통해 나타났다. 그는 이 두 강령에서 자신의 역사비판 입장을 관철했으며, 계급투쟁이나 민중시각, 경제기초 상부구조 등의 분석 개념을 통해 쇼와의 역사 서술을 시도했다. 신판 『쇼와사』는 구체적 관점에 적지 않은 변화가 생겼지만 이러한 기본 입장은 변하지 않았다. 1963년, 도야마는 만약 계급과 민족 등 "역사인식의 기초 개념"을 실체화한다면, 이론으로 현실을 해부하는 것은 때때로 교조주의에 빠질 위험성이 있음을 지적했으며, 동시에 통사通史는 "사회존재의 층위에서 사람들이 창조한 각종 관계, 즉 민족·계급·정치세력의 동향을 이해하는 데 쓰는 것"[9]임을 강조했다. 1978년 도야마는 쇼와사 논쟁에 대한 자신의 태도를 훨씬 더 간결하게 표명했다. "가메이 비판의 문제는 그가 역사학의 분석과 문학의 묘사를 한데 섞어 논함으로써 역사학의 과학성을 상실한 데에 있다고 생각한다. 이 점은 지금까지도 그렇게 생각한다. 그러나 가메이가 비판에서 지적한 문제―이 점은 마쓰다 미치오松田道雄가 좀더 명확하게 논술한 바 있다―는 앞으로 나의 중요한 과제가 될 것이다. 즉, 역사가가 자신이 살고 있는 당대사를 묘사할 때는 역사가 자신도 동시대인으로서 반드시 역사의 심판을 받지 않으면 안 됨을 잊어서는 안 된다."[10]

논쟁이 시작할 때 참여한 사람이 많았고, 가메이와 도야마보다 훨씬 더 명제에 적중한 발언도 있었지만, 논쟁의 기본 윤곽은 시종 상술한 이해상의 어긋남을 극복하지 못했다.

이런 어긋남은 현대 역사학 연구가 현실의 정치투쟁에 참여할 때 역사학 자신의 작동 규범을 어떻게 규정해야 할 것인가의 문제에서 생긴다. 확실히 가메이의 논술에는 중대한 결함이 존재한다. 그는 역사 연구에서 널리 유행하는 역사적 인물의 '한계성'을 지적하는 방법에 원칙적으로 왜곡이 존재한다고 예리하게 지적했지만,

제4부
사상사의
논리

이 문제를 단지 역사가의 '오만' 탓으로만 돌렸다. 그리하여 현대의 역사 연구에서 인간에 대한 묘사가 없는 '교조주의'에 대항하기 위해, 가메이는 "인간에 대한 묘사"와 "시대적 분위기와 국민감정의 형상화"를 제기했다. 가메이가 제기한 두 가지 "역사에 대한 요구"에서도 추측할 수 있듯이, 그가 상상한 '역사'와 '역사학'은 기본적으로 역사와 현재의 시간상의 차이(동시에 공간상, 즉 사회원리상의 차이도 존재한다)를 소홀히 했다. 역사학은 이런 시간상(혹은 공간상)의 차이를 처리하는 과정에서 자기작동 규범을 확립하는 학문이다. 비록 가메이는 자신이 제기한 각각의 중대한 문제에서 작동 규범의 문제를 언급했지만, 정작 본인은 이 시야에서 문제를 추진하지 않았을 뿐만 아니라, 도리어 문학적 능력 같은 것을 구실로 삼아 그것을 해소시켜버렸다. 그런 까닭에 가메이에 대해 반발하던 역사가들은 보란 듯이 스스로 역사학의 자아의식을 강화해 나갔다. 가메이에 대한 와카 모리타로和歌森太郎 등[11]의 비판은 바로이 점을 설명한다.

그러나 쌍방이 서로 어떻게 전도되었든지 간에 이 논쟁은 구조적 의미에서 일본 전후 역사학의 발전에 중대한 의미를 지닌다. 논쟁에서 제기된 각종 의론은 전후 마르크스주의 사학의 패러다임 전환(정확하게 말하자면 수정)에 계기를 제공했다.

논쟁 전개의 한 측면

기본적으로 모든 논쟁으로 말하자면, 당사자 쌍방의 논조에만 국한해서는 논쟁의 풍부함을 발견할 수 없다. 쇼와사 논쟁도 마찬가지다. 풍부함을 지닌 모든 논쟁이 적어도 세 가지 층위를 갖춘 것처럼, 쇼와사 논쟁도 이런 다층 구조를 갖추고 있다. 즉, 당사자의 층위, 논쟁에 참여한 사람들의 층위, '방관자'의 층위가 그것이다. 이 세 가지 층위는 동심원처럼 밖으로 확장되며, 원심으로부터 멀어질수록(즉, 직접 개입의 색채가 옅어질수록) 객관성이 더욱 짙어진다. 쇼와사 논쟁에서 가장 생산적인 성과를 지닌 것은 기본적으로 세 번째 층위, 즉 논쟁에 직접 가담하지 않은 '방관자'의 층위에서 나왔다.

쇼와사 논쟁이 시작된 후 일본 학계에서는 수많은 논문이 발표되고 수차례의 좌담회가 개최되었다. 논쟁이 시작된 후 2~3년 동안 현대사의 서술 방식은 '역사와 인간'을 주제로 다방면에서 토론되었으며, 거의 일본 지식계의 가장 뜨거운 이슈가 되었다. 한창 뜨거운 논쟁의 열기 속에서 역사학의 기본규범 문제, 현대사의 서술 방식, 위기의식 및 역사가의 주체성 등의 문제가 일일이 제기되고 토론되었다. 그러나 다른 한편으로는 토론이 논쟁의 형식에 제한을 받았기 때문에 대부분은 문제를 제기하는 단계에 머물렀으며, 토론은 논쟁 당사자의 논점과 관련 있는 방향에서만 깊이 들어갈 수 있었다. 첫 번째 층위와 두 번째 층위가 역사학의 작업윤리를 '역사와 인간'의 문제로서 토론했던 것에 비해, 세 번째 층위의 토론은 쇼와사 논쟁과 일정한 거리를 두었기 때문에 오히려 훨씬 본질적인 관점을 불러일으켰다. 그 가운데 특히 주목할 만한 것은 우에하라 센로쿠와 시노하라 하지메篠原一의 토론이다.

쇼와사 논쟁의 전체 과정에 대해 우에하라 센로쿠는 그 어떤 흥미도 나타내지 않았다. 그러나 편집 의도에 따라 우에하라는 두 차례의 공개 석상에서 간접적으로 이 논쟁에 '참가'한 것처럼 되었다. 두 석상의 주제는 각각 '역사와 인간'과 '역사감각·역사의식과 역사학'이었다. 전자는 '쇼와사 논쟁'을 주제로 한 좌담회였고, 후자는 '문학 대 역사학'이라는 틀 아래 가토 슈이치加藤周一와 진행한 대담이었다. 대단히 흥미로운 것은 우에하라는 쇼와사 논쟁에 대해 시종 의견을 표명하지 않았지만, 그의 문제의식은 구조적으로 이 논쟁과 미묘한 연관이 있다는 점이다.

'역사와 인간' 좌담회에 참가한 쌍방은 도야마를 포함한 역사학자와 노마 히로시野間宏, 아라 마사히토荒正人를 포함한 마르크스주의 문학가였다. 주최 측의 본래 의도는 역사와 문학의 관계 위에서 토론을 전개하려는 것이었지만, 좌담회는 이 방향을 따라 진행되지 않고 도중에 역사학 내부의 화제로 옮아갔다. 이는 우에하라 센로쿠와 결정적인 관계가 있다.

이 좌담회의 구성 방식은 아주 보기 드문 편이었는데, 전반부(문자 기록의 3분의 2)에서는 우에하라가 내내 발언을 하지 않다가 후반부(3분의 1)에 가서는 좌담회가 그의 긴 강연으로 변했다. 좌담회에 참석한 8명 가운데 7명이 전반부에 '좌담'을 한 후, 후반부는 우에하라의 지도를 받는 양상으로 변한 것이다. 이 구성 방식만 보더라도 당시 우에하라의 영향력이 얼마나 컸는지 알 수 있다. 바로 이런 영향력을 지닌 우에하라가 좌담 진행자인 마쓰시마松島가 제기한 '문학과 역사'의 분류에 대해 이렇게 말했다. "먼저 역사학과 문학을 분리한 후에 양자가 어떻게 협력할 것인가를 고려하는 이런 식의 문제정리 순서가 현재 자명한 전제로서 받아들여지고 있는데, 바로 이 점이 문제라고 생각합니다. (…) 반드시 이런 문제정리 방식에 질문을 던져야 합니다."12

우에하라는 왜 "이런 문제정리 방식"에 의문을 제기했을까? 그는 이 점을 자신의 문제로서 설명해나갔다.

"나는 일찍이 이런 문제들을 하나하나 분리해 분석한 적이 있으나, 이는 단지 일종의 인텔리적인 문제정리 방식일 뿐, 문제 자체는 이런 방식으로 처리할 수 없는 형식으로 존재함을 깨달았습니다." "예컨대, 일본인의 실제 생활태도와 일본인이 일할 때의 현실태도는 모두 분석의 결과가 아니라 단순히 직관과 감각에 따라 행동하는 동안 공교롭게 모종의 이치에 부합한 것이라고 생각합니다."13

우에하라는 여기서 간결한 방식으로 자신의 지적 입장을 표명했다. 그는 자신의 "문제정리 방식"에 "인텔리적"이라는 제한을 가하고, 실제상의 문제는 이런 방식으로 궁구할 수 없다고 지적했다. 이는 다음과 같은 그의 사고와 상통한다. 그는 "학문은 만능이 아니며, 무릇 할 수 있는 것에는 한계가 있다"고 말했다. 이런 '한계의식'에 근거해 우에하라는, 문제는 역사학이 사람을 다룰 수 있는지의 여부가 아니라 역사학의 '소박성'에 있다고 지적했다.

그것은 바로 "직관과 감각에 따라 행동하는 동안 공교롭게 모종의 이치에 부합한" 상태라는 것이다. "일단 역사학도 인간을 묘사해야 한다고 의식해서 곧바로 어떤 방식으로 역사학에서 인간을 표현할 것인가의 문제를 고려한다면 다소 지나치게 소박한 것이다." 역사학은 만능이 아니지만 바로 그렇기 때문에 이런 소박한 방식으로 감각에 기대어 역사를 서술할 수 없다는 것이 우에하라의 역설로 가득한 생각이다. 그의 모호한 논조를 한층 더 명백히 밝힌다면, 나는 그가 학문으로서 역사학의 작업윤리를 강조한 것이라고 생각한다. 역사학은 경험학문이지만, 직관의 방식에 의지해 작업할 수는 없다. 이는 역사학이 경험 이면의 '이치'를 다루어야 하기 때문이다. 즉, 경험을 기술해야 할 뿐만 아니라 경험에 대해 통찰력 있는 분석을 해야 하는 것이다. 그러나 경험이 직관과 감각에 따라 행동하는 동안 공교롭게 모종의 이치에 부합한다 하더라도, 경험이 이치에 따라 행동함을 의미하는 것은 결코 아니다. 따라서 이치(이론)로 경험(역사)을 해석하는 것은 잘못이다. 하지만 역으로 이 때문에 역사학이 직관적으로 작업할 수 있다고 여기는 것 또한 잘못이다. 이런 직관적 '소박성'은 역사학을 표면적인 현상만을 단편적으로 논하는 언론으로 변하게 할 것이며, 나아가 역사학의 책임을 진정으로 감당할 수 없게 할 것이다. 우에하라가 역사학은 인간을 묘사해야 한다는 가메이의 제의에 대한 역사학자들의 응답에 불만을 표시한 것은, 가메이의 제의에는 역사학이 지니는 학문윤리가 포함되어 있지 않으며 매우 강렬한 직관성을 지니고 있음을 예리하게 간파했기 때문이라고 할 수 있다.

일본 지식인이 유럽에서 기원한 '분석법'을 배울 때 지닌 한계에 대해 일관되게 경계를 유지했지만, 우에하라는 이런 '문제정리 방식'을 직관적으로 거부하지는 않았다. 그렇다기보다 그는 평생 이런 임계 상태에서 작업했으며, 이론과 실천, 이성과 감성의 긴장관계 속에서 최대한도로 창조성을 발휘했다. 우에하라가 이 좌담회에서 많은 문제를 이야기했지만, 위와 같은 '문제정리 방식'에 대한 질의는 그의 모든 논점의 원점이다.

그런데 우에하라는 왜 역사학의 소박성에 대해 불만을 표시했을까? 이는 일본 마르크스주의 사학이 절대적 전제로 여기고 고수하는 '세계사의 기본 법칙'에 대한 그의 질의와 관련이 있다. 좌담회에서 그는 역사 발전의 일반 법칙에 대해 다음과 같이 의문을 표했다. "이른바 역사 발전의 일반 법칙이란 원래 경제학과 사회학에서 생긴 발상"이며, 역사가는 보기에 "자신이 갖추지 못한 것을 귀하게 여긴다"[14]는 것이다. 이어서 그는 일본은 유럽에서 발생한 학문에 대해 늘 열등감을 지니고 있으며, 이런 열등감은 일본의 부르주아 경제학이나 마르크스주의 경제학에 모두 존재한다고 지적했다. 우에하라에 따르면, 이와 같은 서양에 대한 열등감을 극복하는 방법은 바로 유럽에서 발생한 사회과학을 '역사화'하는 것이다. "유럽의 역사학과 경제학은 역사 속에서 형성된 것이다. 바꿔 말하면 그것들은 상대적인 것에 불과하다. 우리가 해야 할 일은 직관적으로 이런 말을 하는 게 아니라 그것들의 상대성이 과연 어떤 방면에서 나타나고 있는지 밝혀내는 것이다." 우에하라가 여기서 강조하는 것은 사학사 연구의 역할이다. 이런 사학사 연구는 근본적으로 오늘날 우리의 존재와 관련 있다. "이렇게 하지 않는다면 우리의 생각은 너무 지나치게 소박해질 것이다. 다시 말해서 유럽사회에서 역사학과 경제학 각각의 역사 발전을 고찰하고, 이를 매개로 오히려 요즘 세계와 일본에서 우리 자신이 어떤 위치에 처해 있는가의 문제를 파악해야 한다. 나는 이 방법과 이런 의미에서의 사회과학사 연구와 역사학사 연구가 아주 중요하다고 생각한다."[15]

우에하라가 지적한 문제는 모종의 보편성을 띤다. 일본의 지식인은 직관적으로 감각에 기대어 지식생산 활동에 종사하는 가운데 이론에 대해 일종의 추상적 욕망이 생겼고, 그리하여 직관적 지식과 추상적 이론 사이에 일종의 진공 상태가 나타났다. 감각에서 이성 분석으로 전환할 때 어떤 절차를 거쳐야 하는가에 대해, 우에하라는 독특한 답안을 내놓았다. 그것은 사학사라는 '역사화'의 과정이다. 우에하라는 분명 이 절차를 통해 일본 지식계에서 '상대적인 분석'이라는 지적 전통을 배양하고자 했다. 이 좌담회로부터 반년이 넘게 지난 후에, 우에하라와 가토 슈이치가 대담을 진행했다. 대담은 유럽 역사학의 '역사화'를 주지로 삼아 유럽 역사학의 "상대성이 과연 어떤 측면에서 나타나는가"에 대해 진지하게 토론했다. 이는 유럽의 역사의식과 역사감각이 역사의 변화 속에서 어떻게 형성되는가의 문제를 분석한 것이기도 했다. 이 대담에서는 앞선 좌담회보다 더 구체적으로 우에하라의 관점을 볼 수 있다. 특히 주목할 만한 점은 쇼와사 논쟁에서는 전혀 언급되지 않은 화제가 이 대담에서 깊이 있게 전개되었다는 사실이다. 우에하라는 유럽의 역사철학과 역사학이 일본에 들어올 때의 '도입 방식'을 대단히 심도 있게 주시했다. "실천자로서 마땅히 갖춰야 할 태도와 책임 문제가 방치된 채, 역사학 연구의 방법과 성과가 이런 방식으로 도입되었으며, 마찬가지로 역사철학의 사고에 관한 이론과 방법도 이렇게 일본에 도입되었다. 바로 이런 도입 방식으로 인해 순수 이론상의 문제로 변한 것이다." 우에하라는 이것이 일본사회에 역사의식을 배양하는 사회적 기초나 사회생활의 현실과 문제 상황이 결핍되었기 때문이라고 했다. 그러나 동시에 우에하라는 패전 후 일본사회의 역사의식과 역사감각의 성장에 대해 주목했다. 그는 기존의 생활 질서와 가치관이 붕괴된 후 '변화'라는 요소가 생길 수 있고, 일본을 어떻게 재건할 것인가의 각도에서 '능동성'이 생길 수 있으며, 역사의식을 형성하는 생활감정도 생길 수 있다고 인식했다.

이러한 논술은 대번에 가메이의 관점을 떠오르게 하지만, 그들은 다른 층위에서 문제를 논하고 있다. 가메이가 기본적으로 생활감정과 역사의식을 동일한 위상의 것으로 다루는 데 비해, 우에하라는 그것들을 위상이 다른 것으로 나누었다. 쇼와사 논쟁에서 역사학자에 의해 역사학에서 배제된 '생활감정'이 우에하라에게는 역사학을 형성하는 불가결의 기초로 변했다.

이는 완성도 높은 대담이었다. 가토 슈이치는 우에하라의 명제에 대해 반대 방향에서 보충해 한층 더 치밀한 토론이 진행되었다. 특히 가토 슈이치는 우에하라가 거듭 강조한 "세계사의 변화 속에서 일본의 위치를 생각한다"는 명제에 대해 이렇게 보충했다.

"뜬금없이 세계사의 사건을 이야기하는 것이 아니라, 일본 국민이 과거부터 지금까지 살아오면서 다양한 길을 걸었는데, 앞으로 어디로 가야 할지와 어디로 가고 싶은지를 우리가 알아야 함을 가리킨다." 우에하라는 이 말에 동의를 표하면서 역사학의 한계 문제에 대해 의미심장한 말로 보충했다. "이런 소망을 과거로 거슬러 올라가 분석하는 일은 역사학이 할 수 있다. 그러나 역사학이 이런 소망을 제공할 수 있는지의 여부는 말하기 어렵다." "이런 소망을 정당화하는 것은 역사학의 임무가 아니다. 역사학도 이런 것은 할 수 없다." 여기서 말하는 '소망'이 가리키는 것은 20세기 1950년대 후반기에 일본사회가 보편적으로 지녔던 일종의 위기의식, 즉 미국의 압력 아래 일본이 어떻게 해야 자주적으로 자기 국가의 노정을 결정할 수 있으며, 어떻게 해야 전쟁의 재발을 피할 수 있는가다. 이는 바로 도야마의 과학적 역사관을 관류하고 있는 것으로서 당시의 진보 지식인(마르크스주의자를 포함해)이 공유하던 위기의식이었을 것이다.

그러나 우에하라는 동시에 역사학의 임무는 눈앞에 보이는 목표에 존재하지 않는다고 인식했다. 그는 다음과 같이 구별했다. "세계 정치에서 일본이 어떤 위치에 놓여 있는지 명확히 하는 것이 역사학의 임무다. 그러나 이는 어떻게 일본사회를 앞으로 나아가게 이끌 것인지를 주장하는 것과는 완전히 별개의 일이다."[16]

우에하라는 '인류사'와 '세계사'의 구분을 자기 역사학의 기초로 삼았지만, 이는 일본 마르크스주의 사학이 견지하는 '세계사의 기본 법칙'과 근본적으로 다르다. 이런 근본적인 차이는 자본주의-

사회주의-공산주의와 같은 단일한 진화 모델을 따를 것인가에
있지 않다. 우에하라는 역사화(즉 "상대성이 과연 어떤 측면에서 나타
나는가"를 밝히는 것)의 절차에서 세계사를 고찰할 때 '기본 법칙'이
라는 것을 대전제로 삼지 않았다. 우에하라가 역사학 연구를 수
행할 때 줄곧 유지한 문제의식은 이른바 '세계사 이미지'란 일종의
역사적 현상에 불과하다는 것이었다. 이런 문제의식으로 인해 그
는 상이한 세계사 이미지가 어떻게 형성되는가라는 과제를 탐구하
게 되었다. 다른 한편, 세계사의 기본 법칙이라는 관점을 지닌 사
람들과 그 반대자들도 '상대화'라는 단어를 추상적으로 사용하고
있지만, 역사화의 절차를 결여했기 때문에 그들이 논의하는 틀은
논리적 기초 위에 구축될 뿐이다. 따라서 그들이 단지 한 나라 역
사의 발전단계론이 성립할 수 있는지를 핵심 문제로 간주해 토론
할 때, 사실은 일찌감치 '근대적 보편성'에 관한 결론을 설정한 것
이다. 매우 흥미로운 것은 마르크스주의 사학이 '이미 파산했다'고
간주되고 '세계사의 기본 법칙'이 '세계체제'로 대체된 오늘날에도,
이런 "내발론內發論이냐 아니냐" "일국론一國論이냐 아니냐" 등의 대
립 논리가 여전히 완강하게 존재한다는 점이다. 이런 '문제정리 방
식'은 마르크스주의 사학에만 있는 문제가 아니라, 역사화라는 절
차를 결여했을 때의 보편적 현상이라고 볼 수 있다.

우에하라가 '역사화'의 시각에 기대어 쇼와사 논쟁 때 깊이 있
게 토론되지 못한 전후 역사학의 '보편 법칙의 신앙'에 대해 질문
을 던졌다면, 시노하라 하지메는 정치사상사의 각도에서 '보편성'
에 대해 새롭게 정의할 가능성을 다시 제기했다.

시노하라는 논쟁을 전개하면서 「현대사의 깊이와 무게現代史の深さと重さ」[17]라는 논문을 발표해 '정치과정'이라는 정치학의 범주를 도입했다. 이 글은 유동적인 정치과정을 고찰할 때 어떤 역사관을 채택해야 하는가를 논하면서 마르크스주의 사학의 일반적 방법, 즉 "경제적 토대로 상부구조를 설명하는" "유물론적 환원법"에 대해 의문을 제기했다. 그는 자신의 중요한 논문 「현대 정치사의 방법現代政治史の方法」[18]에서 마르크스의 토대－상부구조론을 독일 역사학의 맥락 속에 자리매김하고, 마르크스주의의 상부구조론이 상대적 독자성을 지닌다고 보았으며, 나아가 세계 각국의 상부구조가 특수성의 문제를 지닌다고 지적했다. 이 논문은 일본 마르크스주의 사학 이론의 맹점을 정확하게 짚었으며, 정치사의 기본 입장에서 풍부한 문제를 제기했다. 이런 의미에서 이 논문은 쇼와사 논쟁의 중대한 수확이라고 말할 수 있다. 특히 언급할 만한 것은 시노하라가 고마쓰 시게오小松茂夫의 「사적 유물론과 '현대'史的唯物論と『現代』」[19]의 기초 위에서 다음과 같은 문제를 제기했다는 점이다. "역사의 보편성은 곧 여러 특수의지의 합력合力이며, 간단히 말해서 특수의지 간에 서로 상쇄하는 결과가 현실 속에서 체현된 것이다."[20] 이렇게 함으로써 보편성을 어디에나 있을 수 있는 것으로 여긴다거나, 특수성과 서로 대립되는 추상물로 사고하는 직관적 사유를 극복하는 방도를 제시했다. 다시 말해서 시노하라에 따르면 역사의 보편성은 각종 특수한(혹은 개별적인) 힘들 사이에 존재하는 긴장관계의 결과로서, 그것은 유동적인 방식으로만 존재하며, 결코 개별존재를 뛰어넘는 추상적 '법칙'이 아니다. 엥겔스가

'원동력'이라 일컬었던, 즉 개별 의도와 전체 결과 간의 괴리에 결정적인 작용을 하는 힘은 바로 역사의 보편성 자체였다. 이런 보편성은 특수성에 대한 부정이 아니라, 각종 특수성 간의 상쇄를 통해서만 자신을 드러낼 수 있다.

시노하라는 이런 보편성을 엥겔스의 역사철학 속으로 환원시키지 않고, 나아가 역사학에서 이런 보편성이 어떻게 존재하는가를 궁구했다. 그는 먼저 역사에 대해 개론적으로 이해하면 교조주의에 빠지기 쉬우며, 사례 연구도 중대한 역사적 의미를 결여하기 쉬움을 지적한 후에, '역사의 결정적 순간'을 연구하는 방법을 제기했다. 즉, 역사상 결정성을 지닌 중요한 순간을 선택해 그것에 '집중포화를 퍼붓는' 것이다. 솔직히 말해서 그가 말하는 '역사의 결정적 순간'은 보편성이 가장 격렬하게 특수성을 '서로 상쇄'하는 순간이다. 그리고 이런 상쇄야말로 역사의 맥박이 있는 곳이다. 이렇게 서로 '상쇄'하는 과정은 사고의 방향에서 '보편성 법칙'에 대한 신앙과 완전히 다르며, 이는 차라리 우에하라의 '역사화' 과정과 서로 맞물린다고 할 것이다.

아시아 인식과
사학사의 자율성

쇼와사 논쟁이 지나간 지 10년 후인 1966년, 도야마 시게키를 포함한 역사가들이 전후의 역사학 논문을 논문집으로 묶었다. 이 논문집을 통해 쇼와사 논쟁의 한 측면이 역사가(특히 마르크스주의 역사가)의 손을 거쳐 밝혀지게 되었다.[21]

일본 마르크스주의 사학자의 입장에서는 아시아관觀에 관한 문제에서 종종 골치 아픈 방법론 문제에 부딪히게 된다. 즉, 마르크스의 '아시아 생산양식'론 및 그것과 '아시아 정체성론' 간의 친화성을 어떻게 다룰 것인가, 세계사의 법칙은 무엇을 본보기로 삼아야 하는가 등의 방법론 문제는 강좌파講座派 마르크스주의 사학이론의 내재적 딜레마였다. 전전戰前에서 전후까지 일본 마르크스주의 사학이 이 딜레마를 어떻게 형성하고 지속했는가에 관해서는 나가이 가즈永井和의 「전후 마르크스주의 사학과 아시아 인식─'아시아 정체성론'의 아포리아戰後マルクス主義史学とアジア認識─「アジア的停滞性論」のアポリア」[22]를 참고할 수 있다. 1966년의 시점에서 보자면, 1964년 하야시 후사오의 『대동아전쟁 긍정론』의 여파가 아직 가라앉지 않았으며, 당시는 메이지 유신 100주년 전야이기도 했다. 이런 시기에 아시아 문제를 정면으로 다루는 것은 일본의 마르크스주의 사학자에게 학리적으로나 현실의 층위에서나 극히 곤란한 과제였다.

이 논문집은 전후 일본 역사학계에서 '역사의 재구성'을 시도했다고 간주되는 논문을 수록했다. 논문집은 '아시아 인식'을 중심 테마로 삼아, '제1부 세계사 속의 동아시아' '제2부 연구사의 방식 문제' '제3부 일본인의 조선관과 중국관'의 3부로 구성되었다. 이 구성에서 다음과 같은 편집자의 의도를 명확하게 추측할 수 있다. 즉, 동아시아 인식은 세계사를 재구성하는 데 필요한 작업 요소이며, 이 작업은 새로운 방법론을 필요로 한다는 것이다. 이 책도 일본 마르크스주의 사학의 자기전환 노력으로 볼 수 있다.

이런 노력은 몇 가지 방면에서 주의할 필요가 있다. 쇼와사 논쟁과 관련 있는 각도에서 말하자면, 우선 주의할 점은 도야마가 해설과 권두 논문에서 보인 태도다.

도야마는 전후 얼마 지나지 않아 일본 마르크스주의 사학에서의 '아시아 정체성론'을 어떻게 극복할 것인가라는 문제를 해결하는 데 착수하기 시작했다. 그는 일찍이 이 문제를 제기한 역사학자였다. 그는 제1부에 쓴 해설 「세계사 파악의 시점世界史把握の視点」과 권두 논문 「동아시아 역사상의 검토東アジアの歴史像の検討」에서 세계사 서술을 복잡하게 하려는 의도를 분명하게 드러냈다. 도야마는 일본 패전 이전의 마르크스주의 사학에서 일국사一國史의 사회경제 구성체로서 잇따라 일어나고 번갈아 형성된 '세계사의 기본 법칙'에 대해 깊이 있게 탐구하고, '사유의 전환'을 이용해 세계사에 대한 새로운 해석을 시도했다. 그는 전후 아시아·아프리카·라틴아메리카의 민족해방운동이 세계사의 구도를 뒤바꾸었다고 지적했다. 그에 따르면 일국사와 비교사는 각기 한계성이 있지만(일국사는 보편 법칙을 전개할 수 없고, 비교사는 유럽을 모델로 세계사를 구상한다), 동아시아의 '지역사'는 세계사 담론에서 효과적이다. 왜냐하면 "동아시아는 오늘날까지도 여전히 전체 세계사에서 모순이 가장 큰 결정적 지점"이기 때문이다. 이 구상은 시노하라 하지메의 '역사의 결정적 순간'론과도 은연중 서로 일치하지만, 도야마에 의해 제국주의와 민족투쟁이라는 개론적 층위로 환원되었으며, 시노하라가 구상한 개론과 사례 연구의 약점을 뛰어넘는 층위에는 도달하지 못했다. 그러나 도야마에게 이런 아시아 인식은, 그가 『쇼와사』 초판과 신판을 쓸 때의 인식만 비교해보아도 알 수 있듯이, 불변하는 '세계사의 기본 법칙'을 풍부하게 하기 위함이다. 이 의도에서 보면 도야마와 우에하라 센로쿠의 세계사 관점은 결코 일치하지 않지만, 도야마는 우에하라가 「역사 연구의 사상과 실천歷史研究の思想と実践」에서 제기한 '지역세계'의 구상을 진심으로 받아들였으며, 동아시아 지역사 연구의 의의를 긍정하기 시작했다.

『역사상 재구성의 과제』 3부에 쇼와사 논쟁과 관련된 문장과 분석이 수록되었지만, 논쟁이 지나간 지 10년 후에도 마르크스주의 역사학 내부에서는 아직도 그것을 논쟁으로서 효과적으로 정리하지 않았다. 이 논쟁을 논한 논문보다 훨씬 더 주목할 만한 것은 이 논문집에 수록된 이시모다 쇼石母田正의 「근대 사학사의 필요성에 관하여近代史学史の必要性について」와 하타다 다카시旗田巍의 「일본 동양사학 전통日本における東洋史学の伝統」 등의 논문이다. 그것들은 오히려 '방법론에 대한 반성'의 각도에서 쇼와사 논쟁에서 깊이 다루어지지 않은 문제를 심도 있게 탐구했다.

깊이 다루어지지 않은 문제란 역사학과 시대·정치형세와의 연관 방식 문제로, 사학사의 자율성 문제다.

이시모다 쇼의 논문은 사학사라는 학문 구분의 의의를 논했다. 이는 단순히 우에하라가 1950년대에 제기한, '소박한 역사연구'를 극복하기 위해 사학사가 필요하다는 관점과 서로 겹치는 것이 아니라, 예리한 분석으로 문제를 한층 깊이 있게 밀고 나갔다. 이시모다는 쓰다 소키치津田左右吉를 예로 들며 일본 근대 역사가의 사관史觀이 제국주의 및 기타 민족에 대한 지배와 불가분의 관계가 있음을 지적했다. 따라서 그는 학자의 사상과 학문이 별개의 일이라고 여기는 생각은 잘못되었으며, "양자 사이에는 복잡한 갈등과 통일이 있다"고 명확하게 지적했다. 그는 쓰다 소키치처럼 우수한 역사가의 정치적 입장 문제를 단순히 개인의 '한계성'으로 환원하는 데 반대했으며, "과거의 사학에 대해 객관적이고 전면적으로 분석하며, 이로써 사학을 새롭게 자리매김해야 한다. 바꿔 말하면 동양사와 일본사에 대해 근대 사학사의 연구를 해야 한다"고 주장했다. 이시모다는 일본 근대의 우수한 동양사가와 일본사가들이 주변 민족에 대한 멸시와 제국주의 이데올로기하에 학술적 출발점을 형성했다고 지적했다. 그들은 한편으로는 탁월한 학식을 발휘하면서 다른 한편으로는 청일전쟁 이후 아시아에 대한 일본인의 멸시를 형성했으며, 특히 중국과 조선을 인식할 때 정신구조의 저열함을 초래해 이후 아시아 인식에 관한 일본인의 발전을 가로막았다는 것이다. 이시모다는 일본 근대 사학사의 이와 같은 구조적 특징을 분석했으며, 나아가 다음과 같은 의미심장한 문제를 제기했다. 즉, 이러한 지식 유산은 오늘날의 일본 역사학에 어떤 영향을 미치는가?

이시모다는 1954년의 논문 「역사서술과 역사과학歷史敍述と歷史科學」에서 쓰다를 반박 대상으로 삼아 유물사관의 역사 법칙에 대해 논술했다. 10여 년이 지난 후 이시모다는 「근대 사학사의 필요성에 관하여」에서 훨씬 풍부하고 복잡한 관점을 드러냈다. 여기서

573

제4부
사상사의
논리

이시모다는 '유물사관'을 대전제로서 강조하지 않았으며, "우리는
근대 역사학의 유산을 반드시 계승해야 할 뿐만 아니라 그로부터
새로운 것을 발굴해야 한다. 이렇게 하면 수많은 어두운 면을 들
춰낼 수도 있지만 인류의 결백에만 기대서는 학문의 복잡성을 처
리할 수 없다"²³고 지적했다. 이시모다는 우에하라가 제창한 '역사
화' 과정을 일본 마르크스주의 사학에 도입하는 데 힘썼다. 그에
게 역사화의 과정은 사회적 책임과 떨어질 수 없을 뿐만 아니라,
역사가가 이 책임을 감당하는 데 필요한 가장 중요한 조건이었다.
'공헌-한계'의 이분법으로 역사가의 '소박한' 방법을 평가하는 것
을 극복하기 위해, 이시모다는 아시아 인식을 제창하는 의의가 연
구 대상의 확장에 있지 않고 새로운 역사인식의 창조에 있음을 예
리하게 지적했다. 여기서 아시아 인식은 메이지 이래 일본 역사학
에 내재한 정신구조의 왜곡을 직시하고 일본 역사학의 근원 자체
를 문제화하는 것을 의미한다. 이는 현실적 사회책임의 필요일 뿐
만 아니라 학문 자체의 필요인 것이다.

　이시모다는 나아가 민감한 문제를 지적했다. 그에 따르면 전후
일본사회에는 국제의식이 희박한 일본인의 전통이 여전히 존재했
으며, 국제의식의 형성은 극히 어려운 과제였다. 예컨대 안보투쟁
을 단지 일본의 독점자본에 대한 투쟁으로 간주하거나 민주주의
수호 투쟁으로 전화했다고 간주하는 견해는 문제를 국내 문제로
여기는 사고 습관에서 나온 것이다. 안보투쟁은 아시아에서 어떤
의의를 지니는가? 다른 민족의 시각과 의식을 자기 내부에 포함시
켜 사상을 형성하려면 과연 어떤 역사 경험을 기초로 삼아야 하

는가? 이시모다는 이와 같이 극히 현실성을 지닌 정치과제에서 사학사의 요소를 추출하고 그것을 역사학의 과제로서 전개했다. 이로부터 이시모다는 결벽만 가지고는 파악할 수 없는 역사 속에 자신을 두고 사상 형성의 어려움을 주체적으로 대면했다. 동양사학에 대한 이시모다의 탁월한 사학사 태도에서는 과거에 대한 기존 학술전통의 단순한 '청산주의' 태도가 생길 수 없다. 일본 마르크스주의자라 하더라도, 그들도 메이지 이후 학술전통의 외부에 자신을 두지 않았기 때문이다. 더군다나 과거와 현재의 학문 사이에서 매개 역할을 맡았던 당시의 동양사가들이 아시아 인식의 형성에 중요한 역할을 했다.

하타다 다카시가 그러한 동양사가로서, 그는 「일본 동양사학 전통」[24]에서 이시모다와 거의 비슷한 견해를 제시했다. 다만 이시모다와의 차이점은 그가 동양사학사 진영의 일원인 입장에서 일본 동양사의 한계성에 대해 매섭게 비판했다는 사실이다. 하타다는 이 논문에서 일본의 과거 아시아 연구는 침략적인 연구체제하에 진행되었음을 지적했으며, 이러한 '사학사의 분석'을 통해 역사학의 자율성 문제를 궁구하기 시작했다. 하타다는 일본의 동양사학과 침략체제가 공모관계에 있으며, 연구 내용에도 침략적 성격이 적지 않음을 지적했다. 현실과 관계없는, 단지 학문을 위한 학문이 동양사가의 전통적 태도라고도 지적했다. 학문에서 사상을 빼내면 고증적 연구는 할 수 있지만, 이런 학문은 체계성이 결여되고 개별 사실에 대한 고증에 국한될 수밖에 없으며, 심지어 권력과 무책임하게 결탁할 수도 있다. 근본적으로 아시아에 대한 우월감과 근대주의적 태도가 존재하기 때문에, 학문에서 사상을 제거한 동양사가들은 아시아의 개혁을 역사적 사실로서 정확하게 인식할 수 없다. 하타다는 이렇게 반성한 후 당시의 'AF 문제'에 대해 엄숙한 태도를 보이며, 이 기금을 받아들이는 것은 동양사학에서 왜곡된 정신구조에 굴복하는 것과 다름없다고 우려했다.

AF 문제란 1962년 도요문고東洋文庫 현대중국연구센터에 대한 아시아 포드Asia Ford 재단의 기금 원조를 가리킨다. 당시 원조를 받는 데 반대하는 행동은 일본 지식계의 주체의식을 구현하는 일로 간주되었으나, 좀더 중요한 것은 이를 계기로 사학사의 자율성을 주시하는 동향이 제한적이긴 하지만 이미 단초를 드러냈다는 점이다. 이시모다는 한편으로는 현실의 층위에서 AF 문제에 반대 입장을 취했으며, 한편으로는 학술의 층위에서 역사학 전통에 대해 '사학사'적 탐구를 시작했다. 이 두 가지 태도 사이에는 미묘한 연관이 존재하는 동시에 방향성의 차이도 존재한다. 이런 방향성의 차이는 우에하라 센로쿠가 가토 슈이치와의 대담에서 강조했던 것처럼, "세계 정치에서 일본이 어떤 위치에 처했는지 명확히 하는 것이 역사학의 임무다. 그러나 이는 어떻게 일본사회를 앞으로 나아가게 이끌 것인지 주장하는 것과는 완전히 별개의 일이다". 바꿔 말하면 사학사의 방향성은 현실의 문제를 거울처럼 원래 모습대로 반영하는 데 있는 것이 아니라, 역사학의 전통을 분명하게 정리함을 통해 인식을 개선하는 것이다. 그것이 바로 사학사의 자율성이다.

아시아 인식이 왜 필요한가의 문제에 대한 답은 자명하지 않다.

여타의 지역 연구와는 달리 아시아 인식은 다음의 인식론 문제와 커다란 관련이 있다. 하타다가 지적한 동양사의 전통 요소는 현대 일본사 및 아시아 연구에 뿌리 깊이 존재하고 있으며, 이시모다는 다른 민족의 시각과 의식을 자기 내부에 포함시켜 사상을 형성해야 한다고 말했지만 아직은 축적된 것이 상당히 빈약하다. 이 때문에 우에하라가 지적한 "직관과 감각에 따라 행동하는 동안 공교롭게 모종의 이치에 부합"하는 소박한 지적 관습이 여전히 존재한다. 거기서 발전한 마르크스주의 사학이 만약 단순히 '청산주의', 즉 '외부에서 부정'하는 입장을 취한다면 이 전통에서 헤어날 수 없다. '세계사의 기본 법칙'을 고수하는 것과 과학이라는 전제를 절대화하는 방법 등은 비록 국제화한 것처럼 보이지만, 후세 사람들에게 '교조적'이라고 비난받으며 끝내 꽃을 피우고 열매를 맺을 수 없었다. 그 원인은 바로 '그와는 상관없다'고 간주된 이러한 동양사 전통 속에 존재한다. 구체적으로 말해서 진정한 의미에서의 '사학의 자율'이란 현실과 동떨어진 방법으로 구축할 수 없다. 일본 동양사 전통이 제공하는 교훈이 이미 이 점을 증명했다. 명백한 결함이 있는 동양사 전통을 떠나 별도로 세계사의 법칙을 세우는 것이 진정한 성공을 거둘 수 없는 까닭은, 이 법칙들이 일본 근현대 사회역사의 맥락에서 유리된 '추상적 법칙'이어서 역사를 효과적으로 분석할 책임을 감당할 수 없기 때문이다. 쇼와사 논쟁에서 "역사학이 인간을 묘사해야 하는가"라는 방식으로 이러한 문제들에 접근했을 때, 필요한 성찰이 결여되었기 때문에 역사학계, 특히 마르크스주의 사학가들은 이런 문제들을 진정으로 추진하지 않았다. 일본 사학의 '소박성'에 대한 우에하라의 불만은 바로 당사자가 "역사학이 인간을 묘사해야 하는가"라는 명제를 효과적으로 전화하지 않은 데 있었다. 즉, 그 명제에 대해 역사학은 어째서 역사 자체에 다가가서 비연역적 추상 법칙으로 전화하지 않으며, 일본 역사가는 어째서 전혀 '올바르지' 않은 사학사의 기초 위에서 효과적인 전승을 수행한다는 과제의식으로 전화하지 않느냐는 것이다. 우에하라가 일본 사학자의 자각의식을 부르짖은 이유는 사학자들이 자신의 경험연구에서 이론적 상상력을 지닌 명제를 정련해내는 것이 아니라, 자신의 직관적인 경험연구로 기성의 이론에 영합하는 것을 감지했기 때문이다. 마르크스주의 사학의 교조주의적 경향을 대표로 하여 사학의 자율성 문제 자체는 이미 긴박한 과제가 되었다.

그러나 문제는 마르크스주의 역사학에서 끝나지 않는다. 계급론·유물론·제국주의론 등의 분석 도구가 높은 시렁에 얹힌 채 방치된 오늘날, 도야마와 이시모다 등의 노력은 이미 마르크스주의 사학사라는 역사 대상으로 변했으며, 우에하라와 시노하라의 작업도 일본 현대 사학사의 유산으로 간주되어 보존되었다. 이러한 모든 지적 유산 앞에서 오늘날 우리의 작전 대상은 쇼와사 논쟁 때 지식인들이 직면했던 것보다 훨씬 더 복잡하고 다양하다. 우리는 정말 쇼와사 논쟁의 유산을 도야마보다 더 잘 정리하고 계승할 수 있을까?

쇼와사 논쟁은 엄밀한 의미에서 말하면 접점을 찾지 못한 어긋난 논쟁이었지만, 논쟁의 발생은 결코 우연한 일이 아니었다. 전후 마르크스주의 사학이 지배적 지위를 차지했던 시기에 쇼와사 논쟁은 역사학의 자기반성을 위한 계기를 제공했다. 다만 이런 반성은 논쟁 자체가 직접 가져온 결과가 아니라 논쟁이 이끈 일종의 '연쇄반응'이었다. 이런 연쇄반응은 오늘날에 보아도 여전히 일본 사학의 높은 수준을 대표한다. 쇼와사 논쟁을 원심으로 하는 동심원처럼, 당시의 논쟁은 어수선해 보이긴 하지만 이를 원심으로 하여 밖으로 발산되었으며, 어수선한 토론은 상호 간에 구조적 연관성을 지닌다. 그것은 역사학의 진정한 자율성을 중심으로 하는 역사학의 작업윤리에 대해 반성하는 구조다.

역사학의 자율성을 궁구할 때 아시아 인식은 중요한 토포스topos 다. 여기서 아시아 인식과 역사학의 관계는 상당한 고도의 과제의식을 지닌 층위에서 통일에 이른다. 쇼와사 논쟁 때부터 1960년대 후반까지 이 과제의식을 이끈 사람은 우에하라 센로쿠였다. 그는 평생 사학사의 자율성을 추구했으며, 이 자율성 속에서 아시아의 문제를 논의했다. 마르크스주의 사학이 계급론과 제국주의론 등의 도구를 이용해 아시아의 역사 서술을 진행할 때, 어떻게 역사학의 자율성을 받아들일 것인가의 문제는 어떻게 교조주의를 극복할 것인가의 문제와 연결되었다. 적어도 1960년대에는 도야마와 이시모다 등의 노력을 통해 마르크스주의 역사학이 이미 이 딜레마에 직면하기 시작했다고 할 수 있다.

그런데 아시아 인식이 사학사의 자율성을 확립하는 좋은 계기가 되었다고 하더라도, 일본 마르크스주의 역사학은 이에 대해 한 걸음 더 나아간 전개를 수행하지 못했다. '세계사 발전의 기본 법칙'은 끝내 그 교조성을 극복하지 못했으며, 어떤 의미에서 이는 바로 사학사의 진정한 자율성이 확립될 수 없음을 증명하는 것이라고 할 수 있을지도 모른다. 우에하라의 '세계사 속의 아시아'라는 착상은 그의 사학사 구상의 기초 위에서 발전한 것이다. 따라서 직관적이고 소박한 역사관에 대한 그의 단호한 태도를 이해하지 못한다면 그의 아시아론을 계승할 수 없다. 소박한 역사학의 약점을 폭로하고, 사학사를 통해 이 약점을 극복할 가능성을 암시했다는 의미에서, 쇼와사 논쟁은 오늘날의 역사학에 커다란 의의를 지닌다. 또한 우리는 이러한 역사적 사건에서 오늘날 아시아 담론의 '문제정리 방식'을 다시금 사고해야 할 것이다.

11장

중국의 역사 박동 속에서의 구도[1]

미조구치 유조溝口雄三 선생이 떠나셨다. 미처 작별 인사를 할 겨를도 없이, 보내드릴 겨를도 없이 너무도 바삐 떠나셨다.

부고를 받은 것은 7월 13일 정오 무렵이었다. 연구소에서 메일함을 열어보다가 도쿄의 벗에게서 온 짤막한 메일을 보았다. 미조구치 선생이 당일 새벽 갑자기 별세하셨다는 소식 외에 아무런 구체적인 설명이 없었다. 나는 충격에 휩싸이는 동시에 이 짤막한 편지에서 상대방이 받았을 충격을 느낄 수 있었다. 일본의 벗도 똑같이 마음의 준비를 하지 못했음이 분명했다. 바로 한 달 전 도쿄에 들렀을 때 미조구치 선생이 편찮으시다는 소식을 듣고 그 친구와 언제쯤 함께 병문안을 가는 게 좋을지 상의했는데, 그때 그는 당분간은 선생을 번거롭게 하지 않는 게 좋겠다며 일단 안정을 취하시게 하자고 했다. 우리는 모두 미조구치 선생이 잠깐의 어려움을 극복하고 다시 빙그레 웃으며 우리 곁으로 돌아오시리라 확신했다. 그런데 이렇게 될 줄이야!

그날 이후 일주일 동안 다른 사람들로부터 잇따라 부고를 받았다. 최초의 충격과 이 소식을 거부하고픈 본능적 반응이 지나간 후, 나는 이 세상에 이미 미조구치 선생이 안 계시다는 침통한 사실을 차츰 받아들였다. 나는 그분이 떠난 원인을 묻는 데는 거의 관심이 없었다. 그분이 떠났다는 사실에 비하면, 어떤 병을 앓았고 어떻게 세상을 떠났는지와 같은 임종 소식은 대수롭지 않았다.

내 책상에는 아직 교열이 끝나지 않은 미조구치 문집의 번역 원고가 펼쳐져 있다. 싼롄서점三聯書店은 독자들이 미조구치 선생의 저작을 더 많이 이해하도록 하기 위해 기존 번역본과 새로운 번역본을 선보여 『미조구치 유조 저작집』을 출판할 계획을 세웠다. 타이완의 천광싱 교수가 편지를 보내와 미조구치 선생의 타이완 강연집이 조만간 나올 텐데 출판기념회가 추도식이 될 줄은 몰랐다고 했다. 그는 동시에 몇몇 타이완 학자의 애도를 전해주었다. 베이징의 몇몇 친구는 미조구치 선생을 위해 무엇을 할지 서로 상의했고, 수많은 잡지의 편집장이 곧바로 원고를 청탁하고 이 일을 보도하기 시작했다. 아직 충격과 비통에서 빠져나오지 못한 채 나는 한국에서 열리는 회의에 참가했다. 환영 만찬에서 한국의 몇몇 친구도 침울한 기색으로 미조구치 선생을 언급하며 진실한 애도의 정을 내비쳤다. 연세대학교의 중국사학자 백영서 교수는 동아시아 지역의 기념 출판을 계획해야겠다고 제의했다. 미조구치 선생의 별세가 동아시아 학인들에게 불러일으킨 잔잔한 충격은 두드러지진 않았지만 진실하고 강렬했다.

미조구치 선생은 『타이완사회연구臺灣社會研究』의 명예 고문이었기 때문에 타이서에서 내게 추도문을 요청했다. 추도사를 써본 적이 없는 나는 컴퓨터 앞에 앉아 망설였다. 이미 선생이 안 계시는 세상에서 어떻게 그리움과 추모의 정을 서술할 것인가?

나는 중국사상사 학자가 아니다. 미조구치 선생의 연구 분야에 대해 나는 문외한이다. 선생과 여러 해를 알고 지내면서 진정으로 함께 일한 것은 6년간 중국과 일본 학자의 대화 활동을 조직한 일뿐이다. 이 활동은 '지식공동체'라고 명명되었다. 이 6년 동안 나와 내 친구들은 강직하고 고집스런 한 일본 학자가 어떻게 일본과 동아시아의 이웃 나라가 화합하기 위한 민간 경로를 완강하게 탐색했으며, 어떻게 지식의 방식으로 재난과도 같던 그 전쟁을 위해 책임을 짊어졌는지를 가까운 거리에서 체득했다. 나는 선생을 통해 호인과 악인이 뒤섞여 있는 이 세상에서 개인으로서 어떻게 원칙을 고수하고, 어떻게 스스로 단속하며, 어떻게 책임지는지를 배웠다. 엄격하고 정직한 이 어른은 우리 모두의 존경을 받았으며, 일본에 대해 감정이 좋지 않은 몇몇 친구조차 그에 대해서는 마음에서 우러나는 친근한 정을 품었다.

나는 비전문가로서 미조구치 선생의 학술에 대해 전면적으로 토론할 능력이 없으며, 사실은 가능한 한 그렇게 하는 것을 피하고자 한다. 그러나 선생에 대한 나의 경의가 단지 지식공동체 회담을 조직하는 과정에서 그가 보여준 사심 없는 몰두와 거대한 인격적 감화력에서만 비롯하는 것은 아니다. 이 과정에서 많은 것을 배웠지만 나를 더욱 탄복하게 한 것은 그의 작품세계였다. 일본사상사 연구자로서 연구에 곤혹스러움을 느끼며 선생의 저작을 읽고 나서 나는 생소한 사료史料와 대화의 문맥을 뛰어넘어 독특한 '구조의식'에 깊이 매료되었다. 그것은 거의 본능에 가까운 것으로서 경험연구의 방식으로 드러나는 이론적 통찰력이었다. 이런 통찰력은 이론에 기대어 서술되는 것이 아니라, 문제 설정과 문제 계산의 방식에 힘입어 자신의 존재를 암시한다. 바로 이러한 통찰력의 존재로 말미암아 나는 비전문가가 독서할 때 느끼는 장애를 뛰어넘어 선생의 연구에 매료될 수 있었고, 지식공동체 활동 때와는 또 다른 심심한 경의가 우러나왔는지도 모른다. 마찬가지로 이러한 경의에서 출발해, 내가 다음과 같은 내용을 서술하는 데 적합한 인선人選은 아니지만, 얄팍한 식견을 고려하지 않고 기꺼이 전문가는 할수 없는 비전문가의 방식으로 내가 읽은 미조구치의 학술을 과감히 이야기함으로써 창조력을 지닌 이 학술 선배를 기리고자 한다. 미흡한 이 글이 미조구치 학술에 대해 전문적 수양을 지닌 학자의 해석을 끌어낼 수만 있다면 내가 가장 바라는 바일 것이다.

'멈출 수 없음'
─ 사상 원점으로서의 이탁오

일본의 저명한 중국사상사 전문가로서 미조구치 유조 선생은

다채로운 업적을 남겼다. 그는 1932년 일본 나고야에서 태어나 도쿄대학 문학부와 나고야대학 대학원에서 공부했으며, 저명한 중국학자 이리야 요시타카入矢高를 사사했다. 그의 첫 책『중국 전근대 사상의 굴절과 전개中國前近代思想の屈折と展開』[2]는 1980년 도쿄대학 출판부에서 출판되었다. 통상적인 글쓰기 규범을 따르지 않아 다소 읽기 어려운 이 저작은 이후의 저술들만큼 광범한 반향을 불러일으키진 못했지만, 그의 평생에 가장 중요한 저작이다. 중국사상사의 내재적 메커니즘에 관한 구조적 사고, 사상 관념의 역사성과 상황성에 대한 분석, 그리고 더 중요한 점은 사상사 연구에 쏟아부은 고도의 인문정신을 지닌 통찰력이 이 저작에서 집중적으로 나타난다는 사실이다. 미조구치의 학술을 구성하는 이런 기본 자질들은 결론과 관점으로서가 아니라, 문제를 보는 시각과 문제를 추진하는 방식으로서 그의 분석논술 과정에 전체적으로 잠재해 있다.

나와 몇몇 친구는 운이 좋게도 미조구치 선생에게서 이 책을 쓰게 된 동기와 경위를 직접 들을 수 있었다. 그가 아직 석사과정을 공부할 때 이탁오에 대해 관심이 생겨 당시 일본 한학계漢學界의 관련 연구를 읽고 나서 지도교수인 이리야 요시타카에게 이탁오를 연구하려면 무엇을 읽어야 하는지 물었다. 이리야는 당연히 이탁오의 저서를 원서로 읽어야 한다고 대답했다. 그리하여 미조구치는 당시 구할 수 있는 이탁오의 모든 원서를 구입해 불철주야 공부하기 시작했다. 이탁오를 정확하게 이해하기 위해 그는 심지어『분서焚書』를 한 글자 한 글자, 한 구 한 구씩 꼼꼼히 번역했다.

이탁오에 침잠한 결과 미조구치는 일본 한학계의 이탁오 연구에 의심을 품게 되었다. 그는 이해하기 쉬운 이탁오 연구들이 기본적으로 일본 학계에서 막힘없이 통용되는 서구 근대성 이론에 기대고 있음을 발견했다. 이는 독자들에게는 빠르게 받아들여질 수 있지만 그가 독서하면서 살펴본 이탁오의 사상세계를 효과적으로 분석할 수는 없을 것 같았다. 이런 소박한 의심에서 출발해 그는 자신의 학술 여정을 시작했다.

미조구치 학술 생애의 기점에서 일본의 중국학계는 이미 상당히 굵직한 성과를 거두고 있었다. 원로 세대의 중국학자와 동양사학자, 예컨대 나이토 고난內藤湖南, 쓰다 소키치 등과 같은 거장이 소중한 학술 자원을 남겼을 뿐만 아니라, 새로 일어난 중국학 분야에도 시마다 겐지島田虔次, 아라키 겐고荒木見悟 등과 같은 위 세대의 중국학 대가가 창조적인 탐색을 했다. 일본의 중국 연구에서 근본적인 문제는 어떻게 중국의 '근대'를 확인할 것인가였다. 특히 전후 일본의 사학은 마르크스주의의 영향을 깊이 받아 중국학자는 대부분 '노예제-봉건제-자본주의-사회주의'와 같은 도식화된 시대구분에 동의하는 경향을 보였다. 동시에 아시아 정체성론을 타파하는 사상과제를 자각적으로 대면하고 동아시아 역사 발전의 궤적을 찾고자 했다. 미조구치 위 세대의 중국학자는 아시아 정체성론을 극복하기 위해 중국의 역사적 독특성을 논술하고 서양과 구별되는 역사 서술의 모델을 세우는 데 힘썼다. 예컨대 시마다 겐지는 중국사상사를 연구하면서 유럽의 개념으로 중국 역사를 이해하기를 의도적으로 거부했을 뿐만 아니라 중국사상사의 체계성을 간결하게 묘사하고자 했다. 미조구치는 이런 학술전통을 계승하는 의의에서 다음과 같은 질의를 통해 시마다가 대표하는 중국학 전통을 계승하고 수정했다.

첫째, 그는 시마다가 유럽 역사와는 다른 중국 역사의 독특성을 강조했지만 중국 역사를 통해 유럽 역사의 독특성을 보는 안목을 결여했다고 지적했다. 이는 시마다가 중국 역사의 체계적인 논술을 추구할 때, 불가피하게도 그중의 사상 요소가 단편적이고 왜곡되고, 잡다하다고 여기게 만들었다는 것이다. 미조구치는 중국에 입각해 유럽 역사의 독특성을 관찰한다고 하면, 그것 역시 중국의 기준에 따라서는 마찬가지로 단편적이고, 왜곡되고, 잡다하다고 지적했다. 미조구치가 1980년대 초기에는 미처 전개하지 못했던 이 중요한 인식론적 명제는 나중에 『방법으로서의 중국』에서 "중국을 방법으로 삼고 세계를 목적으로 삼는다"는 훨씬 간결한 방식으로 서술되었다. 이는 바로 무의식 속에서 줄곧 학계를 지배해왔던 "세계는 곧 서구"라는 잠재된 규칙을 타파하고, 동양과 서양 세계가 동시에 세계사의 일부분을 구성하게 하는 구조감각을 구축하는 것이다.

둘째, 그는 시마다의 중국사상사 연구에서 의지하고 있는 개념과 생각이 사실은 서구적 특징을 벗어나지 못했으며, 심지어 메이지 이후 일본이 서구 사상을 받아들이는 과정에서 형성된 개념에 의존하고 있다고 지적했다. 또한 이러한 인식론적 특징이 단독적인 개념에서만 표현되는 것이 아니라 여러 개념 간의 관계에서 더욱 나타나고 있다는 것이다. 예를 들면 중국 근대에 대한 해석에서 의지하는 천리天理와 인욕人慾의 대립, 외재적 규범과 내재적 인성의 자연성과의 대립, 사회적 공公과 개인적 사私의 대립 등이 그렇다. 바로 이러한 유럽 시민사회 개념 간의 대응관계가 지닌 구속력이 중국에 관한 역사 서술을 유럽식 가치판단에서 벗어나지 못하게 만들었기 때문에, 이로부터 이탁오의 '동심童心'설에 대한 시마다의 서구식 분석이 생겨났다는 것이다.

셋째, 미조구치는 양명학에 대한 일본의 기성 평가에 질문을 던졌다. 이 저작을 집필할 때 그가 마주한 양명학에 대한 평가는 기본적으로 봉건시대 말기에 해체가 진행되던 주자학을 새로이 통합했다는 것이었으며, 따라서 봉건체제의 관념론으로 보았다. 이런 관점은 또 더 나아가 양명학이 명말청초明末淸初에 좌절을 겪어 중국사상사가 여기서 동결되었다고 보는 결론을 초래했다. 미조구치는 주체를 현실 판단의 기준으로 삼고 경전을 상대화하는 양명학에 관한 시마다의 견해를 계승하고, 문제를 주체–객체로 보는 이원대립의 타파, 나아가 봉건체제와 농민의 대립이라는 관념론적 예설豫設의 타파로까지 밀고 나갔으며, 양명학의 이데올로기와 사회적 기능을 새롭게 평가했다. 그는 양명학이 '심즉리心卽理'라는 명제를 통해 이理의 판단 기준을 외부의 정해진 이치定理에서 도덕 주체의 내부로 옮기고, 이 주체를 향촌 지주와 도시 상인, 심지어 사회 하층에까지 확대했음을 지적했다. 그것은 동시에 욕망이 이理의 내부로 침투하는 경로를 열었으며, 그 후 청대 현실의 이적理的 질서, 경전의 상대화, 역사학의 자립, 사회적 욕망을 기체基體로 삼는 이관理觀의 확립 등 사상 전환을 위해 길을 열었다. 그리고 이탁오는 양명학에서 이러한 요소들의 성숙을 촉진시킨 핵심 인물이다.

넷째, 미조구치는 사상사 연구에서 명말청초를 종결점으로 간주하고 청조清朝를 암흑의 시대로 보는 인식에 대해 의문을 제기했다. 그는 대량의 1차 사료에 대한 정확한 독해를 바탕으로 명말의 사상, 특히 청대에서 이루어진 양명학의 전환 방식 등을 찾는 연구를 통해, 중국 전근대 역사에서 변화로 가득 찬 전환기였던 명·청 시기의 내재적 박동을 서술하고자 했다. 청대 역사에 대한 새로운 인식은 일본의 중국학 전통에서 5·4 신문화운동의 반예교反禮教 결론을 표면적으로 받아들이는 '전통'에 대한 도전을 암시하는 것이기도 하다.[3]

『중국 전근대 사상의 굴절과 전개』는 이탁오를 서술의 중심점으로 삼아, 유효한 개념을 만들어내지 않은 이러한 사상적 인물에서 시작해 중국 전근대의 전환기를 논의하고, 그를 통해 일련의 중대한 개념을 도출했다. 이는 아주 특별한 방식이다. 나는 이러한 방식의 참뜻이 어디에 있는지 판단할 수 없으며, 중국사상사 연구 분야에서 어떻게 평가하는지도 알지 못한다. 그러나 나는 이로부터 아주 많은 일깨움을 받았다. 핵심 개념을 창조하지 않은 사상적 인물(미조구치는 심지어 이탁오가 이 때문에 사상가로 불리기 힘들다고 강조한다)을 역사구조를 논하는 출발점으로 삼은 것은 이탁오의 사유 자체가 미조구치 학술에서 지니는 중요성 이외에도, 생각건대 적어도 미조구치 학술의 구조가 단순히 관념적 구조가 아니라 끝없이 뒤엉켜 논리적 추론을 통해서는 서술할 수 없는 역사적 특징을 포함함을 의미한다. 사상사가 단지 개념의 연역에 기대어 서술하는 것이 아니라면, 혼란 내지 혼돈의 역사적 요소를 신중하게 주목해 이를 효과적으로 처리할 방식을 찾아야 함을 미조구치는 학술의 기점에서 분명하게 보여주었다. 이런 방식은 나중에 미조구치가 자신의 연구에서 보여주었듯이 개념의 표면적 통일성에 구애받지 않고 그것들의 내재적 연관 방식을 찾는 것이다. 오늘날 학계가 이미 정의定義로 개념을 이해하는 데 익숙한 상황에서 이런 작업은 난이도가 매우 높다는 점은 말하지 않아도 알 수 있다.

미조구치는 이탁오의 '멈출 수 없음不容己'을 핵심 고리로서 서술에 끌어들였다. 그에 따르면 이른바 '멈출 수 없음'이란 "인간 마음의 심층적 충동 속에서 그리고 그 원초적 상태 속에서 인간의 자연을 보고자 한다는 점에서 무작위의 자연적 상태를 본래성으로 간주하는 것이다".[4] 미조구치는 또한 이탁오와 경정향耿定向이 '멈출 수 없음'에 대한 논쟁에서 나타낸 불일치는 인간의 입장과 강상綱常의 입장의 대립으로 보아서는 안 되며, 생명 즉 인간의 자연 실존질서를 추구하는 상이한 방식으로 보아야 한다고 강조했다. 미조구치에 따르면 이탁오가 특수한 점은 "단지 적나라한 인간 속에서 자연 본래의 **리얼한 강상**을 추구"[5]한 데 있고, 경정향은 사단四端의 마음과 색욕을 터럭의 차이만큼 가깝게 만들어 강상의 극한으로 나아갔다. 이러한 구분은 통속적인 단순 이분법을 뛰어넘어 이탁오와 경정향의 대립이 '강상'에 대한 두 가지 생명 이해 방식을 드러낼 수 있게 했다. 나아가 미조구치는 다음과 같이 지적했다. "이탁오의 '이단의 자각' 그리고 '고독과 절망의 자각'은 그가 인간세계를 벗어났기 때문이 아니라 오히려 가장 진지하게 인간세계를 살아가고자 한 데서 기인한다. 인간세계를 살아간다는 것의 모순을 자신의 몸으로 드러내고, 그리하여 그것에 상처 입은 자신의 뼈아픈 자각 위에서 그 자각은 더욱 날카로워진 것이 아니었을까?"[6] 이 역설적인 시각은 미조구치가 이탁오에 집착한 가장 큰 원인이었을 것이다. 추측건대 그는 아마도 이 시점에서 자신이 앞으로 구축할 중국 사상의 구조에 내재하는 '기체基體'의 성격을 예견했을 것이다.

미조구치는 이탁오의 '멈출 수 없음'의 현세성과 무선무적無善無迹의 특성을 설명하면서 '입고 먹는 것穿衣吃飯의 이理'라는, 인욕을 원점으로 삼는 '형이하학적' 천리天理로 논술을 이끌었다. 제2장 「이관理觀의 재생 — '무無'에서 '진眞'으로」에서는 명대 중기와 후기에 중국사상사가 이룩한 거대한 전환과 이탁오가 이 사상적 전환에서 수행한 역사적 기능을 거침없이 논했다.

미조구치는 명말에 양명학은 이미 그 시대를 충분히 파악할 수 없었다고 지적했다. 이는 이갑제里甲制의 전제질서가 붕괴하고 여기서 비롯한 향촌제도의 재건과정이 이에 상응하는 새로운 사상 관념을 요구했기 때문이라는 것이다. 이탁오는 바로 이 시대에 적응하고 또 이 시대를 초월한 사상적 인물이다. 양명학의 "온 거리가 모두 성인"이라는 말에서 양지良知 또는 고정적인 선定質的善을 기준으로 삼는 명제와는 상대적으로, 이탁오의 성인관聖人觀은 선은 고정적인 것이 아니므로 무선無善임을 강조했다. 이러한 무선의 선은 모든 사람이 보편적으로 갖추고 있는 '멈출 수 없음'이며, 그것의 보편성은 추상에서 나오는 초월적인 것이 아니라, 개별적이고 지금 당장 이루어져 있지만 모든 사람이 지니고 있는 '멈출 수 없음'의 상태로서 체현된다. 이러한 보편성의 경지는 스스로를 성인으로 여기지 않는 참된 성인의 상태다. 왕용계王龍溪의 말을 빌리면, 자기는 옳고 남은 옳지 않다고 여기지 않는 것이며, '자기에 집착하는 것有我'으로 나와 남을 구분하고 높은 곳에 군림해 남에게 질서와 윤리를 강제할 수 없는 것이다. 이로써 이탁오는 비로소 "성性의 진실을 따라 미루어 넓혀서 천하와 더불어 공公을 이룬다"[7]와 같은 공公-사私에 관한 명제를 제기할 수 있었다. 이 명제는 훗날 황종희黃宗羲가 제기한 민民의 사私에 대한 논의와도 잠재적으로 연관되어 있다. 미조구치는 이런 시각에서 출발해 훗날 '공'과 '사'에 관한 비교사회사 연구를 발전시켰다.

나는 미조구치가 어떤 생각에서 다른 수많은 유학 연구자처럼 중국의 사상적 인물 자체의 어휘에만 의지하지 않고, 핵심적인 분석에서 '보편성'이라는 용어를 빈번하게 사용했는지 모른다. 그러나 적어도 판단할 수 있는 것은 그가 이 단어를 사용해 '선도 없고 악도 없음無善無惡' '남도 없고 나도 없음無人無我' '성스러움도 없고 비근함도 없음無聖無邇'과 같은 이탁오의 '진공眞空' 관념을 치밀하게 논술했을 때, 객관적으로 그는 오늘날 학계에서 오랜 관습을 통해 은연중에 일반화된 '보편성'이라는 감각을 상대화했다는 점이다. 미조구치는 '무에서 진으로 향하는' 과정 속에서 학계에 의해 추상화되고 고정된 '보편성'이라는 서양식 개념을 새롭게 정의했으며, 그것이 왕양명·왕용계·이탁오의 사변세계 속에서 개별성과 '인간의 보편성人人性'을 얻게 했다. 또한 이 형이하학적 인간의 보편성 속에서 기성의 '초월적 이理'를 한 걸음씩 와해시키고, 서구의 근대적 의미에서의 '천인분열天人分裂' 및 '개인의 자유권'과 상대적인, 욕망을 포함하는 천리天理를 수립했으며, 동시에 조화를 전제로 하는 자연법을 수립했다. 바로 '보편성'이라는 단어를 사용했기 때문에 미조구치는 자신의 세계사 시야를 더욱 효과적으로 표현했던 것이다. 서구에서 온 '보편성' 개념은 근대를 상세히 논술하는 생각을 표현할 뿐이며, 그것은 중국사상사 속의 '보편성'과는 상대적으로 개별적이다. 미조구치도 사실 이 단어를 사용하면서 중국특수론자나 문화본질주의자와 자신을 구별했다. '보편성'은 여기서 단순히 하나의 개념이 아니라 일종의 시야를 구현하며, 이 시야는 나중에 그의 『방법으로서의 중국』에서 더 자세히 설명된다.

「이관의 재생—무에서 진으로」의 끝에는 이탁오의 '동심설'을 전문적으로 논한 부록이 있다. 이는 신중하게 다루어야 할 독립된 논문으로, 그것이 난해한 점은 미조구치가 '동심설'을 육경·논어·맹자 등의 '도리'와 서로 대항하는 대립명제로 간단히 간주하지 않고, 더욱이 자유인격의 근거로 간주하지 않은 데 있다. 미조구치는 다음과 같이 강조한다. 즉, '진심眞心' '갓난아이의 마음赤子之心'과 구별되는 이 '동심'은 물론 이탁오의 자기 성명性命의 소재처이기도 하지만, 그것은 오히려 '언젠가 갑작스레 잃어버린胡然而遽失' 것이자 눈 깜짝할 사이에 지나가버리는 특징을 지녀서 부정不定의 정점定點이 될 뿐이다. 이에 따라 동심설은 실질적인 지향점이 될 수 없으며, 기성의 권위를 타도하는 보루는 더더욱 될 수가 없다. 이탁오가 멈출 수 없는 본심을 표방하는 경정향을 단호하게 비판한 것처럼, '본심'을 목적지로 설정하는 것은 이미 작위다. '동심'은 이탁오가 추구한 구도求道의 발자취이며, 그는 이로써 그 '멈출 수 없는' 본심의 내용을 궁구했다. 이는 그의 성명이 안식을 얻지 못하게 했을 뿐만 아니라 그로 하여금 이를 근거로 입론立論할 수 없게 했다.

미조구치는 이탁오가 입론을 거부한 점(다시 말해 그는 '입고 먹는 것'과 같은 자신의 구체적인 주장을 사상의 지향점으로 삼으려고 하지 않았다)을 다른 사상가들과 구별되는 기본 특징으로 보았다. 미조구치는 나아가 이렇게 '입론을 거부하는' 사상적 태도로 인해 이탁오가 명말의 현실을 대표할 수 있었다고 지적했다. 그는 이 현실을 '혼돈의 양상'이라 일컬었다. 미조구치는 '동심설'이 이탁오에게 중요함을 인정했지만, 아무런 단서도 달지 않고 그것을 이탁오 사상의 핵심으로 간주하는 것에는 동의하지 않았다. 그것을 이탁오 사상의 핵심으로 간주하는 것은 사유방식에서 '동심설'의 '부정不定의 정定'이라는 특성을 무시한 채 확정화하고, 심지어 '개인의 자유를 주장'하는 것으로 단순화해 오독을 초래할 수 있기 때문이다. 미조구치의 이런 주장은 단지 이탁오의 이탁오식 분석에 다가서는 것일 뿐 아니라 더욱 중요한 것은 그것이 중국의 명말청초라는 시기, 곧 서구 근대성 이론으로는 간단히 해체되지 않는 역사의 거대한 전환기에 대한 미조구치의 동태적 관찰과 사고를 체현했다는 점이다. 그가 이탁오를 선택한 까닭은 이 혼돈의 역사에 딱 들어맞는 보편적 서술을 구축하기를 바랐기 때문이다. 또한 문제는 이에 그치지 않을 것이다. 내가 읽은 미조구치의 저술에는 '고기를 잡고 나면 통발을 잊는다得魚忘筌'는 태도가 명확하게 관류하고 있다. 그는 자신이 제기한 개념들 자체가 정치적으로 올바른지의 여부에 개의치 않으며, 자신이 구축한 중국에 관한 해석이 '체계성'을 지니는지의 여부에도 개의치 않는 것 같다. 그가 절박하게 추적했던 것은 중국 역사에 대한 일종의 유효한 해석이었으며, 이 추적은 그를 안도할 수 없게 만들었다. 그의 후기 저작에서 이 안도할 수 없는 느낌은 특히 강렬하다. 바로 '동심설'에 관한 부록에서 나는 미조구치의 이런 태도를 이해할 실마리를 찾았다. 어쩌면 이것이야말로 진정한 사상사가가 역사를 대면할 때 느낄 수 있는 '멈출 수 없음'의 경지일 것이다.

우여곡절의 사상 전승 모델
―또 다른 역사 분석

명말청초의 사상사적 거대한 전환은 중국 향촌사회의 거대한 전환과 직접적인 관련이 있다. 이탁오에 대한 미조구치의 세밀한 분석은 당연히 단지 사상인식론만 정리한 것은 아니었다. 그가 주목한 것은 사상적 인물의 사고 속에 있는 역사의 흐름이었다. 미조구치는 이탁오의 정치성을 명확하게 지적했으며, 그의 무선무악無善無惡은 결코 선에 대한 부정이 아니라 단지 높은 곳에 군림하는 추상적인 '선'에 대한 부정인 까닭에 '지선至善'이고, 이런 지선만

이 진정으로 민중 가운데 존재할 수 있음을 특별히 강조했다. 또한 욕망을 강조한 것도 욕망의 방종을 고취한 것이 아니었다. 자신을 엄격하게 다스렸던 만년의 개인생활이 보여주는 것처럼, 그는 단지 사회인이 필연적으로 지니는 욕망의 진실성을 원리적으로 설명했으며, 이 혼돈스런 '이理의 자용상自用相' 위에서 정치통치의 중점을 확립하고자 했다. 미조구치는 이탁오의 무인무기無人無己는 일종의 만물일체의 정치관이며, 그것은 성인·군주를 민중의 혼돈 속으로 끌어들여 봉건신분제도하의 지배와 피지배 관계를 새롭게 해석하고, '병기와 식량兵食'과 '민 일반人'의 사사로움의 관계를 새롭게 구축했다고 인식했다. 이탁오는 근대적인 의미에서의 반봉건 정치사상가는 아니었지만, 봉건통치 신분질서의 논리 속에 민중의 인륜물리를 새겨넣었다. 이탁오는 만물일체의 천관天觀을 배경으로 하는 공—사 관계에 대한 이해를 제공했다. 그것은 서구 근대적 의미에서의 공사 관념과 다를 뿐만 아니라 심지어 동시대의 다른 중국 사상가들과도 차이가 있다. 그의 형이하학적 민 일반의 객재성客在性이 진정한 형이하학적 시각을 통해 견지되었고, '언젠가 갑작스레 잃어버린' 방식을 통해 하나의 정점定點이 되었다.

미조구치는 이탁오 사상의 이러한 '부정不定의 정定'이 결코 고의로 짐짓 현묘한 것처럼 꾸미는 것이 아님을 강조했다. 이는 명·청 시기의 구체적 사상 논쟁의 위상 그리고 명 중엽에서 청 중엽까지 300여 년 역사의 사상 전승 방식에 대한 그의 구상과 직접 관련이 있다. 미조구치가 제시한 역사사상 도감은 남다르다. 그는 사상사 속의 대립을 지나치게 중시하지 않았으며, 특히 대립을 강화해 그것을 모종의 관념으로 고정시키는 것을 거부했다. 또한 역사의 맥락 속에서 진행된 논쟁의 흐름과 그것의 후속적인 역사 효과를 강조했다. 바로 이 시야에서 그는 이탁오에 대한 동림파東林派의 비판을 다루었으며, 이 비판의 표면적 대립과 내재적 일치성을 강조하고 나아가 이탁오를 비판했던 청대의 사상가들이 실질적으로는 이탁오를 계승하고 있음을 강조했다.

「명말청초의 계승과 굴절」이라는 장은 곰곰이 되새겨볼 만하다. 미조구치는 이탁오 사후에 발생한 동림파 인사의 탄핵을 중요한 사상사적 실마리로 삼아, 이탁오에 대한 동림파의 몰이해와 그로 인한 불공정한 비판을 통해 중요한 역사적 맥락을 탐구했다. 왜 무제한의 종욕縱欲을 긍정한 적이 없고 "성性의 진실을 따라 미루어 넓혀서 천하와 더불어 공公을 이룬다"는 논술을 통해 새로운 '공' 관념을 세우고자 했던 이탁오는 큰 맥락에서 근접한 사상 성향을 지닌 동림파에게 큰 적으로 간주되었을까? 이 사이에는 눈에 쉽게 띄는 요소들(예컨대 이탁오의 논술이 사회의 사상적 혼란과 도덕적 상실을 불러일으킬 수 있다거나 이탁오가 '욕망은 곧 이理다慾卽理'라는 논술에서 '공'의 내용에 대한 논술로 나아가는 진정한 이행을 완성하지 못한 것 등)을 제외하고 더 심오한 역사적 원인이 있을까?

미조구치는 이 역사적 원인을 이렇게 지적했다. 동림파가 이탁오를 이단으로 간주한 근본적 원인은 두 가지 정치 구도 간의 대립에 있다. 전자는 부민富民 주도형의 향촌공동체 구상이고, 후자는 국가공동체에서 민의 욕망을 주체로 삼고 이갑제를 틀로 삼는 정치개혁 구상이다. 그러나 여기서 미조구치는 양자의 정치 범위에 대해 다시 각각 세밀하게 구별했다. 미조구치는 동림파의 정치 구상을 다음과 같이 분석했다. "그들은 황제의 일원적인 권력을 강화함으로써 황제 측의 위기를 극복하고자 한 것이 아니라 향촌과 도시에서 부민층의 권익 옹호를 우선적으로 하는 형태, 즉 부민 측의 위기 극복을 생각했던 것이다."8 몹시 흥미로운 이 구별은 동림파가 이탁오의 무선무악 사상을 비판한 것에 대한 분석과 서로 어울려 흥취를 자아내며 미조구치 특유의 균형감각을 구현한다. 그는 고헌성顧憲成과 풍기馮琦가 반무선무악反無善無惡을 표방한 것을 언급하며 다음과 같이 분석했다. 이는 "무선무악 사상 속에 혼재된 이탁오 요소를 적발하고자 한 것이다. 역으로 말하면 이탁오 요소가 그 속에 혼재되어 있기 때문에 무선무악의 극복에 착수한 것이지 무선무악파 전반을 배척한 것은 아니다".9 이로부터 미조구치가 강조한 것은 동림파 인사들이 황권 전제專制의 위기를 무시하고 부민의 위기를 중시했다는 데 있음을 알 수 있다. 그들이 황권 일원화의 전제에 대항한 진짜 속셈은 황권을 철폐하거나 황권을 대체하는 것이 아니라, 부민계층을 위해 새로운 정치 공간을 여는 것, 다시 말해서 부민계층의 분권적 성질을 지닌 '중앙집권'체제를 수립하는 것이었다. 이 기본 구조는 나중에 청조의 부민과 부민 사이 그리고 부민과 빈민 사이의 갈등이 민民과 황제 사이의 갈등을 대체하는 역사 발전의 흐름과 잠재적인 관련이 있다. 미조구치는 이로부터 왜 황종희 이후에 새로운 『명이대방록明夷待訪錄』을 써서 황권 전제를 비판한 제2, 제3의 황종희가 나오지 못했는가를 설명한다. 이는 중국이 이로써 민본주의를 잃어버렸음을 의미하지 않으며, 황종희는 처음부터 서양의 루소와 달랐기 때문이라는 것이다. 황종희의 목표는 황권을 전복하거나 황권을 수호하는 것이 아니라, 황권 체제 안에서 '자사자리自私自利'하는 민의 자주권을 강화하는 것이었다. 이 때문에 사실상 제2, 제3의 황종희가 나왔어도 청조 정부가 그들의 필요에 가까운 정치통치 방안을 채택했기 때문에, 그들은 더 이상 군주에 대항하는 것을 가장 중요한 목표로 삼지 않았으며, 더욱 두드러지는 '민' 내부의 충돌과 갈등으로 관심의 초점을 돌렸다는 것이다. 이런 분석은 훗날 신해혁명의 성질에 대한 미조구치의 논술과 내재적인 연관이 있다. 미조구치가 신해혁명을 "성공하지 못한 자산계급 혁명"으로 정의하는 데 동의하지 않은 까닭은 역사적 맥락을 무시하는 논리 추론을 받아들일 수 없었기 때문이다. 분명 이 논술의 맥락은 봉건사회나 시민사회를 대체한 근대 서구의 자본주의사회 이론 속으로 통합될 수 없다.

이탁오의 정치구상을 분석하면서 미조구치는 이렇게 지적했다. 이탁오는 민중의 생활을 충족시켜주기만 하면 민중이 자진해서 스스로를 방위하고 인륜도 진흥하게 되지만, 그렇지 않고 인륜만을 말하면 본말이 전도된 것이라고 보았다. 그의 「병식론兵食論」은 가장 먼저 황제와 민의 긴장관계를 파악하고 해결 방법을 찾으려고 했다. 따라서 이탁오의 견해는 현실을 직시하고 공리성을 지니지 않을 수 없는 것이었다. 그는 위로부터 아래로 민에게 강제되는 '나의 조리吾之條理'를 부정했으나, 동시에 민의民意에 순응할 수 있는 군주의 출현을 기대했다. 이런 정치구상은 물론 구식이지만,

진정한 민본위民本位의 성질을 지녔기 때문에 미조구치는 그가 동림파의 정치관보다 한 걸음 앞선다고 여겼다.[10]

상술한 분석에 기초해 미조구치는 상상력을 지닌 명제를 제기했다. 즉, 명말청초의 3대 사상가인 황종희·고염무顧炎武·왕부지王夫之가 저마다 이탁오에 대해 엄격한 비판을 가했지만 실질적으로는 동심설의 이념을 계승했다는 것이다.[11] 바로 이 시점의 연장선에서 미조구치는 황종희의 『명이대방록』을 특별히 논하며 그것이 민권을 주장하는 텍스트가 아님을 지적했다. 량치차오와 진천화陳天華는 자신들의 민권사상에 지나치게 집착해 그것을 반군주제의 민권선언으로 간주한 나머지 황종희 사상이 이후의 역사 속에서 어떻게 계승되었는지 발견하지 못했고, 오히려 제2, 제3의 황종희가 나오지 못한 사실에 초조하고 불안해했다는 것이다.

미조구치의 시야에서 황종희는 민의 자사자리를 강력히 주장했으며, 이를 위해 심지어 "군주만 없어진다면向使無君"이라고 외쳤다. 그러나 그가 의문을 던진 것은 군주됨의 도리이지 군주의 존재 자체는 아니었다. 바꿔 말하면 그의 반군주反君主는 반군주제가 아니다. 제도로 말하자면 그가 반대한 것은 명조의 전제적 이갑제이지 일반적인 전제적 군주제가 아니었다. 따라서 미조구치는 황종희가 대표하는 것은 일종의 체제 내적인 입장이며, 군민君民 일원적 전제에서 부민富民 분권적 전제로 나아가는 사상이라고 보았다.

바로 이런 의미에서 미조구치는 명대 중엽에서 청대 중엽까지의 중국사상사 수맥을 위해 비밀스러운 통로를 파냈다. 양명학의 "온 거리가 모두 성인"에서부터 이탁오의 '멈출 수 없음'의 민중관을 거쳐 동림파의 향촌공동체 질서 개편까지 그리고 다시 『명이대방록』의 부민 분권에 이르는 이 사상의 수맥은 끊임없는 부정의 방식으로 면면이 전승되었으며, 중국 전근대의 '굴절과 발전'을 구성했다. 시마다 겐지가 이탁오를 중국 근대 사유의 '좌절'로 보는 견해와 상대적으로, 미조구치의 '굴절'설은 역사를 분석하는 또 다른 생각의 갈래를 열어주었다.

『중국 전근대 사상의 굴절과 전개』가 비록 국제 한학계에서 비슷한 문제에 주목하는 전문가들의 중시를 불러일으키긴 했더라도 학술 베스트셀러는 아닌 것 같다. 이는 물론 우선 심오한 학술성이 전공 훈련을 받지 못한 수많은 독자를 문밖에서 가로막았기 때문이기도 하지만, 이런 원인은 부차적일 것이다. 내 생각에 진정한 원인은 이 책이 사실상 강대한 현행 지식 모델에 도전장을 내밀었기 때문이다. 서구 이론의 시각을 기초로 하여 동양사를 구성하는 방식과 상대적으로, 미조구치의 사상사 연구는 서구식 근대적 '자아'와 '자유의지'의 가치체계에 따라 이탁오와 그의 시대를 해석하지 않고, 서구의 근대성 가치체계로서는 이해하기 어려운 학술 패러다임을 만들고자 했던 것이다. 동시에 그것이 지닌 이원대립적 사유 모델을 타파하는 역사 사유(이 점은 입론立論하지 않은 이탁오의 사상 품격과 이탁오의 비판자들이 사실상 그의 사상에 대해 계승관계에 있다는 것 등을 논하는 미조구치의 시각을 통해 충분히 감지할 수 있다)도 통속적이고 알기 쉬운 '반서구' 사상 모델에 의존하지 않았다. 그것의 논술 구조 속에서 중국 역사 논리의 독자성을 강조하는 것은 '서구와 상대적'이라는 기준을 따르는 것이 아니다. 그것은 서구의 어떤 관념들과 상관있거나 상대적일 때도 있지만 서구 관념의 형성과 대조적이거나 대치하지 않을 때가 더 많다. 이탁오의 사상적 자양분에 심취한 미조구치는 학계가 서구화 때문에 어떻게 중국 역사의 내적 논리를 희생했는가를 이야기할 때도 있었지만, 이런 논의는 그가 서술한 이탁오의 '동심'처럼 결코 그가 안신입명安身立命하는 곳이 아니라 구도의 발자취일 뿐이다. 미조구치가 추적했던 것은 좀더 본질적인 문제라고 할 수 있다. 즉, 중국 사상은 사상가의 논술 속에서 어떻게 나타나는가? 이런 논술은 동시대 역사의 맥동과 또 어떤 관계를 지니는가?

바로 이렇게 분류하기 어려운 시야 속에서 훗날 미조구치가 부단히 강조했던 "맨손으로 역사에 진입하는" 인식론이 충분히 구현될 수 있었다. 이는 언어로 설명해서는 정확히 표현하기 매우 어려운 사고과정이며, 미조구치처럼 이탁오의 세계 속에 침잠했던 학자만이 그것의 가장 참된 의미를 체득할 수 있을 것이다. 나는 단지 내가 몸담고 있는 일본사상사 연구의 체험에서 출발해 이 인식론의 중요성을 간접적으로 이해하려 할 뿐이다. 그것은 연구자가 사료에 들어갈 때 '무기를 지니지 않음', 즉 기성의 관념이나 가치관, 심지어 생각을 지니지 않음을 의미한다. 동시에 이런 '맨손'의 상태에서 '사료의 반항'을 성실하게 대면해야 한다. 다시 말해 자신의 문제의식과 완전히 부합하지 않고 심지어 자신의 문제의식을 파괴하는 사료 요소를 직시하고, 자신의 문제의식을 끊임없이 수정하고 뒤집는 과정 속에서 상호 모순적인 사료 내부로 들어가는 길을 찾으려고 애쓰며, 해석의 구조를 구축하고자 힘써야 하는 것이다. 일본사상사가인 마루야마 마사오의 말을 빌리면, 이는 "변증법적인 긴장으로 가득 찬" 작동 방식이며, 사상사가가 역사에 제약을 받는 동시에 역사 대상을 주체적으로 구축함을 의미한다.[12] 내가 보기에 미조구치는 본보기를 제시하고 있다. 그는 사료를 대면할 때 "겸허한 마음이 산골짜기만큼 깊음"과 "절대 속수무책으로 사로잡히지 않음"을 동시에 해낼 수 있다는 것을 증명했다. 이렇게 할 수 있었던 것은 이탁오에 대한 깊은 침잠 때문이다. 나는 이것이 쌍방향의 과정으로 이루어져, 그가 이탁오의 사상세계에 들어가는 동시에 이탁오의 사상세계 구축을 통해 그도 자신의 시야와 방법을 얻을 수 있었다고 믿는다.

『중국 전근대 사상의 굴절과 전개』에서 미조구치는 훗날 그의 중국사상사 연구의 핵심 고리를 언급했다. 이 고리는 나중에 그의 구체적인 연구로 발전했으며, 더 나아가 중국 사상 '기체基體'에 대한 구조적 토론으로 확장되었다. 나는 미조구치의 저작 전부를 읽지 않은 데다가 필요한 전공 훈련도 부족한 탓에 그의 구조적 토론이 갖는 의미를 총체적으로 논할 능력이 없다. 나는 단지 내가 읽은 제한된 저술에 한해 미조구치가 문제를 추진할 때 표현한 생각을 따라가면서 그의 구조의식을 추측하고, 이 구조 자체를 언급하는 데 그칠 수 있을 뿐이다.

또 다른 보편성
— 경험연구 깊은 곳의 구조 상상력

이론을 사용해 구조적 구상을 서술하고 체계적 논술을 완성하는 통상적 방식과는 달리, 미조구치는 구체적인 경험연구를 이용해 구조적 사고를 추진했다. 그러나 일반적인 경험연구가 한 가지에 국한하거나 평범하게 자연시간을 따라 서술하는 것과는 달리, 미조구치는 장기간의 역사시간 속에서 몇 가지 결정적인 순간을 골라 착안점으로 삼고, 이런 점들의 문제에 대해 깊이 천착했다. 이런 점들 사이의 내적 연계는 그가 생각하는 중국사상사 구조를 구성했으며, 미조구치는 그것들의 얽히고설킨 관계를 중국 역사의 '기체基體'라고 불렀지만 기본적으로 '기체'에 대해 본격적으로 논술하는 데 중점을 두지는 않았다. 미조구치가 가장 공을 들인 것은 그가 천착한 몇 가지 문제군을 깊이 있게 전개하는 것이었다. 이런 문제군은 중국사상사의 결정적 순간을 투사하며, 이런 결정적 순간은 모두 역사가 격렬하게 변동하는 시기에 있다. 따라서 미조구치의 중국사상사는 이런 문제군이 고도로 변동하는 맥락과 그 내적 동력을 연구하는 것이라 할 수 있다. 그리고 『중국 전근대 사상의 굴절과 전개』라는 책에서 이런 문제군은 거의 상이한 수준으로 나타났다. 지적하고 싶은 한 가지 기본 사실은 사상사의 인식론으로서 이탁오의 '동심'이 '기체' 구성 요소에 관한 미조구치의 토론을 줄곧 관통하고 있다는 점이다. 이 '기체'는 동태적일 뿐만 아니라 그가 서술한 바와 같이 이탁오가 명말의 기성

사조를 돌파할 때 포기하지 않고 진실을 추구했던 특성을 지닌다. 미조구치는 다음과 같이 지적한다. 이탁오는 입고 먹는 것, 사私 등을 자기 입론의 확고한 진지로 삼고 이 진지를 굳게 지킴으로써 논술을 한층 더 전개시킨 것이 아니었다. 그것들은 그가 평생토록 모든 시도를 다한 후에 나타난 결과였으며, 그에게 이것 이외에 다른 길은 없었다.[13] 내 생각에 이 새겨볼 만한 평가는 미조구치 자신에 대한 것이기도 한데, '기체'는 그가 설정한 목표도 아니고 그의 '입론'도 아니며, 그것은 그가 학계의 기성 사유 모델을 돌파하면서 이리저리 모색한 발자취일 따름이다. 뿐만 아니라 나는 미조구치도 '이것 이외에 다른 길은 없었다'고 믿는다.

대략적으로 분류하면 미조구치가 남긴 수많은 연구 성과는 대체로 '원리연구'와 '경험연구'의 두 부분으로 나눌 수 있다. 전자는 적어도 중국 유학儒學 발전사의 맥락에 대한 정리와 중국철학사상의 핵심 개념에 대한 사상사적 분석을 포함하며, 후자는 명·청 사상 내지 민국 초기 사상에 대한 사회사·사상사적 분석, 특히 이 시기에 중국사회에서 진행된 내적 전환의 맥락에 대한 깊이 있는 설명을 포함한다. 이 두 가지를 합치면 아직 정교하진 않지만 이미 명확한 윤곽을 지닌 구조적 구상을 구성하는데, 미조구치가 묻고자 했던 문제는 이 구조적 구상을 통해 중국 근현대 역사의 기본 특질을 상대적으로 유효하게 설명할 수 있는가였다. 따라서 그의 원리연구는 경험연구의 생각을 지탱하며, 경험연구는 역으로 원리연구의 부분을 풍부하게 한다. 이로 인해 그의 문장세계는 긴밀한 내적 연관을 지닌 유기적 구조를 형성한다.

『중국 전근대 사상의 굴절과 전개』의 후반부는 중국사상사에서 '이理'의 관념이 청대 전기에 어떻게 새롭게 확립되었으며 명말청초 시기에 인성론이 어떻게 전환했는지, 그리고 주자의 자연법 사상이 청대에 어떻게 변천했는지 등을 논했으며, 특히 마루야마 마사오의 주자학 분석과 상대적인 의미에서 중국식 자연법의 특질을 설명했다. 이 장들은 전반부에서 논한 이탁오·동림파·황종희 등의 연구와 방법론상 일맥상통하며, 표면적 현상에 얽매이지 않는 역사적 통찰력으로 가득 차 있다. 특히 대진戴震에 대한 역사적 해석은 대진의 이학理學에 담긴 사회사적 함량을 충분히 드러냈다. 그러나 내용상으로는 명·청 시기 주자학의 주요 개념의 변화 형태에 대한 정리에 더 편중되었으며, 천리자연 등과 같은 개념의 역사적 변천 궤적을 통해 개인의 자아 확립을 특질로 삼지 않는 중국 근대사상의 역사 논리를 힘써 밝히고자 했다. 이 생각은 훗날 미조구치의 원리연구에서 중요한 위치를 차지한다. 미조구치의 저술에서 가장 다채로운 부분은 중국철학사의 일부 핵심 개념에 대한 사상사적 연구다. 바꿔 말하면 그는 철학적 의미에서 이런 핵심적 관념을 정리했을 뿐만 아니라, 사상사적 의미에서 그것들의 역사적 위상과 전승관계를 토론했다. 이 연구들은 1987년 이후부터 잡지나 공동연구 프로젝트의 논문집에 잇달아 발표되었는데, 일본에서는 아직 별도로 모아 출판되지 않았으며, 중국어로 번역된 것도 몇 편 되지 않는다. 그 대략적인 범위는 중국사상사에서의 '천天' '이理' '자연' '도道' '심心' 등의 관념을 연구하고, 나아가 '이기론理氣論' '천리관天理觀' '천인합일天人合一' 등 중국 원리의 형성 과정을 논의한 것이다. 미조구치는 원래 논문을 한두 편 더 보충하고 전반적으로 수정한 후에 책으로 출판할 생각이었으나, 이 계획은 영원히 실현될 수 없게 되었다.

나는 아직 이 논문들을 모두 읽어보지 못했고 판단의 안목이 부족하므로, 여기서는 한 편의 논문만 예로 들겠다. 이 논문은 미조구치가 1990년대 초에 조직한 대형 공동연구 프로젝트 『아시아에서 생각한다アジアから考える』의 성과 중 하나다. 이 프로젝트에 관해서는 십몇 년 전에 서평을 쓴 적이 있으므로 여기서 다시 덧붙이지는 않겠다.[14] 보충해야 할 것은 오늘날 미조구치의 저작을 다시금 읽고 나서야 이 프로젝트와 미조구치의 학술적 관심 사이에 나타난 관계를 진정으로 의식하게 되었다는 점이다. 미조구치는 그의 첫 저작에서 중국 전근대 시기의 경제·사회·자연법에 대한 사상사 연구의 관심을 이미 명확하게 드러냈다. 이 분야의 연구는 그의 개인적 학술 범위를 뛰어넘는 것이어서 협력자가 필요했다. 이 7권의 공동 연구는 꼭 그의 사상적 맥락에 따라 구성된 것은 아니며 그중 어떤 부분은 심지어 그의 시각과 맞물리지 않는다. 그러나 이 일류 학자 집단의 토론과 저술은 미조구치의 향후 연구에 새로운 단서를 적잖이 가져다준 것이 분명하다.

이 시리즈 논문집 제7권에 발표된 「중국 이기론의 형성中国における理気論の成立」은 고농도의 논문이다. 이 논문은 중국사상사 가운데 '이'와 '기'의 철학 관념이 역사적 전개과정에서 어떻게 변화와 발전을 거듭했으며, 또 어떻게 송대에 주자가 '천견天譴'에서 '천리天理'로 전환을 완성해 '이기론'이라는 사상사 맥락이 생겨났는가를 정

리하고자 했다. 이와 관련된 연구를 전혀 수행한 적이 없는 내가 이 논문을 개괄적으로 서술하는 것은 의미가 없지만, 상식적 오류의 위험을 무릅쓰고서라도 한 가지 기본적 문제를 지적할 수 있기를 바란다. 그것은 바로 이 논문은 구체적 연구 실례로써 중국철학사 연구에 통용되는 규칙, 곧 철학 명제는 특정 시기나 특정 지역을 초월하는 성질을 지닌 보편 명제라는 규칙에 도전했다는 점이다.

그 당시 내가 이 논문에 몹시 흥미를 느꼈던 원인은 이론(철학)을 역사로서 읽을 수 있음을 느끼게 해주었기 때문이다. 더 정확히 말하면 이론 명제를 그것이 생겨난 역사적 맥락 속에 놓고 읽는 것으로, 이러한 독해 결과는 종종 비역사적인 이론 독해 결과와 다르다. 미조구치의 논문이 내게 이런 흥미를 유발시켰던 까닭은 단지 그가 진·한부터 시작된 역사적 전개과정에서 '이'와 '기'를 철학 개념으로 정리해 이 개념들과 다른 개념 간의 역사적 관련을 중시했고, 상이한 역사적 단계에서의 서로 다른 함의를 강조했기 때문만은 아니다. 더욱 주된 이유는 그가 일반적으로 정의되는 의미에서는 이 개념들에 대해 토론하길 거부했기 때문이다. 예컨대 그는 다음과 같은 문제를 제기했다. 주자는 왜 이전 사상사에서 '기'의 범주에 들어갔던 '태극太極'을 자신의 이기론에서는 '이'로 다루었는가? 그는 6가지 이유를 들어 태극이 주자의 이기론에서 지니는 기능을 논했으며, 주자는 역사가 자신에게 부여한 사명을 완성했을 뿐이라고 여겼다. 이는 "객관적 법칙으로서의 자연법칙 관념에 기대어 우주를 새롭게 인식하고, 사물과 사람에서 출발해 주체적으로 우주를 인식하는 것이다. 이 두 가지 우주 인식의 새로운 층위에 기초해 한대 이래 '기의 철학'의 우주론을 새롭게 구축하는 것이 당시의 시대적 요구였다".[15]

미조구치는 나아가 이렇게 지적했다. "나는 '이의 철학'인 이관理觀을 이기론의 앞선 자취로 직접 간주하는 관점에 찬성할 수 없다. 내 생각에 이기론은 주로 '기의 철학'의 틀이 천관天觀의 전환을 통해, 그리고 자연법칙의 이理를 통해 재구성된 것이다. 이렇게 보는 것이 역사적 사실에 비교적 가깝다. 다만 이런 자연법칙의 이理는 탄생과정에서 '이의 철학'인 이관의 상응하는 영향이 확실히 존재한다. 이런 의미에서 이기론은 '이의 철학'을 매개로 그것에 대해 지양하는 것이라고 할 수 있다."[16]

미조구치가 주자 이기론의 역사적 특질에 전념한 것은 주자가 자기 시대의 특성 혹은 한계성을 짊어졌음을 지적하고자 했기 때문이다. 따라서 태극=이理라는 주자의 이기론을 단지 일반적인 철학 명제로 간주하고 이로써 이기론의 성질을 규정한다면 단편적이 될 것이다. 예컨대 청대의 대진은 이기론이 태극을 이理의 규정으로 간주하는 데 반대한 적이 있는데, 그렇다고 대진을 비이기론자나 불충분한 이기론자로 간주할 수는 없다.

미조구치의 이런 시야로부터 철학사나 관념사를 구성한다면, 단지 표층적 의미에서만 개념에 의지해 작동하는 방식은 질의를 받게 될 것이다. 사실상 역사상의 그 어떤 사상가라도 동시대사의 특성이나 한계성을 짊어지는 것이니, 어찌 주자나 대진뿐이겠는가. 그렇다면 철학과 이론 명제에 대해 이와 같은 사상사적 독해를 한다면 그것은 전혀 다른 독해 결과를 의미하게 될 것이다. 사실상 그 어떤 이론적 개념도 일반적인 명제로 추상화된 후에는 '잔여물'을 남기기 마련인데, 이 잔여물은 구체적 시대과제를 겨냥하고 고도의 상황성을 지니기 때문에 사상적 긴장도가 가장 높다. 추상적 수단에만 의지해 개념사를 논의할 때, 긴장감이 가장 강한 이 부분의 '특질'은 버려질 수밖에 없으며, 이는 관념사 논의가 때로 피상적으로 흐르게 되는 원인이기도 하다. 철학과 이론 명제에 대해 사상사적 독해를 하는 것은 추상화된 부분과 추상에 의해 버려진 부분을 동시에 주목해야 함을 의미하며, 이런 주목 방식은 추상의 기능을 반드시 새롭게 확정할 것이다. 미조구치가 자신의 첫 저작에서 '보편성'의 함의를 새롭게 정의내린 것처럼 말이다.

물론 미조구치는 관념사와 추상 논술의 의의를 결코 부정하지 않았으며, 이는 그가 '잔여물'의 역사적 함량에 주목한 것과 모순되지도 않는다. 그는 단지 다음의 문제에 천착했을 뿐이다. 왜 일반적인 이기론 개념에만 의지해서는 주자의 이기론을 효과적으로 설명할 수 없는가? 일반적인 이기론의 특질 가운데 주자는 도대체 어떤 특정한 역사 요소를 조합해 넣었는가?

내가 미처 읽지 못한 미조구치의 중국철학사상 관념에 관한 다른 논문에서도 이런 성격의 질문이 똑같이 존재하리라 믿는다. 그것은 철학으로서는 지나치게 경험적이고, 역사학으로서는 지나치게 이론적이다. 어쩌면 이것이 바로 사상사의 위치인지도 모른다. 이 위치에서만 우리는 고농도의 역사적 함량을 지닌 '잔여물'을 충분히 파악할 수 있고, 아울러 이런 '잔여'의 성격 때문에 또 다른 보편성의 존재 방식을 통찰할 수 있다.

사상사의 방식으로 중국철학 관념을 분석한다는 착안점에서 한 가지 일을 언급하지 않을 수 없다. 그것은 바로 미조구치가 추진한 방대한 학술 프로젝트, 즉 일본 전역에서 수많은 대학의 송학宋學 전문가들이 연합해 『주자어류朱子語類』를 번역 출판한 일이다. 이 일의 발단은 미조구치가 『주자어류』를 훈독하는 일본 한학의 사이비 방식에 불만을 품은 데서 비롯되었다. 일본 한학은 줄곧 훈독의 방식으로 중국어 전적典籍의 번역을 피해왔다. 그러나 일본어 발음을 사용한 탓에 중국어 전적이 일본어 개념으로 슬쩍 치환되는 일이 진행됨에 따라 원서 본래의 정확한 윤곽을 잃어버리고 사이비로 변하게 되었다. 『주자어류』의 일본어 번역본이 없기 때문에 중국어를 못하는 일본 학자들은 훈독을 통해 이 중요한 전적을 읽을 수밖에 없었다. 예컨대 마루야마 마사오는 『일본정치사상사연구日本政治思想史硏究』를 저술하면서 『주자어류』에 대단히 공을 들였지만, 그도 훈독에 의지해 이 중국어 전적을 읽을 수밖에 없었다. 미조구치는 『주자어류』 훈독본에 결정적인 해석상의 오류가 많음을 발견하고는 번역의 절박성을 느꼈다. 동시에 그는 초역본抄譯本을 출판하는 방식은 효과가 빨리 나타날 수는 있지만 주자학을 총체적으로 정확하게 파악하는 데는 이롭지 않다고 생각했다. 그러나 이렇게 방대한 프로젝트는 단번에 이뤄질 수 있는 일이 아니라서 그는 팀을 조직해 함께 힘을 합쳐 협력해야 했다. 일찍이 1987년에 미조구치는 '송명연구회宋明硏究會'를 조직해

『주자어류』를 강독했는데, 규코서원汲古書院에서 발간하는 잡지『규코汲古』에 강독의 성과 —『주자어류』권19 전체와 권20의 일부 번역 및 주석—를 연재하기 시작했다. 이 강독은 그가 퇴임해 도쿄대학을 떠난 후에는 새로 부임한 다이토분카대학大東文化大學으로 옮겨져서, 도쿄대학과 와세다대학 등 몇몇 대학의 학자와 대학원생이 참가하는 규모로 한층 발전했다. 연재도 권20의 제79조에서 권1과 권2로 넘어갔다. 이 연구회는 매달 한 차례 활동하는데 지금까지 이미 20년 넘게 지속되고 있으며, 연재도 권93과 권94로 넘어갔다가 다시 중단되었던 권20으로 돌아갔다. 이 도약적인 선택에는 물론 미조구치와 그 동료들의 경중완급에 관한 고민이 담겨 있다.『주자어류』의 해당 부분을 평이한 일본어로 번역하는 이외에도, 그중 난해한 어휘에 대해서는 사상적 내용과 어휘의 설명을 가하고, 상이한 판본(조선본朝鮮本과 화각본和刻本)에 대해 같고 다름을 비교 대조해 주석을 달았다. 이 과정에서 미조구치는 후학들을 이끌고 번역문 자체를 쌓아나갔을 뿐만 아니라 뛰어난 번역 인재들을 양성했다. 그러나 이 팀에만 의지해서는 완역이라는 대형 프로젝트를 완성할 수 없었다. 그리하여 2005년부터 미조구치는 일본 각지에 흩어져 있는(일부 국외에 있는 사람도 포함) 송명사상 연구가들에게 각지에 이미 축적되어 있는 분산된 번역 성과를 집결하고, 나아가 계획적인 분업을 진행해서 통일된 번역본을 만들자고 제안했다. 미조구치의 호소는 모두의 호응을 얻어 그의 선도하에 2007년『주자어류』역주간행위원회가 성립되었다. 2007년부터 규코서원은 매년 적어도 1권을 내는 속도로 출판을 했으며, 도합

50권의 출판을 계획했다. 미조구치의 말을 빌리면 이는 20년에 걸친 대형 프로젝트가 될 것이었다. 그러나 이 프로젝트는 결정적으로 외로운 사업이었으며, 출판하는 데도 많은 경비의 후원을 필요로 했다. 미조구치는 이를 위해 백방으로 뛰어다녔으며, 직접 일본의 기업가들과 후원 가능성을 협의했다. 미조구치는 전체 출판 계획의 후원을 결정한 기업가 단체에 사의를 표하기 위해, 특별히 그들의 경영 아카데미 '세이와주쿠盛和塾'를 위한『논어』강좌를 의무적으로 개설했다.

미조구치는『주자어류』를 번역하면서 주자와 동시대의 서구 사상가에 대한 일본의 번역과 대조했다. 그가 여러 차례 언급했던 예는 토마스 아퀴나스의『신학 대전Summa Theologiae』이었다. 소분샤創文社는 1960년부터 2007년까지 이 저작을 완역해 도합 45권을 출판했다. 물론 수많은 서양 전집이 번역 출판된 사례는 일일이 헤아릴 수 없다. 미조구치는 번역대국인 일본에 온전한『주자어류』일역본이 없는 이유는 단지 기술적인 문제가 아니라고 생각했다. 그는 2007년에 열린 제1차 역주간행위원회 협의회의 참가자 전원에게 배부된「오늘날 왜『주자어류』를 번역해야 하는가」라는 글에서 다음과 같이 지적했다.

오랫동안 아시아 자신의 역사는 왜곡되어 다루어졌습니다. (…) 예컨대 주자학은 토마스 아퀴나스에 비견되며, 그 사상은 서양 중세의 '봉건' 사유와 유사하다고 간주됩니다. 사람들은 근대 사유의 형성을 위해 주자학의 사유구조가 반드시 해체되어야 한다고 여기거나, 그것을 함부로 절단하여 전쟁이 일어나기 전의 민족주의 교육을 지탱하는 데 이용합니다. 우리 의도는 주자학이 뒤집어쓴 갖가지 묵은 자취를 깨끗이 씻어내고, 아시아의 사물을 아시아의 역사적 맥락에 둔다는 전체 구상에 따라 주자학을 새롭게 되살리는 데 있습니다.[17]

『주자어류』의 완역은 내게 미조구치 선생의 또 다른 학술 면모를 보여주었으며, 그 학술 품격의 결정적인 일면을 이해하게 해주었다. 이는 개인의 이해득실을 따지지 않는 '진리 추구求眞'의 품격이었다. 이런 진리 추구의 욕망으로 인해 그는 『주자어류』의 초역이나 선집에 만족하지 못했으며, 주자학을 간단히 당대의 문맥에 기계적으로 적용해 유행하는 해석을 부여하는 방법을 용인할 수 없었다. 그가 막대한 정력을 쏟아 추진한 이 방대한 학술 프로젝트는 서양 사학의 틀을 잠재적인 규정성으로 삼는 특정 지식의 언어 환경 속에서 심각한 사상성을 획득했다.

상술한 중국사상사 철학 관념의 문제군을 탐구하는 이외에, 또 다른 문제군은 중국의 공公—사私 개념의 특성이다. 이는 일찍이 이탁오의 '무인무아無人無我'와 황종희의 『명이대방록』의 사상 명제를 탐구할 때 제기한 기본적 문제다. 천관·이관·자연관 등 관념론의 토론과 서로 관련이 있으면서도 대조적인 것은, 공—사 개념에 관한 토론은 기본적으로 비교사회학의 시야에서 전개된다는 점이다. 일본 학자들이 수행한 일본의 '공사公私' 개념 연구와 비교를 진행하는 기초 위에 미조구치가 집중적으로 궁구한 것은 다음과 같은 기본 문제였다. 즉, 중국의 '공'과 '사' 개념은 어째서 자아의 권리를 중심으로 하는 서구적 의미의 사회계약 관계로 발전하지 않았으며, 일본처럼 공리公理를 결여하고 공동체를 절대적 전제로 삼을 수밖에 없는 지역적 의식으로 발전하지도 않았는가? 미조구치는 상당히 설득력 있는 분석을 한 후에, 중국의 공사 구조는 서양의 공사 구조와 달라서 그것들 간에는 대립관계가 존재하지 않는다고 지적했다. 미조구치는 황종희의 '자사자리自私自利'를 예로 들면서 그의 만민지사萬民之私의 대립물은 공公이 아니라 황제의 대사大私라고 설명했다. 바꿔 말하면 황종희가 '만민의 자사자리'라는 기치를 높이 든 것은 개인의 권리를 표방한 것이 아니라 황제의 일인전사一人專私에 반대한 것이었다. 그가 세우고자 한 것은 만인의 사가 만족을 얻는 '공'이었다. 달리 말하면 황종희가 주장한 사는 결코 개인의 사가 아니라 실질적으로 지금도 여전히 중국사회에 살아 있는 '공'에 대한 이해이며, 사의 연대가 결집해 이루어진 공이요, 협조를 전제로 하는 포용성의 공이다. 이러한 공은 계약을 수단으로 삼고 개인의 권리와 자유의 보증을 목표로 하는 서양식 이해와는 구별되며, 공평과 공정을 강조한다. 동시에 다른 한편으로 '공'이 '공평'과 '공정'의 상징으로 간주될 때, 그 이론상의 대립항으로서 중국의 '사' 관념은 도덕적으로 열세를 지니며, 이는 바로 사회생활 속의 천리관의 모습이기도 하다. 미조구치는 특히 일본의 공사 관념을 비교하면서, '사私'를 일인칭으로 쓰는[18] 일본사회는 공과 사를 완전히 분리된 두 영역으로 다룬다고 지적했다. 일본의 공사 관념에는 기본적으로 윤리적 색채가 존재하지 않으며, 양자 간에는 상하관계만 있을 뿐 내적 연관이 없다. 일본의 '공' 개념은 보편적 원리성을 지니지 않으며, 그것은 사에 상대적으로 지고무상의 권위를 지니지만 이 권위는 단지 '관아의 사무'를 의미한다. 정점은 천황으로, 천황보다 높은 공리는 없다. 따라서 일본인에게 공의 범위는 단지 일본국 내부의 영역에만 한정된다. 한편 중국의 공에서 가장 주요한 부분은 '공리'와 서로 연결된다. 그것은 중국의 천리 관념 등과 연관되며 조정과 국가보다 더 높다. 일본인의 사도 영역적인데, 그것은 개인의 사적 영역을 가리키며, 이 영역을 벗어난 외부는 공이다. 사와 공은 완전히 분리되며, 사는 공의 조종을 받는 낮은 위치에 처한다. 문제는 일본인의 공과 사는 사실상 어떤 형식으로도 연결되지 않는다는 데 있다. 그것은 서양의 방식으로 계약 관계를 통해 사를 공공의 영역으로 들어가게 할 수도 없으며, 중국식으로 사와 사의 연결을 통해 공공사무에 개입하거나 '공' 자체를 구성하는 것도 아니다. 이로 인해 일본의 사는 강렬한 비사회성을 지니게 되었다.

편폭과 능력의 한계로 인해, 여기서 더 이상 미조구치의 공사 연구에 관한 구체적 내용을 소개하지는 않겠다. 확실히 해두고 싶은 것은 이에 관한 연구가 그의 중국사상사 구조에서 차지하는 위치다. 확실히 이 연구와 상술한 중국철학 개념에 관한 연구는 그의 연구 중에서 똑같이 원리 부분에 속한다. 또한 그는 바로 중국철학의 천관과 이관 등의 시야에서 공사 개념을 토론했다. 그러나 그는 그것들을 명확하게 두 부분으로 나누어 다룬 듯하다. 내 생각에 이는 천·이履·도·자연 등 철학 원리의 배경 아래 중국의 공—사 관념이 또 다른 중임을 짊어지고 있기 때문이니, 그것은 바로 중국의 이른바 '근대적 문제'를 설명하는 일이다. 근대적 문제가 중국에서 단순히 공—사라는 범주로 구성되는 것은 아니다. 그러나 의심의 여지 없이 개인적 가치라는 근대성의 중요한 과제를 궁구할 때, 중국의 공—사 범주를 비켜나서는 조금도 얻을 게 없다. 『중국 전근대 사상의 굴절과 전개』에서 미조구치는 이미 중국식 근대가 개인의 자아 확립을 지표로 삼지 않는다는 문제를 명확하게 제기했다. 이 문제에 대한 추구는 훗날 중국철학사 개념에 대한 그의 총체적 사고를 관통한다. 사실상 천·이·도·자연 등의 전통 철학 관념이 이미 직접 당대 중국의 사회생활에서 담지체를 찾을 수 없게 되면서, 공—사의 전통 관념은 중국 사회생활의 기본 규칙 속에 살아남았을 뿐만 아니라 중국 정치경제 제도의 심층적 이유를 구성했다. 이 이유가 변형될 수 있을 뿐만 아니라 때로는 배신을 당하더라도 말이다. 어쨌든 공사 관념의 사회사적 함의는 미조구치의 중국사상사 전체 구조에서 매우 중요한 위치를 차지한다. 또한 훗날 미조구치가 명말청초에 시작된 중국 향촌 구조의 변화를 역사적 맥락으로 삼아 신해혁명 시기와 혁명중국의 통치에 관한 특징을 탐구할 때, 공사 관념은 중국의 혁명과 개혁개방 이후에 진행된 중국사회의 흐름을 해석하는 중요한 근거가 되기도 했다.

'향리 공간'
— 중국 역사의 내재적 논리

'근대성現代性 modernity'이라는 개념은 일본어에 상응하는 번역어가 있지만 많은 일본학자, 특히 미조구치 세대의 사람들은 '근대近代'라는 단어를 사용해 서술하기를 더 좋아했던 것 같다. 근대라는 단어는 함의가 풍부하다. 그것은 우선 역사과정(이 과정은 **대체로** 중국어의 '근대화現代化 modernization'에 해당한다)의 서술을 뜻하며, 그 다음에서야 이 역사과정의 정신적 특질에 대한 표현을 뜻한다. 미조구치는 그의 저술에서 '근대성'이란 단어를 쓴 적이 없다. 그러나 그가 '근대'라는 단어를 사용할 때, 대개의 경우 중국의 '근대성' 문제, 즉 중국이 전근대에서 근대로 들어가는 순간의 정신적 특질을 논술하고 있다.

그가 이렇게 한 것은 부득이한 일이었다고 믿는다. 뒤에서 이야기하겠지만, 그는 마침내 '근대'라는 명칭의 사용을 포기했다. 그러나 전체 학계가 근대성을 가장 중요한 문제로 간주할 때, 미조구치는 그 안에 담긴 문제를 예리하게 감지했다. 그가 처음부터 근대성에 관한 토론을 포기하는 것이 현명하다고 여기지 않은 점은 분명하다. 특히 중국의 송·명 이후부터 당대에 이르는 사상사 연구는 근대성 이론이 서구의 방식으로 도입되었기 때문에 그것의 일부 기본 요소들이 토론의 시각을 구성했으며, 이는 중국 역사에 대한 분석 방식에 직접적인 영향을 미쳤다. 동시에 기본적 역사과정으로서의 '근대화'는 이미 중국과 일본의 사회 내지 학계에서 명확히 인정받았으며, 그에 대한 논의도 회피할 것이 없었다. 그러나 중국 근대에 대한 미조구치의 논의는 모종의 구조상의 질문에서 나온 것이 더 많다. 그는 분명 평생의 연구를 바쳐 동일한 문제를 궁구하고자 했다. 즉, 중국이 오늘에 이르기까지 지녀온 강점과 약점, 성취와 대가에는 과연 어떤 내재적인 논리가 담겨 있는가? 우리는 도대체 어떤 기준으로 이 모든 것을 평가해야 하는가?

1970년대에서 1990년대 중반까지 미조구치는 대부분의 시간을 중국 전통사회가 근대로 전환하는 내적 메커니즘을 정리하는 데 몰두했다. 중국철학 개념과 공사 관념 등에 관한 그의 논의는 주로 이 시기에 완성되었으며, 『중국 전근대 사상의 발전』을 대표로 하는 명·청 사상사에 대한 경험연구도 이 시기에 가장 중요한 성과를 얻었다. 그 후 그는 이 작업을 계속하는 동시에 민국 초기와 마오쩌둥의 중국에 대한 연구로 전향하기 시작했다. 너무 일찍 세상을 떠나서 중단된 이 연구는 아직 구상을 제기하는 단계였지만, 이미 상당히 뚜렷한 윤곽을 남기기도 했다.

어떤 시기를 막론하고 미조구치는 같은 딜레마에 직면했다. 즉, 그의 생각은 기본적으로 뜻을 함께하는 사람이 없었다. 그의 경험연구가 국부적인 의미에서 동료들의 이해를 얻긴 했지만 그와 비슷한 구조의식을 공유하는 사람은 드물었다. 바로 이러한 지적 환경이 그의 특기가 아닌 것 같은 작업, 다시 말해 중국사상사 인식론을 본격적으로 논하는 일을 수행할 수밖에 없도록 만들었다고 믿는다.

1989년에 출판된 『방법으로서의 중국』(도쿄대학출판회)은 미조구치의 저술 가운데 논쟁성이 가장 강한 책이다. 정작 미조구치 본인은 나중에 이 저작을 그다지 중시하지 않았지만, 이 책은 많은 사람에게 영향을 끼치고 많은 사람을 바꿔놓았다. 어떤 젊은 일본 학자는 이 책을 읽고 나서 원래의 연구 방향을 전환해 중국으로 와서 중국의 원리를 추구하기로 결정했으며, 이후 그대로 '눌러앉아' 오늘에까지 이르렀다고 했다.

이 책은 3부로 나뉘는데, 제1부는 '중국의 근대'를 어떻게 볼 것인가에 대해 논하고, 제2부는 일본의 중국학에 '중국이 없는' 문제를 검토하며, 제3부는 청말 양무운동洋務運動의 역사적 기능 문제를 논술한다. 책 전체를 관통하는 기본적인 문제의식은 일본 지식계 내지 일본사회가 중국 문제를 다루는 데 고질적인 인식론적 편견이 존재하며, 따라서 중국을 분석할 때 서구의 이론을 그대로 적용(하거나 반대로 적용)해 중국 연구를 서구의 일원론적 '세계 구도'에 굴복시켰음을 지적하고 있다.

이 책은 1980년대에 쓰였는데, 만년의 논의에 비해 과도기적 색채가 짙다. 특히 미조구치에게 '근대'라는 단어의 사용은 대체로 논쟁의 필요에 복무하는 것이었다. 그러나 미조구치의 기본적인 시야와 인식은 그가 아직 '근대'라는 단어의 사용을 거부하지 않았던 때에 이미 모양을 갖추었다. 따라서 텍스트를 꼼꼼히 읽으면 '근대'(또는 근대성)는 이 저작에서 결코 핵심을 구성하지 않으며, 그것은 입장이나 전제라기보다는 손에 익지 않은 도구이거나 고기를 잡고 나면 언제든 내려놓을 수 있는 '통발'과 같은 것임을 알 수 있다.

중국의 근대란 무엇인가? 미조구치는 중국의 근대 과정이 서양의 충격을 받았으며 어떤 역사적인 변화가 일어났음을 인정했지만, 이 변화를 '구사회'와의 결렬로 표현할 수 있다고는 생각하지 않았다. 그는 다음과 같은 비유를 들었다. 중국의 근대 과정은 구렁이의 탈피과정과 같아서 구렁이의 모습이 바뀌었다고 해서 더 이상 구렁이가 아니라고 말할 수는 없다는 것이다. 따라서 이 과정을 중국의 재생再生으로 보는 것이 더 정확하다고 했다. 그는 청조 후기의 의회제에 관한 토론을 예로 들어 이 문제를 설명했다. 그는 의회제가 도광道光 24년(1844)에 중국에 소개되었으며, 그 후 동치同治 연간(1862~1874)에 장덕이張德彝 등의 소개를 거쳐 광서光緒 연간(1875~1908)에는 이미 정치적 건의로 발전했음을 지적했다. 그러나 어떤 시기를 막론하고 의회제는 기본적으로 전통적인 공사 관념을 사용해 설명되었는데, 다시 말하자면 정사政事가 사사로움에 치우친다면 다수의 의견으로 그것을 폐지해야 한다고 이해된 것이다. 미조구치는 구체적인 예증을 들어 이런 의회제의 '중국화' 과정을 강조했으며, 특히 그것이 청말에 종종 향사鄕士·이정里正·향약鄕約 등과 같은 중국의 전통적인 지방제도의 명칭으로 논의되었음을 지적했다. 제도 형식상으로는 완전히 서양에서 비롯한 이 의회제 논술은 내용상으로는 전통 중국의 것이었다. 상술한 용어가 표현하는 것처럼 그것은 지방분권의 추세를 보여준다. 이런 의미에서 서양의 충격에 대해 중국의 전통을 파괴하고 전혀 새로운 시대를 가져온 것으로 지나치게 과장하는 것은 역사의 복잡한 상황에 부합하지 않는다. 미조구치는 근대 중국은 단지 전통 중국의 기체基體가 서양의 충격이라는 매개 아래 형태를 바꾼 것에 불과하다고 여겼다.

명대 중엽 이후 변동하는 역사 시기에 양명학의 향촌재건운동에서 동림파의 부민계층 분권 주장에 이르기까지 역사적 맥락의 중요성에 주목했던 것처럼, 미조구치는 이 책에서 청말에 일어난 양무운동의 중요한 기능을 강조했다. 이는 물론 최초로 당시 학계의 양무운동에 대한 부정적인 평가나 양무운동과 변법운동을 두 가지의 비동질적인 단계로 보는 일반적 견해와 상반되는 것이었다. 미조구치는 이 관점이 전형적인 비역사와 서구화의 역사관을 대표한다고 여겼으며, 따라서 이에 대해 정면으로 도전하고자 했다. 그러나 이것이 이유의 전부가 아닐지도 모른다. 더욱 중요한 것은 이 토론이 그의 전체 구조의식과 관련 있다는 점이다. 미조구치는 양무운동이 정치·경제·사회·문화에 광범위하고 깊이 파급된 운동이라고 인식했다. 그것은 중화문명 세계가 유럽문명의 압력을 받았을 때, 위기의식에서 비롯해 이질적 문명을 섭취함으로써 재생을 도모했음을 보여주었다. 성공의 여부를 떠나서 그것의 역사적 위상은 '중체서용설中體西用說'에 의지해서 서술할 수 없는 유기적인 문명 전환의 고리였다. 이 책에 수록된 양무파와 '반反양무'에 관한 두 편의 논문은 미조구치의 중국사상사 담론틀에서 가장 중요한 핵심은 아니지만 모종의 대체할 수 없는 기승전결의 역할을 한다. 이 두 편의 논문에서 미조구치는 청말 양무파의 대표적 인물인 장지동張之洞·이홍장李鴻章과 양무에 반대한 수구파로 간주되는 유석홍劉錫鴻이 역사적 전환기에 깊은 내재적 연관을 지닌 시대적 기능을 수행한 것에 대해 대조적으로 논의했다. 그들은 상이한 방식으로 청말의 지방자치와 지방분권을 똑같이 추동했으며, 서양 세력이 침입했을 때 중국 전통사회의 전환이라는 구상을 실현했다. 주의할 만한 것은 미조구치가 1980년대에 당시 사람들이 관념적으로 양무파를 봉건보수의 구세력이자 매국노로 간주하는 것을 비판하기 위해 쓴 반박문은 단지 역사적으로 '근대화를 추진'한 양무파의 기능을 지적하는 데만 목적이 있는 것이 아니라는 점이다. 이 때문에 문화대혁명 이후 중국 학계가 이미 양무운동을 새롭게 평가하기 시작하고, 일본 학자들도 더 이상 양무운동을 부정적으로 바라보지 않게 되었을 때에도 미조구치는 여전히 이 두 편의 논문을 책에 수록하기를 고수하면서 다음과 같이 날카롭게 지적했다. "중국의 양무파에 대한 재평가는 한 마디로 요약하면 '근대화'에 복무했다는 것이다. 이는 현재 **역사를 되돌아볼 필요에서 이루어진** 근대이기도 하다. 심하게 말하면 그것은 과거 혁명에서 출발해 역사를 되돌아보는 방법과 마찬가지로 현대의 시대적 요구와 현대의 정치과제를 만족시키기 위해 필요한 부분을 잘라내거나 확대할 따름이며, 현대의 필요를 위해 새롭게 통합하는 것이다. 이는 '혁명'이 '근대화'에 의해 대체될 필요를 만족시키는 또 다른 왜곡된 근대라고 할 수 있다."[19]

『방법으로서의 중국』은 단독으로 읽어선 안 된다. 이 저작의 인식론적 독특성은 미조구치의 저술 가운데 경험연구의 주요 성과, 특히 그가 만년에 초보적으로 완성한 중국사상사에 관한 총체적 구상을 결합한 후에야 드러날 수 있다.

여기서는 미조구치의 중요한 후기 저작 두 권만을 언급하고자한다. 그것은 『중국의 충격中国の衝擊』[20](도쿄대학출판회, 2004)과 『중국사상사中國思想史』[21](이케다 도모히사池田知久·고지마 쓰요시小島毅 공저, 도쿄대학출판회, 2007)의 제3장, 제4장이다.

『중국의 충격』은 미조구치가 1990년대 중반 이후부터 2002년 사이에 쓴 논문들을 수록한 책으로, 역시 3부로 구성되어 있다. 제1부는 어떻게 중국의 '외부'로부터 중국을 관찰하며, 전쟁 책임을 포함한 역사적 책임 등의 문제를 어떻게 감당할 것인가를 논의한다. 제2부는 중국 '근대'의 특질을 논한다. 제3부는 5·4 시기 중국 지식인의 역사관과 '예교禮敎'의 역사적 기능을 검토한다. 그중 가장 주목할 만한 논문은 「신해혁명을 다시 생각한다」와 「예교와 혁명중국」 그리고 「또 하나의 '5·4'」 등 세 편이다.

「신해혁명을 다시 생각한다」는 미조구치의 신해혁명에 관한 연구 가운데 가장 이르면서 가장 간결한 논문이다. 이 논문은 미조구치의 신해혁명론에 관한 기본 문제의식의 해설로 볼 수 있다. 미조구치는 여기서 자신이 신해혁명을 "불철저한 반제·반봉건·반식민지"의 자산계급 혁명으로 간주하는 데 동의하지 않는 이유와 신해혁명 시기의 지방 군대, 즉 나중의 군벌을 어떻게 자리매김할 것인가 등의 문제를 간단명료하게 기술했다. 그는 신해혁명이 불철저한 자산계급 혁명이 아니라 수천 년에 걸친 중국 왕조제도의 종결이자 집권集權에서 분권分權으로 나아가는 획기적인 혁명이라고 지적했다. 그것은 그 후에 일어난 중국혁명과 내재적으로 역사적 연속성을 지니지만 성질은 서로 다르다. 전자는 지방분권을 목적으로 하며, 후자는 중앙집권을 목적으로 하는 것이다. 이 과정에서 군벌의 역사적 기능을 어떻게 평가할 것인가가 핵심적인 문제다. 신해혁명과 신중국 정권 수립 사이의 38년간 군벌이 중앙집권적인 국가 형성을 가로막는 역할을 한 것에 근거해 그 역사적 기능을 간단히 부정한다면 편협한 시야에 빠질 것이다. 미조구치에 따르면, 신해혁명 기간에 각 성省의 독립 운동에서 신군新軍(곧 나중의 군벌)이 큰 역할을 했는데, 그것은 단지 왕조의 구체제를 전복시키기 위해 역사의 무대에 올랐을 뿐이라고 말할 수 있다. 군벌은 그 임무를 완성한 후에는 자신도 구체제의 산물이므로 다음의 신체제가 탄생하는 데 방해가 되었다. 미조구치는 군벌이 지닌 이런 역설적인 기능이야말로 음영으로 가득 찬 이 시기 중국 역사의 굴절된 특징을 투사한다고 생각했다.

이 간략한 글은 나중에 사료에 기반한 신해혁명 연구로 발전했다. 미조구치의 시야에서 신해혁명은 갑작스레 일어난 반청反淸 혁명이 아니라, 적어도 명대 말기부터 뚜렷하게 기본 윤곽을 드러내기 시작한 기나긴 사회혁명의 최종 도달점이었다. 이 사회혁명이란 바로 향촌자치운동이다. 그것의 사회질서관은 주자학에서 처음으로 실마리를 드러냈고, 명대 중엽에는 양명학을 통해 유교를 민간에 침투시켰으며, 청조에는 '예교'의 형식으로 계속 발전했다. 이는 선회善會·단련團練·종법제도 등에 힘입어 특유의 '향리 공간鄕里空間'을 구성했다. 처음에 현縣 규모로 형성된 이 네트워크는 청말에 이르러 성省 규모의 조직으로 발전했으며, 그리하여 신해혁명이 발발하게 되었다. 미조구치는 한 가지 의미심장한 사실을 지적했다. 즉, 신해혁명 무렵에는 청조의 체제를 대체하는 새로운 체제 구상이 존재하지 않았다는 것이다. 그것의 특질 가운데 하나는 단지 구체제의 파괴를 목표로 삼았다는 데 있다. 미조구치가 초기의 『중국 전근대 사상의 굴절과 전개』에서 동림파의 정치구상을 분석하면서, 동림파의 목적이 황권의 위기 극복이 아니라 부민층의 위기 극복이라고 제시한 균형 있는 판단을 떠올리면 면면히 이어지는 역사적 전개의 실마리가 보인다. 명말에 시작된 향리 공간의 자치구조는 청조에 한층 확대되고 보강되었으며, 성 규모의 자치 공간이 형성됨에 따라 양무운동·변법유신 등 상층의 정치개혁도 사실상 이 구조를 강화했다. 마침내 신해혁명은 이 역사운동에 온전한 마침표를 찍었다. 그러나 동시에 이는 또 다른 역사의 시작이었다. 신해혁명은 새로운 통치체제의 수립을 목표로 삼진 않았지만, 그것이 남긴 공백은 반드시 채워져야 했다. 그리하여 중국 대륙에는 복잡하게 뒤얽힌 새로운 체제 구상이 다양하게 출현했으며, 마침내 외세 침략이라는 냉혹한 사실과 표리를 이루며 새로운 통일된 중앙집권체제가 확립되었다. 이와 관련해 미조구치는 다음과 같이 흥미롭게 비교한 바 있다. 즉, 그는 중국에 미국과 같은 연방제가 형성되기 어려운 까닭은 양자가 역사 문화의 각 방면에서 서로 대조적이기 때문이라고 여겼다. 중국의 민족문화는 성숙도와 구심력이 강하며, 각지의 경제적 차이가 커서 중앙의 배분이 필요하다. 또한 송대 이래로 형성되어 농후한 전통을 쌓고 카리스마적 권위를 지닌 관료제가 천 년 이상 지속되었는

데, 이런 요소들이 중국을 중앙집권제에 더욱 적응하게 만들었다
는 것이다.

　미조구치의 이런 서술에 대해 중국의 '비민주적 중앙집권'의 합
리성을 논증하는 것으로 경박하게 오독해서는 안 될 것이다. 사실
상 냉전 이데올로기의 대대적인 선전이 없었다면 이렇게 피상적인
인식은 발붙이기가 어렵다. 그러나 불필요한 분쟁을 피하기 위해
한 가지 기본적인 사실을 지적하고자 한다. 즉, 미조구치가 말하
는 중앙집권은 서구 세계가 대대적으로 띄우는 '독재체제'가 아니
라, 신해혁명을 정점으로 하는 '향리 공간'의 기초 위에 수립된 근
대 통일국가 체제이며, 그것은 탈피와 재생 이후에도 여전히 전통
중국의 '기체基體'와 일맥상통한다는 점이다.

　신해혁명에 관한 이 장기적인 역사 서술을 세로축으로 본다면,
미조구치는 또 다른 과제, 즉 가로축의 '서양의 충격'이라는 문제에
직면한다. 이 충격에서 맨 먼저 공격을 당한 것은 군사적 침략과
경제적 약탈이었으며, 중화문명은 이 역사적 전환기에 뚜렷한 열
세에 처했다. 미조구치는 자신의 중국사상사 구조에서 이 문제를
과도하게 다루지 않고, 단지 이 시야를 자신이 논술하는 '향리 공
간'의 배경에 두었을 뿐이다. 이는 미조구치(와 우리)가 직면한 기본
적인 지적 환경이 그렇게 만든 것이다. 청말의 유신지사이든 5·4
시기의 반전통 지식인이든, 일본의 중국학 연구자이든 중국의 현
당대 학자이든, 거의 모두 이 '열세'를 기본적인 입론의 출발점으
로 삼으며 각기 다른 방식으로 다음과 같이 거의 똑같은 문제를
논술한다. 즉, 중국은 어떻게 낙후한 전통의 굴레에서 벗어나 새로

운 사회와 국가 체제를 수립했는가? 따라서 미조구치가 자신의 장기적인 역사관을 서술하면서 어떻게 하면 서양의 충격을 중국문화의 전환과정 속에 유기적으로 결합시킬 수 있을까를 과제로 설정했을 리는 없다(이것은 응당 앞으로의 과제이지 미조구치의 작업은 아니라고 믿는다). 그는 치워야 할 장애물이 너무 많았는데, 여기서 중요한 시점은 '5·4의 유산'을 어떻게 청산하고 계승할 것인가였다.

상당량의 족보 연구를 수행한 후 미조구치는 「예교와 혁명중국」과 「또 하나의 '5·4'」를 썼다. 이 두 편의 소묘식 논문은 미조구치의 구조의식에서 중요한 고리를 담당한다. 즉, 예교를 부정하고 전통을 부정하는 5·4 신문화운동의 급진적 이데올로기를 역사화하고 상대화한 것이다. 이 고리를 통해 미조구치가 하려던 작업은 '5·4 반예교 이데올로기'에 대한 역사 분석을 수행해, 그것이 특정한 역사 시기의 위기의식을 반영한 것이며 예교의 역사 상황 자체와 간단히 동일시될 수 없음을 지적하는 것이었다. 동시에 서구 근대 시민사회를 평가의 지표로 삼는 예교 비판은 예교가 몇 세기 동안 누적한 역사적 함의를 고도로 추상화함으로써 그것을 인성을 말살하는 상하존비의 질서로 단순화하고, 그것이 실제로 수행했던 상호부조의 역사적 기능을 은폐했음을 지적하고자 했다.

예교의 실제 역사 형태와 기능에 대한 미조구치의 탐구는 1990년대 초에 자신이 조직한 '아시아에서 생각한다'라는 공동 토론과 직접적인 관계가 있다. 공동 프로젝트의 과정과 프로젝트가 끝난 후 나날이 더욱 활성화된 관련 연구를 통해 중국학 분야의 경제사·법률사·사상사의 우수한 학자들이 명·청 시기 중국 향촌의 조직 형태와 경제제도에 대해 상당히 깊이 있는 분석과 토론을 전개해 초보적으로 체계와 내용을 갖춘 연구 기초를 형성했다. 그중에서도 예컨대 데라다 히로아키寺田浩明가 발표한 명·청 시기의 법질서 중 향약의 성격에 관한 연구, 기시모토 미오岸本美緖의 명·청 계약문서에 대한 연구, 고지마 쓰요시가 수행한 유교의 지역성과 향리 공간의 질서에 대한 연구, 특히 후마 스스무夫馬進 교수가 대량의 사료를 종합해 1997년에 출판한『중국 선회·선당사 연구中国善會善堂史研究』 등은 미조구치의 예교와 향치鄕治 연구에 유력한 자료와 분석적 지지를 제공했다. 이러한 관련 연구의 기초 위에 미조구치는 예교와 예치의 역사 분석에 대한 구상을 제기했다. 그에 따르면 명·청 사회로부터 발전해온 향리 공간의 질서 규약은 5·4 시기에 중국 지식인과 정치가의 반예교 사상으로 인해 사라지지 않았으며, 반대로 그 '상호부조'의 실질은 나중에 마오쩌둥의 '혁명중국' 시대에 내부로부터 중국식 사회주의 성질을 규정하는 요소를 구성했다.

미조구치가 예교와 혁명중국 간의 이러한 내재적 연결을 탐색한 것은 중국 역사를 구조적으로 토론하려는 노력의 일환이었다. 그는 이를 위해 개혁개방 이후에 중국 향진기업鄕鎭企業의 경영 모델을 조사한 결과를 인용했을 뿐만 아니라, 중국 현대사상사 가운데 핵심적인 분기점에 큰 관심을 기울였다. 그는 량수밍과 천두슈陳獨秀, 마오쩌둥의 차이에서 역사 박동의 기별을 예리하게 발견했으며,「또 하나의 '5·4'」에서 이를 초보적으로 정리했다. 그는 텍스트에서 량수밍의 '사회제도로서의 예'에 관한 논술을 분석했으며, 량수밍에게 중국혁명은 향약의 전국 확대판임을 지적했다. 바로 이런 의미에서 그는 량수밍과 마오쩌둥 양자에게 중국에 계급이 존재하는가 등의 문제에서 중대한 차이가 존재한다고 하더라도, 게다가 마오의 노선이 전통적 종법제도에 대한 파괴를 수반한다고 하더라도, 마오는 기본적으로 예치의 질서이념을 계승하고 있다는 점을 지적했다. 이 때문에 량수밍과 마오쩌둥은 건국 문제에서 두 줄기의 띠풀처럼 한 가닥 끈으로 꼬였다.

량수밍과 5·4 및 예교의 관계에 대한 사례 연구는 미조구치의 말을 빌리자면, "결론이 아니라 문제의 시작이다".22 명백히, 양명학에서 신해혁명까지가 중국 근대 역사의 앞 페이지를 구성한다면, 군벌들의 혼전에서 혁명중국의 수립과 발전까지의 역사는 그 다음 페이지를 장식한다. 이 페이지가 포함하는 내용은 물론 량수밍과 천두슈, 마오쩌둥의 대립보다 훨씬 많지만, 미조구치의 기본 구상을 소홀히 할 수는 없다. 그가 소묘식 논문에서 제시하고자 했던 문제와 그가 수행한 명·청 사상사 연구 사이에는 시야상으로나 인식론상으로 깊은 내재적 연관성이 있다. 지방분권의 방식으로 구축된 향리 공간은 전란과 건국 등 중대한 사회적, 제도적 변천을 겪은 후 과연 어떠한 형태로 변화했는가? 중화사상세계의 천리관天理觀과 공사관公私觀이라는 역사적 맥락에서 살고 있는 현대 중국인은 도대체 어떤 정치감각과 세계감각을 지니고 있는가?

『중국사상사』는 미조구치와 두 명의 학자가 분담해 편찬한 대학교의 강의 교재로, 총 4장으로 구성되었다. 제1장(이케다 도모히사 집필)은 '진·한 제국의 천하통일', 제2장(고지마 쓰요시 집필)은 '당·

송의 변혁'이며, 제3장 '전환기로서의 명말청초'와 제4장 '격동하는 청말 민국 초기'는 모두 미조구치가 집필했다. 고지마와 미조구치가 집필한 세 장은 모종의 연속성을 지니며, 당대唐代에서 현대 중국에 이르는 '역사 변동'을 시각으로 삼고 '향리 공간'을 무대로 삼는 사상사 서술을 막힘없이 구성한다고 할 것이다.

대학생을 위해 집필한 이 교재에서 미조구치는 자신이 평생을 추구해 구축한 중국사상사 구조를 간명하고 알기 쉽게 서술했다. 그는 명말청초와 청말민초를 두 가지 키포인트로 선택해, 역사상 핵심적인 '변동 고리'에 대한 논술을 통해 이 구조를 간결히 묘사했다. 변동을 기점으로 삼는 이런 역사 서술은 용량이 매우 커서, 미조구치는 그중에서도 중국 원리를 구현하는 부분을 집중적으로 설명하는 데 주의했다. 그가 첫 번째 고리에 대해 서술한 것을 예로 들어보자. 그는 16~17세기는 세계사에서 격렬한 변동의 시기였으며 중국도 예외가 아니라고 지적했다. 그러나 중국의 변동은 서구 근대의 변화와 결코 유사하지 않으며 고유의 궤적을 지닌다. 명말청초라는 역사적 변동의 순간에 중국은 정치관의 전환을 완성했으며, 민民의 사유의식(사유권이 아니라)을 확립했다. 그러나 이 사유의식은 개인의 기초 위에 수립된 것이 아니라 통상 가족 안에서의 공평한 공유를 가리킨다. 이 시기에는 새로운 전제론田制論과 봉건론도 형성되어 지방자치를 위한 기초를 제공했다. 미조구치는 여기서 '향리 공간'이라는, 명·청의 전환기에 정형화되기 시작한 향촌자치 상태의 개념을 특별히 강조했다. 2004년 『중국의 충격』이 출판되었을 때 그가 후기後記에서 사용한 개념은 '민간 공간

民間空間'이었다. 그러나 그는 이 단어의 '비관변적非官邊的' 성격에 불만을 가졌다. 그가 간결하게 묘사하고자 한 것은 "체제와 제도로부터 나온, 혹은 역으로 체제와 제도에 관계되면서도 관官과 민民의 복잡한 긴장관계에서 구축된 일종의 '연동連動 공간'"이었기 때문이다. "(그 공간에) '민간'의 이름을 덧씌운다 해도, 그것은 반드시 '관'에 대항하거나 '관'으로부터 자립한 '민'이 아니라, 때로는 관과 결합하고 관을 보좌하고 관을 이용하면서도 관과 대항하며, 때로는 관과 관계를 맺지 않거나 혹은 관계를 맺고 싶어도 맺을 수 없는 '민'이다."23 미조구치의 젊은 파트너 고지마 쓰요시의 제의에 따라 『중국사상사』는 이 중요한 개념을 '향리 공간'으로 확정했다. 향리 공간의 배경 속에서 미조구치는 이 시기 사회질서관의 전환을 강조하면서 특히 "주자학·양명학·예교를 관찰"하는 일관된 시각의 문제를 지적했다. "유교 연구의 전문가들에게 주자학·양명학·예교의 명제와 존재 양태는, 지상에서 가까운 곳을 보는 시각으로 비교하면 그 사이의 각종 차이와 대립점이 확연히 눈에 띌 것이다. 특히 양명학과 예교는 누구에게라도 서로 섞일 수 없는 물과 기름의 관계로 보일 것이다. 그러나 고공에서 내려다보는 식으로 먼 곳에 착안한 시각으로 본다면, 송대에서 원·명대, 다시 청대까지는 유교 도덕이 소수의 위정자층에서 서민계층의 구석구석까지 끊임없이 파고든 기나긴 확장의 과정이었음을 알 수 있다." 이 과정은 정치질서의 담당자가 위정자층에서 서민계층으로 부단히 확장되는 과정이기도 했다.24

미조구치의 이 비유는 별로 적절하지 않다. 고공에서 내려다보는 그의 시각은 고공에서 멈춘 적이 없으며, 그것은 언제나 지면地面 시각의 구체적인 분석을 통해 함의가 풍부한 경험 대상들을 효과적으로 포착했기 때문이다. 이는 그의 '내려다보기俯瞰'가 연역에서 오는 공허한 추상을 성공적으로 모면하게 한 동시에 경험연구에 통찰력과 투과력을 부여해 표면적 현상만으로 단편적으로 논하는 것을 성공적으로 피하게 했다. 이렇게 얻기 힘든 학술 품질은 결국 그가 만년에 '근대'라는 개념의 사용을 포기하게 만들었다. 그에 따르면 다케우치 요시미는 중국 자체의 역사 발전을 중국의 '독자적 근대'라고 일컬었는데, 물론 이 역시 하나의 입장이다. 그러나 현재의 이 시점에서 우리는 이렇게 하지는 않을 것이다. "그 이유의 하나는 그 과정이 유럽의 근대 과정과 현격히 달라서, 근대 개념을 도입하면 사람들을 당혹스럽게 만들어 불필요한 혼란을 초래하기 쉽기 때문이다. 두 번째 이유는 그러한 혼란을 방지하기 위해서는 중국 역사상의 각종 개념과 그 전개과정이 유럽의 상응하는 상황과 어떻게 다른지에 대해 사전에 최저한도의 합의가 있어야 하는데, 유감스럽게도 그러한 합의가 성립하려면 상당히 긴 시간이 걸릴 것 같기 때문이다. 이와 관련해 세 번째 이유는 아무리 '중국의 독자성'을 강조하려고 해도, 일단 '근대'라는 용어를 사용하면 '저항의 근대'이든 '반격의 근대'이든 그 독자성은 시작부터 유럽의 근대와 연관되어 구속됨으로써 '독자적'이라는 어휘 본래의 실질을 잃어버리거나, '근대'라는 정형화된 명의의 장애로 인해 자립한 중국의 세계상이 그 자립성을 침해받을 염려가 있기 때문이다."[25]

이러한 미조구치의 문제의식에서 비교적 이해하기 쉬운 표층적 함의는 다음의 사항을 관찰한 데 있다. 즉, '근대'를 절대적 전제로 삼는 수많은 인식론은 중국의 전통적 종법제와 유교 윤리를 근대화에 장애가 되는 낙후된 역량으로 간주함에 따라 이 전통적 역량에 포함된 상호부조와 공동 생존의 부분을 등한시했으나, 바로 이 부분의 역량은 유교 윤리와 종법제가 형태상 와해된 후에도 사라지지 않았을 뿐만 아니라 도리어 중국이 사회주의제도 형태를 선택하게 만들었다는 것이다. 이 때문에 미조구치는 '근대' 지표에 대한 집착을 버리면 중국 역사 자체에 더욱 다가설 수 있다고 인식했다. 그러나 미조구치의 문제의식에는 이러한 표층적인 함의 아래 균형감각이 아주 강한 심층적 함의가 더 담겨 있다. 즉, 중국의 독자성을 추구하는 것은 목적이 아니라 기껏해야 '방법'일 뿐이라는 점이다. 바로 이런 의미에서 우리는 다시 『방법으로서의 중국』으로 돌아갈 필요가 있다.

방법으로서의 중국
─역사 박동 속에서의 구도

미조구치는 한 가지 작업 방식을 수행했다. 그것은 학술을 이용해 사상생산에 개입하는 방식이다. 요즘 학계에서 비교적 익숙한 것은 사상으로 학술에 개입하는 방식이다. 즉, 현실에 직면한 사상, 심지어 이데올로기 문제를 학술 영역에 그대로 가지고 들어가 학술적 자원으로 그것을 논증하는 것이다. 이런 방식은 이론 분야에서는 성공할지도 모르지만, 사상사 분야 내지 역사 분야에서는 커다란 딜레마에 봉착한다. 지나치게 구체적인 사상 목표는 '사료史料의 반항'을 무시할 수밖에 없으며, 때로는 사료의 내적 논리를 가르고 자신의 필요에서 알게 모르게 오독 내지 왜곡할 수밖에 없도록 만들기 때문이다. 바꿔 말하면 사상성의 학술 연구에서 '구도'는 부차적인 문제이며, 때로는 심지어 말할 거리도 못 된다.

미조구치는 '비판적 지식인'이 아니며, '학원學院 좌파'라 할 수도 없다. 미조구치는 평생 학문적 이치의 '진리'를 추구하는 데 집착했으며, 그를 '입장'으로 개괄하기는 어렵다. 그는 일찍이 「근대 중국 세계상의 재검토」에서 마지못해 자신의 '입장'을 설명한 적이 있다. "만약 어쩔 수 없이 대답해야만 한다면 나는 기체전개론基體展開論에 입각했다고 말할 수 있을 뿐이다."[26]

이 기체전개론은 앞에서 서술했듯이 예로부터 지금까지의 중국 역사에 관한 총체적 구상이다. 간단히 말해서 이는 다민족·다문화 문명세계의 철학·사상·사회원리에 관한 총체적 구상으로, 역사의 핵심 고리에 대한 깊은 이해에 의거해 기본 윤곽을 묘사하고 비범한 역사적 상상력에 기대어 정확한 사료 근거가 있는 역사적 맥락을 구축했다. 이 역사적 맥락에서 서양에서 온 '근대'의 충격과 현대 중국의 이데올로기 서술은 위기인식의 매개로서 역사과정에 결합되었지만, 전제나 결론을 구성할 수 없었다. 이와 상대적으로 미조구치가 힘써 탐구하고자 했던 것은 중국 전통의 유교 윤리와 사회제도가 상이한 역사 시기에 이룬 변화의 고리 그리고 그것들이 역사에 부딪히고 씻긴 후 획득한 새로운 형태다. 그의 시야에서는 송대 주자학에서 시작된 천리관 등과 같은 철학 관념의 전환, 명말에 시작된 전제田制 개혁과 향촌자치운동 등과 같은 사회형태의 변화가 지금까지도 면면히 이어지는 중국 역사의 잠재적 흐름을 구성한다. 이 맥락에서 신해혁명과 중국혁명이 일어났으며, 오늘날 전지구적인 '중국의 충격'이 일어났다. 나는 미조구치 선생이 다시 77년을 살아간다면 분명히 더욱 이른 역사 시기에 대해 좀더 많은 사료를 집록해, 선진先秦 시기에서 명말까지의 사상사와 사회사 서술의 통로를 뚫고, 중국 다민족 문화에서 유교와 직접적 관련이 결여된 부분들을 더 많이 언급했으리라 믿는다.

그러나 미조구치의 기체전개론 구상은 그를 서재 안의 샌님이 될 수 없게 만들었으며, 그는 자신의 사상 도구를 연마해야 했다. 그는 수많은 인식론적 딜레마에 직면했으며, 이런 딜레마의 배후에는 보이지 않는 사상적 차이와 심지어 학술정치의 투쟁이 존재했기 때문이다.

『방법으로서의 중국』을 자세히 읽어보면 미조구치가 자신에게 설정한 논적(구별해야 할 것은 여기서 말하는 '논적'은 구체적인 사람이라 하더라도 인명을 상징으로 하는 관점이나 시각에 불과하다는 점이다)이 높은 수준임을 알 수 있다. 그는 처음부터 생산성 없는 분쟁 내지 공격을 피했으며, 문화본질주의나 중국중심론과 같은 유의 비판에 대응하길 거부했다. 반대로 그가 가차 없이 비판했던 논적은 대개 사상적으로 건설적인 학술 관점을 지니고 있었다. 미조구치의 논쟁은 학술적인 것이고 논적에게 적의를 품지 않았기 때문에 논쟁 목표는 논적을 이기는 것이 아니라 문제를 추진하는 데 있었다. 이는 본래 학계의 상식이지만 오늘날에는 설명을 덧붙일 필요가 있을 듯하다. 이 전제를 확인해야만 왜 미조구치가 수준 낮은 분쟁을 거들떠보지 않고 그가 존중하는 대상을 논적으로 삼았는지 이해할 수 있기 때문이다. 이 시야에서 미조구치 학술의 사상 기능은 기점이 높을 뿐만 아니라 다방면의 성장 가능성을 지닌다. 편폭의 제한으로 그중 가장 대표성을 지니는 두 가지 측면 만을 논하기로 한다.

첫째, 중국 연구와 서구 '근대'의 관계를 어떻게 설정할 것인가. 이는 미조구치 학술에서 가장 중요한 사상인식론을 관류한다. 분명히 밝혀두어야 할 기본 문제는 미조구치가 이 문제를 토론할 때 이미 얕은 층위의 '동서양 대항' 모델, 즉 직관적으로 서구 담론을 중국 사료에 그대로 적용하는 방식과 중국 전통의 특수성을 고집하며 배타적으로 서구에 대항하는 방식을 배제했다는 점이다. 자신의 생각이 종종 후자로 오인된 것에 관해서 미조구치는 분명 반격할 흥미가 없었다. 미조구치가 흥미를 느낀 사상 논쟁의 적수는 차라리 다케우치 요시미의 「근대란 무엇인가」가 제기한 기본 문제를 출발점으로 삼는 중국 연구였다. 즉, 서구 근대가 동양에 대해 강력한 침입 세력이었음을 인정하고, 이를 전제로 중국이 이 강력한 외부 세력에 대응할 때 생겨난 자신의 원리를 논의하는 것이다. 다케우치 요시미의 이런 시각에 대해 미조구치는 한편으로는 자신을 포함하는 전후 일본의 중국학자가 모두 그 영향을 받았으며 그것을 중국관의 출발점으로 삼았음을 인정했지만, 동시에 역사 상황에서 이런 시각의 역사적 한계를 읽어내려고도 애썼다. 예컨대 쓰다 소키치 등 전전戰前 및 전중戰中의 사상사가들이 드러낸 차별적 근대주의 중국관에 비해, 다케우치 요시미의 시각은 비판적인 입각점을 제공하며 미조구치 세대의 강렬한 공명을 불러일으켰다. 그러나 이와 동시에 이 시각은 그 후의 중국학에 대한 잠재적 제약을 내포하기도 했다. 그런 까닭에 미조구치는 다케우치 요시미에 대해 두 가지 의문을 제기했다. 첫째, 다케우치 요시미의 근대관을 유럽 근대에 대한 반명제로 본다면 사실상 그의 사고는 유럽의 제약을 받는다. 둘째, 중국의 근대를 이상화하는 동시에 다케우치 요시미는 일본의 근대를 철저히 부정하기도 했다. 이 두 가지 판단은 모두 반역사적인 시야에 속하며, 이런 시야에서는 객관적인 중국 연구가 생겨날 수 없을 뿐만 아니라 객관적인 자아인식과 일본 연구가 생겨날 수도 없다. 달리 말하면 다케우치 요시미의 중국 인식은 강력한 사상적 에너지를 지니지만 새로운 중국학 연구를 수립하는 인식론적 자원을 효과적으로 제공할 수 없다는 것이다.

미조구치는 만년에 다케우치 요시미를 다시 읽고 그 사상의 역사적 기능에 대해 새롭게 논하고자 했지만, 이것이 다케우치 요시미에 대한 그의 비평과 결코 모순되지는 않는다. 그뿐 아니라 이 책에서 볼 수 있는 다케우치 요시미의 근대관에 대한 반성은 반드시 미조구치가 쓰다 소키치의 지나학支那學에 대해 수행했던 '구조救助'와 결합해서 이해해야 한다. 쓰다 소키치(1873~1961)는 다케우치 요시미보다 한 세대 이전 사람이며, 일본과 동양 고대사·사상사의 대가로서 엄밀한 실증정신을 지닌 현대 학술전통을 열었다. 그러나 그의 중국 역사 정체성론과 중국에 대한 차별적 태도는 전후 진보적 중국학자들에게 비판을 받았다. 미조구치는 쓰다의 역사관과 가치관은 시대적 제약의 특성이 선명하고 이런 한계성은 유럽을 자기 원리의 근원으로 간주하는 그의 인식론과 직접적인 관련이 있으며, 이에 대해서는 반드시 비판해야 한다고 지적했다. 그러나 동시에 그는 쓰다의 지나학에 존재하는 강렬한 원리주의를 이런 한계성과 단순하게 동급으로 볼 수는 없다고 강조했다. 바로 쓰다의 원리주의 속에서 미조구치는 새로운 중국학을 창조할 인식론적 자원을 보았던 것이다.

미조구치는 이렇게 지적했다. 쓰다가 완성한, 구舊한학에서 지나학으로 내딛는 결정적 한 걸음은 중국과 일본을 각각 상이한 독립세계로서 인식했다. 쓰다의 가치관에 차별의 문제가 존재하긴 하지만 그는 객관적으로 완정하게 역사 연구를 수행하는 목표를 제기했다. 이런 목표는 쓰다가 연구자들이 자신의 연구 대상을 권위화하고 자신을 그 안에 매몰시키는 방법에 반대한 데서 구체적으로 드러난다. 이는 또한 그로 하여금 개별적인 외부에 보편성을 설정하는 사유방식에 도전하게 했다. 미조구치는 이야말로 금후의 중국학이 비판적으로 계승해야 할 원리라고 강조했다.[27]

다케우치 요시미에 대한 미조구치의 반성적 비판을 쓰다 소키치에 대한 건설적 분석과 대조하면 복잡하고도 선명한 학술적 이치를 엿볼 수 있다. 미조구치는 다케우치 요시미의 '회심-전향'론 시각을 중국 연구에 그대로 적용할 수 없다고 생각했다. 그것은 가치판단을 내포할 뿐만 아니라 대상과 필요한 거리감을 결여했기 때문이다. 또한 이런 중국관은 일본에 대해 비판하는 반명제이며, 그것이 포함하는 자기부정의 경향은 일본인이 정확한 자기인식을 하는 데 방해가 되기도 한다. 이와 상대적으로 쓰다의 지나학이 함축하고 있는, 원리에 대해 거리감을 두는 추구야말로 이런 결함을 보완할 수 있는 유용한 자원이다.

바로 이런 기준점에서 미조구치는 비판의 함의를 새롭게 정의했다. 그는 중국이 없는 중국학에 대한 가장 강력한 비판은 철저하게 중국을 객관적으로 대상화하는 것이라고 말했다. 바꿔 말하면 그는 '비판'에 관한 생각을 제기했는데, 이는 곧 연구 대상과의 거리를 유지하고 가능한 한 대상 자체의 내적 논리를 존중하는 것이다. 미조구치의 이런 생각이 겨냥하는 바를 고려한다면 이 생각의 균형감각과 깊이를 곰곰이 새겨볼 만하다.

미조구치가 상술한 논술을 진행했던 1980년대에 그가 마주한 '중국이 없는 중국학'은 단지 전통적 구한학만이 아니었다. 거기에는 중국혁명에 대한 동질감으로 가득 찬 진보적 중국학자의 중국학도 포함되었다. 이 중국학자들은 대부분 다케우치 요시미의 일본에 대한 매서운 비판을 받아들였으며, 따라서 중국에 대해 강렬한 동질감을 지녔다. 미조구치는 일본 민족주의가 조용히 부활하고 있는 상황이긴 해도, 양지良知에서 비롯해 중국을 동일시하는 진보적 입장도 민족주의에 대해 직관적으로 부정하기 때문에 진정한 중국학의 탄생을 촉진할 수는 없음을 예리하게 알아차렸다. 이런 지적 입장은 중국을 원리로서 분석할 수 없으며, 단지 중국을 일본이나 서양의 '반명제'로서 이상화할 뿐이기 때문이다.

동일한 문제의식에서 출발해 그는 또 다른 논문에서 니시 준조西順藏의 견해를 예로 들어 비평을 제기했다.

니시 준조는 일본의 중국철학 연구 분야에 공헌한 대가로서 미조구치의 선배 학자에 속한다. 그의 중국 사상 연구는 미조구치의 시각에서 보면 '초근대'적인 것에 속하며(분명 니시의 진보적 입장을 존중하기 위해 미조구치는 복잡한 연상을 불러일으키기 쉬운 '근대의 초극'이라는 표현을 애써 피했다), 서구식 근대에 대항하는 입장이다. 미조구치는 전환기 중국에 대한 니시의 기본 분석을 다음과 같이 귀납했다. 중국은 아편전쟁 이래로 양무운동에서 변법유신에 이르기까지, 즉 '서용西用'에서 '중체中體'까지 모두 바뀌고, 마지막엔 중국 농촌만 남았다. 이는 유럽의 시각에서 보면 고대적·봉건적·초고대적·정체적인 구중국의 기층으로, 그 주체인 '인민'은 서구 근대 국민적 주체의 계기를 결여했기 때문에 봉건·제국주의·자본주의 제도하의 계급 통치를 거부하는 '부정적 주체'를 구성했으며, 마침내 중국공산당의 실천으로 주체사상을 지닌 인민 총체를 만들어냈다. 니시 준조는 이 '부정적 변증법'의 전제하에 중국혁명을 긍정했다. 예컨대 그는 문화대혁명을 "문화가 없는 인민이 문화를 창조하는 것"으로 설명했으며, 농촌이 도시를 포위하는 혁명운동 방식은 유럽에 의해 규정될 수 없는, 중국의 향후 발전 추세라고 인식했다.[28]

미조구치의 의문점은, 중국혁명사상의 독자성을 논하고 유럽의 중국 정체론停滯論을 부정하려 한다면, 왜 처음부터 '중국의 시각'

을 사용해서는 안 되는지, 가까운 것을 버리고 먼 것을 찾으면서까지 굳이 유럽의 색안경을 사용해야 하는지에 있었다. 미조구치는 이에 대해 니시가 유럽식 중국에서 자아를 되찾을 필요가 있었기 때문이라고 날카롭게 비판했다. 이렇게 자아를 되찾는 방식은 유럽 시각 가운데 '낙후된' 부분에 대한 전면적인 긍정을 통해 완성되었다. 가령 유럽의 '인격 자유의 원리'에 상대적으로 마오쩌둥의 '총체적 인민의 철학'을 긍정하는 것이다. 미조구치는 이렇게 지적했다. "원리상 개체와 총체의 관계를 전복한다는 점에서 '유럽의 시스템·세계 자체'를 '역으로 중국에 의해 비판되고 규정'되게 한다고 말하는 것은 성립한다. 그러나 이 반비판·반규정은 유럽 시스템과 세계 '자체'를 기준으로 삼기 때문에, 여기서 '반反'은 애초부터 유럽의 시스템·세계에 의해 규정된다." 따라서 서구 진보사관의 수용을 거부했던 니시 준조는 그가 사용했던 방법이 서구에 의해 인정된 '낙후된' 부분을 전면적으로 긍정하는 것이었으므로, 결과적으로는 도리어 이 논리를 공유함으로 인해 진보사관의 함정에 빠지고 말았다.[29]

니시 준조라는 혁명 철학가에 대한 미조구치의 질의는 청말민초의 중국 계몽 지식인에 대한 질의와 연관이 있다. 옌푸嚴復에서 캉유웨이康有爲·량치차오까지, 천두슈에서 마오쩌둥까지, 그들은 모두 서로 다른 형태로 이 '낙후'한 가치판단을 공유했으며, 이를 전제로 혁명의 필요를 논술했다. 미조구치는 분명히 이런 이데올로기가 중국의 역사적 흐름을 정확하게 인식하는 데 해롭다고 생각했다. 그는 단순히 국민총생산에만 의지해 문명과 역사를 가늠하고 가치판단을 내리는 이런 방식은 편파적이며, 자기에게 없는 것을 추구하는 데서 오는 욕구불만이 생기기 쉽다고 생각했다.

미조구치의 이러한 분석은 물론 개략적이라는 문제가 있다. 그는 니시 준조가 대표하는, "유럽식 중국에서 자아를 되찾는" 작업이 지닌 건설적인 사상 기능을 충분히 긍정하지 않았을 뿐만 아니라, 청말의 변법파 인사와 마오쩌둥의 봉건제도 부정 이데올로기가 지닌 사회동원 성격과 사상사 인식론 간의 차이를 세밀하게 구분하지도 않았다. 그러나 미조구치의 논쟁 태도에서 이러한 결함을 지적하는 것은 그다지 큰 의미를 지니지 않는다. 이는 그의 입론의 주축이 아니기 때문이다. 아마 문제의 실질은 미조구치가 격조 높은 사상적 인물을 논쟁의 적수로 삼았을 때, 그의 진짜 관심은 훨씬 긴박한 사상과제, 즉 단순히 서구의 중국 상상에 대한 비판·대항이나 수정에 의지해서는 중국의 원리를 찾을 수 없다는 데 있었을 것이다. 이런 생각의 연장선상에서는 중국 원리가 자유롭게 자신을 드러낼 여지가 없다.

사실상 미조구치가 자신의 연구에서 봉착했던 진짜 저항은 바로 여기에 있다. 서구 사상체계 내부로 들어가 반서구적 서사 전략을 구축하는 것은 서구의 사상체계에 따라 자기 역사를 해석하고 개조하는 전략과 마찬가지로 진정으로 중국 원리와 조우할 수 없다. 서구가 잠재적으로 '세계'로 규정될 때, 중국의 특수성은 서구라는 전제하의 특수성일 수밖에 없으며, 서구 원리를 벗어나서 설명할 수 없는 중국 '경험'은 원리로서 인지될 수 없는 것이다. 이는 또한 중국이 조각조각 분해되어 다시 새롭게 조립될 수밖에 없으며, 그에 대한 평가 기준은 서구에서 올 수밖에 없음을 의미한다.

나는 이것이 미조구치가 지나치게 매섭게 니시 준조를 비판하고, 또 지나치게 매섭게 5·4 세대의 반전통 지식인에게 의문을 던진 원인이라고 생각한다. 그러나 오늘날 학계 주류는 여전히 미조구치에게 부정된 이런 사유방식을 계속 사용하고 있으며, 이런 기초 위에서 중국상中國像을 구축하고 있음을 목도하지 않을 수 없다. 바로 이렇기 때문에 비판에 대한 미조구치의 새로운 자리매김은 오늘날에도 그 사상 기능을 잃지 않는다.

그러나 문제의 또 다른 측면이 있다. 미조구치는 이 때문에 서구의 사상자원을 거부했는가?

내 생각에는 그렇지 않다. 미조구치는 서구의 사상자원을 거부하지 않았을 뿐만 아니라 심지어 서구의 어떤 보편적 가치들은 반드시 인정되어야 한다고 생각했다. 미조구치가 거부한 것은 서구 이론을 근거로 삼는 전제와 틀이지 그 역사와 사상자원이 아니었다. 그러나 미조구치가 '자유' '보편성' 등과 같은 관념의 사용을 거부하지는 않았지만 중국의 역사 문맥 속에서 그에 대해 새롭게 정의할 것을 고수하고 이런 관념들을 전제로 삼지 않았던 것처럼, 서구에 대한 그의 태도는 그의 세계사적 시야에 복종했다.

미조구치의 세계사적 시야는 "중국을 방법으로 삼고 세계를 목적으로 삼는다"는 것이며, 이는 『방법으로서의 중국』의 가장 핵심적인 명제. 중국을 특수화하고, 마찬가지로 이런 매개를 통해 유럽을 특수화하며, 이처럼 다원적 특수화의 집합을 전제로 하여 '세계'상을 구축하는 것, 이러한 다원화야말로 진정한 문화상대주의다.

문화상대주의가 현실의 지식상知識像에서 나타나기란 상당히 어려운 일이다. 미조구치가 지적했던 그 기본적인 지적 풍토는 오늘날에도 근본적으로 달라지지 않았다. 그가 여러 차례 지적했듯이, 서양인은 자신을 참조 체계로 삼아 동양의 특수성을 논증하지만, 동양을 참조 체계로 삼아 자신의 특수성을 논증하려고 생각했던 적은 없다. 우리가 자주 얘기하는 이른바 '지식 패권'은 결코 언제나 일촉즉발의 형세인 것은 아니다. 학술 영역에서 미조구치가 반서구 지식 패권의 지식 모델을 과격하게 비판하게 만들었던 위기감은 바로 이런 '정확한 인식'과 서구 패권의 잠재적 공모관계에 대한 그의 경계에서 온 것이 아닐까?

둘째, 역사학의 안목과 시야의 구축에 관한 문제다.

역사학은 지금껏 현실과 동떨어진 '정토淨土'가 아니다. 그보다는 사상성이 가장 강하고 긴장도가 가장 높은 학술 분야라 할 것이다. 여기서 나는 역사학과 현실정치의 관계, 역사학이 국가의 학문이 된 역사적 연혁 등에 대해 언급할 생각은 없다. 다만 미조구치의 사상사 연구를 결합해 그의 역사 안목이 지닌 사상적 함의를 탐구하고자 한다.

미조구치는 현실에 강렬한 관심을 지닌 지식인이었다. 그가 남긴 일부 현실 문제를 토론한 글과 지식공동체 토론을 발기하고 추진했을 때 보여준 역사적 책임감에서 보면, 그는 일본사회가 아시아의 이웃 나라를 차별하는 것과 세력을 믿고 약자를 괴롭히는 잠재적 사회심리를 극도로 증오했을 뿐만 아니라, 일찍이 발발했던 침략전쟁에 대해 마음속 깊이 반성하며 책임감을 느끼고 있었다. 그러나 그는 사회활동가나 비판적 지식인이 되는 길을 선택하지 않고 중국사상사를 선택했다.

미조구치의 중국사상사 연구는 내가 기존에 갖고 있던 사상사의 이미지를 깨뜨렸다. 그는 자신의 모든 현실적 관심을 중국사상사 분야에서 '진리를 찾는求眞' 동력으로 전화했으며, 이런 현실적 관심이 직접 학술이라는 명목으로 행해지는 것을 시종 허락하지 않았다. 엄격하게 지켜진 이런 균형감각은 미조구치 학술에서 사상 함량의 최저선을 구성한다. 미조구치 학술의 사상성과 현실적 관심은 현실 문제가 겨냥하는 바가 아니라 그의 학술 인식론이 겨냥하는 바로 나타난다. 그러나 바로 이러한 사상성과 현실적 관심의 '간접성'으로 인해 그 사상의 예봉은 도리어 시공을 초월하는 에너지를 갖게 되었다.

역사인식론에 관한 미조구치의 본격적인 이론 서술은 매우 제한적이며, 이는 분명 미조구치가 정통한 작업이 아니었다. 이와 관련한 일부 작업에서 완성도가 가장 높은 것은 2002년에 쓴 「역사인식의 의도와 객관성」이라는 글이다. 이 논문이 제기하는 몇 가지 문제는 음미할 만하다.

우선 지적할 만한 것은 역사학 이론의 오래된 문제인, 이른바 역사 연구의 주관과 객관 사이의 관계다. 미조구치도 역사의 객관성이 기록의 객관성과 결코 동일하지 않다는 판단에 동의하며, 영국 역사학자 에드워드 카의 다음과 같은 판단에도 동의한다. 즉, 역사학자는 자기 밖에 존재하는 객관적 사실을 반드시 정확하게 파악해야 하며, 동시에 이 사실들을 선택하고 조합해 역사적 사실이 되게 한다는 것이다. 그러나 미조구치는 이 이론상의 타협에 만족할 수 없었으며, 자신의 연구 실천에 기초해 더 나아간 문제의 소재를 지적했다. 여기에는 역사학자의 의도 문제가 있다. 역사학이 사실에 관한 학문이고, 객관적이고 실증적인 과학이라면 다음의 근본적인 질문을 포함해야 한다. 즉, 사실은 어떤 의도에 근거해 선택되기 마련인데 그 선택 기준은 무엇인가? 그 기준을 결정하는 서술 의도는 또 무엇인가? 이런 의미에서 미조구치는 객관(사실)과 주관(의도)의 거친 이분법적 틀을 사용해 역사학을 재단하는 데 동의할 수 없었다.

다음으로 미조구치는 역사학자의 의도는 무엇인가라는 문제를 제기했다. 그는 한편으로 역사학계에 보편적으로 존재하는 방관·관찰이라는 정통 교의로 인해 역사학자가 시간 순서에 따라 사료를 배열하는 데 만족하고 시간 자체의 '질적 변화'를 궁구하지 않게 되었다고 지적했다. 이런 역사학자가 기록하는 것은 역사의 '풍경'으로, 그에게 의도가 없는 것은 아니지만 그의 의도는 이미 정해진 자연시간의 흐름에 종속되며, 그것은 선행하는 전제다. 역사학자는 이러한 풍경을 기록하는 것 이외에도 특정한 '의도'를 돌파할 수 있는 자유정신이 있어야 한다. 이것이 바로 역사학자의 '눈'이고 역사감각이다. 이렇게 자리 매기기 어려운 역사감각에 자리를 매기기 위해 미조구치는 그것의 대립면을 확정했다. 이는 바로 다른 층위의 '특정한 의도'다. 그것들은 역사감각 없이 사료를 배열하는 '관찰 의도'일 수도 있고, 미리 규정된 특정 분야나 특정

전공의 주제 한정일 수도 있으며, 특정 이데올로기 목표 등일 수도 있다. 미조구치는 역사학자는 이런 의도와는 구별되는 의미에서 자신의 의도를 확립해야 한다고 인식했다. 그는 자신의 연구를 예로 들어 다음과 같이 설명했다. "(…) 세계의 편견, 차별, 왜곡과 싸우는 것이다. 그것들은 인종차별·민족차별이라는 현실적인 정치감각·사회감각에 그치지 않고, 지적 위상에서도 여러 가지 형태로 바뀌어 사람들의 사고 속에 스며들며, 스스로가 편견을 편견으로 여기지 않을 정도로 내재화되고 있다. 특히 아시아 연구의 영역에서는 서양의 관점에 의거해 역사를 서술하는 편견의 작용이 교과서에까지 미쳐 편견의 재생산이 확대되고 있다."[30]

미조구치가 자신의 경험을 통해 제기한 이 '의도'는 '원동력'이라고 하는 편이 더 정확할 것이다. 이 원동력을 바탕으로 한 걸음 더 나아가 제기한 역사학자의 의도는 '역사의 풍경'을 투과해 역사의 동력을 추구하며, 동력의 역사를 나타낸다. 이는 바로 미조구치 자신이 역사학 연구의 원동력으로 삼는 '의도'에 대한 구체화인데, 중국 역사는 줄곧 편견에 의해 내재적 동력이 결핍되고 정체된 피동적 과정으로 해석되었기 때문이다. 그러나 그가 확인할 수 있었던 역사학자로서의 자신의 의도도 이 정도까지이며, 이 층위에서 그의 '의도'가 역사 서술의 관점을 직접 구성하지 못했다는 점은 주의할 만하다.

셋째, 미조구치는 역사감각을 지닌 역사학자라면 반드시 모든 의도를 버리고 사료의 바다에서 헤엄치다가 그 안에서 역사적 동력을 발견하는 능력을 지녀야 한다고 제기했다. 미조구치는 연구를 실천하면서 이렇게 모든 의도를 버리는 것이 어떠한 탐색과정인지 이미 증명한 바 있다. 그는 이미 주류 역사학에 의해 위치가 고정된 각종 사료 속에 침잠해 사료 속에 흐르는 맥박을 탐색하고 그 박동을 추적해 역사 전환기의 핵심적인 고리를 찾았다. 미조구치 사상사의 역사적 시간은 질량이 있고 비균질적이다. 바로 이러한 고농도의 역사적 시간 속에서 미조구치는 '역사의 동력'을 정련하고, '동력의 역사'를 구축했다.

역사의 동력에 대해 미조구치는 다음과 같이 정확하게 설명했다. "'동력'이라는 것은 많은 사실과 사실의 관계에서 귀납적으로 떠오르는 어떤 허구적인 영상이며, 이때는 어떠한 선행적인 기획도 도움이 되지 않는다."[31] 동시에 바로 이런 동력이 역사의 풍모를 결정하고 역사의 흐름을 결정한다.

넷째, 미조구치는 역사의 동력은 역사학자가 구축한 결과이지만 이 구축은 제 마음대로 되는 것이 결코 아니며, 단지 역사의 '본래 상태'를 나타낼 뿐이라고 강조했다. 이른바 역사의 '본래 상태'는 역사학자 외부에 객관적으로 존재하는 존재물이 아니라, 보다 고차원적인 '역사의 픽션'이다. 여기서 말하는 역사의 픽션에는 적어도 두 가지 의미가 있다. 하나는 그것이 반드시 역사학자의 역사감각을 통해서만 나타날 수 있다는 것이며, 다른 하나는 그것이 고도로 유동적이며 고정불변의 형태를 갖지 않는다는 것이다. 그러나 사료의 바다에서 어떤 선입견도 지니지 않은 탐색을 거친 후에야 역사학자는 역사에 내재한 이런 '픽션'을 파악할 수 있다. 미조구치는 이런 본래의 상태는 역사학자가 사료의 바다에 깊이 침잠한 후에야 '저절로 떠오른다'고 거듭 강조했다. 그러나 이렇게 저절로 떠오르는 역사의 동력은 장기간의 역사 시야와 구체적인 역사적 사건 이면의 보이지 않는 연속적인 맥동 속에서만 드러날 수 있으며, 어떠한 선행적인 관념의 틀과 편협한 과제의식에서도 나타날 수 없다.

미조구치가 제기한 상술한 네 가지 문제 이외에 그가 정면으로 논술하지는 않았던 문제를 하나 더 보충하고자 한다. 바로 사상사 연구에서 분석과 가치판단을 구별하는 것이다. 미조구치의 연구는 중국 역사의 내재적 동력을 집중적으로 나타냈기 때문에 종종 중국에 대한 비판정신이 결여되었다는 평가를 받았다. 이는 사학 연구에 대한 통속적인 이해와 관계있다고 생각한다. 미조구치는 중국 역사를 미화한 적이 없으며, 예교를 미화한 적도 없다. 그가 역사의 동력에 대해 전면적으로 분석했다는 것은 결코 그것에 대해 긍정적 평가를 내렸다는 것과 같은 의미는 아니다. 사상적 분석은 너무 적고 가치판단은 너무 많은 오늘 이 시대에 오히려 이러한 기본적인 지적 입장은 미조구치가 사상의 방식으로 학술을 사용하는 것이 아니라 역으로 학술의 방식으로 사상에 개입하도록 결정했다. 그러나 미조구치의 혁명성은 심오하다. 그가 학술 영역에서 해결하고자 했던 인식론적 문제들은 우리가 역사를 다루고 세계를 다루는 기본 전제와 관계되며, 심지어 지식생산에 종사하는 우리의 지성 본능과도 관계된다.

미조구치 선생은 이탁오가 자신의 시대를 앞서갔다고 말한 적이 있다. 나는 미조구치 선생의 운명도 그러했다고 믿는다. 그는 우리 시대를 한 걸음 앞서 갔으며, 우리는 바라만 볼 뿐 따라잡을 수 없었다. 어느 날 세계사가 기존의 구도를 뒤집어 지식인이 정신적 영양분을 새롭게 찾지 않을 수 없을 때, 우리는 비로소 미조구치 선생을 너무 일찍 잃은 것이 우리에게 무엇을 의미하는지 이해할 수 있을 것이다.

주

| 한국어판 서문 |

1) 쑨촨팡(1885~1935)은 중화민국 초기에 존재했던 베이양北洋 군벌의 일파인 즈리
파直隷派의 지도자다.─옮긴이

| 서문 |

1) 거대담론과 거대서사를 구별한다는 생각은 이 글의 초고에 대한 자오강趙剛의 비
평에서 나왔다. 그는 '거대담론 제국주의'의 문제는 거대담론 자체에 있는 것이 아니
며, 거대담론과 거대서사를 구별할 필요가 있다고 지적했다. 이는 내게 중요한 시사
점을 안겨주었다. 이 자리를 빌려 감사의 마음을 전한다.
2) 미조구치 유조, 『중국 전근대 사상의 굴절과 전개中國前近代思想の屈折と展開』, 도쿄
대학출판회東京大學出版會, 167~168쪽. (국역본은 미조구치 유조, 『중국 전근대 사상의 굴
절과 전개』, 김용천 옮김, 동과서, 1999. 해당 인용문은 219쪽의 번역을 참고했다.─옮긴이)
3) 앞의 책, 182쪽. (국역본 234쪽 참고.─옮긴이)
4) 오랜 관습을 통해 은연중에 일반화된 '이理'에 관한 개념.─옮긴이
5) 앞의 책, 187쪽. (국역본 240~241쪽 참고.─옮긴이)

1) 이 글의 앞 4절은 원래 『개방시대開放時代』 2009년 제5기와 『타이완사회연구臺灣社會研究』 2008년 6월 제70기에 실렸다. (이 글은 『아세아연구』 제52권 제1호에 「동아시아 시각의 인식론적 의의」(김월희 옮김, 2009년 3월)라는 제목으로 번역된 바 있다. 이 글은 후에 『동아시아, 인식지평과 실천공간』(이정훈·박상수 편, 아연출판부, 2010) 33~83쪽에 실렸다. ─옮긴이)

2) 이런 생각의 최고 수준을 대표하는 역작은 야마무로 신이치山室信一의 『사상과제로서의 아시아─기축·연쇄·투기思想課題としてのアジア─基軸·連鎖·投企』(이와나미서점巖波書店, 2001)를 꼽을 수 있다. 이 책은 수많은 자료를 섭렵하고 있으며, 근대 전환기의 일본 내지 동북아의 '근대화에 대한 조바심' 문제를 집중적으로 토론했다. 저자는 동북아 지역의 각국을 서구 근대의 도전에 응하며, 서로 근대화의 주도권을 쟁탈하는 경쟁 상대로 간주했다. 이 책에 따르면, 아시아주의는 동북아 지역이 17세기 이래 서양의 세계 인식과 조우한 후 발생한 자기인지 방식에 관한 변화이며, 그것은 일련의 사상 관념과 문화 습속 내지 정치 실천의 연쇄반응을 가져왔다. 이 책은 다채로운 분석과 자료의 실마리를 많이 제공했으며, 특히 '국가이익'과 사상 이데올로기 사이의 관계를 충분히 고려했다. 이는 일본 아시아주의의 맥락을 이해하는 데 중요한 저작이다. 그러나 이 책은 구조의식에서 아시아주의 문제에서의 중국·조선·일본 사이의 비균질적 특징을 완전히 간과했으며, 근대 전환기 동북아 지역의 근대화에 대한 조바심을 아시아주의의 절대적 전제로 확대해석했다. 그리하여 객관적 차원에서 이 사상과제가 국경을 넘을 때의 역사적 복잡성을 단순화했다. 그렇더라도 일본 근대 이래의 아시아주의에 관한 견해를 이해한다는 의미에서 이 책은 여전히 높은 수준의 대표성을 지닌다.

3) 이는 集權主義를 번역한 것이다. 集權主義는 authoritarianism으로 '권위주의' '강권주의' 등으로 번역할 수 있으며, 極權主義는 totalitarianism으로 '전체주의'로 번역된다. 이 책(특히 1장과 8장)에는 集權主義라는 용어가 여러 차례 등장하는데, 문맥에 따라서는 '전체주의'로 번역하는 편이 이해가 더 빠를 수 있으나 저자는 集權主義와 極權主義를 따로 구분하지 않았으므로 번역어 또한 모두 '권위주의'로 통일한다.─옮긴이

4) 백영서, 「세기의 교차로에서 다시 동아시아를 생각하다世紀之交再思東亞」, 『독서讀書』 1999년 8월호.

5) 마오쩌둥의 「중간지대에는 두 가지가 있다中間地帶有兩個」(1964년 1월 5일) 참고. 『마오쩌둥 외교 문선毛澤東外交文選』(중앙문헌출판사中央文獻出版社, 세계지식출판사世界知識出版社, 1994, 508쪽)에 수록. '아시아─아프리카' 시각과 '아시아─아프리카─라틴아메리카' 시각에서 전자는 1950년대의 반둥회의와 직접적인 관련이 있고, 후자

는 1960년대의 중·소 관계 결렬 및 반미 투쟁의 필요와 관련이 있다. 이 두 가지 시각의 가장 큰 차이점은 소련에 대한 태도다. 아시아-아프리카-라틴아메리카 시각은 소련의 패권과 맞선다는 함의를 포함하는 반면, 아시아-아프리카 시각은 이 점을 전혀 강조하지 않는다. 1956년 12월 8일, 마오쩌둥은 전국 상공연합 제2차 회원 대표대회 각 성省·시市 대표단 책임자 좌담회에서 「'일변도' 맞지요?"一邊倒"對不對?」라는 강연을 했다. 그는 중국이 당시 국제환경 속에서 미국과 소련 사이에 중립을 지킬 수 없으며, 소련에 대한 일변도정책을 채택할 수밖에 없음을 강조했다. 그러나 그는 동시에 이 일변도는 평등하다는 점을 강조했다. 1950년대에 마오쩌둥이 아시아-아프리카-라틴아메리카 시각이라는 표현을 쓰긴 했지만, 독립적인 시각으로서, 특히 아시아-아프리카 시각이 소련과 대립하지 않는 것에 비해서, 아시아-아프리카-라틴아메리카 시각은 1960년대 초기의 산물로 볼 수 있다. 그 후 1974년 마오쩌둥이 '3개 세계론'을 제기했을 때, 그는 이미 명확하게 미국과 소련을 제1세계로 분류하고, 중국을 포함한 후진국가를 제3세계로 분류했으며, 일본을 포함한 선진국을 제2세계로 분류했다.

6) 우젠민吳建民의 기술에 따르면, 저우언라이 총리가 반둥회의 석상에서 발언할 때 동아시아 정세를 언급하면서 사용한 용어도 '동아시아'가 아닌 '극동'이었다. 저우언라이는 8개국 대표단 단장회의에 출석해 다음과 같이 성명을 발표했다. "중국 정부는 미국 정부와 함께 앉아 담판을 벌이며 극동의 긴장 국면 완화 문제, 특히 타이완 지역의 긴장 국면 완화 문제에 대해 토론하고 싶습니다."『외교 사례外交案例』(중국인민대학출판사, 2007년 12월 출판) 52쪽 참고.

7) 여기서는 내가 읽은 극히 제한된 저작만을 예로 들겠다. 선즈화沈志華 책임편집, 『냉전 시기 소련과 동유럽의 관계冷戰時期蘇聯與東歐的關係』; 뉴쥔牛軍 책임편집, 『냉전 시기의 미·소 관계冷戰時期的美蘇關係』; 양쿠이쑹楊奎松 책임편집, 『냉전 시기의 중국 대외관계冷戰時期的中國對外關係』(이상은 모두 베이징대학출판사 2006년 1월 출판); 선즈화, 리단후이李丹慧 저, 『전후 중·소 관계의 몇 가지 문제 연구戰後中蘇關係的若干問題研究』(인민출판사, 2006); 선즈화 저, 『마오쩌둥, 스탈린과 한국전쟁毛澤東、斯大林與朝鮮戰爭』(광둥인민출판사, 2003); 쿵빙冰寒水 저, 『중·소 관계 및 그것이 중국사회 발전에 미친 영향中蘇關係及其對中國社會發展的影響』(중국국제방송출판사, 2004) 등.

8) D. F. 플레밍Fleming의 『냉전과 그 기원The Cold War and Its Origins』(1961) 참고(일역본은 서명을 『현대국제정치사現代國際政治史』(이와나미서점, 1966)로 바꾸었다). 이 책은 냉전의 기원을 깊이 해부한 빼어난 저서로, 이에 대해 충분히 밝히고 있다. 제1부인 '적과 벗'에서 저자는 제2차 세계대전 중 영국과 프랑스가 소련에 대해 느낀 공포심은 독일에 대한 공포심을 능가했으며, 공산주의에 대한 경계가 파시즘에 대한 저항을 앞질렀음을 지적했다. 히틀러에 기대어 소련의 힘을 약화시키고 나아가 소멸시키

왜
동아시아
인가

654

고자 했기 때문에, 유럽 전장에서의 반파시즘 전쟁은 앉아서 좋은 기회를 잃었으며, 히틀러가 동유럽 전장에서 승승장구하며 끊임없이 전선을 밀고 나가게 만드는 결과를 초래했다. 미국은 1917년 러시아혁명 이후 반공 선전을 전개했으며, 동시에 미국 국내에서 의회 내부의 사회주의자에 대한 숙청을 진행했다. 16년 후인 1933년이 되어서야 석유 위기와 히틀러의 공세에 못 이긴 루스벨트 정부는 소비에트 정부의 합법성을 승인하지 않을 수 없었다. 플레밍이 이 책을 쓴 목적은 냉전의 역사가 어떻게 공산주의에 대한 서방 세계의 공포 속에서 배태되었는가를 밝히는 데에 있다. 냉전체제에 전기轉機가 있었던 1960년대 초반, 그는 제2차 세계대전 이래의 역사를 회고하면서, 공산주의 진영에 대한 '내재적 이해'를 통해 편견과 맹목적인 오만이 만든 적대적 국면을 조속히 종결할 것을 서구사회에 호소했다.

9) 예를 들어, 1975년 제2호에는 브레즈네프Brezhnev 서기장이 아시아 평화안전 국제회의에 대해서 행한 연설이 발표되었다. 1983년 제4호에는 미국에 대한 안드로포프Andropov 서기장의 성명이 발표되었다. 1987년 제2호에는 고르바초프Gorbachev 서기장이 레닌훈장 수여식에서 한 강연이 발표되었다. 1988년 제4호에는 고르바초프가 중국 잡지 『요망瞭望』의 인터뷰에 답한 기록이 발표되었다. 1989년 제2호에는 고르바초프가 크라스노야르스크krasnoyarsk에서 발표한 연설이 실렸다. 같은 해 제3호에는 고르바초프가 우라지르 국제회의에서 한 연설이 실렸다. 이 밖에 이 잡지에는 소련·인도 공동선언(1983년 1월) 등 소련이 아시아에서 행한 외교 문서와 소련공산당 제25·26·27차 대표대회의 동아시아 관련 정책이 발표되었다. 이 밖에도 이와 같은 정부 문헌에 관한 해설문이나 이와 관련된 문장이 상당수 수록되었다.

10) 예를 들어 1975년 3월 출판된 제4권 제1기에는 소련공산당 중앙정치국 후보위원 솔로멘체프Solomentsev의 「국민을 위해 공헌하는 시베리아와 극동 자원」이 실려 있다. 1988년 8월 출판된 제17권 제4기에 실린 소련 국가계획위원회 지역계획총국 부의장 스코로호도프Skorokhodov의 「소련의 극동 - 문제와 전망」은 완전히 소련 내부의 지역 자원 문제를 토론하고 있다.

11) 고르바초프 등장 이후 이 잡지는 중국 개혁에 관한 연구를 잇달아 게재하기 시작했다. 1989년부터 '중국의 개혁의 길'이라는 고정란을 개설해 중국의 개혁에 대해 지속적으로 관심을 가지며 연구했다. 1990년 2월 제3호에 실린 블라디미르 조토프Vladimir Zotov의 논문 「중국 정치 위기의 원인과 결말」은 톈안먼 사건에 대해 경제적·사회적 각도에서 상당히 깊이 있게 분석했으며, 서구 언론들처럼 이 사건을 '민주 억압'의 이데올로기적 상징으로 단순화하지 않았다. 주의할 만한 점은 이 글의 주체적인 태도다. 그것은 중국 개혁의 딜레마를 사회주의 진영에서 개혁을 진행하는 과정 속의 실험으로 간주했으며, 강 건너 불 보듯 하는 태도를 취하지 않았다. 사실 이 잡지에 발표된 중국 개혁에 관한 연구에서 이러한 주체적인 태도는 처음부

터 끝까지 일관하는 기조였다.

12) 영문명은 Shanghai Cooperation Organization으로, 중국·러시아·우즈베키
스탄·카자흐스탄·키르기스스탄·타지키스탄 등 6개국이 설립한 정부 간 기구다. ─
옮긴이

13) 유슈칸은 야스쿠니 신사 안에 있는 전쟁박물관으로, 전사자나 군사 관계의 자
료를 소장, 전시하고 있다. '유슈遊就'라는 이름은 『순자荀子』 「권학勸學」 편의 다음
구절에서 유래한다고 한다. "그러므로 군자는 사는 곳을 가리고 교유하는 데는 어
진 이를 따른다. 이는 사벽을 막고 올바른 것을 가까이 하려 함이다故君子居必擇鄉,
游必就士, 所以防邪僻而近中正也." 야스쿠니 신사는 바쿠후幕府 말기와 메이지明治 유신
기에서 태평양전쟁에 이르기까지 일본의 주요 전쟁에서 죽은 전사자의 제사를 지내
는 일본 최대 규모의 신사로, 여기에는 제2차 세계대전 A급 전범들의 위패도 보관
되어 있어 동아시아 주변국의 항의를 받고 있다. ─ 옮긴이

14) 이 절은 본래 『포스트동아시아後東亞』(쑨거·백영서·천광싱陳光興 편, 사쿠힌샤作品
社, 2006)에 수록되었다. (이 글은 「포스트 동아시아 서술의 가능성」이라는 제목으로 번
역된 바 있다. 한림대학교 아시아문화연구소 편, 『동아시아 경제 문화 네트워크』, 태학사,
2007, 63~78쪽 참고. ─ 옮긴이)

15) 다케우치 요시미, 「근대란 무엇인가 ─일본과 중국을 예로何謂近代 ─以日本與中國
爲例」, 『근대의 초극近代的超克』, 싼롄서점三聯書店, 2005, 206쪽. (다케우치 요시미의
이 글은 다케우치 요시미, 『일본과 아시아』, 서광덕·백지운 옮김, 소명출판, 2004, 17~63쪽
에 실려 있다. 해당 인용문은 47쪽의 번역을 참고했다. ─ 옮긴이)

16) 1931년의 만주사변부터 1945년의 일본 항복까지를 말한다. ─ 옮긴이

| 2장 |

1) 이 글은 원래 『타이완사회연구臺灣社會研究』 2009년 12월 제76기에 실렸다.

2) 타이서臺社는 '타이완사회연구'의 줄임말로, 타이완의 각 대학과 중앙연구원의
상이한 학과 출신들로 구성된 비판적 학술사상 단체다. 타이서는 1988년 설립된 이
래 타이완의 사회현실에 깊은 관심을 가지며 각종 사회운동에 직접 개입했다. 또한
그에 상응하는 사상적 성과를 점점 쌓아가고, 사회운동에서 끊임없이 자신의 목소
리를 냈다. 2010년 타이서는 '타이완사회연구학회'를 정식으로 설립함으로써 더욱
규모 있는 학술단체가 되었다. 이 단체는 계간 학술지 『타이완사회연구』를 발간하
는데, 최근 몇 년간 외국 편집위원과 중국 대륙의 학자들을 회원으로 흡수했다. 이
장은 타이서의 탄생 20주년을 경축하기 위해 쓴 글이다. ─ 옮긴이

3) 중국어에서 '대륙'은 일반적으로 '중국 대륙'을 가리키는 경우가 많은데, 남중국

해, 타이완, 펑후澎湖 열도, 진먼金門 군도, 마쭈馬祖 열도 등을 제외한 중화인민공화국의 실질적 통치 영역을 지칭한다.—옮긴이

4) 『타이완사회연구』 2009년 6월 제74기 '타이서 20주년 기념 특집호'에 실린 글로, 영문 제목은 '20 Years of Intellectual Interventions'이다. 잡지에 실리기 전 기조발제 형식으로 발표된 글이 『아세아연구』 제52권 제3호(2009년 9월)에 「비판적 지식인의 사회적 책임과 현실 개입—『대만사회연구계간』 편집 동인의 지식 실천을 중심으로」(이화진·문수정 옮김)라는 제목으로 번역된 바 있다. 이 글은 후에 『동아시아, 인식지평과 실천공간』(이정훈·박상수 편, 아연출판부, 2010, 324~356쪽)에 실렸다.—옮긴이

5) 『타이완사회연구』 제74기 '타이서 20주년 기념 특집호', 2009년 6월, 274쪽. 이하 동일한 기념 특집호에서 인용한 글은 『타이서』라고 약칭하며 일일이 주를 달아 밝히지 않는다.

6) 『타이서』, 95~139쪽.

7) 福佬는 'Hok-loh'의 음역어로, 福佬人이란 'Hok-loh' 말을 쓰는 사람을 뜻한다. 음역어이기 때문에 鶴佬人, 河洛人 등으로 쓰기도 한다. 혹로인은 400여 년 전 푸젠성福建省 남부, 특히 장저우漳州와 취안저우泉州에서 타이완으로 건너간 사람들의 후손을 가리킨다. 타이완의 민족 구성을 가르는 지표인 족군族群(ethnic groups)은 크게 한족(약 98%)과 원주민(약 2%)으로 나뉜다. 한족은 다시 1946년 이전, 특히 명대와 청대에 대륙에서 건너간 본성인本省人(전체 인구의 약 85%)과 1946년 이후, 특히 1949년 전후로 장제스蔣介石와 함께 대륙에서 건너간 외성인外省人(전체 인구의 약 13%)으로 나뉜다. 본성인은 다시 크게 혹로인(전체 인구의 약 70%)과 커자인客家人(전체 인구의 약 15%)으로 나뉜다.—옮긴이

8) 중국어에서 '양안'이란 타이완해협臺灣海峽의 양쪽 기슭, 즉 중국 대륙과 타이완의 관계를 특정하여 지칭할 때 쓰인다.—옮긴이

9) 국족國族은 'nation'의 번역어로, 다양한 민족과 인종의 정치적 통합체를 의미한다. 'nation'은 흔히 '민족' '국민' '국가'로 번역되는데, '민족'은 반드시 자치권이나 독립된 주권국가의 형태를 지니는 것이 아니라는 점에서 차이가 있다. 국족은 '국민'이 근대국가의 장치에 의해 인위적으로 '통합'된 산물이라는 점을 부각시키기 위해 사용된다.—옮긴이

10) 『타이서』, 223~238쪽.

11) 이는 닝잉빈이 만든 용어로, 결국 생명력을 얻지는 못했다. '중화적 타이완 독립'이란 양안을 중화로 간주해 국가적 의미에서의 독립이 존재하지 않음을 가리킨다. 그러나 한편으로 타이완인의 주체성도 함께 존중해야 한다. 따라서 '중화적 타이완 독립'은 양안이 똑같이 중화문화권이지만 문화적으로나 민중의 층위에서 타이완의

자주독립성을 존중한다는 의미를 지닌다.─옮긴이

12) '차등적 질서 구도'란 중국의 저명한 사회학자이자 인류학자인 페이샤오퉁費孝通이 중국 전통사회를 분석하면서 제시한 개념이다. 그는 중국 향토사회의 인간관계를 동심원의 물둘레에 비유했다. 호수에 돌멩이를 던지면 수면 위로 동심원의 물둘레가 생기는 것처럼 돌멩이, 즉 '나'를 중심으로 인간관계가 형성되는데, 이는 일종의 차등적 질서 구도로서 중심으로부터 멀어질수록 인간관계의 친밀도도 약해진다는 것이다.─옮긴이

13) 다케우치 요시미, 「방법으로서의 아시아」, 지쿠마서방筑摩書房, 1993, 442~470쪽.

14) 미조구치 유조, 『방법으로서의 중국』, 도쿄대학출판회, 1989, 137쪽.

15) 『타이서』, 141~218쪽.

16) 허자오톈, 「열심히 의문을 던지다」, 『타이서』, 494쪽.

17) 『타이서』, 49~93쪽.

18) 『타이서』, 3~47쪽.

19) 천광싱은 이 논문의 첫머리에서 '思想兩岸'과 관련해 이렇게 밝히고 있다. "제목 가운데 '사상양안'은 사상을 동사로 쓴 것으로, 이는 장차 타이서 논단 총서에서 출판될 백영서 교수의 『사상동아思想東亞』에서 영감을 받았다."(『타이서』, 3쪽 참조) 그런데 타이완판 『思想東亞』의 겉표지에 병기된 한국어 제목은 「사상으로서의 동아시아」이기에, 이 역시 '사상으로서의 양안'으로 번역한다.─옮긴이

20) 타이완의 정당은 크게 범람연맹汎藍聯盟과 범록연맹汎綠聯盟으로 나뉜다. 범람연맹은 국민당國民黨, 신당新黨, 친민당親民黨으로 구성되며 대체로 중국 본토와의 통일을 주장한다. 범록연맹은 민주진보당民主進步黨(민진당), 타이완단결연맹台灣團結聯盟, 건국당建國黨으로 구성되며 타이완의 독립을 지지한다. 범람과 범록이란 명칭은 파란색을 주로 쓰는 국민당의 깃발 색과 환경운동의 일환으로 초록색을 사용하는 민진당의 깃발 색에서 유래한다.─옮긴이

21) 천광싱의 논문이 인용한 초고 심사위원의 표현으로, 『타이서』 36쪽에 보인다. 이는 상당히 통찰력 있는 논술이다.

22) 『타이서』, 239~244쪽.

23) 『타이서』, 126쪽.

24) 『타이서』, 243쪽.

25) 왕샤오밍, 「왜 단숨에 유토피아를 이룰 수 없는가?爲什麼就不能烏托邦一下子?」, 『타이서』, 270쪽.

26) 『타이서』, 213쪽.

27) 왕후이, 「반대 의견의 위기와 필요성異議的困境與必要性」, 『타이서』, 482쪽.

|3장|

1) 이 절의 원제는 「문화횡단적 시야의 형성－지식공동체의 사상과제를 돌아보며跨文化視野的形成－回顧知識共同體的思想課題」이다. 『중국도서평론中國圖書評論』, 2008년 제1기.

2) 졸저 『주체 분산의 공간主體彌散的空間』, 장시교육출판사江西教育出版社, 2002년 참고. (이 글은 「세계화와 문화적 차이－국가 간 경계를 넘는 지식상황에 대한 고찰」이라는 제목으로 번역된 바 있다. 쑨거, 『아시아라는 사유공간』, 류준필 외 옮김, 창비, 2003, 107~139쪽 참고.－옮긴이)

3) E. H. 카, 『위기의 20년危機の二十年』(원제는 *The Twenty Years' Crisis, 1919~1939*), 이와나미서점, 1968, 제26, 19쪽. (국역본은 E. H. 카, 『20년의 위기』, 김태현 편역, 녹문당, 2000년 출간.－옮긴이)

4) 이 문제에 관한 분석은 이 책의 제8장 '역사의 갈림길에서'를 참고할 것.

5) 일본 헤이본샤平凡社, 2006년 8월 출판. 아직 중국어로는 번역되지 않았다. (국역본은 니시카와 나가오, 『신식민주의론－글로벌화시대의 식민주의를 묻는다』, 박미정 옮김, 일조각, 2009년 출간.－옮긴이)

6) 이는 루쉰의 「'제3부류의 사람'을 논함論"第三種人"」(『남강북조집南腔北調集』)에서 나온 말이다. "계급이 존재하는 사회에 살면서 초계급적인 작가가 되려 하거나, 전투적인 시대에 살면서 전투를 떠나 독립하려 하거나, 현 시대에 살면서 미래에 보여줄 작품을 쓰려는 이런 사람들은 실로 마음이 지어낸 환영幻影일 뿐 현실세계에는 존재하지 않는다. 그런 사람이 되려는 것은 흡사 자기 손으로 자기 머리카락을 위로 잡아당겨 지구에서 벗어나려는 것과 같다."(전체 글의 한국어 번역은 루쉰, 『노신선집 3』, 노신문학회 옮김, 여강출판사, 2004, 148~155쪽 참고.)－옮긴이

7) 원문의 '이론理論'을 '윤리倫理'로 바로잡는다.－옮긴이

8) 카를 만하임, 『이데올로기와 유토피아』 제1장 제2절 '당대의 사상적 딜레마'. 리밍黎明·리수충李書崇 옮김, 상무인서관, 2000, 6쪽에서 인용. (국역본은 카를 만하임, 『이데올로기와 유토피아』, 임석진 옮김, 김영사, 2012년 출간. 국역본의 해당 부분을 인용하면 다음과 같다. "이제 우리는 더 많은 사람이 필연적으로 단순한 세계 내의 사물에 대해서뿐만 아니라 사유 그 자체에 대해서, 그리고 이것 또한 단순한 진리 자체에 대해서라기보다 각기 상이한 관찰자의 입장 여하에 따라서 아무리 동일한 대상적 세계일지라도 그때마다 상이하게 나타난다는 놀라운 사실에 주목하지 않을 수 없게 된 요인에 대해서도 비교적 상세히 알 수 있게 되었다." 제1장 제2절 '사유의 현대적 범주', 69~70쪽 참고.－옮긴이.)

9) 이 절은 원래 『독서』 2000년 제5기에 실렸다. (이 글은 2008년 겨울에 발간된 『문화과학』 제56호에 임춘성 옮김, 「일본을 관찰하는 시각」이라는 제목으로 게재된 바 있다.－옮긴이)

10) 원고는 오키나와 전투 당시 자마미座間味섬의 수비 대장이었던 예비역 소좌(소령) 우메자와 유타카梅澤裕와 도카시키渡嘉敷섬의 수비 대장이었던 예비역 대위 고故 아카마쓰 요시쓰구赤松嘉次의 동생 슈이치秀一다.—옮긴이

11) 국역본은 오에 겐자부로, 『오키나와 노트-오에 겐자부로의 평화 공감 르포』, 이애숙 옮김, 삼천리, 2012년 출간.—옮긴이

12) 이 절의 원제는 「아시아의 보편 상상과 중국의 정치 서사-차터지 교수에 답하다亞洲的普遍想像與中國的政治敍事-回應查特傑教授」(『탐색과 쟁명探索與爭鳴』, 2008년 제1기)이다.

13) 파사 차터지, 『피치자의 정치학』, 텐리녠田立年 옮김, 광시사대출판사廣西師大出版社, 2007. (원서는 Partha Chatterjee, *The Politics of the Governed*: *Reflections on Popular Politics in Most of the World*, Columbia Univ. Press, 2006.—옮긴이)

| **4장** |

1) 이 절의 원제는 「동북아의 전후를 어떻게 사유할 것인가-고구려 문제가 불러일으킨 생각如何思考東北亞的戰後-高句麗問題引發的思考」으로, 『21세기二十一世紀』 2005년 8월호에 실렸다. (이 글은 『황해문화』 제45호(2004년 12월)에 최정섭 옮김, 「어떻게 동북아의 '전후戰後'를 논할 것인가-고구려 문제가 불러일으킨 생각」이라는 제목으로 번역된 바 있다. 그러나 저자가 단행본으로 펴내는 과정에서 많은 부분을 수정 보완한 것으로 보인다.—옮긴이)

2) 이 절은 원래 『독서』 2010년 제2기에 실렸다.

3) 후둥주胡冬竹 역, 싼롄서점, 2010.

4) 미국이 오키나와를 일본에 반환할 때, 핵추진 항공모함 등을 비롯해 미군이 군사기지에 배치했던 핵 장비를 철수하지 않았기 때문에 핵무기까지 같이 반환한 셈이었다. 그러나 일본 정부는 사실 이를 관리할 권한이 없었다. 일본인은 패전 때 원폭에 피폭된 경험 때문에 핵무기에 매우 민감해서 이를 일본에 반입하는 데 반대했다.—옮긴이

5) 이 절은 본래 『독서』 2006년 제4기에 실린 글이다.

6) 1932년 1월 28일 상하이 공동 조계에서 중국과 일본이 군사적 충돌을 일으킨 제1차 상하이사변을 가리킨다.—옮긴이

7) 이 절은 원래 『타이완사회연구』 2011년 8월 제81기에 실렸다.

8) 2001년 1월 1일부터 타이완해협 양안에서 실시된 제한적인 교류를 일컫는 말로, '삼통'은 통상通商·통항通航·통우通郵(우편교류)를 가리킨다.—옮긴이

9) 샌프란시스코 평화조약은 제2차 세계대전을 종식하기 위해 일본과 연합국 48개

국이 맺은 평화조약으로, 1951년 9월 8일 미국 샌프란시스코에서 조인되었고 1952년 4월 8일 발효되었다(따라서 1952년은 1951년의 오자로 보인다). 이 조약은 한반도의 독립을 승인하고 타이완과 사할린 남부 등에 대한 일본의 모든 권리와 청구권을 포기한다는 내용을 골자로 한다.─옮긴이

10) 이 책의 제9장 참고.

11) 이에 관한 논술은 백영서, 『사상으로서의 동아시아思想東亞』(싼롄서점, 2011) 참고.

12) 번역문 전문이 『열풍학술熱風學術』, 제4집(상하이인민출판사, 2010)에 실렸다.

13) 「지구화시대의 제3세계와 민족문학의 개념全球化時代的第三世界及民族文學槪念」, 『분단체제·민족문학分斷體制·民族文學』, 롄징출판사聯經出版社, 2010, 197쪽.

14) 백낙청이 제기한 이 세 가지 중요한 범주는 그가 타이완에서 발표한 세 차례의 강연에서 볼 수 있다. 앞에서 인용한 중국어 논문집에 수록되었다.

15) 「분단체제 극복운동의 일상화를 위해使超克分斷體制運動成爲一種日常生活實踐」, 『분단체제·민족문학』, 81~82쪽. (한국어 원문은 다음과 같다. "평범한 사람들의 일상적인 삶을 통해서도 창조적인 변화가 이룩되고 나아가 생활 속에 구현되는 진리라야 정녕 진리의 이름에 값한다고 믿는 경우에는, 일상성과의 미묘한 긴장과 균형은 역사적으로 의미 있는 운동이 불가피하게 떠맡을 짐이 될 것이다." 백낙청, 『흔들리는 분단체제』, 창작과비평사, 1998, 15~16쪽 참고.─옮긴이)

16) 국공대치 시기에 대륙의 해방군 공수부대가 상륙하는 것을 방지하기 위해 진먼섬 연해지역에 수많은 시멘트 말뚝을 세웠는데, 그 위에 철근 바늘을 붙여 낙하산을 뚫을 수 있게 했다고 한다. 그러나 이런 공격이 일어났던 적은 없다. 지금도 시멘트 말뚝이 남아 있긴 하지만 수많은 굴이 서식하게 되어 현지 주민이 굴을 수확하는 장소가 되었다.

17) 이 책 제2장의 각주 18번 참조.─옮긴이

18) 이 책 제2장의 각주 3번 참조.─옮긴이

| 5장 |

1) 이 절은 쑨거, 『아시아라는 사유공간』, 창작과비평사, 2003 ; 『중국 21中國21』 제22호(일본어), 2005년 6월에 수록되었다. (이 글은 『아시아라는 사유공간』에 「가로지르며 걷는 길」이라는 제목으로 번역된 바 있다. 13~27쪽 참고.─옮긴이)

2) 샤옌(1900~1995)은 중국 현대작가이자 신문화운동의 선구자 가운데 한 사람이다.─옮긴이

3) 이 절은 원래 『다케우치 요시미 정선집竹內好集萃』(일본경제평론사日本經濟評論社, 2006)의 해설로 실린 글이다. 일본어로 쓴 글을 수정하고 보충했다.

4) 다케우치 요시미는 대표적 논문 「근대란 무엇인가近代とは何か」(1948)에서 이런 견해를 제시했다. 즉, 루쉰의 출현은 역사를 다시 쓰는 의의를 지닌다. 다시 말해 루쉰의 출현으로 인해 과거에 대한 재인식이 가능하게 되었다. 역사과정 속에 출현한 새로운 사람과 새로운 인식에 대해서는, "이 점에 대해 자각하는 것은 언제나 역사의 어느 시기가 지나간 뒤다"라고 설명했다. 바꿔 말하면 역사 현상에 대해 행하는 판단은 바로 그 역사 시기가 지나갔기 때문에 자각을 형성할 수 있다는 뜻이다. 역사를 고쳐 쓰는 일은 역사를 날조하는 것이 아니며, 역사에 관한 '자각'은 그 역사 시기가 지나가길 기다린 다음에야 발생할 수 있음을 지적한 것이다(「근대의 초극」, 싼롄서점, 2005, 181쪽 참고). 다케우치 요시미의 이와 같은 생각은 그가 1942년에 쓴 『루쉰』에 가장 먼저 보인다. (국역본은 다케우치 요시미, 『일본과 아시아』, 서광덕·백지운 옮김, 소명출판, 2004, 17~63쪽 참고.─옮긴이)

5) 「메이지 유신 100주년 기념행사·감상과 제안明治維新百年祭·感想と提案」, 『다케우치 요시미 전집』제8권, 238쪽.

6) 국역본은 다케우치 요시미, 『루쉰』, 서광덕 옮김, 문학과지성사, 2003년 출간.─옮긴이

7) 다케우치 요시미, 『루쉰 사상의 형성魯迅思想の形成』, 싼롄서점, 46쪽. (국역본은 『루쉰』, 59쪽 참고─옮긴이.)

8) 전후 일본의 진보 지식인에게 '근대'란 일본 천황제 전통에 대항하는 '민주주의' 정치과정이었다. 따라서 그것은 우선 경제제도와 문화제도의 변화를 의미하지 않으며, 정치제도의 조정을 의미한다. 이런 의미에서 일본의 진보 지식인(물론 일본공산당 지식인과 일본의 마르크스주의자도 포함한다)은 기본적으로 모두 '근대주의자'다. 1950년대의 짧았던 시기를 제외하고, 중국혁명에 대한 일본 지식계의 이상화는 기본적으로 주도적 지위를 차지하지 못했다. 냉전과 중·소 논전 등 외재적 조건의 영향으로 일본의 많은 진보 지식인이 중국의 정치제도에 대해 실망을 느끼게 되었으며, 그들은 중국 정치과정 속의 '비민주적인' 지향에 더 주목했다. 이는 중국식 '근대'에 대한 그들의 평가에도 영향을 미쳤다.

9) 국역본은 『일본과 아시아』, 140~169쪽 참고.─옮긴이

10) 『다케우치 요시미 전집』제5권, 지쿠마서방, 1981, 100쪽. (국역본에서 해당 부분을 인용하면 다음과 같다. "그러한 청년들의 에너지, 그것을 통해 듀이는 표면적인 혼란 밑바닥에 흐르고 있는 중국문명의 본질을 통찰하고, 머지않아 중국이 국제사회에서 발언권을 갖게 될 거라고 예견했습니다. 일본은 표면적으로는 진보하고 있지만 기반이 약해서 언제 붕괴될지 모르는 반면, 중국의 근대화는 매우 내발적이라서, 말하자면 자기 자신의 요구로부터 나온 것이기 때문에 강고하다는 점을 당시 듀이는 보아내고 있었습니다. 1919년에 그러한 통찰력을 갖고 있었다는 것은 매우 대단한 일입니다." 『일본과 아시아』, 152쪽 참고.─옮긴이)

11) 국역본은 『일본과 아시아』, 231~304쪽 참고. ─ 옮긴이

12) 국역본은 『일본과 아시아』, 64~139쪽 참고. ─ 옮긴이

13) 『다케우치 요시미 전집』 제8권, 111~112쪽. (국역본의 해당 부분은 "그러나 현양 사=흑룡회 이데올로기가 처음부터 침략적이었는가 하면 그것은 그렇지 않다. 현양사=흑룡 회 이데올로기가 확립된 것은 메이지 말기였고 그렇게 되기까지의 상황적 변화를 단순하게 보아서는 안 된다". 『일본과 아시아』, 251쪽 참고. ─ 옮긴이)

14) 앞의 책, 153~154쪽. (국역본의 해당 부분은 "뒤늦게 출발한 일본의 자본주의가 내 부의 결함을 대외 진출로 커버하려는 형태를 반복함으로써 1945년까지 왔다는 것은 사실이 다. 이것은 근본적으로는 인민의 허약성에 기인한 것이겠지만, 이런 형태를 성립시키지 않을 계기를 역사 속에서 발견할 수 있는가 하는 점에 오늘날 아시아주의의 최대의 문제가 걸려 있는 듯하다". 『일본과 아시아』, 301쪽 참고. ─ 옮긴이.)

15) 『다케우치 요시미 전집』 제8권, 147쪽. 고토쿠 슈스이는 메이지 말기의 사회주 의자로, '일본의 루소'로 불린 나카에 조민中江兆民의 제자다. 우치다 료헤이는 고쿠 류카이의 창시자로, 겐요샤 창시자인 도야마 미쓰루頭山滿의 제자다. 고쿠류카이는 러일전쟁 후 우익 국가주의 단체가 되었다. 그러나 메이지 전기, 즉 나카에 조민과 도야마 미쓰루가 활약하던 시대에는 좌익과 우익의 구별이 이처럼 명확하지 않았으 며, 나카에와 도야마는 서로 협력하는 벗이었다. 하지만 그들의 제자인 고토쿠와 우 치다는 완전히 각자의 길을 걸었다. 다케우치 요시미는 고토쿠의 추상적인 제국주 의 비판과 국제주의 입장으로 말미암아 그가 아시아주의를 우치다와 같은 국가주의 자에게 순순히 넘겨주었으며, 우치다도 비록 초기에는 모종의 혁명 의사가 있었지만 결국엔 일본의 침략 이데올로기를 고취한 사람으로 타락했다고 여겼다. 이런 의미에 서 다케우치 요시미는 관념화된 고토쿠 슈스이가 역사의 전환기에 아시아주의를 구 제할 기회를 포착하지 못했으며, 이로 인해 회피할 수 없는 책임이 있다고 생각했다. (국역본의 해당 부분은 "기회가 없었다고는 말할 수 없으리라. 기회를 되살려내지 못했다는 점에서는 코오토쿠 슈우스이도 공범이다". 『일본과 아시아』, 294쪽 참고. ─ 옮긴이)

16) 「일본사상사에 들어가기 위하여日本思想史へ踏み込むために」, 『다케우치 요시미 전 집』 제8권, 209쪽. 자유민권운동은 메이지 초기에 발생한 사회정치운동이다. 인민 의 참정권과 개인 자유의 쟁취를 목표로 하며, 막번제幕藩制의 전제정치에 반대했다.

17) 「일본사상사에 들어가기 위하여」, 『다케우치 요시미 전집』 제8권, 208~209쪽.

18) 이 절은 『루쉰과 다케우치 요시미魯迅與竹內好』(쉐이薛毅·쑨샤오중孫曉忠 편, 상하 이서점上海書店, 2008)에 수록되었다.

19) 쑨거 편, 『근대의 초극』, 리둥무李冬木 등 옮김, 싼롄서점, 2005. 1980년대 초반 에 대륙에서 다케우치 요시미의 『루쉰』이 번역 출판되어 루쉰 연구계에 상당한 영 향을 미쳤다. 역자는 리신펑李心峰이다. 『근대의 초극』은 이 장문의 글을 새롭게 번

역하고 다른 10편의 논문과 함께 책으로 묶은 것이다.

20) 저자는 이를 일상정치에 상대적인 개념으로 사용하고 있다. 국가정치와 같이 일상의 사회생활로부터 동떨어진 정치형태나 정치가 외에 일반인은 개입할 수 없는 정치형태를 가리킨다. 이에 반해 일상정치란 학술정치 등 일반인이 생활 속에서 쉽게 접할 수 있는 정치형태를 말한다. 이에 대해서는 이 책의 제7장 418~419쪽 참고. ─옮긴이

21) 「근대주의와 민족의 문제」, 『다케우치 요시미 전집』 제7권.

22) 「학자의 책임에 관하여」, 『다케우치 요시미 전집』 제8권.

23) 「메이지 유신 연구의 사회적 책임」, 『전망展望』 1965년 12월호(지쿠마서방), 14쪽.

24) 「학자의 책임에 관하여」, 『다케우치 요시미 전집』 제8권, 246쪽.

25) 『다케우치 요시미 전집』 제8권.

26) 「메이지 유신 연구의 사회적 책임」, 15쪽.

27) 앞의 글, 27~28쪽.

28) 『다케우치 요시미 전집』 제8권.

29) 「메이지 유신 연구의 사회적 책임」, 16쪽.

30) 「학자의 책임에 관하여」, 『다케우치 요시미 전집』 제8권, 266쪽.

31) 앞의 책, 268쪽.

32) 앞의 책, 249쪽.

33) 앞의 책, 272쪽.

34) 상동.

35) 앞의 책, 273쪽.

| 6장 |

1) 이 글은 원래 『타이완사회연구』 2009년 3월 제73기에 실렸다.

2) 일본어 원문은 '본점本店'과 '야점夜店'이다. 중국어 관습을 고려해 여기서는 '본업本行'과 '부업副業'으로 번역한다.

3) 「정치적 판단政治的判斷」, 『마루야마 마사오집丸山眞男集』 제7권, 이와나미서점, 1996, 306쪽.

4) 「'사상' 발생의 조건」, 『마루야마 마사오 강의록』 제5권, 도쿄대학출판회, 1999, 12쪽.

5) 『마루야마 마사오집』 제12권, 110쪽.

6) 국역본은 마루야마 마사오, 『현대정치의 사상과 행동』, 김석근 옮김, 한길사, 2012년 출간. ─옮긴이

7) 「본업과 부업本店と夜店」, 『마루야마 마사오 좌담丸山眞男座談』 제9권, 이와나미서점, 1998, 288, 292쪽.

8) 이는 평화문제담화회의 세 번째 시국성명에 해당하는 글이다. ─ 옮긴이

9) 「세 번째 평화에 대하여」, 『마루야마 마사오집』 제5권, 13쪽 참고. 여기서 "의욕을 포함하는 인식"이란 복잡하게 뒤얽힌 현실 동향 가운데 특정 동향에 치우쳐 그것을 더욱 빠르게 발전시키도록 하는 주체인식론을 가리킨다. 마루야마는 여기서 이렇게 강조한다. "주체의 입장과 완전히 무관한 '객관적' 인식은 존재할 수 없다. 문제에 대한 다른 설정 방식을 통해 현실 처리의 방향에 변화를 초래할 수 있다."

10) 「평화문제담화회에 관하여」, 『마루야마 마사오 좌담』 제9권 참고. 이 좌담회의 참가자에는 그 당시 간토關東 지역 지부와 간사이關西 지역 지부의 몇몇 주요 성원이 포함된다. 그들의 회고에 따르면 전후 평화 문제는 즉시 관심의 초점이 되지 않았다. 국제 정보가 봉쇄된 어려운 조건에서 그들은 갖은 방법으로 유네스코 과학자의 성명을 입수하고, 이를 매개로 일본의 대학 지식인들을 수평적으로 연대하게 만들었다. 당시 지식계에서 가장 주목했던 문제는 혁명 문제이지 평화 문제가 아니었다. 평화 문제는 마르크스주의와 사회주의 문제 내부에 내재된 것으로 제기되었다고 하는 편이 나을 것이다. 그 후 사람들이 일본 국내 문제로 눈길을 돌렸을 때, 논의는 민주주의와 경제 문제, 민족주의, 헌법 문제 및 전쟁책임의 문제 등에 집중되었으며, 평화 문제는 자명한 문제가 되어 오히려 방치되었다. 당시에는 다음과 같은 문제의 의미를 독립적으로 사고할 것을 촉진하는 기본적 합의가 결여되었다. 즉, 냉전의 양대 진영 대립을 평화를 파괴하는 절대적인 전제로 삼지 않고, 현실적으로 평화를 수호할 방안을 찾는다면 어떠한 사유방식을 필요로 하는가? 이 문제는 결코 자명하지 않다.

11) 『마루야마 마사오집』 제5권, 25~26쪽.

12) 「정치학 연구 입문」, 『마루야마 마사오 좌담』 제4권, 99~100쪽 참고. 이는 1960년에 발표된 대담이다. 마루야마는 여기서 다음과 같이 설명했다. 그는 일찍이 '순수정치학'에 관한 구상을 제기한 적이 있는데, 이는 패전 후 일본사회의 이데올로기적 정치관에 대항하기 위해서였다. 그는 '적으로부터 배운다'라는 정치적 시야를 확보해 정치학이 주류 이데올로기의 공범이 되지 않도록 했다. 하지만 시간이 흐름에 따라 이데올로기 상황이 완화되고, 과학은 국체國體와 유사한 구호로 변했으며, '과학으로서의 정치학'은 저항성을 잃어버렸다. 그러나 마루야마는 결코 이 때문에 '순수정치학'에 대한 사유를 포기하지 않았으며, 순수정치학의 연구를 통해 권력의 운동법칙을 탐구하는 문제의식으로 심화시켰다.

13) 「과학으로서의 정치학」, 『마루야마 마사오집』 제3권, 146~151쪽 참고.

14) 예컨대 「일본의 사상日本の思想」에서 마루야마는 '제도의 물신화物神化'와 '실감신앙實感信仰'의 문제를 제기했는데, 이는 정치적 사고의 기능성에 관한 그의 반명제로

볼 수 있다. 「근대 일본의 사상과 문학近代日本の思想と文学」에서 마루야마는 지식계에서 유행하는 사유 패턴을 분석했다. 그는 "거시이론이 거시현실과 대응"해 '정확한 이론'이 내재적이고 필연적으로 '정확한 실천'을 초래할 것이라는, 사람들에게 쉽게 받아들여지는 이런 사유방식은 비정치적임을 지적했다. 따라서 '결단'이라는, 개별 상황에 대해 진행하는 정치적 인식은 반드시 다음과 같은 양면 작전의 경우에만 성립할 수 있다. 즉, 한편으로 그것은 절대화된 직관 및 '모험'과 구별되어야 하며, 다른 한편으로는 모든 행동을 법칙의 연역으로 보는 사유방식과 구별되어야 한다. 여기서 마루야마가 지적한 "개별 결단과 법칙 인식 사이에 끊임없이 재생산되는 긴장 관계"가 바로 주체 정치인식의 기능성 특질이다. 이 두 편의 논문에 대한 분석은 필자의 「문학의 위치—마루야마 마사오의 딜레마文學的位置-丸山眞男的兩難之境」(『학술 사상평론』 제3집, 랴오닝대학출판사, 1998)를 참고하라. (이 두 편의 논문은 마루야마 마사오, 김석근 옮김, 『일본의 사상』(한길사, 2003)에 실려 있다.—옮긴이)

15) 『마루야마 마사오 강의록』 제3권, 도쿄대학출판회, 1998, 25쪽.

16) 「근대 일본의 사상과 행동近代日本の思想と行動」, 『마루야마 마사오집』 제8권, 133쪽.

17) 마루야마가 슈미트에게 받은 영향은 그가 카를 만하임과 막스 베버에게 받은 영향보다 더 가치 있는 연구 과제가 될 수 있을 것이다. 그는 후자에게서처럼 슈미트의 영향을 직접적으로 받지 않았으며, 자신의 정치학 담론에서 슈미트와 구별되는 방향으로 후자의 정치학 이론을 전화했다. 일반적으로 통용되는, 슈미트의 나치 정치에 대한 효력 때문에 그가 정치학 이론과 법학 이론에서 제기한 중대한 문제를 무시하는 방법과는 반대로, 마루야마는 "적으로부터 배운다"는 것의 중요성과 그 구체적 운용과정을 보여주었다.

18) 국역본은 마루야마 마사오, 『충성과 반역—전환기 일본의 정신사적 위상』, 박충석·김석근 공역, 나남출판, 1998, 215~236쪽 참고.—옮긴이

19) 국역본은 마루야마 마사오, 『현대정치의 사상과 행동』, 김석근 옮김, 한길사, 2012, 449~465쪽 참고.—옮긴이

20) 『마루야마 마사오집』 제4권, 278쪽. (국역본의 해당 부분은 "유럽 세계를 특색 있게 만드는 것은 정치권력의 고유한 존재 근거와 기독교의 인격 윤리라는 이원적인 가치의 갈등이며, 그 양자는 아무리 여러 가지 뉘앙스가 서로 얽혀 있다 하더라도 궁극적으로는 합일되지 못한 채 그 사이에는 끊임없이 일정한 거리가 유지되며, 그로부터 새로운 긴장이 생성되어왔다. 냉소주의로의 전락 혹은 위선으로의 타락 역시 근본적으로는 내면적 도덕성의 눈에 보이지 않는, 그러나 그만큼 강렬한 규제력을 전제로 한 전락이요 타락이었다". 『현대정치의 사상과 행동』, 465쪽 참고.—옮긴이)

21) 국역본은 『충성과 반역』, 237~245쪽 참고.—옮긴이

22) 국역본의 해당 부분은 "권력정치에 **권력정치로서의** 자기인식이 있고, 국가**이해**

왜
동아시아
인가

666

가 국가이해의 문제로 자각되고 있는 한, 거기에는 동시에 그런 권력행사나 이해 나름대로의 '한계' 의식이 수반되고 있다".『충성과 반역』, 245쪽 참고. — 옮긴이

23)『마루야마 마사오집』제15권, 181~182쪽. (국역본의 해당 부분은 "국가이성이 보편적 이념과 국가 고유의 권력이해의 추구라는 '두 개의 혼'의 상극相剋의 자각 위에 입각해 있다는 것의 인식".『충성과 반역』, 243쪽 참고. — 옮긴이)

24) 국역본은『충성과 반역』, 13~128쪽 참고. — 옮긴이

25) 국역본은『현대정치의 사상과 행동』, 467~478쪽 참고. — 옮긴이

26)「인간과 정치人間と政治」,『마루야마 마사오집』제3권, 211~212쪽. (국역본은『현대정치의 사상과 행동』, 411~426쪽 참고. "앞에서도 말했듯이 효과적으로 인간을 지배하고 조직화한다는 것, 그것을 어디까지나 외부적 결과로서 확보해가는 것에 정치의 생명이 있다고 한다면, 정치는 일단 그 대상으로 삼고 있는 인간을 '취급주의' 품목으로 여기고 거기에 접근해 가는 것은 당연한 일이다. 성악이라는 것은 이런 취급주의의 꼬리표이다. 만약 인간이 어떠한 상황에서도 '악한' 행동을 취하는 것으로 고정되어 있다면, 오히려 간단하고 본래의 정치가 개입할 여지는 없다. 선한 쪽으로도 악한 쪽으로도 바뀌며 상황에 따라서 천사가 되기도 하고 악마가 되기도 하는 데에 기술art로서의 정치가 발생할 수 있는 지반이 있는 것이다. (…) 정치가 전제로 하고 있는 인간은 이처럼 '수수께끼'적인 인간이다. 신학에서 인간의 원죄성이 구제의 전제로 되어 있는 것처럼, 인간의 이같은 '위험성'이라는 것은 인간을 전체적으로 파악하지 않으면 안되는 정치가 필연적으로 예상해야 하는 계기에 다름아닌 것이다." 415~416쪽. — 옮긴이)

27)『마루야마 마사오 강의록』제3권, 32쪽.

28) 이에 대해서는 마루야마 본인이「원형·고층·집요한 저음」에서 언급한 것 외에도, 다카바타케 미치토시高畠通敏와의 대담「정치학 연구 입문」(『마루야마 마사오 좌담』제4권)에서 본격적으로 언급했다. 이 대담에서 마루야마는 한편으로 '시민 정치학'에 대해 깊은 흥미를 나타냈으나, 동시에 자신은 일본 정치사상사에 더 관심이 있어서 정치학의 기초 이론이 너무 빈약하다고 말했다. 다카바타케는『마루야마 마사오집』제3권의「월보月報」에서 마루야마가 자신의 사고를 통해 당시 정치학에서 현대정치에 대한 양대 인식론(즉, 소수의 정치 엘리트에 집중된 정치권력론과 다원적이고 확산된 정치권력론) 간의 대립 문제를 효과적으로 처리할 수 없었을 것이라고 추측했다. 이 밖에도 마루야마는 미국 행동주의 정치학의 이론적 한계를 자각했기 때문인지는 모르겠으나, 대중운동과 시민운동의 현실에 직면해 자신의 정치역학 이론을 발전시키지 않았다.

29) 마루야마 마사오,『자기 안의 대화―세 권의 노트로부터自己內對話─3冊のノートから』, 미스즈서방みすず書房, 1998, 243쪽.

30)「현대에서의 태도 결정現代における態度決定」,『마루야마 마사오집』제8권, 308쪽.

(국역본은 『현대정치의 사상과 행동』, 503~518쪽 참고. "자신이 발딛고 서 있는 장소에서 원근법遠近法적으로 보고 있습니다. 그리하여 우리의 인식은 언제나 일정한 편향을 수반한 인식입니다." 512쪽. — 옮긴이)

31) 마루야마 마사오, 『자기 안의 대화』, 248~249쪽.

32) 『마루야마 마사오 좌담』 제4권, 97~98쪽.

33) 예컨대 다음의 논문들에서 마루야마는 정치적 무관심을 복잡한 '현대병'의 증상으로 간주해 분석했다. 「현대문명과 정치의 동향」(1953), 「정치의 세계」(1952), 「정치학사전 집필 항목政治学事典執筆項目」(1954), 「현대에서의 태도 결정」(1960).

34) 이 용어는 마루야마의 '부분적 인간' 개념에 대한 이해를 돕기 위해 허버트 마르쿠제Herbert Marcuse의 개념을 빌려와 번역한 것이다. 그러나 마루야마의 '부분적 인간'과 11년 후 마르쿠제가 『일차원적 인간』을 집필할 때 사용한 '일차원적 인간'이라는 개념은 함의와 중점이 완전히 일치하지 않는다. 본문에서 이런 다른 해석을 생략한 것은 다만 '부분적 인간'이 본문에서 논의하려는 중심 문제가 아니기 때문임을 특별히 밝혀둔다. (국역본은 H. 마르쿠제, 『일차원적 인간 – 선진산업사회의 이데올로기 연구』, 박병진 옮김, 한마음사, 2009년 출간. — 옮긴이)

35) 마루야마의 '근대주의'에 대한 평가 문제에 관해서 비교적 참고할 만한 의의가 있는 예는 미국 코넬대학교의 일본학 연구자 빅터 코슈만Victor Koschmann의 견해다. 그에 따르면, 마루야마와 여타 일본의 비판적 지식인은 잠재의식 속에 유럽과 미국을 '보편주의'와 주체성의 모델로 간주하는 경향이 있으며, 미국 학자들에게 그들이 기뻐할 만한 위치를 제공했다. 그러나 일본의 맥락에서 보면, 이는 일본 내부에서 발생한 자아비판 기능에 불과하며, 서양에 대한 흠모가 결코 아니다. 마루야마의 「파시즘의 제문제ファシズムの諸問題」를 강의한 글에서 코슈만은 마루야마의 파시즘 비판을 통해 오히려 미국의 사회 상황에 대한 첨예한 비판이라는 사상적 태도를 찾았다(『마루야마 마사오집』 제10권 월보). 그러나 마루야마에게서 이 문제는 오히려 상당히 명확한 방식으로 승인을 얻었다. "나는 내 사상에 유럽문화의 추상화가 존재함을 인정한다. 그것은 인류 보편의 유산이라고 생각한다."(「보편적 원리의 입장普遍的原理の立場」, 『마루야마 마사오 좌담』 제7권) 이 문제는 추상적으로 토론할 수 없으므로 여기서는 생략한다.

36) 「서구 문화와 공산주의의 대결西欧文化と共産主義の対決」, 『마루야마 마사오집』 제3권, 42쪽. (국역본은 『현대정치의 사상과 행동』, 249~270쪽 참고. — 옮긴이)

| 7장 |

1) 이 절은 원래 『개방시대』 2004년 제1기에 실린 글이다.

2) 「객지」의 원문은 다음과 같다. "폭동으로 변해선 안됩니다." 동혁이 말했다. "개선을 위해 쟁의를 해야지, 원수 갚는 심정으로 벌이다간 끝이 없어요." 황석영, 『황석영 중단편전집 1–객지』, 창비, 2000, 194쪽 참고. ―옮긴이

3) 원문은 "남포두 불을 붙여야 터지게 되어 있어요". 앞의 책, 228쪽 참고. ―옮긴이

4) 원문은 "천천히 지나면서 될 수 있는 한 많은 사람들에게 보입시다". 앞의 책, 230쪽 참고. ―옮긴이

5) 이 결말이 번역의 문제인지 판본의 문제인지 모르겠다. 최초의 발표본은 "꼭 내 일이 아니라도 좋다"는 동혁의 독백으로 끝나지만, 앞의 책에 실린 「객지」의 결말은 동혁이 남포(다이너마이트)를 입에 물고 발치께에 늘어진 도화선을 내려다보다가 심지 끝에 불을 붙이고 선이 타들어가는 광경을 지켜보는 것으로 끝난다. 원래는 동혁이 다이너마이트를 입에 물고 장렬하게 폭사하고 산을 내려가던 노동자들이 모두 뒤돌아보는 장면으로 끝났는데, 검열을 의식해서 마무리를 잘라내어 출간했다가 2000년도에 『황석영 중단편전집』을 출간하면서 다시 일부를 채워넣은 것이라고 한다. 이에 관해서는 최원식·임홍배 편, 『황석영 문학의 세계』, 창비, 2003, 42~43쪽 참고. ―옮긴이

6) 원문은 다음과 같다. "인부들 중, 누군가의 희생이 잘 이용되기만 한다면 모두들 필사적으로 쟁의에 가담할지도 모를 일이었다. 그런데 누가 희생을 원할 것인가. 모두들 어떤 자가 대신해주기를 기다리는 동안에 기회는 지나가버릴 것이다. 또한 누군가 희생한다 하더라도 요구조건이 확실히 실현되리라고는 믿지 못할 노릇이며, 임시로 수락을 받게 된다 할지라도 그 조처가 얼마 동안이나 적용될지 알 수 없는 일이었다." 『황석영 중단편전집 1–객지』, 225쪽 참고. ―옮긴이

7) 국역본은 다케우치 요시미, 『일본과 아시아』, 서광덕·백지운 옮김, 소명출판, 2004, 419~430쪽 참고. ―옮긴이

8) 국역본은 "민중의 요구는 일상생활에 기초한 개별적인 것이다. 그들은 '민주'라는 말조차 모를 것이다. 그러나 그 일상적인 요구가 여러 겹 쌓여서 정치적 요구로 조직될 때, 그것에 문학적 표현을 가하는 것은 문학가의 책임이고 그 책임을 문학가는 자각한 것이다". 『일본과 아시아』, 427쪽 참고. ―옮긴이

9) 『일본과 아시아』, 428~429쪽 참고. ―옮긴이

10) 이 절은 『이와나미 강좌―천황과 왕권을 생각한다巖波講座―天皇と王權を考える』 제10권(이와나미서점, 2002)에 수록되었다. 쟝나莊娜가 중국어로 번역한 글이 『명작감상名作欣賞』 2009년 제11기에 실렸다.

11) 루쉰, 「고향」, 『루쉰전집魯迅全集』 제1권, 런민문학출판사人民文學出版社, 1981, 476쪽. (국역본은 루쉰, 『루쉰 소설 전집』, 김시준 옮김, 을유문화사, 2008년 출간. ―옮긴이)

12) 앞의 책, 479쪽.

13) 앞의 책, 485쪽.

14) 상동.

15) 루쉰, 「풍파」, 『루쉰전집』 제1권, 467쪽. 「풍파」는 신해혁명 이후 칠근七斤 부부 등 마을 사람들의 생활을 묘사했다. 칠근의 조모인 구근九斤 할매는 언제나 불평불만으로 가득 차서 "대대로 나빠져 간다니까!"를 입에 달고 산다. 그녀는 나이는 많지만 아주 건강하게 지낸다. 구근 할매는 증손녀가 태어났을 때 여섯 근밖에 나가지 않았다고 종종 불평한다. "나는 일흔아홉까지 살았으니 살 만큼 살았지만 이렇게 집안이 망해가는 꼴은 눈 뜨고 못 보겠다—차라리 죽는 게 낫지." 혁명과 변화를 거부하고 배척하는 보수의 상징으로서 구근 할매의 형상은 현대 중국문화 세계에서 여전히 살아 숨 쉬고 있다.

16) 국역본은 심종문, 『변성』, 정재서 옮김, 황소자리, 2009년 출간.—옮긴이

17) 선충원은 중국 현대문학에서 이른바 '경파京派'의 대표적 작가다. 그는 중국 후난성湖南省 서부의 먀오족苗族과 투자족土家族 등 소수민족의 집단 거주지에서 태어났다. 어린 시절 군대에 들어갔다가 스무 살이 되었을 때 처음 바깥세상으로 나와 5·4 시기의 잡지를 접하면서 '시골 사람'에서 문화인의 세계로 들어섰다. 곡절 많은 내력을 지닌 선충원은 만년에 자기 생애의 전반부는 고향의 위안수이강沅水 기슭에서 보냈고, 후반부는 위안수이강에 대한 그리움 속에 보냈다고 술회했다.

18) 원문의 '20여 년 뒤二十多年之後'를 '10여 년 뒤'로 바로잡는다.—옮긴이

19) 선충원, 『변성』, 『선충원문집沈從文集』 제6권, 화청출판사花城出版社 및 생활·독서·신지新知 싼롄서점 홍콩 분점 연합 출판, 1983, 163쪽.

20) 모노노아와레는 일본 헤이안 시대의 대표적 미의식 중 하나로, 어떤 사물이나 사실에 대한 감동이나 감흥을 가리킨다.—옮긴이

21) 국역본은 고바야시 히데오, 『고바야시 히데오 평론집-문학이란 무엇인가』, 유은경 옮김, 소화, 2003, 153~166쪽 참고.—옮긴이

22) 『고바야시 히데오 전집』 제3권, 신초샤新潮社, 1968년 참고.

23) 국역본은 「사소설론」, 『고바야시 히데오 평론집』, 83~124쪽 참고.—옮긴이

24) 다케우치 요시미, 「권력과 예술權力と芸術」, 『다케우치 요시미 전집』 제7권, 지쿠마서방, 1981, 170쪽. "'부서진 조각상에 그리스 전체가 있듯이', 풀 한 포기, 나무 한 그루에도 천황제가 있다. 우리의 피부 감각 속에 천황제가 스며 있다."

25) 1961년 다케우치 요시미는 「공포로부터의 자유恐怖からの自由」라는 글에서 비중 있는 문제를 제기했다. "천황신앙의 존재를 잊으려는 것은 지식인의 맹점이다. 이 맹점은 일본 지식인에게 다음과 같은 약점이 존재함을 암시한다. 즉, 그들은 전통과의 연결을 끊으려고 하며, 주관적으로 전통과의 연결을 끊었다고 여긴다. 천황신앙이 깊숙이 존재한다는 점에서는 다른 종교와 마찬가지로 존중받아야 마땅하다. 제

도로서의 천황제가 어떻게 변했는가는 별개의 일이다. 그러나 국가 종교로서가 아니라 개인 혹은 민족의 신으로서의 천황은 결코 사라지지 않았다. 그것은 심지어 현실 속의 천황이나 상징으로서의 천황과 직접 연관되지 않으며, 천주교와 유사한 형식으로 존재한다."(『다케우치 요시미 전집』 제9권, 1981, 260쪽)

26) 다케우치 요시미, 「리더십リ-ダ-シップ」, 『다케우치 요시미 전집』 제6권, 1980, 275~290쪽.

27) 다케우치 요시미, 「권력과 예술」, 『다케우치 요시미 전집』 제7권, 1980, 160쪽.

28) 다케우치 요시미, 「리더십」, 『다케우치 요시미 전집』 제6권, 1980, 290쪽.

29) 다케우치 요시미, 「권력과 예술」, 『다케우치 요시미 전집』 제7권, 1980, 170쪽.

30) 다케우치 요시미, 「예술가의 자아와 민중芸術家の自我と民衆」, 『다케우치 요시미 전집』 제7권, 1980, 131~133쪽.

| 8장 |

1) 이 절은 원래 『독서』 2005년 제8기에 실린 글이며, 이 책에 수록하면서 내용을 보충했다.

2) 1995년 8월 15일 전후戰後 50주년 종전기념일을 맞아 당시 수상이던 무라야마 도미이치村山富市가 태평양전쟁과 식민 지배를 공식적으로 사과하는 특별 담화를 발표했다. 이는 일본이 자신의 식민 지배에 대해 외교적으로 한 가장 적극적인 사죄로 평가되지만 강제동원 피해자에 대한 배상 문제와 군 위안부 문제 등은 언급하지 않았다. 발표자의 이름을 따 '무라야마 담화'라고 불리는 이 담화는 이후의 일본 정권들에도 계승되어, 역사에 대한 일본 정부의 공식 입장으로 종종 이용되었다.— 옮긴이

3) 이 절은 원래 『중국-사회와 문화中國-社會與文化』 제20호(2005년 6월)에 일본어로 실린 글이다. 쫭나가 중국어로 번역한 글이 『문화연구文化研究』 제9기(타이완교통대학臺灣交通大學, 2010년 4월)에 실렸다.

4) "혹은 또 '결여이론缺如理論'으로 불리고 있는 것, 유럽에는 있는 것이 일본에는 없다는, 뭣이든지 없다는 식의 생각이 나오고 맙니다. 그러면 또 그런 결여이론에 대한 반발로서, 일본의 '고유사상 속에, 유럽사상의 일본에서의 대응물을 하나하나 찾아내려는 움직임이, 사상사 연구에 등장하게 되는 것입니다." 「사상사를 생각하는 방법에 대하여」, 마루야마 마사오 지음, 『충성과 반역-전환기 일본의 정신사적 위상』, 박충석·김석근 공역, 서울: 나남출판, 1998년, 399쪽 참고.— 옮긴이

5) 이 절은 원래 『현대사상現代思想』 2008년 7월 임시 증간호(일본어)에 실린 글이다. 쫭나가 중국어로 번역한 글이 『천애天涯』 2010년 제1기에 실렸다.

6) 1953년 미국의 제34대 대통령 아이젠하워Eisenhower 행정부가 출범하면서 국무

장관에 취임한 덜레스가 주창한 대소련 강경책인 '롤백 정책rollback policy'을 말한다. 소극적인 방어에서 전환하여 전쟁이 나지 않는 방법으로 공산화된 유럽을 민주화시켜 구소련의 우호국 수를 줄이고자 하는 적극적인 봉쇄 정책으로, 이로 인해 냉전이 더욱 격화되었다.—옮긴이

7) 사카모토 요시카즈, 『지구시대의 국제정치』, 이와나미 동시대 서고 시리즈, 1990, 90~91쪽.

8) 래스키, 『현대 혁명의 고찰論當代革命』, 주쩡원朱曾汶 옮김, 상무인서관 내부간행물, 1965, 58~59쪽.

9) 『마루야마 마사오집』 제5권, 이와나미서점, 1955, 32쪽.

10) 다케우치 요시미·요시모토 다카아키, 「사상과 상황思想と狀況」, 『요시모토 다카아키 저작집吉本隆明全著作集』 제14권, 케이소서방勁草書房, 1972, 619쪽.

| 9장 |

1) 이 장은 원래 『개방시대』 2011년 제6기에 실린 글이다. (이 글은 『동방학지』 제154집(2011년 6월)에 백지운 옮김, 「동아시아 미래에 대한 횡단적 사유」라는 제목으로 번역된 바 있다.—옮긴이)

2) 백낙청, 『분단체제·민족문학』, 렌징출판사, 2010.

3) 백영서, 『사상으로서의 동아시아—한반도적 시각에서 본 역사와 실천思想東亞—朝鮮半島視角的歷史與實踐』(타이서 논단 총서), 타이완사회연구잡지사臺灣社會研究雜誌社, 2009; 싼롄서점, 2011.

4) 백영서, 「평화를 희구하는 동아시아 역사 서술企求和平的東亞歷史敍述」, 『사상으로서의 동아시아』, 218쪽(타이완판의 페이지 번호. 이하 동일).

5) 졸저, 「동아시아 시각의 인식론적 의의東亞視角的認識論意義」, 계간 『타이완사회연구』 제70기(2008년 6월호)와 『개방시대』 2009년 5월호에 게재되었으며, 필자의 논문집 『역사 진입의 순간 포착把握進入歷史的瞬間』(타이베이 런젠출판사人間出版社, 2010년 12월)에 수록되었다.(이 책의 제1장 제1절~제4절 참고.—옮긴이)

6) 중·한·일을 동북아의 담지체로 간주하는 담론 방식은 이미 모종의 합의에 이른 듯하다. 그러나 이런 인식론의 틀은 동북아 전후戰後의 역사상歷史像을 단순화하는 전제하에서만 성립할 수 있다. 따라서 이 틀이 상당히 중요한 현실성을 지니기는 하지만, 그것이 동북아 자체로 절대화될 수는 없으며, 기껏해야 일종의 인식론적 시각에 불과함을 잊어서는 안 된다.

7) 백영서, 「동아시아 공동체론東亞共同體論述」, 『사상으로서의 동아시아』, 3쪽. (「제국을 넘어 동아시아공동체로」, 백영서 외 지음, 『동아시아의 지역질서: 제국을 넘어 공동체

로」, 창비, 2005, 10~34쪽 참고. 중국어나 영어로 발표된 글을 제외한 나머지는 이중의 번역 과정에서 생기는 차이를 그대로 드러내기 위해 한국어 원문을 각주에 따로 인용했다. 해당 인용의 원문은 다음과 같다. "제국이란 개념의 핵심은 제국 본국이 주변부 국가들—동아시아역사에서는 조공국, 식민지, 위성국衛星國으로 성격이 각각 변화되었다—과의 관계에서 일정한 위계질서를 창출하여 제국 권역圈域 안에 존재하는 국가들의 대내외적 정책을 독점적으로 규제하는 권력이 아닐까 한다. 이 점에 착안하여 제국이란 시각에서 근대 이전과 이후의 동아시아질서의 작동방식을 비교한다면 각 질서들의 개별 특징은 물론이고 질서 간의 연속성까지 효과적으로 이해할 수 있으리라 기대한다." 11쪽 참고.—옮긴이)

8) 백영서, 앞의 글. (원문은 "중화제국질서는 중국에 의해 일방적으로 강요된 지배종속의 위계관계가 아니었고, 근대세계에 출현한 제국주의적 지배관계와는 더 거리가 먼 다원적·관용적 질서였으며, 따라서 제국질서의 대안논리를 모색하는 사상적 자원이 될 수 있을 것으로 오늘날 해석되기도 한다". 「동아시아의 지역질서」, 13쪽 참고.—옮긴이)

9) 백영서, 「동아시아 공동체론」, 『사상으로서의 동아시아』, 4~6쪽.

10) 이 책 제2장 각주 18번 참조.—옮긴이

11) 타이완에서 일본 대중문화를 맹목적으로 숭배하고 추종하는 것을 지칭하는 말이다.—옮긴이

12) 백영서, "국민국가의 안과 밖國民國家的這邊與那邊", 『사상으로서의 동아시아』, 104쪽. (「중국에 '아시아'가 있는가?-한국인의 시각」, 백영서 지음, 『동아시아의 귀환-중국의 근대성을 묻는다』, 창작과비평사, 2000, 48~66쪽 참고. "이와 같은 국민당 인사들의 아시아인식과 그 실천은 국가권력 수준에서 추진하는 아시아 지역연대가 현실정치 속에서 기존 국가체계(특히 그 연장인 제국주의)에 전유專有당함으로써 지역연대의 가능성이 소멸되기 쉽다는 사실을 잘 보여준다." 58~59쪽 참고.—옮긴이)

13) 백낙청, 「지구화시대의 제3세계와 민족문학의 개념」, 『분단체제·민족문학』, 192쪽.

14) 백낙청, 「제3세계의 문학을 보는 눈看第三世界文學的眼睛」, 『분단체제·민족문학』, 59쪽. (「제3세계의 문학을 보는 눈」, 백낙청 지음, 『민족문학과 세계문학Ⅱ』, 창작과비평사, 1985, 167~175쪽 참고. "제3세계의 현실은 근본적으로 자본주의 세계경제의 성립과 그 전지구적 확산의 결과로 생긴 것이니만큼 막연히 '하나의 세계' 또는 '인류 형제'를 말하던 때와는 사정이 다르다. '제3세계'는 크게 보아 지구상의 후진지역 전체를 가리키지만 근대적인 세계경제가 전혀 침투하지 못할 만큼 궁벽하고 낙후된 지역에는 오히려 어울리지 않는 개념인 것이다." 169쪽 참고.—옮긴이)

15) 상동. ("마찬가지로 세계의 나머지로부터 특정 지역을 고립시켜 어떤 '제3의 세계'를 실체화하는 것은 '제3세계주의'라고도 부름직한 새로운 허위의식을 낳을 위험이 크다."—옮긴이)

16) 백낙청은 이렇게 말한다. "우리는 세계 각지에서 '제3세계 요소'를 발견할 수 있

으며, 심지어 미국과 기타 핵심국가 내부도 예외가 아니다." 「지구화시대의 제3세계와 민족문학의 개념」, 『분단체제·민족문학』, 192쪽.

17) 백영서, 「한국인의 중국 인식의 궤적韓國人的中國認識之軌迹」, 『사상으로서의 동아시아』, 155쪽. (「대한제국기 한국언론의 중국인식」, 『동아시아의 귀환』, 180쪽 참고.─옮긴이)

18) 백영서, 「국민국가의 안과 밖」, 『사상으로서의 동아시아』, 111쪽. (원문은 "7, 80년대의 민족민주운동진영이 90년대 이후 변화한 나라 안팎의 상황에 맞춰 새로운 이념 모색을 하는 과정에서 민족주의를 다시 보게 된 결과 일국적 시각과 세계체제적 시각의 매개항으로 '동아시아적 시각'이 제기되었다". 『동아시아의 귀환』, 66쪽 참고.─옮긴이)

19) 백영서, 「동아시아 공동체론」, 『사상으로서의 동아시아』, 17쪽. (해당 부분의 원문은 "백지운은 새로운 지역질서를 이룩하는 주체로서 민간단체의 역할을 역설한다. 역사상 출현한 동아시아 질서가 모두 제국에 의해 운영되었고, 오늘의 동아시아 지역공동체라는 개념 속에서조차 여전히 국가들의 연합체라는 관념이 작용하고 있다는 반성에서 출발하여, 국경을 초월하여 진행되고 있는 기층 민간단체들의 연대가 새로운 지역공동체의 건강한 기반이 될 것으로 기대하고 있다". 『동아시아의 지역질서』, 27쪽 참고.─옮긴이)

20) 백낙청, 「분단체제 극복운동의 일상화를 위해」, 『분단체제·민족문학』, 86~87쪽. (원문은 "이러한 적대관계조차도 분단의 고착화에 동원하는 범한반도적 구조가 양쪽 모두의 현실에 대해 더욱 근본적인 규정력을 발휘하고 있다는 것이다. (…) 남북한이 세계체제에 참여하고 세계체제의 규정력이 그 내부에 작동하는 방식이 일정하게 구조화된 분단현실을 매개로 하여 이루어지기 때문에 (…) 분단체제라는 중간항을 생략하고서는 남북 어느 한 쪽 '체제'의 작동방식도 제대로 규명할 수 없다는 것이다. 더구나 이는 단순한 인식의 문제가 아니라 (…) 실천의 문제인 것이다". 백낙청, 「흔들리는 분단체제」, 창작과비평사, 1998, 21~22쪽 참고.─옮긴이)

21) 예를 들어 백낙청은 이렇게 지적한다. "남한에서 상당히 보편적인, 겉으로 보기에 분단과 무관한 지역주의도 분단이데올로기의 변형으로 볼 수 있다."(『분단체제·민족문학』, 88쪽) 백낙청의 관련 논술이 아직 중국어로 번역되지 않아 그의 구체적인 토론을 읽을 수 없는 것은 참으로 안타까운 일이다. (원문은 "가령 통일문제와는 직접 관계가 없는 듯이 보이는 남한의 지역주의도 분단이데올로기의 또 다른 변형일 수 있다". 『흔들리는 분단체제』, 23쪽 참고.─옮긴이)

22) 이 글의 최초 한국어본은 1998년 학술토론회 논문으로 발표되었으며, 주최 측인 한국 국립안동대학교 국학부의 논문집에 수록되었다. 중국어본은 『분단체제·민족문학』, 81~121쪽을 참고하라. (이 글은 「분단체제 극복을 위한 통일운동의 일상화」라는 제목으로 1997년 10월 안동대학교에서 열린 제2회 한국학 국제학술토론회에서 발표되었다. 본래의 논문은 『민족통일을 앞당기는 국학』(안동대학교 국학부, 집문당, 1998)에 수록되었으며, 「분단체제 극복운동의 일상화를 위해」라는 제목으로 수정, 보완된 글이 『흔들리는

분단체제』, 15~61쪽에 실렸다. ─옮긴이)

23) 백낙청, 『분단체제·민족문학』, 269~270쪽.

24) 앞의 책, 277~278쪽.

25) 앞의 책, 275쪽.

26) 백영서, 『사상으로서의 동아시아』, 64쪽. (이 글의 제목은 「20세기형 동아시아문명과 국민국가를 넘어서─한민족공동체의 선택」으로, 백영서가 저술한 『동아시아의 귀환─중국의 근대성을 묻는다』(창작과비평사, 2000, 13~47쪽)에 실려 있다. 원문은 "국민국가는 인민주권을 대표하는 동시에 법과 교육을 통해 그 시민을 규율하는 이중성을 띠고 있다. 달리 말하면 해방과 억압의 이중적 역할을 수행한다는 것이다. 이렇게 볼 때, 20세기는 '국민의 역사'인 동시에 '국민강제의 역사'였다. 따라서 21세기는 국민국가의 강제성을 획기적으로 제약하면서 해방적 기능을 활성화할 새로운 국가 구상이 절실한 시기일 것이다". 15~16쪽 참고. ─옮긴이)

27) 앞의 책, 82쪽. (백영서는 여기에 다음과 같은 각주를 달았다. "아시아 민족주의를 이론화하려는 시도의 하나로 제시된 'nation of intent'란 개념에서 얻은 발상이다. 이념적 형태의 국민을 구상하고 실천하려는 주체의 지향을 중시했다. 동일 국가 속에서 여러 가지 정체성의 형태가 공존 경쟁할 가능성을 열어두는 개념적 도구라 하겠다." 『동아시아의 귀환』, 34쪽 참고. ─옮긴이)

28) 앞의 책, 215~216쪽.

29) 앞의 책, 82쪽. ("한반도의 역할을 강조하는 것이 자칫하면 한반도중심주의로 변질될 위험이 있다." 『동아시아의 귀환』, 34쪽 참고. ─옮긴이)

30) 백낙청의 원문에는 '동남아시아'가 아니라 '동북아시아'로 되어 있다. ─옮긴이

31) 해당 논술은 백낙청의 「6·15선언 이후의 분단체제 극복작업六一五宣言以後的分斷體制克復工作」(『창작과비평』 2000년 가을호)에 나온다. 백낙청, 『분단체제·민족문학』, 93쪽, 각주 65번에서 재인용했다. (이 글은 백낙청의 『한반도식 통일 현재진행형』(창비, 2006, 91~97쪽)에 실려 있다. "남북의 경제협력이 원활하게 진행되는 '한반도 지역의 경제'란 그리 간단한 물건이 아니다. 남북 어느 쪽의 주민도 아닌 수많은 한인들도 참여하는 영역이 될 것이 분명할뿐더러, 미·일·중·러와의 경제협력, 동아시아 내지 동북아시아의 지역협력 또한 획기적으로 진전되는 현장의 일부가 되게 마련인 것이다. 이는 실천면에서도 일국양제一國兩制를 이미 택한 홍콩과 중국 간의 경제협력이라든가 일국양제 채택 여부와 관계없이 진행중인 타이완과 본토의 '양안兩岸 교류'하고도 또 다른 모형을 창안할 것을 요구한다." 95~96쪽 참고. ─옮긴이)

32) 앞의 책, 각주 66번.

33) 백영서, 『사상으로서의 동아시아』, 57쪽. (「동아시아론과 근대적응·근대극복의 이중과제」, 『창작과비평』 제139호(2008년 3월), 31~51쪽 참고. ─옮긴이)

34) 백영서, 앞의 책, 5~6쪽. (백영서, 「주변에서 동아시아를 본다는 것」, 『주변에서 본

동아시아」, 문학과지성사, 2004, 13~36쪽 참고.─옮긴이)

35) 백영서, 「사회인문학의 지평을 열며」, 『개방시대』 2011년 제1기, 39~50쪽. (백영서, 「사회인문학의 지평을 열며─그 출발점인 공공성의 역사학」, 『사회인문학이란 무엇인가?─비판적 인문정신의 회복을 위하여』, 한길사, 2011, 21~42쪽 참고.─옮긴이)

36) 백영서, 「사회인문학의 지평을 열며」, 『개방시대』 2011년 제1기, 46~47쪽. (해당 부분의 원문은 "그 과정에서 역사적 과거와 만나면서 그에 대해 어디까지가 사실에 부합하는 진실truth인가를 논의하기보다 과거에 대한 사려 깊은 태도, 즉 진지함truthfulness을 견지하면서 사람답게 사는 것의 방향성을 깨닫게 될 때의 감흥을 몸으로 느끼는 사람들이 늘어나게 된다는 점은 소중한 것이다". 『사회인문학이란 무엇인가』, 42쪽 참고.─옮긴이)

37) 「제3세계의 문학을 보는 눈」 「지구화시대의 민족과 문학全球化時代的民族和文學」 「지구화시대의 제3세계와 민족문학의 개념」 「서양문학 정전들에 대한 지구적 접근을 위해朝向以全地球的方式看待西方衆文學典範」 등의 논문들을 말하며, 모두 백낙청의 『분단체제·민족문학』에 수록되었다. 이어지는 글에서 제시한 백낙청의 관점은 모두 이 논문들에서 나왔다.

38) 백낙청, 「서양문학 정전들에 대한 지구적 접근을 위해」, 『분단체제·민족문학』, 240쪽. (이 글은 2008년 5월 타이완에서 'Towards a planetary approach to Western literary canons'라는 제목으로 강연한 내용으로, 『인터아시아 문화연구Inter-Asia Cultural Studies』(제11권 제4호, 2010)에 원문이 실렸다. 서양문학의 주체적 읽기라는 이 글의 문제의식과 관련해서는 『백낙청─주체적 인문학을 위하여』(백낙청, 서울대학교출판문화원, 2011)를 함께 읽으면 좋다.─옮긴이)

39) 백낙청, 「서양문학 정전들에 대한 지구적 접근을 위해」, 『분단체제·민족문학』, 236~237쪽.

40) 앞의 책, 240~241쪽.

41) 앞의 책, 241쪽. 여기서 말하는 '정상과학'은 실험실에 들어가 그날의 실험을 마치면 요구한 상태에 도달할 수 있는 것을 가리킨다. 백낙청은 이를 인문사회과학에 전용해, 수많은 연구가 극히 표면적인 층위에서만 진행되며 사람들은 이것으로 충분하다고 여긴다는 것을 지적하고자 했다.

42) 그가 조지프 콘래드Joseph Conrad의 「어둠의 속Heart of Darkness」에 대한 서구의 단순 비판방식에 질문을 던진 것이 적절한 예다. 앞의 책, 242~243쪽.

43) 앞의 책, 241, 245쪽.

44) 백영서, 『사상으로서의 동아시아』, 173쪽. (이 글의 제목은 「대한제국기 한국언론의 중국인식」으로, 『동아시아의 귀환』 166~198쪽에 실려 있다. 원문은 "중국에 대한 정보만큼이나, 아니 어찌 보면 그보다 더 중요한 것은 정보의 판단능력 또는 소화능력을 좌우하는 상황이란 문제제기이다. 이것을 필자 나름으로 바꿔 표현한다면, 중국인식은 중국에 대해 **알**

고 있는 것과 중국에서 알고 싶은 것(또는 바라는 것)으로 일단 구별되는 두 측면이 상호 침투하는 동태적인 과정으로 이뤄진다고 볼 필요가 있다는 것이다". 168쪽 참고.—옮긴이)

45) 예컨대 백영서는 한국사에서 중국에 대한 인식의 변천을 논할 때, 각 역사 시기에 조선인과 한국인이 드러낸 중국인 특히 중국 노동자에 대한 차별 문제, 그리고 현실 생활 속에서 한국 노동자와 중국 노동자 사이에 발생하는 긴장관계를 밝히는 데 주의했다. 이런 분석은 민중을 단일한 주체로 상상하는 인식론에 커다란 충격을 주었다. 백영서, 「한국인의 중국인식의 궤적」, 『사상으로서의 동아시아』, 141~202쪽 참고.

46) 백낙청, 『분단체제·민족문학』, 235쪽.

| 10장 |

1) 이 글은 원래 『이와나미 강좌─아시아·태평양전쟁巌波講座─アジア·太平洋戦争』 제3권(이와나미서점, 2006)에 수록되었으며, 쑹나가 중국어로 번역했다.

2) 쇼와昭和는 1926년부터 1989년까지 일본 히로히토裕仁 천황 시대의 연호를 가리킨다.—옮긴이

3) 국역본으로 도야마 시게키·이마이 세이치今井清一·후지와라 아키라藤原彰 지음, 박영주 옮김, 『일본현대사─소화시대의 일본』(한울, 1988)이 있다. 국역본은 초판이 아닌 개정판을 번역한 것이다.—옮긴이

4) 가메이 가쓰이치로, 「현대 역사가에 대한 의문─역사가에게 '종합적' 능력을 요구하는 것은 과연 무리인가?」, 『문예춘추文藝春秋』, 1956년 3월호, 58~61쪽.

5) 가메이 가쓰이치로, 「일본 근대화의 비극日本近代化の悲劇」, 이와나미 현대문고 『현대사의 과제』, 이와나미서점, 2005, 72~73쪽.

6) 도야마 시게키, 「현대사 연구의 문제점─『쇼와사』에 대한 비판에 관하여現代史研究の問題点─『昭和史』の批判に関連して」(1956년 초판 간행), 『도야마 시게키 저작집』 제6권, 이와나미서점, 1992, 153쪽.

7) 앞의 책, 160쪽.

8) 앞의 책, 155쪽.

9) 도야마 시게키, 「역사 서술과 역사의식歴史叙述と歴史意識」(1963년 초판 간행), 『도야마 시게키 저작집』 제6권, 191쪽.

10) 도야마 시게키, 「현대 일본의 역사적 과제現代日本の歴史的課題」(1978년 초판 간행), 『도야마 시게키 저작집』 제6권, 377쪽.

11) 『주오코론中央公論』 1956년 6월호에 게재된 와카 모리타로의 「역사의 관점과 인생歴史の見方と人生」 참조.

12) 우에하라 센로쿠 등, 「역사와 인간歴史と人間」(좌담회, 『역사학연구歴史学研究』 1956

년 10월호에 수록), 25쪽.

13) 앞의 책, 34쪽.

14) 앞의 책, 37쪽.

15) 앞의 책, 38쪽.

16) 우에하라 센로쿠, 가토 슈이치, 「역사감각·역사의식과 역사학歷史感覚·歷史意識と歷史学」(대담, 『사상思想』 1957년 5월호에 수록), 262~265쪽.

17) 시노하라 하지메, 「현대사의 깊이와 무게」, 『세카이世界』 1956년 12월호, 143~158쪽.

18) 시노하라 하지메, 「현대 정치사의 방법」, 『사상』 1959년 10월호.

19) 고마쓰 시게오, 「사적 유물론과 '현대'」, 『사상』 1957년 5월호, 10월호.

20) 시노하라 하지메, 「현대 정치사의 방법」, 18쪽.

21) 우부카타 나오키치幼方直吉, 도야마 시게키, 다나카 마사토시田中正俊 편저, 『역사상 재구성의 과제―역사학의 방법과 아시아歷史像再構成の課題―歷史学の方法とアジア』, 오차노미즈서방御茶の水書房, 1966.

22) 후루야 데쓰오古屋哲夫 편저, 『근대 일본의 아시아 인식近代日本のアジア認識』, 료쿠인서방綠蔭書房, 1996, 641~704쪽.

23) 우부카타 나오키치 등, 『역사상 재구성의 과제』, 236~237쪽.

24) 앞의 책, 205~228쪽.

| 11장 |

1) 이 장은 원래 『개방시대』 2010년 제11기에 수록된 글이다.

2) 국역본은 미조구치 유조 지음, 김용천 옮김, 『중국 전근대 사상의 굴절과 전개』(동과서, 1999) 참고. ―옮긴이

3) 상술한 미조구치의 문제 제기에 관해서는 『중국 전근대 사상의 굴절과 전개』(도쿄대학출판회, 1980) 서장, 24~48쪽 참고.

4) 『중국 전근대 사상의 굴절과 전개』, 84쪽. (국역본 117쪽 참고.―옮긴이)

5) 앞의 책, 91쪽. (국역본 128쪽 참고.―옮긴이)

6) 앞의 책, 93쪽. (국역본 129쪽 참고.―옮긴이)

7) 앞의 책, 119쪽. (국역본 195쪽 참고.―옮긴이)

8) 앞의 책, 251쪽. (국역본 318쪽 참고.―옮긴이)

9) 앞의 책, 238쪽. (국역본 301~302쪽 참고.―옮긴이)

10) 앞의 책, 252쪽. (국역본 319쪽 참고.―옮긴이)

11) 앞의 책, 258~260쪽. (국역본 326~328쪽 참고.―옮긴이)

12) 마루야마 마사오, 「사상사의 사고방식에 관하여」, 『마루야마 마사오집』 제9권, 이와나미서점, 1996, 72쪽.

13) 앞의 책, 149쪽.

14) 『구착집求錯集』(싼렌서점, 1998) 참고. 지금 읽어보면 당시에 쓴 세 편의 서평은 부끄러워서 진땀이 나게 하는 유치한 글이다. 그중 수많은 판단은 지금 보기에 거칠고 정확하지 못하다. 특히 그중 미조구치 선생에 관한 평론 부분에서 어떤 표현들은 피상적으로 흘러서 바로잡아야 한다. 그러나 십몇 년 전에 쓴 이 서평들도 내 탐색의 '발자취'이며, 자기반성의 매개를 제공한다.

15) 『아시아에서 생각한다 7-세계상의 형성アジアから考える 7-世界像の形成』, 도쿄대학출판회, 1994, 114쪽.

16) 앞의 책, 117쪽.

17) 『주자어류』의 번역 상황과 인용한 미조구치의 글은 온다 히로마사恩田裕正 교수가 보내준 미간행 회의논문 「『주자어류』 역주간행회 활동에 관하여」 및 이토 다카유키伊東貴之 교수의 소개에서 인용했다. 이 자리를 빌려 감사의 마음을 전한다.

18) 일본어에서 일인칭 대명사 '나'는 '私'라고 쓰고 '와타시'로 읽는다.—옮긴이

19) 「근대 중국상은 왜곡되지 않았는가」, 『방법으로서의 중국』, 도쿄대학출판회, 1989, 202쪽.

20) 국역본으로 미조구치 유조 지음, 서광덕 외 옮김, 『중국의 충격』(소명, 2009)이 있다.—옮긴이

21) 국역본으로 미조구치 유조·이케다 도모히사·고지마 쓰요시 지음, 조영렬 옮김, 『중국 제국을 움직인 네 가지 힘』(글항아리, 2012)이 있다.—옮긴이

22) 「또 하나의 '5·4'」, 『중국의 충격』, 도쿄대학출판회, 2004, 198쪽. (국역본 195쪽 참고.—옮긴이)

23) 「결론에 대신하여」, 『중국의 충격』, 248쪽. (국역본 235쪽 참고.—옮긴이)

24) 『중국사상사』, 도쿄대학출판회, 2007, 169~170쪽. (『중국 제국을 움직인 네 가지 힘』, 252쪽 참고.—옮긴이)

25) 『중국사상사』, 142쪽. (『중국 제국을 움직인 네 가지 힘』, 213~214쪽 참고.—옮긴이)

26) 『방법으로서의 중국』, 도쿄대학출판회, 56쪽.

27) 「쓰다 지나학과 금후의 중국학津田ジナ學とこれからの中國學」, 도쿄대학출판회, 149~152쪽 참고.

28) 「근대 중국 세계상의 재검토」, 『방법으로서의 중국』, 40~42쪽.

29) 앞의 책, 42~43쪽.

30) 『중국의 충격』, 225쪽. (인용문의 번역은 국역본 『중국의 충격』, 212쪽 참고.—옮긴이)

31) 앞의 책, 215쪽. (국역본은 204쪽 참고.—옮긴이)

이 책은 2011년 12월 베이징 싼롄서점三聯書店에서 출판한 『우리
는 왜 동아시아를 논해야 하는가−상황 속의 정치와 역사我們爲什麽
要談東亞−狀況中的政治與歷史』를 완역한 책이다. 당시 이 책은 백영서 선
생의 『사상으로서의 동아시아−한반도 시각의 역사적 실천思想東亞
−朝鮮半島視角的歷史實踐』과 한 시리즈로 기획·출판되어, 중국 학계에
동아시아 담론에 대한 관심과 토론을 불러일으켰다.

싼거 선생은 중문학 전공 출신으로 정통 문학 연구에서 벗어나
일본에서 일본 정치사상사를 전공했다. 또한 중국에서 보기 드물
게 동아시아 담론에 관심을 갖는 대표적 석학이기도 하다. 이 책
은 저자가 2000년에서 2011년까지 약 10년 동안 중국 대륙과 일
본, 타이완, 한국 등지에서 발표했던 글을 모아놓은 것이다. 여기

에는 자신의 전공 분야인 일본 정치사상사에 관한 논문부터 한국의 대표적 동아시아론자들에 대한 서평과 평론, 사스와 반일 시위 등 구체적인 사건을 사상사의 시각으로 분석한 글들까지 다양하게 수록되어 있다. 그리고 그 기저에는 세계체제 속에서 동아시아의 보편과 특수 문제를 어떻게 바라볼 것인가, 다른 나라의 사상 자원을 어떻게 중국의 문제를 인식하는 매개로 전화할 것인가 등에 대한 그녀의 고민이 녹아 있다.

책에 대한 간추린 설명은 쑨거 선생께서 서문과 한국어판 서문을 통해 이미 충분히 해주셨다고 생각한다. 나는 원문에 충실하면서도 가능한 한 매끄러운 한국어로 저자의 사상을 옮기는 데에만 신경 썼을 뿐 거창하게 해제를 쓸 만한 깜냥이 안 된다. 저자의 치열한 사고과정에서 어떠한 자양분을 길어올릴지는 오롯이 독자의 몫일 것이다.

중국에서 책이 종이로 채 인쇄되기도 전에 번역을 의뢰받았던 것이 만 6년을 훌쩍 넘긴 지금에서야 그 결실을 내놓게 되었다. 출판이 무한정 표류했던 데에는 번역원고를 탈고할 즈음이던 2013년 만우절에 거짓말처럼 다른 출판사에서 목차가 반이나 겹치는 책이 나왔던 이유가 가장 컸지만, 역자의 게으름도 톡톡히 한몫했음을 부인할 수 없다. 이 자리를 빌려 이 책의 번역을 소개해주신 송인재 선생님, 개념어와 문장의 끊어 읽기를 확인하는 역자의 소소하고 잦은 질문에도 늘 친절하게 답변해주신 저자 쑨거 선생님, 그리고 끝까지 책의 출판을 신경 써주신 글항아리 강성민 대표님과 노승현 기획위원님께 고맙고 미안한 마음을 전한다.

역자
후기

찾아보기

| ㄱ |

가메이 가쓰이치로龜井勝一郎 551~558,
562, 565
가와미쓰 신이치川滿信一 243, 247~248,
259
가토 슈이치加藤周一 560, 564~565
「객지」 407~410, 413, 415~418, 426
경정향耿定向 590, 594
고바야시 다키지小林多喜二 422~423, 425
~427
고바야시 요시노리小林善紀 103
고바야시 히데오小林秀雄 439~440, 442
고이즈미 준이치로小泉純一郎 202, 277,
445, 449
「고향故鄕」 430, 432~436, 440, 444
「고향을 잃은 문학故鄕を失った文学」 439

「과학으로서의 정치학科学としての政治学」 384,
386
「권력과 도덕權力と道德」 390~391
『극동의 제문제』 84~89, 91
「근대란 무엇인가-일본과 중국을 예로
何謂近代-以日本與中國爲例」 637
「근대 사학사의 필요성에 관하여近代史学
史の必要性について」 572~573
「근대의 초극近代の超克」 337, 341, 344
『근대의 초극近代の超克』 344
「'근대 일본사상사에서 국가이성의 문제'
보주補注」 390
「근대 일본의 사상과 문학近代日本の思想と
文学」 389, 401
「근대 중국 세계상의 재검토」 635

| ㄴ |

나미히라 쓰네오波平恒男 271~272
나카자토 이사오仲里效 245, 249, 251
「난징!난징南京!南京」 456~458
니시 준조西順藏 641~644
니시카와 나가오西川長夫 189~190
닝잉빈寗應斌 132, 136~137, 158

| ㄷ |

다케우치 요시미竹內好 44~47, 110~116,
118, 121~122, 124, 137~142, 145,
227, 275~276, 282~283, 326, 330~
344, 349~354, 356~361, 363~368,
420~424, 427, 430, 442~444, 502,
633, 637~640
「당 생활자黨生活者」 422
「대동아전쟁과 우리의 결의大東亞戰爭と吾
等の決意」 341, 344
도야마 시게키遠山茂樹 355~363, 365~
367, 551, 555~557, 560, 566, 569,
571~572, 578~579
「동아시아 역사상의 검토東アジアの歷史像の
檢討」 571
『동양의 이상東洋の理想』 13
「두 개의 아시아 사관二つのアジア史觀」 113
듀이, 존Dewey, John 336
「또 하나의 '5·4'」 624, 628~629

| ㄹ |

래스키, 해럴드Laski, Harold J. 403~404,
496
량수밍梁漱溟 433~435, 629~630

량치차오梁啓超 418, 600, 642
루쉰魯迅 21, 24, 191, 275~276, 279~
281, 283, 419, 424~425, 427, 430,
432~436, 438, 440~442, 444
『루쉰魯迅』 334, 344, 424
루촨陸川 456~457
뤼정후이呂正惠 133, 151~154
리다자오李大釗 12~13, 521

| ㅁ |

마루야마 마사오丸山眞男 50, 222~225,
371~397, 399~405
『마루야마 마사오 강의록丸山眞男講義錄』
373
『마루야마 마사오집丸山眞男集』 374, 379,
403
마오쩌둥毛澤東 74~75, 88, 160, 306,
513, 516~517, 629~630, 642~643
『마이니치신문每日新聞』 206, 483, 488
「메이지 유신 연구의 사회적 책임明治維新
研究の社会的責任」 357, 360
『명이대방록明夷待訪錄』 598~601, 614
미조구치 유조溝口雄三 40~51, 53, 137~
142, 145, 581~651

| ㅂ |

「'방법론 중국인'으로 분단체제 극복하
기以'方法論中國人'超克分斷體制」 141
「방법으로서의 아시아方法としてのアジア」 44,
46~47, 110~111, 114, 139, 336
『방법으로서의 중국方法としての中國』 47,
140, 587, 593, 620, 623, 634, 636, 644

찾아
보기

백낙청 17~20, 35, 148~150, 163, 165
~166, 168~170, 294~296, 300~303,
307, 507, 516~519, 523~533, 536,
539~550
「백낙청의 "'분단체제' 극복"론白樂晴的"超
克'分斷體制'"論」 148
백영서 19, 165~166, 294~296, 303,
305, 507~516, 520~523, 532~533,
535~539, 545, 550, 582
백지운 522, 532
『베이징만보北京晚報』 472
『변성邊城』 436, 438~440
「병식론兵食論」 599
「분단체제 극복운동의 일상화를 위해」
526
『분단체제·민족문학』 507, 524, 549

| ㅅ |

『사상으로서의 동아시아-한반도적 시
각에서 본 역사와 실천』 507~508, 520,
532, 535
사카모토 요시카즈坂本義和 203, 205,
491~492
사토 에이사쿠佐藤榮作 257
「사회인문학의 지평을 열며開啓社會人文學
的地平」 537
선충원沈從文 436~440
「세계사 파악의 시점世界史把握の視点」 571
「세 번째 평화에 대하여三たび平和について」
378~379, 497
『세카이世界』 200, 203~204
「쇼와사昭和史」 551~554, 556, 572
「수평축 사상-오키나와의 '공동체 의식'

에 관해」 296, 306
쉬진위徐進鈺 129
슈미트, 카를Schmitt, Carl 388
시노하라 하지메篠原一 567~569, 571,
578
시마다 겐지島田虔次 586~588, 601
『신류큐문학新琉球文學』 247
『신식민지주의론-글로벌화시대의 식민
지주의를 묻는다新植民地主義論-グローバル化
時代の植民地主義を問う』 189
신조 이쿠오新城郁夫 271
「신해혁명을 다시 생각한다」 624
쑨원孫文 12~13, 71~72, 514~516, 521
쓰다 소키치津田左右吉 573, 638~640

| ㅇ |

아라사키 모리테루新崎盛暉 201, 244, 249,
254, 263, 287, 291, 293
『아사히신문朝日新聞』 206, 257, 467~
468, 471, 473, 478, 488
『아시아에서 생각한다アジアから考える』 607
「아이의 사진에 대한 소회從孩子的照相說起」
281
아카마쓰 요시쓰구赤松嘉次 201
「역사상 재구성의 과제-역사학의 방법
과 아시아歷史像再構成の課題-歷史学の方法とアジ
ア」 572
「역사서술과 역사과학歷史敍述と歷史科學」
573
「역사 연구의 사상과 실천歷史研究の思想と
實踐」 572
「역사 인식의 의도와 객관성」 646
「예교와 혁명중국」 624, 628

옌양추晏陽初 433~435
「오늘날 왜 『주자어류』를 번역해야 하는
가」613
오에 겐자부로大江健三郎 201~203, 205,
250
오카모토 게이토쿠岡本惠德 243, 296~
301, 303, 306
오카쿠라 덴신岡倉天心 13, 96
『오키나와 노트沖繩ノート』201~202, 250
『오키나와 문제 20년沖繩問題二十年』201
『오키나와 현대사沖繩現代史』(중국어 번역
본) 251, 253
왕샤오밍王曉明 155, 161
왕쉬안王選 187, 197
왕용계王龍溪 592
『요미우리신문讀賣新聞』467~468
요시모토 다카아키吉本隆明 395, 397
우메자와 유타카梅澤裕 201
우에하라 센로쿠上原專祿 367, 560~569,
572, 574, 576~580
「운명運命」281
「원형·고층·집요한 저음－일본사상사
방법론에 관한 나의 발걸음原型·古層·執拗低
音－日本思想史方法論についての私の步み」374
이시모다 쇼石母田正 355, 572~579
이와나미서점巖波書店 200~201, 203,
251, 429, 551, 554
이탁오李卓吾 40~45, 47~49, 51,
584~586, 588~606
「일본 동양사학 전통日本における東洋史学の伝
統」572, 575
「일본의 사상日本の思想」389, 401
「일본의 아시아주의日本のアジア主義」337

| ㅈ |

자오강趙剛 132, 137, 141~142, 144~146,
157, 159~160
『잔상의 소리殘傷の音』251
장옌융蔣彦永 471~475, 479
『저항하는 독자－페미니즘의 관점으로
본 미국소설The Resisting Reader-A Feminist
Approach to American Fiction』543
「정치적 판단政治的判斷」377
정훙성鄭鴻生 132~136, 153
『주자어류朱子語類』611~614
「중국문학의 정치성中国文学の政治性」420,
427
『중국사상사中國思想史』624, 630, 632
『중국의 충격中国の衝擊』624, 631
「중국 이기론의 형성中国における理気論の成立」
607
「중국인은 어떻게 다시 중국인이 될 것
인가中國人如何再作中國人」132, 136
『중국 전근대 사상의 굴절과 전개中國前近
代思想の屈折と展開』48, 585, 589, 601, 603
~604, 606, 617, 626
『지구 시대의 국제정치地球時代の国際政治』
491
「지적 개입의 이십년異議思想二十年」129~
130, 170

| ㅊ |

차터지, 파사Chatterjee, Partha 213~214,
216~219, 223~224, 226~227
『창작과비평』284
천광싱陳光興 129, 146, 148~150, 165, 582
「천바오 이야기陳寶的故事」457

체링, 타시Tsering, Tashi 494~496, 498~
499
취완원瞿宛文 146~148

| ㅋ |

카, 에드워드Carr, Edward H. 181~182,
184, 646

| ㅌ |

「타이완 경제 기적의 중국 배경臺灣經濟奇
蹟的中國背景」 146
『타이완론臺灣論』 103
『타이완사회연구臺灣社會研究』 126~127,
132, 284, 583
「타이완인은 어떻게 다시 중국인이 될
것인가臺灣人如何再做中國人」 132~133
「타이완 콤플렉스라는 지식 구조를 어
떻게 '극복'할 것인가如何"超克"臺灣情結的知識
結構」 133, 151
「타임Time」 467, 471~474
『티베트 근대화를 위한 투쟁-타시 체
링 자서전The Struggle for Modern Tibet-The
Autobiography of Tashi Tsering』 494

| ㅍ |

페털리, 주디스Fetterley, Judith 543
「풍파風波」 435, 440
『피치자의 정치학被治理者的政治』 213, 216

| ㅎ |

하타다 다카시旗田巍 572, 575~577
『학술사상평론學術思想評論』 319, 321
「학자의 책임에 관하여学者の責任について」
330, 356, 363
「한씨연대기」 415~416, 426
「현대문명과 정치의 동향現代文明と政治の動
向」 400
『현대사의 과제現代史の課題』 554
「현대사의 깊이와 무게現代史の深さと重さ」
568
「현대 역사가에 대한 의문-역사가에게
'종합적' 능력을 요구하는 것은 과연 무
리인가?現代歷史家への疑問-歷史家に「総合的」能
力を要求することは果して無理だろうか」 552~554
「현대 정치사의 방법現代政治史の方法」 568
『현대정치의 사상과 행동現代政治の思想と行
動』 374
「현대 혁명의 고찰Reflections on the Revolution
of Our Time」 496
「'현실'주의의 함정'現実'主義の陥穽」 377
황석영 406~408, 417~418, 420, 426~
427
황종희黃宗羲 592, 598~600, 615
후쿠자와 유키치福澤諭吉 391, 394
홍더순洪德舜 288

왜 동아시아인가

초판인쇄   2018년 2월 19일
초판발행   2018년 3월 5일

지은이   쑨거
옮긴이   김민정
펴낸이   강성민
편집장   이은혜
기획   노승현
편집   김인수 박은아 곽우정 김지수 이은경
편집보조   임채원 김민아
마케팅   정민호 이숙재 정현민 김도윤 오혜림 안남영
홍보   김희숙 김상만 이천희
독자모니터링 황치영

펴낸곳   (주)글항아리 | 출판등록 2009년 1월 19일 제406-2009-000002호
주소   10881 경기도 파주시 회동길 210
전자우편   bookpot@hanmail.net
전화번호   031-955-2670(편집부) 031-955-8891(마케팅)
팩스   031-955-2557

ISBN   978-89-6735-492-3   93340

글항아리는 (주)문학동네의 계열사입니다.

이 도서의 국립중앙도서관 출판예정도서목록(CIP)은 서지정보유통지원시스템 홈페이지(http://
seoji.nl.go.kr)와 국가자료공동목록시스템(http://www.nl.go.kr/kolisnet)에서 이용하실 수 있
습니다.(CIP제어번호: CIP2018004775)